Sachwörterbuch zur deutschen Literatur

Von Volker Meid

Philipp Reclam jun. Stuttgart

Universal-Bibliothek Nr. 18129

Durchgesehene und verbesserte Ausgabe 2001
Gesamtherstellung: Reclam, Ditzingen. Printed in Germany 2001

ISBN 3-15-018129-1

Vorwort

Ziel des *Sachwörterbuchs zur deutschen Literatur* ist es, genau und fundiert über die Sachfragen zu informieren, die sich bei der Beschäftigung mit der deutschen Literatur, ihren Institutionen, ihrer Geschichte und den sich ihr widmenden wissenschaftlichen und kritischen Disziplinen ergeben oder ergeben können. Es stellt Methoden vor, erklärt literaturwissenschaftliche, poetologische, rhetorische und metrische Begriffe, beschreibt die Gattungen und ihre Geschichte und gibt komprimierte Darstellungen der literarischen Epochen, Strömungen und Traditionen. Darüber hinaus werden die sozialgeschichtlichen Aspekte der Produktion und Rezeption von Literatur in Artikeln über Autor, Leser, Buch und Buchgeschichte, über literarische Vereinigungen und gesellschaftliche Institutionen einbezogen.

Wenn man so will, handelt es sich bei dem *Sachwörterbuch* um eine – lexikalisch stark verkürzte – Bestandsaufnahme des gegenwärtigen Denkens und Wissens über die deutsche Literatur. Dass es sich dabei nur um eine Zwischenbilanz in einem nicht abgeschlossenen und abschließbaren geschichtlichen Prozess handelt, versteht sich von selbst. In den letzten Jahrzehnten hat sich die Literaturwissenschaft tiefgreifend verändert, ein Vorgang, der sich auch in diesem Lexikon ausdrücken musste. Das gilt für die Stichwortauswahl, die grundsätzlich zwar auf der Basis der traditionellen Literaturwissenschaft und Literaturgeschichte getroffen wurde, aber für neuere Entwicklungen und Fragestellungen offen blieb, und es gilt selbstverständlich auch für die traditionellen sachbezogenen Artikel, die – soweit bei der angebrachten Kürze möglich – Ergebnisse der neueren wissenschaftlichen Forschung und Diskussion reflektieren und auf Allgemeinplätze geistesgeschichtlicher Herkunft verzichten sollten. Dabei hält Reclams *Sachwör-*

terbuch ungefähr die Mitte zwischen den Werken, die die Stichwortzahl stark begrenzen, um Raum für eine breitere Darstellung zu schaffen und eine kritische Diskussion zu ermöglichen, und den Sachwörterbüchern, die – auch unter Verzicht auf eine differenziertere Darstellung – vor allem auf die Vielzahl von Stichwörtern aus dem Bereich der gesamten Weltliteratur setzen.

Die Bezeichnung ›deutsche Literatur‹ im Titel des Werkes meint einerseits deutschsprachige Literatur, andererseits Literatur im deutschen Sprachgebiet, denn auch die mittellateinische oder die neulateinische Literatur sind integraler Bestandteil der deutschen Literaturgeschichte. Nun steht die so verstandene deutsche Literatur zwar im Zentrum des Sachwörterbuchs; doch da sich die Entwicklung der deutschen Literatur nicht isoliert, sondern im Kontakt mit anderen Literaturen vollzog und vollzieht, spiegeln die einzelnen Artikel – etwa die über Epochen, Gattungen, Formen und Metrik – selbstverständlich diese Wechselbeziehungen, Einflüsse und Rezeptionsvorgänge; Stichworte wie ›Antikerezeption‹ oder ›Petrarkismus‹ unterstreichen diesen Aspekt. Gleichwohl ist der Bezugspunkt stets die deutsche Literatur. Nur in diesem bewusst beschränkten Rahmen schien es möglich, ein handliches Arbeitsinstrument für den literarisch Interessierten zu schaffen, das einerseits eine Fülle von Definitionen und Informationen über die verschiedensten Sachbegriffe bringt, andererseits aber auch genug Raum für ausführlichere Darstellungen der zentralen Gegenstände der deutschen Literaturwissenschaft und Literaturgeschichte enthält. In diesem Sinn beantwortet das *Sachwörterbuch zur deutschen Literatur* die Fragen, die sich dem literarisch Interessierten beim Umgang mit (deutscher) Literatur stellen: kurz bei definitorischen Einzelbegriffen, ausführlich und – hoffentlich – gut lesbar bei den umfassenderen Gegenständen.

Das vorliegende *Sachwörterbuch* stützt sich, wie bei einem derartigen Unternehmen notwendig, auf die Arbeit vieler anderer Wissenschaftler. Eine Anzahl einschlägiger Kompendien und Standardwerke zu wichtigen Bereichen sind im Anhang aufgeführt. Besonderen Dank schulden Verfasser und Verlag den Autorinnen/Autoren und Herausgebern der großen Literaturlexika, die in den letzten Jahren erschienen sind und deren Beiträge den heutigen Stand der Diskussion dokumentieren.[1]

1 Vgl. *Literaturlexikon*, hrsg. von Walther Killy, Bd. 13, 14: Begriffe, Realien, Methoden, hrsg. von Volker Meid, Gütersloh/München 1992–93 (Neuausg. in einem Bd. u. d. T. *Sachlexikon Literatur*, hrsg. von Volker Meid, München 2000); *Fischer Lexikon Literatur*, hrsg. von Ulfert Ricklefs, 3 Bde., Frankfurt a. M. 1996; *Literaturwissenschaftliches Lexikon. Grundbegriffe der Germanistik*, hrsg. von Horst Brunner und Rainer Moritz, Berlin 1997; *Reallexikon der deutschen Literaturwissenschaft*, Neubearbeitung des Reallexikons der deutschen Literaturgeschichte, hrsg. von Klaus Weimar [u. a.], Berlin / New York 1997 ff.

Abkürzungen

ahd.	althochdeutsch
altsächs.	altsächsisch
arab.	arabisch
AT	Altes Testament
Bd.	Band
dt.	deutsch
engl.	englisch
entst.	entstanden
frz.	französisch
germ.	germanisch
griech.	griechisch
hebr.	hebräisch
Hrsg.	Herausgeber
ital.	italienisch
Jh.	Jahrhundert
lat.	lateinisch
MA	Mittelalter
mhd.	mittelhochdeutsch
niederl.	niederländisch
NT	Neues Testament
pl.	Plural
provençal.	provençalisch
Ps.	Psalm
reg.	regierte
röm.	römisch
russ.	russisch
span.	spanisch
Tl.	Teil
u. d. T.	unter dem Titel

A

Abecedarium, nach dem Alphabet geordneter oder strukturierter Text. Der Begriff bezeichnet (1) bis ins 19. Jh. alphabetisch geordnete Elementarbücher (ABC-Bücher), (2) alphabetisch geordnete Register spätmittelalterlicher Rechtsbücher, (3) nach dem Alphabet strukturierte Texte in Vers- oder Prosaform. Hier folgen die Anfänge der Strophen oder Absätze dem Alphabet, ein Verfahren, das bereits im hebr. Psalter verwendet (z. B. Ps. 119) und dann in lat. und dt. Texten des MA ausgebaut wurde. Beispiele sind *Das guldein Abc mit vil subtiliteten* des Mönchs von Salzburg (2. Hälfte 14. Jh.) und Marienlieder Heinrich Laufenbergs (1. Hälfte 15. Jh.), Texte, die die Bedeutung der Form des A.s für die mittelalterliche → Mariendichtung belegen. Im Barock fand das A. noch einmal besonderes Interesse, z. B. als alphabetisches → Akrostichon (»Das güldene Auferstehungs ABC«) in Quirinus Kuhlmanns *Kühlpsalter* (1684–1686) oder als publikumswirksame Aufzählung der Teufel nach dem ABC in der Predigt (Abraham a Sancta Clara, *Der klare Sonnen-Schein*, 1684).

Abenteuerroman, Sammelbegriff für Romane, in denen ungewöhnliche, das Alltagsleben sprengende Geschehnisse im Mittelpunkt stehen. In der Regel wird der Begriff auf Romane zwischen dem späten 18. und frühen 20. Jh. eingeschränkt; der Akzent liegt dabei auf der dt. Cooper-Nachfolge. Zu den wichtigsten Kennzeichen des A.s gehören der Gegensatz von gewohnter Ordnung und Sicherheit und einer fremden, möglicherweise gefährlichen Welt. Häufig dient die Reise als bestimmendes strukturelles Moment, um die Reihung von außergewöhnlichen Ereignissen zu organisieren. Der A. schildert die Erlebnisse von Menschen aus einer mittleren gesellschaftlichen Schicht, die aus der zivilisierten Welt ausbrechen bzw. zu ihrem Verlassen gezwungen sind und in fremden Ländern gefährlichen Situationen ausgesetzt werden, aus deren Folge – Kämpfe mit wilden Tieren, Menschen, den Naturgewalten usw. – sich der A. konstituiert. Im Anschluss an James Fenimore Cooper wurde Nordamerika zum beliebtesten Schauplatz der A.e des 19. Jh.s (Charles Sealsfield [d. i. Karl Postl], Friedrich Gerstäcker, Balduin Möllhausen, Karl May u. v. a.). Das Fremde, Geheimnisvolle und Gefährliche konnte freilich auch unter der Oberfläche der geordnet erscheinenden Alltagswelt verborgen sein, wie Eugène Sue (*Les Mystères de Paris*, 1842–43) und seine Nachfolger demonstrierten. Sozialkritische Akzente setzten die Romane B. Travens. Im Verlauf des 20. Jh.s übernahmen häufig andere Romantypen – → Kriminalroman, → Science Fiction – Funktion und Motivrepertoire des A.s.

Abgesang → Kanzone, → Bar.

Abhandlung, Textform wissenschaftlicher Prosa; im 17. Jh. dt. Bezeichnung für → Akt (Drama).

Absolute Dichtung, Bezeichnung für Literaturwerke (Prosa, Poesie), die bei einer entschiedenen Reduktion der Handlung bzw. des Stofflichen auf eine reine Wortkunst, auf die eigengesetzlichen sprachlichen Prozesse gerichtet sind. Das Konzept der absoluten Dichtung kann sich auf Friedrich Schlegels Forderung eines ›absoluten Romans‹ berufen. Versuche absoluter Prosa sind seit dem 19. Jh. nachweisbar und erreichen Höhepunkte im → Symbolismus (Joris-Karl Huysmans, André Gide, Paul Valéry, Stéphane Mallarmé), bei Carl Einstein (*Bebuquin*, 1912) und Gottfried Benn (*Roman des Phänotyp*, 1949). Auch die experimentelle Prosa von Helmut Heißenbüttel oder Friederike Mayröcker ließe sich hier einordnen. In der Lyrik führt die Linie nach Ansätzen in der → Romantik von Edgar Allan Poe, Charles Baudelaire, Arthur Rimbaud zu Mallarmé, dann weiter von August Stramm und dem expressionistischen → Sturmkreis zur sprachexperimentellen Lyrik nach dem Zweiten Weltkrieg.

Absurdes Theater bzw. Theater des Absurden, Bezeichnung für Dramen, in denen die menschliche Existenz als absurd dargestellt wird. Um das Darstellungsziel zu erreichen, werden neue antiillusionistische Ausdrucksformen erprobt. Eine fortschreitende, psychologisch motivierte Handlung findet nicht statt, die Figuren machen keine Entwicklung durch und erscheinen als Automaten oder Marionetten; die Sprache wird bis zum Verstummen reduziert und hat, Ausdruck für die Entfremdung des Menschen und die Sinnleere der Existenz, ihre kommunikative Funktion verloren.

Das absurde Theater ist v. a. ein Phänomen der frz. Dramatik der 50er-Jahre des 20. Jh.s (u. a. Eugène Ionesco, Samuel Beckett, Arthur Adamov, Fernando Arrabal, Boris Vian), hat aber eine längere Vorgeschichte, die mit Alfred Jarrys *Ubu Roi* (1896) beginnt und im → Dadaismus und in experimentellen Theaterstücken der 20er-Jahre (Jean Cocteau, Yvan Goll) fortgesetzt wird. Wichtigster dt. Autor des absurden Theaters ist Wolfgang Hildesheimer.

Abvers → Langzeile.

Adoneus, Adonius oder Adonischer Vers, Versmaß griech. Herkunft, verwendet u. a. als Schlussvers der Sapphischen → Odenstrophe und als Bauelement umfangreicherer Versmaße, z. B. des Hexameters (→ Zäsur). Formel: – ◡ ◡ – ◡.

Aemulatio → Imitatio.

Ästhetik, philosophische Disziplin, die in mehr oder weniger systematischer Form grundsätzliche Fragen der Kunst und des Schönen reflektiert. Entsprechende Fragestellungen reichen bis in die Antike zurück (Platon); als eigenständige philosophische Teildisziplin wurde die Ä. von Alexander Gottlieb Baumgarten begründet, der ihr auch den Namen gab (*Aesthetica*, 1750–58). Baumgarten, Schüler Christian Wolffs, stellte die Ä. als zweite, eigenständige Erkenntnisart, als Wissenschaft von der sinnlichen Erkenntnis, neben die Logik. Poetisches Denken erscheint als Analogon der Vernunft, »Schöndenken« (»pulchre cogitare«) steht dem logischen Denken als komplementäre Möglichkeit der Welterkenntnis zur Seite.

Baumgarten blieb Bezugspunkt der weiteren Entfaltung der Disziplin. Kant allerdings (*Kritik der Urteilskraft*, 1790) lehnte die Vorstellung Baumgartens ab, dass das Schöne wissenschaftlicher Begrifflichkeit zugänglich sei; es gefällt »ohne Begriff«. Das ästhetische Urteil ist ein »Geschmacksurteil«. Das Schöne lässt sich nicht auf einen äußeren Zweck beziehen, es ist Gegenstand eines interesselosen Wohlgefallens, beansprucht Autonomie. Kants formaler Begriff der Schönheit und seine Vorstellung von ästhetischer Autonomie wirkten über den russischen → Formalismus und den tschechischen → Strukturalismus bis in die Gegenwart. Wie nach ihm Schiller analysierte Kant auch das → Erhabene als eigene ästhetische Wertqualität. Schiller seinerseits baute seine an Kant anknüpfenden ästhetischen Überlegungen zu einem geschichtsphilosophischen Erziehungsprogramm aus (*Über die ästhetische Erziehung des Menschen*, 1795).

Während Kant und Schiller Natur- und Kunstschönes auf eine Stufe stellten, wird bei Friedrich Wilhelm Joseph Schelling und Hegel die Ä. auf die Kunst, auf das Kunstwerk eingeschränkt. Hegel hält in seinen *Vorlesungen über die Ästhetik* (1835) gegen den Kantschen ›Formalismus‹ dafür, dass das (Kunst-)Schöne als Werk menschlicher Arbeit durchaus in philosophische Begriffe übersetzbar sei. Schönheit ist für ihn »die absolute Idee in ihrer sich selbst gemäßen Erscheinung«, sie ist – da Ausdruck des Menschen – der Geschichte unterworfen. Geht Hegel von einer Überlegenheit der Philosophie aus – in der Moderne habe die Kunst aufgehört, »das höchste Bedürfnis des Geistes zu sein« –, so argumentiert Friedrich Nietzsche gerade umgekehrt für die Überlegenheit der Kunst über die begriffliche Wahrheit.

Nietzsches Überlegungen setzten eine Entwicklung in Gang, die über Walter Benjamin und Theodor W. Adorno bis in die poststrukturalistische Diskussion (→ Poststrukturalismus) führt und als Ästhetisierung der Philosophie bezeichnet werden kann: Das Interesse gilt nicht mehr einer systematischen philosophischen Ä., die sich die Kunst unterwirft, sondern diese neue Ä. lässt sich auf die Kunst ein und erhält so wesentliche Impulse für die philosophische Reflexion. In diesem Sinn bezeichnete Adorno Kant und Hegel als die letzten, die eine »große Ästhetik schreiben konnten, ohne etwas von Kunst zu verstehen«. Die Kritik zielt dabei auf die nachidealistischen Ästhetiker, die im Rahmen ihrer jeweiligen philosophischen Schulen weiterhin große Ästhetiken schrieben (Georg Lukács, Lucien Goldman: marxistische Ä.; Max Scheler, Nicolai Hartmann: phänomenologische Ä.; Benedetto Croce: nominalistische Ä. usw.). Adorno selbst vereinigt in seiner *Ästhetischen Theorie* (1970) Ansätze Kants und Hegels, wenn er vom »Doppelcharakter der Kunst« spricht, von ihrer Nicht-Begrifflichkeit und Autonomie auf der einen und von ihrem Wahrheitsgehalt und ihrer gesellschaftskritischen Dimension auf der anderen Seite.

Im Übrigen führte die fortschreitende wissenschaftliche Spezialisierung und Arbeitsteilung im 20. Jh. zu einem Bedeutungsverlust der philosophischen Ä.; die Fachwissenschaften – Kunstgeschichte und -soziologie, Literatur- und Musikwissenschaft, Semiotik u. a. – treten an ihre Stelle. Zu den neueren Versuchen fachwissenschaftlich fundierter Ästhetiken gehören Max Benses mathematisch-informationstheoretische *Aesthetica* (1965), Umberto Ecos *Semiotik. Entwurf einer Theorie der Zeichen* ([2]1991) und – als vorwiegend literarische Ä. – die von Hans Robert Jauß begründete Rezeptionsästhetik (→ Rezeption).

Ästhetizismus, europäische Bewegung zwischen der frz. Julirevolution 1830 und der Jahrhundertwende, die Schönheit und Kunst zum höchsten Wert erklärte und das Prinzip der Autonomie der Kunst (»l'art pour l'art«) einer utilitaristischen Kunstauffassung entgegensetzte. Programmatisch heißt es im Vorwort zu Théophile Gautiers Roman *Mademoiselle de Maupin* (1835) gegen die materialistische und sozialreformerische Fortschrittsideologie der Zeit: »Es gibt nichts wahrhaft Schönes außer dem Zweckfreien; alles Nützliche ist häßlich.« Die Befreiung von den Zwängen der sozialen Wirklichkeit und der Natur einte die europäischen Vertreter eines konsequenten L'art pour l'art wie Charles Baudelaire, Stéphane Mallarmé, Joris-Karl Huysmans oder Oscar Wilde. In der dt. Literatur fungierte – vorbereitet durch Arthur Schopenhauer, Friedrich Nietzsche und Richard Wagners Vorstellungen einer »Kunstreligion« – v. a. Stefan George als Vermittler dieser Tendenzen, die auch dekadente Varianten umfasste (→ Décadence). Die Wiener Moderne (→ Jung-Wien) nahm die Vorstellungen auf, wobei Hugo von Hofmannsthal zugleich die Unzulänglichkeit einer ästhetizistischen Weltauffassung hervorhob. Ästhetizistische Tendenzen zeigt auch das Frühwerk Heinrich und Thomas Manns. Gottfried Benns ›artistische‹ Kunstauffassung trug den Ä. weit ins 20. Jh. hinein.

Äternisten → Aktionskreis.

Affektenlehre, Lehre von den Gemütsbewegungen, zentraler Bereich der rhetorischen Theorie (→ Rhetorik). In der Antike konkurrierten verschiedene Auffassungen der Affekte. Aristoteles behandelte sie in der *Rhetorik* wie in der *Poetik* (→ Katharsis) und sah in ihnen – wie die ihm folgende peripatetische Tradition – ethisch durchaus wertvolle Bewegungen der Seele, sofern das rechte Maß gewahrt bliebe. Dagegen waren für die Stoiker Affekte widervernünftige, widernatürliche und schädliche Seelenregungen, die es zu unterdrücken bzw. auszutilgen galt (Apathie). Die einflussreichste mittelalterliche A. formulierte Thomas v. Aquin im Anschluss an Aristoteles und seine Nachfolger.

In der frühen Neuzeit wurden die verschiedenen antiken Traditionsstränge wieder aufgenommen. Die A. spielte angesichts der rhetorischen Fundierung der Künste für die Literatur, aber auch für die Musik eine bedeutende Rolle. Die Dichter führten in durchaus mechanistischer Weise Entstehung, Steigerung und Widerstreit der Affekte vor, deutlich gemacht durch entsprechend eingesetzten rhetorischen →Ornatus und Schilderungen der mit den verschiedenen Affekten verbundenen körperlichen Reaktionen. Die Wertungen fielen unterschiedlich aus, eher negativ etwa bei Andreas Gryphius, positiver bei Daniel Casper v. Lohenstein.

Fragen der Affekterregung prägten auch noch im 18. Jh. verschiedene Bereiche der poetologischen, ästhetischen und psychologischen Diskussion (Katharsislehre [→Katharsis], Diskussion des →Erhabenen), bis mit der wachsenden Bedeutung der Kategorie des Gefühls in der Literatur die barocke A. auf immer stärkere Ablehnung stieß (Kant, Goethe).

Agitprop, aus *Agit*ation und *Prop*aganda gebildete Bezeichnung für eine auf die Verbreitung der marxistisch-leninistischen Lehre zielende und damit zugleich zu konkreten politischen Aktionen auffordernde Kunst. Die dt. Agitpropbewegung entstand in der Weimarer Republik; der Akzent lag auf dem Agitproptheater, obwohl grundsätzlich alle Kunst- oder Literaturformen in den Dienst der propagandistischen und agitatorischen Arbeit gestellt werden konnten. Agitproptheater war episches, nicht-illusionistisches Theater (→Episches Theater), die Darsteller waren proletarische Laienspieler. Damals bekannte Gruppen waren ›Das rote Sprachrohr‹ oder ›Die blauen Blusen‹. Gespielt wurde auf Parteiveranstaltungen der KPD und auf öffentlichen Plätzen. Improvisation, Einbeziehung der Zuschauer, plakative Einfachheit trugen zur Massenwirksamkeit bei, die schon vor 1933 zu Polizeiverboten führte. Brecht nannte die Agitpropkunst »eine Fundgrube neuartiger künstlerischer Mittel und Ausdrucksarten«. Beziehungen zur Agitpropkunst zeigen sich im politischen Theater von Peter Weiss und dem Straßentheater der 68er-Bewegung.

Akrostichon, ein Wort, Vers, Satz oder eine andere sinnvolle Buchstabenfolge, gebildet aus den Anfangsbuchstaben (-silben, -wörtern) der Verse oder Strophen eines Textes.

Beginnen die Verse oder Strophen der Reihe nach mit den Buchstaben des Alphabets, spricht man von einem → Abecedarium. Man vermutet magische oder religiöse Ursprünge. Später diente das A. u. a. zum Schutz gegen Veränderungen bzw. Auslassungen, zur Verschlüsselung von Namen- und Zeitangaben, zur Gedächtnisstütze oder zum Schmuck. Das Verfahren, seit der Antike verwendet, findet sich in der dt. Literatur insbesondere im MA und der frühen Neuzeit.

Von einem Mesostichon spricht man, wenn die mittleren Buchstaben eines Verstextes, von einem Telestichon, wenn die letzten Buchstaben von oben nach unten gelesen einen Sinn ergeben. Bei einem Akroteleuton handelt es sich um eine Verbindung von Akrostichon und Telestichon (die Anfangsbuchstaben, von oben nach unten gelesen, ergeben den gleichen Wortlaut wie die Endbuchstaben, von unten nach oben gelesen).

Akroteleuton → Akrostichon.

Akt, größerer Handlungsabschnitt eines Dramas; ältere dt. Bezeichnungen sind ›Handlung‹, ›Abhandlung‹ und – bis ins 19. Jh. hinein – ›Aufzug‹. Daneben wurde die lat. Form ›Actus‹ bis ins 18. Jh. verwendet. Im klassischen antiken Drama trennten Chorgesänge die Handlungsteile voneinander; im Verlauf der weiteren Entwicklung ergab sich daraus in der Praxis häufig eine Fünfteiligkeit (Menander, Seneca), die auch Horaz in seiner *Ars poetica* forderte. In Deutschland setzte sich die im MA unbekannte Akteinteilung im Humanismus durch. Johannes Reuchlin nutzte sie als erster in seiner neulat. Komödie *Henno* (1497). Für die Tragödie, die im Barock nach dem Vorbild Senecas auch Zwischenchöre (→ Reyen) verwendete, blieben bis ins 19. Jh. fünf A.e die Regel, während in der Komödie, der größere Freiheiten eingeräumt wurden, drei A.e häufig sind. Seltener als Dramen in drei oder fünf A.en sind → Einakter, von den anderen Möglichkeiten ganz zu schweigen. Recht erratische Akteinteilungen haben freilich die volkssprachlichen Stücke des 16. Jh.s (z. B. Hans Sachs: drei bis zehn A.e).

Mit der Shakespearerezeption bereitete sich die Auflösung der strengen Aktgliederung vor, und seit dem Ende des 19. Jh.s entwickelten sich Dramentypen, die anstelle der hierarchischen Gliederung in A.e und Szenen die Abfolge gleichwertiger Teile setzten. Dazu gehören das → Stationendrama (August Strindberg) und das → epische Theater. Seit den → Dramentheorien des Humanismus gibt es Versuche, die Einteilung in drei oder fünf A.e mit der inneren Gliederung der dramatischen Handlung, wie sie etwa Aristoteles, Aelius Donatus und Horaz beschreiben, zu verbinden.

Aktionskreis, Bezeichnung für den Mitarbeiterkreis der von Franz Pfemfert herausgegebenen Zeitschrift *Die Aktion* (1911–32), die für den politisch engagierten literarischen und künstlerischen Expressionismus steht. Zu den Mitarbeitern zählten u. a. Hugo Ball, Johannes R. Becher, Gottfried Benn, Albert Ehrenstein, Carl Einstein, Yvan Goll, Jakob van Hoddis, Hermann Kasack, Alfred Lichtenstein, René Schickele, Ernst Stadler, Franz Werfel und Alfred Wolfenstein. Für die engeren Mitarbeiter, denen der Herausgeber überzeitliche Bedeutung zumaß, wurde die Bezeichnung ›Äternisten‹ geprägt (Benn, Einstein, Franz Jung u. a.).

Aktivismus, Gegenströmung zum → Expressionismus, die sich in den Jahrbüchern *Das Ziel* (1916–20) artikulierte, Literatur als Mittel zum Zweck verstand und sozialrevolutionäre, pazifistische Ziele vertrat. Programmatische Bedeutung hatte Heinrich Manns Essay *Geist und Tat* (1910). Die führenden ›Aktivisten‹ waren Kurt Hiller und Ludwig Rubiner.

Akustische Dichtung, Dichtung, die vom Wort als Bedeutungsträger absieht und durch die Verbindung von Buchstaben, Lauten oder Lautgruppen phonetische Texte, ›Lautgedichte‹, ›Hörtexte‹ komponiert. Spielerische Versuche gibt es seit Ende des 19. Jh.s; Bedeutung gewinnt sie v. a. im

Expressionismus (→ Sturmkreis) und → Dadaismus (Hugo Ball, Raoul Hausmann, Kurt Schwitters) und dann wieder im Kontext der → konkreten Dichtung seit den 50er-Jahren. Publikationsformen sind Schallplatte und Tonband; zugleich üben die technischen Möglichkeiten wesentlichen Einfluss auf die akustische Poesie und ihre Entwicklung aus.

Akzent, Hervorhebung einer Silbe im Wort oder eines Wortes in einer Wortgruppe durch Erhöhung der Tonstärke (dynamischer A.) bzw. durch Veränderung von Tonhöhe (musikalischer A.) oder Tondauer (quantitierender A.). Das Wort A. geht auf lat. *accentus* zurück, eine Übersetzung von griech. *prosodia* (›Zugesang‹). In der Regel dominiert in einer Sprache eine bestimmte Form der Betonung, wenn auch im lebendigen Sprachgebrauch alle Momente eine Rolle spielen können. Entsprechend der Prosodie haben sich verschiedene metrische Systeme entwickelt (→ Metrik).

Akzentuierende Metrik → Metrik.

Alamodeliteratur, abwertende Bezeichnung für literarische Werke des 17. Jh.s, denen die modische Nachahmung frz. und anderer ausländischer kultureller und sprachlicher Erscheinungen vorgeworfen wurde. Vor allem der Gebrauch von Fremdwörtern und ausländischen Redewendungen wurde im Zug der Sprach- und Literaturreform des 17. Jh.s kritisiert. Die satirische Auseinandersetzung mit der A. nahmen u. a. Johann Michael Moscherosch, Friedrich v. Logau, Johann Lauremberg und Grimmelshausen auf.

Aleatorische Dichtung, Bezeichnung für Literatur, bei deren Zustandekommen der Zufall als Kompositionsprinzip bestimmend ist (von lat. *alea* ›Würfel‹). Ansätze gab es bereits in der → Romantik (Novalis); als assoziatives Verfahren spielte die aleatorische Dichtung dann im → Futurismus, → Dadaismus und → Surrealismus (»écriture automatique«) eine Rolle. Zufallstechniken wurden nach dem Zweiten Weltkrieg in der experimentellen Dichtung und der Computerlyrik weiterentwickelt.

Alexandriner, im 16. Jh. aus der frz. Literatur übernommenes Versmaß. Der frz. A. ist ein 12- oder 13-silbiger Vers (je nach männlichem oder weiblichem Schluss) mit einer Zäsur nach der 6. und festen Akzenten auf der 6. und 12. Silbe. Der Name bezieht sich auf den altfrz. *Alexanderroman* (um 1180), der Vers selbst ist seit Anfang des 12. Jh.s nachweisbar. In der Renaissancedichtung des 16. Jh.s kam der A. zu neuer Geltung. Die ersten dt. Nachahmungen entstanden im Zusammenhang mit Übersetzung von Dichtungen des Niederländers Jan van Noot (Balthasar Froe, 1572) und des Hugenottenpsalters (Ambrosius Lobwasser, 1573). Nach den Versuchen Georg Rodolf Weckherlins, der sich der frz. Prosodie (→ Metrik) anschloss, wurde der A. in der von Martin Opitz definierten Form zum beherrschenden Vers der dt. Barockdichtung: ein sechshebiger Jambus mit einer Zäsur nach der 3. Hebung und männlicher oder weiblicher Kadenz (»Der schnelle Tag ist hin / die Nacht schwingt ihre Fahn«, Andreas Gryphius). Je nach Reimstellung unterscheidet man zwischen ›heroischem A.‹ (aabb) und ›elegischem A.‹ (abab), wobei sich in beiden Fällen männliche und weibliche Schlüsse abwechseln. Zunächst noch bei Gottsched und anderen Aufklärern häufig verwendet, verlor der A. in der Folgezeit rasch an Bedeutung. Goethe gebrauchte ihn noch in frühen Komödien und später zitathaft in *Faust II*. Ausgangspunkt der Kritik am A., die zu seinem fast völligen Verschwinden aus der dt. Dichtung führte, war die durch seine »zweischenklige Natur« (Schiller) begünstigte Neigung zu Gedanklichkeit und antithetischer Darstellung, damit aber auch zu Starrheit und Monotonie.

Alkäische Strophe → Odenstrophen.

Allegorese, Verfahren der Textauslegung, das auf hinter dem Wortsinn verborgene Bedeutungen abzielt. Es wurde in der Antike zunächst auf die Homerinterpretation, dann auch auf die Auslegung des AT angewandt. Im Zug der Bibelerklärung entwickelten sich seit dem frühen Christentum verschiedene Systeme der A., die von einem zweigliedrigen Schema (*sensus litteralis – sensus spiritualis*) zur Lehre vom vierfachen Schriftsinn fortschreiten. Bei dieser Methode wird der spirituelle Schriftsinn weiter unterteilt in ein allegorisches, ein moralisches bzw. tropologisches und ein anagogisches Verständnis. Ein populärer Merkvers des 13. Jh.s fasst dies so zusammen: »Littera gesta docet, quid credas allegoria. / Moralis quid agas, quo tendas anagogia« (»Der Buchstabe lehrt das Geschehene; was man glauben soll, die Allegorie, was man tun soll, der moralische Sinn, wohin du streben sollst, die Anagogie«). Beispiel ist etwa die Bedeutung von Jerusalem als (1) reale Stadt, (2) christliche Kirche, (3) menschliche Seele, (4) himmlische Stadt Gottes. In den allegorischen Schriftsinn wird seit der Patristik die exegetische Methode der → Typologie eingeschlossen.

Von der Spätantike bis in die frühe Neuzeit nahm die A. eine zentrale Stellung bei der Kommentierung und Exegese der Bibel und in der Predigtliteratur ein. Sie begegnet darüber hinaus in anderen Bereichen der geistlichen Literatur (Traktate, Bibeldichtung, Visionsliteratur), wurde aber ebenso auf die Interpretation nichtchristlicher Literatur (Vergil, Ovid), auf die heidnische Mythologie und den Bereich der Naturkunde (*Physiologus*, älteste dt. Übersetzung um 1070) angewandt. Aber auch in der weltlichen Dichtung des MA und der frühen Neuzeit (→ höfischer Roman, → Lehrdichtung, Emblematik [→ Emblem], → Pikaroroman [Grimmelshausen] u. a.) spielt die A. eine bedeutende Rolle. Dem Schriftsteller und Prediger standen zahlreiche Nachschlagewerke mit einem umfangreichen Repertoire allegorischer Bedeutungen und Bezüge zur Verfügung.

Allegorie, als rhetorischer Begriff Bezeichnung für eine »doppelsinnige Schreibart« (Johann Jakob Bodmer), bei der die auf der sichtbaren Ebene präsentierte Darstellung auf eine parallel verlaufende, verborgene zweite Ebene verweist, die die eigentliche, übergeordnete Bedeutung enthält. Die rhetorische Theorie erläuterte die A. als fortgesetzte

→ Metapher. Ein Beispiel dafür ist die Erweiterung der traditionellen Schifffahrtsmetapher zur A. des menschlichen Lebens in Andreas Gryphius' Sonett *An die Welt*.

Die durchgehende Anwendung des allegorischen Verfahrens auf ganze Texte oder abgeschlossene Textsegmente konstituiert die Gattung der A. Dabei spricht man von expliziter A., wenn der Autor die Auslegung durchgängig mitgibt, von impliziter A., wenn sie zwar einen klaren Hinweis auf die Entschlüsselung enthält, es jedoch dem Leser überlässt, sie im Einzelnen nachzuvollziehen. Im MA erscheint die A. vorwiegend als → Minneallegorie und in Darstellungen der sozialen Hierarchie (→ Schachbuch) und der Tugend- und Lastersysteme. In Renaissance und Barock werden die verfestigten Bedeutungen in allegorischen und emblematischen Wörterbüchern (→ Emblem) verzeichnet; zugleich behält die A. ihre Bedeutung in der didaktischen und erbaulichen Literatur und spielt eine signifikante Rolle in Lyrik, Roman (beispielsweise in den ›Einlagen‹ des *Simplicissimus* von Grimmelshausen) und Theater (z. B. in den → ›Reyen‹ des barocken Trauerspiels, in allegorischen Opern und Balletten, in moralitätenähnlichen Schauspielen). Goethes *Faust II* enthält allegorische Maskenzüge, Hugo v. Hofmannsthals *Jedermann* sucht die allegorische → Moralität zu erneuern. Große Bedeutung hat die A. v. a. in der Erzählkunst des 20. Jh.s als konstruktives, strukturelles Element großer Romane (Alfred Döblin, Thomas Mann, Hermann Kasack, Günter Grass, Heinrich Böll u. a.).

Die allegorische Auslegung vorgegebener Texte wird mit dem Begriff der → Allegorese bezeichnet. Von der Gattung A. ist die → Personifikation zu unterscheiden. In ihr wird ein abstraktes Konzept (z. B. Gewissen, Gerechtigkeit) in die Rolle einer handelnden Person überführt; Personifikationen können aber die Grundlage eines allegorischen Textes bilden.

Alliteration, Übereinstimmung von Wörtern im Anlaut. Dabei ist zu unterscheiden zwischen der A. als metrischem, verskonstituierendem Prinzip (→ Stabreim) und der A. als Stil- und Klangmittel. Als stilistisches Mittel der Prosa lässt sich die A. von Johann Fischart bis in die Gegenwart nachweisen. Sie dient nicht zuletzt der Pointierung und wird in diesem Sinn seit dem 19. Jh. vielfach auch in Titeln und Werbetexten verwendet. Daneben haben sich alliterierende Zwillingsformeln der älteren Rechtssprache erhalten, die auch – wie die Verwendung der A. im Sprichwort – auf ihre mnemotechnische Funktion verweist. Als Klangmittel spielt die A. eine bedeutende Rolle v. a. in der Dichtung des Barock, der Romantik und des 19. Jh.s.

Almanach, jährlich erscheinende Buchveröffentlichung, die neben Texten verschiedenster Art in der Regel auch ein Kalendarium enthält. Das Wort A. stammt aus dem Arabischen und wurde bereits im MA in der Bedeutung → ›Kalender‹ in die europäischen Sprachen übernommen. Die ersten gedruckten A.e des 15. Jh.s waren im wesentlichen kalendarische und astronomische Datensammlungen in Tabellenform; seit dem 16. Jh. wurden neben dem Kalendarium belehrende und unterhaltende Texte aufgenommen (praktische Ratschläge, Anekdoten, Prophezeiungen, sensationelle Nachrichten usw.). Im letzten Drittel des 18. Jh.s bildete sich eine schöngeistige Almanachkultur heraus, die eine bedeutende Rolle im literarischen Leben spielte (Musenalmanach).

Vorbild war der Pariser *Almanac des Muses* (1765 ff.); mit dem von Christian Heinrich Boie und Friedrich Wilhelm Gotter begründeten *Göttinger Musenalmanach* (1770–1804) begann die Reihe der dt. schöngeistigen A.e (mit oder ohne Kalendarium). Bis etwa 1860 erschienen rund 2000 Titel. Zahlreiche Unternehmungen waren nur kurzlebig. Zu den bedeutenderen A.en der letzten Jahrzehnte des 18. Jh.s gehörten der *Wiener Musenalmanach* (1777–96), der von Johann Heinrich Voß herausgegebene *Hamburger Musenalmanach* (1776–98, 1800) und der von Schiller in Zusammenarbeit mit Goethe besorgte *Musenalmanach* (1796–

1800). In der Romantik und im Biedermeier folgten zahlreiche weitere Musenalmanache und ›Taschenbücher‹, u. a. August Wilhelm Schlegels und Ludwig Tiecks *Musenalmanach für das Jahr 1802*, Justinus Kerners *Poetischer Almanach* (1812), Nikolaus Lenaus *Frühlingsalmanach* (1835–1836) und Gustav Schwabs, Adelbert v. Chamissos und Franz v. Gaudys *Deutscher Musenalmanach* (1833–39).

Die A.e, unter ihnen zahlreiche landschaftlich gebundene, enthielten vorwiegend lyrische und kürzere epische Texte, seltener dramatische Szenen. Vor allem als Distributionsmedium für die Lyrik kam den A.en eine große Bedeutung zu. Ein wesentlicher Teil der Poesie des → Göttinger Hains, der Klassik und Romantik sowie des Biedermeier und Vormärz wurde hier zuerst gedruckt. Da die Herausgeber gleichzeitig die Leser zur Mitarbeit einluden, ergab sich im Rahmen einer literarisch-geselligen Kommunikation eine eigentümliche Verbindung von Dilettantismus und Dichtkunst.

Alternation, Begriff der → Metrik für den regelmäßigen Wechsel von je einsilbiger Hebung und Senkung. Die entsprechenden Verse sind der → Jambus (◡ – ◡ – ◡ usw.) oder der → Trochäus (– ◡ – ◡ – usw.).

Althochdeutsche Literatur, sprachgeschichtlich begründete Bezeichnung für die erste Epoche der dt. Literaturgeschichte. Sie umfasst den Zeitraum von der Mitte des 8. Jh.s bis zur Mitte des 11. Jh.s und ist eng mit der karolingischen Kultur- und Kirchenpolitik verbunden. Die ahd. Literatur entstand in der Begegnung und Auseinandersetzung mit dem Lateinischen. Das erste dt. Buch ist die Übersetzung eines lat. Synonymenlexikons (*Abrogans*, um 750). Im Übrigen bestimmten Glossierungen lat. Texte (→ Glosse [1]), die sich zu vollständigen Übersetzungen ausweiten konnten (→ Interlinearversionen), die Anfänge der ahd. Literatur. Zu den bedeutendsten Texten gehört der im Kloster Fulda entstandene *Ahd. Tatian* (um 830), die Übersetzung einer → Evangelienharmonie des 2. Jh.s. Eine Ausnahmeleistung stellt der *Ahd. Isidor* (um 790–800) dar, dessen sprachliche

Präzision erst gegen Ende der Epoche wieder erreicht wurde (Notker III. von St. Gallen). Um die elementaren Lehren des christlichen Glaubens zu vermitteln, wurden – angespornt durch entsprechende Vorschriften – zahlreiche ahd. Übersetzungen des *Credo* und des *Paternoster* sowie von Taufgelöbnissen und Beichtformeln angefertigt.

Von der vorchristlichen mündlichen Überlieferung wurde nur wenig aufgeschrieben: die *Merseburger Zaubersprüche* (→ Zauberspruch) und das *Hildebrandslied*, das einzige Zeugnis germ. → Heldendichtung. Auch die christliche Dichtung verwandte z. T. noch den germ. → Stabreimvers (*Wessobrunner Gebet*, *Muspilli*); die Zukunft gehörte jedoch dem Endreimvers, entstanden in Anlehnung an die christliche Hymnendichtung. Das *Evangelienbuch* (um 863–71) Otfrids v. Weißenburg ist die bedeutendste Endreimdichtung der Zeit; ein weltliches Beispiel bietet das Preislied auf den westfränkischen König Ludwig III. anlässlich eines Sieges über die Normannen (*Ludwigslied*, 881–82).

Altsächsische Literatur, die Literatur in altniederdt. Sprache im 9. Jh. Die Abgrenzung gegenüber der ahd. Literatur gründet allein auf sprachlichen Kriterien. Ahd. und altsächs. Literatur gehören in denselben historischen und kulturellen Kontext. Die Bezeichnung altsächs., obwohl sprachwissenschaftlich problematisch, ergibt sich aus der engen Verwandtschaft der erhaltenen literarischen Zeugnisse mit der angelsächsischen Stabreimdichtung (→ Stabreim). Die altsächs. Literatur wird, sieht man von einigen kleineren Zaubersprüchen und kirchlichen Texten ab, durch zwei Stabreimdichtungen aus dem 9. Jh. repräsentiert: das Bruchstück einer Genesisdichtung (*Altsächs. Genesis*) und den *Heliand*, eine rund 6000 → Langzeilen umfassende Erzählung des Lebens Jesu. Ihr Verfasser nutzte dafür die vertraute Form der Heldendichtung und arbeitete mit Begriffen der germ. Vorstellungswelt, um Gehör für die christliche Botschaft bei den erst vor kurzem bekehrten Sachsen zu finden.

Ambiguität, wörtlich Zweideutigkeit, heute allgemein als Mehrdeutigkeit, Vieldeutigkeit verstanden. In der antiken → Rhetorik gilt unfreiwillige A., entstanden etwa durch lexikalische oder syntaktische Mehrdeutigkeit, als Fehler. Andererseits stellt die A. ein verbreitetes Mittel satirischen, ironischen, witzigen oder obszönen Sprechens dar und erweist sich v. a. in der Literatur des 20. Jh.s, je mehr das Postulat der → Mimesis in den Hintergrund tritt, als grundlegendes Merkmal der Dichtung überhaupt.

Amphibolie → Wortspiel.

Amplificatio, Bezeichnung der → Rhetorik für die Vergrößerung oder Steigerung des Redegegenstandes, wobei im Stadium der Inventio die Sachen (*res*) und im Stadium der Elocutio der sprachliche Ausdruck (*verba*) betroffen sind. Als Mittel zur affektsteigernden A. nennt Quintilian Steigerung (*incrementum*, *gradatio*, → Klimax), → Vergleich (*comparatio*), Schlussfolgerung [des Publikums aus einer ihm vorgetragenen amplifizierten Sache] (*ratiocinatio*) und → Häufung von Synonymen (*congeries*).

Anagramm, Wort oder Wortfolge, aus der Umstellung der Buchstaben eines Wortes oder mehrerer Wörter entstanden. Die im 17. Jh. gebräuchliche dt. Bezeichnung ›Letterwechsel‹ hat sich nicht durchgesetzt. Verwendet wurden A.e zunächst im Kontext sprachmagischer und religiöser Vorstellungen (Kabbala) und zur Aufdeckung symbolischer Bezüge (›Ave‹ – ›Eva‹). Seit der frühen Neuzeit dienen A.e v. a. zur Verschlüsselung von Namen und als Gesellschaftsspiel (auch im Hinblick auf das Verfertigen von Gelegenheitsgedichten).

Anakoluth, Bruch in der Satzkonstruktion, z. B. das grammatisch nicht ganz korrekte Weiterführen eines Satzes nach einem Einschub (Nebensatz, Parenthese) oder der Neuansatz nach einem Abbruch mitten im Satz. Der A. wird in der klassischen → Rhetorik als Fehler gewertet, erscheint aber in der Literatur häufig als Stilmittel emotionalen Sprechens oder sozialer Charakteristik. Eine Sonderform des A.s ist die Prolepsis, die Voranstellung eines sinnbetonten Wortes oder Satzteils.

Anakreonteen → Anakreontik.

Anakreontik, ein sich auf den griech. Dichter Anakreon beziehender Typus gesellig-scherzhafter Lyrik. Ausgangspunkt der europäischen Wirkung Anakreons bzw. der ihm später zugeschriebenen Texte war die Sammlung von etwa 60 griech. Liedern, die Henri Estienne (Henricus Stephanus) 1554 mit lat. Übersetzungen herausgegeben hatte (*Anakreonteen*). Ihre Kennzeichen sind eine sinnenfrohe, diesseitige Lebenshaltung mit einem um Liebe, Wein, Geselligkeit kreisenden, eher stereotypen Motiv- und Bildrepertoire, stilistische Leichtigkeit und (reimlose) kurze Verse (jambischer Dimeter bzw. vierhebige → Jamben). Bei den Übertragungen in die Volkssprachen (frz. Übersetzung von Rémy Belleau 1556) wurde die reimlose anakreontische → Ode mit der Form des gereimten strophischen Liedes verbunden.

In Deutschland blieb die Wirkung der anakreontischen Lyrik zunächst auf die → neulat. Literatur beschränkt. Seit Martin Opitz wurden entsprechende Versuche in dt. Sprache unternommen, die mit ihrer Diesseitigkeit und Sinnenfreude einen Kontrapunkt zum Ernst der religiösen Vanitasdichtung bildeten. Doch erst im 18. Jh., zwischen 1740 und 1770, kam es zu einer breiten, den Charakter einer literarischen Strömung annehmenden Rezeption und Adaption der anakreontischen Lyrik in Deutschland, deren Nachwirkungen noch im Biedermeier zu spüren waren. Friedrich v. Hagedorn gab mit seiner *Sammlung Neuer Oden und Lieder* (1742 ff.) den Anstoß; es folgten u. a. Johann Wilhelm Ludwig Gleim, der seinen *Versuch in Scherzhaften Liedern* (1744–45) mit dem programmatischen Gedicht *Anakreon* einleitete, Johann Peter Uz und Johann Nikolaus Götz, die neben eigenen Versuchen wichtige Übersetzungen der *Anakreonteen* vorlegten (Götz/Uz, *Die Oden Anakreons in reimlosen Versen*, 1746; Götz, *Die Gedichte Anakreons und der Sappho Oden*, 1760). Zahlreiche bedeutende Dichter der 2. Hälfte des 18. Jh.s machten eine anakreontische Jugendphase durch (Lessing, Heinrich Wilhelm v. Gerstenberg, Christoph Martin Wieland, Goethe, Schiller usw.). Zentren der anakreontischen Lyrik waren Halle und Leipzig. Im pietistischen Halle hatten sich Gleim, Uz und Götz in ihrem Interesse an Anakreon gefunden und damit den Weg zur Überwindung der pietistischen Enge durch ein neues Lebensgefühl geebnet, das seinen Ausdruck in einer graziösen, spielerisch-epikuräischen Lyrik fand. Begleitet wurde sie von philosophischen Rechtfertigungen einer scherzhaften Kultur (z. B. Georg Friedrich Meier, *Gedancken von Schertzen*, 1744). → Rokoko.

Analytisches Drama, Form des Dramas, in der das Ereignis, das das Bühnengeschehen bestimmt, in der Vergangenheit liegt. Die Bühnenhandlung besteht in der schrittweisen Aufdeckung dieses bisher verborgenen Ereignisses. Schiller beschrieb diese Dramenform am Beispiel des *König Ödipus* von Sophokles: »Der Ödipus ist gleichsam nur eine tragische Analysis. Alles ist schon da, und es wird nur herausgewickelt.« Schiller selbst bediente sich in der *Braut von Messina* (1803) der analytischen Form, Heinrich v. Kleist wandte sie auf die Komödie an (*Der zerbrochne Krug*, 1808). Eine besondere Bedeutung erlangte das analytische Drama im Naturalismus (Henrik Ibsen; Johannes Schlaf, *Meister Oelze*, 1892); neuere Beispiele sind Heinar Kipphardts *In der Sache J. Robert Oppenheimer* (1964) und Peter Weiss' *Die Ermittlung* (1965). Mischformen können u. a. dadurch entstehen, dass sich neben der Aufklärung der vergangenen Ereignisse neue Konflikte in der Gegenwartshandlung entwickeln (z. B. Lessing, *Nathan der Weise*, 1779).

Anapäst, in der antiken Metrik dreisilbiger Versfuß aus zwei kurzen und einer langen Silbe (◡ ◡ –), im Deutschen aus zwei unbetonten und einer betonten Silbe. In den dt. Nachbildungen des Verses, die nach ersten Versuchen im

Barock von August Wilhelm Schlegel (*Ion*, 1803) fortgeführt wurden, ist häufig mit jambischem (→Jambus) oder spondeischem (→Spondeus) Beginn zu rechnen. Die Abgrenzung zwischen →Daktylus und A. bleibt vielfach schwierig.

Anapher, rhetorische Wortfigur: Wiederholung eines Wortes oder einer Wortgruppe jeweils am Anfang eines Satzes oder Abschnitts bzw. eines Verses oder einer Strophe. Den analogen Fall am Ende von Sätzen bzw. Versen nennt man Epipher. Die Verbindung von Anapher und Epipher, also Übereinstimmungen am Anfang und Ende, heißt Symploke.

Anekdote, epische Kleinform, die in geistreicher Pointierung eine wahre bzw. mögliche oder glaubhafte Begebenheit einer bekannten Person erzählt. Die A. war ursprünglich eine mündliche Form, zum Erzählen in geselliger Situation gedacht, um in prägnanter und/oder witziger Weise einen Charakter zu beleuchten oder die Neugier zu befriedigen. Als schriftliche literarische Gattung gewann die A. seit dem 18. Jh. als kleines Charakterbild, als unterhaltende Ergänzung der Geschichtsschreibung an Bedeutung. Geistvolle A.n entstanden in der Adelskultur des frz. Ancien régime (Nicolas Chamfort); in Deutschland traten im 19. Jh. vor dem Hintergrund einer Vielzahl von Anekdotensammlungen Johann Peter Hebel und Heinrich v. Kleist als namhafte Autoren hervor, während dann im 20. Jh. Paul Ernst, Hans Franck oder Walter von Molo die Gattung durch eine unangemessene Gewichtigkeit und Heroisierung in konservativem oder völkisch-nationalem Sinn belasteten. A.n in sozialistischem Geist schrieb Franz Carl Weiskopf.

Ankunftsliteratur →DDR-Literatur.

Annominatio →Paronomasie, →Wortspiel.

Anonym, ›namenlos‹, ›unbekannt‹, Bezeichnung für ohne Verfassernamen überlieferte Texte bzw. für Texte, deren Verfasser bewusst verschwiegen wird. Zu den ohne Verfassernamen überlieferten Texten (Anonyma) gehören kultische Texte, die mittelalterliche Heldenepik – wohl verstanden als Resultat kollektiver Überlieferung –, → Volkslieder, → Märchen usw.; das Verschweigen des Verfassernamens ist vielfach Vorsichtsmaßnahme, da Autoren von politischen, religiösen, satirischen, polemischen oder pornographischen Schriften der Verfolgung durch die → Zensur ausgesetzt waren. Anonym erschienen z. B. Goethes *Götz v. Berlichingen* (1773), Schillers *Räuber* (1781) und Franz Dingelstedts *Lieder eines kosmopolitischen Nachtwächters* (1841). Daneben spielen bei dem Verschweigen des Verfassernamens persönliche Gründe oder Rücksichtnahmen eine Rolle. Hilfe bei der Identifizierung bietet u. a. Michael Holzmann / Hanns Bohatta, *Deutsches Anonymen-Lexikon* (7 Bde., Weimar 1902–28).

Anstandsliteratur, Bezeichnung für Werke, die über Benehmen und gesellschaftliche Umgangsformen unterrichten. Lehren über angemessenes Verhalten im Alltag, Körperbeherrschung, Benehmen bei Tisch und Hof standen im MA zunächst noch in größeren Zusammenhängen, etwa einer adeligen Standesethik (Thomasin v. Zerklaere, *Der welsche Gast*, 1215–16) oder einer Enzyklopädie (Hugo v. Trimberg, *Der Renner*, um 1300). Später verselbständigten sich die entsprechenden Anleitungen; in der → grobianischen Literatur des 16. Jh.s wurden sie ins Satirische gewendet. Zugleich entwickelte sich in Italien das neue Verhaltensideal des umfassend gebildeten ›Hofmanns‹ (Baldassare Castiglione, *Il libro del cortegiano*, 1528), das weiter auf die Lehren politischer Klugheit und weltklugen Verhaltens im 17. Jh. wirkte (Baltasar Gracián, Christian Weise, Christian Thomasius) und auch noch – nun verbunden mit dem aufklärerisch-bürgerlichen Konzept eines ›natürlichen‹, die inneren Werte betonenden sozialen Umgangs – bei Adolph v. Knigge (*Über den Umgang mit Menschen*, 1788) nachklingt. Dass »Knigge« schließlich nach mannigfachen Bearbeitungen zum Synonym für stumpfsinnige Etikette-Bücher wurde, ist ein unverdientes Schicksal.

Anthologie, Sammlung von einzelnen, ursprünglich nicht zusammengehörigen Texten (griech. *anthologia* bedeutet, wie lat. *florilegium*, ›Blütenlese‹). Bei den Texten handelt es sich vorzugsweise um Gedichte oder andere kürzere Texte wie Sentenzen, Sprichwörter oder Briefe; seltener sind A.n epischer und dramatischer Texte. In der Antike wurden v. a. Epigramme in A.n zusammengestellt; seit dem 16./17. Jh. dominieren Sammlungen lyrischer Texte. Dazu gehören die 15-bändige Sammlung europäischer neulat. Poesie »dieses und des vorigen Jh.s« durch Janus Gruter (*Delitiae*, 1608–14) und deutschsprachige A.n wie Julius Wilhelm Zincgrefs »anhang [...] auserleßener geticht anderer Teutscher Poeten« zu Martin Opitz' *Teutschen Poemata* (1624) oder Benjamin Neukirchs A. *Herrn von Hoffmannswaldau und andrer Deutschen auserlesener und bißher ungedruckter Gedichte erster [– siebender] theil* (1695–1727). Zu den wichtigsten deutschen A.n des 18. Jh.s zählen Karl Wilhelm Ramlers *Lieder der Deutschen* (1766) und *Lyrische Blumenlese* (1774–78), Friedrich v. Matthisons 20-bändige *Lyrische Anthologie* (1803–07), Johann Gottfried Herders internationale *Volkslieder* (1778–79) und Achim v. Arnims und Clemens Brentanos »Alte deutsche Lieder« (*Des Knaben Wunderhorn*, 1806 [recte 1805]–08). Seit der Mitte des 19. Jh.s wurden A.n zur Massenerscheinung mit harmonisierenden und epigonalen Tendenzen und vielfältigen pädagogischen, religiösen, politischen usw. Zielsetzungen. Alternative Konzepte unterschiedlicher Art vertraten dagegen u. a. Wilhelm Arent (*Moderne Dichter-Charaktere*, 1885), Stefan George und Karl Wolfskehl (*Deutsche Dichtung*, 1902), Kurt Pinthus (*Menschheitsdämmerung*, 1920) oder Walter Höllerer (*Transit*, 1956).

Antichristspiel, Typus des mittelalterlichen → geistlichen Spiels über die dem Jüngsten Gericht und dem Weltende vorausgehende Herrschaft des Antichrist. Frühestes Beispiel und zugleich Höhepunkt der Geschichte des Antichristspiels ist der anonyme lat. Tegernseer *Ludus de*

Antichristo (um 1160). Erst später im MA nehmen volkssprachliche Schauspiele das eschatologische Thema auf (*Des Entkrist Vasnacht*, um 1353–54). Auch das Reformationsdrama greift auf die Legende vom Antichrist zurück (Thomas Naogeorg, *Pammachius*, 1538), ebenso das volkssprachliche katholische *Spil deß jüngsten Gerichts* von Zacharias Bletz, das 1549 an zwei Tagen in Luzern aufgeführt wurde.

Antikerezeption, die Aufnahme und produktive Aneignung antiker Kulturleistungen. Die Auseinandersetzung mit dem Erbe der Antike gehört zu den Konstanten der europäischen Kultur- und Geistesgeschichte. Je nach historischer Situation treten dabei unterschiedliche Aspekte der Antike in den Vordergrund, gibt es Präferenzen für bestimmte Epochen, werden jeweils eigene Bilder und Vorstellungen der Antike wahrgenommen bzw. produziert.

Eine entscheidende Zäsur in der Art und Weise der A. liegt zwischen MA und Renaissance. Zwar ist es ein Vorurteil, dass erst die ital. Renaissance die antike Kultur wiederentdeckt habe, doch erfasste die Renaissance das Altertum als Ganzheit und setzte dessen kulturellen Leistungen dem als Verfallszeit gedeuteten MA als verbindliches Vorbild entgegen. Im MA dagegen lebte man in einem unreflektierten Bewusstsein kultureller Kontinuität zur Antike und bediente sich ohne historische Distanz aus dem materiellen, zivilisatorischen und geistigen Erbe. Tatsächlich gab es nach der Völkerwanderungszeit und dem Zusammenbruch des weströmischen Reiches mit der Kirche eine Institution, die die Kontinuität bewahrte und mit ihrer Verfügung über Schrift- und Buchwesen die Voraussetzungen für die Aneignung der geistigen Überlieferung garantierte. Das bedeutete zugleich, dass alles Antike in christlichem Licht erscheint, dass die Bedürfnisse des Schulbetriebs (*Artes liberales*) und der Theologie Auswahl und Färbung der antiken Texte bestimmten und das Lateinische die vorherrschende Sprache blieb.

Dieser Prozess setzte mit Nachdruck in der karolingischen Zeit ein und führte nach einer ersten Aneignungsphase, die ihren Ausdruck in Kompilationen, Exzerptensammlungen, Wörterbüchern und einigen Übersetzungen fand, zum selbständigen Umgang mit dem Rezipierten, etwa im Aristotelismus der Scholastik. Die Bedeutung der A. für die deutschsprachige Literatur wurde – abgesehen von den Übersetzungen Notkers III. v. St. Gallen (um 950–1022) – erst in der Dichtung des 12. Jh.s sichtbar, wenn sie auch die antiken Überlieferungen in der Regel aus zweiter Hand aufnahm (Heinrich v. Veldeke, *Eneit*; *Kaiserchronik*; Alexanderromane; Trojadichtungen; Kleinepik; Fabeln). Auf das lat. Original ging dagegen Albrechts v. Halberstadt Übersetzung der *Metamorphosen* des Ovid zurück (um 1200; erhalten nur in der Bearbeitung von Jörg Wickram, 1545).

Mit Renaissance und → Humanismus setzte sich ein neues Verhältnis zur Antike durch, das ohne Vermittlung der Kirche auf die Texte in ihrer originalen Form zurückgriff. In ihnen begegnete man dem eigenen, dem Diesseits zugewandten Lebensgefühl und Vorstellungen von der Autonomie des Menschen, aber auch den Prinzipien eines rationalen Staats- und Rechtswesens. Die ästhetischen Maßstäbe bestimmte von nun an die antike Literatur, das mittelalterliche Latein musste dem an antiken Mustern geschulten Neulatein weichen. Eine intensive Editionstätigkeit setzte ein, die den griech. und lat. Texten, begünstigt durch die Erfindung des Buchdrucks, eine große Verbreitung (unter den Gebildeten) sicherte und zugleich zahlreiche Übersetzungen anregte. Eine reiche → neulat. Literatur von hohem ästhetischen Rang bis weit ins 17. Jh. hinein bezeugt die befruchtende Wirkung der Antike ebenso wie das produktive Missverständnis, das statt zur Wiederbelebung der antiken Tragödie zur Erfindung der → Oper führte.

Auch die Erneuerung der nationalsprachlichen Literaturen in Europa basierte nicht zuletzt auf den poetologischrhetorischen Grundlagen der antiken Dichtung, ihrem Gattungs-, Formen- und Motivrepertoire. Während dann Lessing in der *Hamburgischen Dramaturgie* (1767–69) den strengen aristotelischen Klassizismus aufzubrechen suchte, leitete Johann Joachim Winckelmann mit seiner Abhandlung *Gedancken über die Nachahmung der griechischen Wercke in der Mahlerey und Bildhauer-Kunst* (1755) einen Vorbildwechsel in der A. ein: Mit dem Konzept von der »edlen Einfalt und der stillen Größe« entwarf er ein neues Bild vom antiken Menschen, das sich auf die Griechen und ihre Kunst gründete und in der →Weimarer Klassik, aber auch bei Friedrich Hölderlin utopische Kraft bewies. Zuvor hatte Friedrich Gottlieb Klopstock mit seiner metrischen Reform die Nachbildung antiker Metren ermöglicht (→Metrik) und so den →Hexameter als neuen epischen Vers durchgesetzt und einer antikisierenden Lyrik nach griech. Mustern den Weg bereitet.

Dem klassizistischen Griechenbild setzten bereits Heinrich v. Kleist (*Penthesilea*, 1808) und Friedrich Creuzer (*Symbolik und Mythologie der alten Völker, besonders der Griechen*, 1810–12) Vorstellungen eines dunkleren, rauschhaft-ekstatischen Griechentums entgegen, ein Gegensatz, der dann mit Friedrich Nietzsches Kategorien vom →Apollinischen und Dionysischen auf den Begriff gebracht wurde. Während die poetologischen Normen und Gattungsmuster der Antike heute an Bedeutung verloren haben, sind Stoffe und Motive der antiken Dichtung und Mythologie lebendig geblieben und finden immer wieder gegenwartsbezogene Deutungen (z. B. Heiner Müller, Christa Wolf).

Antiklimax →Klimax.

Antistrophe →Pindarische Ode.

Antithese, rhetorischer Begriff für die Gegenüberstellung von zwei gegensätzlichen Wörtern, Wortgruppen oder Begriffen, um deren Antagonismus besonders herauszustellen. Die A. wird häufig durch andere rhetorische Mittel verstärkt (→Parallelismus, →Chiasmus) und ist häufig angewandtes Stilmittel rhetorisch geprägter Literatur. Eine besondere Rolle spielt die A. als Denk- und Stilfigur in literarischen Epochen und Strömungen wie → Barock und → Manierismus (→ Argutia). Auch manche → Gattungen (→ Epigramm, → Sonett) und Versformen (→ Alexandriner) zeigen eine Affinität zur Antithese. In der neueren Dichtung ist v. a. das Werk Schillers und Heinrich Heines durch antithetische Strukturen gekennzeichnet.

Antizipation, aus der → Rhetorik stammende Bezeichnung für den Vorgriff auf den vermuteten Gedankengang der Gegenpartei oder die eigene Argumentation, um dadurch die eigene Darstellung im voraus gegen mögliche Einwände abzusichern. Die Technik der A. wird gerne vom auktorialen → Erzähler genutzt. → Vorausdeutung.

Antonomasie, Ersetzung eines Eigennamens durch ein charakteristisches Epitheton (Beiwort) oder eine Umschreibung (»der Allmächtige«, »der Ritter von der traurigen Gestalt«, »der Korse«).

Anvers → Langzeile.

Aphorismus, prägnanter, zugespitzter und von entsprechend formulierten Nachbartexten isolierter Gedanke in Prosaform. Durch seine konzise Formulierung und Pointierung, durch den wirkungsvollen, zum Nachdenken anregenden Einsatz verschiedener literarischer und rhetorischer Stilmittel wie Paradoxon, Anspielung, → Antithese, → Metapher usw. zielt der A. auf – überraschende – Erkenntnis. Dadurch unterscheidet sich der A. von festen, apodiktisch formulierten moralischen, philosophischen oder religiösen Lebensregeln. Gleichwohl bleiben Abgrenzungsschwierigkeiten zu anderen Kurzformen wie → Maxime, → Sentenz, → Fragment usw.

Der A. hat eine bis zu den medizinischen und naturphilosophischen Lehrsätzen der Antike zurückreichende Geschichte. Für die literarische Tradition wurden La Rochefoucaulds *Réflexions ou sentences et Maximes morales* (1665) von entscheidender Bedeutung. Die deutsche Nachfolge setzte um 1800 mit postumen Teilveröffentlichungen aus Georg Christoph Lichtenbergs *Sudelbüchern*, Jean Pauls *Wetterbeobachtungen über den Menschen* im *Hesperus* (1795), den *Lyceum-* und *Athenaeum*-Fragmenten des Kreises um Friedrich Schlegel und den Sammlungen des Novalis (*Blüthenstaub*, 1798; *Glauben und Liebe*, 1798) ein. Die aphoristische Tradition führten im 19. Jh. u. a. Goethe (*Maximen und Reflexionen*, postum 1840), Marie v. Ebner-Eschenbach und Friedrich Nietzsche, im 20. Jh. Arthur Schnitzler, Hugo v. Hofmannsthal und v. a. Karl Kraus fort. In den 50er-Jahren wurde Polen zu einem Zentrum politisch-satirischer Aphoristik (Stanisław Jerzy Lec u. a.).

Apokope, das Weglassen eines Lautes am Wortende etwa aus metrischen oder artikulatorischen Gründen (»manch' gülden Gewand«, Goethe). Die Bezeichnung für den entsprechenden Ausfall im Wortinnern ist Synkope (»ew'ger«). → Elision.

Apokryphen, Bezeichnung für die nicht zum kanonischen Bestand des AT und des NT gehörenden jüdischen und frühchristlichen Schriften, die aber formal und thematisch in enger Beziehung zur Bibel stehen. Die A. zum AT besitzen in der katholischen Kirche, nicht hingegen in der evangelischen, kanonischen Rang (Makkabäer, Tobias, Judith u. a.); die A. zum NT (z. B. *Pseudo-Matthaeus*) zählen in keiner der Kirchen zum Kanon. Von den A. gingen wesentliche Einflüsse v. a. auf mittelalterliche, aber auch auf neuzeitliche religiöse Dichtungen aus (Priester Wernher, *Driu liet von der maget*, um 1172; Konrad v. Fußesbrunnen, *Die Kindheit Jesu*, um 1200; *Passional*, um 1280–1300; John Milton, *Paradise Lost*, 1667; Friedrich Gottlieb Klopstock, *Der Messias*, 1748–73).

Apollinisch – dionysisch, von den griech. Göttern Apollon und Dionysos abgeleitetes Begriffspaar. Dabei steht Apollon für Klarheit, Formstrenge, Rationalität, Ausgeglichenheit, Maß, Heiterkeit, Dionysos für den entgegengesetzten Bereich des Rauschhaften, Ekstatischen, Sinnlichen, Irrationalen. Das Begriffspaar geht auf Friedrich Wilhelm Joseph Schelling zurück und wurde u. a. von Hegel, Friedrich Nietzsche und Richard Wagner aufgenommen.

Apophthegma, situationsgebundener pointierter Denk- und Sinnspruch in Prosaform. Zu seinen charakteristischen Merkmalen gehören Kürze, Zweiteiligkeit (Situationsbezug/Anlass – sentenziöse Aussage) und Nennung eines Sprechers: »Als Archelaos von einem schwatzhaften Friseur gefragt wurde, wie er ihm die Haare schneiden solle, antwortete Archelaos: ›Schweigend‹.« (Plutarch) Inhaltlich geht es vorwiegend um Fragen der Ethik, der Verhaltenslehre, der praktischen Lebensklugheit. Abgrenzungen zu anderen Kurzformen wie → Anekdote oder → Witz bereiten im Einzelfall Schwierigkeiten.

Die spätantiken und frühchristlichen Vorbilder (Plutarch, *Apophthegmata Patrum*) wurden in der frühen Neuzeit rezipiert (Erasmus v. Rotterdam, Francis Bacon u. a.). Die dt. Tradition, die im wesentlichen nicht über das 17. Jh. hinausführt, begründeten Julius Wilhelm Zincgref (*Der Teutschen Scharpfsinnige kluge Sprüch*, 1626; erweiterte Ausgaben 1628–31 u. ö.) und Georg Philipp Harsdörffer (*Ars Apophthegmatica*, 1655–56).

Aposiopese, abruptes, affektbetontes Abbrechen in der Mitte eines Gedankengangs, wobei meist auch die syntaktische Konstruktion abgebrochen wird (→ Anakoluth). Es bleibt dem Publikum oder Leser überlassen, das Fehlende zu ergänzen (»Was! Ich? Ich hätt ihn –? Unter meinen Hunden –? Mit diesen kleinen Händen hätt ich ihn –?«, Heinrich v. Kleist).

Apostrophe, direkte Anrede von Dingen, (meist abwesenden bzw. toten) Personen oder Abstrakta (z. B. Frau Minne), aber auch die Anrufung (Invocatio) Gottes bzw. der Götter und der Musen.

Apotheose, Vergöttlichung, Erhebung eines Menschen zu einem göttlichen Wesen und die entsprechende Darstellung in bildender Kunst und Literatur. Die A. diente in der frühen Neuzeit v. a. der Verherrlichung politischer Herrscher, wurde aber auch auf die Religion, insbesondere den Heiligenkult übertragen. In der Literatur gewann die A. eine besondere Bedeutung in der Dramatik bis ins 18. Jh. hinein; hier ließ sich am Ende mit Hilfe der Theatermaschinerie der Held – der christliche Herrscher, der Heilige – gleichsam in den Himmel erheben und damit die Überlegenheit seiner Sache demonstrieren. Im Drama der Klassik wurden die Möglichkeiten der A. noch einmal als Mittel der Verklärung genutzt; im 20. Jh. bleibt nur noch ihre Parodie (Brecht, *Der gute Mensch von Sezuan*, 1943).

Aptum, auch Decorum, Begriff der → Rhetorik, der wörtlich Angemessenheit, Wohlanständigkeit und Anstand bedeutet. Er bezeichnet das ausgewogene Verhältnis aller sprachlichen Bestandteile einer Rede zueinander und zu dem Redeziel sowie das Verhältnis zwischen der Rede und den außersprachlichen Bezugspunkten (Redesituation: Ort und Zeitpunkt der Rede, Person des Redners, Publikum). Horaz machte die Kategorie der Angemessenheit und Stimmigkeit zu einer zentralen Norm der Dichtung, die dann auch die Renaissance- und Barockpoetik (→ Poetik) bestimmt. Sie findet ihren Ausdruck u. a. in der Forderung einer idealen Korrespondenz zwischen Gegenstand der Dichtung, sozialem Rang der Personen, → Gattung und Stilhöhe. Dieses Postulat spielte auch eine Rolle bei den Anweisungen zur Verfertigung von → Gelegenheitsgedichten und Briefen (→ Briefsteller). Im Lauf des 18. Jh.s verloren die rhetorischen Begriffe angesichts des neuen Ideals der ›Natürlichkeit‹ ihre Bedeutung.

Was als A., insbesondere im Hinblick auf angemessenes gesellschaftliches Verhalten (›Schicklichkeit‹) zu gelten hatte, wurde von den politischen und kulturellen Eliten definiert und war dem historischen und sozialen Wandel unterworfen; Anweisungen dazu enthalten u. a. Werke der → Anstandsliteratur.

Arabeske, in der bildenden Kunst Bezeichnung für ein stilisiertes Blatt- und Rankenornament, seit dem 16. Jh. oft synonym für → Groteske verwendet und in der Romantik von Friedrich Schlegel auf die Literatur übertragen. Er bezeichnete damit Werke, die – wie seine *Lucinde* (1799) – »in der Form ein gebildetes künstliches Chaos« darstellten, d. h. der Natur nachempfundene, scheinbar ordnungslose, wilde Kompositionen, die gleichwohl den Kunstwillen des Autors spiegeln. Im 19. Jh. erscheint A. mehrfach in Buchtiteln (z. B. Karl Immermann, *Münchhausen. Eine Geschichte in Arabesken*, 1838–39; Edgar Allan Poe, *Tales of the Grotesque and Arabesque*, 1840) und als Bezeichnung für eine kleine musikalische Form.

Arbeiterliteratur, mit der Lebenswelt der Arbeiter und den Zielen der Arbeiterbewegung verbundene Literatur. Sie setzte um die Mitte des 19. Jh.s im Rahmen der proletarischen Organisationen ein und wurde auf Versammlungen und Arbeiterfesten (1. Mai) sowie durch das eigene Presse- und Bildungswesen verbreitet. Sie nahm kritisch, satirisch oder auch pathetisch auf Gegenwartsereignisse Bezug, rief zum Handeln auf und diente, indem sie eine eigene kulturelle Tradition begründete, der Selbstvergewisserung der Arbeiterklasse. Es handelt sich in dieser ersten Phase der A. zunächst meist um kürzere Formen, wobei der Lyrik von der Arbeiterhymne bis zum satirischen Gedicht besonderes Gewicht zukam. Daneben entstanden Erzählungen, proletarische Romane und nach 1890 Arbeiterbiographien. Eine bedeutende Rolle in der A. spielte das Laientheater, für das rund 300 Stücke verfasst wurden.

Seit 1910 entwickelte sich im Gegensatz zu der auf direkte Wirkung ausgerichteten A. eine völlig anders geartete ›Arbeiterdichtung‹, die sich der geistigen Erhöhung der Arbeiterexistenz verschrieben hatte. Sie betrieb keine soziale Anklage, sondern bezog ästhetische Aspekte der Industriearbeit und der Maschinenwelt ein und stilisierte deren Dynamik in hymnisch-pathetischer Form zur wahren modernen Seinsweise hoch (Karl Bröger, Heinrich Lersch, Paul Zech). Einige der Autoren (Bröger,

Lersch) ließen sich später vom Nationalsozialismus vereinnahmen.

Mit der Spaltung der Arbeiterklasse nach dem Ersten Weltkrieg stellte die KPD der sozialdemokratischen Arbeiterdichtung als einer vom Klassenkampf ablenkenden Literatur das Konzept einer proletarisch-revolutionären Literatur entgegen. Zu diesem Zweck gründete sie 1924 die »Organisation der Arbeiterkorrespondenten«, die dann 1928 als Folge der zunehmenden Bedeutung kommunistischer Berufsschriftsteller in dem neu gegründeten »Bund proletarisch-revolutionärer Schriftsteller« aufging. Ihm gehörten u. a. Willi Bredel, Hans Marchwitza, Johannes R. Becher, Ludwig Renn, Anna Seghers und Friedrich Wolf an. Nach 1933 wurden die Diskussionen über Inhalte und Schreibweisen einer sozialistischen Literatur (→Sozialistischer Realismus) im Exil fortgesetzt. Unter stalinistischem Einfluss erhielt die A. in der DDR die Aufgabe, die sozialistische Umgestaltung der Gesellschaft propagandistisch zu unterstützen. Mit dem →›Bitterfelder Weg‹ sollten die alten Kontroversen zwischen linker Avantgarde und proletarischen Schriftstellern im gemeinsamen Kampf gelöst werden (→DDR-Literatur).

In der BRD spielte die Tradition der A. zunächst keine Rolle; erst mit der Gründung der Dortmunder →Gruppe 61, der u. a. Max v. der Grün angehörte, und dem aus der Gruppe 61 hervorgegangenen →Werkkreis Literatur der Arbeitswelt etablierte sich auch in der BRD eine A., wobei insbesondere die kritischen Industriereportagen und Beschreibungen der Auswirkung der Entfremdung auf Berufs- und Privatleben Beachtung verdienen.

Archaismus, Verwendung von altertümlichen Wörtern oder Sprechweisen. Als bewusstes Stilmittel werden Archaismen in der dt. Literatur u. a. in der Heldendichtung des MA, in Goethes *Götz von Berlichingen* (1773) und Schillers *Wallensteins Lager* (1798), in der Märchen-, Balladen- und Lieddichtung der Romantik, im historisierenden Roman des 19. Jh.s und in den Musikdramen Richard Wagners eingesetzt. Die parodistische Verwendung von Archaismen findet sich u. a. bei Heinrich Heine oder Thomas Mann.

Archetypus → Edition, → Textkritik.

Argumentatio, Beweisführung, wichtigster Teil der Rede (→ Rhetorik).

Argutia, Kunst der Scharfsinnigkeit, ein v. a. in der Literatur des 16. und 17. Jh.s verfolgtes Stilprinzip. Dabei geht es darum, durch formale und semantische Artistik, durch Wort- und Sinnspiele (→ Concetto) Staunen und Ver- bzw. Bewunderung hervorzurufen. Zu den bevorzugten Stilmitteln gehören entlegene oder dunkle → Metaphern, → Antithesen, → Hyperbeln und eine pointierte Sprechweise. Wie das Wort A. gibt es die Sache bereits in der Antike, etwa in den Epigrammen Martials. Die europäische A.-Bewegung der frühen Neuzeit geht von ital. und span. Theoretikern aus, die – abgeleitet von lat. *acutus* ›spitz‹ – von ital. *acutezza* bzw. *argutezza* und span. *agudeza* sprechen. Die dt. Bezeichnungen in Rhetoriken und Poetiken sind ›Scharfsinnigkeit‹ oder ›Spitzfindigkeit‹. Zu den einflussreichsten Texten gehören Baltasar Graciáns *Agudeza y Arte de Ingenio* (1642) und Emanuele Tesauros *Il Cannocchiale Aristotelico* (1655) sowie – im dt. Sprachgebiet – Jacob Masens *Ars nova argutiarum* (1649). Besondere Affinität zur A. zeigen das → Epigramm und das epigrammatische → Epitaph (u. a. Martin Opitz, Friedrich v. Logau, Angelus Silesius, Christian Hoffmann v. Hoffmannswaldau und – bereits kritisch – Christian Wernicke), aber auch andere lyrische Gattungen wie → Sonett oder → Madrigal und Prosaformen wie das → Apophthegma verwenden argute Stilmittel, die im Übrigen ein generelles, gattungsübergreifendes Merkmal manieristischer Kunstübung darstellen (→ Manierismus).

Ars dictaminis bzw. **Ars dictandi,** mittelalterliche Unterweisungsliteratur zum Verfassen von Prosatexten, insbesondere von Briefen und Urkunden. Unterricht auf diesem Gebiet gab es seit etwa 1100 im Rahmen des Rhetorikprogramms des Trivium (→ Artesliteratur); er bereitete auf den Dienst in der Verwaltung vor (Kanzlei, Notariat), in der der → Brief als offizielles Dokument eine ständig wachsende Bedeutung erhielt. Elemente der antiken → Rhetorik wurden übernommen und zu einem neuen Modell umgebildet: Grundlegend wurde die Beachtung der sozialen Rangverhältnisse zwischen den Korrespondenten, denen sich wiederum Stilhöhe und → Ornatus anzupassen hatten. Die Gliederung folgte, der Gattung des Briefes angepaßt, dem herkömmlichen rhetorischen Dispositionsschema: *salutatio* (Anrede, Grußformel), *exordium* (Einleitung), *narratio* (Darlegung des Sachverhalts), *petitio* (Begründung des Anliegens), *conclusio* (Schluss). In Deutschland begann die Geschichte der Ars dictaminis mit der Rezeption ital. Vorbilder. Deutschsprachige Artes entstanden zunächst als Beispielsammlungen seit dem 14. Jh. und erreichten gegen Ende des 15. Jh.s den Stand von umfangreichen Kanzleihandbüchern (Formelbücher), die bis ins 17. Jh. hinein Nachfolger fanden und dann von den → Briefstellern abgelöst wurden.

Ars moriendi, Anleitung zur Kunst des rechten Sterbens, Sterbebüchlein. Es handelt sich um Traktate, z. T. auch um Teile umfangreicherer Werke, v. a. des 14.–16. Jh.s, die zur Vorbereitung auf den eigenen Tod beitragen sollten bzw. als Anleitungen für Priester zum Umgang mit Sterbenden gedacht waren. Zu den frühen Beispielen zählen die Anselm v. Canterbury zugeschriebene *Admonitio morientis* (12. Jh.) und Heinrich Seuses Sterbekunst in seinem *Büchlein der ewigen Weisheit* (um 1328; erweiterte lat. Fassung: *Horologium Sapientiae*, um 1331–34). Bedeutenden Einfluss übte dann durch Bearbeitungen und Übersetzungen Johannes Gersons *Ars moriendi* (um 1403) aus. Dabei kam es vielfach zur Verbindung von Text und bildlichen Darstellungen; diese Form fand durch → Blockbücher und → Inkunabeln große Verbreitung (›Bilder-Ars‹). Später wurde die Ars moriendi auch in Werke der → Erbauungsliteratur integriert.

Artesliteratur, die aus den Artes (Plural von *ars*: Kunst, Lehre, Wissenschaft), den Lehrfächern der mittelalterlichen Schulen und Universitäten, hervorgegangene Fachliteratur. Das mittelalterliche System hat seine Wurzeln in der Antike und der Spätantike. Es entwickelte sich in drei Zweigen: *Artes liberales* (freie Künste), *Artes mechanicae* (mechanische Künste) und *Artes magicae* (bzw. *incertae* oder *prohibitae*: magische, ungewisse, verbotene Künste). Die Sprache der A. war zunächst das Lateinische; die (späte) Hinwendung zur dt. Sprache erfolgte in den verschiedenen Disziplinen zu unterschiedlichen Zeiten und hing mit der Praxisnähe bzw. -ferne und dem Adressaten- bzw. Benutzerkreis ab.

Seit Martianus Capella (*De nuptiis Philologiae et Mercurii*, 5. Jh.) umfassen die freien Künste sieben Disziplinen, unterteilt in das Trivium (mit Grammatik, → Rhetorik und Dialektik als den grundlegenden sprachlichen Lehrstoffen) und das Quadrivium (mit den höheren mathematischen Fächern Arithmetik, Geometrie, Musik und Astronomie). Das allegorische Buch des Martianus Capella war eine Gesamtdarstellung der *Artes liberales*, die im ganzen MA die Grundlage des Unterrichts an Schulen und in den Artistenfakultäten bildeten. Das Absolvieren der *Artes liberales* war Voraussetzung für das nur wenigen vorbehaltene Studium der höheren Wissenschaften wie Theologie, Jura und Medizin. Neben der vielfach kommentierten Gesamtdarstellung des Martianus Capella wurden für den Grammatikunterricht u. a. die *Ars minor* und die *Ars major* des Aelius Donatus, für die rhetorische Ausbildung Schriften Ciceros (*De inventione*, *De oratore*) sowie die *Rhetorica ad Herennium* und für die Dialektik Boethius' *De consolatione philosophiae* verwendet. Der Unterricht in den mathematischen Fächern stützte sich im wesentlichen – vielfach vermittelt durch Boethius – auf die griech. Autoritäten (Aristoteles, Euklid, Archimedes).

Für die mechanischen Künste, denen im MA ein niederer Rang zugewiesen wurde, gilt ebenfalls die Siebenzahl (Webkunst, Waffenkunst, Seefahrt/Erdkunde/Handel, Land- und Hauswirtschaft, Jagdkunst, Heilkunde, ›Theaterkunst‹ [Unterhaltung]). Sehr unterschiedlich ist dabei die Dichte der Literatur; für ›einfache‹ Techniken wie die Webkunst sind nur wenige Texte überliefert, bei der Baukunst ließ das Berufsgeheimnis kaum Darstellungen zu, während in anderen Disziplinen wie Kriegswesen (nach der Erfindung des Schießpulvers entstand beispielsweise eine besondere artilleristische Literatur), Seefahrt und Handel (Itinerarien, Reiseberichte, Karten), Tiere und Jagd (z. B. Kaiser Friedrich II., *De arte venandi cum avibus*, 1. Hälfte 13. Jh.) und v. a. der Heilkunde eine Vielzahl von Texten vorliegt. In der Heilkunde gelangten durch die Rezeption der griech. und arab. Medizin neue Erkenntnisse in das deutschsprachige Gebiet. Die Zweiteilung des Ärztestandes in den akademisch gebildeten Physicus und den ohne Studium arbeitenden Praktiker (Chirurgus, Wundarzt) förderte das Entstehen einer breiten deutschsprachigen Literaturtradition.

Unter den *Artes magicae* fasst man unterschiedliche prognostische und magische Techniken antiker, hebr. und arab. Herkunft zusammen, die vielfach in Kompilationen vereinigt und überliefert wurden. Vor allem astrologische, geomantische und nigromantische Traktate haben sich erhalten. Johannes Hartlieb gibt einen Überblick über die magischen und mantischen Künste in seinem *Puoch aller verpoten kunst* (1455–56). In Übersetzungen finden seit dem 15. Jh. mantisch-astrologische Texte wie Los-, Mondwahrsage- und Traumbücher den Weg in die Gebrauchsliteratur.

Artusepik, erzählende Dichtung des MA aus dem Stoffkreis um König Artus und die Ritter seiner Tafelrunde (»matière de Bretagne«). Das vorbildliche Erzählmuster schuf Chrétien de Troyes um 1170 auf der Basis romanhaft angereicherter geschichtlicher Überlieferungen und keltischer Sagen. Bei den dt. Artusdichtungen handelt es sich um längere Erzählungen (→ Höfischer Roman), in der Regel in Reimpaarversen, die sich zunächst an die frz. Vorbilder anschließen, dann aber zu freien Variationen des Materials übergehen. Der Artushof ist Ausgangspunkt und Ziel der ritterlichen → Aventiuren, in denen sich der Held zu bewähren hat und so Ansehen vor Gott und der Welt erringt. Variationen verschiedenster Art sind möglich: zweifacher Bewährungsweg des Helden (›doppelter Cursus‹) als Normalfall, einfacher Weg, Vervielfachung der Helden, konkurrierende Bewährungswege, Parodie usw.

Hartmann v. Aue führte die A. nach Vorlagen von Chrétien de Troyes in die mhd. Literatur ein (*Erec*, um 1180–85; *Iwein*, um 1200); es folgten der *Lanzelet* (um 1195–1200) Ulrichs v. Zazikhoven nach einer unbekannten Quelle und der *Parzival* (um 1200–10) Wolframs v. Eschenbach nach Chrétien. Die späteren Romane beruhen vielfach auf diesen Texten, ergänzt durch weiteres frz. Quellenmaterial (Wirnt v. Grafenberg, Heinrich v. dem Türlin, der Stricker u. a.). Seit etwa 1250 gelangte der riesige Prosa-*Lancelot* nach Deutschland, eine gleichsam endzeitliche Summe der Artus- und Gralsdichtung. Gegen Ende der Epoche verband Ulrich Fuetrer im *Buch der Abenteuer* (um 1473–83) die Artus- und Gralsromane zu einer zweiteiligen Großkomposition. Durch Prosaauflösungen mhd. Versromane hat auch der → frühnhd. Prosaroman noch Anteil an der mittelalterlichen A.

Asianismus, Bezeichnung für eine antike Stilrichtung, die von der klassischen → Rhetorik vor dem Hintergrund des als vorbildlich empfundenen Stils attischer Redner des 5. und 4. Jh.s negativ gesehen wurde. Cicero unterschied zwischen zwei verschiedenen asianischen Stilarten, einer scharfsinnigen und sentenzreichen und einer rhetorisch prunkvollen, leidenschaftlichen, schmuckreichen. Die antike Diskussion um den rechten Stil wurde in der frühen Neuzeit, bei durchaus unterschiedlichen Wertungen und Stildefinitionen, wieder aufgenommen (→ Attizismus).

Asklepiadeische Ode → Odenstrophen.

Assonanz, Form des Reims, bei der nur die Vokale in den betonten Silben (und gegebenenfalls den ihnen folgenden

Silben) übereinstimmen (Ritter / hinnen, Buch / Wut). A.en kommen häufig in der mittelalterlichen Dichtung und im →Volkslied vor. Als charakteristisches Merkmal der span. Romanzendichtung (→Romanze) wurden sie mit deren Nachbildung durch Johann Gottfried Herder und die Romantiker auch in die neuere dt. Dichtung übernommen (Clemens Brentano, Joseph v. Eichendorff, Friedrich Rükkert u. a.).

Asyndeton, rhetorische Figur, die durch die Reihung gleichgeordneter Wörter oder Wortgruppen ohne verbindende Konjunktionen entsteht. Das Gegenteil, die Reihung unter Verwendung von Konjunktionen, heißt Polysyndeton.

Atektonisch →Offene Form.

Attizismus, Bezeichnung für eine antike Stilrichtung, die sich an den attischen Rednern des 5. und 4. Jh.s orientierte und durch einen schlichten, übersichtlichen Periodenstil und einen beschränkten Wortschatz auszeichnete. Dagegen bezeichnet →Asianismus den mit der Provinz Asia verbundenen rhetorisch überladenen oder scharfsinnigen Stil. In den Auseinandersetzungen über den rechten Stil in der frühen Neuzeit wurde A. als durchweg positiver Begriff übernommen, aber mit unterschiedlichen Inhalten gefüllt. Dabei spielte die Auseinandersetzung mit Cicero, der die Schulausbildung dominierte, eine wesentliche Rolle. Zunächst verstand man, z. B. Philipp Melanchthon oder Johannes Sturm, unter A. einen gemäßigt ciceronianischen Stil (Ciceronianismus). Unter dem Einfluss der produktiven Auseinandersetzung mit dem Werk des Tacitus seit der Mitte des 16. Jh.s änderte sich die Wertung: Justus Lipsius rückte den wortreichen Periodenstil Ciceros in die Nähe des Asianismus und bezeichnete stattdessen einen an Tacitus orientierten, der politisch-pragmatischen Redepraxis angemessenen, kurzen Redestil als attisch. Begriffe wie ›Lakonismus‹, ›Tacitismus‹ und ›Lipsianismus‹ stehen dafür. Die weitere Entwicklung bis zur Frühaufklärung zeigt einen Stilpluralismus, der sich zwischen den Polen eines opitzianischen und aufklärerischen Klassizismus, politisch-aphoristischen und arguten Sprechweisen (→ Argutia) bewegt, ohne dass sich jedoch die Begriffe A. und Asianismus mit Klassizismus und Manierismus gleichsetzen ließen.

Aufgesang → Kanzone, → Bar.

Aufklärung, historisch-philosophischer und literarischer Epochenbegriff der europäischen Neuzeit. Das Wort A., wohl eine Bildung des späten 17. Jh.s, hat bereits bei Kaspar Stieler neben der meteorologischen die metaphorische Bedeutung: Er spricht von der »Aufklär- und Verbesserung des Verstandes« (1695). Die Lichtmetaphorik, die in dieser säkularisierten Form auch die Begriffsbildung in anderen europäischen Sprachen charakterisiert (*enlightenment, siècle des lumières, illuminismo* u. a.), verweist auf Selbstverständnis und Ziel der Aufklärer: die Überwindung der geistigen Dunkelheit, d. h. die Befreiung des Menschen von der Herrschaft falscher Autoritäten, alter Vorurteile und finsteren Aberglaubens in einem Prozess fortschreitender Erkenntnis und Vervollkommnung auf der Basis eines systematischen Vernunftgebrauchs. Diese Programmatik darf aber nicht darüber hinwegtäuschen, dass der A. und der Fixierung auf einen rationalistischen Vernunftbegriff starke beharrende Kräfte entgegenstanden, dass sich gleichzeitig Gegenbewegungen bzw. komplementäre Strömungen entfalteten (→ Pietismus, → Empfindsamkeit), dass die konfessionelle Teilung Deutschlands sowohl inhaltliche wie zeitliche und regionale Differenzierungen zur Folge hatte.

Die Datierung des Zeitalters der A. variiert in den europäischen Ländern. Als Epoche der dt. Literaturgeschichte umfasst sie im Wesentlichen das 18. Jh.; für eine Differenzierung sorgen die nicht unproblematischen Begriffe Frühaufklärung (1680–1720 bzw. 1740) und Spätaufklärung (1770–1820). Während unter geistesgeschichtlichem Vorzeichen 1720 (Christian Wolff) als Zeitpunkt für den Beginn der A. galt, hat sich unter dem Einfluss der sozialgeschichtlichen Methode die Zurückverlegung auf etwa 1680 durchgesetzt. Neben der in protestantischen nord- und mitteldeutschen Städten (Leipzig, Hamburg, Berlin) zentrierten Aufklärungsliteratur, die das Bild der A. geprägt hat, entwickelte sich mit einer gewissen ›Verspätung‹ eine eigene aufklärerische Literatur in den katholischen Territorien Süddeutschlands und den habsburgischen Erblanden (›Josephinische A.‹).

Die Literatur der Frühaufklärung, der Übergangszeit zwischen → Barock und A., hat in Christian Weise und Christian Thomasius ihre einflussreichsten Repräsentanten. In ihren Programmen für ein ›politisches‹, d. h. vernünftiges und weltgewandtes Handeln und ein ›galantes‹ und ›honettes‹, d. h. umständegerechtes und sittliches Verhalten nach frz. Muster manifestiert sich die Abkehr von der ›barocken‹ Weltinterpretation zugunsten praktischer Lebensbewältigung und einer Karriere im absolutistischen Staat. Die höfische Norm blieb Orientierungspunkt für den aufstiegsbewussten Bürger, wie der galante Roman (→ Galante Literatur) oder die am frz. Klassizismus ausgerichteten Gelegenheitsdichtungen der sog. Hofpoeten (→ Hofdichter) demonstrieren (Johann Ulrich König, Johann v. Besser u. a.).

Unter dem Einfluss Wolffs kam es dann zu systematisch fundierten literaturtheoretischen Diskussionen, die um Begriffe wie → Witz, → Geschmack oder Naturnachahmung (→ Mimesis) kreisten und mit dem von Johann Christoph Gottsched und den Schweizern Johann Jakob Bodmer und Johann Jakob Breitinger geführten Streit über das Wunderbare einen Höhepunkt erreichten. Eine Erweiterung der rationalistischen Positionen, die auch der Sinnlichkeit einen Platz in der Kunst zubilligte, konnte sich auf den Ästhetiker Alexander Gottlieb Baumgarten berufen (→ Ästhetik), Vorstellungen, die sich in der anakreontischen Dichtung (Friedrich v. Hagedorn, Johann Peter Uz, Johann Wilhelm Ludwig Gleim usw.; → Anakreontik) sowie in der Freundschaftsdichtung Immanuel Jakob Pyras, Samuel Gotthold Langes und ihrer Nachfolger Christian Fürchtegott Gellert, Ewald v. Kleist oder Friedrich Gottlieb Klopstock niederschlugen. Im weiteren Verlauf der Diskussion zeigen sich freilich – etwa bei Lessing – Zweifel am Konzept der Naturnachahmung und damit an der rationalistischen Literaturauffassung überhaupt, bis sich dann mit der Rezeption Shaftesburys, einer enthusiastischen Odendichtung (→ Ode) und der Übertragung von Vorstellungen einer inspirierten religiösen Poesie auf die weltliche Dichtung durch Klopstock eine neue, dem Geniegedanken (→ Genie) verpflichtete Dichtungsauffassung durchsetzte.

Für die Verbreitung der Gedanken der A. spielten Zeitschriften und die → Moralischen Wochenschriften nach engl. Vorbild eine bedeutende Rolle. Bereits Thomasius, der mit seiner Kritik der Vorurteile grundlegende Positionen der A. formuliert hatte, suchte mit seinen *Monatsgesprächen* (1688–89) sein Publikum jenseits der Gelehrtenzirkel, und mit den Moralischen Wochenschriften entstand um 1720 ein Genre, das mit seiner Verbindung von vernünftig-bürgerlicher Tugendlehre, Gesellschafts- und Literaturkritik und unterhaltsamer Wissensvermittlung in fiktionaler Form zum wichtigsten Medium der A. wurde. Eine breite Essayistik und Publizistik schloss sich den Moralischen Wochenschriften an.

Den programmatischen Vorstellungen der A. entsprechend, zeigt sich eine deutliche Bevorzugung von → Gattungen, die sich zur direkten oder indirekten Belehrung einsetzen ließen: → Lehrdichtungen nehmen von Anfang an einen breiten Raum ein, wie Barthold Heinrich Brockes' physikotheologische Lyrik und die Lehrgedichte von Albrecht v. Haller, Uz und noch Schiller belegen; die → Fabel erweist sich geradezu als Paradigma der aufklärerischen Funktion von Literatur (Hagedorn, Daniel Wilhelm Triller, Daniel Stoppe, Gellert, Gleim, Lessing, Gottlieb Konrad Pfeffel usw.); die → Satire entlarvt unaufgeklärtes Verhalten und das Verharren in alten Vorurteilen (Christian Ludwig Liscow, Gottlieb Wilhelm Rabener), wie auch die Typenkomödie (→Sächsische Komödie) der satirischen Korrektur gesellschaftlichen Fehlverhaltens dient (Luise Gottsched, Theodor Johann Quistorp, Christian Felix Weiße, Lessing). Der klassizistischen →Tragödie, wie sie Gottsched den ›Regeln‹ gemäß zu erneuern suchte, war dagegen trotz Johann Elias Schlegel kein anhaltender Erfolg beschieden; das →bürgerliche Trauerspiel und das →Rührstück treten an seine Stelle.

Der Aufklärungsroman (→Roman) zeigt seine lehrhaften Tendenzen zunächst durch eine Annäherung an →Utopie und Staatsroman (Johann Gottfried Schnabel, Johann Michael v. Loen, Wieland, Haller); später bilden sich unter engl. Einfluss (Samuel Richardson, Henry Fielding, Laurence Sterne) mit dem moralisch-empfindsamen Roman (Gellert, Johann Timotheus Hermes, Sophie v. La Roche, Johann Gottlieb Schummel, Theodor Gottlieb v. Hippel, Moritz August v. Thümmel) und dem komisch-realistischen Roman (Wilhelm Ehrenfried Neugebauer, Wieland, Johann Carl Wezel, Friedrich Nicolai) zwei Hauptlinien heraus, die beide auf ihre Weise dem Ziel einer »wahren bürgerlichen Epopee« (Wezel) verpflichtet sind. Wie das rührende Lustspiel oder das Rührstück setzt dabei der empfindsame Roman nach einer angelsächsischen Theorie vom ›moralischen Gefühl‹ (*moral sense*) als Gegengewicht gegen eine rein rationalistisch verstandene A. auf das Gleichgewicht von ›Kopf‹ und ›Herz‹. Als Höhepunkt des aufklärerischen Romans kann Christoph Martin Wielands *Agathon* (1766–67, 1773, 1794) gelten, der die verachtete Gattung wieder salonfähig machte und die Blüte des Romans in Klassik und Romantik einleitete.

Auftakt, unbetonte Silbe(n) am Versanfang, Versbeginn mit einer Senkung (z. B. bei jambischen Versen [→Jambus]).

Aufzug →Akt.

Auktoriales Erzählen →Erzähler.

Ausländerliteratur, Literatur von ursprünglich fremdsprachigen Autoren, die ihre Werke in dt. Sprache verfassen. Die Bezeichnung A. überschneidet sich z. T. mit Begriffen wie Immigranten-, Gastarbeiter- oder Exulantenliteratur. A. wurde erst in der Zeit nach dem Zweiten Weltkrieg zu einem bemerkenswerten Phänomen, als sich im Zuge der Arbeitsmigration zahlreiche Ausländer mit ihren Familien auf Dauer in Deutschland niederließen bzw. die politische Situation in verschiedenen europäischen und außereuropäischen Ländern zahlreiche Menschen ins Exil trieb. Gleichwohl gibt es aber auch ältere Beispiele, etwa Adelbert v. Chamisso, der als Emigrant nach der Französischen Revolution nach Deutschland kam (und in dessen Namen die Bayerische Akademie der Schönen Künste seit 1985 den »Adelbert-von-Chamisso-Preis für Beiträge ausländischer Autoren zur deutschen Literatur« verleiht).

Die Thematik der A. spiegelt vielfach die besondere lebensgeschichtliche Situation der Autoren; schon in den 70er-Jahren schilderte der Türke Aras Ören, der erste Chamisso-Preisträger, die Situation der Ausländer in Berlin. Die A. bietet nicht nur einen Beitrag zum interkulturellen Gespräch und zur Realität der multikulturellen Gesellschaft, sondern bereichert auch die dt. Sprache und Literatur durch das Einbringen fremder literarischer Traditionen, Sichtweisen und Ausdrucksformen. Zu den bekannten Namen der A. zählen u. a. Ota Filip, Libuše Moníková, Renan Demirkan, Cyrus Atabay und Galsan Tschinag.

Autobiographie, zusammenhängende Erzählung der Geschichte des eigenen Lebens oder größerer Lebensabschnitte im Rückblick. Der Begriff A. erscheint in Deutschland zum erstenmal gegen Ende des 18. Jh.s und hat sich als Fachterminus durchgesetzt; daneben stehen die traditionellen Bezeichnungen wie ›Konfessionen‹, ›Bekenntnisse‹, ›eigene Lebensbeschreibung‹, ›Lebensgeschichte‹, ›Aus meinem Leben‹ usw. Auch wenn man die mehr der Schilderung äußerer Umstände und Ereignisse gewidmeten →Memoiren ausschließt, umfasst die Gattung der A. eine Vielfalt von Typen – von der eher dürren Abfolge äußerer Lebensdaten über die Schilderung fast romanhaft-abenteuerlicher Lebensgeschichten bis zu (auch bekenntnishaften) Beschreibungen der seelischen, geistigen oder religiösen Entwicklung. Entsprechend verschieden ist das Reflexionsniveau, unterschiedlich auch, wie der Verfasser aus seiner Schreibsituation und seiner jetzigen Selbstdeutung heraus mit der Vergangenheit umgeht, unter welchen leitenden Gesichtspunkten er im Nachhinein sein Leben sieht (Vorsehung, innere Anlagen o. Ä.) und welche Absichten er mit seiner A. verfolgt (Rechtfertigung, Belehrung der Nachkommen, Preis der göttlichen Vorsehung usw.). Die Wahrheit der A. ist eine subjektive.

Obwohl die Antike bereits seit Platons apologetischem ›Siebten Brief‹ autobiographische Texte kennt, wird die Gattungsgeschichte der A. erst durch die *Confessiones* (um 400) des Augustinus begründet, der der kunstvollen Beschreibung seiner geistigen und religiösen Entwicklung durch den stets gegenwärtigen Rahmen der göttlichen Vorsehung eine geschlossene literarische Struktur verlieh. Die *Confessiones* blieben – unerreichtes – Vorbild im MA. Bedeutende Beispiele mittelalterlicher A.n sind Petrus Abaelards *Historia calamitatum mearum* (nach 1132), die Privates und Theologisches miteinander verbindet, und Heinrich Seuses in Er-Form geschriebene Mystiker-Vita (um 1362). Mit der Renaissance trat die religiös geprägte A. zunächst in den Hintergrund. Die dt. A. des 16. und 17. Jh.s verfährt vorwiegend berichtend und reiht Erlebnisse und Sachverhalte aneinander, lässt dabei aber auch – wie etwa bei Thomas und Felix Platter – ausgesprochene Erzählfreude und Beobachtungsgabe erkennen. Apologetischen Charakter hat die *Lebens-Beschreibung* (1561–62) des Götz von Berlichingen.

Ausgehend von John Bunyan und Mme Guyon nahm die religiöse A. um die Wende vom 17. zum 18. Jh. einen bemerkenswerten Aufschwung. Vorbild für Deutschland wurde August Hermann Franckes *Lebenslauff* (1690), der das verbindliche Schema für die Erweckungsgeschichten des Pietismus lieferte. In der 2. Hälfte des 18. Jh.s gipfelte der Prozess der Subjektivierung der A. in Jean-Jacques Rousseaus *Confessions* (1782), die als Muster einer psychologischen A. auf die dt. A. einwirkte, die sich gegen Ende des Jh.s v. a. als Entwicklungsgeschichte (mit besonderem Akzent auf der Kindheit) darbietet. Dazu gehören die kausalpsychologische Entwicklungsgeschichte in Karl Philipp Moritz' autobiographischem Roman *Anton Reiser* (1785–90) und die *Lebensgeschichten* Johann Heinrich Jung-Stillings (1777–1817) und Ulrich Bräkers (1789). Höhepunkt und Zusammenfassung der verschiedenen Tendenzen ist mit ihrer Verbindung von fiktionalem und historischem Erzählen, ihrer Verschmelzung von Ich- und Weltdarstellung Goethes A. *Aus meinem Leben. Dichtung und Wahrheit* (1811–14, 1833). Goethes Vorbild beeinflusste eine Reihe von A.n der Folgezeit (u. a. Carl Gustav Carus, 1846–56); zugleich setzte jedoch mit dem Vormärz eine stärker historisierende Darstellungsweise ein, die die Ich-Darstellung zugunsten der Beschreibung der politischen und gesellschaftlichen Situation zurückdrängte (Karl Immermann).

Auch im 20. Jh. begegnen sich beide Darstellungsformen, die Goethesche Form der Gestaltung eines Künstlerlebens in der Auseinandersetzung mit der Welt (Hans Carossa, Hermann Hesse, Gerhart Hauptmann, Elias Canetti) und die Schilderung selbsterlebter Geschichte aus persönlicher Perspektive (Ernst Toller, Klaus Mann, Heinrich Mann, Alfred Döblin, Carl Zuckmayer). Im Zusammenhang mit der →›Neuen Subjektivität‹ der 70er-Jahre kam es zu einer komplexen Verbindung von A. und Roman (Thomas Bernhard, Elisabeth Plessen, Christa Wolf). Auf der anderen Seite ist seit den 20er-Jahren eine Tendenz zum Fragmentarischen zu erkennen (Walter Benjamin, Ossip Mandelstam) und damit – etwa auch bei Jean-Paul Sartre – der Zweifel am ganzheitlichen Anspruch der A., an der Möglichkeit, das Verhältnis von Ich und Welt zu durchschauen und die eigene Entwicklung als abschließbar zu deuten.

Autograph, Bezeichnung für die eigenhändige Handschrift eines Autors. A.en gibt es, von wenigen Ausnahmen aus dem MA abgesehen, erst in der Neuzeit. Die → Handschriften der Antike und des MA dienten der Vervielfältigung eines Textes, A.en sind private Handschriften, Manuskripte von Werken oder Vorformen, Tagebücher, Briefe usw. A.en waren Objekte privater Sammler, bevor sie seit dem 19. Jh. von Archiven und Bibliotheken gesammelt wurden. Sie sind wegen ihrer Authentizität von entscheidender Bedeutung für die Herstellung von historisch-kritischen Ausgaben (→ Edition, → Textkritik).

Autonomie → Ästhetik, → Weimarer Klassik.

Autor, wertneutrale und umfassende Bezeichnung für den Urheber von Texten unterschiedlichster Art. Sie übergreift die für die dt. Tradition seit der Genieästhetik des 18. Jh.s wirksame Unterscheidung zwischen Dichter und Schriftsteller. Ein ausgeprägtes Autorbewusstsein gibt es seit der Antike; es wird durch → Anonymität nicht ausgeschlossen. Die mittelalterliche Literatur war bis zur Mitte des 12. Jh.s ausschließlich Angelegenheit von Geistlichen und Mönchen. Erst mit der Entstehung fürstlicher Kanzleien und fürstlichen → Mäzenatentums bildeten sich andere Autorengruppen heraus: Minnesänger (z. T. adelige Dilettanten, z. T. Berufssänger; → Minnesang), die an Höfe gebundenen Epiker und die umherziehenden Spruchdichter (→ Spruchdichtung) als ausgesprochene Berufsdichter. Seit dem späten MA boten auch die Städte mit ihren Verwaltungen, Kanzleien und Kollegien ein Umfeld für Literatur; mit den Meistersingern (→ Meistersang), städtischen Handwerkern ohne mäzenatische Unterstützung, trat ein völlig neuer Autortypus auf.

Mit dem Humanismus jedoch wurde Literatur Sache einer Bildungselite, einer bürgerlichen Gelehrtenschicht, die sich im Rahmen der sich ausweitenden Staatstätigkeit in der frühen Neuzeit einen privilegierten Platz in der Ständeordnung erobern und damit in Konkurrenz zum Adel treten konnte (*nobilitas litteraria*). Zeichen für dieses neue Selbstbewusstsein war auch die Erneuerung des alten Brauchs der → Dichterkrönung; erster Poeta laureatus dt. Herkunft wurde Conrad Celtis (1487). Literarische und wissenschaftliche Bildung – die Angehörigen dieser Schicht machten im wesentlichen die gleiche Grundausbildung an Lateinschulen und an den Artistenfakultäten der Universitäten durch – gehörten von nun an gleichermaßen zu den Voraussetzungen dichterischen Schaffens (→ Poeta doctus) und bestimmte das Bild von Dichter und Dichtung bis ins 18. Jh. hinein. Der Poeta doctus vereinigte angeborene Fähigkeiten (*ingenium*), die Beherrschung der erlernbaren rhetorisch-handwerklichen Mittel und ein möglichst umfassendes Wissen. Literatur wurde im Zusammenhang mit der Rhetorik zu einem Lehrfach an Schulen und Universitäten. Der Übergang vom Neulateinischen zur dt. Sprache im Verlauf des 17. Jh.s änderte nichts am Konzept des gelehrten Dichters, das mindestens bis Johann Christoph Gottsched Verbindlichkeit beanspruchen konnte.

Wie im 17. standen auch im 18. Jh. die meisten A.en in festen Berufsverhältnissen als Gelehrte, Beamte, Pfarrer o. Ä. Nur eine geringe Zahl von Autoren konnte als Berufsschriftsteller leben, wenn auch der expandierende Buchmarkt und – gegen Ende des Jh.s – die Festlegung eines Urheberrechts die Chancen vergrößerten. Zugleich entwickelte sich im 18. Jh. das Konzept des ›freien Schriftstellers‹, der sich freilich in der Regel aus ökonomischen Gründen keineswegs allein seinem Werk und seiner selbstauferlegten gesellschaftlichen und literarischen Verantwortung widmen konnte, sondern als Kritiker, Lektor, Herausgeber, Journalist oder Dramaturg tätig war, wenn er nicht ebenfalls einen Brotberuf ausübte.

Mit dem Auftreten Friedrich Gottlieb Klopstocks als religiös inspiriertem, enthusiastischem Dichter (Poeta vates) brach sich gegenüber der traditionellen Vorstellung vom Poeta doctus eine neue Auffassung des Dichtertums Bahn, die die Subjektivität des schöpferischen Ich in den Mittelpunkt stellte und die Genieästhetik (→ Genie) des Sturm und Drang vorbereitete. Mit dem Dichterbegriff verband sich nun die Einheit von Beruf und Berufung, das Verständnis von Dichtung als eigenem ästhetischem Medium der Selbsterfahrung und der Welterkenntnis neben Religion und Philosophie. Gegen diese emphatische Dichtervorstellung, die nach Klopstock insbesondere Novalis und Friedrich Hölderlin vertraten, steht seit Lessing, Christoph Martin Wieland und anderen der Typus des kritischen Schriftstellers, der nicht verkündet, sondern konkret und engagiert für seine Zeit schreibt und dessen Domäne die Prosaformen bleiben.

Die Auseinandersetzung um Position und Funktion des Dichters, die sich in der schon bei Schiller durchaus polemischen Gegenüberstellung von Dichter und Schriftsteller ausdrückt, führte im 19. und 20. Jh. zu einer entschiedenen Polarisierung, die dann im Vorfeld des Nationalsozialismus und im Dritten Reich selbst die Diffamierung des Intellektuellen im Namen einer pseudomythischen völkischen Dichter- und Dichtungsideologie nach sich zog und die heutige Vorsicht im Umgang mit den Begriffen Dichter und Dichtung erklärt.

Autorengruppe → Dichterkreis.

Auto sacramental → Fronleichnamsspiel.

Avantgarde, ›Vorhut‹, im weiteren Sinn Bezeichnung für progressive künstlerische Bewegungen, die gegen herrschende Konventionen opponieren, im engeren Sinn meint der Begriff die Kunstströmungen der → Moderne, die sich gegen die bürgerliche Kultur und ihren traditionellen Kunstbegriff wenden (z. B. → Futurismus, → Expressionismus, → Dadaismus, → Surrealismus).

Avanturierroman, Bezeichnung für einen Typus des Abenteuerromans im 18. Jh. Ausgangspunkt war *Der Kurtz-*

weilige Avanturier (1714), eine Übersetzung des niederl. Romans *Den Vermakelyken Avanturier* (1695) von Nicolaas Heinsius, der wiederum an eine frz. Version eines span. Schelmenromans anknüpfte (Francisco de Quevedo, *Buscón*, 1626; *L'Avanturier Buscon*, 1633). Dieser Genealogie entsprechen Inhalt und Form der A.e: Lebensgeschichten von meist aus kleinen Verhältnissen stammenden Helden, die von ihren mannigfachen Abenteuern, Glückswechseln und Reisen erzählen. Mit dem Erfolg von Daniel Defoes *Robinson Crusoe* (1719–20) wurden A.e vielfach als → Robinsonaden ausgegeben, obwohl ihnen der für dieses Genre konstitutive Inselaufenthalt fehlte. So erschien die zweite Auflage des *Kurtzweiligen Avanturiers* 1724 unter dem Titel *Der Niederländische Robinson.*

Aventiure, Bezeichnung für ritterliche Bewährungsproben im → höfischen Roman des MA, insbesondere der → Artusepik. Aus der Folge der A.n, die den Weg des Artusritters zur Anerkennung vor Gott und der Welt markieren, entsteht das Strukturschema des Artusromans. Wolfram v. Eschenbach führte im *Parzival* »frou Aventiure« als → Personifikation in die Erzählung ein; andere Autoren folgten ihm. Die symbolische Bedeutung von A. ging im späteren MA verloren; die Reihung von Abenteuern blieb ein grundlegendes Erzählprinzip.

B

Badezellenbühne → Terenzbühne.

Bänkelsang, literarisches Wandergewerbe, das seit dem 17. Jh. das des Zeitungssängers ablöste (→ Zeitungslied). Die Bezeichnung B., die von dem Podest (›Bänkel‹) des Sängers abgeleitet ist, erscheint zuerst zu Beginn des 18. Jh.s. Zur weiteren Ausstattung gehörten in Felder aufgeteilte Bildtafeln (Schilde), die die in den Liedern behandelten Geschehnisse illustrierten, und ein Zeigestock. Die Lieder, häufig Moritaten (›Mordtaten‹), wurden unter Musikbegleitung (Harfe, Geige, Drehorgel) präsentiert, während gleichzeitig Texte und Illustrationen zum Verkauf standen. Gegenstand der Lieder waren sensationelle Ereignisse aller Art, Räubergeschichten, Verbrechen, Hinrichtungen, unglückliche Liebesgeschichten, Naturkatastrophen, aber auch politische und militärische Ereignisse, wobei allerdings jede Störung der göttlichen oder obrigkeitlichen Ordnung wieder zurechtgerückt und dem Publikum mit moralischem Zeigefinger der rechte Weg gewiesen wurde.

Der B. erreichte seinen Höhepunkt im 19. Jh. und wurde um die Wende zum 20. Jh. durch den Film von der Jahrmarktswelt verdrängt. Bereits im 18. Jh. war im Zusammenhang mit dem wachsenden Interesse an der Volkskultur der B. ins Blickfeld der Literaten geraten (Johann Wilhelm Ludwig Gleim, Gottfried August Bürger u. a.); auch im 19. Jh. kam es zu Adaptionen des B.s (Heinrich Heine, Heinrich Hoffmann v. Fallersleben, Ludwig Eichrodt), und im 20. Jh. nutzten Frank Wedekind, Brecht u. a. in ihren Moritaten und Balladen die formalen und inhaltlichen Möglichkeiten des B.s in provokativer Weise.

Ballade, erzählendes, meist strophisch gegliedertes Gedicht, das einen begrenzten und klar konturierten Vorgang gestaltet. Eine direkte Verbindung zum mittelalterlichen

Tanzlied (ital. *ballata*, provençal. *balade*, frz. *ballade*) besteht nicht. Unterschieden wird zwischen der mittelalterlichen Volksballade und der modernen Kunstballade. Die dt. Volksballaden nehmen ihre Stoffe aus der Heldendichtung, der Geschichte und Zeitgeschichte, der Sage und der literarischen Tradition (*Jüngeres Hildebrandslied*, *Lindenschmied*, *Bernauerin*, *Möringer*, *Tannhäuser*, *Zwei Königskinder*); sie sind häufig dialogisch gestaltet. Mit dem Humanismus und dem Barock verschwand diese Form im literarischen Untergrund. Erst seit der 2. Hälfte des 18. Jh.s führte die Hinwendung zur Dichtung »alter Völker« (Johann Gottfried Herder) nach engl. und frz. Vorbild (*Anthologie Française*, 1763; Thomas Percy, *Reliques of Ancient English Poetry*, 1765) auch in Deutschland zur Sammlung alter bzw. vermeintlich alter Lieder (Herder, *Volkslieder*, 1778–79) und zu Versuchen, in der modernen Zeit die Tugenden der alten Poesie – Unmittelbarkeit, Naivität, Volkstümlichkeit – wiederzubeleben.

Nach Vorläufern wie den Romanzen Johann Wilhelm Ludwig Gleims und Ludwig Christoph Heinrich Höltys gilt Gottfried August Bürgers *Lenore* (1773) als erste dt. Kunstballade. Dem Herderschen Programm (*Auszug aus dem Briefwechsel über Oßian und die Lieder alter Völker*, 1773) folgte Goethe mit seinen frühen B.n, die Elemente ›naiver‹ Volkstümlichkeit symbolisch vertiefen (*Heideröslein*, *Der König in Thule* u. a.). Die weitere Balladenproduktion lässt die vielfältigen Möglichkeiten des Genres erkennen, die von der ernsten »Ideenballade« (Schiller) und der Darstellung des Numinosen bis zum Satirischen, Spielerischen, Komischen und Parodistischen reichen. Die Wandlungsfähigkeit der B. zeigt sich auch im Umgang mit jeweils drängenden Gegenwartsproblemen seit den Anfängen bei Bürger (Ideenballade; romantische Kunst- und Künstlerballade; die soziale Ballade Adelbert v. Chamissos, Heinrich Heines oder Annette v. Droste-Hülshoffs; die Einbeziehung der Welt der Technik bei Theodor Fontane und Detlev v. Liliencron; die Hinwendung zu politisch-gesellschaftskritischer Thematik bei Brecht mit Wirkung auf die → ›Liedermacher‹ der letzten Jahrzehnte). Neue Akzente setzte die Aufnahme von Elementen des → Bänkelsangs (Frank Wedekind) bzw. das Spiel mit der Gattungstradition selbst (Günter Grass, *Die Ballade von der schwarzen Wolke*).

Wo die B. das scheinbar Volkstümliche ohne Vorbehalt zu verwirklichen suchte, sank sie ins Irrationale oder Triviale ab. Die distanzlose Restauration der romantischen ›Heldenballade‹ um die Jahrhundertwende im Kreis um Börries v. Münchhausen konnte später dem Nationalsozialismus leicht als Muster dienen. Die danach verbreitete Skepsis gegenüber der B. hatte Versuche zur Folge, das ›moderne Erzählgedicht‹ als Nachfolgegattung zu etablieren (Heinz Piontek u. a.).

Bar, von den Meistersingern selbst stammende Bezeichnung für das mehrstrophige Lied des → Meistersangs. Das Bar besteht aus einer ungeraden Zahl von Strophen (mindestens drei). Das Strophenschema entspricht dem der Kanzonenstrophe (AAB; → Kanzone), wobei die musikalisch-metrisch gleichen Teile (A, A) Stollen genannt werden. Sie bilden zusammen den Aufgesang; ihnen folgt der metrisch anders gebaute Abgesang (B).

Bardendichtung, literarisch-patriotische Modeerscheinung um 1760/70 im Anschluss an Ossian (→ Ossianische Dichtung), bestärkt durch das deutschtümelnde Nationalgefühl, das durch den Siebenjährigen Krieg hervorgerufen wurde. Bei der Rückwendung zur germ. oder altdt. Vergangenheit wurde zwischen Kelten und Germanen nicht unterschieden (Barden hießen die keltischen Berufssänger des MA, Skalden die germanischen). Die dt. B. ging von Friedrich Wilhelm v. Gerstenbergs *Gedicht eines Skalden* (1766) aus und erreichte in Friedrich Gottlieb Klopstocks vaterländischen Oden und ›Bardieten‹ ihren Höhepunkt. Die Dichter des → Göttinger Hains schlossen sich an, und auch der Wiener Ossianübersetzer Michael Denis beteiligte sich mit den *Liedern Sineds des*

Barden (1772) an der Mode, die bald als ›Bardengebrüll‹ verspottet wurde. Klopstocks ›Bardiete‹ (*Hermanns Schlacht*, 1769, u. a.) sind lyrisch-dramatische Werke. Die Bezeichnung Bardiet knüpft an Tacitus, der die germ. Schlachtrufe als »barditus« bezeichnet hatte. Klopstock verstand darunter Gesänge, mit denen die ›Barden‹ die Kämpfe begleiteten.

Bardiet → Bardendichtung.

Barock, aus der Kunstgeschichte übernommener Epochen- und Stilbegriff. Herzuleiten entweder vom mittellat. *baroco* (Merkwort für einen später als abstrus empfundenen scholastischen Syllogismus) oder dem portugiesischen *pérola barroca* (Fachausdruck der Juweliere für eine Perle von unregelmäßiger, schiefrunder Form), wurde das Adjektiv ›barock‹ im 18. und 19. Jh. als Geschmacksbegriff mit meist abwertender Bedeutung (›bizarr‹, ›grotesk‹, ›schwülstig‹ usw.) verwendet. B. als Epochen- und Stilbegriff setzte sich seit 1860 in der Kunstgeschichte durch und wurde dann unter dem Einfluss von Heinrich Wölfflins *Kunstgeschichtlichen Grundbegriffen* (1915) von der dt. Literaturwissenschaft übernommen. Hier bezeichnete B. zunächst einerseits einen durch bestimmte Merkmale charakterisierten Stil (ausgeprägte Rhetorisierung der Sprache, gesteigerte Bildlichkeit, Artistik der Form), andererseits die Epoche zwischen Reformationszeit bzw. Renaissance und Aufklärung, in der dieser Stil dominant zu sein schien. Während B. als Stilbegriff heute kaum noch eine Rolle spielt, hat er sich in der deutschen Literaturgeschichte als Epochenbegriff für die Periode von den literarischen Reformbestrebungen um 1600 bis zum endgültigen Durchbruch aufklärerischen Denkens in den ersten Jahrzehnten des 18. Jh.s behauptet. Er ist allerdings nicht unumstritten, doch bisher ohne konsensfähige Alternative. In anderen europäischen Philologien hat der Barockbegriff, wenn überhaupt, meist nur eine begrenzte Bedeutung erhalten, etwa für die Phänomene der *préciosité* in Frankreich und der ital. und span. → Argutia-Bewegung (Marinismus, Gongorismus; → Manierismus).

Die Literatur des dt. B. entfaltet sich vor dem Hintergrund einer krisenhaften geschichtlichen Periode, wobei der historischen Umbruchssituation (konfessionelle Auseinandersetzungen, Dreißigjähriger Krieg, Zerfall des Reiches, Herausbildung des frühmodernen, absolutistischen Territorialstaats) eine höchst widerspruchsvolle religiöse, philosophische und wissenschaftliche Entwicklung entspricht. Dies zeigt sich u. a. in dem Nebeneinander von herkömmlicher christlicher Weltauffassung und modernen, vom Humanismus zur Aufklärung tradierten Doktrinen, von religiösem Dogmatismus und mystischen oder neuplatonisch-paracelsischen Strömungen bzw. neuen philosophischen und naturwissenschaftlichen Ansätzen. Eine breite Wirkung, auch auf die Dichtung, ging von der überkonfessionellen, auf praktische Lebensbewältigung gerichteten Philosophie des christlichen Stoizismus aus, wie sie der Niederländer Justus Lipsius formuliert hatte (*De constantia*, 1584; dt. 1599).

Die politische und konfessionelle Spaltung des Reichs schlug sich auch im kulturell-literarischen Bereich nieder und führte zu einer weitgehend getrennten Entwicklung von protestantischer und katholischer Literatur. Die katholischen Autoren verweigerten sich bis auf wenige Ausnahmen der Sprach- und Literaturreform zu Anfang des 17. Jh.s. Sie setzten vielmehr eine der (katholischen) europäischen Tradition verpflichtete neulat. Produktion fort (Rhetorik/Poetik: Jacobus Pontanus, Jacob Masen; Jesuitendrama: Jacob Gretser, Jacob Bidermann, Nicolaus v. Avancini u. v. a.; Lyrik: Jacob Balde); mit dem Blick auf ein breiteres Publikum entstand zugleich im Dienst der katholischen Reformbewegung (→ Gegenreformation) eine die süddt. Sprachtradition fortführende volkssprachliche Literatur vorwiegend religiösen Charakters, darunter eine sprachmächtige → Predigtliteratur (Abraham a Sancta Clara u. v. a.) und ein vielfach der geistlichen Bukolik (→ Schäferdichtung) verpflichtetes Liedschaffen von großer poetischer Kraft (Friedrich v. Spee, Laurentius v. Schnüffis u. a.).

Dagegen hatten sich die (protestantischen) Literaturreformer um Martin Opitz und in den → Sprachgesellschaften (Gründung der Fruchtbringenden Gesellschaft nach ital. Vorbild 1617) v. a. das Ziel gesetzt, die dt. Literatur auf der Grundlage humanistischer Auffassungen zu erneuern und so den Anschluss an die volkssprachlichen europäischen Renaissanceliteraturen zu gewinnen. Dabei trafen literarische und nationale Gesichtspunkte zusammen und verliehen der Entwicklung eine besondere Dynamik. Neulat. Traditionen bestanden auch hier weiter, doch in einem sich kontinuierlich verringernden Ausmaß. Träger der Reform waren – mit der Unterstützung interessierter Fürsten – die humanistisch gebildeten Gelehrten in den Städten und an den Höfen (*nobilitas litteraria*). Damit wurde nun auch für die deutschsprachige Literatur die humanistische → Poetik mit ihren Vorstellungen vom engen Zusammenhang von → Rhetorik und Dichtung verbindlich; an die Stelle der einheimischen deutschsprachigen Literaturtradition trat das Spektrum der Formen, Themen und → Gattungen der Literatur der Antike und der europäischen Renaissance.

Die Geschichte der meisten Gattungen begann als Rezeptionsgeschichte. Nicht immer freilich konnte sie in eigene Gattungstraditionen übergeführt werden; das → Epos etwa blieb eine Randerscheinung. Am frühesten gelang es bei den lyrischen Gattungen – einen umfassenden Lyrikbegriff kannte man noch nicht –, sich die poetischen Mittel, den Formenkanon und die Themen der Vorbilder anzueignen und, darauf aufbauend, zu eigenständigen, später auch von manieristischen Strömungen beeinflussten Leistungen zu finden (Opitz, Paul Fleming, Johann Rist, Philipp v. Zesen, Andreas Gryphius, Angelus Silesius [Johannes Scheffler], Quirinus Kuhlmann, Christian Hoffmann v. Hoffmannswaldau usw.). Auch das protestantische → Kirchenlied, obwohl in stärkerem Maß einheimischen Traditionen verpflichtet, orientierte sich an der neuen Poetik (Paul Gerhardt).

Die Romanautoren kamen nach einigen kleineren Schäfer- und Liebesromanen (z. B. *Jüngst-erbawete Schäfferey*, 1632; Zesen, *Adriatische Rosemund*, 1645; → Schäferdichtung) zu bemerkenswert eigenständigen Lösungen für die großen Formen des → höfisch-historischen Romans (Andreas Heinrich Bucholtz, Zesen, Anton Ulrich v. Braunschweig, Daniel Casper v. Lohenstein, Heinrich Anselm v. Ziegler und Kliphausen) und des → Pikaro- oder Schelmenromans (Grimmelshausen, Johann Beer). Im weiteren Verlauf der Gattungsgeschichte verweist die Abkehr vom christlich-stoischen Tugendheroismus des höfisch-historischen Romans zugunsten einer konformistischen Gesellschaftsmoral im galanten Roman (August Bohse, Christian Friedrich Hunold u. a.; → Galante Literatur) bzw. der Prozess der Verbürgerlichung des Pikaroromans und die ›Erfindung‹ des → politischen Romans (Christian Weise, Johannes Riemer u. a.) mit seiner auf praktische Lebensbewältigung ausgerichteten pädagogischen Konzeption auf einen grundlegenden gesellschaftlichen und religiös-weltanschaulichen Wandel. Neben dem Roman entwickelte sich ein vielfältiges fiktionales und nichtfiktionales Prosaschrifttum, dessen Spektrum von moralisierenden Novellen über Reisebeschreibungen bis zu spezieller, auch für die sprachliche Entwicklung bedeutsamer Fachliteratur reicht. Eine kaum zu überschätzende Bedeutung kommt dabei der religiösen und erbaulichen Literatur beider Konfessionen – zahlenmäßig das wichtigste Segment des Literaturmarkts – und dem (natur)mystischen Schrifttum zu (→ Erbauungsliteratur).

Inmitten einer vielfältigen Theaterpraxis – professionelles Wandertheater (→ Englische Komödianten, → Commedia dell'arte), katholisches und protestantisches Schultheater (→ Schuldrama, → Jesuitendrama), Laienspiel, → Oper usw. – repräsentiert das → ›schlesische Kunstdrama‹ nur einen quantitativ schmalen Bereich des deutschen Barocktheaters, allerdings den literarisch anspruchvollsten in dt. Sprache. Dabei führte die Entwicklung von Gryphius' durchaus auch politisch signifikanten christlich-stoischen Märtyrerdramen und anderen Manifestationen der »vergänglichkeit menschlicher sachen« zu den die Problematik politischen Handelns im Licht moderner Klugheits- und → Affektenlehren reflektierenden Trauerspielen Lohensteins und den zum opernhaften Gesamtkunstwerk neigenden Stücken Johann Christian Hallmanns. Die Komödiendichtung fand in Gryphius und nach ihm, bereits unter dem Einfluss Molières, in Weise und Christian Reuter ihre bedeutendsten Vertreter (→ Komödie).

Berner Ton, Strophenform mhd. Heldendichtungen aus dem Sagenkreis um Dietrich v. Bern (*Eckenlied*, *Sigenot*, *Goldemar*, *Virginal*). Die Strophenform beruht auf einem vierhebigen Kurzvers und umfasst 13 Zeilen, deren Reimgliederung eine Kombination von Schweifreim, Kreuzreim und Waisenterzine (→ Waise, → Terzine) darstellt: aabccb dede fxf.

Beschreibung → Descriptio.

Bestiarium, Bezeichnung für allegorische Tierbücher des MA. Ein B. beschreibt die Eigenschaften wirklicher und fabelhafter Tiere und legt sie dann allegorisch aus. Zu den einflussreichsten christlichen → Allegoresen dieser Art zählt der *Physiologus*, ein ursprünglich aus dem 2. Jh. stammender griech. Text, der um 400 ins Lateinische übersetzt wurde und dann – in lat. und volkssprachlichen Versionen – bis in die frühe Neuzeit hinein auf die geistliche und weltliche Literatur sowie die bildende Kunst wirkte. In parodistischer Absicht griff Franz Blei in seinem *Bestiarium literaticum* (1920; erweitert: *Das große Bestiarium der modernen Literatur*, 1924) auf den mittelalterlichen Buchtyp zurück.

Bibeldichtung, liedhafte, epische und dramatische Dichtung auf der Grundlage biblischer Bücher, Episoden oder Stoffe. Sie bezeugt die ungeheure Wirkung der Bibel auf die Literatur bis weit in die Neuzeit hinein. Bereits in der Spätantike, seit dem 4. Jh., entstanden lat. Bibelepen (→ Epos) in

→Hexametern (Juvencus, Arator, Prudentius), die dann den Verfassern dt. B.en seit dem 9. Jh. als Muster verbindlich wurden. Am Anfang der dt. B. stehen die beiden altsächs. Großepen *Heliand* und *Genesis*, das ahd. *Evangelienbuch* Otfrids von Weißenburg und einige Episodengedichte (*Christus und die Samariterin*, *Wessobrunner Schöpfungsgedicht*, *Muspilli*). Nach diesem ersten Höhepunkt setzte deutschsprachige B. erst wieder in der 2. Hälfte des 11. Jh.s ein (*Altdeutsche Genesis*). Im 12. Jh. folgte eine Reihe von B.en, u. a. der neutestamentliche Zyklus der Frau Ava (*Leben Jesu*), die *Vorauer Bücher Mosis* sowie Gestaltungen einzelner alttestamentlicher oder apokrypher (→Apokryphen) Episoden (*Ältere Judith*, *Drei Jünglinge im Feuerofen*). Sammelhandschriften am Ende der Periode (um 1200) dokumentieren Bedeutung und Zusammenhang der B.en. Zugleich zeigt sich eine Hinwendung zu legendarischen und apokryphen Stoffen (Marienleben, Kindheit Jesu usw.). Die →Deutschordensdichtung im 14. Jh. wandte sich noch einmal der epischen und didaktischen B. v. a. auf der Basis der alttestamentlichen Geschichtsbücher zu. In der Folgezeit verschwand die Bibelepik fast völlig; Historienbibeln und →Bibelübersetzungen übernahmen ihre Funktion. Daneben blieb das mittelalterliche →geistliche Spiel auf der stofflichen Basis von AT und NT bis zur Reformation Massenmedium.

Biblische Stoffe bilden die Grundlage zahlreicher →Schuldramen und →Jesuitendramen im 16. und 17. Jh. Zugleich gewinnen seit der Reformation die →Psalmendichtung (Paulus Melissus Schede, Ambrosius Lobwasser, Martin Opitz usw.) und die Perikopendichtung an Bedeutung (→Perikope). Perikopendichtung folgt der Ordnung der Sonntagsevangelien; sie erreicht im Barock bei Johann Heermann, Opitz und Andreas Gryphius ihren Höhepunkt und klingt noch in den das Kirchenjahr umfassenden Kantaten Johann Sebastian Bachs und im *Geistlichen Jahr* (1851) der Annette v. Droste-Hülshoff nach.

Die großen biblischen Renaissanceepen in lat. Sprache (Marco Girolamo Vida, Jacopo Sannazaro) hatten Versuche in verschiedenen Volkssprachen zur Folge, die dann z. T. ins Deutsche übersetzt wurden (Tobias Hübner übertrug Guillaume de Salluste du Bartas' *La Sepmaine* von 1619 an, Barthold Heinrich Brockes 1715 Giambattista Marinos *Strage degli Innocenti*, verschiedene Übersetzer fand John Miltons *Paradise Lost* seit 1682). Daneben behauptete sich die neulat. Tradition in Gryphius' frühen Bibelepen. Grimmelshausens *Joseph* (1666) und Philipp v. Zesens *Assenat* (1670) begründeten die Tradition des biblischen Romans, die in Thomas Manns Tetralogie *Joseph und seine Brüder* (1933–43) und seiner Psychologisierung des Mythos ihre letzte Steigerung fand. Die Auseinandersetzung um das Wunderbare in der Dichtung in der 1. Hälfte des 18. Jh.s betraf auch die Möglichkeit christlicher Epik. Johann Jakob Bodmers Verteidigung und Übersetzung von Miltons *Paradise Lost* (1732, 1740) inspirierte Friedrich Gottlieb Klopstock zu seinem Hexameterepos *Der Messias* (1748–73), mit dem die biblische Versepik einen letzten Höhepunkt erreichte. Bodmer selbst versifizierte in einer Reihe von →›Patriarchaden‹ alttestamentliche Stoffe. Friedrich Rükkerts *Leben Jesu. Evangelien-Harmonie in gebundner Rede* (1839), eine Antwort auf David Friedrich Strauß' *Das Leben Jesu* (1835–36), blieb ohne Wirkung. Wenn auch die konkreten Gattungen der B. bedeutungslos geworden sind, lebt die Bibel mit ihrer sprachlichen und symbolischen Kraft auch in der modernen Dichtung weiter.

Bibelübersetzung, Übertragung der Bibel aus dem hebräischen (AT) bzw. griechischen (NT) Urtext und der späteren lat. Version. Zunächst wurden die Bücher des AT ins Aramäische und Griechische (*Septuaginta*) übersetzt und dann, seit dem 2. Jh., zusammen mit dem griech. NT ins Lateinische. Eine neue lat. Fassung stellte von 383 an Hieronymus her, die sog. Vulgata, die das ganze MA beherrschte und bis zur Reformation auch weitgehend die Grundlage für B.en in die Volkssprachen bildete. Ausnahme war die Übersetzung durch den Westgoten Wulfila (4. Jh.), die erste B. in eine germ. Sprache; sie geht vom griech. Text aus.

Dt. B.en sind zunächst Teilübersetzungen (Evangelien, Psalter). Erst seit dem 14. Jh. ist eine größere Zahl von vollständigen B.en nachweisbar; eine davon bildete die Grundlage der ersten gedruckten Vollbibel in dt. Sprache (Mentelin-Bibel, 1466). Sie war zwar sprachlich veraltet, wurde aber bis 1518 13-mal nachgedruckt (seit ca. 1476 allerdings in überarbeiteter Form). Zahlreiche weitere B.en erschienen vor der Luthers. Dass sie nur begrenzten Erfolg hatten, lag an dem Anspruch der Kirche auf die Vermittlung des Wortes Gottes, am Preis, dem veralteten Sprachstand, und nicht zuletzt am Übersetzungsprinzip ›verbum e verbo‹, dem allzu engen, das Verständnis erschwerenden Anschluss an den Wortlaut des Lateinischen.

Gegen die Politik der katholischen Kirche, dem Laien eigene Bibellektüre zu verwehren, stellte sich Luther mit seiner Auffassung von der Mündigkeit des Laien und dem allgemeinen Priestertum aller Gläubigen. Diese Auffassung machte einen unmittelbaren Zugang auch der Laien zur Bibel und damit eine neue, allgemeinverständliche B. zwingend notwendig. Leitender Gesichtspunkt war, den Sinn des Urtexts möglichst unverkürzt und unverfälscht wiederzugeben. Das bedeutete zugleich eine Freiheit vom Buchstaben der Vorlage, wenn sich der Sinngehalt im Deutschen anders besser ausdrücken ließ. Dass es Luther überdies gelang, Verständlichkeit und Klarheit mit Anschaulichkeit und sprachlicher Schönheit zu verbinden, trug entscheidend zum beispiellosen Erfolg seiner Übersetzung bei. Grundlage war ganz in humanistischem Geist der hebr. bzw. griech. Urtext (NT: 1522; AT: 1523–34). Luthers Übersetzung auf der Grundlage der sächsischen Kanzleisprache förderte die Ausbildung einer gemeindeutschen Schriftsprache. Katholische Bibelübersetzer (Hieronymus Emser, Johannes Dietenberger), die den Erfolg Luthers eindämmen sollten, ließen sich vielfach von dessen Übersetzung inspirieren. Luthers B. wurde im Lauf der Jahrhunderte mehrfach revidiert. Martin Buber und Franz Rosenzweig unternahmen den Versuch, die dt. Bibel an die hebr. Lautgestalt heranzuführen (*Die Schrift*, 1954–61). 1961 erschien eine wissenschaftlich fundierte, z. T. (Psalter und NT) ökumenisch erarbeitete ›Einheitsübersetzung‹.

Bibliographie, Verzeichnis von Büchern oder unselbständig – z. B. in Zeitschriften oder Sammelbänden – erschienenen Veröffentlichungen. Die Anfänge der B. gehen bis auf die Bibliothekskataloge der Antike zurück. Als Hilfsmittel des → Buchhandels gaben seit dem 16. Jh. Messkataloge einen Überblick über die wachsende Buchproduktion. Weitere B.n für den dt. Buchhandel entstanden seit dem Ende des 18. Jh.s, die schließlich im *Deutschen Bücherverzeichnis* (1916 ff.) bzw. der *Deutschen Nationalbibliographie* (1931 ff.), seit 1991 wiedervereinigt, mündeten. Je nach Inhalt, Zweck oder Publikationsform des verzeichneten Materials gibt es zahlreiche unterschiedliche Typen von B.n (Allgemein-, Fach-, Epochen-, Personalbibliographien, B.n der Zeitschriftenliteratur, Verzeichnis der Hochschulschriften, gedruckte Kataloge großer Bibliotheken usw.), so dass angesichts der Masse der bibliographischen Verzeichnisse für diese selbst wiederum B.n erforderlich wurden. Für die dt. Literaturwissenschaft gibt es eine große Zahl von umfassenden und spezialisierten Fachbibliographien. Sie sind u. a. verzeichnet in den der Einführung ins Bibliographieren dienenden Werken, z. B. Paul Raabe, *Einführung in die Bücherkunde zur dt. Literaturwissenschaft*, Stuttgart [11]1994. Zu den periodischen Bibliographien, z. T. mit kurzen Referaten, gehört die seit 1960 erscheinende Zeitschrift *Germanistik*.

Bibliothek, öffentliche oder private Sammlung von Büchern bzw. der Ort deren Aufbewahrung. Ihre Aufgabe besteht darin, Literatur für wissenschaftliche und berufliche Zwecke bzw. zur Bildung und Unterhaltung bereitzustellen. Neben gedruckten Büchern und Zeitschriften sammeln B.en Manuskripte aus der Zeit vor dem Buchdruck und – in Konkurrenz zu den → Literaturarchiven – Nachlässe, aber auch Noten, Karten und Globen; für die nicht wissenschaftlichen Zwecken dienenden Stadt- und Ortsbüchereien werden Tonträger, Videokassetten und andere Medien von immer größerer Bedeutung. Eine kommerzielle Form der B. ist die → Leihbibliothek.

Als älteste B. der Welt gilt eine assyrische Tontafelsammlung aus dem 7. Jh. v. Chr.; erste staatliche Gründung war die B. von Alexandria (um 280 v. Chr.). Die antike Bibliothekstradition wurde im Christentum weitergeführt. Die Klosterbibliotheken – St. Gallen, Fulda, Corvey u. a. im deutschsprachigen Raum – trugen wesentlich zur Überlieferung auch der antiken Literatur bei. Im Zuge der Säkularisierung wurden ihre Sammlungen meist den regionalen staatlichen B.en einverleibt. Seit dem Spätmittelalter entstanden neben den Klosterbibliotheken Stadt- und Schulbibliotheken, im 16. und 17. Jh. wuchsen die Fürstenbibliotheken zu bedeutenden Institutionen heran (Heidelberg, München, Wien, Wolfenbüttel). Aus den Stadt- und Hofbibliotheken gingen später die Regionalbibliotheken hervor (Staats-, Landesbibliotheken), die zusammen mit den Universitätsbibliotheken und den B.en wissenschaftlicher Institute v. a. wissenschaftlichen Zwecken dienen. Während in anderen Ländern bereits seit dem 18. Jh. Zentralbibliotheken bestehen, wurde in Deutschland erst 1911 mit der Deutschen Bücherei in Leipzig eine entsprechende Institution mit der Aufgabe gegründet, alle Neuerscheinungen zu sammeln. Für die BRD übernahm 1947 die Deutsche Bibliothek in Frankfurt a. M. diese Funktion; 1989 wurden dann beide Institutionen unter dem Namen »Die Deutsche Bibliothek« vereinigt.

Im 19. Jh. wurden, meist in Schulen, kleinere öffentliche Büchereien für jedermann eingerichtet (Volksbüchereibewegung), zu denen Angebote der Kirchen und der Arbeiterbewegung kamen. Richtungskämpfe zwischen Vertretern verschiedener Konzepte – pädagogisch angeleitete ›Volksbildung‹ gegenüber angebotsorientierter Freihandaufstellung – brachen Anfang des 20. Jh.s aus. Als Konsequenz aus dem Missbrauch des Volksbildungskonzepts im Dritten Reich konnte sich in der BRD – nicht in der DDR – das angebotsorientierte Konzept nach angelsächsischem Vorbild durchsetzen.

Biedermeier, in der Literaturwissenschaft umstrittener Begriff für die Epoche zwischen 1815 und 1848. Als Alternativen werden die Bezeichnungen Restaurationszeit und → Vormärz gebraucht, die allerdings ebenfalls Wertungen implizieren. Der Begriff B. wurde bald nach der Epoche geprägt. In den Münchener *Fliegenden Blättern* erschienen seit 1855 Gedichte eines erfundenen schwäbischen Schulmeisters Gottlieb Biedermaier, Parodien von Adolf Kussmaul und Ludwig Eichrodt, die die unpolitische Haltung des dt. Kleinbürgers in der Zeit vor der Revolution satirisch bloßstellten. Zu einer positiven Bewertung des Begriffs kam es nach 1900 im Zeichen einer kunsthandwerklichen Biedermeier-Renaissance. In der Literaturwissenschaft der 20er- und 30er-Jahre erkannte man im B. eine geistesgeschichtliche Epoche, deren Lebenshaltung und Stil durch unpolitische Resignation und Anpassung gekennzeichnet sei.

B. als Epochenbezeichnung betont die traditionellen Züge der Epoche, das Fortleben der Konventionen der klassisch-romantischen Ära. In den Vordergrund treten damit Dichter wie Franz Grillparzer, Eduard Mörike oder Annette v. Droste-Hülshoff, während bedeutende ›moderne‹ Autoren wie Georg Büchner oder Heinrich Heine eher mühsam in das traditionalistische Bild eingeordnet werden müssen. Für die ausgesprochen politischen Schriftsteller des → Jungen Deutschland und Vormärz bleibt dabei nur eine Nebenrolle, obwohl sie mit journalistischen Arbeiten, Zeitromanen, sozialkritischen Analysen und engagierter politischer Lyrik die Szene beherrschten. Stilgeschichtlich lassen sich gleichwohl einige, die verschiedenen Strömungen übergreifende Merkmale erkennen, die charakteristisch für die Epoche sind. Dazu gehören, im Unterschied zur Klassik, ein besonderes Interesse an den Gegenständen der Alltagswelt, Landschaftsgebundenheit, Detailgenauigkeit bei gleichzeitiger Lockerung geschlossener Formen durch die verstärkte Aufnahme reflexiver Elemente, Bevorzugung literarischer Gebrauchsformen und kleinerer Erzählformen.

Bild, Bildlichkeit → Allegorie, → Metapher, → Ut pictura poesis, → Symbol.

Bildergeschichte, Darstellung einer Erzählhandlung in einer Folge von Bildern. Bilderfolgen dieser Art gibt es seit der Antike (ägyptische Totenbücher, griech. und röm. Tempelfriese, Vasenmalerei usw.); bedeutendstes mittelalterliches Beispiel ist der sog. Teppich von Bayeux (11. Jh.). In engerem Sinn ist der Begriff B. mit den neueren Druckmedien verbunden. Bilderbibeln, Kupferstichfolgen für Almanache, Zyklen karikaturistischer Zeichnungen und Bilderbogen gehören in diesen Zusammenhang. Einen wichtigen Schritt zur modernen B. bedeuten die Bilderromane des Genfers Rodolphe Töpffer (dt.-frz. Gesamtausgabe: *Collection des histoires en estampes*, 1845–46), Vorbild wiederum für den politisch-satirischen Bilderroman *Thaten und Meinungen des Herrn Piepmeyer* (1849) von Johann Hermann Detmold (Text) und Adolf Schrödter (Bilder). Breite und lang anhaltende Wirkung auf die Kinderliteratur ging von den B.n Heinrich Hoffmanns (*Struwwelpeter*, 1845) und Franz v. Poccis (*Lustiges Bilderbuch*, 1852) aus, während die Popularität der B.n Wilhelm Buschs nicht an das Alter der Rezipienten gebunden ist (u. a. *Max und Moritz*, 1865; *Hans Huckebein*, 1867; *Tobias Knopp*, 1875–77). Bei Busch zeigen sich Beziehungen zur zeitgenössischen Karikatur und zur Tradition des → komischen Epos. Er wirkte weiter auf die Comic strips der amerikanischen Zeitungen der Jahrhundertwende. Mit der Etablierung der → Comics nach dem Zweiten Weltkrieg wurde der Terminus B. auf traditionelle Formen mit strikter Trennung von Text- und Bildbereich beschränkt. Für fotografische B.n hat sich der Begriff Fotoroman durchgesetzt.

Bildreihengedicht, auch Ikon, Gedicht, das ein im Titel oder am Anfang bzw. Ende genanntes Thema – z. B. »Was ist die Welt?«, »Abriss eines gemeinen Schulmannes« – in einer (oft langen) Reihe von Bildern behandelt. Die Gedichtform war im Barock sehr beliebt (Andreas Gryphius, Georg Philipp Harsdörffer, Christian Hoffmann v. Hoffmannswaldau), wurde aber auch später noch gelegentlich aufgenommen (Hugo v. Hofmannsthal, Georg Heym).

Bildungsroman, im letzten Drittel des 18. Jh.s entstandene Romangattung, die die Bildungs- und Entwicklungsgeschichte eines Menschen (d. h. meist eines Mannes) in der Auseinandersetzung mit der Welt darstellt. In der Regel wird dabei die Bildungsgeschichte als Prozess der Selbstfindung und Orientierung verstanden, der zu einem Ausgleich von Ich und Welt führt bzw. diesen Ausgleich wenigstens als Postulat in sich einschließt. Der Begriff Entwicklungsroman wird häufig synonym mit B. gebraucht; im anderen Fall bezeichnet Entwicklungsroman im Gegensatz zur konkreten historischen Gattung des B.s die allgemeinere, historisch nicht fixierte Kategorie. Betont didaktisch orientiert ist der Erziehungsroman. Der Begriff B. wurde von Karl Morgenstern 1803 geprägt und 1817–20 in mehreren Aufsätzen erläutert, doch erst die idealtypische Beschreibung Wilhelm Diltheys (z. B. in *Das Erlebnis und die Dichtung*, 1906) setzte ihn in der literaturwissenschaftlichen Diskussion durch. Seine Herkunft aus der dt. Tradition hat dazu geführt, dass man den B. – oft mit nationaler Emphase – als spezifisch dt. Literaturgattung angesehen hat bzw. noch immer ansieht.

Die Entstehung des B.s setzt die emanzipatorischen Tendenzen der Aufklärung voraus, d. h. ein neues, von ständischen und religiösen Bindungen sich mehr und mehr befreiendes Selbstbewusstsein, die Entdeckung der eigenen, unverwechselbaren Individualität und die Vorstellung eines Bildungs- und Entwicklungsprozesses, in dessen Verlauf individuelle Natur und äußere Welt, auch und gerade durch produktive Krisen, zu einem Ausgleich finden (können). In diesem Sinn bilden die (im einzelnen durchaus voneinander abweichenden) Bildungs- und Humanitätsentwürfe der → Weimarer Klassik den Hintergrund für die Anfänge der Gattungsentwicklung. Allerdings ließ sich die Vorstellung einer Versöhnung von Subjekt und Welt als Ziel der Bildungsgeschichte schon von Anfang an nicht ohne Brüche verwirklichen, und im weiteren Verlauf der Gattungsgeschichte wurde das harmonisierende Modell immer stärker problematisiert und durch Gegenmodelle in Frage gestellt.

Christoph Martin Wielands *Geschichte des Agathon* (1766–67; spätere Fassungen 1773, 1794) ist der erste dt. Roman mit einer Bildungsgeschichte als zentralem Thema. Nach diesem Beispiel definierte Friedrich v. Blanckenburg (*Versuch über den Roman*, 1774) den Roman generell als »innre Geschichte« eines Charakters. Zum entscheidenden Gattungsmodell wurde dann Goethes Roman *Wilhelm Meisters Lehrjahre* (1795–96), wenn auch Romantiker wie Friedrich Schlegel den Zugang zu diesem Werk nicht über das Bildungskonzept, sondern über die ironisch-poetische Konstruktion fanden. Die Geschichte des B.s nach dem *Wilhelm Meister* erweist sich weitgehend als eine Geschichte der kritischen Auseinandersetzung mit dem Goetheschen Paradigma (Ludwig Tieck, *Franz Sternbalds Wanderungen*, 1798; Jean Paul, *Titan*, 1800–03, und *Flegeljahre*, 1804–05; Novalis, *Heinrich von Ofterdingen*, 1802; Joseph v. Eichendorff, *Ahnung und Gegenwart*, 1815; Eduard Mörike, *Maler Nolten*, 1832). Ausgesprochen parodistisch sind E.T.A Hoffmanns *Lebensansichten des Katers Murr* (1819–1821), während die B.e des Realismus entweder die Brüchigkeit des neuhumanistischen Bildungskonzepts in schon fast desillusionierender Weise erkennen lassen (Gottfried Keller, *Der grüne Heinrich*, 1854–55; 2. Fassung 1879–80) oder als Rahmen für die problemlose, organische Bildungsgeschichte eigens eine utopische Gegenwelt zur zeitgenössischen Gesellschaft erfinden (Adalbert Stifter, *Der Nachsommer*, 1857). Das Konzept der harmonischen Versöhnung von Ich und Welt, von geglückter Integration in die gesellschaftliche Ordnung geht hingegen in Gustav Freytags *Soll und Haben* (1855) bruchlos auf, allerdings um den Preis der utopischen Dimension der Gattung.

Rückbezüge zur Tradition des B.s finden sich in der 1. Hälfte des 20. Jh.s u. a. bei Thomas Mann und Hermann Hesse; in den 50er- und 60er-Jahren erlangte in der DDR die Variante des sozialistischen B.s eine gewisse Bedeutung (→ DDR-Literatur). Im Übrigen bleiben die Annäherungen an die Tradition schon deswegen punktuell, weil die Voraussetzungen des B.s – Einheit der Person, Kontinuität der Existenz – mit der Moderne fragwürdig geworden sind.

Biographie, literarische oder wissenschaftliche Darstellung eines Lebenslaufs. Sie ist bestimmt von den jeweils herrschenden Auffassungen von Individualität. Die B. als literarische → Gattung entfaltete sich zuerst in der Antike; als besonders erfolgreich erwies sich der Typus der Sammelbiographie (Cornelius Nepos, Plutarch, Sueton), der in den mittelalterlichen Heiligenviten und -legendaren weitergeführt und in der Renaissance wiederbelebt und auf bürgerliche Gruppen ausgedehnt wurde (Giorgio Vasari). Zu den bedeutendsten weltlichen Einzelbiographien des MA zählt Einhards *Vita Karoli Magni* (um 835).

Im 18. Jh. bildete sich als neue Form der B. der biographische Essay heraus (u. a. bei Johann Gottfried Herder, Christoph Martin Wieland, Goethe, Friedrich Schlegel). Große, auf historische Faktizität gegründete B.n wie James Boswells *Life of Samuel Johnson* (1791) entstanden in Deutschland erst seit dem 19. Jh. Zwei Entwicklungslinien bildeten sich heraus: die historisch-politische Biographik

(z. B. Johann Gustav Droysen, *Das Leben des Feldmarschalls Yorck von Wartenburg*, 1851–52; Heinrich von Srbik, *Metternich*, 1925–52; Carl Jacob Burckhardt, *Richelieu*, 1935, 1965–67) einerseits, B.n von Künstlern und Wissenschaftlern andererseits (z. B. Wilhelm Dilthey, *Leben Schleiermachers*, 1870; Rudolf Haym, *Herder*, 1880–85; Carl Justi, *Winckelmann*, 1866–72). Zu den neuen Entwicklungen im 20. Jh. gehören die heroischen B.n bzw. Mythographien des Georgekreises (Ernst Bertram, *Nietzsche*, 1918; Friedrich Gundolf). Daneben entstand eine breite ›historische Belletristik‹ mit demokratisierenden und psychologisierenden Tendenzen (Emil Ludwig, Stefan Zweig) und – v. a. im Rahmen der → Exilliteratur – eine Reihe bedeutender biographischer Romane (Alfred Döblin, Lion Feuchtwanger, Heinrich Mann; → Historischer Roman). In den 70er-Jahren kam es zu einem neuen Aufschwung des biographischen Romans, einer Verbindung von Wissenschaft und Roman (Günter de Bruyn, Peter Härtling, Wolfgang Hildesheimer, Dieter Kühn). Inzwischen beherrscht eine breite Popularbiographik den Markt.

Bîspel, episch-didaktische Kleinform des MA in Reimpaarversen. Sie ist zweigeteilt. Nach einer in der Regel kürzeren Erzählung aus dem Bereich der Natur und des menschlichen Lebens folgt eine meist umfangreichere Auslegung. Die Abgrenzung zu verwandten Formen wie → Exempel oder → Fabel ist im Einzelfall schwierig. Erster bedeutender Bîspel-Dichter war der Stricker (13. Jh.), der im Spätmittelalter breite Nachfolge fand.

Bitterfelder Weg, Bezeichnung für das 1959 auf einer Kulturkonferenz im Chemiekombinat Bitterfeld beschlossene Kulturprogramm der DDR. Ziel des Programms war, die Entfremdung von Künstler und Gesellschaft zu überwinden und Kunst und Leben zu versöhnen, indem die Dichter aus den Betrieben über das Leben der Brigaden berichten und die »Kumpel zur Feder« greifen sollten. Trotz einiger Erfolge (Erwin Strittmatter, Erik Neutsch) wurde das Projekt bei der zweiten Bitterfelder Konferenz (1964) aufgegeben. → DDR-Literatur, → Sozialistischer Realismus.

Blankvers, aus der engl. Dichtung übernommener reimloser fünfhebiger → Jambus mit männlichem oder weiblichem Versschluss. Als Dramenvers wird er mit einer Reihe von Freiheiten gebraucht (Abweichungen vom metrischen Schema am Anfang des Verses, gelegentliche Vier- oder Sechsheber, häufige → Enjambements usw.). Obwohl der B. bereits Ende des 17. Jh.s in einer Miltonübersetzung verwendet wurde (Ernst Gottlieb v. Berge, 1682), setzte er sich erst seit der Mitte des 18. Jh.s nach engl. Vorbild (Elisabethanisches Drama) v. a. als Dramenvers durch. Der erste Shakespeareübersetzer Caspar Wilhelm von Borcke (*Julius Cäsar*, 1741) verwandte noch → Alexandriner. Johann Elias Schlegel folgte einer Anregung Johann Christoph Gottscheds, als er für die Fragment gebliebene Übersetzung eines Stückes von William Congreve (*Die Braut in Trauer*, entst. 1748/49, Druck 1762) B.e benutzte. Dem ersten dt. Drama in B.en, Christoph Martin Wielands *Lady Johanna Gray* (1758), folgte eine Reihe weiterer Stücke in B.en (Friedrich Gottlieb Klopstock, Christian Felix Weisse), bis schließlich Lessings *Nathan* (1779) den B. endgültig als Hauptvers des dt. Dramas durchsetzte (Goethe, Schiller, Heinrich v. Kleist, Franz Grillparzer, Friedrich Hebbel usw.). Auch im 20. Jh. wurde er noch verwendet (Gerhart Hauptmann), z. T. in verfremdender Absicht (Brecht). In der dt. Epik oder Lyrik erscheint der B. nur gelegentlich.

Blockbuch, gedrucktes Buch, bei dem Bilder und Texte in Holztafeln geschnitten und auf Papier gedruckt wurden (Holztafeldruck). Das Verfahren, in Asien seit Jahrhunderten in Gebrauch, wurde in Westeuropa v. a. zwischen 1440 und 1500 verwendet. Erhalten sind vorwiegend Werke mittelalterlicher Gebrauchs- und Erbauungsliteratur (z. B. *Apokalypse*, um 1450; *Biblia pauperum*, um 1460; *Ars moriendi*, um 1465).

Boheme, Bezeichnung für eine literarisch-künstlerische Subkultur am Rand der bürgerlichen Gesellschaft. Der Begriff entstand aus der frz. Bezeichnung für Zigeuner (*bohémiens*) und meint seit der Romantik ein Künstlertum mit un- oder antibürgerlichem Selbstverständnis. Zum erstenmal wird das Phänomen in den 30er- und 40er-Jahren des 19. Jh.s in Paris (Quartier Latin, Montmartre) greifbar, als sich junge Dichter der romantischen Tradition der Welt des Wirtschaftsbürgertums entzogen und durch einen individualistischen, ungebundenen Lebensstil gegen die Vätergeneration opponierten. Henri Murger zeichnete mit seinem Roman *Scènes de la vie du Bohème* (1851) ein romantisierendes Bild dieser unbürgerlichen Lebensform; die auf dem Roman basierenden *Bohème*-Opern von Giacomo Puccini (1896) und Ruggiero Leoncavallo (1897) trugen dann wesentlich zur Verbreitung und Durchsetzung der frz. Bezeichnung auch im Ausland bei.

Um die Wende zum 20. Jh. gab es eine Boheme-Subkultur in vielen europäischen und außereuropäischen Metropolen. In Deutschland bildeten sich insbesondere in München und Wien entsprechende Gruppierungen, die sich in bestimmten Cafés oder Kneipen trafen und sich in → Kabaretts als Bürgerschreck betätigten. In den 20er-Jahren setzte das Berliner Romanische Café die Vorkriegstradition des Cafés im Westen fort. Nach dem Zweiten Weltkrieg fand zunächst v. a. die Pariser Existentialisten-Boheme Nachfolger; später entwickelte sich unter angelsächsischem Einfluss eine alternative, stark durch die Musik bestimmte Gegen- und Jugendkultur keineswegs marginaler Art. Eher traditionelle Boheme-Formen behaupteten sich in der Studentenbewegung und zuletzt am Prenzlauer Berg in Ostberlin.

Botenbericht, technisches Hilfsmittel des antiken und klassizistischen modernen Dramas, um Ereignisse zu vergegenwärtigen, die sich außerhalb des Bühnenschauplatzes ereigneten oder aus technischen bzw. moralischen Gründen nur schwer darstellbar wären (Naturkatastrophen, Schlachten, Brutalitäten o. Ä.). Ein technischer Kunstgriff mit ähnlicher Funktion ist die → Teichoskopie (›Mauerschau‹).

Boulevardstück, unterhaltende, publikumswirksame → Komödie. Der Name bezieht sich auf den Entstehungs- und Aufführungsort, die kommerziellen Privattheater an den Pariser Boulevards. Eugène Scribe, Victorien Sardou und Eugène Labiche machten die straff aufgebaute Boulevardkomödie mit ihrer effektvollen, temporeichen Handlungsführung, geistreich-witzigen Dialogen und modischer Ausstattung zur beliebtesten frz. Theaterform, die auch im 20. Jh. bedeutende Autoren anzog (Georges Feydeau, Sacha Guitry, Jean Anouilh u. a.). Auch in anderen europäischen Großstädten (London, Wien, Berlin) wurde das B. gepflegt. Das engl. B. tendiert seit Oscar Wilde und George Bernard Shaw stärker zur Konversationskomödie (Somerset Maugham, Noël Coward, Alan Ayckbourn). Das gilt auch für die Stücke Hermann Bahrs oder Arthur Schnitzlers in Wien. Wichtigster dt. Vertreter des Genres ist Curt Goetz.

Brautwerbungsschema, weitverbreitetes Erzählschema der mittelalterlichen dt. Literatur. Die diesem Schema folgenden Erzählungen schildern die Werbung eines Herrschers (durch einen Boten oder den Helden selbst) um eine Braut in einem entfernten Land sowie deren Gewinnung und Heimführung. Dabei treten häufig Schwierigkeiten und Gefahren auf, die durch List oder Kampf zu überwinden sind; als Gegenspieler fungieren meist der Vater der Braut oder ein Verwandter. Variationen ergeben sich u. a. durch den Schwierigkeitsgrad der Werbung und die dadurch erforderlich werdenden Maßnahmen (z. B. Entführung, Rückentführung, erneute Gewinnung). Das B. liegt der sog. → Spielmannsdichtung des späten 12. und des 13. Jh.s zugrunde (z. B. *König Rother*, um 1160), prägt aber auch → Heldenepen wie *Kudrun* (um 1230–50), *Ortnit* (um 1230–50) oder Teile des *Nibelungenlieds* (um 1200) und der Tristandichtungen.

Brechung, in der mhd. Metrik Bezeichnung für das Durchbrechen einer metrischen Einheit durch die Syntax (→ Enjambement). Eine sog. Reimbrechung liegt dann vor, wenn bei einem Reimpaar der erste Vers syntaktisch zum vorhergehenden Vers gehört, der zweite zum folgenden. Dieses seit dem 12. Jh. häufig angewandte Verfahren erlaubt in der Reimpaardichtung eine beweglichere Diktion.

Bremer Beiträger, Bezeichnung für eine Gruppe junger Literaten (Studenten), die sich von Johann Christoph Gottsched abwandten und ihre Arbeiten in den in Bremen erscheinenden *Neuen Beyträgen zum Vergnügen des Verstandes und des Witzes* (sog. ›Bremer Beiträge‹, 1744–48) veröffentlichten. Zu den Mitgliedern der Gruppe, die sich immer mehr den ästhetischen Positionen der Schweizer Johann Jakob Bodmer und Johann Jakob Breitinger näherten und auch Friedrich Gottlieb Klopstock ein Forum verschafften, zählten u. a. Karl Christian Gärtner, Nikolaus Friedrich Giseke, Gottlieb Wilhelm Rabener und Johann Adolf Schlegel; Christian Fürchtegott Gellert stand der Gruppe nahe. → Dichterkreis.

Brief, schriftliche Mitteilung an eine abwesende Person bzw. abwesende Personen. In dieser primären Form – zu unterscheiden von seinem literarischen Gebrauch – hat der B. dialogischen Charakter; er dient als Gesprächsersatz. Dank seiner Authentizität besitzt der B. einen hohen biographischen und kulturgeschichtlichen Quellenwert. Eine Einschränkung ergibt sich allerdings daraus, dass bis ins 20. Jh. hinein nur B.e von literarisch, künstlerisch, gesellschaftlich oder politisch bedeutenden Persönlichkeiten als aufbewahrenswert angesehen wurden.

Aus der Antike sind vornehmlich literarisch überformte B.e überliefert (Platon, Cicero, Plinius d. J. usw.). Im frühen Christentum wurden B.e und Sendschreiben als Medien der Verkündigung und der Kommunikation zwischen den Gemeinden, dann zwischen den Klöstern eingesetzt. Im MA galt der B. vornehmlich als urkundliches Zeugnis. Verfasser waren lateinkundige Kleriker und Laien in den Klöstern bzw. weltlichen Kanzleien. Das Abfassen von B.en wurde im Rahmen des Rhetorikunterrichts gelehrt (→ Ars dictaminis). Dabei gilt für den B. das leicht abgewandelte rhetorische Dispositionsschema (→ Rhetorik): *salutatio* (Anrede, Grußformel), *exordium* (Einleitung), *narratio* (Darlegung des Sachverhalts), *petitio* (Begründung des Anliegens), *conclusio* (Schluss). Private, persönliche B.e erlangten erst in der → Mystik eine gewisse Bedeutung; der früheste persönlich gehaltene Briefwechsel in dt. Sprache ist der zwischen Heinrich v. Nördlingen und Margareta Ebner (um 1332–1350). Seit dem Ende des 15. Jh.s stieg die Zahl deutschsprachiger B.e stark an; Luthers dt. B.e zeigen ihn als bedeutendsten Briefschreiber der Reformationszeit. Daneben nahm die geschäftliche Korrespondenz einen immer größeren Umfang an. Gleichwohl dominierte unter dem Einfluss des Humanismus die lat. Kommunikation bis weit ins 17. Jh. hinein.

Mitte des 17. Jh.s begann die Vorherrschaft des Französischen im brieflichen Verkehr; allerdings entstanden im Rahmen der Bemühungen der → Sprachgesellschaften auch wichtige Briefzeugnisse und Briefwechsel in dt. Sprache. Einen Ausnahmefall im Kontext der höfischen Kultur stellen die derben dt. B.e der Herzogin Elisabeth Charlotte v. Orléans (Liselotte v. der Pfalz) vom frz. Hof dar. Im 18. Jh. setzte ein Prozess der Subjektivierung auch der Briefkultur ein. Die rhetorischen Formkonventionen (→ Briefsteller) verloren – jedenfalls im privaten Verkehr – ihre Verbindlichkeit; Christian Fürchtegott Gellerts Forderung eines natürlichen, gesprächsnahen und persönlichen Briefstils bestimmte die weitere Entwicklung. Alle Lebensbereiche vom alltäglichen Handeln über das Gefühlsleben (Liebe, Freundschaft) bis zu wissenschaftlichen, ästhetischen oder literarischen Reflexionen wurden Gegenstand brieflicher Kommunikation.

Eine besondere Prägung erhielt diese vorwiegend bürgerliche Briefkultur in → Aufklärung, → Empfindsamkeit und → Romantik durch bedeutende Briefschreiberinnen (Luise Gottsched, Anna Louisa Karsch, Meta Moller, Eva König, Caroline Schlegel-Schelling, Bettina v. Arnim, Rahel Varnhagen), in deren B.en sich unmittelbares Mitteilungsbedürfnis, freies, individuelles Denken und eine vertiefte Empfindungsfähigkeit niederschlagen. Literarische Qualität besitzen auch zahlreiche B.e der Dichter, Philosophen, Theologen oder Wissenschaftler der Zeit; Goethe dokumentierte diesen Werkcharakter durch die Herausgabe seines Briefwechsels mit Schiller (1828–29). Zu den fruchtbarsten und vielseitigsten Briefschreibern des späten 19. Jh.s gehörte Theodor Fontane; auch im 20. Jh. erwiesen sich zahlreiche Schriftsteller – Franz Kafka, Hugo v. Hofmannsthal, Heinrich und Thomas Mann, Hermann Hesse u. a. – als bedeutende Briefschreiber, die die Tradition des frühen 19. Jh.s fortsetzten. Ausdruck zunehmender Politisierung ist der ›offene‹ B. (Alfred Döblin, *Wissen und Verändern! Offene Briefe an einen jungen Menschen*, 1931; Freimut Duve / Heinrich Böll / Klaus Staeck, *Briefe zur Verteidigung der Republik*, 1978).

Seit der Antike wird die Briefform für literarische und publizistische Zwecke verwendet; Beispiele sind etwa die fingierten satirischen *Briefe der Dunkelmänner* (*Epistolae obscurorum virorum*, 1515–17) der Humanisten oder Ludwig Thomas Filser-*Briefwexel* (1912). Im 18. und 19 Jh. sind Genres wie Reisebriefe (→ Reisebericht) oder essayistisch-kritische B.e bzw. Briefessays (→ Essay) besonders beliebt. Briefeinlagen finden sich schon in epischen Dichtungen des MA; mit dem → Briefroman erreicht die Briefkultur des 18. Jh.s ihren literarischen Höhepunkt. Insbesondere seit dem Humanismus gehören verschiedene Formen versifizierter B.e zum dichterischen Repertoire (→ Epistel, → Heroiden).

Briefroman, Roman in Briefen, eine Romanform vornehmlich des 18. Jh.s. Man kann zwischen einem ›einstimmigen‹ B. – einer Folge von fiktiven Briefen einer einzelnen Person – oder einem ›mehr- oder vielstimmigen‹ B. unterscheiden, die jeweils von einem fiktiven Herausgeber arrangiert werden. Die Beliebtheit dieser Romanform im 18. Jh. erklärt sich aus ihrer engen Beziehung zu entscheidenden Tendenzen des Zeitalters, ermöglichte sie doch eine neue Intensität der Selbsterkundung und Selbstaussprache, dazu Unmittelbarkeit und subjektive Authentizität im Spannungsfeld von Einsamkeit und Gesellschaft.

Die Entstehung des B.s hängt mit der zunehmenden Bedeutung des privaten → Briefes und der → Briefsteller mit ihren Mustersammlungen zusammen. So ging Samuel Richardsons *Pamela* (1741), eines der einflussreichen Vorbilder des europäischen B.s, aus der Arbeit an einem Briefsteller hervor. Während *Pamela* das Geschehen konsequent aus der Perspektive der verfolgten Unschuld darstellt, hat die polyperspektivische Variante des B.s ihr Muster in Richardsons zweitem Roman *Clarissa* (1748). Zu den weiteren bedeutenden Beispielen der Gattung gehören Richardsons dritter Roman, *The History of Sir Charles Grandison* (1754), Jean-Jacques Rousseaus *La Nouvelle Héloïse* (1761) und Choderlos de Laclos' *Les Liaisons dangereuses* (1782).

Die Geschichte des dt. B.s beginnt im Anschluss an Richardson mit Christian Fürchtegott Gellerts *Leben der Schwedischen Gräfin von G**** (1747–48), obwohl hier noch der Rahmen der traditionellen Ich-Erzählung beibehalten wird. In der Richardson-Nachfolge stehen auch Johann Karl August Musäus' parodistischer Roman *Grandison der Zweite* (1760–62), Johann Timotheus Hermes' Reiseroman *Sophiens Reise von Memel nach Sachsen* (1769–73) und Sophie v. La Roches *Geschichte des Fräuleins von Sternheim* (1771). Eine neue Dimension erhielt die Gattung durch Goethes monologischen B. *Die Leiden des jungen Werthers* (1774), der mit seiner radikalen Subjektivität im In- und Ausland Schule machte. Formal dominierten allerdings die multiperspektivischen B.e. Die bis zum Beginn des 19. Jh.s währende Popularität der Gattung bezeugen Romane wie Friedrich Heinrich Jacobis *Eduard Allwills Papiere* (1776) und *Woldemar* (1779), Ludwig Tiecks *Geschichte des Herrn William Lovell* (1795–96), Friedrich Hölderlins *Hyperion* (1797–99), Christoph Martin Wielands *Aristipp und einige seiner Zeitgenossen* (1800–01) und Sophie Mereaus *Amanda und Eduard* (1803). Danach spielte der B. kaum noch eine Rolle. Die Verwendung von Briefen in Romanen oder anderen Erzählwerken blieb von dieser Entwicklung unberührt.

Briefsteller, Anleitung zum formgerechten Schreiben von → Briefen. Das Wort B. meint im 17. Jh. zunächst ›Briefverfasser‹; erst 1690 erscheint es bei August Bohse in der Bedeutung ›Brieflehrbuch‹. B. lehren die Verfertigung von stilistisch und sozial korrekten Briefen, indem sie Schreibanweisungen und Regeln sowie Musterbriefe für alle wichtigen Schreibanlässe bereitstellen und dabei wie die mittelalterlichen Brieflehren (→ Ars dictaminis) traditionellen rhetorischen Aufbauschemata folgen. In dieser Form erschienen im 17. und 18. Jh. zahlreiche einschlägige Lehrbücher, nicht zuletzt auch im Zusammenhang mit der Propagierung eines weltmännischen, galanten Verhaltens (u. a. Bohse, *Der allzeitfertige Briefsteller*, 1690; Christian Weise, *Curiöse Gedancken Von Deutschen Brieffen*, 1691; Christian Friedrich Hunold, *Die Allerneueste Art Höflich und Galant zu Schreiben*, 1702; Benjamin Neukirch, *Unterricht von Teutschen Briefen*, 1707). Christian Fürchtegott Gellerts Forderung eines natürlichen, gesprächsnahen Briefstils (*Briefe, nebst einer Praktischen Abhandlung von dem guten Geschmacke in Briefen*, 1751) änderte nichts an der weiteren Verbreitung der Briefstellerliteratur, die als praktische Ratgeber bis ins 20. Jh. z. T. hohe Auflagen erzielten.

Buch, aus mehreren beschriebenen oder bedruckten Lagen oder Bogen bestehendes, gebundenes Schriftwerk. Die Bezeichnung B. galt ursprünglich Tafeln aus Buchenholz, in die Schriftzeichen eingeritzt wurden. Ebenso sind griech. *byblos* und lat. *liber* vom jeweiligen Beschreibstoff abgeleitet (Bast der Papyrusstaude bzw. Baumbast).

Die in der Antike übliche und z. T. noch im MA für bestimmte Zwecke (Theaterrollen) gebräuchliche Rollenform wurde seit dem 1. Jh. n. Chr. allmählich durch den aus gefalteten Blättern bestehenden Kodex mit festem Einband ersetzt. Vorbild für diese Form waren die durch Ringe oder Schnüre zusammengehaltenen Holztäfelchen mit Wachsüberzug, auf denen man in der Antike geschäftliche und private Notizen festhielt. Ermöglicht wurde die neue Buchform durch die Umstellung auf das beidseitig beschreibbare Pergament als Beschreibstoff. Im frühen 14. Jh. gelangte das Papier, in China bereits im 2. Jh. erfunden, über die arabischen Länder nach Europa. Die erste dt. Papiermühle nahm 1390 in Nürnberg den Betrieb auf. Diese Entwicklung ermöglichte eine starke Expansion der Handschriftenproduktion im späten MA (→ Handschrift).

Die frühen gedruckten Bücher – 1454 erschien Gutenbergs erster Bibeldruck – behielten noch bis zum Ende des Jh.s typische Merkmale der Handschriften bei (kein Titelblatt, individuelle Illustrationen, Nachahmung der Typographie usw.). Die Technik der Buchherstellung mit manuellem Bleisatz änderte sich erst im 19. Jh. durch die Schnellpresse und neue maschinelle Satz- und Buchbindeverfahren, die die Buchproduktion beschleunigten und – mit der Erfindung der Rollenrotationsmaschine (1865) – hohe Auflagen von Zeitschriften und Büchern ermöglichten. Die Produktion preiswerter Bücher erhielt einen weiteren Anstoß durch den Ablauf der Schutzfrist für die dt. Klassiker (1867). Inzwischen ist Bleisatz nur noch in einigen Pressen üblich, die sich der Herstellung bibliophil gestalteter Bücher verschrieben haben. Fotosatz und die neuen Möglichkeiten der EDV bestimmen die heutige Buchproduktion, in der das Taschenbuch einen immer größeren Raum einnimmt.

Buchgemeinschaft, verlagsartiges Unternehmen, das seine Mitglieder zum regelmäßigen Bezug von Büchern (oder anderen Medien) aus einem meist aus Lizenzausgaben bestehenden Programm verpflichtet. Dabei wird die Auswahl durch sog. Vorschlagsbände beeinflusst. In der Regel müssen die Mitglieder vierteljährlich mindestens ein Buch beziehen.

Die ersten B.en entstanden im 19. Jh., darunter der unter dem Einfluss des Arbeiterbildungsgedankens 1891 gegründete *Verein der Bücherfreunde*. Zu wichtigen Gründungen kam es in den 20er-Jahren: die gewerkschaftlich orientierte *Büchergilde Gutenberg* (1924), der sozialistische *Bücherkreis* (1924) und die *Deutsche Buchgemeinschaft* (1924). Nach dem Zweiten Weltkrieg setzten u. a. die *Büchergilde Gutenberg* und die *Deutsche Buchgemeinschaft* ihre Tätigkeit fort; neue B.en wie der *Lesering Das Bertelsmann Buch* (1950) kamen hinzu. Zugleich wurde das Medienangebot beträchtlich ausgeweitet. Inzwischen sind die B.en – bis auf die *Büchergilde Gutenberg* – dem Konzentrationsprozess zum Opfer gefallen und in der Bertelsmann AG aufgegangen. Eine Sonderstellung nimmt die 1949 gegründete, nicht profitorientierte *Wissenschaftliche Buchgesellschaft* in Darmstadt ein.

Buchhandel, Oberbegriff für alle mit der Herstellung und Verbreitung von Büchern befassten gewerblichen Tätigkeiten (Verlagswesen; Zwischen- und Großhandel; vertreibender B. wie Sortiment, Antiquariat, Versandhandel usw.). Im allgemeinen Sprachgebrauch meint B. fast ausschließlich den Sortimentsbuchhandel.

Bereits in der Antike gab es einen hochentwickelten B., der sich dann in der Spätantike verlor. Im MA kam es zuerst an den Universitäten seit dem 12. Jh. zu einer Handschriftenproduktion auf Vorrat. Im Spätmittelalter weitete sich der gewerbliche B. aus; Werkstätten wie die von Diebold Lauber in Hagenau (1427–67), der eine Reihe von Schreibern und Illustratoren beschäftigte, auf Vorrat produzierte und nachweislich für seine Produkte warb, nahmen die Produktions- und Vertriebsweisen der frühen Drucker und Verleger voraus. Am Anfang der Ära des Buchdrucks bestimmten Druckerverleger das Bild, wobei es in Zusammenarbeit mit gelehrten Humanisten vielfach zu einem qualitativ hochstehenden Buchprogramm kam.

Die Reformation brachte einen gewaltigen Aufschwung der Buchproduktion. Der Vertrieb erfolgte durch den Verleger auf Messen und Jahrmärkten, aber auch durch reisende ›Buchführer‹. Die Bücher wurden ungebunden in Fässern transportiert. Aus dem Buchführer wurde bald der ortsansässige Sortimentsbuchhändler (für Augsburg und Leipzig schon um 1500 bezeugt). Buchhändlerkataloge zur Frankfurter Herbstmesse erschienen seit 1564, amtliche Messkataloge seit 1594 in Leipzig und 1598 in Frankfurt. Das Geschäft wurde als Tauschhandel betrieben, wobei unabhängig vom Inhalt strikt Bogen für Bogen getauscht wurde und der jeweilige Druckerverleger dann die Bücher seines Kollegen als Sortimenter seinen Kunden zum Kauf anbot. Damit umging man den komplizierten Zahlungsverkehr im auch monetarisch zersplitterten Reich; gleichzeitig war durch dieses Verfahren eine breite Distribution der Bücher gewährleistet.

Im 18. Jh. traten große Veränderungen ein, wobei der Niedergang der Frankfurter mit einem Aufstieg der Leipziger Buchmesse korrespondierte. Eine der Ursachen für diese Entwicklung war die strenge Zensur auf der Frankfurter Messe durch die Kaiserliche Bücherkommission. Außerdem brachte die ›Leserevolution‹ des 18. Jh.s (→ Leser) eine deutliche Veränderung des Buchmarkts; dabei wirkten sich das Ende der Vorherrschaft des Lateinischen wie der religiös-erbaulichen Literatur und der Durchbruch des aufklärerischen Denkens sowie der rapide Anstieg der Nachfrage nach schöngeistiger Literatur eindeutig zugunsten Leipzigs und des norddeutsch-protestantischen B.s aus. Zugleich setzte sich auf Leipziger Initiative der neuzeitliche Barhandel (Nettohandel) durch, während der Süden zunächst beim Tauschhandel blieb. Diese Trennung führte wiederum zu einem aus merkantilistischen Erwägungen z. T. obrigkeitlich geförderten Nachdruckwesen in süddeutschen Territorien und in Österreich. Um 1800 wurde der Konditionshandel üblich (Bücherbezug mit Rückgaberecht). Selbstverlagsunternehmungen der Schriftsteller, die keinen urheberrechtlichen Schutz genossen, schlugen fehl (Friedrich Gottlieb Klopstock, Lessing, Christoph Martin Wieland, die Dessauer ›Buchhandlung der Gelehrten‹).

Die neuen Handelsformen führten zu einer weitgehenden Trennung von Verlags- und Sortimentsbuchhandlung. Verleger wie Johann Friedrich Cotta übernahmen die Rolle von Anregern und Mäzenen. 1825 wurde der ›Börsenverein der deutschen Buchhändler‹ als Standesorganisation gegründet. Die Urheberrechtsfrage fand 1845 mit der Festlegung einer dreißigjährigen Schutzfrist nach dem Tod des Verfassers eine Lösung (heute sind es 70 Jahre). Das Stichdatum war der 9. November 1837; damit wurden 1867 die Rechte an den bedeutendsten Schriftstellern der Aufklärung, Klassik und Romantik frei (›Klassikerjahr‹). Die Folge waren zahlreiche Klassikerausgaben und die Gründung preiswerter Serien und Reihen (z. B. *Reclams Universal-Bibliothek*). 1887 wurde der feste Ladenpreis eingeführt. Die Differenzierung und Spezialisierung des Verlagswesens nahm seit der zweiten Jahrhunderthälfte stark zu. Bedeutende Verlagsgründungen um die Wende zum 20. Jh. förderten die literarische Moderne (Samuel Fischer, Kurt Wolff, Eugen Diederichs u. a.). → Buchgemeinschaften erlebten in den zwanziger Jahren durch zahlreiche Neugründungen einen beträchtlichen Aufschwung, der sich nach dem Zweiten Weltkrieg fortsetzte. Nach 1933 mussten zahlreiche Verleger Deutschland verlassen; Exilverlage wurden gegründet.

Die getrennte Entwicklung im Osten und Westen nach 1945 führte zu großen Verschiebungen in der Verlagslandschaft. Leipzig verlor seine Rolle als führende Verlagsstadt.

Das Verlagswesen wie der Literaturbetrieb der DDR insgesamt wurde der staatlichen Reglementierung unterworfen bzw. verstaatlicht (→DDR-Literatur). Eine der frühesten Neugründungen in der Sowjetischen Besatzungszone war der Aufbau-Verlag. Viele der ursprünglich in Leipzig ansässigen Verlage wurden im Westen neu gegründet. Mit der Wiedervereinigung wurden die alten Besitzverhältnisse z. T. wiederhergestellt, ebenso die Einheit des Börsenvereins des dt. Buchhandels. Die Messe in Leipzig blieb neben der Frankfurter Buchmesse erhalten. Zu den wichtigsten Entwicklungen der Nachkriegszeit gehört die Erfolgsgeschichte des →Taschenbuchs, die 1950 mit den ersten rororo-Taschenbüchern des Rowohlt-Verlages begonnen hatte.

Buchillustration, künstlerische Ausstattung von Handschriften und Drucken. Die von Hand gemalten bzw. gezeichneten B.en in mittelalterlichen Handschriften und frühen Drucken bezeichnet man als Buchmalerei. Bereits in der Inkunabelzeit (→Inkunabel) beginnt aber auch die mechanische Vervielfältigung von B.en. Diese hat wiederum ihre Vorläufer in der arbeitsteiligen Produktion von B.en in Werkstätten des 15. Jh.s, aus denen die meisten der deutschsprachigen illustrierten Manuskripte des MA stammen (Elsässische Werkstatt, 1418; Diebold Lauber, Hagenau, 1427–1467).

Die mittelalterliche Buchmalerei umfasst Randleisten, Zierinitialen, Miniaturen und ganze Illustrationszyklen, wobei insbesondere liturgische und andere religiöse Texte Gegenstand elaborierter Buchmalerei wurden. Vom künstlerischen Anspruch her können sich nur wenige deutschsprachige illustrierte Texte – etwa die *Große Heidelberger* (*Manessische*) *Liederhandschrift* (um 1300–30) oder der *Willehalm*-Kodex von 1387 aus der Prager Werkstatt König Wenzels IV. – mit den lat. Kodizes messen. Auch nach der Erfindung des Buchdrucks mit beweglichen Lettern wurden Schmuckinitialen oder Miniaturen noch für einige Zeit nachträglich von Hand hinzugefügt.

Die Technik des Holzschnitts wurde zunächst in Einblattdrucken und →Blockbüchern verwendet, die Bilder und (kurze) Texte miteinander verbanden. Dieses Verfahren wurde nach Gutenbergs Erfindung auch zur Buchillustration benutzt, indem man entweder separate Holzschnitte als Einblattdrucke herstellte und dann einklebte oder sie nachträglich eindruckte. Schon früh aber wurden Illustrationen und Texte zusammen gedruckt (Johann v. Tepl, *Der Ackermann aus Böhmen*, Bamberg: Albrecht Pfister, 1460). Bedeutende Holzschnittillustrationen enthalten Hartmann Schedels *Weltchronik* (1493), Sebastian Brants *Narrenschiff* (1494) und Kaiser Maximilians *Theuerdank* (1517).

Im Verlauf des 16. Jh.s wurde der Holzschnitt allmählich durch den Kupferstich abgelöst, der dann im 17. und 18. Jh. das bevorzugte Verfahren der B. darstellte. Auch die Radierung, eine Sonderform des Kupferstichs, fand seit dem 17. Jh. häufig Verwendung. Im 19. Jh. erlangte der 1796 von Aloys Senefelder erfundene Steindruck (Lithographie) große Bedeutung für die massenhafte Reproduktion von Abbildungen. Der Expressionismus brachte ein neues Interesse am Holzschnitt. Anstöße für eine Hebung des Niveaus der Buchausstattung (Papier, Einband, Typographie, Illustration, Einband) ging von dem Engländer William Morris aus. Vor allem der →Jugendstil prägte die neue Buchkunst. Bibliophile Gesellschaften und Privatpressen suchen heute buchkünstlerische Traditionen aufrechtzuerhalten.

Buchmesse →Buchhandel.

Bühne →Theater.

Bürgerlicher Realismus →Realismus.

Bürgerliches Trauerspiel, um die Mitte des 18. Jh.s entstandene neue dramatische Gattung. Sie bricht mit der klassizistischen Auffassung der →Tragödie und macht Probleme des häuslich-privaten Bereichs und später auch den Konflikt der Stände zum Gegenstand der tragischen Handlung. Der Begriff ›bürgerlich‹ hat dabei zunächst noch nicht die moderne, ökonomisch bestimmte Bedeutung; als handelnde

Personen des bürgerlichen Trauerspiels können sowohl Bürger als auch Adelige auftreten, nur die ›Großen‹ (Fürsten, Könige) und der ›Pöbel‹ bleiben ausgeschlossen. Innerhalb dieses gesellschaftlichen ›Mittelstandes‹ sind Gesinnung und Bildung die entscheidenden Kriterien.

Anders als in der klassizistischen Tragödie hat die Handlung im bürgerlichen Trauerspiel keinen öffentlich-politischen Charakter; nicht der Hof, sondern die Familie ist der Schauplatz, auf dem sich Privatpersonen mit Problemen des häuslichen Lebens, der menschlichen Beziehungen und der Moral auseinandersetzen. Dem unheroischen Charakter entsprechend ist die Sprachform Prosa. Zunächst dominieren empfindsame Züge (→ Empfindsamkeit): Das bürgerliche Trauerspiel will durch ›Rührung‹ auf das Gemüt bzw. das ›Herz‹ einwirken und zur moralischen Besserung beitragen, indem es die Fähigkeit zum ›Mitleiden‹ aktiviert.

Mit *Miß Sara Sampson* (1755) begründete Lessing den Typus des empfindsamen bürgerlichen Trauerspiels in Deutschland. Zwei engl. Stücke hatten den Erfolg der neuen Gattung vorbereitet, George Lillos *The London Merchant* (1731; *Der Kaufmann von London*, 1752) und Edward Moores *The Gamester* (1753; *Der Spieler*, 1754). Lessings Drama blieb für rund 20 Jahre vielfach nachgeahmtes Modell für Stücke, deren innere Handlung um Tugend und Laster kreist und die mit dem Leiden der vollkommenen oder sich vervollkommnenden tugendhaften Charaktere und der Reue der Widersacher (Väter, Rivalen, Rivalinnen usw.) für Rührung, Mitleid und empfindsame Tränenfluten sorgten.

Mit Lessings *Emilia Galotti* (1772) löste ein anderer Typus des bürgerlichen Trauerspiels die empfindsame Version ab. Nun wurde, bis zu Schillers *Kabale und Liebe* (1784), der meist durch Liebesbeziehungen ausgelöste Konflikt zwischen den Ständen zum charakteristischen Thema. Insbesondere im → Sturm und Drang erhielt die Gattung einen dezidiert gesellschaftskritischen Sinn (Heinrich Leopold

Wagner, Jakob Michael Reinhold Lenz). Neben der Konfrontation von Adel und Bürgertum wurden auch Konflikte zwischen verschiedenen Schichten des Bürgertums thematisiert (Wagner, *Die Reue nach der Tat*, 1775). In der Folgezeit löste sich das bürgerliche Trauerspiel im trivialen Familiengemälde auf, bis mit den Tendenzdramen des Jungen Deutschland (Karl Gutzkow) eine kurze Neubelebung der Gattung eintrat. Auch Friedrich Hebbel setzte mit *Maria Magdalena* (1844) neue Akzente; hier wird das Bürgerliche selbst, seine geistige und moralische Enge, zur Ursache des Tragischen. Die Auseinandersetzung mit den bürgerlichen und familalen Werten wurde unter veränderten gesellschaftlichen Umständen um die Jahrhundertwende in Stücken von Henrik Ibsen, August Strindberg, Gerhart Hauptmann und Arthur Schnitzler weitergeführt. Bearbeitungen von Stücken Wagners und Hebbels durch Peter Hacks (*Die Kindermörderin*, 1963) und Franz Xaver Kroetz (*Maria Magdalena*, 1974) verwiesen auf die Tradition des 18. und 19. Jh.s, und Rainer Werner Fassbinder bezeichnete sein Stück *Bremer Freiheit* (1971) ausdrücklich als bürgerliches Trauerspiel.

Bukolik → Schäferdichtung.

Bukolische Diärese → Zäsur.

Burleske, Bezeichnung für Formen des derb-komischen Theaters in der Art der → Commedia dell'arte oder der → Posse. Im frz. und engl. Sprachgebrauch steht B. (*burlesque*) für → Travestie, etwa der Barockoper durch John Gays *The Beggar's Opera* (1728) oder des klassischen Epos durch Paul Scarron oder Alexander Pope (→ Komisches Epos).

Butzenscheibenlyrik, von Paul Heyse 1884 geprägte abschätzige Bezeichnung für historisierende lyrische und epische Dichtungen der letzten Jahrzehnte des 19. Jh.s, epigonale nationalistische Verherrlichungen eines romantischen MA als Begleiterscheinung zur Gründung des Kaiserreichs. Vorbild war Joseph Viktor v. Scheffel; zu den erfolgreichsten Autoren der B. zählen Rudolf Baumbach (*Lieder eines fahrenden Gesellen*, 1878) und Julius Wolff (*Der fahrende Schüler*, 1900).

C

Capriccio, wörtlich ›Laune‹, ›unerwarteter Einfall‹, seit dem 16. Jh. auf das Geistreiche, Außergewöhnliche, scheinbar Willkürliche verweisende Bezeichnung für Musikstücke verschiedener Art und später auch für Werke der bildenden Kunst (Jacques Callot, Francisco Goya). Auf Callot bezieht sich E. T. A. Hoffmanns Übertragung des Begriffs aufs Literarische, die im 19. und 20. Jh. wiederholt aufgenommen wurde: *Prinzessin Brambilla. Ein Capriccio nach Jakob Callot* (1821).

Casualcarmen → Gelegenheitsgedicht.

Cento, ursprünglich Bezeichnung für eine aus bunten Flicken zusammengesetzte Decke, dann seit der Spätantike im übertragenen Sinn für einen aus Versen bekannter Dichter zusammengesetzten Text. Je nach Intention nähert sich das Verfahren entweder der → Parodie oder der → Kontrafaktur. Antike Beispiele für das C. sind Ausonius' *Cento Nuptialis* und Probas *Cento Vergilianus* aus dem 4. Jh., wobei bei der Römerin Proba die Vergilverse christlich umgedeutet werden, ein Verfahren, das sich bis ins 17. Jh. hielt. Ein Freidank-C. findet sich bei Oswald v. Wolkenstein. Die Verwendung der Centotechnik in nichtfiktionalen Prosatexten illustrieren Justus Lipsius' *Politicorum sive civilis doctrinae libri sex* (1589).

Chanson, begleitetes Sololied geistreichen, witzigen, satirischen oder auch sentimentalen Charakters, bei dem der Text dominiert (›literarisches Ch.‹). Es hat meist die Gestalt eines Strophenlieds mit Refrain.

Im MA war Ch. der Oberbegriff für verschiedene lyrische und epische Gattungen der frz. Literatur (Minnelied, Kreuzzugslied, → Chanson de geste); seit dem 15. Jh. wurden mit dem Begriff u. a. Liebes- und Trinklieder sowie die satirische und politische Lieddichtung mit hofkritischer bzw. revolutionärer Tendenz bezeichnet. An die Ch.s der Revolutionszeit knüpfte auch Pierre-Jean de Béranger, der populärste Chansonnier des 19. Jh.s, mit seinen gegen die Restauration gerichteten Liedern an. In der heute üblichen Form entstand das Ch. im Zusammenhang mit der Entwicklung des → Kabaretts. Die ersten Chansonsänger des frz. Kabaretts (seit 1881) waren Yvette Guilbert und Aristide Bruant; in Deutschland nahmen um die Jahrhundertwende Kabaretts in Berlin (»Überbrettl«) und München (»Elf Scharfrichter«) die frz. Anregungen auf. Otto Julius Bierbaum gab 1900 die erste dt. Chansonsammlung (*Deutsche Chansons*) heraus. Zu den Chansonverfassern der ersten Jahrhunderthälfte, die auch außerhalb des Kabaretts bekannt wurden, zählen neben Bierbaum u. a. Friedrich Hollaender, Erich Kästner, Klabund, Walter Mehring, Kurt Tucholsky und Frank Wedekind. Heute findet sich das literarische Ch. in Operetten, Musicals und Revuen, in Kabarett, Film und Fernsehen. Beziehungen bestehen zum → Song und den Texten der → Liedermacher.

Chanson de geste, wörtlich ›Tatenlied‹, Bezeichnung für das frz. Heldenepos des MA (→ Heldendichtung), dem Stoffe der nationalen Geschichte, insbesondere der Karolingerzeit, zugrunde liegen. Die Chansons de geste sind häufig nach genealogischen Gesichtspunkten zu Zyklen verbunden. Zu dem Zyklus um das karolingische Herrschergeschlecht gehört das *Rolandslied* (dt. vom Pfaffen Konrad, um 1170), zu dem um Guillaume d'Orange *La Bataille d'Aliscans*, Ausgangspunkt des *Willehalm* (um 1210–20) Wolframs v. Eschenbach.

Charonkreis, Berliner → Dichterkreis um die von Otto zur Linde und Rudolf Pannwitz gegründete Zeitschrift *Charon* (1904–14), der mit einer mystisch inspirierten, religiösen Weltanschauung eine Gegenposition zum Naturalismus vertrat.

Chevy-Chase-Strophe, nach einer engl. Volksballade benannte und in der engl. Balladendichtung weit verbreitete

Strophenform. Sie besteht aus vier Zeilen, die erste und dritte mit vier, die zweite und vierte mit drei Hebungen. Die Senkungen sind ein- oder zweisilbig, die Versschlüsse männlich. Die Reimbindung variiert (halber, d. h. nur Vers 2 und 4 reimen, oder voller Kreuzreim); reimlose Versuche gibt es bei Friedrich Gottlieb Klopstock (*Kriegslied zur Nachahmung des alten Liedes von der Chevy-Chase-Jagd*, 1749). Wie Klopstock verwendete auch Johann Wilhelm Ludwig Gleim die Chevy-Chase-Strophe für patriotische Dichtungen (*Preussische Kriegslieder*, 1758); im 19. Jh. wurde sie zu einer beliebten Form der Kunstballade (Moritz Graf Strachwitz, Theodor Fontane) und der niederdt. Dichtung (Klaus Groth). Im 20. Jh. griff Brecht auf die Strophe zurück (*Legende vom toten Soldaten*).

Chiasmus, Bezeichnung – nach dem griech. Buchstaben χ – für die syntaktische Überkreuzstellung von Wörtern zweier aufeinander bezogener Satzglieder: »Ich weis nicht was ich wil / ich wil nicht was ich weis« (Martin Opitz). Meist dient die rhetorische Figur der Verdeutlichung einer → Antithese.

Chiffre, Bezeichnung für ein rätselhaftes sprachliches Zeichen insbesondere in der modernen hermetischen Lyrik als poetische Entsprechung für sprachlich nicht fassbare Erfahrungen oder Vorstellungen. Das Zeichen erhält seinen Sinn aus seiner Funktion in einem vom Dichter gesetzten Kontext von anderen Zeichen, von Assoziationen und Anspielungen. Der Chiffrebegriff wird u. a. dazu benutzt, um die moderne Lyrik von der mit den Symbol- und Allegoriekonzepten zu erschließenden traditionellen Dichtung abzugrenzen (→ Allegorie, → Symbol).

Choliambus, ›Hinkjambus‹, aus einer Abwandlung des jambischen Trimeters (d. i. sechsfüßiger → Jambus) entstandenes Versmaß antiker Herkunft, bei dem der letzte Jambus durch einen → Trochäus (oder → Spondeus) ersetzt wird (◡ – ◡ – ◡ –◡ – ◡ – – ◡). Der Ch. wird in der Antike wie in der Neuzeit fast nur in scherzhafter Dichtung verwendet:

»Der Chóliámbe schéint ein Vérs für Kúnstríchter« (August Wilhelm Schlegel).

Chor, Gruppe von Sprechern oder Sängern im Drama und verschiedenen musikalischen Formen. In der antiken Tragödie besitzt der Ch. den Charakter einer dramatischen Person, wenn auch seine Bedeutung für die Handlung im Verlauf der Entwicklung abnimmt und schließlich die Mitspieler-Funktion fast völlig von der kommentierenden abgelöst wird. In dieser reduzierten Funktion wurde er (v. a. nach röm. Vorbild: Seneca) im Drama des Humanismus und des Barock an den Aktschlüssen bzw. zwischen den Akten (→ Akt) eingesetzt und dabei vielfach zu allegorischen Zwischenspielen ausgebaut (→ Reyen). Im Drama der Aufklärung spielt der Ch. nach dem Beispiel des frz. Klassizismus kaum eine Rolle. Experimente mit dem Ch. unternahmen erst wieder Friedrich Gottlieb Klopstock in seinen ›Bardieten‹ (→ Bardendichtung), Johann Gottfried Herder, Christoph Martin Wieland, Schiller (*Die Braut von Messina*, 1803) und Goethe (u. a. *Faust II*, 1832). Beispiele für die Verwendung des Ch.s im neueren Drama finden sich u. a. bei Brecht, Ernst Toller oder Max Frisch (*Biedermann und die Brandstifter*, 1958) sowie in Neuinterpretationen antiker Mythen (Hugo v. Hofmannsthal, Peter Hacks, Heiner Müller u. a.).

Christlich-deutsche Tischgesellschaft, 1811 von Achim v. Arnim in Berlin gegründete konservative Vereinigung von adeligen und bürgerlichen Intellektuellen und Künstlern zur Pflege patriotischer Gesinnung. Mitglieder waren u. a. Clemens Brentano, Johann Gottlieb Fichte, Heinrich v. Kleist, Adam Müller, Carl v. Clausewitz, Johann Friedrich Reichardt und Friedrich Carl v. Savigny. Frauen, Juden (auch die getauften) und Nichtakademiker (›Philister‹) waren nicht zugelassen. 1816 wurde die Vereinigung als ›Christlich-germanische Tischgesellschaft‹ von Brentano weitergeführt.

Chronik, Form der Geschichtsschreibung, die größere Zeiträume in ihrem chronologischen Verlauf darstellt und dabei, anders als die bloß reihenden Annalen, auch sachliche Zusammenhänge herstellt und eigene Gliederungsprinzipien entwickelt. Der Gegenstandsbereich ist weit gefasst und reicht von universaler Welt- und Heilsgeschichte zu geschichtlichen Darstellungen von Epochen, Ländern, Dynastien, Städten, weltlichen und geistlichen Institutionen oder Ereignisfolgen wie Reisen, Konzile oder Kriege. Andere Ordnungskriterien sind Sprache (lat. oder volkssprachlich) und Form (Prosa oder Vers).

Die mittelalterliche Universalgeschichtsschreibung sieht den Ablauf der Geschichte als Entfaltung von Gottes Heilsplan und entwickelt auf der Basis spätantik-christlicher Geschichtsdeutung (Eusebius, Augustinus, Orosius) zwei verbindliche Periodisierungskonzepte: die Einteilung nach sechs Weltaltern (Augustinus) und die auf dem Buch Daniel gegründete Lehre von den vier Weltreichen. Einen Höhepunkt der eschatologischen Geschichtsschreibung des MA stellt Otto v. Freisings *Chronica sive Historia de duabus civitatibus* (1143–46) dar. Die Tradition universalhistorischer Reimchroniken in dt. Sprache beginnt mit der *Kaiserchronik* (um 1140–50) und führt über die Ch.en von Rudolf v. Ems (um 1250) und Jans Enikel (um 1280) zur monumentalen Kompilation Heinrichs v. München (14. Jh.). Zu den großen gereimten Landeschroniken in dt. Sprache gehören Ottokars v. Steiermark *Österreichische Reimchronik* (um 1300–20) und Nikolaus v. Jeroschins *Kronike von Pruzinlant* (um 1331–41). Mit der niederdt. *Sächsischen Weltchronik* (um 1260–75; früher Eike v. Repgow zugeschrieben) beginnt die Chronistik in dt. Prosa; auch für die Mitte des 14. Jh.s nachdrücklich einsetzende Städtechronistik – z. B. die *Magdeburger Schöppenchronik* (um 1360–72) oder Fritsche Closeners *Straßburger Chronik* (1362) – ist Prosa die übliche Sprachform. Eine Rekapitulation mittelalterlicher Auffassungen stellt Hartmann Schedels Weltchronik (*Liber cronicarum*, lat. und dt. Ausgabe 1493) dar; ihre Bedeutung liegt in den Illustrationen.

Ciceronianismus → Attizismus.

Collage → Montage.

Comédie larmoyante → Rührendes Lustspiel.

Comics, eigentlich (engl.) *comic strip*, gegen Ende des 19. Jh.s in den USA entstandene Form der → Bildergeschichte. C. bestehen aus einer Folge von Bildkästchen (*panels*), in die Texte als Sprechblasen (*balloons*) oder in Blockkommentaren integriert sind. Am Anfang der Entwicklung waren die Texte vielfach noch den Bildern unterlegt. Kurz vor der Jahrhundertwende erschienen in Sonntagsbeilagen und Wochenendausgaben amerikanischer Zeitungen immer häufiger Fortsetzungsgeschichten in Bildern, mit und ohne integrierten Text. Die erste Erfolgsserie, *The Katzenjammer Kids* (1897 ff.) von Rudolph Dirks, war eine Nachahmung von Wilhelm Buschs *Max und Moritz* (1865); sie arbeitete bereits mit Sprechblasen. In der Folgezeit entwickelte sich eine ausgesprochene Comics-Industrie mit entsprechender Ausweitung und Kommerzialisierung des Genres (Comic books seit den 30er-Jahren, Zeichentrickfilme, Vergnügungsparks usw.). Das Themenspektrum vergrößerte sich; zu den Lausbubengeschichten traten Geschichten von komischen Außenseitern, Familienserien, anthropomorphisierte Tiergeschichten (*Mickey Mouse*, 1930 ff.; *Donald Duck*, 1938 ff.), Abenteuer- und Detektivgeschichten (*Tarzan*, 1929 ff.; *Dick Tracy*, 1931 ff.; *Flash Gordon*, 1934 ff.; *Superman*, 1938 ff.).

In Deutschland etablierten sich die C. erst nach 1945 als Literatur für Kinder und Jugendliche – und stießen auf erbitterten Widerstand (*Micky Maus*, 1951 ff.; *Tarzan*, 1951 ff.). Gegen die amerikanische Vorherrschaft setzten sich in Frankreich und Italien eigene Comics-Schulen durch; ironische Serien wie *Astérix* (1961 ff.) von René Goscinny (Text) und Albert Uderzo (Bilder) führten zu einer Neubewertung der Gattung. Zugleich kam es zu einer Wechselbeziehung zwischen C. und bildender Kunst (Pop Art). Gleichzeitig entstanden in den USA oppositionelle Underground-Comics (Robert Crumb u. a.). Diese Entwicklung beeinflusste – zusammen mit den frz. erotischen C. wie *Barbarella* (1964) – auch die dt. Comics-Produktion, die sich damit auch von der traditionellen Festlegung der C. als Kinderlektüre befreite (Gerhard Seyfried u. a.). Inzwischen zeigt sich in der internationalen Comics-Literatur eine Erweiterung des Themenspektrums bis hin zur Judenverfolgung im Dritten Reich (Art Spiegelman, *Maus. Die Geschichte eines Überlebens*, 1989–90).

Commedia dell'arte, ital. Stegreifkomödie. Es handelt sich um ein Improvisationstheater mit feststehenden Typen, dessen Handlungsverlauf und Szenenfolge in einem → Szenarium (›Canevas‹) festgehalten ist, im Übrigen aber auf die Improvisationskunst der Berufsschauspieler (*arte* ›Gewerbe‹) setzt. Im Gegensatz dazu steht die gelehrt-höfische Renaissancekomödie (›commedia erudita‹). Dem volkstümlichen Charakter und der Notwendigkeit der freien Improvisation entsprechend liegen den Stücken in der Regel einfache Handlungsschemata zugrunde, Liebes-, Eifersuchts-, Verwechselungsspiele und dergleichen, die durch Tanz- und Musikeinlagen, durch turbulente akrobatische, komische oder auch obszöne Aktionen angereichert wurden.

Das Personal umfasst als ernste Rollen die des jungen Liebespaars, das ohne Masken spielt und in der Hochsprache spricht, und die komischen kostümierten und mit Halbmasken versehenen Typenfiguren, die häufig in Aufmachung und Dialekt mit bestimmten Regionen oder Städten verbunden werden. Die wichtigsten Typen sind: Pantalone, der eifersüchtige und geizige Alte (venezianischer Kaufmann), der pedantische und pseudogelehrte Dottore (Arzt, Jurist) aus Bologna, der Narr Pulcinella (Neapel), der großsprecherische, aber feige Capitano. Dazu kommen mit Arlecchino, Brighella oder Truffaldino die aus Bergamo stammenden Dienerfiguren (Zanni), ergänzt durch ihr weibliches Gegenstück Colombina. Zwischen den ernsten und komischen Figuren vermittelt die Canterina, die in den musikalischen Zwischenspielen auftritt.

Der Ursprung der Commedia dell'arte ist nicht geklärt; als mögliche Anknüpfungspunkte werden antike Traditionen, Karnevalskomödien, Jahrmarktsfarcen und die gelehrte Renaissancekomödie genannt. Der erste Beleg für das Auftreten einer Commedia-dell'arte-Truppe stammt von 1545 (Padua). Nach diesem Muster bildeten sich im 16. und 17. Jh. zahlreiche Truppen, die vor höfisch-aristokratischem oder gebildetem bürgerlichem Publikum in Palästen oder Theatern spielten und ihre Kunst von Italien aus in die anderen europäischen Länder trugen (der früheste Beleg: Bericht einer Aufführung 1568 in München). Die Commedia dell'arte übte einen bedeutenden Einfluss auf die europäische → Komödie der folgenden Jh.e aus. Eine wichtige Rolle spielte dabei seit 1570 die *Comédie italienne* in Paris, der u. a. Molière verpflichtet ist. Den Niedergang der Commedia dell'arte im 18. Jh. suchten Carlo Goldoni und Carlo Gozzi durch Reformen aufzuhalten. Elemente und Figuren der ital. Stegreifkomödie werden bis ins 20. Jh. hinein immer wieder im Theater, besonders auch im Musiktheater, aktualisiert.

Concetto, scharfsinnige Wort- und Gedankenfigur, verwendet insbesondere in der Lyrik des → Barock und des → Manierismus. Das C. gehört in den Zusammenhang der → Argutia-Tendenzen in der → Rhetorik und → Poetik seit der 2. Hälfte des 16. Jh.s. Die Scharfsinnigkeit des Poeten erweist sich in der Erfindung von ingeniösen Sinn- und Wortspielen, in der Herstellung überraschender Verbindungen und dem Erzielen verblüffender Effekte und Pointen. Dabei helfen → Tropen und → rhetorische Figuren wie → Hyperbel oder → Paronomasie, die Bildung von wirklichen oder scheinbaren Gegensätzen durch → Oxymora und → Antithesen, das Spiel mit der eigentlichen und übertragenen Bedeutung eines Wortes usw.

Couplet, Bühnenlied mit Refrain, das in witziger oder satirischer Weise allgemeine Betrachtungen über weltanschauliche, politische, gesellschaftskritische oder kulturelle Themen anstellt und durch den Kehrreim auf einen Nenner bringt (»Ja die Zeit ändert viel«, Johann Nepomuk Nestroy). Es wurde im →Wiener und Berliner Volkstheater des 19. Jh.s entwickelt und parallel dazu in der Operette (Jacques Offenbach), im 20. Jh. auch im → Kabarett verwendet. Daneben hat C. die Bedeutung Strophe und – v. a. im Englischen – Reimpaar (*couplet*).

Cursus, Bezeichnung für den rhythmisch gestalteten Satzschluss in der spätantiken und mittelalterlichen Kunstprosa. Die Technik des C., die auf der Abfolge von Hebungen und Senkungen beruht, löste die antiken Klauseln ab, die die Satzschlüsse nach der Abfolge von langen und kurzen Silben regelten. Es werden vier Typen des C. unterschieden (Kriterium ist die Abfolge der Hebungen und Senkungen in Beziehung zur Wortgrenze): C. planus (›eben‹): . . . .x́x | xx́x; C. velox (›eilend‹):. . . .x́xx | xxx́x); C. tardus (›zögernd‹): . . . .x́x | xx́xx; C. trispondiacus (›aus drei Spondeen‹): . . . .xx́x | xxx́x. In Humanismus und Barock wurde die antike Klausellehre wieder erneuert.

D

Dadaismus, avantgardistische Kunstbewegung des frühen 20. Jh.s, die auf den Zusammenbruch der bürgerlichen Moral- und Wertvorstellungen im Ersten Weltkrieg mit einer radikalen Absage an eine rationalistische Weltsicht und das Fortschrittsdenken der Zeit, an die geltenden ästhetischen Maßstäbe, an das Konzept eines geschlossenen Werkes und seiner Sinnhaftigkeit antwortete. Aus dieser Negation resultiert eine absolute Freiheit der künstlerischen Produktion, die alle Verfahren und Materialien kunstfähig macht. Das Wort ›Dada‹ hat in verschiedenen Sprachen unterschiedliche Bedeutungen (Steckenpferd, »ja, ja«, ein Toilettenartikel usw.) und macht Definitionsversuche unmöglich: »Dada bedeutet nichts« (Tristan Tzara).

Die Eröffnung des Cabaret Voltaire in Zürich am 5.2.1916 gilt als Gründungsdatum der dadaistischen Bewegung (Hugo Ball, Tzara, Richard Huelsenbeck u. a.); weitere Zentren waren Berlin (April 1918, Club Dada: Huelsenbeck, Raoul Hausmann, John Heartfield, der »Oberdada« Johannes Baader, George Grosz), Köln (1919/20: Max Ernst, Johannes Baargeld, Hans Arp) und seit 1920 Paris (Tzara, Arp und die späteren frz. Surrealisten). In Hannover kreierte der von den Berliner Dadaisten abgelehnte Kurt Schwitters seinen eigenen MERZ-Dadaismus (→ Merzkunst).

Gemeinsam ist den verschiedenen dadaistischen Strömungen die Ablehnung des pathetisch-messianischen → Expressionismus wie des kriegsverherrlichenden und zukunftsoptimistischen → Futurismus. Revolutionäre Wirkung ging von den künstlerischen Verfahren des D. aus: → Montage und Collage, Behandlung der Sprache als Material (Lautgedicht, Simultangedicht). Vom Pariser D. führt eine direkte Linie zum → Surrealismus. Nach dem Zweiten

Weltkrieg wirkte der D. u. a. weiter in den Arbeiten der →Wiener Gruppe und in der →konkreten Poesie.

Daktylus, in der antiken →Metrik dreisilbiger Versfuß aus einer langen und zwei kurzen Silben (– ◡ ◡), in der akzentuierenden Metrik die Folge von betonter und zwei unbetonten Silben. Der D. wurde häufig in der mhd. Lyrik verwendet und dann wieder in der neueren Dichtung nach Martin Opitz, der dem D. skeptisch gegenüberstand. Nicht zuletzt die Durchsetzung von antiken Versmaßen oder Strophenformen wie →Hexameter oder →Distichon im 18. Jh. trug zur Verbreitung des D. in der dt. Dichtung bei (»Pfingsten, das liebliche Fest, war gekommen; es grünten und blühten ...«, Goethe).

Darmstädter Kreis, der Gedanken- und Gefühlswelt der →Empfindsamkeit (Freundschaft, Natur, Gefühl) verpflichteter Freundeskreis um Johann Heinrich Merck (um 1769–73). Ihm gehörten u. a. Goethe, Herder, Herders Braut Caroline Flachsland und Damen des Hofes an. Der Kreis wurde von der literarisch interessierten ›Großen Landgräfin‹ Caroline gefördert und setzte sich für die zeitgenössische europäische und dt. Literatur ein. Die erste Ausgabe von Friedrich Gottlieb Klopstocks *Oden und Elegien* (1771) wurde hier veranstaltet.

DDR-Literatur, die während ihres Bestehens von 1949–90 in der Deutschen Demokratischen Republik entstandene Literatur; darüber hinaus kann man die Nachkriegsliteratur in der Sowjetischen Besatzungszone (1945–49) einbeziehen. Die Eingrenzung auf das Staatsgebiet der DDR wird problematisch, wenn man die zahlreichen Autoren berücksichtigt, die seit Ende der 70er-Jahre die DDR verließen bzw. verlassen mussten. Zunächst wurde sowohl von der konservativen westdt. Literaturkritik als auch von der offiziellen DDR-Kulturpolitik die Existenz zweier unterschiedlicher dt. Literaturen bestritten; beide Staaten behaupteten die Einheit der Nation und der Literatur. Seit dem Mauerbau 1961 jedoch wurde von Seiten der DDR die

Schaffung einer eigenen ›sozialistischen Nationalliteratur‹ auf der methodischen Grundlage des sozialistischen Realismus propagiert, während die westdt. Literaturwissenschaft diese Entwicklung erst etwa seit 1970 ernsthaft zur Kenntnis nahm.

Der eigene Charakter der DDR-Literatur beruht auf mehreren Faktoren: auf den politischen und kulturpolitischen Rahmenbedingungen, der lange vorherrschenden Orientierung an den Prinzipien des → sozialistischen Realismus und der damit einhergehenden Absage an moderne Schreibweisen sowie dem Selbstverständnis der meisten Autoren. Die von Johannes R. Becher, dem ersten DDR-Kulturminister, konzipierte »Literaturgesellschaft« zielte in ihrem idealistischen Ansatz auf eine umfassende Demokratisierung der Literatur auf allen Ebenen – von der Autorschaft bis zur Aufnahme der Literatur durch das Publikum. In der Praxis führte dieses Programm zu einer zunehmenden Kontrolle aller Bereiche des literarischen Lebens, zur Lenkung der literarischen Produktion durch ein umfassendes Auftrags- und Genehmigungswesen. Dazu kam ein verfassungswidriges Zensursystem (→ Zensur), das das Erscheinen einer Reihe von bedeutenden Texten in der DDR verhinderte oder um Jahre verzögerte. Auf der anderen Seite erfuhren die Autoren in diesem System eine intensive Förderung und eine ausgesprochene Privilegierung, die aus ihrem sozialpädagogischen Auftrag als Volkserzieher resultierte und von vielen Autoren lange Zeit akzeptiert und verinnerlicht wurde.

Der antifaschistische Grundkonsens bestimmte – noch vor der Staatsgründung – die Anfänge der DDR-Literatur. Darin trafen sich die Autoren der älteren Generation wie Becher, Brecht, Anna Seghers, Arnold Zweig und andere, die im Exil gewesen waren, mit jüngeren Autoren, die den Nationalsozialismus als Anhänger oder Mitläufer erlebt hatten (Erwin Strittmatter, Franz Fühmann, Hermann Kant, Erich Loest, Christa Wolf, Heiner Müller u. a.). Aus dieser antifaschistischen Grundhaltung ergab sich eine offenbar nur schwer aufkündbare Loyalität gegenüber der DDR, die sich als Anwalt des Antifaschismus verstand. Peter Huchel und Günter Kunert gehörten zu den wenigen Autoren, die sich davon lösen konnten.

Die verordnete Schreibmethode war die des sozialistischen Realismus, während gleichzeitig in der sog. Formalismus-Kampagne die avantgardistischen, westlich-dekadenten Schreibweisen angegriffen und durch entsprechende Zensurmaßnahmen unterdrückt wurden (so endete Uwe Johnsons DDR-Karriere, bevor sie beginnen konnte). Gefordert waren Werke, die dem Aufbau des Sozialismus dienten und zur Steigerung der sozialistischen Produktion beitrugen (Betriebsromane, Brigadestücke), Bücher gegen den Krieg und den Faschismus, eine Heroisierung des antifaschistischen Widerstands. Am ehesten konnten sich Lyriker diesen Zwängen entziehen (Brecht, Erich Arendt, Johannes Bobrowski, Kunert), aber auch Müller und Peter Hacks zeigten in ihren frühen Stücken Distanz. 1959 wurde auf einer Kulturkonferenz im Chemiekombinat Bitterfeld der →›Bitterfelder Weg‹ mit der Absicht proklamiert, Kunst und Leben zu versöhnen, indem die Dichter aus den Betrieben über das Leben der Brigaden berichten und die »Kumpel zur Feder« greifen sollten. Obwohl das Projekt trotz einiger Erfolge (Strittmatter, Erik Neutsch) bei der zweiten Bitterfelder Konferenz (1964) aufgegeben wurde, führte die Entwicklung der sog. ›Ankunftsliteratur‹ zu einer gewissen Aussöhnung mit den Verhältnissen in der DDR: Die Helden dieser sozialistischen Bildungs- und Entwicklungsromane finden nach entsprechenden Lernprozessen zum Sozialismus, d. h. sie kommen an (Wolf, Brigitte Reimann, Karl-Heinz Jakobs).

Der entscheidende Einschnitt in der weiteren Entwicklung bildete die Absage an alle neuen Tendenzen und die Verurteilung namhafter Autoren (Manfred Bieler, Wolf Biermann, Stefan Heym, Kunert, Müller) durch das 11. Plenum des Zentralkomitees der SED im Dezember 1965. Die Reaktionen der Autoren der mittleren und jüngeren Generation bestand in der zunehmenden Loslösung von den offiziellen Doktrinen und dem Entwurf alternativer Konzepte, indem sie Konflikte der Gegenwart in Neufassungen alter Mythen austrugen und die Vorbildfunktion des ›klassischen Kulturerbes‹ (Goethe, Schiller, bürgerlicher Realismus usw.) und der damit verbundenen traditionellen realistischen Darstellungsweise unterliefen, indem sie den Begriff des Kulturerbes durch die Einbeziehung der innerlich zerrissenen Dichter der Romantik und durch den Rückgriff auf Traditionen der phantastischen und grotesken Literatur auf ihre Weise neu definierten.

Damit fanden sie zugleich Anschluss an die moderne literarische Formensprache und die erzähltechnischen Standards der Moderne (Arendt, Fühmann, Irmtraud Morgner, Wolf, Fritz Rudolf Fries). In der Dramatik wurden die alten formalen Konzepte durch eine radikale Fragmentarisierung aufgebrochen (Müller, Volker Braun, Thomas Brasch, Stefan Schütz). Zugleich zeigten sich neue Tendenzen in der Frauen- und Alltagsliteratur, die mit gesellschaftlichen und politischen Tabus brach und Themen wie die verdrängte nationalsozialistische Vergangenheit, das Erbe des Stalinismus und das Fortdauern autoritärer Strukturen behandelte. Die Ausbürgerung Biermanns 1976 und der Ausschluss wichtiger Autoren aus dem Schriftstellerverband (1979) führte zu einem Exodus von rund 100 Autoren, der eine kontinuierliche Weiterentwicklung der DDR-Literatur unmöglich machte. Die endgültige Zersetzung des Literaturprogramms des ›realen Sozialismus‹ und seines ideologieträchtigen Sprachmaterials geschah in der experimentellen Untergrundliteratur des Prenzlauer Bergs und anderer Gruppen (Uwe Kolbe, Sascha Anderson, Rainer Schedlinski), wenn auch ironischerweise unter stiller Beobachtung oder Beteiligung des Staatssicherheitsdienstes.

Décadence, Begriff für ein im späten 19. Jh. entwickeltes antibürgerliches und antiklassizistisches Literaturkonzept der Moderne. Mit D. war ursprünglich eine negative Bedeutung verbunden, die sich lange hielt, obwohl bereits im Zusammenhang mit der Auseinandersetzung um Charles Baudelaires *Fleurs du mal* (1857) eine Umwertung einsetzte. Sie führte Ende des Jh.s zu einer ausgesprochenen Theorie der D., die dem von ökonomischen Zwängen, von Nützlichkeitsdenken und Fortschrittswahn gekennzeichneten modernen Leben und der klassizistischen Kunstauffassung die Dialektik von biologischer Schwächung bis zur Sympathie mit dem Tod und psychischer Verfeinerung und ästhetischer Sublimierung entgegensetzte (Paul Bourget, Friedrich Nietzsche, Thomas Mann u. a.). Die Thematik der D. schlägt sich u. a. in den Familien-Untergangsgeschichten von Herman Bang (*Haabløse Slægter* [*Hoffnungslose Geschlechter*], 1880), Joris-Karl Huysman (*À rebours* [*Gegen den Strich*], 1884) und Thomas Mann (*Buddenbrooks. Verfall einer Familie*, 1901), der Darstellung antibürgerlicher erotischer Konzepte (Inzestthematik, Homoerotik, *femme fatale*, *femme fragile* usw.) und der von Oscar Wilde verkörperten und in seinem Roman *The Picture of Dorian Gray* (1890) dargestellten Lebenshaltung des Dandy nieder. Es bestehen enge Beziehungen zwischen D. und → Symbolismus.

Decorum → Aptum.

Dekonstruktion, Bezeichnung für eine bestimmte Weise der Lektüre von Texten (und damit auch für ihre Analyse), die im Gegensatz zur hermeneutischen Interpretation (→ Hermeneutik) und zum → Strukturalismus die Annahme eindeutiger Sinnhaftigkeit und Stabilität von Texten und Strukturen ablehnt und gerade deren prinzipielle Uneindeutigkeit und Instabilität postuliert. Der Begriff D., von Jacques Derrida Ende der 60er-Jahre eingeführt, ist ein Neologismus, der die Wörter Konstruktion und Destruktion miteinander verbindet. Das Verfahren bezieht sich auf

Texte aller Art. Die traditionelle Unterordnung der Schrift unter das gesprochene Wort wird kritisiert und die Schrift aufgewertet.

Die dekonstruktivistische Lektüre erfolgt unter der Voraussetzung, dass es keine Bedeutung unabhängig vom sprachlichen Ausdruck gibt (Derrida: »il n'y a rien hors du texte«) und dass die übliche Vorstellung vom Zusammenhang von Autor und Text aufzugeben ist. Die D. sucht die vorgebliche Einheit des Textes gleichsam von innen heraus als brüchig zu erweisen und eine Dimension des Textes offenzulegen, die vom Autor nicht mitgedacht ist und zugleich zeigt, dass das vom Autor bewusst oder unbewusst Ausgeblendete fortwirkt, Widersprüche produziert und die Annahme eines durchgängigen Sinns oder einer organischen Einheit widerlegt. Bereits Friedrich Nietzsche hatte, an der → Rhetorik orientiert, den Wahrheitsbegriff der abendländischen Metaphysik problematisiert, indem er die Wahrheit »als ein bewegliches Heer von Metaphern, Metonymien, Anthropomorphismen« bezeichnete. Hauptvertreter der D. sind Derrida (*Grammatologie*, 1967, dt. 1974; *Die Schrift und die Differenz*, 1967, dt. 1972) und Paul de Man (*Allegorien des Lesens,* 1979, dt. 1988).

Descriptio, auch Ekphrasis, Begriff der → Rhetorik für die kunstgerechte Beschreibung von Sachen, Personen, Orten usw. im Rahmen der → Rede (insbesondere der Preisrede) oder in der Dichtung. In der mhd. Literatur zeigt sich die Kunst der Beschreibung u. a. im Minnesang (Schönheitsbeschreibung, Natureingang, → Locus amoenus) und im höfischen Roman (Sachbeschreibungen: Waffen, Kleidung, Architektur, Pferde usw.). Die Renaissancepoetik begründete die ›poetische Malerei‹ mit der Berufung auf das horazische → »Ut pictura poesis«, ein Missverständnis, das die Dichtung des Barock und der frühen Aufklärung bis zu Lessings Kritik im *Laokoon* (1766) prägte. Ihren Höhepunkt erreichte die beschreibende Dichtung im lehrhaften Naturgedicht (→ Lehrdichtung) und in der Idyllendichtung (→ Idylle) des 18. Jh.s.

Detektivroman → Kriminalroman.

Deus ex machina, ›Gott aus der Maschine‹, Bezeichnung für den Gott, der in der griech. Tragödie von außen – auch mit Hilfe der Theatermaschinerie – den handelnden Personen erscheint und das Geschehen zu dem vom Mythos vorgeschriebenen Ende bringt. Barocktheater und -oper griffen wieder auf das Mittel zurück. Im weiteren Sinn wendet man die Bezeichnung auf jede unmotivierte Lösung im Drama an; Brechts *Dreigroschenoper* (1928) parodierte mit dem reitenden Boten des Königs das Verfahren.

Deutschgesinnte Genossenschaft → Sprachgesellschaften.

Deutschordensdichtung, Bezeichnung für die mhd. und lat. Dichtungen des Deutschen Ritterordens im 13. und 14. Jh. Es handelt sich um erbauliche und didaktische Texte, Bibeldichtungen nach Stoffen des AT und die Taten des Ordens verherrlichende Chroniken (z. B. Nikolaus v. Jeroschin, *Kronike von Pruzinlant*, um 1331–41).

Deutschunterricht, schulisches Unterrichtsfach mit dem Ziel sprachlicher und literarischer Bildung. Organisierten Unterricht in der Muttersprache gab es in privaten Schreibschulen der Städte seit dem 15. Jh.; Grundlage waren – letztlich bis ins 19. und 20. Jh. hinein – die beiden Teilfächer des Triviums, Grammatik und Rhetorik (→ Artesliteratur). Im 17. Jh. wurden – im Zusammenhang mit der Aufwertung des Deutschen überhaupt (→ Sprachgesellschaften) – Forderungen nach einer muttersprachlichen Erziehung und muttersprachlichem Sachunterricht erhoben (Wolfgang Ratke, Johann Amos Comenius) und Schulreformen initiiert. Entsprechende Lehrbücher in dt. Sprache erschienen. Bestrebungen einer breiteren Volksbildung verstärkten sich unter dem Einfluss von Pietismus und Aufklärung in der 2. Hälfte des 18. Jh.s (Johann Bernhard Basedow, Johann Heinrich Pestalozzi) und wurden von einschlägigen Elementar- und Lesebüchern begleitet, von denen Friedrich Eberhard v. Rochows Buch *Der Kinderfreund. Ein Lesebuch zum Gebrauch in Landschulen* (1776–79) bis 1871 in Volksschulen verwendet wurde und mit seinen Geschichten, Liedern und Realienbeschreibungen im Geist der philanthropischen Pädagogik praktische Kenntnisse sowie sprachliche und sittliche Bildung zu vermitteln suchte. Zugleich verfestigte sich der Gegensatz von niederer Volksbildung (Lesen, Schreiben, Auswendiglernen: sog. Stiehlsches *Regulativ* von 1854) und höherer Bildung, in dessen Institutionen der D. gegen Ende des 19. Jh.s eine zentrale Stellung einnahm, gefördert durch die Etablierung der Germanistik als wissenschaftlichem Fach. Zugleich kam dem D. in allen Schularten die neue Aufgabe einer allgemeinen Nationalerziehung zu. Zwar erreichte die Reformpädagogik Anfang des 20. Jh.s wichtige Neuerungen (erlebnishafte Literaturbetrachtung, Ganzschriftenlektüre, Erlebnisaufsatz), doch stand im Hintergrund stets die obrigkeitliche Nationalerziehung. Die verschiedenen Strömungen verbanden sich mit dem neuen Fach Heimatkunde in den 20er-Jahren zur übergreifenden ›Deutschkunde‹, die sich dann ohne Schwierigkeiten in radikalisierter, völkisch-rassistischer Form im Dritten Reich weiterführen ließ.

Während nach dem Zweiten Weltkrieg in der DDR eine der Erziehung zu sozialistischer Parteilichkeit verpflichtete Methodik durchgesetzt wurde, kam es in der BRD zu unterschiedlichen Ansätzen. Zunächst dominierte eine idealistische, an überzeitlichen Werten (›klassisches Menschenbild‹) orientierte Literaturerziehung (Robert Ulshöfer); sie wurde durch eine Literaturbetrachtung abgelöst, die die Beschäftigung mit religiösen und sittlichen Werten durch die Analyse ästhetischer Strukturen ersetzte (Hermann Helmers); erst im Anschluss an die selbstkritische Aufarbeitung des Faches seit der Mitte der 60er-Jahre und die Anstöße durch die Studentenrevolte von 1968 kam es zu einer grundlegenden Erneuerung des D.s, der nun – so die ›kritische Didaktik‹ (Bremer Kollektiv, Hessische Rahmenrichtlinien) – durch die Vermittlung gesellschaftsbezogener Literatur emanzipatorisch wirken sollte. Seit den 80er-Jahren konkurrieren eine Reihe verschiedener Konzepte (Literaturunterricht als Medium historischer Aufklärung; verschiedene Konzepte des handlungsorientierten Gebrauchs von Literatur, des produktiven Umgangs mit Texten oder des kreativen Schreibens als Wege zum Verstehen von Literatur); daneben werden vermehrt wieder normative Tendenzen – etwa im Hinblick auf eine Kanonbildung – sichtbar.

Dezime, span. Strophenform aus zehn vierhebigen → Trochäen mit den Reimschemata ababacdccd, ababaccddc u. a. In der klassischen Form, die Vincente Espinel in die span. Dichtung einführte (›décima espinela‹), ist das Reimschema abbaaccddc. Die D. wurde in der Romantik u. a. von Friedrich Schlegel, Ludwig Tieck und Ludwig Uhland nachgebildet, v. a. als Bauelement für die → Glosse (3).

Di(h)ärese → Zäsur.

Dialektliteratur, Literatur, die ganz oder wenigstens zum größten Teil in einem Dialekt (Mundart) geschrieben und daher regional begrenzt ist. Voraussetzung von D. ist das Vorhandensein einer überregionalen Standard- oder Hochsprache. In Deutschland kann man daher erst seit dem 16./17. Jh. von einer spezifischen D. sprechen. Zu den Schwierigkeiten, denen sich die D. gegenübersieht, gehört die phonetische Umsetzung in die Schriftsprache. Angesichts der erschwerten Lesbarkeit mundartlicher Texte kommt der mündlichen Vermittlung (Theater, Lesung, Fernsehen, Radio) eine besondere Bedeutung zu.

Zunächst diente die Verwendung von Dialekt der sozialen Abgrenzung; in den → Fastnachtsspielen und den Komödien des 16. und 17. Jh.s wurden so die ungebildeten Unterschichten charakterisiert (Heinrich Julius v. Braunschweig, Andreas Gryphius, Christian Weise u. a.). Im 18. Jh. erscheint der Dialekt v. a. in den Komödien des → Wiener Volkstheaters, aber auch in den Stücken des oberschwäbischen Geistlichen Sebastian Seiler. Die Aufwertung des ›Volkes‹ und der ›Volkspoesie‹ durch Johann Gottfried

Herder und den Sturm und Drang brachte auch einen Aufschwung der D. mit sich, abzulesen etwa in den zwei niederdt. Hexameteridyllen (→ Idylle) von Johann Heinrich Voß (*De Winterawend*, 1776; *De Geldhapers*, 1777), den → Hexameter und → Blankverse verwendenden *Alemannischen Gedichten* (1803) Johann Peter Hebels und den Rezensionen Goethes zu Hebel und anderen Dialektdichtern.

Städtische Dialekte liegen den hessischen »Lokalpossen« von Karl Malß (*Der alte Bürger-Capitain*, 1820) und Ernst Elias Niebergall (*Datterich*, 1841) sowie den Wiener Volksstücken Ferdinand Raimunds und Johann Nepomuk Nestroys zugrunde. In der erzählenden Dichtung kommt es zur Mischung von Hochsprache und Dialekt (insbesondere in den Dialogen) etwa bei Jeremias Gotthelf oder Berthold Auerbach. Eine bedeutende Rolle spielen im 19. Jh. die Versuche, das Niederdeutsche wieder als Literatursprache zu etablieren (Klaus Groth, *Quickborn*, 1853 [recte 1852]; Fritz Reuter, *Ut mine Stromtid*, 1862–64). Trotz der Dialektversuche der Naturalisten (Gerhart Hauptmann, *De Waber*, 1892), mit denen sie ihre theoretischen Forderungen nach einer genauen Milieudarstellung umsetzten, dominierte immer stärker eine auf verklärende Heimatidyllik ausgerichtete D. Erst die ›Neue D.‹ seit den 50er-Jahren des 20. Jh.s brach mit dieser konservativen Tradition, indem sie den Dialekt als Sprachmaterial für experimentelle Formen insbesondere der Lyrik fruchtbar machte (Hans Carl Artmann, *med ana schwoazzn dintn*, 1958; Ernst Jandl, Kurt Marti u. a.). Daneben besingen freilich ›Heimatdichter‹ weiterhin die heile Welt.

Dialog, als literaturwissenschaftlicher Begriff Bezeichnung für eine eigene Gattung oder für Gespräche und Wechselreden innerhalb anderer Gattungen.

Der D. ist konstitutives Bauelement für die dramatische Dichtung; seit der Renaissance dominiert er das Drama – auch noch in der Negierung seiner ursprünglichen kommunikativen Funktion oder seiner Zertrümmerung in modernen Stücken. In der epischen Dichtung ist der D. zunächst nur ein untergeordnetes Bauelement; allerdings kommt es in der Aufklärung zu Experimenten mit der Form des Dialogromans, der größtenteils oder ganz auf die Vermittlung einer Erzählerfigur verzichtet (Friedrich Traugott Hase, Christoph Martin Wieland, August Gottlieb Meißner, Johann Jakob Engel, Friedrich Maximilian Klinger). Auch im traditionell erzählten Roman wächst der Anteil des Dialogs seit dieser Zeit (Theodor Fontane). In der dt. Lyrik erscheinen dialogische Formen seit den Anfängen im → Minnesang (›Wechsel‹, Tagelied) und im → Volkslied. Auch die → Ballade und die neuere Lyrik machen sich den D. zunutze (z. B. Goethe, *West-östlicher Divan*, 1819).

Der D. als eigene Gattung ist formal definiert als Text, der in Dialogform abgefasst ist, aber keine Handlung hat und nicht als Drama gelten kann. Thematisch kennt der D. keine Beschränkung; wichtiges Merkmal ist, dass er zu einer Erkenntnis führt. Die antiken Beispiele wirkten traditionsbildend (Platons sokratische D.e, Lukians Götter- und Totengespräche, Ciceros D.e). Im lat. MA wurde die Tradition fortgeführt. Neue Bedeutung erhielt der D. im Humanismus (Petrarca, Pietro Bembo, Poggio Bracciolino, Erasmus v. Rotterdam, Pietro Aretino u. a.). In Deutschland wurde er wichtige literarische Waffe in den Auseinandersetzungen der Reformationszeit: in lat. Sprache im satirischen *Eckius dedolatus* (1520) und den an Lukian orientierten *Novi dialogi* (1519–20) von Ulrich v. Hutten, auf Dt. im *Gesprächbüchlin* (1521) Huttens, einer Übersetzung der lat. D.e, und in zahlreichen Reformationsdialogen (*Karsthans*, 1521; Hans Sachs, 1524 u. a.). Im Anschluss an eine v. a. ital. Verhaltensliteratur in Dialogform (Baldassare Castiglione, Stefano Guazzo) wurde im dt. Barock das → Gesprächspiel zu einer beliebten Gattung (Georg Philipp Harsdörffer, Johann Rist). In der Aufklärung (Moses Mendelssohn, Lessing, Christoph Martin Wieland u. a.) spielte der D. als

Medium der Auseinandersetzung und Wahrheitssuche noch einmal eine besondere Rolle. Auch die Frühromantik nahm die Form in philosophierender Weise auf (Friedrich Schlegel, Friedrich Schleiermacher, Friedrich Wilhelm Joseph Schelling). Danach verlor der D. an Bedeutung. Späte Beispiele in der dt. Literatur sind Bertolt Brechts *Flüchtlingsgespräche* (verfasst 1940–41) und Essays bzw. späte Romane Arno Schmidts.

Dialogizität, zentraler Begriff von Michail M. Bachtins Sprach- und Literaturtheorie (*Probleme der Poetik Dostoevskijs* [1929], 1971 u. ö.; *Untersuchungen zur Poetik und Theorie des Romans*, 1986). Zunächst nur auf fiktionale Prosa (→ Fiktion) bezogen, dann in erweitertem Sinn gebraucht, gehen Bachtins Vorstellungen davon aus, dass jede Äußerung bzw. jeder Text dialogisch zu verstehen sei, dass sie sich auf andere Äußerungen oder Texte beziehen: »Der Text lebt nur, indem er sich mit einem anderen Text (dem Kontext) berührt. Nur im Punkt dieses Kontaktes von Texten erstrahlt jenes Licht, das nach vorn und nach hinten leuchtet, das den jeweiligen Text am Dialog teilnehmen lässt.« Bachtins Vorstellung der D., zuerst 1929 formuliert, beeinflusste maßgeblich die poststrukturalistische Literaturtheorie und das von Julia Kristeva entwickelte Konzept der → Intertextualität.

Dichter → Autor.

Dichterkreis, unscharfe Bezeichnung für eine mehr oder weniger feste Gruppenbildung von Autoren, die – wenigstens tendenziell – gemeinsame literarische und berufspolitische Interessen verfolgen. Die Vielfalt und Verschiedenheit der D.e spiegelt den Wandel der kulturellen Öffentlichkeit und des literarischen Marktes sowie die Regionalität der dt. Kultur. Die Bandbreite reicht vom losen Freundschaftsbündnis über den esoterischen Dichterzirkel zu programmatisch orientierten Gruppen, wobei der Grad der Institutionalisierung höchst verschieden und die Gruppenbildung an zentrale Persönlichkeiten, Orte, Zeitschriften,

Programme, ›Generationen‹ usw. gebunden sein kann. Einflussreiche programmatische Gruppierungen bezeichnete die Literaturgeschichtsschreibung früher häufig als ›Dichterschule‹.

Die herausragende Gruppe der frühen Neuzeit ist die frz. → Pléiade. Im deutschen Barock stehen → Sprachgesellschaften wie der Pegnesische Blumenorden oder der lockere → Königsberger D. nach den ständischen Vereinigungen der Meistersinger (→ Meistersang) am Anfang dieser Zusammenschlüsse. Im 18. Jh. bildeten sich verschiedene Freundeskreise heraus (→ Hallesche Dichterkreise; → Darmstädter Kreis; Straßburg: Johann Gottfried Herder, Goethe usw.; Jena: Romantiker). Die erste ›Generationengruppe‹ der dt. Literaturgeschichte war der → Göttinger Hainbund; die Bedeutung einer Zeitschrift als Mittelpunkt erwies sich zum ersten Mal Mitte des 18. Jh.s an den → Bremer Beiträgern. Zu den D.en des 19. Jh.s zählen u. a. der → Nordsternbund, der → Tunnel über der Spree, der → Münchner D., der naturalistische literarische Verein → Durch. Um die Jahrhundertwende bildeten sich mit dem → George- und dem → Charonkreis kulturkonservative Gruppen; die Expressionisten sammelten sich u. a. im → Sturmkreis oder im Neuen Club. Die einflussreichste Autorengruppe nach dem Zweiten Weltkrieg war die → Gruppe 47 (1947–67); daneben profilierten sich u. a. die → Gruppe 61 als Anwalt einer Literatur der Arbeitswelt und – mit avantgardistisch-experimenteller Zielsetzung – die → Wiener Gruppe, die → Stuttgarter Gruppe und die → Grazer Gruppe (Forum Stadtpark).

Dichterkrönung, humanistische Form der Ehrung eines Dichters. Am Anfang der neuzeitlichen Tradition steht die Krönung Petrarcas zum Poeta laureatus 1341 auf dem Kapitol in Rom, mit der ein antiker Brauch wieder aufgenommen werden sollte. Die erste Krönung durch einen Kaiser fand 1355 durch Karl IV. in Pisa statt. Erster Poeta laureatus dt. Herkunft war Conrad Celtis (1487). Unter Maximilian I.

wurde die D. zu einer festen Einrichtung. Seit dem Ende des 15. Jh.s durfte sie auch stellvertretend von kaiserlichen Hofpfalzgrafen vorgenommen werden, was dann insbesondere im 17. Jh. zu einer Inflation der D.en führte. Daneben wurden auch weiterhin direkte Krönungen durch die Kaiser vorgenommen (etwa die von Martin Opitz durch Ferdinand II. 1625). Die Krönung zum ›Poeta Laureatus Caesareus‹ (PLC) war ein Rechtsakt, der mit Privilegien verbunden war (akademische Lehrbefugnis) und den Dichter seinerseits zu Loyalität gegenüber dem Herrscher verpflichtete. Im 18. Jh. verlor der Brauch seine Bedeutung, 1806 mit dem Ende des Reichs seine Rechtsgrundlage.

Dichtung → Literatur.

Didaktische Literatur → Lehrdichtung.

Dinggedicht, von Kurt Oppert 1926 geprägte Bezeichnung für einen Gedichttyp, der intensiv wahrgenommene leblose und lebendige Objekte, aber auch Vorgänge oder Situationen vergegenwärtigt. Das wahrgenommene ›Ding‹ wird im Gedicht zu einem ästhetischen Gegenstand, zu einem »Kunst-Ding« (Rainer Maria Rilke). Das D. ist keine genaue Darstellung im Sinn einer exakten Kopie; auch die inneren Erfahrungen, die sich aus der Betrachtung ergeben, gehen in das Gedicht ein, das so in einer Spannung zwischen Gegenstandstreue und imaginativer, symbolischer Deutung steht. Das dt. D. erreicht nach ersten Beispielen bei Eduard Mörike (*Auf eine Lampe*) und Conrad Ferdinand Meyer (*Der römische Brunnen*) mit Rilkes *Neuen Gedichten* (1907–08) seinen Höhepunkt. Auch bei späteren Lyrikern tritt der Typus auf (Gottfried Benn, Peter Huchel, Karl Krolow u. a.).

Dionysisch → Apollinisch – dionysisch.

Dirigierrolle, eine Art Regiebuch des mittelalterlichen Theaters in Rollen- oder Heftform mit Spiel- und Szenenanweisungen sowie den jeweiligen Anfangsversen der Sprech- und Gesangstexte. Der Name entstand aus der Diskussion im Anschluss an den Fund (1815) der sog. *Frankfurter Diri-*

gierrolle für ein Passionsspiel des 14. Jh.s, einer 4,36 m langen Pergamentrolle mit Holzstäben zum Aufrollen an den Enden. Später wurde die Bezeichnung auch auf heftförmige mittelalterliche Regiebücher übertragen.

Diskurs, Begriff, der in einem allgemeinen Sinn die Abfolge von mündlichen oder schriftlichen Äußerungen bezeichnet. Seit dem 16. Jh. wurde ›Discours‹ oder ›Discurs‹ in der Bedeutung von ›Abhandlung‹ gebraucht, im 18. Jh. auch als Bezeichnung für eine lockere, mühelos von einem Gegenstand zum anderen wechselnde Redeform. In der Linguistik meint D. die Satzgrenzen übergreifende Rede- bzw. Schrifteinheiten, in der Philosophie wird D. als Terminus für eine bestimmte Form der Kommunikation gebraucht (Jürgen Habermas, Karl-Otto Apel).

Von Bedeutung für die Literaturwissenschaft wurde der Diskursbegriff im Kontext des → Poststrukturalismus v. a. durch Michel Foucault (*Die Ordnung der Dinge*, 1966, dt. 1971; *Archäologie des Wissens*, 1969, dt. 1973; *Die Ordnung des Diskurses*, 1971, dt. 1974). Er versteht unter D. die Regeln, die institutionalisierten Aussageformen, die der sprachlichen Praxis immanent sind. Denken und Wahrnehmung sind nach dieser Auffassung nicht autonom, sondern immer schon durch Diskursordnungen geprägt, die die Sicht der Wirklichkeit präjudizieren (etwa durch Oppositionen wie Vernunft/Wahnsinn, wahr/falsch, männlich/weiblich usw.).

Die Abfolge der D.e in der Geschichte unterliegt keiner Kontinuität oder Kausalität, sondern ist durch Diskontinuität und Kontingenz charakterisiert. Der Mensch, das Subjekt, ist nicht mehr der bestimmende Faktor im historischen Prozess, sondern das Resultat der anonymen Macht der D.e. Es geht nicht um die Absicht des Sprechers bzw. Autors oder den Inhalt seiner Aussage, sondern es interessieren allein die Regeln der diskursiven Praxis. Die Diskursanalyse besteht in der Untersuchung der Genealogie dieser Praxis und der Bedingungen des jeweiligen Regelsystems.

Zu den wichtigsten Diskurstheoretikern neben Foucault gehören Jacques Lacan und Jacques Derrida. Die literaturwissenschaftlichen Konsequenzen dieser Diskussion zeigen die poststrukturalistischen Theorien bzw. Verfahrensweisen der → Intertextualität und der → Dekonstruktion.

Dispositio → Rhetorik.

Disputatio, Bezeichnung für ein nach festen Regeln ablaufendes Streitgespräch, eine seit dem 12. Jh. an den Universitäten übliche scholastische Lehrmethode, die bis in die frühe Neuzeit hinein wirkte (Reformation, Studienordnung des Jesuitenordens). Auch in den akademischen Doktor-Disputationen des 17. und 18. Jh.s klingt die mittelalterliche Praxis nach.

Distichon, zweizeilige Strophenform antiker Herkunft. Am bekanntesten ist das sog. elegische D., das aus einem → Hexameter und einem → Pentameter besteht: »Im Hexameter steigt des Springquells flüssige Säule, / Im Pentameter drauf fällt sie melodisch herab« (Schiller). Ein D. kann alleine stehen, etwa in epigrammatischer oder gnomischer Funktion (→ Epigramm, → Gnomik); aus einer Reihung von elegischen Distichen besteht die → Elegie. Versuche, die Form im Deutschen nachzuahmen, gab es – allerdings gereimt – bereits im 16. und 17. Jh., doch bis weit ins 18. Jh. hinein fungierte der elegische → Alexandriner als Ersatz für Hexameter und Pentameter. Um die Mitte des 18. Jh.s erschienen die ersten reimlosen Nachbildungen der antiken Form (Johann Christoph Gottsched, Friedrich Gottlieb Klopstock) und bereiteten die klassische dt. Elegiendichtung vor (Goethe, Schiller, Friedrich Hölderlin). Zugleich demonstrierten Goethe und Schiller mit ihren *Xenien* (1796) die Affinität des D.s zum Epigramm.

Dithyrambus, ursprünglich mit dem Dionysoskult verbundenes Chor- und Tanzlied. In ihrer klassischen Form entsprachen die Dithyramben der dreiteiligen → Pindarischen Ode; sie entwickelten sich jedoch weiter zu komplexen Gesängen mit variablen Metren ohne Stropheneinteilung. In der dt. Literatur gibt es allenfalls Annäherungen an die antike Form, etwa Friedrich Gottlieb Klopstocks →Freie Rhythmen, Goethes freirhythmische Sturm-und-Drang-Lyrik (z. B. *Wanderers Sturmlied*) oder Friedrich Nietzsches *Dionysos-Dithyramben*. Schillers gereimte *Dithyrambe* steht dem antiken D. recht fern.

Divan bzw. Diwan, orientalische Bezeichnung für eine Sammlung von Gedichten meist eines Verfassers. Seit dem 7. Jh. sind derartige Sammlungen überliefert; die bekannteste ist die des persischen Dichters Hafis (14. Jh.), die Joseph v. Hammer-Purgstall 1812–13 ins Deutsche übersetzte und damit Goethe zur Auseinandersetzung mit der Dichtung des Hafis anregte (*West-östlicher Divan*, 1819).

Dokumentarliteratur, aus nichtliterarischem, authentischem Material komponierte Texte (Roman, Reportage, Protokoll, Dokumentartheater, -fernsehspiel, -film, O-Ton-Hörspiel, Lyrik usw.). Der mit der D. verbundene emphatische Authentizitäts- und Wahrheitsanspruch unterliegt Einschränkungen: D. ist das Produkt eines arrangierenden, montierenden, auswählenden Autors, und die Dokumente selbst sind Texte, nicht unmittelbare Wirklichkeit. Die Anfänge der D. reichen zurück bis ins 18. und 19. Jh. (u. a. Karl Philipp Moritz, Georg Büchner), doch ihre eigentliche Bedeutung erhält sie erst seit den 20er-Jahren des 20. Jh.s im Zusammenhang mit den avantgardistischen Techniken der →Montage und Collage und der verstärkten Politisierung des Journalismus (→Reportage) wie der Literatur (→Agitprop, →Arbeiterliteratur). Die Aufbauliteratur der DDR knüpfte an diese Traditionen an. In der BRD kam es im Zusammenhang mit der späten Aufarbeitung der NS-Vergangenheit zu einem Durchbruch des Dokumentartheaters, das sich dann auch anderen brisanten politischen Themen zuwandte (Rolf Hochhuth, Peter Weiss, Hans Magnus Enzensberger, Heinar Kipphardt u. a.). Für die Integration dokumentarischen Materials in epische und lyrische Texte gibt es zahlreiche Beispiele (Alfred Döblin, Bertolt Brecht, Erich

Fried u. a.); die Form der →Revue verwendet seit Erwin Piscator (*Trotz alledem!*, 1925) die Technik der Zitatenmontage. Bei der Interview- und Protokoll-Literatur verliert das Kunstprinzip der Montage gegenüber den präsentierten Dokumenten an Bedeutung (Erika Runge, Maxie Wander usw.). Das fortbestehende Interesse am ›Authentischen‹ zeigt Walter Kempowskis umfangreiche Zitatmontage *Das Echolot* (1993).

Dorfgeschichte, um 1840 in verschiedenen europäischen Literaturen hervortretende Erzählform mittlerer Länge, die durch das bäuerlich-dörfliche Milieu geprägt ist und sich durch Lokalkolorit und Detailrealismus auszeichnet, dabei aber – nach frühen sozialkritischen Ansätzen im Vormärz – durch Idealisierung, Harmonisierung oder Sentimentalisierung die wirklichen Verhältnisse auf dem Land häufig verharmlost. Die D. war wie die Bauernliteratur überhaupt eine Sache der Bürger, die einerseits die soziale Realität auf dem Land aufklärerisch zu verbessern suchten, andererseits zivilisationskritisch das ›einfache Leben‹ auf dem Lande der Abstraktheit der modernen Verhältnisse entgegenhielten. Den Tendenzen des →Biedermeier entsprach das Vorgehen vieler D.n, die dargestellten sozialen Probleme in eine begrenzte, überschaubare Welt einzuordnen bzw. in den Zusammenhang einer höheren religiösen Ordnung zu stellen.

Den Durchbruch der neuen Gattung bedeuteten die *Schwarzwälder Dorfgeschichten* (1843 ff.) Berthold Auerbachs. Daneben gehörte Jeremias Gotthelf zu den Begründern der Gattung. Vorläufer sind u. a. Johann Heinrich Pestalozzis pädagogischer Roman *Lienhard und Gertrud* (1781–87), die Kalendergeschichten Johann Peter Hebels, das Genre der →Idylle und der »Oberhof«-Teil von Karl Immermanns *Münchhausen* (1838–39). Die D.n Auerbachs fanden eine breite Nachfolge, wobei eine ›verklärende‹ Darstellungsweise im Sinn des bürgerlichen →Realismus eine bedeutende Rolle spielte und zur zunehmenden Trivialisierung der Gattung seit den 50er-Jahren des 19. Jh.s beitrug

(Otto Ludwig, Ludwig Anzengruber, Karl May, Peter Rosegger, Ludwig Ganghofer usw.). Tendenzen der nostalgischen Verklärung und der zivilisationskritischen Ideologisierung als Gegenwelt zur Moderne wurden in der → Heimatkunstbewegung und dann in der Blut-und-Boden-Literatur (→ Nationalsozialistische Literatur) aufgenommen. Gegenpositionen bezogen seit den 20er-Jahren u. a. Oskar Maria Graf und Adam Scharrer; eine neue Provinz- und Regionalliteratur sucht – u. a. in Österreich – seit den 70er-Jahren die Abgrenzung von der Moderne zu überwinden. In der DDR kam es zu einer sozialistischen Ausprägung der D.

Drama, etwa mit ›Handlung‹ zu übersetzen, bezeichnet ein dichterisches Einzelwerk bzw. eine literarische → Gattung von Texten, die auf dem → Theater gespielt werden können. Die handelnden Personen sprechen in direkter Rede; neben der fiktiven direkten Rede enthält das D. weitere Texte von unterschiedlicher Ausführlichkeit, die die Reden der Sprecher / des Sprechers ordnen, die Szenerie beschreiben oder das Geschehen kommentieren, mindestens jedoch Hinweise auf Sprecher bzw. Sprecherwechsel geben. Dramen können in → Akte und → Szenen gegliedert sein. Für dramatische Texte, die nicht für Aufführungen konzipiert wurden bzw. als wenig theatertauglich gelten, hat sich die Bezeichnung Lesedrama eingebürgert. Im 18. Jh. standen Schauspiel und D. als allgemeine Gattungsbegriffe nebeneinander. Vielfach wurden sie aber auch als Bezeichnungen für schwer klassifizierbare Einzelwerke gebraucht. Während Aristoteles nur zwei Unterkategorien, → Tragödie und → Komödie, anführt, haben sich im Verlauf der historischen Entwicklung zahlreiche weitere Untergattungen gebildet, wobei als Kriterien u. a. Stoff, Handlungsverlauf, Bauform oder Darstellungsweise zu nennen sind.

Dramentheorie, auf das Drama bezogener Teilbereich der → Poetik. Die neuzeitliche europäische D. entwickelte sich seit der Renaissance unter dem prägenden Einfluss der *Poe-*

tik des Aristoteles und einiger ergänzender Bemerkungen der *Ars poetica* des Horaz. Erst seit dem 18. Jh. traten alternative Konzepte auf, die aber bis ins 20. Jh. hinein direkt oder indirekt auf Aristoteles Bezug nehmen und so dessen gewaltige Wirkung bezeugen. Die aristotelische D. behandelt fast ausschließlich die → Tragödie. Das Fehlen bzw. der Verlust der Komödienpoetik hatte zur Folge, dass dieser Aspekt der D. später eher vernachlässigt wurde, dass aber dadurch der → Komödie auch mehr Freiheiten in ihrer Entwicklung gelassen wurde.

Zu den wichtigsten Momenten der Dramenpoetik des Aristoteles, die die Diskussion seit den ital. Kommentatoren des 16. Jh.s prägten, gehören: die Betonung der Handlung und ihrer äußerer Organisation sowie ihrer inneren Gliederung als Knüpfen und Lösen eines Knotens, die ebenso berühmte wie umstrittene Definition des Wirkungsziels der Tragödie (→ Katharsis) und die Unterscheidungskriterien von Tragödie und Komödie. Die Angaben der aristotelischen Poetik zur Handlung und ihrer Organisation führten im Einklang mit dem Kriterium der Wahrscheinlichkeit im 16. und 17. Jh. in Italien und Frankreich zur verbindlichen Festlegung der sog. drei Einheiten (→ Drei-Einheiten-Lehre).

Aus der inneren bzw. inhaltlichen Gliederung der Handlung der Tragödie als Knüpfen und Lösen eines Knotens wurde bereits im 4. Jh. n. Chr. im Terenzkommentar des Aelius Donatus eine bis ins 18. Jh. maßgebliche Dreiteilung: ›Protasis‹ (Einleitung, Exposition), ›Epitasis‹ (Verwicklung, Intrige) und ›Catastrophe‹ (Lösung). Dabei bedeutet ›Catastrophe‹ entgegen dem heutigen Wortsinn das gute wie das schlimme Ende, bezieht sich also auf Komödie und Tragödie. Die Dreiergliederung war dann mit der seit Horaz – nach dem Beispiel der Komödien Menanders und der Tragödien Senecas – verbindlichen Fünfaktigkeit des Dramas zu vereinbaren. Es kam daher zu Ergänzungen der dreiteiligen Gliederung, bis sich schließlich seit dem 17. Jh. allmählich ein symmetrisches Pyramidenschema herauskristallisierte, dessen fünf Teile der Zahl der Akte entsprachen. Gustav Freytag brachte es in der *Technik des Dramas* (1863) auf den Begriff: Einleitung, Steigerung, Höhepunkt, Fall/Umkehr, Katastrophe. Dieses System formaler Regeln konstituiert einen Dramentyp, den man heute geschlossenes Drama nennt.

Ein weiterer Beitrag zu dem Regelkanon des geschlossenen klassizistischen Dramas resultierte aus der Unterscheidung von Tragödie und Komödie, wobei sich als wichtigstes Kriterium der Stand der handelnden Personen herausbildete. Diese → Ständeklausel verband sich mit einer entsprechenden stilistischen und stofflich-inhaltlichen Zuordnung: Die Tragödie gestaltet heroische Schicksale in hohem Stil, die Komödie private Handlungen im mittleren oder niederen Stil. Diese normativen Vorstellungen prägten im Wesentlichen auch die dt. Entwicklung bis zu Johann Christoph Gottsched, der das klassizistische frz. Regeldrama als Muster empfahl und am Ständekriterium zur Unterscheidung von Tragödie und Komödie festhielt. Im Barock war es allerdings für die Komödie zu durchaus abweichenden Lösungen gekommen.

Entscheidende Veränderungen wurden um 1750 von Lessing u. a. eingeleitet, wobei es durch das → rührende Lustspiel und das → bürgerliche Trauerspiel zu einer Annäherung von Komödie und Tragödie kam und die Ständeklausel außer Kraft gesetzt wurde. Lessing wandte sich gegen die Charakterdarstellung des → Märtyrerdramas und der frz. Tragödie und plädierte für gemischte Charaktere, die Mitleid erwecken sollten, nicht Bewunderung, wie es Pierre Corneille verlangt hatte. In Einklang damit steht seine Interpretation der Tragödiendefinition des Aristoteles in der *Hamburgischen Dramaturgie* (1767–69): Er interpretierte »phobos« (Schrecken) als Furcht, ordnete sie dem Mitleid unter (»diese Furcht ist das auf uns selbst bezogene Mitleid«) und deutete die aristotelische Katharsis im Sinn einer moralischen Läuterung um (»Verwandlung der Leidenschaften in tugendhafte Fertigkeiten«). Auch mit seinen Übersetzungen von Schriften Denis Diderots unterstrich er die Kritik an den Regeln des klassizistischen Dramas und seiner starren Charakterdarstellung; der berühmte *17. Literaturbrief* (1759) verband die Ablehnung des frz. Klassizismus – und damit auch Gottscheds – mit einer Hinwendung zu Shakespeare.

Den radikalen Bruch mit dem klassizistischen Drama vollzog der →Sturm und Drang (Goethe, *Zum Schäkespears Tag*, 1771; Jakob Michael Reinhold Lenz, *Anmerkungen übers Theater*, 1774), wobei die Abkehr von Aristoteles und die Anlehnung an Shakespeare durch die Aufsplitterung in viele kleine, mit Ortswechseln verbundene Szenen nun auch formale Folgen hatte. Hier manifestierte sich die offene Form des Dramas zum ersten Mal in der neueren dt. Literatur, die dann Georg Büchner, Christian Dietrich Grabbe, Frank Wedekind und Bertolt Brecht weiterführten. Seine moderne theoretische Begründung fand sie dann in Brechts Überlegungen zum →epischen Theater, die mit der Gegenüberstellung von aristotelischem und nicht-aristotelischem Theater noch einmal die Macht der aristotelischen Tradition bestätigten.

Eine andere Typologie des Dramas wurde im Prager →Strukturalismus entwickelt. Hier stellte man den Dialog, nicht die Handlung, in den Mittelpunkt der Überlegungen und sah in drei verschiedenen dialogischen Grundtypen (persönlich, situativ, konversationshaft) und ihren Zwischenstufen den Ausgangspunkt für eine variantenreiche Typologie des Dramas. Von frz. Generativisten stammen Versuche, aus den Funktionen der dramatischen Personen durch eine logische Kombinatorik die möglichen dramatischen Situationen zu ermitteln, aus denen dann jedes Drama eine spezifische Auswahl trifft.

Drehbuch, partiturähnliche Arbeitsanweisung für die Realisierung eines Films. Für seine äußere Gestalt haben sich zwei Konventionen herausgebildet: die Gliederung in zwei Spalten mit dem optischen Bereich (Szene, Einstellungen, Beleuchtung usw.) auf der linken, dem akustischen (Dialog usw.) auf der rechten Spalte bzw. die integrierte Präsentation der beiden Elemente. Das D. steht am Ende eines Prozesses, der in der Regel mit der Darstellung der Filmidee in einem knappen Exposé beginnt und über das ausführlichere Treatment mit Hinweisen auf die szenische Gliederung zu verschiedenen Drehbuchfassungen führt. Doch auch das produktionsfertige D. unterliegt noch ständig Veränderungen bei der Dreharbeit und beim Schneiden. Es ist zu unterscheiden vom Filmprotokoll, das einen fertigen Film repräsentiert.

Die Geschichte des D.s folgt den technischen Entwicklungen und den Veränderungen der Produktionsbedingungen des Films. Bereits in den 20er-Jahren wurde das Verfassen von Drehbüchern Gegenstand von Handbüchern, die die Gesetzmäßigkeiten des Stummfilms systematisch zu erfassen suchten. Der Tonfilm (seit 1929) bedeutete dann eine verstärkte Literarisierung des D.s, wenn auch die Erfahrungen namhafter Autoren in Hollywood (Raymond Chandler, William Faulkner, Lion Feuchtwanger u. a.) eher ernüchternd waren. Dagegen bildete sich eine eigene Gruppe von Drehbuchautoren heraus, die in der Lage waren, literarisches und filmisches Denken miteinander zu verbinden. Bewegungen gegen die Dominanz des literarischen D.s (und der Zwänge des Studiobetriebs) formierten sich nach dem Zweiten Weltkrieg z. B. in der frz. Nouvelle vague und dem Neuen deutschen Film nach Oberhausen; der Regisseur sollte zum ›Autor‹ werden. Andererseits arbeiteten und arbeiten bedeutende Schriftsteller wie Alexander Kluge, Rainer Werner Fassbinder oder Peter Handke als Autor-Regisseure.

Drei-Einheiten-Lehre, aus der Diskussion der *Poetik* des Aristoteles in der ital. Renaissance und der frz. Klassik des 17. Jh.s entstandene Doktrin über die Gestaltung von

Handlung, Ort und Zeit im Drama: Beschränkung auf eine Handlung und einen Schauplatz (bzw. eng benachbarte Schauplätze), Begrenzung der Handlungszeit (auf nicht viel mehr als 24 Stunden). Unter dem Einfluss des frz. Klassizismus übernahm auch Johann Christoph Gottsched diese Forderungen. Lessing kritisierte die pedantische Einhaltung der Einheiten im frz. Drama, und im Sturm und Drang verlor die restriktive Doktrin (»lästige Fesseln unsrer Einbildungskraft«, Goethe) unter dem Einfluss der Shakespeare-Rezeption vollends ihre Bedeutung.

Durch, 1886 gegründeter literarischer Verein der Berliner Naturalisten von großer anregender Wirkung, obwohl die Sitzungen bald (1887) eingestellt wurden. Ihm gehörten u. a. Wilhelm Bölsche, die Brüder Heinrich und Julius Hart, Gerhart Hauptmann, Arno Holz, Johannes Schlaf und Eugen Wolff an. Nach der Auflösung des Vereins kam es zu verschiedenen kurzlebigen Neugründungen (›Ethischer Club‹, ›Genie-Convent‹ u. a.).

E

Echogedicht, Gedicht, bei dem die Reimwörter mit einem ›Echoreim‹ beantwortet werden. Meist bestehen die Verszeilen aus Fragen: »Und krieg' ich das für meine Trewe? Rewe.« (Martin Opitz) Bereits in der Antike bekannt, wurde das E. in Renaissance und Barock zu einer beliebten Form, insbesondere in der Hirten- und → Schäferdichtung (Opitz, Philip v. Zesen, Georg Philipp Harsdörffer, Johann Klaj, Friedrich Spee u. a.). Die spielerische Form findet sich dann auch in der Romantik (August Wilhelm Schlegel, Ludwig Tieck, Clemens Brentano).

Edition, die Veröffentlichung eines Werkes durch den Verfasser bzw. den Verlag oder die Herausgabe eines (in der Regel älteren) Textes nach wissenschaftlichen Grundsätzen. Für die E. eines Textes ergeben sich methodische und praktische Unterschiede je nach Anspruch bzw. impliziertem Benutzerkreis und Überlieferungslage. In Bezug auf den wissenschaftlichen Anspruch unterscheidet man – in aufsteigender Linie – zwischen Leseausgaben mit orthographisch normalisiertem Text und Vor- oder Nachwort, Studienausgaben mit kritisch durchgesehenem Text und wissenschaftlichen Beigaben sowie historisch-kritischen Ausgaben mit vollständiger Textdokumentation und Dokumentation der editorischen Entscheidungen. Das methodische Vorgehen richtet sich zunächst nach der Überlieferungslage, also danach, ob vom Autor autorisierte oder wenigstens gebilligte Drucke bzw. authentische Manuskripte oder Typoskripte vorliegen oder ob aus späteren, oft auch fragmentarischen Handschriften ein Text rekonstruiert werden muss. Der erste Fall gilt in der Regel für E.en von Werken der Neuzeit, der zweite für mittelalterliche Texte (→ Textkritik, → Philologie).

Für wissenschaftliche Ausgaben von Texten des dt. MA hat Karl Lachmann in der 1. Hälfte des 19. Jh.s ein für lange

Zeit verbindliches Verfahren der Textkritik begründet, bei dem durch den Vergleich der → Handschriften ein Stammbaum (Stemma) ermittelt und durch den Vergleich der Lesarten und die Verbesserung von Fehlern ein Text hergestellt wird, der als Vorstufe der überlieferten Zeugnisse dem verlorenen Text (Archetypus) entsprechen bzw. ihm nahekommen soll. Die zunehmende Skepsis gegenüber dem Anspruch, einen verlorenen Originaltext rekonstruieren zu können, hat im Verlauf des 20. Jh.s zu Alternativen geführt, die auf fragwürdige Rekonstruktionen verzichten und durch den Abdruck von wichtigen oder repräsentativen Handschriften oder durch den Paralleldruck verschiedener Bearbeitungen eines Textes die Überlieferung dokumentieren.

Die Edition von Texten der neueren dt. Literatur stellt andere Probleme, auch wenn hier zunächst die Methoden der klassischen Textkritik angewandt wurden (Lachmann: Lessing-Ausgabe, 1838–40). Bald setzte sich als Editionsprinzip das der ›Ausgabe letzter Hand‹ durch, das zahlreichen Editionen des 19. und 20. Jh.s zugrunde liegt. Eine nach diesem Prinzip erarbeitete historisch-kritische Ausgabe bietet nicht nur die letzte Fassung eines Werkes, sondern dokumentiert zugleich seine Entstehungsgeschichte von den ersten Entwürfen an; dabei können sich bei komplexen Fällen Darstellungsprobleme ergeben, die neue Lösungen erfordern. Beispiele für derartige Ausgaben, die das »ideale Wachstum« eines Textes »vom ersten Keim des Plans und Entwurfs bis zur endgültigen Gestalt« (Friedrich Beißner) darzustellen suchen, sind die Hölderlin-Ausgabe Beißners und die C.-F.-Meyer-Edition Hans Zellers. An der jeweiligen Gestaltung des kritischen Apparats (Darbietung der Lesarten, der Textgeschichte usw.) entzündeten sich Kontroversen; eine Überprüfbarkeit der Herausgeberentscheidungen wird letztlich allein durch die Integration von Autographen bzw. deren Faksimiles erreicht (etwa in der ›Frankfurter Ausgabe‹ der Werke Hölderlins von Dietrich E. Sattler).

Einakter, Drama in einem Akt. Vorformen finden sich bereits im 16. und 17. Jh. als komische Vor- oder Zwischenspiele im Theater der → Wanderbühne und der höfischen Bühnen. Die Zahl der Einakter nahm im 18. Jh. unter dem Einfluss frz. Beispiele (Molière, Marivaux) stark zu; es entstanden Farcen, Schäferspiele, Lustspiele, Singspiele usw. in einem Akt. Die Kurzform blieb hier weitgehend dem Komischen und Burlesken vorbehalten; Lessings einaktige Tragödie *Philotas* (1759) war eine Ausnahme. Als innovative Form erwies sich der Einakter erst im letzten Drittel des 19. Jh.s. Dabei bildeten sich verschiedene Entwicklungsstränge heraus: die lyrischen Szenen und psychologischen Studien eines Theaters der Innerlichkeit (Stéphane Mallarmé, August Strindberg, Maurice Maeterlinck, Hugo v. Hofmannsthal), ›Konversationsstücke‹ (Arthur Schnitzler u. a.), experimentelles Theater der künstlerischen Avantgarde (Oskar Kokoschka, Yvan Goll, Oskar Schlemmer, Kurt Schwitters), Kurzformen des → absurden Theaters.

Einbildungskraft → Phantasie.

Einblattdruck → Flugblatt.

Einfache Formen, von André Jolles 1930 eingeführter Begriff für im morphologischen Sinn einfach gebaute Formen im Gegensatz zu den ›zusammengesetzten‹ literarischen Kunstformen. Er nennt → Legende, → Sage, Mythe (Erzählung eines im Mythos wurzelnden Ereignisses), → Rätsel, Spruch, Kasus (Erzählung eines verallgemeinerbaren Falles), Memorabile (Erzählung eines unverwechselbaren Einzelfalls), → Märchen, → Witz. Es handelt sich um Formen der Volksdichtung, um vorliterarische, mündlich tradierte Formen, die auf kollektive Erfahrungs- und Denkweisen zurückgehen und Forschungsgegenstand der volkskundlichen wie der literaturwissenschaftlichen Erzählforschung sind.

Einheiten → Drei-Einheiten-Lehre.

Ekloge, wörtlich ›Auswahl‹, in der antiken Literatur ursprünglich Bezeichnung für ein kleineres Gedicht beliebigen Inhalts, später eingeengt auf Texte der Hirten- und → Schäferdichtung. In diesem Sinn wurde der Begriff in die europäischen Renaissanceliteraturen übernommen und bis ins 18. Jh. als Bezeichnung für lyrisch-dramatische Hirtengedichte und -wechselgesänge sowie für kürzere bukolische Versdichtungen verwendet. In Deutschland wurde die E. nach der neulat. Eklogendichtung des 16. Jh.s (Eobanus Hessus, Euricius Cordus, Joachim Camerarius u. a.) zu einer beliebten Form der Barockliteratur (z. B. Georg Rodolf Weckherlin, *Eclogen / oder Hürten Gedichte*), die auch in Romane, Schäferspiele und Schäfereien eingefügt und für die Gelegenheitsdichtung (→ Gelegenheitsgedicht) nutzbar gemacht werden konnte. Daneben schuf Friedrich v. Spee bedeutende geistliche E.n (*Trutz Nachtigal*, 1649). Im 18. Jh. wurde die Bezeichnung E. durch → Idylle abgelöst.

Ekphrasis → Descriptio.

Elegantia, im Humanismus vorherrschendes rhetorisches Stilideal. Es fordert einen klaren, durchsichtigen, maßvollen und anmutigen Stil, eine sprachliche Eleganz, die die rhetorischen Kunstgriffe gleichsam natürlich erscheinen lässt. Diese Forderungen werden mit der Sprach- und Literaturreform des 17. Jh.s auch auf das Deutsche übertragen; der übliche zeitgenössische dt. Begriff ist ›Zierlichkeit‹ (»elegantz oder ziehrligkeit«, Martin Opitz).

Elegie, lyrische → Gattung. Sie wird nach formalen und inhaltlichen Gesichtspunkten definiert; eine eindeutige Bestimmung ist dabei nicht möglich. Formal ist eine E. ein Gedicht aus elegischen Distichen (d. h. aus Verspaaren, die aus einem Hexameter und einem Pentameter bestehen; → Distichon), das jeden Inhalt ausdrücken kann; inhaltlich wird die E. als ein Gedicht der Klage, Trauer, Resignation und rückwärtsgewandter Sehnsucht verstanden. Beide Kriterien können zusammentreffen. Im Barock und im frühen 18. Jh. tritt der elegische → Alexandriner an die Stelle von Hexameter und Pentameter des elegischen Distichons.

In der griech. und röm. Literatur zeichnet sich die E. durch eine breite thematische Vielfalt aus; allerdings erhält durch das Werk der drei großen röm. Elegiker Catull, Tibull und Properz die Liebesthematik den Vorrang – mit Nachwirkungen bis hin zu Goethes *Römischen Elegien* (1795). Ovids späte Elegiensammlungen (*Tristia*, *Epistulae ex Ponto*) wirkten mit ihrem Ton der Trauer und Klage auf die inhaltliche Bestimmung der Form ein. Die neulat. Dichtung des Humanismus nahm die Tradition der erotischen E. auf (Conrad Celtis, Petrus Lotichius Secundus, Johannes Secundus). Martin Opitz gab der deutschsprachigen E. mit dem Alexandriner als Ersatzmetrum (Wechsel von weiblicher und männlicher → Kadenz, Kreuzreim) die bis zum Beginn des 18. Jh.s vorherrschende Form; auch er bevorzugte die Liebeselegie.

Mitte des 18. Jh.s nahm unter englischem Einfluss (Thomas Gray, *Elegy Written in a Country Churchyard*, 1751) die E. einen empfindsamen Ton und die Stimmung der Trauer und Klage an (Ludwig Christoph Heinrich Hölty, Friedrich Matthisson u. a.). Die formale Erneuerung der E. versuchten nach dem Vorbild Friedrich Gottlieb Klopstocks Friedrich Leopold Graf zu Stolberg und Johann Heinrich Voß. Neben Goethe griff auch Schiller die E. in Distichen auf; sein Gedicht *Der Spaziergang* (1795) war ursprünglich mit *Elegie* überschrieben. In Friedrich Hölderlins großen E.n (*Menons Klage um Diotima*, *Stutgard*, *Brod und Wein*) verbindet sich noch einmal die metrische Form der E. mit dem Ton der Trauer und Klage, allerdings durch Anklänge an die → Hymne und die Hoffnung auf die Wiederkehr des Goldenen Zeitalters aufgehellt. Im Verlauf des 19. Jh.s wird die E. immer seltener. Eine freie Umgestaltung stellen Rainer Maria Rilkes *Duineser Elegien* (1923) dar, deren freie Verse den daktylischen Rhythmus (→ Daktylus) des Distichons anklingen lassen. Gleichsam als Zitat knüpfen neuere Titel wie *Buckower Elegien* (Bertolt Brecht, 1953) an die Tradition der E. an.

Elision, wörtlich ›Ausstoßung‹, Auslassung eines Vokals aus Gründen der Metrik oder des Wohlklangs; in der dt. Versdichtung meist durch Apostroph markiert. → Hiatus, → Apokope, → Synkope.

Ellipse, das Weglassen von (leicht ergänzbaren) Wörtern oder Satzgliedern aus stilistischen oder sprachökonomischen Gründen (vgl. dagegen die → Aposiopese). Häufig in leidenschaftlicher, expressiver Rede (Sturm und Drang, Expressionismus) oder in konventionalisierter Alltagssprache, Sprichwörtern, Kommandos.

Elocutio → Rhetorik.

Emblem, Bild und Text verbindende Gattung der frühen Neuzeit, entstanden als Sonderform gelehrter Epigrammkunst (Andrea Alciato [Alciati], *Emblematum liber*, 1531). Ein E. ist in der Regel in drei Teile gegliedert und besteht aus (1) Überschrift (Motto, Lemma, *inscriptio*), (2) Bild (*pictura*, Icon, Symbolon), das den Gegenstand oder Sachverhalt sinnbildlich darstellt, und (3) Bildunterschrift (*subscriptio*), die – meist in epigrammatischer Form – das Bild beschreibt und auslegt. Gelegentlich wird die Standardform noch durch einen Prosakommentar, der die lehrhafte Tendenz durch den Hinweis auf Autoritäten unterstreicht, oder durch Übersetzungen und gelehrte Zitate erweitert. In der Folgezeit entwickelten sich neben den gelehrt-anspruchsvollen Formen auch solche auf niedrigerem Verständnisniveau (Volkssprache, → Knittelvers, einfache Bildlichkeit und Lehre). Zwei- oder Mehrsprachigkeit ist häufig.

In der Emblematik verbinden sich auf durchaus uneinheitliche Weise verschiedene literarische und bildkünstlerische Traditionen und Verfahren (→ Epigramm, → Sentenz, antike Text-Bild-Formen nach der *Anthologia graeca*, Renaissance-Hieroglyphik, Devisen- und Impresenkunst [→ Imprese], mittelalterliche → Allegorese). Entsprechend vielfältig sind die Inhalte der umfangreichen europäischen Emblemproduktion nach Alciato. Dabei können Emblembücher E.e aus den verschiedensten Bereichen nebeneinander stellen (Alciato); häufig kommt es jedoch zu thematisch bestimmten Konzepten. Es lassen sich allgemein ethisch-moralische, politische, religiöse, alchimistische und erotische Emblembücher unterscheiden, wobei Überschneidungen nicht ausgeschlossen sind. Beispiele: Mathias Holtzwart, *Emblematum Tyrocinia*, 1581; Johann Wilhelm Zincgref, *Emblematum ethico-politicorum centuria*, 1619; Jakob v. Bruck-Angermundt, *Emblemata politica*, 1618; Otto van Veen, *Amorum emblemata*, 1618; Michael Maier, *Atalanta fugiens. Emblemata nova de secretis naturae chymica*, 1618; Johann Michael Dilherr, *Augen- und Hertzens-Lust. Das ist / Emblematische Fürstellung der Sonn- und Festtäglichen Evangelien*, 1661.

Die Emblematik wirkte auch auf andere Gattungen der Literatur, etwa auf die Struktur von →Sonetten (Abfolge von Darstellung und Deutung), auf die Gestaltung von Titelkupfern und Illustrationen, auf die Bildlichkeit. Darüber hinaus zeigen sich vielfältige außerliterarische Wirkungen der Emblematik (angewandte Emblematik). Vor allem in der repräsentativen weltlichen und geistlichen Architektur fanden einzelne E.e oder programmatische Emblemreihen Verwendung als Wandschmuck.

Empfindsamkeit, literarische Tendenz innerhalb der →Aufklärung. Die Begriffe E. bzw. empfindsam sind als Übersetzungen aus dem Englischen und Französischen seit etwa 1760 belegt; zu ihrer Durchsetzung hat v. a. Johann Joachim Christoph Bode, einem Vorschlag Lessings folgend, mit seiner Übersetzung von Lawrence Sternes *A Sentimental Journey through France and Italy* (1768) als *Yoricks empfindsame Reise durch Frankreich und Italien* (1768) beigetragen. Vorher waren die Bezeichnungen ›empfindlich‹/›Empfindlichkeit‹ bzw. ›zärtlich‹/›Zärtlichkeit‹ gebräuchlich. Das Wort E. hat zunächst einen doppelten Sinn; zum einen bezeichnet es durch äußere Eindrücke oder Gegenstände hervorgerufene Empfindungen, zum andern steht E. als in der menschlichen Natur angelegte ›moralische

Zärtlichkeit‹ für freundschaftliche und verwandtschaftliche Gefühle. Joachim Heinrich Campe definiert E. als »Fertigkeit«, an »theilnehmenden Gemüthsbewegungen Vergnügen zu empfinden«. Wesentliche Einflüsse gingen von der engl. und schottischen Moralphilosophie und ihrer Theorie vom ›moralischen Gefühl‹ (*moral sense*) aus (Shaftesbury, David Hume, Francis Hutcheson); die früher vermuteten Wirkungen des → Pietismus auf die E. sind kaum nachweisbar.

Empfindsame Tendenzen treten in der dt. Literatur seit etwa 1740 auf, wobei insbesondere die → Moralischen Wochenschriften an ihrer Verbreitung teilhaben. Sie erfassen alle → Gattungen. In der Lyrik gehören die frühen Gedichte Friedrich Gottlieb Klopstocks und die Poesie des → Göttinger Hains in diesen Zusammenhang. Im Drama zeigen die neuen Gattungen des → rührenden Lustspiels und des → bürgerlichen Trauerspiels mit ihren auf Rührung und Mitleid zielenden Aspekten die Intention der neuen Gefühlskultur in der emotionalen Gefühlsgemeinschaft zwischen Künstlern bzw. künstlerischer Präsentation und Publikum am eindringlichsten. Aber auch der Roman der E. bietet gefühlsträchtige Identifikationsmöglichkeiten zwischen Romanfiguren und Lesern bzw. Leserinnen (Christian Fürchtegott Gellert, Sophie v. La Roche, Johann Martin Miller, August Lafontaine u. a.); eine äußerste Radikalisierung der E. stellt dann Goethes → Briefroman *Die Leiden des jungen Werthers* (1774) dar. Neben den traditionellen literarischen Gattungen gehören v. a. → Brief und → Tagebuch zu den bevorzugten Ausdrucksformen der E.

Die Gefühlsgemeinschaft zwischen Autoren bzw. ihren Schöpfungen und dem Publikum, das sich in der E. herstellte, führte zur Bildung von Zirkeln Gleichgesinnter (Göttinger Hain, → Darmstädter Kreis) und nahm, etwa bei der *Werther*-Rezeption, den Charakter einer breiteren ›Jugendbewegung‹ an. Auf dem Höhepunkt der E. in den

70er-Jahren wurden kritische Stimmen laut, die von einer Modekrankheit sprachen. Um die ›wahre‹ von einer ›falschen‹ E. zu unterscheiden, schlug Campe als Negativbegriff ›Empfindelei‹ vor. Empfindsame Tendenzen wirkten weit bis ins 19. Jh. hinein fort, nicht zuletzt in der → Trivialliteratur. Jean Paul begegnete der Gefahr des Abgleitens in die Sentimentalität durch eine Verbindung von E. und ›Witz‹ in der Manier Sternes.

Emphase, allgemein jede sprachliche Hervorhebung, in speziellem Sinn rhetorische Figur der Nachdrücklichkeit, wobei der Sachverhalt uneigentlich bezeichnet wird: durch die Verwendung eines Wortes in speziellerer Bedeutung als allgemein üblich, durch ein Wort, das den gemeinten Sachverhalt *auch* enthält (»Seht, ein Mensch!«, Goethe). Die E. kommt häufig in Verbindung mit Figuren der Wiederholung vor: »Doch ohne die Liebe wäre die Welt nicht die Welt, wäre denn Rom auch nicht Rom« (Goethe).

Endecasillabo, in der ital. Dichtung elfsilbiger, gereimter Vers mit weiblichem Schluss und zwei Haupthebungen. Davon fällt eine regelmäßig auf die 10. Silbe, die zweite, obwohl grundsätzlich frei beweglich, meist auf die 4. oder 6. Silbe, gefolgt von einer → Zäsur. Der E., eine Variation des frz. → Vers commun, gilt als wichtigster Vers der ital. Dichtung. In der dt. Nachbildung erscheint der E. als fünfhebiger → Jambus mit weiblichem oder männlichem Ausgang; er ersetzt seit der Mitte des 18. Jh.s den Vers commun. Verwendet wird er u. a. bei Christoph Martin Wieland, Goethe, den Romantikern und Stefan George.

Endreim → Reim.

Engagierte Literatur → Littérature engagée.

Englische Komödianten, professionelle Theatertruppen aus England, die wegen des großen Konkurrenzdrucks und puritanischer Theaterfeindlichkeit gegen Ende des 16. Jh.s zunehmend auf den Kontinent auswichen und, versehen mit Empfehlungsschreiben ihrer adeligen Mäzene, über Holland oder Dänemark nach Deutschland gelangten. Für

1586 ist das erste Gastspiel einer englischen Truppe, am Hof des sächsischen Kurfürsten in Dresden, belegt; 1592 spielte die Truppe von Robert Browne auf der Frankfurter Herbstmesse. Einer ihrer Mitglieder, Thomas Sackeville, ging unmittelbar darauf nach Wolfenbüttel, wo unter Herzog Heinrich Julius v. Braunschweig ein kontinuierlicher Spielbetrieb aufgenommen wurde. Städte und Höfe waren auch in der Folgezeit die bevorzugten Spielorte. Die Aufführungen fanden zunächst in engl. Sprache statt, dann erhielt die wichtige Narrenrolle einen dt. Text, und zu Beginn des 17. Jh.s gingen die Englischen Komödianten gänzlich zur dt. Sprache über und nahmen Einheimische in ihre Ensembles auf. Seit 1650 traten von dt. Prinzipalen geleitete Truppen auf (→ Wanderbühne).

Die Englischen Komödianten trugen entscheidend zur Entwicklung des Schauspiels und v. a. der Schauspielkunst in Deutschland bei. Dies geschah weniger durch ihr Repertoire (eine Auswahl erschien in den *Engelischen Comedien und Tragedien*, 1620; 2. Tl. 1630) als vielmehr durch ihren ›realistischen‹ Inszenierungs- und Schauspielstil, der sich radikal vom deklamatorischen Stil des humanistischen → Schultheaters unterschied: reiche Ausstattung, gestische und mimische Anschaulichkeit, aktionsreiches Geschehen, Tanz, Musik, Akrobatik.

Enjambement, auch Zeilensprung, Fortführen der syntaktischen Einheit über die metrische Grenze des Versschlusses hinaus in den nächsten Vers: »Sei allem Abschied voran, als wäre er hinter / dir, wie der Winter, der eben geht« (Rainer Maria Rilke). Beim Überschreiten der Strophengrenzen spricht man von Strophenenjambement oder Strophensprung. → Brechung, → Hakenstil.

Enkomion, in der griech. Antike ursprünglich ein bei Festzügen gesungenes chorisches Preisgedicht (Pindar). Eine Prosaform des E.s, häufig mit ironisch-satirischer Tendenz, entstand im 4. Jh. v. Chr. (Gorgias, Isokrates). Diese Tradition wurde in der frühen Neuzeit aufgenommen, etwa von

Erasmus v. Rotterdam in seinem *Lob der Torheit* (*Moriae Enkomium*, 1509). → Satire.

Entwicklungsroman → Bildungsroman.

Enzyklopädie, geordnete Darstellung der Gesamtheit oder eines Teilbereichs des theoretischen und praktischen Wissens. Das Wort E. wurde um 1500 geprägt, hergeleitet von griech. *enkyklios paideia*, was u. a. als ›die übliche Bildung‹ gedeutet wird. Die Sache ist älter als das Wort. Die Antike kannte zwei verschiedene Formen der E.: zum einen Zusammenstellungen des Wissens der üblichen Lehrfächer der Artes (→ Artesliteratur), zum anderen naturkundliche Kompendien. Isidor v. Sevilla setzte in seinen *Etymologiae* (um 600) beide Traditionen fort, indem er das Wissen der Artes liberales, der Medizin, der christlichen Theologie, der Naturkunde, der Geographie und der Kulturtechniken miteinander verband und durch Worterklärungen fundierte.

Isidors Werk übte eine große Wirkung aus, auch auf Hrabanus Maurus (*De rerum naturis* bzw. *De universo*, 9. Jh.), der jedoch Isidors Kompendium einer neuen, die Hierarchie der Seinsordnung spiegelnden Systematik unterwarf. Zu den bedeutenden Enzyklopädisten des MA gehören Honorius Augustodunensis (*Elucidarium*; *De imagine mundi*, 12. Jh.), Saxo (*Liber de finibus rerum naturalium*, 13. Jh.), Thomas v. Cantimpré (*Liber de natura rerum*, um 1240) und Vinzenz v. Beauvais (*Speculum maius*, um 1250). Die umfangreichste E. des MA war die des Vinzenz v. Beauvais, die – zusammen mit einem im 14. Jh. hinzugefügten *Speculum morale* – in vier Teilen Kosmos, Wissenschaften, Geschichte und Ethik umfasste. Eine Wirkungsgeschichte bis ins 19. Jh. hinein hat der dt. *Lucidarius* (Ende 12. Jh.), eine Kompilation aus Honorius Augustodunensis und anderen Autoren. Die mittelalterliche Form der E. wirkte noch lange weiter.

Die Reihe der großen neuzeitlichen E.n beginnt mit Johann Heinrich Alstedts *Encyclopedia septem tomis distincta* (1630), die neue Sachgebiete wie die mechanischen Künste,

Geschichtsschreibung und Architektur für die E. erschloss. Gottfried Wilhelm Leibniz entwarf, z. T. im Anschluss an Alstedt, das Programm einer neuen E. als »scientia universalis«. Seit dem Ende des 17. Jh.s setzte sich die alphabetische Gliederung großer Lexika durch. Höhepunkt der Enzyklopädistik des 18. Jh.s ist die von Denis Diderot und Jean Le Ronde d'Alembert herausgegebene aufklärerische *Encyclopédie ou Dictionnaire raisonné des sciences, des arts et des métiers* (35 Bde., 1751–80). Zu den bedeutenden dt. E.n des 18. Jh.s gehören Johann Heinrich Zedlers *Grosses vollständiges Universal-Lexicon Aller Wissenschaften und Künste* (68 Bde., 1732–54) und die von Johann Christoph Gottsched betreute dt. Version von Pierre Bayles *Dictionnaire historique et critique* (1697; dt. 4 Bde., 1741–44).

Die weitere Geschichte der E. wurde von drei Tendenzen bestimmt: (1) von der Popularisierung der E. im 19. und 20. Jh. durch die Universal- und Konversationslexika, die noch heute unter den Namen ihrer Begründer verbreitet werden (Friedrich Arnold Brockhaus, 1809; Joseph Meyer, 1839–55), (2) der wachsenden Bedeutung fachspezifischer E.n seit dem 18. und 19. Jh. und (3) den Entwürfen einer philosophischen E. (Kant, Hegel), die bei Hegel die Form einer philosophischen Systematik annahm (*Enzyklopädie der philosophischen Wissenschaften im Grundrisse*, 1817). Sowohl die strenge philosophische Systematik, die die positiven Wissenschaften ausgrenzt, als auch die Fülle der Fach- und Universalenzyklopädien bestätigen letztlich, dass eine systematische Gesamtordnung des Wissens nicht mehr möglich ist.

Epanalepse → Gemination.

Epenstrophe, Bauelement mittelalterlicher und – seltener – neuzeitlicher Epik. Neben der Reimpaardichtung, die zahlenmäßig überwiegt, bildet die Reihung gleichartiger Gruppen von Verszeilen (Strophen) das zweite grundlegende Bauprinzip der mittelalterlichen Epik. Epische Gedichte in Strophenform waren zum Vortrag durch Gesang bestimmt, wurden aber auch gelesen. Die strophische Epik des MA gehört bis auf wenige Ausnahmen zur → Heldendichtung. Es gibt eine Reihe unterschiedlich strukturierter E.n: → Berner Ton, → Morolfstrophe, → Nibelungenstrophe, → Titurelstrophe u. a. Im 17. und 18. Jh. wurde in Übersetzungen (Diederich v. dem Werder) und eigenen Dichtungen (Christoph Martin Wieland) die romanische → Stanze in z. T. abgewandelter Form als E. verwendet.

Epicedium, Trauer- und Trostgedicht, Art des → Gelegenheitsgedichts. Sein Aufbau ist in der Regel dreigliedrig: Lob des/der Verstorbenen (*laudatio*), Klage über den Verlust (*lamentatio*) und Trost für die Hinterbliebenen (*consolatio*). Diese Gliederung, durch rhetorische und poetologische Anweisungen vermittelt, blieb bis ins 18. Jh. verbindlich. Das E. wurde zu einer häufig verwendeten Form der neulat. Dichtung des 16. Jh.s und dann auch in der deutschsprachigen Gelehrtendichtung des Barock.

Epideiktische Redegattung, *genus demonstrativum*, eine der drei Redegattungen der klassischen → Rhetorik (neben der Gerichtsrede, *genus iudiciale*, und der politischen Rede, *genus deliberativum*): Gelegenheitsrede zu verschiedenen (feierlichen und festlichen) Anlässen, etwa zur Feier einer Person (Lob-, Preisrede), zur Begrüßung, zum Abschied usw.

Epigone, ein sich auf seine Vorgänger beziehender, über die literarische Tradition verfügender bzw. – abwertend – von seinen Vorgängern abhängiger, unselbständiger Autor. Die früher in der Regel negative Bewertung des Phänomens der Epigonalität wird heute kritisch reflektiert. In der griech. Literatur ist *epigonos* wertfreie Bezeichnung für den ›Nachgeborenen‹. Für das Verfahren der Nachahmung literarischer Muster stand der → Poetik bis in die Neuzeit hinein der keineswegs abwertende Begriff der → Imitatio zur Verfügung. Erst mit der auf dem Konzept der Originalität (→ Genie) basierenden neuen Dichtungsauffassung des 18. Jh.s konnte sich die negative Vorstellung von E. entwikkeln. In Deutschland machte Karl Immermanns Roman *Die Epigonen* (1836), der »den Segen und Unsegen des Nachgeborenseins« behandelt, E. zu einem Schlagwort. Blieb hier die Bedeutung noch offen, so galt Epigonalität bald in einem undifferenziert pejorativen Sinn als Signum der Zeit nach Goethe; entsprechende Verfallserscheinungen wurden dann auch in älteren Epochen wie dem der höfischen Klassik folgenden Spätmittelalter konstatiert.

Epigramm, wörtlich ›Aufschrift‹, aus Gebrauchstexten wie Inschriften auf Grabsteinen, Gefäßen oder Weihgeschenken der griech. Antike entstandene literarische Kleinform. Charakteristische Merkmale sind Kürze, Scharfsinnigkeit, Pointierung, Versform. Eine lange Zeit dominierende Begriffsbestimmung stammt von Julius Caesar Scaliger (*Poetices libri septem*, 1561): »Die Kürze ist ein wesentliches Merkmal des E.s, während die geistreiche Zuspitzung seine Seele und gewissermaßen seine Form ist.« Martin Opitz (*Buch von der Deutschen Poeterey*, 1624) und Lessing (*Zerstreute Anmerkungen über das Epigramm und einige der vornehmsten Epigrammatisten*, 1771) setzten diesen Epigrammbegriff in der dt. Literatur durch. Allerdings behaupteten sich neben der scharfsinnigen Epigrammatik ein der gnomischen Spruchform (→ Gnomik) verpflichteter Typ (Weisheits-, Sittenlehre) wie auch eine lyrisch-elegische Form, die an die in Anthologien vorliegende hellenistische Kurzelegie (→ Elegie) anknüpfte.

Als Begründer der Gattung (in seiner scharfsinnigen Variante) gilt Martial. An seinen E.en orientierte sich die neulat. Epigrammatik in Humanismus und Barock (Conrad Celtis, Euricius Cordus, John Owen, Paul Fleming, Andreas Gryphius). Die deutschsprachige Epigrammatik des Barock wiederum schloss an antike und neulat. Vorbilder an, angeregt u. a. durch Übersetzungen von Opitz. Die bedeutendsten weltlichen Epigrammatiker der Zeit sind Friedrich v. Logau, Johann Grob und – zur Aufklärung hinüberleitend – Christian Wernicke, die geistliche Epigrammatik vertreten, mystischen Strömungen verbunden, Johann Theodor v. Tschech (lat.), Daniel Czepko v. Reigersfeld und Johannes Scheffler (Angelus Silesius). Eine Zusammenfassung der humanistisch-barocken Epigrammtheorie bot Johann Gottlieb Meister (*Unvorgreiffliche Gedancken Von Teutschen Epigrammatibus*, 1698), während Jacob Masen (*Ars nova argutiarum*, 1649) die Auffassungen der europäischen → Argutia-Bewegung vermittelte.

Im 18. Jh. wurde das E. zum Vehikel aufklärerischer Kritik. Lessing, der mit dem Begriffspaar »Erwartung« und »Aufschluß« arbeitete, setzte die scharfsinnige Tradition fort; ihm folgten u. a. Gottlieb Konrad Pfeffel und Friedrich Haug, während Johann Gottfried Herder die eher lyrische Form zu rehabilitieren suchte und dabei von Eduard Mörike bis hin zu Brecht Nachfolger fand. Auch Goethe nahm in den *Venetianischen Epigrammen* (1795) Anregungen Herders auf, blieb aber v. a. Martial verpflichtet. Direkt auf den röm. Epigrammatiker (*Xenia*) beziehen sich die satirisch-polemischen *Xenien* (1796) Goethes und Schillers, die ihrerseits epigrammatische Antworten auslösten und darüber hinaus auf die politische Epigrammatik des Vormärz wirkten. Im 20. Jh. führten u. a. Stefan George, Christian Morgenstern, Arthur Schnitzler, Karl Kraus, Brecht und Erich Kästner die Gattung weiter.

Epik → Epos.

Epilog, in der → Rhetorik Schlussteil der Rede (*peroratio, conclusio*), bei literarischen Texten – und hier vorwiegend beim Drama – das an das Publikum gerichtete Schlusswort. Häufig schließen sich E. und Prolog zu einem Rahmen. Von der Antike bis ins 18. Jh. diente der epische und dramatische E. der Belehrung, Deutung, moralischen Nutzanwendung, künstlerischen Reflexion, Huldigung, Bitte um Nachsicht und Beifall usw. Nach einer Periode geringerer Verwendung erhielt er im modernen antiillusionistischen Theater (Brecht, T. S. Eliot u. a.) wieder größere Bedeutung.

Epinikion, in der griech. Antike chorisches Siegeslied, häufig in triadischer Form (→ Pindarische Ode), zu Ehren eines Siegers bei großen sportlichen Wettkämpfen. Pindars große Epinikien wurden in der Neuzeit u. a. von Pierre de Ronsard und Hölderlin produktiv rezipiert.

Epipher → Anapher.

Episches Theater, im allgemeinen Sinn Bezeichnung für ein Theater, das epische Momente aufweist, im besonderen Bezeichnung für die Theatertheorie und -praxis Brechts. Im heutigen Sprachgebrauch werden zahlreiche Einzelheiten der historischen Theaterpraxis als ›episch‹ bezeichnet. Das gilt u. a. für die deutenden und betrachtenden Chorpartien im antiken Drama, für die Darstellungsform des → geistlichen Spiels im MA, die Aufsplitterung von Dramen in viele kleine Szenen in der Nachfolge Shakespeares, die Illusionsdurchbrechungen in der Komödie usw. Insbesondere seit dem Naturalismus verstärken sich die epischen Elemente im Drama und brechen die geschlossene dramatische Form auf (→ Dramentheorie). Auch das Theater Erwin Piscators gehört in diesen Zusammenhang.

Das epische Theater Brechts – er benutzte den Terminus zuerst 1926 – richtet sich gegen das herkömmliche Theater (einschließlich seiner Guckkastenbühne) und die traditionelle Dramenform; ihre auf Einfühlung beruhende und auf eine emotionale Wirkung zielende Praxis wird mit dem Gegenbegriff ›aristotelisch‹ bezeichnet. Aristotelisches Theater ist Illusionstheater, verwirklicht v. a. in der Tragödie. Dagegen opponierte Brecht schon früh; sog. Verfremdungseffekte (›V-Effekte‹), Techniken der Desillusion, die auf den Schein- und Spielcharakter verweisen, finden sich schon in seinen frühen Stücken (»Glotzt nicht so romantisch«, wurden die Besucher der Berliner Aufführung von *Trommeln in der Nacht*, 1922, aufgefordert). Zu diesen später systematisch angewandten Desillusionierungstechniken, die eine Identifikation mit dem dargestellten Geschehen und den Akteuren verhindern sollen, gehören: der Einsatz eines erzählenden und kommentierenden ›Spielleiters‹, Szenenüberschriften, → Prologe und → Epiloge, Musik, Songs, Chöre, Lichteffekte und eine demonstrative, gestische Spielweise. Der Schauspieler muss Distanz zu seiner Rolle zeigen; das Geschehen auf der Bühne will als eine Art Versuchsanordnung verstanden werden, die zu Eingriffen herausfordert und so die kritische Urteilsbildung des Zuschauers und damit auch seinen Veränderungswillen in der gesellschaftlichen Wirklichkeit anregt. Das Theater soll nicht suggestiv wirken, sondern der Erkenntnis dienen, das Bewusstsein des Zuschauers verändern.

Brecht hat seine Vorstellungen eines epischen Theaters in verschiedenen Texten erläutert und zugleich festgehalten, dass es sich bei der Opposition ›aristotelisch‹ / ›dramatisch‹ – ›episch‹ nicht um »absolute Gegensätze, sondern lediglich [um] Akzentverschiebungen« handelt: *Anmerkungen zur Oper »Aufstieg und Fall der Stadt Mahagonny«* (1930), *Der Messingkauf* mit dem Essay *Die Straßenszene* (entst. 1937–1951 bzw. 1938), *Kleines Organon für das Theater* (1949). Im *Kleinen Organon* gebraucht Brecht für episches Theater den Terminus »Theater des wissenschaftlichen Zeitalters«, in seinen letzten Schriften spricht er vom »dialektischen Theater«. Unabhängig von Brecht (und ohne theoretische Begründung) entstanden im 20. Jh. andere Formen eines epischen Theaters (Paul Claudel, Thornton Wilder u. a.), während die Theaterstücke Friedrich Dürrenmatts und Max Frischs aus der Auseinandersetzung mit dem Brechtschen Theatermodell hervorgingen.

Episode, in sich geschlossene, relativ selbständige Teil- oder Nebenhandlung in einem epischen oder dramatischen Text. Das Ausmaß der Integration kann sehr verschieden sein. Manche Textgattungen neigen zu episodischen Strukturen (z. B. → Abenteuer-, → Ritter-, → Schelmenroman).

Epistel, ein an einen (auch fiktiven) Adressaten gerichtetes Gedicht. Vom → Brief unterscheidet sich die E. durch die Versform (→ Hexameter, → Distichen, → Alexandriner,

→ Jamben). Außerdem richtet sie sich, auch wenn sie sich meist nur an einen Empfänger wendet, an eine größere Öffentlichkeit. Die E. behandelt u. a. moralische, philosophische oder ästhetische Themen von allgemeinem Interesse, unterscheidet sich aber von der → Lehrdichtung durch ihren »leichten, natürlichen, ungeschmückten Ton« (Johann Joachim Eschenburg).

Die antiken Gattungsmuster sind die *Epistulae* des Horaz (darunter die *Epistula ad Pisones*, die sog. *Ars poetica*) und die *Tristia* sowie die *Epistulae ex Ponto* Ovids. Der dt. Humanismus nahm die Form im Anschluss an die klassischen Modelle und an Petrarca auf; deutschsprachige E.n erschienen – meist als Gelegenheitsgedichte – seit dem 17. Jh. (Martin Opitz). Opitz' Beispiel folgend wurde der Alexandriner bis zum Beginn des 18. Jh.s die bevorzugte Versform. Zahlreiche E.n verfasste Johann Christian Günther. Später wurde die E. zur Pflege freundschaftlicher Beziehungen im Halberstadter Kreis um Johann Wilhelm Ludwig Gleim und zu philosophischen, ethischen und poetologischen Reflexionen bei Christoph Martin Wieland, Jakob Michael Reinhold Lenz oder Goethe verwendet. Im 19. Jh. schrieb Eduard Mörike E.n in antikisierenden Versen, während im 20. Jh. v. a. Brecht und später Hans Magnus Enzensberger und Wolf Biermann als Verfasser von E.n zu nennen sind. Eine Sonderform der E. ist die → Heroide.

Epitaph, wirkliche oder fiktive Grabschrift in Prosa oder Versform (meist als → Epigramm). Die Zweckform wurde bereits in der Antike literarisiert und fiktionalisiert; bei Martial gibt es bereits satirische E.e (→ Satire). Die Gattung fand auch im christlichen MA weite Verbreitung. Als literarische Form erlebte das E. im Humanismus einen bedeutenden Aufschwung und wirkte weiter auf die dt. und lat. Barockdichtung; hier wurde das E. zu einem beliebten Element der Epigrammsammlungen (Martin Opitz, Paul Fleming, Andreas Gryphius, Christian Weise usw.). Zu den herausragenden Leistungen zählt Flemings berühmte

Grabschrifft / so er ihm selbst gemacht (1640) in der Form eines →Sonetts. Im Übrigen zeigt sich schon bei Opitz ein Interesse an der witzigen und spöttischen Variante der Grabschrift, ein Interesse, das sich dann unter dem Einfluss der europäischen →Argutia-Bewegung weiter steigerte. Dt. Beiträge zu dieser Mode lieferten u. a. Christian Hoffmann v. Hoffmannswaldau (*Poetische Grab-Schrifften*, 1680; unberechtigte Teilausgabe 1662) und Johann Christian Hallmann (*Aus dem Italiänischen übersetzte Grab-Schrifften*, 1682). Dagegen pointierte Heinrich Anselm v. Ziegler und Kliphausen in seinem historischen Kompendium *Täglicher Schau-Platz der Zeit* (1695) den Verlauf der Weltgeschichte mit mehr als 1000 »Poetischen Grabschrifften«, die er bei fast allen erwähnten Todesfällen einfügte. Nach dem Barock verlor die Gattung weitgehend an Bedeutung.

Epithalamium, antikes Hochzeitslied oder -gedicht (auch Hymenaeus); in Renaissance und Barock als Form der Gelegenheitsdichtung (→Gelegenheitsgedicht) wieder aufgenommen.

Epitheton, das einem Substantiv oder Namen beigefügte Adjektiv oder Partizip. Das sog. ›schmückende Beiwort‹ oder Epitheton ornans gehört in der Rhetorik zum Redeschmuck (→Ornatus). Seine Beifügung soll die Aussagekraft des Substantivs erhöhen. Von dem typisierenden, schmückenden Beiwort (»kühles Grab«) lassen sich andere Formen des E.s unterscheiden: sachlich unterscheidendes, notwendiges E., individualisierendes E., unerwartetes E.

Epitome, Auszug aus einem größeren wissenschaftlichen Werk, Ausschnitt aus einer Dichtung, Abriss eines Wissensgebietes. Die Form der E. war in der Antike und im MA verbreitet und wurde im Humanismus wieder aufgenommen (z. B. Flavius Vegetius Renatus, *Epitoma rei militaris*, um 400 n. Chr.; Philipp Melanchthon, *Epitome ethices*, 1538).

Epoche, Periodisierungseinheit von Geschichtsverläufen, hier ein Teilabschnitt der →Literaturgeschichte. Der literarhistorischen Epocheneinteilung liegt die Auffassung zugrunde, dass es möglich sei, einzelne Zeiträume durch die Bestimmung von gemeinsamen charakteristischen Merkmalen der jeweiligen (repräsentativen) Texte zu definieren und von den benachbarten Teilabschnitten abzugrenzen. In der Praxis hat sich die Periodisierung der Literaturgeschichte als hilfreiches Ordnungsprinzip erwiesen, wenn auch die Problematik der Epochenbegriffe und ihrer Gewinnung unverkennbar bleibt. Zwar ist die Vorstellung vom gleichsam naturgesetzlichen Verlauf der literaturgeschichtlichen Entwicklung (→ Positivismus) obsolet geworden, doch die Einsicht, dass Epochenbegriffe als geschichtliche Kategorien reine Konstrukte sind, lässt offen, auf welcher Basis die als hilfreich empfundenen Begriffe zu gewinnen sind und die Periodisierung vorzunehmen ist: auf der Grundlage von eher innerliterarischen (stil-, struktur-, diskursgeschichtlichen) Gesichtspunkten (→ Strukturalismus, → Diskurs), von Kriterien der Geisteswissenschaft, der Sozialgeschichte und/oder der politischen Geschichte oder anderer Disziplinen usw. Dazu kommt die Schwierigkeit, die Materialbasis zu bestimmen, d. h. Literaturbegriff sowie Auswahl- und Wertungskriterien müssen definiert werden.

In der dt. Literaturgeschichtsschreibung haben sich Epochenbezeichnungen höchst heterogener Herkunft (mehr oder weniger) durchgesetzt: Sie stammen aus der Kunstgeschichte (→ Barock, → Biedermeier, → Expressionismus, → Neue Sachlichkeit), aus der Religions- und Philosophiegeschichte (→ Reformationszeit, → Gegenreformation, → Aufklärung), aus der politischen Geschichte (Restaurationszeit, → Vormärz, → Gründerzeit), aus der Literatur- und Geistesgeschichte (→ Humanismus, Goethezeit, → Romantik) usw. Die Verbindlichkeit der Begriffe ist unterschiedlich; eine ausgesprochene Konkurrenzsituation herrscht bei der Literatur der Jahrhundertwende (→ Jugendstil, → Impressionismus, → Ästhetizismus, → Décadence/Dekadenz u. Ä.). Außerdem bleibt der Status von Strömungen oder Richtungen innerhalb von E.n zu bedenken: etwa → Sturm und Drang, (→ Weimarer) Klassik und → Romantik im Rahmen einer postulierten E. Goethezeit. Die Auseinandersetzungen über Bestimmung und Abgrenzung bestimmter E.n – Goethezeit, Restaurationszeit/Biedermeier/Vormärz, Jahrhundertwende – zeigen, dass diese Begriffe als historische Konstruktionen je nach Standort oder Erkenntnisinteresse Veränderungen unterworfen sind. An ihrem Nutzen als Verständigungsmittel ändert sich dadurch nichts, solange ihre Entstehung und Rezeption mitreflektiert werden.

Epode → Pindarische Ode.

Epos, erzählende Großform in Versen. Zu den charakteristischen Merkmalen der archaischen Form gehören eine gehobene Sprache, eine Typisierung der Darstellung (stereotype Gleichnisse und Formeln, stehende Beiwörter [→ Epitheton]) und ein durch die distanzierte, ›objektive‹ Erzählweise und die Gestaltung umfassender zeitlicher, biographischer und weltanschaulich-philosophischer Zusammenhänge gestützter Anspruch auf zeitübergreifende Geltung. Weitere Merkmale der Gattung sind die auf langsame Entfaltung der Fabel gerichtete Erzählweise, breite Schilderungen und ein ruhiger, gemessener Vortrag. Das E. gestaltet Stoffe der mythischen und geschichtlichen Überlieferung, doch neben den Taten der Helden der Vergangenheit kann auch das Weltbild einer Zeit zum Gegenstand des E. werden.

Von den beiden Gattungsmodellen – den homerischen Epen und der ›moderneren‹ *Äneis* Vergils – blieb der Schulautor Vergil bis ins 18. Jh. hinein bestimmendes Vorbild. Homer war im MA nur indirekt, über Vergil, bekannt und blieb so ohne Bedeutung. Die frühchristliche lat. Epik (→ Bibeldichtung) knüpfte an Vergil an, Otfried v. Weißenburg bezog sich in seinem *Evangelienbuch* (um 863–71) ausdrücklich auf die patristische Bibelepik. Weitere bedeutende Zeugnisse mittelalterlicher Bibelepik sind der *Heli-*

and (um 830) und die *Altsächsische Genesis* (um 830). Ob es ein germ. Großepos gegeben hat, ist umstritten. Erst mit dem *Nibelungenlied* (um 1200) und der Dietrichepik des 13. Jh.s entstanden volkssprachliche Formen weltlicher Buchepik (→ Heldendichtung), mit denen der ›modernere‹ → höfische Roman konkurrierte.

Den großen Renaissanceepen Petrarcas, Tassos oder Luís de Camões' hatte die dt. Literatur trotz theoretischer Hochschätzung nichts entgegenzusetzen. Zwar wurden im 16. und 17. Jh. Homer, Vergil, Tasso, Ariost und John Milton ins Deutsche übersetzt, doch blieben dt. Epen eher selten und bis ins 18. Jahrhundert eine Angelegenheit von Poeten minderen Ranges (Wolf Helmhard v. Hohberg, *Der Habspurgische Ottobert*, 1664; Christian Heinrich Postel, *Der grosse Wittekind*, 1724; Johann Ulrich König, *August im Lager*, 1731). Mit dem von Milton inspirierten *Messias* (1748–73) unternahm Johann Gottlieb Klopstock den Versuch eines religiösen E., das eine Reihe weiterer biblischer Epen – etwa Johann Jakob Bodmers → Patriarchaden – nach sich zog. Daneben betrieb Christoph Martin Wieland die Erneuerung des E. im Geist des Rokoko (u. a. *Oberon*, 1780). Der Versuch eines antikisierenden E. scheiterte (Goethe, *Achilleis*, 1. Gesang, 1808). Joseph Viktor v. Scheffel, Wilhelm Jordan, Conrad Ferdinand Meyer, Carl Spitteler, Alfred Döblin, Gerhart Hauptmann und andere setzten die Tradition des E. bis in die Mitte des 20. Jh.s fort – eine Randerscheinung angesichts der Vorherrschaft des → Romans, der bereits im 17. Jh. und dann endgültig im 18. Jh. (Friedrich v. Blanckenburg) auch theoretisch als modernes Äquivalent des antiken E. interpretiert worden war.

Erbauungsliteratur, verschieden definierte Sammelbezeichnung für christliches Gebrauchsschrifttum. Im biblischen Verständnis bezieht sich der Begriff Erbauung zum einen auf die Erbauung der Kirche als christlicher Gemeinschaft, zum andern auf die Erbauung des Einzelnen, d. h. auf die seelsorgerische Festigung des Glaubens angesichts der kreatürlichen menschlichen Schwäche. Während die objektive Bedeutung des Begriffs in der Spätantike und z. T. noch im MA vorherrschte und die Literatur entsprechend prägte, meint E. heute v. a. diejenigen Werke, die in ihrer religiös-moralischen Wirkungsabsicht auch das individuelle Gefühl des Menschen ansprechen.

Die neuen Tendenzen machten sich zuerst in der bernhardinisch-franziskanischen Braut- und Passionsmystik seit dem 12. Jh. bemerkbar und wurden dann durch die Bettelorden mit ihrer Bemühung um die städtische Seelsorge auch über den Klosterbereich hinausgetragen. Volkssprachliche → Predigten, Werke der → Mystik, Tugend-, Beicht- und Sterbebüchlein (→ Ars moriendi) und zahlreiche andere Traktate wiesen den Weg zur Nachfolge Christi. Zu den beliebtesten Erbauungsbüchern des späten MA gehört die Passionsbetrachtung *Vita Jesu Christi* (14. Jh.) von Ludolf v. Sachsen; aus der außerkirchlichen niederl. Frömmigkeitsbewegung der Devotio moderna ging die *Imitatio Christi* (um 1420) des Thomas a Kempis hervor, die mit Tausenden von Drucken als das nach der Bibel erfolgreichste Buch gilt.

Unterweisung und Stärkung im Glauben, Einführung in die rechte christliche Lebenspraxis war nach Luther Aufgabe der E. Zu dieser rechnete er die Bibel, seine Katechismen, sein *Betbüchlein* (1522) und seine Gebetanleitungen, seine Trostschriften und die *Hauspostille* (1527), Werke, die in der privaten Hausandacht Verwendung finden sollten. E. wurde so im Bereich des Privaten angesiedelt, eine Vorgabe, an die sich auch seine Nachfolger hielten. In diesen Zusammenhang gehört auch die wachsende Bedeutung der Gattung des Hausbuchs (Andreas Musculus, Johannes Habermann). Vom Ende des 16. Jh.s an kam es wieder zu einer verstärkten Hinwendung zu mystischen und meditativen Traditionen (Martin Moller, Philipp Nicolai, Johann Arndt). Arndts *Vier Bücher vom wahren Christentum* (1605–09), eine Anleitung zu einer vertieften, gelebten Frömmigkeit, gehörten zusammen mit seinem *Paradies-*

gärtlein voller christlicher Tugenden (1612) zu den erfolgreichsten Werken der E. überhaupt.

Der Einfluss Arndts auf die protestantische E. des 17. Jh.s war entsprechend groß (Valerius Herberger, Johann Matthäus Meyfart, Joachim Lütkemann, Heinrich Müller u. a.). Auch namhafte Dichter des 17. Jh.s widmeten sich erbaulicher Literatur. Autoren wie Andreas Gryphius, Philipp v. Zesen, Georg Philipp Harsdörffer oder Catharina Regina v. Greiffenberg übersetzten oder schrieben umfangreiche erbauliche Texte. Daneben entwickelte sich eine bedeutende geistliche Lieddichtung (→ Geistliches Lied) als Ausdruck der neuen privaten Andachtsfrömmigkeit. Zugleich nahm im Zug der → Gegenreformation die katholische aszetische Literatur, das Gegenstück zur protestantischen E., einen Aufschwung (Petrus Canisius, Valentin Leucht, Aegidius Albertinus, Jeremias Drexel, Martin v. Cochem); neue Impulse trugen die Exerzitien des Ignatius v. Loyola seit der Mitte des 17. Jh.s in die dt. E.

Anregungen aus der span. und frz. quietistischen Mystik und des engl. Puritanismus wirkten auf die E. des protestantischen → Pietismus (Philipp Jacob Spener, *Pia Desideria*, 1675), ebenso die Schriften von Johannes Tauler, Thomas a Kempis, Jacob Böhme und Arndt. Ihr Ziel war eine Reform von Kirche und Theologie und ein innerer Wandel (»Wiedergeburt«) des Menschen. Der Pietismus förderte nach puritanischem Vorbild auch die Tagebuch- und Vitenliteratur (→ Tagebuch, → Autobiographie); sie erschien in pietistischen Erbauungszeitschriften und wurde dann in den großen Sammlungen zusammengefasst (Johann Henrich Reitz, *Historie Der Wiedergebohrnen* (1698–1717). Ihre Wirkung erstreckte sich noch auf die autobiographische Literatur des späteren 18. Jh.s (Johann Heinrich Jung-Stilling). Die protestantische Erweckungsbewegung führte seit Ende des 18. Jh.s, in einer Wendung gegen die Aufklärung, pietistische Traditionen mit eigenen Erbauungsschriften und Komplilationen und Bearbeitungen älterer Schriften fort.

Die Herrnhuter Praxis, biblische Losungen mit Gebeten und Liedern zu einem Erbauungsbuch zusammenzufassen, hat sich bis heute gehalten. Seit Ende des 18. Jh.s erlebte auch die katholische E. noch einmal einen Aufschwung (Johann Michael Sailer, Melchior v. Diepenbrock, Clemens Brentano, Louise Hensel).

Erhaben bzw. **das Erhabene,** Kategorie der → Ästhetik und → Poetik v. a. des 17. und 18. Jh.s. Ausgangspunkt war die unter dem Namen des Dionysios bzw. Kassios Longinos tradierte Schrift *Vom Erhabenen* (*Peri hypsous*) eines unbekannten Verfassers aus dem 1. Jh. n. Chr. [Pseudo-Longinus]. Durch Nicolas Boileaus Übersetzung von 1674 wurde das Erhabene in die ästhetische Diskussion eingeführt. Bei dem antiken Autor handelt es sich um einen Begriff der → Rhetorik; als entscheidende Voraussetzungen nennt Pseudo-Longin »die Kraft zur gedanklichen Konzeption« und »das starke, begeisterte Pathos« als vorwiegend natürliche Anlagen des Redners, zu denen dann die Beherrschung der Kunstmittel kommt. Durch das Erhabene wird der Zuhörer zu einem entsprechenden Aufschwung mitgerissen; als Gipfelpunkt der Rede eingesetzt, überwältigt und bewegt es die Zuhörer »wie ein Blitz«.

Boileau sah im Erhabenen eine höhere Art des Schönen; grundlegend wurde jedoch die Differenzierung zwischen dem Schönen und Erhabenen, die bereits bei Joseph Addison auftritt (*The Pleasures of the Imagination*, 1712) und dann von Edmund Burke weitergeführt wurde (*A Philosophical Enquiry into the Origin of Our Ideas of the Sublime and Beautiful*, 1757). Das Erhabene erscheint als gemischte Empfindung. Am Beispiel des Anblicks der stürmischen See vom sicheren Ufer aus, bei dem der Betrachter zugleich einen Schiffbruch erlebt, verbinden sich im Gemüt des Zuschauers Schrecken, Schwermut und Mitleid mit dem Gefühl der Erleichterung darüber, nur Zuschauer bei einem tragischen Schauspiel zu sein. Sowohl der Anblick wie die dadurch hervorgerufenen Gefühle können ›erhaben‹ genannt werden. Dieses Gefühl entsteht beispielsweise, wenn sich der Mensch dem Göttlichen – etwa in Gestalt des zornigen alttestamentlichen Gottes – gegenübersieht, es entsteht angesichts der Größe und Kraft der Natur und der von ihr ausgehenden Bedrohung. Diese wiederum, so Schillers Interpretation, ruft zugleich die Überzeugung von der Unzerstörbarkeit der sittlichen Kraft des Menschen hervor. Beispiele der literarischen Gestaltung des Erhabenen finden sich im 18. Jh. u. a. in Werken von Barthold Heinrich Brokkes, Albrecht v. Haller und Friedrich Gottlieb Klopstock.

Erlebnislyrik, ursprünglich Bezeichnung für einen Typus der Lyrik, in dem ein Ich, das mit dem des Autors identisch ist, individuelle Erlebnisse des Autor ausdrückt, dann in neuerer, modifizierter Bestimmung Lyrik, die diesen Erlebniseindruck zu erwecken sucht. Der Terminus verweist auf Wilhelm Dilthey und seine Bestimmung der Literatur als Ausdruck von Erlebnissen (*Das Erlebnis und die Dichtung*, 1906). E. in diesem Sinn gibt es nur in einer eng begrenzten historischen Epoche. Vor dem 18. Jh. hat das in der Dichtung sprechende Ich typisch-exemplarischen, nicht individuellen Charakter. Modellbildend im Sinn der E. wirkte die Lyrik des jungen Goethe. Bereits in der Klassik werden dem individuellen Selbstausdruck allgemeine Gesetzmäßigkeiten übergeordnet. In Romantik, Biedermeier und Realismus spielt der Typus der E. nur eine begrenzte Rolle (Clemens Brentano, Eduard Mörike, Theodor Storm). Im 20. Jh. können allenfalls ausgesprochen konservative Texte der E. zugeordnet werden. In der Literaturwissenschaft führte die Übernahme des Diltheyschen Erlebnisbegriffs zu einer Verkennung und Abwertung weiter Bereiche der literarischen Überlieferung.

Erlebte Rede, Bezeichnung für eine Technik des Erzählens, die die Gedanken und Gefühle einer Person nicht in direkter oder konjunktivischer indirekter Rede, sondern indirekt ohne vermittelnden Erzähler – aber formal dem Erzählerbericht angeglichen – in der 3. Person des Präteritums

(Indikativ) wiedergibt: »Er [...] las die übrigen Sätze, schloß das Buch und blickte um sich. Er fühlte sein ganzes Wesen auf ungeheuerliche Art geweitet und von einer schweren, dunklen Trunkenheit erfüllt; seinen Sinn umnebelt und vollständig berauscht von irgend etwas unsäglich Neuem [...]« (Thomas Mann, *Buddenbrooks*). Die Form der erlebten Rede, seit dem 19. Jh. intensiv genutzt, war die erste bedeutende Innovation der Darstellung innerer Vorgänge; neue Möglichkeiten brachte dann der → innere Monolog. Mit der problematischen Bezeichnung ›erlebte Rede‹ soll der frz. Begriff *style indirect libre* wiedergegeben werden; andere Vorschläge sind ›halbdirekte Rede‹, ›uneigentliche direkte Rede‹ oder ›freie indirekte Gedankenwiedergabe‹.

Erotische Literatur → Pornographie.

Erzähler, in fiktiven erzählenden Texten die das Geschehen vermittelnde Instanz. Der E. steht zwischen Autor und Leser, wobei seine Präsenz sehr unterschiedlich ausgeprägt sein kann. Es gibt höchst individuelle Erzählergestalten wie etwa Serenus Zeitblom in Thomas Manns *Doktor Faustus* (1947), in anderen Fällen ist seine Gegenwart kaum spürbar. Er bleibt gleichwohl konstitutives Element des Erzählens, es sei denn, dass ein Text vollständig als → innerer Monolog angelegt oder durchweg in direkter Rede gehalten ist.

Die vielfältigen Möglichkeiten der Gestaltung der Erzählerrolle hat man in verschiedenen Typologien und Klassifikationen zu systematisieren gesucht. Die einfachste Klassifikationsmöglichkeit ist die Unterscheidung zwischen Ich- und Er-Erzählung. Ein anderer Ansatz (Gérard Genette) geht von der Frage aus, ob ein E. außerhalb der erzählten Welt steht oder innerhalb (als erzählte Figur, die ihrerseits erzählt); in beiden Fällen gibt es nur die drei Möglichkeiten: Er erzählt eine fremde Geschichte, an der er nicht beteiligt ist; er erzählt eine Geschichte, an der er in irgendeiner Form teilhat; er erzählt seine eigene Geschichte. Eine Typologie grundlegender »Erzählsituationen« entwarf Franz K. Stanzel.

Im Zusammenhang mit der Diskussion epischer Formen wurden seit der 2. Hälfte des 18. Jh.s ansatzweise auch Fragen des Erzählens behandelt. Eine Unterscheidung zwischen Autor und E. zeichnete sich jedoch erst in der 2. Hälfte des 19. Jh.s in Überlegungen der Autoren selbst ab; sie wurde dann zu Beginn des 20. Jh.s von der Literaturwissenschaft begrifflich fixiert (Käte Friedemann). Diese Vorstellungen gingen ein in die morphologischen Studien über das »Zeitgerüst« des Erzählens (Günther Müller) und die differenziertere Beschreibung der »Bauformen des Erzählens« (Eberhard Lämmert), während Käte Hamburger (*Logik der Dichtung*, 1957) den Erzählerbegriff für die fiktive Er-Erzählung ablehnte und das Erzählen als eine Funktion betrachtete, »durch die das Erzählte erzeugt wird, die *Erzählfunktion*, die der erzählende Dichter handhabt, wie etwa der Maler Farbe und Pinsel«.

Zu den Kritikern dieser Position gehörte auch Stanzel, der gerade auf der Basis des Erzählerkonzepts und der Mittelbarkeit des Erzählens ein Modell typischer Erzählsituationen entwarf. Sie ergeben sich aus einer Konfiguration von drei Kategorien: Person (Identität versus Nicht-Identität der Seinsbereiche von E. und Figur), Modus (Erzählerfigur versus Reflektor [eine Romanfigur, die nicht erzählt, »sondern in deren Bewusstsein sich das Geschehen gleichsam spiegelt«] und Perspektive (Außen- versus Innenperspektive). Aus den verschiedenen Kombinationsmöglichkeiten hebt Stanzel drei »typische Erzählsituationen« hervor, bei denen jeweils eine Kategorie vorherrscht: (1) Auktoriale Erzählsituation (Vorherrschaft der Außenperspektive, die Allwissenheit des E.s suggeriert; Präsenz einer Erzählerfigur; Nicht-Identität), (2) Ich-Erzählsituation (Vorherrschaft der Seinsbereiche von E. und Figur; Präsenz einer Erzählergestalt; Innenperspektive), (3) personale Erzählsituation (Dominanz einer Reflektorfigur; Innenperspektive; Nicht-Identität). Diese Erzählsituationen sind in einem »Typenkreis« angeordnet, so dass zahlreiche Übergänge möglich sind. Unabhängig von Stanzel entwickelte Norman Friedman in den USA eine Typologie der Erzählsituationen (*Point of View in Fiction*, 1955), während Wayne C. Booth u. a. mit der Einführung des Konzepts des unzuverlässigen E.s der Forschung zum Erzählerproblem eine neue Facette verlieh (*The Rhetoric of Fiction*, 1961).

Mit dem → Strukturalismus setzten sich neue Konzepte durch. Dabei verlagerte sich allmählich das Interesse von der erzählten Geschichte auf die Darstellungsformen und damit die Aspekte, die auch in der vorstrukturalistischen dt. Erzähltheorie (Müller, Lämmert, Stanzel) im Vordergrund standen. Grundlegend wurde dabei die Analyse des narrativen Diskurses durch Genette (*Discours du récit*, 1972; *Nouveau discours du récit*, 1983; beide dt. unter dem Titel *Die Erzählung*, 1994), der – geordnet nach den drei Kategorien Zeit, Modus und Person bzw. Stimme – ein offenes, differenziertes Beschreibungsmodell entwickelte.

Erzählung, Sammelbegriff für narrative Texte mittleren oder kürzeren Umfangs bzw. eher ungenauer Begriff für eine spezifische Erzählgattung neben genauer definierten Gattungen wie → Novelle, → Märchen, → Kurzgeschichte usw. Entsprechend vage blieb die Begriffs- und Gattungsgeschichte. Im 18. Jh. führte die Abgrenzung von der → Verserzählung zu einer ästhetischen Aufwertung der Prosaerzählung, wobei im Folgenden wenig Unterschied zwischen den Bezeichnungen E., → Novelle und selbst → Roman gemacht wurde. So konnten Texte als E.en bezeichnet werden, die heute eindeutig als Romane gelten (Otto Ludwig, *Zwischen Himmel und Erde*, 1856; Adalbert Stifter, *Der Nachsommer*, 1857). Seit der Etablierung eines Gattungsbegriffs Novelle durch Paul Heyse u. a. dient der Begriff E. v. a. der Abgrenzung.

Erzählzeit – erzählte Zeit, Begriffe der Erzählforschung, die sich auf das Verhältnis von Handlungsdauer (erzählte Zeit) und Textlänge (Erzählzeit) in erzählender Literatur beziehen (→ Erzähler). Die erzählte Zeit muss aus direkten oder indirekten Angaben des Textes ermittelt werden, die Erzählzeit wird in Zeilen- oder Seitenzahlen angegeben (wobei erst das Lesen das Längen- in ein Zeitmaß umsetzt). Techniken wie Zeitraffung und Zeitdehnung bestimmen Erzähltempo und Erzählrhythmus. Die Forschungen zum ›Zeitgerüst‹ gehen v. a. auf Günther Müller zurück; sie wurden u. a. von Eberhard Lämmert und Gérard Genette weitergeführt.

Erziehungsroman → Bildungsroman.

Essay, nichtfiktionale Prosaform, in der ein Autor seine subjektiven Erfahrungen und seine Reflexionen über ein kulturelles Thema in einer verständlichen Bildungssprache mitteilt. Die Geschichte des E.s beginnt mit Michel de Montaignes *Essais* (1580), die auch der Gattung den Namen gaben. Das Wort bedeutet ›Versuch‹ und ›Kostprobe‹; im Deutschen wird es seit dem 18. Jh. mit ›Versuch‹ wiedergegeben bzw. in seiner engl. und – seltener – frz. Form verwandt. In der Bezeichnung drückt sich Skepsis gegenüber nicht auf individueller Erfahrung und Reflexion gegründeten Denksystemen: »Der E. ist so zu schreiben, wie wir denken, sprechen, für uns schreiben oder im Zusammenhang frei reden, Briefe schreiben – über einen sittlichen Gegenstand, aus reinem Interesse daran, nicht philosophisch und nicht poetisch« (Friedrich Schlegel).

Die dt. Entwicklung orientierte sich nicht an Montaigne, sondern an dem engl. E., der im 18. Jh. zur beherrschenden Form der → Moralischen Wochenschriften geworden war. Als Essayisten treten in Deutschland die Englandreisenden Georg Christoph Lichtenberg, Georg Forster und Karl Philipp Moritz hervor, dann in der Romantik u. a. August Wilhelm und Friedrich Schlegel. Weiter auf die Essayistik des 20. Jh.s wirkte Friedrich Nietzsche durch seine Kritik an der bürgerlichen Kultur wie durch seinen Stil. Die dem engl. E. und seinen dt. Nachfolgern gemeinsame Vorgabe der allgemeinen Verständlichkeit und des kritischen Maßes wurde im 20. Jh. nicht selten zugunsten einer elitären Intellektualität aufgegeben (Georgekreis, Frankfurter Schule). Theoretische Beiträge über den E. in Essayform lieferten Georg Lukács (1911), Max Bense (1952) und Theodor W. Adorno (1958). Neben diesen Autoren gehörten u. a. Walter Benjamin, Heinrich und Thomas Mann, Hugo v. Hofmannsthal und Gottfried Benn zu den bedeutenden dt. Essayisten des 20. Jh.s. Zudem drangen essayistische Züge immer stärker in die erzählende Literatur ein (Th. Mann, Robert Musil, Hermann Broch usw.).

Ethos → Pathos.

Euphemismus, verhüllende, beschönigende Ausdrucksweise zur Milderung negativ empfundener, moralisch anstößiger oder tabuisierter Sachverhalte (›heimgehen‹ für sterben). Euphemismen sind ein häufiges Merkmal politischer Rede; ihre Verwendung in der Literatur hängt von Epoche, Gattung und Stilmustern ab.

Evangelienharmonie, Bezeichnung für eine auf den vier Evangelien beruhende, vereinheitlichte Darstellung von Leben und Wirken Jesu. Die Bezeichnung E. stammt von dem Reformator Andreas Osiander, der 1537 eine *Harmonia evangelica* veröffentlichte. Ältestes Beispiel ist das *Diatesseron* (»Durch die vier [Evangelien]«) des Syrers Tatian aus dem 2. Jh. Eine lat. Version wurde um 830 unter der Leitung von Hrabanus Maurus im Kloster Fulda ins Althochdeutsche übersetzt. Poetische E.n sind der altsächs. *Heliand* (um 830) mit seinen 6000 Stabreimversen und Otfrids v. Weißenburg *Evangelienbuch* (um 863–71), das den Endreimvers als neue ›christliche‹ Form in der dt. Literatur durchsetzte (→ Bibeldichtung).

Exegese → Allegorese.

Exempel, Text, der zur Verdeutlichung und Veranschaulichung einer Aussage dient. In der → Rhetorik ist das *exemplum* (Beispiel) ein Mittel der Beweisführung, ein ›von außen‹ genommener Beleg, der als kurze Anspielung oder auch als längere Erzählung auftreten kann. In der Erzählforschung meint E. einen kurzen Text mit der Funktion, einen allgemeinen Gedanken oder eine These durch ein konkretes Beispiel zu illustrieren bzw. in moralisierender Absicht zur Belehrung und Erbauung beizutragen.

Historische E. bietet die bekannteste antike Exempelsammlung: Valerius Maximus, *Factorum ac dictorum memorabilium libri IX* (30 n. Chr.). Im MA wurden in fast alle epischen, didaktischen und religiösen Texte kurze Erzählformen mit beispielhafter Funktion eingefügt (→ Anekdote, → Gleichnis, → Märchen, → Sage, → Legende, → Fabel, → Schwank, Mirakel usw.), wobei die Stoffe aus den verschiedensten Wissens- und Lebensbereichen, aus der Bibel, der Geschichte, der antiken Literatur, der Naturkunde oder volkstümlichen Überlieferungen stammen konnten. Seit dem 13. Jh. wurden die E. in umfangreichen, systematisch geordneten Kompendien oder alphabetischen Enzyklopädien gesammelt (Caesarius v. Heisterbach, Étienne de Bourbon, Johannes Herolt). Daneben erwiesen sich Predigtsammlungen und -handbücher, Chroniken (Vinzenz v. Beauvais) und Geschichtenbücher (z. B. *Gesta Romanorum*) als Fundgruben für E.

Vorwiegend auf mittelalterlichen Quellen beruht Johannes Paulis ursprünglich als Hilfsbuch für Prediger gedachte Exempelsammlung *Schimpf und Ernst* (1522), die ihren großen Erfolg im 16. und 17. Jh. nicht zuletzt ihrem unterhaltsamen Charakter verdankte. Eher den Ernst betonte die bekannteste protestantische Exempelsammlung, das nach der Ordnung der zehn Gebote aufgebaute *Promptuarium exemplorum* (1568) Andreas Hondorffs. Als ›Predigtmärlein‹ in der katholischen → Predigt und in einer Reihe von Sammlungen biblischer, historischer und moralischer Beispielerzählungen erlebte das E. im Barock noch eine letzte Blüte. Es spielte eine bedeutende Rolle in der Überlieferung mittelalterlichen Erzählguts. In beiden Konfessionen wurde die Exempelliteratur weiterhin zur Predigtvorbereitung genutzt. Seit dem 18. Jh. verlor das E. mit einer sich wandelnden Geschichtsauffassung an Bedeutung.

Exilliteratur, im Rahmen der dt. Literaturgeschichte Bezeichnung für das zwischen 1933 und 1945 entstandene literarische Werk der Autoren, die nach der nationalsozialistischen Machtergreifung Deutschland verlassen mussten. Im weiteren Sinn umfasst E. u. a. auch die Literatur der frz. Emigranten nach der Revolution von 1789, der im Vormärz ins Ausland geflüchteten dt. Schriftsteller oder der während des Ersten Weltkriegs im Schweizer Exil lebenden pazifistischen Autoren.

Der Exodus der dt. Autoren nach 1933 – ihre Zahl beträgt mehr als 2000 – vollzog sich in mehreren Wellen, wobei der Reichstagsbrand (27. 2. 1933), die Nürnberger Rassengesetze (15. 9. 1935) und das Pogrom vom 9. 11. 1938 die entscheidenden Markierungen setzten. Zunächst waren nahe gelegene europäische Länder das Ziel der Emigranten (Österreich, Tschechoslowakei, Frankreich, Dänemark u. a.). Mit der nationalsozialistischen Annexionspolitik und vollends mit dem Ausbruch des Krieges wurde Europa – mit Ausnahme der Sowjetunion – zu unsicher; die Fluchtwege führten nun weiter, v. a. nach Nord- und Südamerika (Kalifornien, New York; Mexiko, Argentinien usw.).

Der Verlust ihres Publikums (und damit auch der materiellen Existenzgrundlage) wie auch die Loslösung von ihrer sprachlichen und kulturellen Lebenswelt war die eine Seite der Exilerfahrung der Autoren; auf der anderen Seite verstanden sie das Exil auch als Aufgabe, als politisch-literarischen Auftrag. Bei allen politischen Differenzen – das Spektrum reichte von den kommunistisch-antifaschistischen und linksliberalen Schriftstellern zu eher konservativ-bürgerlichen Autoren – einigte die Exilautoren das Bewusstsein, ein anderes, dem Dritten Reich entgegengesetztes Deutschland zu repräsentieren.

Exilverlage, Exilzeitschriften und -zeitungen ermöglichten den Autoren die Veröffentlichung ihrer Arbeiten. Unter den literarischen Gattungen kam dem Roman in der Auseinandersetzung mit dem Nationalsozialismus und der

Exilsituation eine besondere Bedeutung zu. Eine Reihe von Zeitromanen wie Lion Feuchtwangers *Die Geschwister Oppermann* (1933) oder Anna Seghers' *Der Kopflohn* (1933) ging den historischen, sozialen und ideologischen Voraussetzungen des Nationalsozialismus nach und hob zugleich die Naivität der Opfer hervor; andere Romane, beispielsweise Oskar Maria Grafs *Anton Sittinger* (1937), Klaus Manns *Mephisto* (1936) oder Irmgard Keuns *Nach Mitternacht* (1937), entlarvten die Opportunisten und Mitläufer; umfassende Darstellungen der faschistischen Gesellschaft legten Seghers (*Das siebte Kreuz*, 1939 bzw. 1942) und Arnold Zweig (*Das Beil von Wandsbeck*, 1943) vor. Die Exilsituation selbst thematisierten und deuteten u. a. Klaus Mann (*Der Vulkan. Roman unter Emigranten*, 1939) und Feuchtwanger (*Exil*, 1940). Bedeutende Leistungen entstanden auf dem Gebiet des → historischen Romans, der die Auseinandersetzung mit Nationalsozialismus und Exil auf seine Weise, durch Analogisierung von Historie und Gegenwart, führte und dabei – wie Heinrich Manns *Henri Quatre* (1935–38) – an der Utopie einer freien und gerechten Gesellschaft festhielt. Selbst die Hinwendung zum Mythos in Thomas Manns *Joseph und seine Brüder* (1933–1943) geschah aus einer aufklärerischen, antifaschistischen Position.

Im Vergleich zum Roman spielte das Drama eine geringere Rolle in der literarischen Auseinandersetzung mit dem Dritten Reich. Die bekanntesten Beispiele sind Friedrich Wolfs *Professor Mamlock* (1934) und Brechts antifaschistische Stücke *Die Rundköpfe und die Spitzköpfe* (1936), *Furcht und Elend des Dritten Reiches* (1938) und *Die Gewehre der Frau Carrar* (1937). Im Exil, zwischen 1939 und 1941, entstanden auch die großen Beispiele von Brechts → epischem Theater (*Mutter Courage und ihre Kinder*, *Der gute Mensch von Sezuan*, *Leben des Galilei*). Ebenfalls Werke des (dänischen) Exils sind seine *Svendborger Gedichte* (1939), die mit einer Gruppe von Texten schließen, die die Exilsituation reflektieren (*Über die Bezeichnung Emigranten*, *Gedanken über die Dauer des Exils*, *An die Nachgeborenen*). Die Erfahrung des Exils (und die Frage der Konsequenz des eigenen Lebens in dieser aus den Fugen geratenen Zeit) ist auch Thema zahlreicher Autobiographien (Stefan Zweig, H. Mann, K. Mann, Alfred Döblin).

Exordium, Einleitungsteil der Rede (→ Rhetorik).

Exotismus, Übernahme und Verarbeitung von Stoffen, Motiven oder Formen fremder Kulturen in Kunst und Literatur. Exotische Elemente waren seit je Bestandteil der europäischen Literaturen (Homers *Odyssee*, *Alexanderroman*, mittelalterliche Texte wie *Herzog Ernst*, *Rolandslied* usw.). Mit den Entdeckungs- und Eroberungsreisen seit dem 15. Jh. wuchs ihre Bedeutung (→ Reisebericht). Im Barock schlug sich die Faszination durch das Fremde in der Stoffwahl und den Schauplätzen der großen höfisch-historischen Romane, in den orientalischen und afrikanischen Sujets der Dramen, der Metaphorik der Dichtersprache und in großen Kompendien und literarischen Kuriositätenkabinetten wie etwa Erasmus Franciscis *Ost- und West-Indischer wie Sinesischer Lust- und Stats-Garten* (1668) nieder. Auch der → Pikaroroman führte ebenso wie später die → Robinsonaden in die entferntesten Weltgegenden.

Erst im 18. Jh. erscheint das Fremde als Gegenbild zur eigenen Kultur. Der Blick aus einer fingierten fremden Perspektive nach dem Muster von Montesquieus *Lettres Persanes* (1721) relativierte die eigene Kultur (Johann Pezzl, *Marokkanische Briefe*, 1784 u. a.), auf der anderen Seite entstand mit dem Bild des guten und edlen Wilden und paradiesischer Lebensformen (Tahiti) ein utopisches Korrektiv zur eigenen, als überzivilisiert empfundenen Welt. Vielfach blieb das Exotische freilich nur Staffage. Dabei gab es, nicht zuletzt in Kunstgewerbe, Architektur und Innenausstattung, entschiedene Moden: in der 1. Hälfte des 18. Jh. die Chinoiserie, seit Anfang des 19. Jh.s der Orientalismus, später der Japonismus. Den literarischen Orientalismus begründeten die Brüder Schlegel mit ihren Indienstudien, und Joseph v. Hammer-Purgstalls Übersetzungen der Lyrik des Hafis (→ Divan) inspirierten Goethes *West-östlichen Divan* (1819), der wiederum als Anregung für Friedrich Rückert und August v. Platen diente (→ Orientalisierende Dichtung). Im 19. Jh. gewann der → Abenteuerroman mit seinen fernen Schauplätzen an Bedeutung (Charles Sealsfield, Friedrich Gerstäcker, Karl May u. a.). Im 20. Jh. lebten die zivilisationskrititischen Tendenzen des E. weiter in den literarischen Asienbildern des → Fin de siècle (Hermann Keyserling, Hans Bethge), der → Neuromantik (Max Dauthendey), des → Expressionismus (Klabund) und Hermann Hesses (u. a. *Siddhartha*, 1922). Darüber hinaus fand der E. Ausdruck in Romanen Alfred Döblins (*Die drei Sprünge des Wang-lun*, 1916; *Das Land ohne Tod* bzw. *Amazonas*, 1937–38), aber auch in der Aufnahme von Momenten des chinesischen und japanischen Theaters bei Brecht.

Experimentelle Literatur, ungenaue Sammelbezeichnung für Werke oder Strömungen, die neue literarische Verfahren und Ausdrucksmöglichkeiten zu erschließen suchen. Der Begriff des Experiments wurde bereits in der Romantik durch Novalis und Friedrich Schlegel im Sinn eines kombinatorischen Spiels mit Bildern und Begriffen auf die Literatur angewandt. Von großer Bedeutung für den Naturalismus wurde Émile Zolas auf soziologische und medizinische Forschungen zurückgehende Forderung eines soziologisch und sozialpsychologisch fundierten ›experimentellen Romans‹ (*Le roman expérimental*, 1880). Gleichzeitig sprach Friedrich Nietzsche von einer »Experimental-Philosophie« und einer »Artisten-Metaphysik«, einer immanenten Kunstwelt, Vorstellungen, an die u. a. Gottfried Benn anknüpfte. Nach dem Zweiten Weltkrieg wurde Experiment als Schlagwort der literarischen Diskussion von Vertretern der verschiedenen avantgardistischen Strömungen und Gruppierungen in Anspruch genommen (→ Konkrete, → Visuelle, → Akustische Dichtung; → Stuttgarter, → Wiener Gruppe usw.).

Explicit → Titel.

Exposition, Anfangsteil des Dramas, der die Voraussetzungen für das Verständnis der folgenden Handlung vermittelt (Ausgangssituation, Personen, Vorgeschichte). Die E. ist Teil der Dramenhandlung, während der vorangestellte → Prolog (im Drama der Antike und der frühen Neuzeit) mit z. T. ähnlicher Funktion außerhalb des Handlungskontexts steht. → Dramentheorie.

Expressionismus, aus der Kunstgeschichte übernommene Bezeichnung für eine literarische Epoche des frühen 20. Jh.s. Die Jahre zwischen 1910 und 1920 gelten als ›expressionistisches Jahrzehnt‹; Mitte der 20er-Jahre wurde der E. durch die → Neue Sachlichkeit abgelöst. Der E. ist eine Oppositionsbewegung gegen die bürgerliche Gesellschaft des Wilhelminismus; literarisch setzt sich der E. von den verschiedenen Strömungen der Jahrhundertwende wie → Décadence, → Jugendstil, → Neuklassik, → Neuromantik ab. Allerdings verbinden sich im E. höchst unterschiedliche, z. T. einander widersprechende Tendenzen wie etwa futuristische Begeisterung für den technischen Fortschritt (→ Futurismus) und Zivilisationskritik, vitalistische Gewaltverherrlichung und Pazifismus, hymnisches Verkündigungspathos und abstrakte, reduktionistische Wortkunst, utopischer Messianismus und Thematisierung der Angst- und Entfremdungserscheinungen der Moderne. Der Anspruch einer allgemeinen Erneuerung, der seinen Ausdruck auch im Generationenkonflikt findet, gipfelt in der Forderung der Ablösung des ›alten‹ durch den ›neuen Menschen‹.

In der Lyrik hatte Jakob van Hoddis' *Weltende* (1910) mit seiner schnoddrigen Reihung heterogener Ereignisse Signalwirkung. Die Spannweite der Lyrik von z. T. apokalyptischer Zivilisationsskepsis und einer ausgesprochenen Ästhetik der Hässlichkeit zu pathetischer Aufbruchsstimmung verkörpern in der ersten expressionistischen Phase (1910–1914) Dichter wie Gottfried Benn, Georg Heym, Ernst

Stadler, Georg Trakl oder Franz Werfel. Die Anthologie *Menschheitsdämmerung* (1920) von Kurt Pinthus betont die hymnische und ekstatische Seite des E. Eigene Akzente setzt die der ›Wortkunsttheorie‹ des → Sturmkreises verpflichtete lakonische Lyrik August Stramms. Die Prosa des E., vorwiegend kürzere Formen, zeigt stark reflexive Tendenzen und demonstriert die Auflösung traditioneller Realitätsvorstellungen. Fragmentarisierung der Wirklichkeit und Dissoziation des Ich sind wesentliche Themen (Benn, Alfred Döblin, Albert Ehrenstein, Carl Einstein, Heym).

Das expressionistische Drama erreicht seinen Höhepunkt in den Jahren nach 1915 (auch die früher entstandenen Stücke wurden erst seit 1916 aufgeführt). Es bilden sich verschiedene Typen heraus: das ›Verkündigungsdrama‹, das allegorisch-symbolisch die Geburt des ›neuen Menschen‹ darzustellen sucht (Reinhard Johannes Sorge, *Der Bettler*, 1912; Georg Kaiser, *Die Bürger von Calais*, 1914), das von August Strindberg beeinflusste → ›Stationendrama‹, das das Geschehen in revueartige Einzelszenen auflöst (Kaiser, *Von morgens bis mitternachts*, 1916), und das ›Wandlungsdrama‹, das die seelische Entwicklung hin zum ›Menschen‹ zeigt (Walter Hasenclever, *Der Sohn*, 1914; Hans Johst, *Der junge Mensch*, 1916; Ernst Barlach, *Der arme Vetter*, 1918; Ernst Toller, *Die Wandlung*, 1919). Die kritische Auseinandersetzung mit dem Krieg und den Gefahren der technischen Entwicklung ist Thema von Stücken Reinhard Goerings (*Seeschlacht*, 1917), Fritz v. Unruhs (*Ein Geschlecht*, 1917) und Kaisers (*Gas*, 1918–20).

F

Fabel, kurze lehrhafte Erzählung in Vers oder Prosa, in der nicht-menschliche Akteure – Tiere, Pflanzen, Gegenstände – so handeln, als besäßen sie Bewusstsein und andere menschliche Eigenschaften wie die Fähigkeit zu denken und zu sprechen. Die Lehrhaftigkeit wird durch die Konstruktion demonstrativer, modellhafter und unmittelbar auf den Menschen übertragbarer Fälle gesichert. Dabei kann der Sinn, die ›Moral‹, implizit in der F. enthalten sein (d. h. die F. lehrt ›aus sich‹) oder explizit formuliert werden. Dies geschieht entweder durch ein der Erzählung vorangestelltes Promythion oder durch ein nachgestelltes Epimythion. Die Notwendigkeit eines ausdrücklichen *fabula docet* hängt vom Grad der Allgemeinheit der Erzählung wie von der intendierten konkreten – etwa geistlichen, politischen, moralischen – Lehrabsicht ab.

Die antike Fabeldichtung (›Äsop‹) gelangte über ihre lat. Vertreter (Phaedrus, Avianus, ›Romulus‹) nach Deutschland. Erste Verwendungen finden sich in der *Kaiserchronik* (um 1140–50) und in der Spruchdichtung. Mit den Reimfabeln des Stricker (13. Jh.) beginnt die Rezeption der römischen Fabelsammlungen; Ulrich Boners *Edelstein* (um 1350) ist die erste geschlossene Sammlung äsopischer F.n der dt. Literatur. Eine Summe der mittelalterlichen Fabeldichtung stellt – nun in Prosa – Heinrich Steinhöwels *Esopus* (um 1476–77) dar, stoffliche Grundlage wiederum für die breite Fabelproduktion der Reformationszeit (Hans Sachs, Burkhard Waldis, Erasmus Alberus, Luther). Von geringer Bedeutung blieb die F. für die dt. Barockliteratur; auch Jean de La Fontaines *Fables Choisies* (1668–94; dt. 1713) wirkten erst später – zusammen mit der Fabeltheorie von Antoine Houdar de La Motte (*Discours sur la fable*, 1719) – auf die dt. Fabeldichtung der Aufklärung. Nun entwickelte sich die

F., die Belehrung und Unterhaltung geradezu exemplarisch zu vereinigen schien, zu einer der dominierenden Dichtungsgattungen (Friedrich v. Hagedorn, Daniel Stoppe, Daniel Wilhelm Triller, Christian Fürchtegott Gellert, Lessing). Mit dem Sturm und Drang verlor die Gattung an Bedeutung, soweit sie nicht Fortschrittlichkeit reklamierte (Christian Friedrich Daniel Schubart, Gottlieb Konrad Pfeffel) oder in den Dienst einer konservativen Pädagogik gestellt und für die Kinder- und Jugendliteratur nutzbar gemacht wurde. Ironisches Spiel mit den Konventionen der Gattung zeichnet die Fabeldichtung des 20. Jh.s aus (Franz Kafka, Brecht, Reiner Kunze u. a.).

Fachprosa → Artesliteratur.

Fälschung, Text unter falschem Verfassernamen. Die Motive für F.en sind unterschiedlich. Von großer historischer Bedeutung war die politisch motivierte Urkundenfälschung der sog. Konstantinischen Schenkung; zu den politischen F.en zählen auch die angeblichen Hitlertagebücher, mit denen das Magazin *Stern* 1983 Geschichte umschreiben wollte. Literarische F.en in größerem Ausmaß gibt es erst seit dem 18. Jh.; die bekannteste sind die ›gälischen‹ *Ossian*-Gedichte (1762, 1765) James Macphersons. Historisch bedeutende F.en kennt die dt. Literaturgeschichte kaum; bei den falschen Verfasserangaben im 19. und 20. handelt es sich nicht selten um Parodien bzw. Persiflagen (Wilhelm Hauff, *Der Mann im Mond*, 1826, unter dem Namen H. Clauren) oder um literarische Versteckspiele (z. B. die Gedichte, 1952, des angeblichen Fremdenlegionärs George Forestier von Karl Emerich Krämer bzw. die wohl von Berndt W. Wessling stammende Lyrik Julie Schraders, 1968). Es gibt aber auch Fälle, in denen Werke aus literarischem Erfolgsstreben unter dem Namen bekannter Autoren veröffentlicht wurden (etwa die angebliche Scott-Übersetzung *Walladmor* von Willibald Alexis, 1824). Älter ist die Übung, sich ohne Verfassernennung an den Erfolg bekannter Werke anderer Verfasser anzuhängen (→ Simpliziade; *Wilhelm Meisters*

Wanderjahre, 1821, von Friedrich Wilhelm Pustkuchen). → Plagiat.

Fallhöhe, dramentheoretischer Begriff für den Fall des Helden in der → Tragödie. Je höher sein sozialer Rang, desto tiefer werde sein tragischer Fall empfunden. Diese Vorstellung diente in der klassizistischen Poetik des 16.–18. Jh.s als Argument zur Rechtfertigung der → Ständeklausel.

Familienblatt, für ein bürgerliches Publikum bestimmter Zeitschriftentyp der 2. Hälfte des 19. Jh.s. Seine vielfältigen Inhalte – Ratschläge zur Lebenspraxis, Literarisches, populärwissenschaftliche Beiträge zu den verschiedensten Wissensbereichen – sollten die ganze Familie erreichen; spezifisch politische Beiträge blieben bei allgemein liberal-patriotischer Gesinnung ausgeschlossen. Das Layout und die Illustrationen verliehen den Familienblättern den Anschein der Modernität; Massenauflagen der in der Regel wöchentlich erscheinenden Blätter (die *Gartenlaube* erzielte 1875 eine Auflage von 382 000) sorgten für niedrige Preise. Bis zum Ausbruch des Ersten Weltkriegs konnten sie sich gegen die Konkurrenz der aktuellen Illustrierten mit Erfolg behaupten. Für den Literaturmarkt waren sie insofern wichtig, als sie zahlreichen Autoren gut honorierte Publikationsmöglichkeiten boten (Eugenie Marlitt, Ludwig Ganghofer, aber auch Wilhelm Raabe, Theodor Fontane, Theodor Storm, Hermann Hesse u. a.). Zu den bekanntesten Familienblättern zählen: *Unterhaltungen am häuslichen Herd* (1852–64; Hrsg. Karl Gutzkow), *Die Gartenlaube* (1853–1944; Hrsg. Ernst Keil), *Daheim* (1865–1944) und *Über Land und Meer* (1869–1923).

Fantasy, Form der → Phantastischen Literatur. F. teilt eine Reihe von Eigenschaften mit der → Science Fiction (ferne Welten, Weltraum, Zukunft usw.), nicht aber deren (pseudo)rationale Begründung der phantastischen Inhalte. Im Gegensatz zur wissenschaftsorientierten Science Fiction bilden übernatürliche Fähigkeiten wie Magie oder Psikräfte wesentliche Voraussetzungen der Handlung. Die Fantasy-Welt funktioniert ohne Naturwissenschaften und Technik; Waffen, Gerätschaften, Fortbewegungsmittel, aber auch die Gesellschaftsformen sind archaisch. Es gibt keine Trennung zwischen ›Realität‹ und irrationalen, magischen oder mythischen Welten. Dabei geht es in der Regel höchst klischeehaft um den Kampf zwischen Gut und Böse.

Als Begründer des Genres gilt Robert E. Howard mit seinen *Conan*-Romanen (1906–36). Zu den literarisch bedeutenden (und weniger gewalttätigen) Fantasyromanen gehört John R. R. Tolkiens Romantrilogie *The Lord of the Rings* (1954–55). Zu den bekannteren Vertretern des im Wesentlichen von anglo-amerikanischen Autoren beherrschten (Buch-, Film- und Fernseh-)Markts zählen außerdem Michael Moorcock, L. Sprague de Camp und Marion Bradley Zimmer. Unter den deutschsprachigen Autoren hat sich Wolfgang Hohlbein einen Namen gemacht.

Farce, dramatische Form des Derb-Komischen. Mit F. wurden in Frankreich zuerst die komischen Einlagen des mittelalterlichen geistlichen Spiels bezeichnet (lat. *farcire* ›stopfen‹; altfrz. *farsir* ›füllen‹). Das bekannteste Beispiel der mittelalterlichen F. als literarischer Gattung ist der anonyme *Maistre Pathelin* (1464). In der dt. Literatur spielte der Begriff der F., obwohl bereits 1599 belegt, erst im 18. Jh. im Zusammenhang mit den Auseinandersetzungen über die → Komödie und das Komische eine Rolle (Johann Christoph Gottsched, Justus Möser u. a.) und wurde dann in Sturm und Drang und Romantik weitgehend auf die Literaturparodie und -satire eingeschränkt (Goethe, Jakob Michael Reinhold Lenz, Heinrich Leopold Wagner, Clemens Brentano, Ludwig Tieck u. a.); → Literatursatire. In der Folgezeit traten die Bezeichnungen → Posse und → Schwank an die Stelle von F. Erst in der neueren Dramatik – etwa bei Max Frisch (*Die chinesische Mauer*, 1947) oder Botho Strauß (*Kalldewey, Farce*, 1981) – erscheint wieder der schärfere, aufs Anarchische verweisende Terminus.

Fastnachtsspiel, Typus des deutschsprachigen weltlichen Schauspiels in Spätmittelalter und früher Neuzeit, aufgeführt im Zusammenhang mit dem Fastnachtstreiben in den Städten. F.e gibt es seit etwa 1430; der erste bekannte Beleg für das Wort stammt auch aus dieser Zeit. Die Textüberlieferung ist stark auf Nürnberg konzentriert, doch machen Belege und Hinweise in Rechnungsbüchern und Ratsprotokollen eine Verbreitung im ganzen dt. Sprachgebiet wahrscheinlich. Bedeutende Spieltraditionen sind in süddeutschen Städten, in Tirol und in der Schweiz, aber auch – mit entschieden eigenem, ernsthaft moralisierendem Charakter – in Lübeck nachweisbar (aus Lübeck sind zwischen 1430 und 1515 immerhin Titel von 73 Stücken bezeugt; nur ein Text ist erhalten).

Die meisten Stücke sind aus Nürnberg überliefert, über 100 allein aus dem 15. Jh. Aufgeführt wurden sie von Handwerksgesellen, die von Haus zu Haus zogen und mit wenigen Requisiten in Wirtsstuben, aber auch in Bürgerhäusern spielten, wobei Prologe und Epiloge der kurzen Stücke (ca. 200 Verse) den Zusammenhang mit der Fastnachtsgeselligkeit herstellten. Es bildeten sich zwei Strukturtypen heraus, die einfache Revueform mit einer Reihung von Einzelauftritten und das Handlungsspiel. Auch Mischformen kommen vor. Die Spiele beschränken sich auf einfache Handlungen und eine geringe Personenzahl; Schwankstoffe und Liebesthematik des Spätmittelalters wirken hier weiter. Eine Vorliebe für explizite Sexualität und Fäkalisches, die Reduktion auf das Körperliche beherrschen häufig die Szene. Daneben gibt es – selten – Stücke mit ernsthaften politischen, gesellschaftlichen oder religiösen Themen. In der Schweiz wurde das gesellschafts- und kirchenkritische Potential des F.s stärker betont (Pamphilius Gengenbach); Niklaus Manuel stellte dann das F. in den Dienst der Reformation. Die Spieltradition in Nürnberg erhielt dadurch ein besonderes Gewicht, dass sich bedeutende Autoren der Gattung annahmen. Die ältesten bekannten Verfasser von

F.en sind Hans Rosenplüt und Hans Folz; im 16. Jh. führte Hans Sachs mit 85 F.en die Tradition mit erhöhtem literarischem Anspruch und unter verbesserten Aufführungsbedingungen (fester Spielort mit Bühne) fort. Das Nürnberger F. wirkte über die Stadt hinaus, etwa auf die Tiroler Spiele.

Fazetie, pointierte, schwankhafte Kurzerzählung humanistischen Ursprungs vorwiegend in lat. Sprache (*facetia* ›Scherz, Witz, launiger Einfall‹). Die F. berührt sich mit verschiedenen anderen Kurzformen wie → Anekdote, → Apophthegma, → Witz usw.; die deutschsprachigen F.n gehen im → Schwank auf. Bevorzugte Gegenstände der F. sind Sujets aus dem alltäglichen Leben, insbesondere Erotisches, Sexuelles und Kritisches zu Klerus und Universität. Begründer der Form war der Humanist Gian Francesco Poggio Bracciolini mit seinen 1470 zuerst gedruckten *Facetiae* (auch *Liber facetiarum*). Die ersten dt. Nachahmungen – lat. und dt. – zeigen eine Tendenz zum Lehrhaften (Augustin Tünger, *Facetiae latinae et germanicae*, 1486). Heinrich Bebel gelang es, die F. unter Wahrung der formalen Geschliffenheit ins Schwäbisch-Bodenständige zu wenden (*Facetiae*, 3 Bde., 1509–12). Weitere Versuche unternahmen Nicodemus Frischlin (1600) und Julius Wilhelm Zincgref (*Facetiae Pennalium*, 1618).

Feengeschichte, Erzählung, in der zauberkundige Mächte in Gestalt von Frauen (Feen) auftreten und in menschliche Schicksale eingreifen. Die mittelalterlichen Artusromane (→ Artusepik), die ihrerseits auf keltische Traditionen zurückgriffen, dienten als Stoff- und Motivreservoir für neuzeitliche Feengeschichten oder Feenauftritte, etwa im Rahmen der Ritterromanserie von *Amadís de Gaula* (1508 ff.), der ital. oder engl. Renaissanceepik (Ariost, Tasso, Edmund Spenser) und der zeitgenössischen engl. Dramatik (Shakespeare, Ben Jonson). In Frankreich wurden die F.n im 17. Jh. zu höfisch-galanten Kunstmärchen umgestaltet und in zahlreichen Sammlungen veröffentlicht (Marie Cathérine d'Aulnoy, *Contes des fées*, 1698 ff.; Charles Perrault u. a.). Zugleich wurde die Stoffbasis durch die erfolgreiche Nachbildung der *Märchen aus 1001 Nacht* durch den frz. Orientalisten Antoine Galland (1704–17; dt. 1781–85) erweitert. Den Schlusspunkt setzte dann ein 41-bändiges *Cabinet des fées* (1785 ff.). In Deutschland setzte sich Christoph Martin Wieland spielerisch und z. T. parodistisch mit der Feenmode auseinander, wobei sich frz. und orientalische Einflüsse verbanden (*Geschichte des Prinzen Biribinker*, in: *Don Sylvio von Rosalva*, 1764; *Oberon*, 1780; *Dschinnistan*, 1786–89 u. a.). Eine neues Interesse an der F. zeigte sich in der Romantik (Ludwig Tieck, Friedrich de La Motte Fouqué, E. T. A. Hoffmann u. a.). Dramatisierte Formen der Feendichtung (Drama, Singspiel, Oper, Ballett), die v. a. im 17. und 18. Jh. beliebt waren, werden als Féerien bezeichnet.

Feministische Literaturwissenschaft, Bezeichnung für literaturwissenschaftliches Arbeiten im Kontext der emanzipatorischen Frauenbewegung. Angeregt durch die Frauenbewegung in den USA und die (späte) Rezeption von Simone de Beauvoirs *Le deuxième sexe* (1949) entwickelten sich Ansätze einer feministische Literaturwissenschaft um 1975 auch im deutschsprachigen Raum, die dann seit Ende der 80er-Jahre zu einer Institutionalisierung des Fachgebiets an den Universitäten führte. Zu den wichtigsten Forschungsrichtungen gehören die Neuinterpretation des ›männlichen‹ Literaturkanons und der Frauenbilder in der Literatur sowie die Rekonstruktion einer weiblichen Schreibtradition. Die theoretischen Diskussionen kreisen u. a. um Fragen einer geschlechtsspezifischen weiblichen → Ästhetik und um die in Frankreich und im dt. akademischen Umfeld dominierenden feministischen poststrukturalistischen Konzeptionen (→ Dekonstruktion, → Intertextualität). Die Dekonstruktion des (in der abendländischen Denktradition bisher stets männlichen) Subjekts kommt dabei den feministischen Intentionen entgegen. Einwände betreffen die mögliche Gefahr der Unverbindlichkeit und damit die Eliminierung des Feminismus.

Fernsehspiel, bereits 1930 in Anlehnung an das ältere → Hörspiel entstandener Begriff für eine fiktionale Gattung oder Programmform des Fernsehens. Differenzierungen ergeben sich aus der jeweiligen Produktionsform (Liveproduktion, elektronisch, filmisch), den Sendeformen (Einzelspiel, Mehrteiler, Serie) und den Genres (Dokumentarspiel, Krimi, TV-Komödie, experimentelles Fernsehspiel, Soap opera usw.).

Das Schaukelpferd von Adolf Weber gilt als das erste dt. F. Es wurde als Liveproduktion am 7. 11. 1936 im Raum Berlin gesendet (Fernsehsender ›Paul Nipkow‹); weitere Produktionen folgten unter der Leitung Arnolt Bronnens bis 1943. Im Nachkriegsfernsehen (seit 1948) stand neben Lustspielen und Unterhaltungsstücken die Inszenierung von Theaterstücken und die Bearbeitung von epischen Werken im Mittelpunkt, um die ›Klassiker‹ – auch die der Moderne – dem rasch anwachsenden Fernsehpublikum zu vermitteln. Dagegen wurde kritisch die Forderung nach Originalfernsehspielen erhoben. Politische Aufklärungsarbeit, die Auseinandersetzung mit der Realität der BRD, wurde zum bevorzugten Thema des F.s. Zu den Autoren zählten u. a. Günter Herburger, Richard Hey, Dieter Meichsner, Wolfgang Menge, Dieter Wellershoff, Gabriele Wohmann, zu den Regisseuren Egon Monk, Peter Lilienthal, Peter Beauvais. Seit der Mitte der 70er-Jahre arbeiten zahlreiche Filmregisseure für das Fernsehen; ein Abkommen (1974) zwischen Fernsehanstalten und Filmwirtschaft führte bis heute zu zahlreichen Koproduktionen. Die Produktion von Serien begann Ende der 60er-Jahre mit Kriminalspielen (*Der Kommissar*, *Tatort* usw.); später wurde die Serienproduktion auf andere Bereiche ausgeweitet. Zu den anspruchsvolleren Unternehmungen gehören Rainer Werner Fassbinders Döblin-Verfilmung *Berlin Alexanderplatz* (1979–80), Edgar Reitz' *Heimat* (1984) und *Die zweite*

Heimat (1993). Im Übrigen setzt sich, unter dem Druck des kommerziellen Fernsehens, auch im öffentlich-rechtlichen Bereich die unterhaltende bzw. triviale Serienproduktion immer stärker durch.

Festspiel, zur Aufführung bei einem festlichen Anlass bestimmtes Bühnenwerk. Dabei liegt der Zweck v. a. darin, ein Gemeinschaftserlebnis zu vermitteln. In einem allgemeinen Sinn umfasst der Begriff F. auch die für kultische oder sakrale Feste geschaffenen Werke der Antike und des MA (z. B. griech. Tragödie, → geistliches Spiel). In engerer Bedeutung meint F. eine neuzeitliche dramatische Gattung mit konfessioneller oder politischer Tendenz. Dazu gehören die barocken Gelegenheitsdichtungen und dramatischen und musikalischen F.e zu höfisch-dynastischen Anlässen, aber auch die zu dem Reformationsjubiläum 1617 entstandenen deutschsprachigen Stücke von Heinrich Kielmann (*Tetzelocramia*) und Martin Rinckhart (*Indulgentiarius confusus, Oder Eißlebische Mansfeldische Jubel-Comoedia*) sowie die patriotischen Friedensspiele am Ende des Dreißigjährigen Krieges (Sigmund v. Birken, Johann Klaj, Johann Rist, Justus Georg Schottelius). Die Tradition der protestantisch-patriotischen F.e lebte in den Luther-Dramen des 19. und frühen 20. Jh.s fort (Hans Herrig, Otto Devrient). Goethe schrieb für den Weimarer Hof das höfische F. *Paläophron und Neoterpe* (1800), nationale Züge trägt *Des Epimenides Erwachen* (1815), geschrieben für den Einzug König Friedrich Wilhelms III. von Preußen in Berlin nach dem Sieg über Napoleon.

Wichtig für die Tradition nationaler F.e wurden u. a. Ernst Moritz Arndt (Vorschläge für die Gedenkfeier der Leipziger Völkerschlacht), Theodor Körner mit dem »Drama nach der Schlacht von Montebello« *Joseph Heyderich* (1815), aber auch Heinrich v. Kleists *Hermannsschlacht* (1821) und Schillers *Wilhelm Tell* (1804). Ihnen sind zahlreiche F. über Andreas Hofer, Florian Geyer, Friedrich Barbarossa oder zum Sedanstag verpflichtet. Anstöße gingen auch von den Oberammergauer Passionsspielen aus; Forderungen nach Theaterfesten im Freien wurden erhoben, um den nationalen Geist zu stärken; Gottfried Keller propagierte Schweizerische Nationalfestspiele. Die Bestrebungen, der Kunst die religiöse Dimension wieder zurückzugeben, wie sie etwa in Richard Wagners ursprünglich den Bayreuther Festspielen vorbehaltenem »Bühnenweihfestspiel« *Parsifal* (1882) sichtbar werden, pervertierten schließlich in den weihevollen völkischen → ›Thingspielen‹ und anderen F.en des Nationalsozialismus. – Die modernen ›Festspiele‹ – Aufführungen von Theaterstücken und musikalischen Bühnenwerken über einen längeren Zeitraum an einem bestimmten Ort außerhalb des gängigen Theaterbetriebs – sind entgegen den Vorstellungen Wagners oder Hugo v. Hofmannsthals (Salzburger F.e) zu einer (auch touristischen und kommerziellen) Massenerscheinung geworden, die kaum eine mittlere oder größere europäische Stadt auslässt.

Feuilleton, Bezeichnung für den Kulturteil einer Zeitung bzw. für eine kleine Prosaform prägnanter und unterhaltsamer Art (v. a.) im Feuilletonteil einer Zeitung. Dieser enthält (in den großen Blättern) Besprechungen von Theateraufführungen, Konzerten, Ausstellungen, Büchern, dazu Nachrichten, Kommentare, Diskussionen über kulturelle oder kulturpolitische Themen, Interviews, Abdrucke von dichterischen Texten usw. Die Anfänge des F.s als Kulturteil einer Zeitung gehen bis ins 18. Jh. zurück; in seiner heutigen Form wurde es Anfang des 19. Jh.s in Frankreich ausgebildet. In Paris erhielt es seine Bezeichnung (Diminutivform von *feuille* ›Blatt‹) von seiner Anordnung auf dem durch einen Strich abgetrennten unteren Teil der Seite (*Journal des Débats*, ab 1800). Im Verlauf des 19. Jh.s sicherte sich das F. auch einen festen Platz in den dt. Zeitungen und entwickelte sich in die verschiedensten Richtungen (philosophisches, kulturhistorisches, literarisches, literatur- und sprachkritisches, musikalisches F. usw.).

Das F. als publizistisch-literarische Form erscheint in zahlreichen Spielarten, die vom Gegenstand und der Wirkungsabsicht bestimmt sind. Inhaltlich lassen sich u. a. das Unterhaltungsfeuilleton und das kritisch-politische F. unterscheiden. In jedem Fall handelt es sich um eine kurze Prosaform, die sich durch einen prägnanten, anmutigen oder witzigen, anschaulichen und zugleich persönlichen Stil auszeichnet und, von einzelnen, scheinbar belanglosen Erscheinungen und subjektiven Meinungen oder Beobachtungen ausgehend, Allgemeines sichtbar macht. Diese Form wurde in der Mitte des 19. Jh.s ausgebildet und erlebte ihre Blütezeit um die Jahrhundertwende in Wien und strahlte von hier nach Berlin aus. Nach dem Dritten Reich konnte das F. seine frühere Bedeutung nicht mehr erreichen. Zu den bedeutendsten Autoren des F.s zählen u. a. Peter Altenberg, Hermann Bahr, Franz Blei, Egon Friedell, Maximilian Harden, Alfred Polgar und Kurt Tucholsky, später Karl Korn, Max Rychner, Friedrich Torberg. Zu den bedeutendsten Feuilletonisten gehörte auch Karl Kraus, der schärfste Kritiker der blenderischen sprachlichen und intellektuellen Oberflächlichkeit des ›Feuilletonismus‹.

Figuraldeutung → Typologie.

Figurengedicht, Gedicht, das typographisch eine Figur abbildet. Dabei gibt es verschiedene Möglichkeiten, etwa die Nachzeichnung eines Umrisses durch die Komposition verschieden langer Zeilen (Umrissgedicht) oder die Heraushebung einer Figur aus einem quadratischen oder rechteckigen Basistext (Gittergedicht). F.e sind bereits aus der Antike überliefert; die Praxis wurde an der Hofschule Karls des Großen fortgesetzt (Hrabanus Maurus u. a.). In der Renaissance knüpfte man an die antiken Vorbilder an; Julius Caesar Scaliger behandelte das F. in seiner Poetik (*Poetices libri septem*, 1561). Diesem Beispiel folgten zahlreiche dt. Barockpoetiker (u. a. Justus Georg Schottelius, Philipp v. Zesen). Dem theoretischen Interesse entsprach eine ausgedehnte und einfallsreiche Produktion, die auch die

Gelegenheitslyrik erfasste (→ Gelegenheitsgedicht). Neue Ansätze zeigen sich im 20. Jh. in → Futurismus und → Dadaismus sowie in den verschiedenen Ausprägungen der → konkreten und → visuellen Dichtung.

Figurentheater, Form des Theaters mit Puppen, Marionetten und anderen Figuren als stummes Spiel, als Spiel mit begleitendem Kommentar oder mit den Puppen unterlegten Stimmen. F. ist seit der Antike in vielen Kulturen bekannt. Der erste dt. Beleg ist eine Abbildung in Herrads v. Hohenburg *Hortus deliciarum* (um 1180). Das F. diente jahrhundertelang als volkstümliche Unterhaltung. Im 16., 17. und 18. Jh. übernahm es die Stoffe der zeitgenössischen Dramatik, wie auch der Spielplan des kleinen Wilhelm Meister erkennen lässt (Goethe, *Wilhelm Meisters Lehrjahre*, 1795–1796). In der Romantik schrieben Achim v. Arnim, Clemens Brentano, Ludwig Tieck u. a. Stücke für das F., Heinrich v. Kleist nahm das Marionettentheater als Ausgangspunkt für programmatische Überlegungen (*Über das Marionettentheater*, 1810). Im 19. Jh. erlangte das Münchner Marionettentheater Joseph Schmids (seit 1858) besondere Bedeutung, für das Franz Graf v. Pocci als Hausdichter mehr als 40 Stücke – viele nach Märchenvorlagen – mit dem Kasperl Larifari schrieb. Eine Erneuerung des F.s setzte nach der Jahrhundertwende, z. T. unter dem Einfluss des asiatischen F.s, im Zusammenhang mit der Entwicklung des modernen Theaters im Expressionismus ein; diese Versuche wurden in einer experimentellen Phase nach dem Zweiten Weltkrieg (Stilisierung, neue Materialien usw.) fortgesetzt. Puppenspiele schrieben nach 1945 u. a. Nelly Sachs und Tankred Dorst.

Fiktion, in allgemeiner Bedeutung Bezeichnung für eine Annahme, für die – anders als bei der Hypothese – kein unmittelbarer Wirklichkeitsbezug vorliegt; als literaturwissenschaftlicher Begriff bezeichnet F. den grundlegenden Status der mimetischen Dichtung: Sie stellt, in epischer oder dramatischer Ausformung, »gedichtete und zugleich dabei für möglich angenommene Gegenstände« vor (Kant) und grenzt sich damit von der Wirklichkeitsaussage (und der nichtfiktionalen Literatur wie der Geschichtsschreibung) ab. Bereits Aristoteles (*Poetik*, 9. Kap.) sah den Unterschied zwischen Geschichtsschreiber und Dichter darin, »daß der eine erzählt, was geschehen ist, der andere, was geschehen könnte«. Für ihn folgt daraus eine Überlegenheit der nicht an das Besondere der Wirklichkeit gebundenen Dichtung, denn insofern sie mehr vom Allgemeinen rede, sei sie »philosophischer und bedeutender als die Geschichtsschreibung«. Damit widerspricht er zugleich der Abwertung Platons, Dichtung sei Lüge, ein Vorwurf, der in anderen Epochen unter anderen philosophischen oder religiösen Vorzeichen immer wieder erhoben wurde und die Poeten zur Abwehr herausforderte. Sir Philip Sidney etwa stellt in seiner 1595 postum gedruckten *Defense of Poesie* klar, »that of all writers under the sun the poet is the least liar and, though he would, as a poet can scarcely be a liar«. Da ein Dichter in seinem Werk nichts behauptet, kann er nicht lügen: »Now, for the poet, he nothing affirms and therefore never lieth.« Diese Auffassung, dass die Rede eines Dichters eine besondere Rede sei, eine Rede, die nicht behauptet, d. h. keinen unmittelbaren Bezug zur Wirklichkeit hat, ist Ausgangspunkt verschiedener neuerer (semantischer, kommunikationstheoretischer, pragmatischer) Versuche, das Phänomen der F. differenzierter zu beschreiben, wobei nicht zuletzt auch Fragen des realen wie imaginären Kontexts der fiktionalen Rede in den Vordergrund treten.

Die angemessene Rezeption fiktionaler Texte setzt voraus, dass der Leser nicht wie bei Sachtexten den Anspruch auf empirische Verifizierbarkeit stellt; von ihm wird, wie es Samuel Taylor Coleridge formulierte, »a willing suspension of disbelief« gefordert. Dabei wird die Fiktionalität eines Textes durch bestimmte Signale angezeigt, die vom Rezipienten – wenigstens innerhalb eines bestimmten historischen und sozialen Kontexts – erkannt werden. Das können äußere Markierungen sein wie die Bezeichnungen ›Roman‹ oder ›Drama‹, aber auch spezifische Eigenschaften des Textes selbst. Dazu zählen gewisse Sprachformeln (»Es war einmal«), Erzählerreflexionen (→ Erzähler) und die verschiedenen Techniken der Perspektivierung und der Wiedergabe innerer Vorgänge (→ ›erlebte Rede‹, → ›innerer Monolog‹). Die Problematisierung der Beziehung zwischen Fiktion und Wirklichkeit in den Selbstreflexionen der modernen Erzählliteratur lässt sich auch als Antwort auf die wachsende Schwierigkeit verstehen, im Zeitalter der Massenmedien angesichts einer allgegenwärtigen und undurchschaubaren »Simulation« (Jean Baudrillard) zwischen Wirklichkeit und F. zu unterscheiden.

Fin de siècle, auch Jahrhundertwende, übergreifender Epochenbegriff für die Zeit um 1900, der so verschiedene Strömungen und Tendenzen wie → Ästhetizismus, → Décadence, → Impressionismus, → Jugendstil, → Jung-Wien, → Neuromantik und → Symbolismus umfasst.

Florilegium, Sammlung von Textstellen (Exzerpten) aus dem Werk eines oder mehrerer Autoren, eine im MA und der frühen Neuzeit beliebte Form der Wissensorganisation. F. ist eine Übersetzung von griech. *anthologia* (›Blütenlese‹). → Anthologie.

Flugblatt, publizistisches Medium, das seit dem Beginn des Buchdrucks zur schnellen Verbreitung von Neuigkeiten und Meinungen eingesetzt wird. In der frühen Neuzeit handelte es sich um ein einseitig, später auch beidseitig bedrucktes größeres Blatt, das zum Verkauf bestimmt war und daher in Inhalt und Aufmachung entsprechend attraktiv sein musste. Heute sind es meist photomechanisch vervielfältigte Zettel, die kostenlos verteilt und für kommerzielle und politische Werbezwecke eingesetzt werden.

Die Flugblätter der frühen Neuzeit vermittelten religiöse, politische, naturgeschichtliche und moralisch-ethische Inhalte und dienten zur Verbreitung und Kommentierung von sensationellen Neuigkeiten. Mit ihnen konnte, wie zuerst die Humanisten erkannten, ein breiteres Publikum erreicht werden. Die lat. Sprachform vieler Blätter und ihre ästhetische Gestaltung zeigt aber, dass das F. auch das gebildete Publikum ansprechen sollte. Dabei konnten Illustrationen mit Texten aus verschiedenen Gattungsbereichen (→ Epigramm, → Lied, → Predigt, → Rätsel, Traktat u. a.) miteinander verbunden werden. Seit der 2. Hälfte des 16. Jh.s wurde es häufiger im konfessionellen Streit eingesetzt (während der Reformation war die → Flugschrift das häufiger genutzte Medium), im Dreißigjährigen Krieg diente es massenhaft der politischen Propaganda. Als Nachrichtenmedium verlor das F. im Lauf des 17. Jh.s im Zusammenhang mit der Entwicklung der periodischen Presse (→ Zeitung) an Bedeutung, dafür erhielt es u. a. die Funktion erbaulicher Unterhaltung. Als politisches Propagandainstrument wie als Werkzeug offizieller Kriegspropaganda wurde das F. im 19. und 20. Jh. regelmäßig eingesetzt.

Flugschrift, Bezeichnung für eine mehrseitige, nicht gebundene Druckschrift, die sich von der Zeitschrift durch ihre selbständige, nicht periodische Erscheinungsweise und vom → Flugblatt durch ihren Umfang und meist auch durch das Fehlen von Illustrationen unterscheidet. Das Wort F. verwandte zuerst Christian Friedrich Daniel Schubart gegen Ende des 18. Jh.s, vorher sprach man von ›Relation‹, ›Neuer Zeitung‹, ›Pasquill‹ und dergleichen. Die F. ist ein der Aktualität verpflichtetes Medium mit der Funktion, durch Stellungnahmen, Kommentare und (häufig) tendenziöse Argumentation Meinungen und Handlungen zu beeinflussen. Daneben kann sie aber zu lehrhaften und erbaulichen Zwecken eingesetzt werden. Die F. ist offen für die verschiedensten Gattungen, die entsprechend den jeweiligen Zielsetzungen Verwendung finden (→ Brief, → Dialog, → Lied, Gedicht, → Predigt, Traktat usw.).

Die eminente publizistische Bedeutung der Flugschriftenliteratur erwies sich zuerst in der Zeit der → Reformation und der Bauernkriege. Konfessionelle Kontroversschriften spielten auch noch in der 2. Hälfte des 16. Jh.s eine bedeutende Rolle; daneben waren die Türkengefahr und Wunderzeichen beliebte Themen. Im 17. Jh. traten kulturelle Gegenstände mit nationaler Note (›Alamodewesen‹, → Alamodeliteratur), ökonomische Erscheinungen (›Kipper und Wipper‹), Kriegs- und Verfassungsfragen und – im Zusammenhang mit der Revolution in England – eine ungemein umfangreiche Diskussion der Frage des Widerstandsrechts hinzu. Die Revolutionen in den USA und Frankreich und die sie begleitende Publizistik regte im 19. Jh. (1830, 1848) auch die dt. Flugschriftenproduktion in republikanischem und bürgerlich-demokratischem Sinn an. Sie war der Vorzensur (→ Zensur) unterworfen. Die berühmteste politische F. des 19. Jh.s ist der *Hessische Landbote* Georg Büchners (1834). Später nutzte die Arbeiterbewegung die F. zur Verbreitung ihrer Programme und Forderungen. Im Dritten Reich (und anderen Diktaturen) wurde die F. zu einem Instrument der Untergrundarbeit.

Form, vieldeutiger Begriff zur Bezeichnung der sichtbaren, äußeren Gestalt eines Kunstwerks bzw. der Gesamtheit der sprachlichen Mittel, mit denen ein ›Inhalt‹ oder → Stoff gestaltet wird. Dazu gehören die isolierbaren Elemente eines Textes wie die verschiedenen Aspekte der → Metrik, → Rhetorik und Metaphorik (→ Metapher), der Gliederung und Komposition, der gattungsmäßigen Klassifikation. Im 18. Jh. entwickelte sich im Rückgriff auf Plotin und in Abgrenzung zur normativen klassizistischen → Poetik das Konzept einer ›inneren Form‹, die als eine schöpferisch wirkende Kraft die äußere Form des als Organismus aufgefassten Kunstwerks schaffe. Von Shaftesbury ausgehend wirkte diese Konzeption der jedem Stoff eigenen Form auf die Kunsttheorien des → Sturm und Drang, der (→ Weimarer) Klassik und der → Romantik. Einen neuen Zugang zum Problem der Form bedeuten die formalistischen und strukturalistischen Überlegungen des 20. Jh.s (→ Formalismus, → Strukturalismus).

Formalismus, in einem allgemeinen Sinn Bezeichnung für die Richtungen der Literaturwissenschaft, die die formalen, die ästhetischen Aspekte in den Vordergrund stellen, in engerer Bedeutung Bezeichnung für den russischen F. bzw. die ›Russische Formale Schule‹ der Jahre 1915–30. Als negativer Kampfbegriff wurde F. insbesondere in der stalinistischen Kulturpolitik eingesetzt.

Der russische F. entwickelte sich in zwei Zentren, dem Moskauer Linguistenkreis und der Petersburger ›Gesellschaft zur Erforschung der poetischen Sprache‹ (OPOJAZ) mit Viktor Šklovskij, Jurij Tynjanov, Roman Jakobson und Boris Ejchenbaum als ihren bekanntesten Vertretern. Zu den Voraussetzungen des (im Übrigen keineswegs homogenen) russischen F. gehören die Annahme der Autonomie der literarischen Form und – mit Kant – der Begriffslosigkeit des Kunstwerks, des Schönen (→ Ästhetik): Literatur spricht den Rezipienten an, ohne dass sie auf biographische, philosophische, psychologische oder andere außerliterarische Begriffe gebracht werden müsste. Nach Šklovskij entstehen neue Formen nicht, um neue Inhalte auszudrükken, sondern um alte, verbrauchte Formen abzulösen, wie denn auch andererseits der Rezipient Literatur v. a. als formale Innovation, als Verwirklichung eines neuen Sehens auffasse.

Schlüsselbegriffe des F. sind Innovation und Verfremdung, mit denen sich auch das Phänomen der literarischen Evolution erklären lässt. Ästhetisch abgenutzte und unwirksame Formen werden durch neue ersetzt, die durch Verfremdung ein neues Sehen, eine neue Wahrnehmung des Gegenstands ermöglichen, also nicht auf ein bloßes Wiedererkennen von Bekanntem hinauslaufen. Wenn die neuen Formen ebenfalls zu Klischees erstarren, beginnt der Prozess von neuem. Die verfremdenden Abweichungen, die ein Werk von dem anderen unterscheiden, können auf der sprachlichen und stilistischen wie auf der kompositorischen und erzähltechnischen Ebene auftreten. Die Entwicklung der Literatur erscheint so als eine ständige Wechselwirkung von »Automatisierung« (der Wahrnehmung) und »Entautomatisierung« oder Innovation (Tynjanov), d. h. es handelt sich um einen systemimmanenten Prozess der Ablösung älterer, verbrauchter Konstruktionsprinzipien durch neue. Kritik an diesen Vorstellungen betrifft insbesondere das Fehlen gesellschaftlicher Faktoren. Doch auch hierzu finden sich Ansätze (Ejchenbaum).

Die Russische Formale Schule übte einen bedeutenden Einfluss auf die Entwicklung der modernen → Literaturwissenschaft aus. Er erstreckte sich über den tschechischen → Strukturalismus der Zeit zwischen den Weltkriegen zu den linguistischen, strukturalistischen und semiotischen Strömungen der 60er- und 70er-Jahre.

Fortsetzungsroman, auch Feuilletonroman (→ Feuilleton), in Zeitungen oder Zeitschriften in Folgen veröffentlichter Roman. Der F. entstand in Frankreich im Zug der Kommerzialisierung der Presse und der Ausdehnung des interessierten Lesepublikums. Prototypen waren die Romane von Eugène Sue (*Les mystères de Paris*, in: *Le Journal des débats*, 1842–43; *Le Juif Errant*, in: *Le Constitutionnel*, 1844–45) und Alexandre Dumas père (*Les trois musquetaires*, in: *Le siècle*, 1844; *Le comte de Monte-Christo*, in: *Le Journal des débats*, 1844–46). In Deutschland folgte zuerst die Allgemeine Zeitung 1844 mit einer Übersetzung von Sues Roman *Der ewige Jude*. Danach legten sich fast alle Zeitungen ein Romanfeuilleton zu, wobei dem Genre des → Familienblatts eine besondere Bedeutung zukam. Der F. in Zeitungen blieb auch in der 1. Hälfte des 20. Jh.s ein Massenphänomen; nach 1950 gewann der Illustriertenroman größere Verbreitung. Auch heute werden noch Romane in Zeitungen vorabgedruckt. Im 19. Jh. sicherten Honorare der Zeitungen und Zeitschriften die Existenz auch bedeutender Schriftsteller wie Wilhelm Raabe und Theodor Fontane.

Forum Stadtpark → Grazer Gruppe.

Fragment, wörtlich ›Bruchstück‹ (lat. *fragmentum*), ist die Bezeichnung (1) für einen nur bruchstückhaft erhaltenen, aber ursprünglich vollständigen Text (z. B. *Hildebrandslied*), dann (2) für ein unvollendet gebliebenes Werk (Novalis, *Heinrich von Ofterdingen*, 1802; Heinrich v. Kleist, *Robert Guiskard*, 1808) und schließlich (3) für eine eigene literarische Form. Das F. als literarische Form ist eine Entwicklung der 2. Hälfte des 18. Jh.s im Zusammenhang mit der aufklärerischen Erweiterung der Natur- und Welterkenntnis und dem daraus resultierenden Streben nach Systemen: ›Fragment‹-Sammlungen in allen möglichen Wissensgebieten geben Bruchstücke eines noch zu erkennenden Ganzen. Für die dt. Literatur werden u. a. die F.e Johann Georg Hamanns (*Sokratische Denkwürdigkeiten*, 1759) und Johann Gottfried Herders (*Über die neuere deutsche Literatur*, 1766–67) bedeutsam. Das romantische F., wie es v. a. Friedrich Schlegel (*Kritische Fragmente*, 1797; *Athenaeum*-Fragmente, 1798) und Novalis (*Blüthenstaub*, 1798; *Glauben und Liebe*, 1798) ausbildeten, gehört in den Bereich der Aphoristik (→ Aphorismus). Anregungen für diese neuen »Texte zum Denken« (Novalis) kamen von Nicolas Chamforts pointierten *Maximes, pensées, caractères et anecdotes* (1795). Schlegel und Novalis fanden Nachfolger u. a. in Johann Wilhelm Ritter und Joseph Görres. Bei Friedrich Nietzsche erscheint das F. nicht mehr als Teil eines noch nicht erkannten Ganzen, sondern es steht vielmehr für die Unmöglichkeit, dieses Ganze überhaupt zu fassen (falls es überhaupt existiert), eine Vorstellung, die auch für die literarischen F.e des 20. Jh.s gilt (Samuel Beckett, Franz Kafka).

Frauenliteratur, mehrdeutiger Begriff, der die von, für und über Frauen geschriebene und insbesondere auch die die Erfahrungen der Frauen kritisch reflektierende Literatur bezeichnen kann. In engerem Sinn bezieht er sich auf die nach 1968 im Kontext der Neuen Frauenbewegung entstandene dezidiert feministische Literatur. F. beschränkt sich nicht auf spezifische Gattungen, wenn auch unter den jeweiligen historischen und sozialen Bedingungen bestimmte Präferenzen oder Konzentrationen sichtbar werden (→ Feministische Literaturwissenschaft). Im MA traten schreibende Frauen in Klöstern (→ Mystik) und im Umkreis der Höfe auf, in Renaissance und Barock entwickelte sich – obwohl von institutionalisierter Bildung ausgeschlossen – der Typus der gelehrten Frau. Mit dem 18. Jh. nahm die Zahl schreibender Frauen stark zu; dabei kommt – und das gilt bis ins 20. Jh. – der Romanproduktion eine besondere Bedeutung zu. Die Salonkultur Ende 18. / Anfang 19. Jh. (→ Salon) dokumentiert die literarischen, sozialen und politischen Emanzipationsbestrebungen der Frau. Im Vormärz entstand eine kämpferische politisch-emanzipatorische F.; ihre Traditionen, unterbrochen durch Nationalsozialismus, Krieg und Exil, wurden erst mit großer Verspätung in den 70er-Jahren im Kontext der Neuen Frauenbewegung und -literatur wieder aufgearbeitet. Zu den programmatischen Werken dieser Zeit gehören Karin Strucks Roman *Klassenliebe* (1973) und Verena Stefans Versuch einer neuen Form poetischer Selbsterfahrung im Prosatext *Häutungen* (1975). F. ist seitdem auch Gegenstand gezielter Vermarktung durch die Verlage.

Freie Bühne, 1889 von Maximilian Harden, Theodor Wolff, den Brüdern Heinrich und Julius Hart u. a. gegründeter Theaterverein in Berlin (Vorsitzender bis 1894 Otto Brahm, bis 1898 Paul Schlenther). Hier konnten in geschlossenen Vorstellungen auch von der Zensur verbotene Dramen aufgeführt werden. Das betraf v. a. die Dramatik des → Naturalismus; deren Durchsetzung stellt ein großes Verdienst der Freien Bühne dar.

Freie Künste → Artesliteratur.

Freie Rhythmen, reimlose, metrisch variable Verse, die sich in freier Variation und ohne feste strophische Ordnung zu Gedichten hymnischen Charakters verbinden. Sie wurden von Friedrich Gottlieb Klopstock im Zusammenhang mit seiner Nachahmung der antiken Odendichtung in die dt.

Dichtung eingeführt (→ Ode, → Pindarische Ode); Pindar war, neben den biblischen Psalmen und Ossian, das prägende Vorbild. Diesem Beispiel folgten u. a. Goethe (Sturm-und-Drang-Lyrik), Friedrich Nietzsche (*Dionysos-Dithyramben*), Hölderlin (späte Hymnen) und Rainer Maria Rilke (*Duineser Elegien*), aber auch – unter Abschwächung der hymnischen Tonlage – Novalis (*Hymnen an die Nacht*) und Heinrich Heine (*Nordseebilder*). Im Unterschied zu den → Freien Versen des 20. Jh.s bleibt für die Freien Rhythmen die Herkunft von der antikisierenden Odendichtung in metrischer wie in stilistischer Hinsicht bestimmend.

Freie Verse, Verse, die sich ohne oder ohne durchgehende metrische Ordnung, Reimbindung und regelmäßiges Strophenmaß zu Gedichten verbinden. Im Unterschied zu den → Freien Rhythmen haben sie keinen Bezug zur → Pindarischen Ode und dem damit verbundenen hymnischen Ton. Der Begriff ist eine Übersetzung der frz. *vers libres*, der im Zusammenhang mit der Dichtung des → Symbolismus verwendet wurde. In der dt. Literatur wird er auf Erscheinungen der Lyrik seit dem Ende des 19. Jh.s bezogen; das erste Beispiel ist der *Phantasus* (1898–99) von Arno Holz, dessen ungereimte Verse dem Wort- und Satzakzent der Prosa folgen (»Rhythmik statt Metrik«) und symmetrisch um eine Mittelachse geordnet sind. Später finden sich Freie Verse im → Expressionismus (Georg Trakl, Else Lasker-Schüler u. a.), bei Brecht, dessen ›reimlose Lyrik mit unregelmäßigen Rhythmen‹ auch formal einen bedeutenden Einfluss ausübte (Hans Magnus Enzensberger, Reiner Kunze, Erich Fried), und Paul Celan oder Ingeborg Bachmann, die der Tendenz zur Annäherung an die gesprochene Sprache nicht folgen.

Fronleichnamsspiel, Typus des spätmittelalterlichen → geistlichen Spiels. Gespielt wurde an den verschiedenen Stationen der Fronleichnamsprozession, wobei die einzelnen Szenen entweder auf Wagen aufgeführt wurden, die nacheinander an den Stationen Halt machten (→ Wagenbühne), oder später auch auf festen Gerüsten. Gegenstand der Spiele war die ganze Heilsgeschichte von der Erschaffung der Welt bis zum Jüngsten Gericht. Fronleichnam wurde 1264 als Fest eingeführt; das F. fand seit dem 14. Jh. besonders in England große Verbreitung. Das älteste dt. Spiel, das Innsbrucker (bzw. thüringische) F., ist in einer Handschrift von 1391 überliefert. Die literaturgeschichtlich bedeutsamste Ausprägung des F.s ist das spanische ›Auto sacramental‹, das seit dem 16. Jh. mit gesteigertem theatralischen Aufwand gepflegt wurde. Autoren waren u. a. die großen spanischen Dramatiker der Zeit Lope de Vega, Tirso de Molina und Calderón (*El gran teatro del mundo*, aufgeführt wahrscheinlich 1645, Druck 1675).

Fruchtbringende Gesellschaft → Sprachgesellschaften.

Frühmittelhochdeutsche Literatur, die dt. Literatur zwischen 1060 und 1160/70. Es handelt sich um Dichtung von Geistlichen, die sich an den Laien richtete, dem sie durch religiöse Unterweisung, durch Beispiele vertiefter Glaubenserfahrung und durch Buß- und Sittenpredigten zu einer gottgefälligen Lebensführung anleiten wollte. Die lange in der Forschung vorherrschende Meinung, dass die cluniazensische Reform die frühmhd. Dichtung geprägt habe, wurde inzwischen aufgegeben.

Die frühmhd. Dichtung setzte nach einer langen Unterbrechung der Überlieferung deutschsprachiger Dichtung um 1060 mit dem *Ezzolied* ein, einem Hymnus auf die Erlösung der Menschheit. In der Folgezeit entstanden, in der Regel in Reimpaarversen, Sündenklagen, Bußpredigten, Gebete, aber auch dogmatische Gedichte (*Summa theologiae*, Hartmanns *Rede von deme heiligen gelouben*) und Beispiele allegorischer (*Physiologus*) und wirklichkeitsorientierter Dichtung (*Merigarto*). Heilsgeschichte, weltliche Geschichte und → Legende verbindet das *Annolied* (um 1080). Großen Erfolg hatte die dt. *Paraphrase des Hohenliedes* durch Williram v. Ebersberg (um 1065), die das biblische Buch der Volkssprache erschloss; sie bildete zugleich den Ausgangspunkt des *St. Trudperter Hohenliedes* (um 1150), des ersten mystischen Werks der dt. Literatur (→ Mystik).

Am Anfang der epischen Dichtung der Epoche steht die Bibelepik (*Altdt. Genesis*, um 1060–80; *Altdt. Exodus*, um 1120; *Leben Jesu* der Frau Ava, um 1120–25); die erste dt. Profangeschichte bildet dann die monumentale *Kaiserchronik* (um 1140–50), eine mit Legenden und → Sagen angereicherte Folge römischer Kaiserbiographien von Cäsar bis zur Kreuznahme Konrads III. im Jahr 1146. Mit dem *Alexanderlied* (um 1150) des Pfaffen Lamprecht und dem heilsgeschichtlich überformten *Rolandslied* (um 1170) des Pfaffen Konrad, beides Bearbeitungen frz. Vorlagen, begann der Einfluss der weiter fortgeschrittenen frz. Literatur auf die deutsche. Gleichzeitig entstanden auf mündlicher Tradition basierende sog. Brautwerbungsepen (→ Brautwerbungsschema) mit legendarischem Einschlag (u. a. *König Rother*, um 1160; *Herzog Ernst*, um 1170), Werke die man als vorhöfisch bezeichnet. Sie stehen an der Schwelle zur Literatur der → höfischen Klassik des hohen MA.

Frühneuhochdeutscher Prosaroman, Erzählgattung des 15. und 16. Jh.s. Die auf Joseph Görres zurückgehende romantisierende Bezeichnung ›Volksbücher‹ für diese Werke wurde von der Literaturwissenschaft fallengelassen. Der ausdrückliche Hinweis auf die Darbietungsform (Prosa) grenzt den frühnhd. Prosaroman vom mittelalterlichen Versroman ab (→ Höfischer Roman). Allein steht noch der mhd. *Prosa-Lancelot* im 13. Jh.; Ende des 14. Jh.s zeigt Hans Mairs *Buch von Troja* (um 1391) nach der lateinischen *Historia* des Guido de Columnis die Nähe der frühen Prosaromane zur Geschichtsschreibung, die sich dann auch in dem üblichen zeitgenössischen Terminus ›histori‹ niederschlägt. Bis ins 16. Jh. hinein sind die dt. Prosaromane Bearbeitungen von fremdsprachigen Vers- oder Prosavorlagen bzw. → Prosaauflösungen mhd. Versromane.

Die wichtigsten stofflichen und formalen Anregungen lieferte die frz. Epik, insbesondere neuere Versionen der →Chansons de geste. Elisabeth v. Nassau-Saarbrücken übertrug zwischen 1430 und 1440 vier Texte mit ›historischen‹ Stoffen (Frühgeschichte der frz. Monarchie): *Herpin*, *Loher und Maller*, *Sibille* und *Huge Scheppel*; auf einem frz. Versgedicht, einer dynastischen Gründungsgeschichte, basiert Thüring v. Ringoltingens *Melusine* (1456; Druck 1474), und auch die Geschichte von *Pontus und Sidonia* (um 1460; Druck 1483) von Eleonore v. Tirol und Vorderösterreich wird ebenso wie später im 16. Jh. Veit Warbecks *Magelone* (1528; Druck 1535) oder die *Haimonskinder* (1535) aus Frankreich übernommen. Auf lat. Vorlagen gehen Texte wie die *Sieben weisen Meister* (Druck 1470), der *Große Alexander* (Mitte 15. Jh.) Johannes Hartliebs oder Heinrich Steinhöwels *Apollonius* (1461) zurück, während z. B. *Tristrant und Isalde* (Druck 1484) und *Wigolais* (Druck 1493) auf mhd. Versromanen (Eilhart v. Oberge, Wirnt v. Grafenberg) gründen.

Bald nach 1500 entwickelten sich eigene Formen des Prosaromans, die sowohl in stofflicher Hinsicht (Lebenswelt der Stadtbürger) wie in erzählerischen Aspekten (Bemühungen um bessere Motivation, Introspektion) neue Tendenzen erkennen lassen (*Fortunatus*, 1509; Hermann Bote, *Eulenspiegel*, 1510–11; *Historia von D. Johann Fausten*, 1587; *Lalebuch*, 1597). Den Höhepunkt der Gattung im 16. Jh. bilden die Romane Jörg Wickrams, die von traditionellen Rittergeschichten bis zu Exempeln aus der bürgerlichen Welt ein breites Spektrum umfassen (*Ritter Galmy*, 1539; *Gabriotto und Reinhart*, 1551; *Der jungen Knaben Spiegel*, 1554; *Von guten und bösen Nachbarn*, 1556; *Goldfaden*, 1557).

Fürstenspiegel, literarischer Text, der über das rechte Verhalten und die Aufgaben und Pflichten eines Herrschers belehrt. Die Gattung des F.s wird durch ihre Funktion bestimmt; sie kann von zahlreichen Formen erfüllt werden: Traktat in Prosa und Vers, → Brief, → Dialog, → Lied, → Predigt, → Roman, Sammlungen von → Aphorismen, → Sentenzen oder → Emblemen usw. Der Begriff F. nimmt die übliche mittelalterliche Bezeichnung → Spiegel (lat. *speculum*) für didaktische Literatur auf.

F. gibt es seit der Antike (Ägypten, Griechenland, Rom). Als ältester griech. F. gilt Isokrates' Sendschreiben an den Fürsten Nikokles, ebenfalls aus dem 4. Jh. stammt Xenophons einflussreiche *Kyrupädie* (›Die Erziehung des Kyros‹). Zu den römischen Beispielen zählt Senecas Traktat *De clementia* (56 n. Chr.). Zahlreiche F. des MA stellen zunächst (in der karolingischen Zeit) das Idealbild des *rex iustus et christianus* in den Mittelpunkt. Im Hochmittelalter verbindet sich die ethisch-moralische Fürstenbelehrung vielfach mit der Erörterung umfassender staatstheoretischer, z. T. auch ökonomischer und militärischer Fragen (Johannes v. Salisbury, Thomas v. Aquin, Aegidius Romanus); dabei machen sich seit Thomas v. Aquin aristotelische Einflüsse bemerkbar.

Im Humanismus formulierte Erasmus v. Rotterdam in einer Verbindung antiker und christlicher Ethik die Vorstellung vom gelehrten Herrscher (*Institutio principis Christiani*, 1516); die pragmatisch-realistische, die Trennung von Moral und Politik vollziehende Gegenposition Niccolò Machiavellis (*Il Principe*, 1532) bestimmte lange die theoretische Diskussion. In den dt. F.n protestantischer Autoren des 16. und 17. Jh.s verbinden sich humanistische und reformatorische Elemente bzw. Gedanken der lutherischen Obrigkeitslehre. Gedanken der katholischen Staatslehre gelangten nicht zuletzt durch Übersetzungen nach Deutschland (Aegidius Albertinus, *Horologium principium oder Fürstliche Weckuhr und Lustgarten*, 1599; nach Antonio de Guevara. – Diego de Saavedra Fajardo, *Idea de un príncipe político christiano*, 1640, dt. 1655). Im 18. Jh. wirkte das Beispiel von François de Salignac de la Mothe Fénelons Verbindung von Roman und F. (*Les Aventures de Télémaque*,

1699) u. a. auf Christoph Martin Wieland (*Der goldne Spiegel, oder die Könige von Scheschian*, 1772). Insgesamt nahm die Bedeutung der Gattung im späten 18. Jh. und dann insbesondere nach der Französischen Revolution ab.

Furcht und Mitleid → Katharsis.

Futurismus, von Italien ausgehende literarische Bewegung der Moderne. Sie wurde von Filippo Tommaso Marinetti begründet. Das Gründungsmanifest erschien 1909 in Paris; weitere Manifeste folgten, darunter 1912 das *Manifesto tecnico della letteratura futurista*. Der F. verstand sich als umfassende, auf eine radikale Veränderung aller Bereiche der Künste und der Gesellschaft zielende Bewegung. Zu den wichtigsten Forderungen gehörte der vollständige Bruch mit der Tradition, wobei sich die Destruktion mit einem irrationalen Vitalismus verband. Die Aggressivität und Destruktion richteten sich gegen die überkommenen Institutionen ebenso wie gegen die durch Konventionen verfestigten sprachlichen Formen. Das Energiepotential für den neuen (männlichen) Dynamismus sahen die Futuristen in der modernen Welt der Technik und der Maschinen, der damit verbundenen Schnelligkeit und den Erfahrungen der Fülle und Simultaneität. Diese Tendenzen kulminierten in der Verherrlichung des Krieges; der Krieg erschien Marinetti als »Futurismo intensificato«. In den 20er-Jahren näherte sich der F. dem Faschismus.

Die sprachlich-literarischen Überlegungen betrafen u. a. die Zerstörung der herkömmlichen Syntax und anderer sprachlicher Konventionen (»parole in libertà«), die Unterdrückung des Ich-Ausdrucks und aller Sprechweisen der Innerlichkeit, Formen einer expressiven Orthographie und Typographie (bis hin zum Extrem der »tavole parolibere«, visuellen, expressiven Konfigurationen). Der ital. F. beeinflusste Literatur und Theorie von → Expressionismus, → Dadaismus und → Surrealismus. In Russland entwickelte sich eine eigene futuristische Bewegung (Velemir Chlebnikov, Vladimir Majakovski).

G

Galante Literatur, in spezifisch literarhistorischem Sinn Bezeichnung für eine Phase der dt. Literatur zwischen → Barock und → Aufklärung. Sie wurde früher als Spätzeit des Barock gesehen; die neuere Forschung ordnet sie – gleichsam als Auftakt – der Aufklärung zu. Dafür sprechen auch die engen Beziehungen zwischen Christian Weises Programm einer ›politischen‹ Lebensklugheit (→ Politischer Roman) und den ›galanten‹ Lebens- und Verhaltensnormen. Ziel war eine Verbindung höfisch-adeliger Ideale romanischer Herkunft und bürgerlicher Interessen, die einer Schicht aufstrebender Kaufleute und Staatsbeamte im absolutistischen Staat als soziale und kulturelle Orientierungshilfe dienen konnte. Dementsprechend erschien eine Fülle von praktischen Anweisungsbüchern, die aufstiegsbezogenes Verhalten und höfische Umgangsformen sowie das Verfassen höfisch-galanter → Briefe und Gedichte zu lehren suchten (Christian Thomasius, August Bohse, Christian Friedrich Hunold, Benjamin Neukirch u. a.). Die galante Lyrik, fast ausschließlich dem Thema der Liebe gewidmet, wird durch die Neukirchsche Anthologie *Herrn von Hoffmannswaldau und andrer Deutschen auserlesener und bißher ungedruckter Gedichte erster* [*– siebender*] *theil* (7 Bde., 1695–1727) repräsentiert. Der galante Roman hatte in den Jahrzehnten vor und nach der Jahrhundertwende mit Bohse, Hunold, Johann Leonhard Rost, Michael Erich Franck und dem nur unter seinem Pseudonym bekannten Selamintes seine bedeutendsten Vertreter.

Gattung, Kategorie zur Klassifizierung von literarischen Texten. Der Begriff wird in verschiedener Weise verwendet: als Bezeichnung für überhistorische Konstanten wie die Goetheschen »Naturformen der Dichtung« Epik (→ Epos), → Lyrik und Dramatik (→ Drama) oder als Bezeichnung für konkrete, geschichtlich bedingte Formen (Goethe: »Dichtarten«) wie Tragödie oder Roman bzw. deren Untergruppen.

Bereits Aristoteles erkannte verschiedene Möglichkeiten zur Bestimmung bzw. zur Unterscheidung von G.en. Am einflussreichsten wurde die nach dem sog. ›Redekriterium‹, also nach dem Modus der Darstellung: durch die Rede der dargestellten Personen bzw. durch die Rede des Dichters (Personenrede: Tragödie, Komödie; Dichterrede in eigener Person, gemischt mit Personenrede: homerisches Epos). Die Lyrik blieb hier noch unberücksichtigt. Aus den Ansätzen bei Aristoteles, Platon und Diomedes, der als Erster eine Gattungstrias formulierte, bildete sich in der Renaissance in Italien und Frankreich ein klassizistisch-normatives Gattungssystem heraus; auch hier blieb allerdings die Zuordnung der Lyrik problematisch. Das System erhielt ein hierarchisches Moment durch die ebenfalls bei Aristoteles angedeutete Unterscheidung der G.en nach dem Gegenstand der Darstellung, nach hohem und niederem Personal und den daraus resultierenden stilistischen Konsequenzen. Der von rhetorischen Prinzipien getragene Zusammenhang von Gegenstand der Darstellung, Stilhöhe und G. bestimmte auch das Gattungsdenken im dt. → Barock (→ Aptum, → Rhetorik). Eine G. Lyrik im übergreifenden Sinn gab es auch hier nicht, nur einzelne Gedichtformen. Gegen Ende des Jh.s wurde der Roman als Epos in Prosa in das Gattungssystem eingegliedert (→ Romantheorie).

Im Geist der Aufklärung erhob Johann Christoph Gottsched den Anspruch einer wissenschaftlichen Fundierung der Dichtkunst (→ Poetik). Grundlage seiner Vorstellungen war das Nachahmungsprinzip (→ Mimesis), aus dem er auch die Gattungen durch eine Unterscheidung verschiedener Arten der Nachahmung abzuleiten suchte. Insgesamt blieb es freilich bei inhaltlichen und formalen Bestimmungen. Erst Charles Batteux gelang eine überzeugende Begründung des Gattungssystems auf der Grundlage des Nachahmungsprinzips: Lyrik beispielsweise ahmt die Natur der Empfindungen nach. Neben der erzählenden, dramatischen und lyrischen Dichtung fand auch die didaktische Dichtung, wenn auch zögerlich, Anerkennung (*Les beaux-arts réduits à un même principe*, 1746 u. ö.; dt. Fassungen u. a. von Johann Adolf Schlegel 1751, ³1770 [*Einschränkung der Schönen Künste auf einen einzigen Grundsatz*], und Karl Wilhelm Ramler 1756–80, ⁴1774).

Zugleich ergaben sich im Verlauf des 18. Jh.s bedeutende Verschiebungen innerhalb dieses Rahmens, etwa im Bereich des Dramas (Aufhebung der → Ständeklausel, → Bürgerliches Trauerspiel, → Rührendes Lustspiel) oder des Romans (Dialogroman, → Dialog). Damit wuchs aber auch die Kritik an der normativen (und gleichwohl Veränderungen unterworfenen) Gattungspoetik (J. A. Schlegel, Friedrich Gottlieb Klopstock, Heinrich Wilhelm v. Gerstenberg, Johann Gottfried Herder). Versuche einer philosophischen Gattungstheorie entstanden (Johann Jakob Engel), Goethe und Schiller diskutierten die Schwierigkeiten einer Gattungssystematik. Aus dieser Diskussion entsprang Goethes Vorschlag, das Gattungssystem auf die drei »Naturformen der Dichtung« zu gründen und diese in einem Typenkreis anzuordnen. Diese Dreiteilung setzte sich im Lauf des 19. Jh.s durch und wurde dann in Theorien des 20. Jh.s mit Hilfe anthropologischer Kriterien zu stützen versucht (Robert Petsch, Karl Viëtor, Emil Staiger u. a.).

Neue Akzente ergaben sich erst durch die Abkehr von den idealistischen Denkmodellen im russischen → Formalismus und tschechischen → Strukturalismus, die G.en als ›literarische Reihen‹ und als ›evolutionierendes Bezugssystem‹ definierten, oder durch das Konzept der G. als literarische Konvention, die die Kommunikation zwischen Autor und Leser erst ermöglicht (René Wellek, Austin Warren). Im Rahmen seines rezeptionsgeschichtlichen Ansatzes sieht Hans Robert Jauß in G.en einen zeitlichen »Prozess fortgesetzter Horizontstiftung und Horizontveränderung«

(→ Rezeption), während der sozialgeschichtlich orientierte Versuch einer Funktionsgeschichte literarischer G.en von Wilhelm Voßkamp diese als »literarisch-soziale Institutionen« bestimmt, die – wie soziale Institutionen generell – von einer »Doppelheit von Zweckbedingtheit und Eigengesetzlichkeit« charakterisiert seien (→ Sozialgeschichtliche Methode).

Gebet, ein an ein höheres Wesen gerichteter Text. Literarisch gesehen handelt es sich bei dem G. um eine Form der → Apostrophe. Von den pragmatischen, für den kirchlichen oder privaten Gebrauch bestimmten G.en lassen sich poetische, d. h. als Dichtung konzipierte oder rezipierte G.e unterscheiden. Die Geschichte des dt. G.s beginnt mit der volkssprachlichen Aneignung der lat. Gebetsliteratur in ahd., mhd. und frühnhd. Zeit. Im Barock entstehen poetische G.e in allen Gattungen (als Figurenrede in Drama und Roman, als geistliche Lyrik). Im 18. Jh. übt der Pietismus eine lang andauernde Wirkung auch auf die Gebetsliteratur aus. Nach Romantik (Achim v. Arnim, Clemens Brentano, Joseph v. Eichendorff) und Restaurationszeit (Eduard Mörike, Annette v. Droste-Hülshoff) verliert das (poetische) G. zunehmend an Bedeutung, bleibt aber auch im 20. Jh. immer eine Möglichkeit (Ruth Schaumann, Kurt Marti).

Geblümter Stil, Bezeichnung für die mittelalterliche Form eines gesteigerten rhetorischen Stils mit manieristischen Zügen (→ Manierismus). Als Hauptvertreter gelten Konrad v. Würzburg und Albrecht (Verfasser des *Jüngeren Titurel*) im 13. Jh., Frauenlob (Heinrich v. Meißen) und Heinrich v. Mügeln im 14. Jh.

Gedankenlyrik, im 19. Jh. geprägter vager Begriff für eine vorwiegend reflektierende Lyrik (z. B. Schillers philosophische Lyrik). Sie wird heute der → Lehrdichtung zugeordnet.

Gegenreformation, von der Geschichtsschreibung übernommene Bezeichnung für eine literarische bzw. kulturelle Epoche, die durch den Versuch der katholischen Kirche gekennzeichnet ist, durch die Reformation verlorengegangene Positionen zurückzugewinnen (Rekatholisierung) und zugleich die Kirche durch Reformen im Inneren zu stärken. Daraus ergibt sich, dass sich die Epoche der G. auf die katholischen Territorien des Reichs beschränkt. Vor allem katholische Historiker bemängeln die Einseitigkeit des Begriffs G., der nur die kämpferische Auseinandersetzung mit dem Protestantismus hervorhebe und dem inneren Erneuerungsbestreben der katholischen Kirche nicht gerecht werde. Unter den vorgeschlagenen alternativen Begriffen hat ›katholische Reform‹ Anklang gefunden.

Als Beginn der G. gilt die Zeit um 1550 (Konzil von Trient 1545–63; Augsburger Religionsfriede 1555), ihr Ende wird mit dem des Dreißigjährigen Krieges (1648) gleichgesetzt. Allerdings reicht die G. als geistige Strömung weit über das historisch-politische Eckdatum von 1648 hinaus und prägt die katholische Literatur bis ins 18. Jh. hinein. Ein wesentlicher Teil der Kultur der G. ist mit dem Jesuitenorden und seinem Bildungswesen verknüpft; Mitte des 16. Jh.s wurden die ersten dt. Niederlassungen des Ordens gegründet (Ingolstadt, Wien, Dillingen). Unter den Territorien waren Bayern, das Erzbistum Köln (einschließlich weiter Teile Westfalens), das Erzbistum Salzburg und die habsburgischen Erblande die wichtigsten Exponenten der gegenreformatorischen Politik.

Entsprechend den Zielsetzungen der G. ist ihre Literatur geistliche Literatur, die einerseits die polemische Auseinandersetzung mit dem Gegner suchte (Kontroversliteratur), andererseits den eigenen Anhängern und den zurückgewonnenen Gläubigen positive Frömmigkeitsideale vermitteln wollte (aszetische Literatur). Dabei übten die politischen Instanzen – etwa in Bayern – mit ihrer Literaturpolitik (Förderung auf der einen, Zensur auf der anderen Seite) wesentlichen Einfluss aus. Die geistliche Wirkungsabsicht führte zur Bevorzugung bestimmter Gattungen. Dazu gehören: Traktatliteratur in lat. und dt. Sprache unter starkem

Einfluss der Romania (Aegidius Albertinus, Jeremias Drexel), Exempelliteratur (→ Exempel), Legendensammlungen (→ Legende), Heiligenleben, geistliche Romane (Laurentius v. Schnüffis), Emblembücher (→ Emblem), Lieddichtung (→ Geistliches Lied), die sprachmächtige Predigtliteratur (→ Predigt) und das → Jesuitendrama. Europäischen Rang erreichten die neulat. Lyrik Jacob Baldes (→ Neulateinische Literatur) und die poetologischen Schriften Jacob Masens.

Die deutschsprachige Literatur der G. grenzte sich in ihrer Sprache und in ihrem Formenrepertoire bewusst von der Sprache Luthers und der Opitzschen Reform ab und schloss sich stattdessen an die Konventionen oberdt. Kanzleien an. Bemühungen um eine Reform der Prosodie blieben Ausnahmen (Friedrich Spee). Erst im Verlauf des 18. Jh.s schloss sich die Kluft zwischen der ›oberdt.‹ Literatur und der protestantisch geprägten übrigen Entwicklung.

Geheimbundroman, Form des Trivialromans im späten 18. Jh. → Schauerroman, → Phantastische Literatur.

Geißlerlieder, von umherziehenden Geißlern (Flagellanten) im Rahmen ihrer Bußfahrt und des Geißlerrituals in der Volkssprache gesungene Lieder. Die Volksbewegung entstand in der Mitte des 14. Jh.s in Italien und gewann durch die große Pestepidemie großen Zulauf auch in Deutschland. Es ging darum, Gottes Zorn durch Buße abzuwenden, durch eine 33½-tägige Wallfahrt (analog dem Alter Christi), bei der der Büßer sein eigenes Blut vergießen musste. Eine Reihe von Texten sind in Chroniken überliefert, die sie meist als ›Leis‹ bezeichnen. Unterschieden wird zwischen Liedern, die bei der Geißelung selbst (z. B. die ›Geißlerliturgie‹ *Nu tret her zuo der boessen welle*), und solchen, die beim Ein- oder Auszug aus der Stadt gesungen wurden (z. B. der Einzugsleis *Nu ist dîu betfart so here*).

Geistesgeschichte, literaturwissenschaftliche Methode der ersten Jahrzehnte des 20. Jh.s. Die geistesgeschichtliche Literaturwissenschaft basiert auf der Annahme, dass der ›Geist‹ einer Epoche, einer Nation oder einer Zeitströmung eine innere Einheit besitze und dass in den künstlerischen Hervorbringungen eben dieser »gemeinsame innerste Sinngehalt« (Rudolf Unger) zum Ausdruck komme. Vorläufer dieses Verfahrens gibt es bereits im 19. Jh. (u. a. Hermann Hettner, Rudolf Haym), doch erst mit Wilhelm Diltheys Grundlegung der Geisteswissenschaften wurden die methodischen Voraussetzungen für den Erfolg der G. gelegt. Es bildeten sich verschiedene Varianten der G. heraus, die sich freilich alle durch spekulative Synthesenbildungen auszeichnen: eine ideengeschichtliche G. (W. Dilthey, *Das Erlebnis und die Dichtung*, 1906; R. Unger, *Hamann und die Aufklärung*, 1911; Hermann August Korff, *Der Geist der Goethezeit*, 1923–53), eine problemgeschichtliche G. (Paul Kluckhohn, *Die Auffassung der Liebe in der Literatur des 18. Jh.s und in der dt. Romantik*, 1922; R. Unger, *Herder, Novalis und Kleist. Studien zur Entwicklung des Todesproblems* [...], 1922; Walther Rehm, *Der Todesgedanke in der dt. Dichtung vom Mittelalter bis zur Romantik*, 1928) und eine stilgeschichtliche bzw. -typologische G., bei der ›Stil‹ die gleiche Funktion wie ›Geist‹ erhält (Fritz Strich, *Deutsche Klassik und Romantik, oder Vollendung und Unendlichkeit*, 1922). Die G. prägt dann auch die folgenden großen Epochendarstellungen von Günther Müller (Barock), Franz Schulz (Klassik und Romantik), Julius Schwietering (Mittelalter) u. a.; Neuauflagen dieser Werke nach dem Zweiten Weltkrieg zeigen die lange andauernde Wirkung der G.

Geistliche Prosa, Sammelbezeichnung für deutschsprachige religiöse Texte des MA, soweit sie nicht der → Mystik oder der geistlichen Dichtung zugehören. Zwar reichen die Anfänge der geistlichen Prosa bis zum Beginn der deutschsprachigen Literatur zurück, doch erst seit der Mitte des 11. Jh.s gewann sie größere Bedeutung, bis sie mit dem Wirken der neuen Orden (Franziskaner, Dominikaner), dem wachsenden Bedürfnis nach religiöser Unterweisung und dem Aufkommen breiter religiöser Reformbewegungen in Klöstern und Städten im 14. und 15. Jh. mehr als drei Viertel der deutschsprachigen Literaturproduktion überhaupt umfasste. Typen, Formen und Inhalte der geistlichen Prosa sind vielfältig; zu ihren wichtigsten Erscheinungsformen zählen Bibelprosa, → Legende, → Predigt und wissenschaftliche Literatur (›deutsche Scholastik‹).

Bibelprosa schließt ein breites Spektrum von Texten ein, von Glossen und Kommentaren über eigenständige Bearbeitungen biblischer Texte (Evangelienharmonien, Darstellungen des Leben Jesu, Historienbibeln) bis zu Bibelübersetzungen. Zunächst standen Psalter, Hoheslied und die Evangelien im Mittelpunkt der Bemühungen. Beispiele sind die Psalmenkommentare (vor 1020) Notkers III. (des Deutschen), die Prosaversion und Deutung des Hohenliedes (um 1065) durch Williram v. Ebersberg und der *Althochdeutsche Tatian* (Übersetzung des *Diatesseron* des Syrers Tatian aus dem 2. Jh.; um 830), mit dem der Typus der → Evangelienharmonie Eingang in die dt. Literatur fand. Im späten MA übernahmen → Historienbibeln die Funktion, den Laien biblische Grundkenntnisse zu vermitteln. Es handelt sich um freie Bearbeitungen der erzählenden Teile der Bibel, erweitert durch apokryphe (→ Apokryphen), legendenhafte oder profangeschichtliche Texte. Von der Mitte des 14. Jh.s an nehmen die Zeugnisse für → Bibelübersetzungen zu, im 15. Jh. entstanden die ersten dt. Vollbibeln.

Die Legendendichtung war zunächst fast ausschließlich Versdichtung. Erst im 14. Jh. setzte sich die Prosaform durch: das Großlegendar *Der Heiligen Leben* (um 1390; Druck 1471–72) wurde zur am weitesten verbreiteten mittelalterlichen Legendensammlung. Die dt. Predigt des MA hat literarischen Charakter, d. h. überliefert sind in der Regel nicht Nachschriften gehaltener Predigten, sondern zur Lektüre bestimmte Texte. Das gilt auch für die unter dem Namen des Franziskaners Berthold v. Regensburg verbreiteten dt. Predigten: Es sind Arbeiten unbekannter Verfasser, die – vertraut mit Bertholds Redeweise – seine in Predigthandbüchern gesammelten lat. Musterpredigten zu erbaulichen Lesetexten umformten oder an Nachschriften von Bertholds Predigten anknüpften. Diese Texte, die noch zu Lebzeiten Bertholds (gest. 1272) entstanden, gehören zu den großen Leistungen mittelalterlicher dt. Prosa. Konsequente Hinwendung zur dt. Sprache kennzeichnet die Predigt der Dominikaner, die sich auf allen Ebenen – vor dem Volk und den Ordensbrüdern, in der wissenschaftlichen Diskussion – der Volkssprache bedienten (Meister Eckhart, Dietrich v. Freiberg). Den Typus der Predigt für das Volk, in der Schulgelehrsamkeit vermieden und theologische Lehre nur im Hinblick auf die praktische Lebensführung vermittelt wurde, führte nach Nikolaus v. Straßburg der Dominikaner Johannes Tauler im 14. Jh. zur größten Wirkung. Die Sammlung seiner Lesepredigten fand, als einziges mittelalterliches Predigtwerk, den Weg in den Buchdruck (1498 u. ö.).

Auch in der wissenschaftlichen Literatur, die die theologische Lehre für den praktischen Gebrauch zubereitete, wurde seit dem 12./13. Jh. immer häufiger die dt. Sprache verwendet. Enzyklopädische Werke, die das Wissen über die Welt und die christliche Heilslehre zusammenfassten, wurden übersetzt oder zusammengetragen (→ Enzyklopädie). Eine geistlich-allegorische Ausdeutung der Tierwelt, der *Physiologus*, lag um 1120 vollständig in dt. Prosa vor (Teilübersetzung bereits um 1070); um 1190 entstand mit dem *Lucidarius* das früheste wissenschaftliche Prosawerk in dt. Sprache, eine umfassende Weltkunde, die zu einem der großen Bucherfolge des MA und der frühen Neuzeit wurde. Eine Darstellung des gesamten mittelalterlichen Wissens über die geschaffene Natur, geistlich gedeutet, gab Konrad v. Megenberg in dem *Buch von den natürlichen Dingen* (1348–50) nach Thomas v. Cantimpré. Darüber hinaus prägt eine Fülle von theologischen Summen (→ Summa) und Traktaten die Literatur der dt. Scholastik. Zu den bekanntesten Werken der Summenliteratur zählen der *Gewissensspiegel* (1371–82) Martins v. Amberg und der *Große Katechismus* (um 1400) Ulrichs v. Pottenstein, katechetische Darstellungen von christlicher Glaubens- und Morallehre sowie kirchlicher Rechtsvorschriften.

Geistliches Lied, im Unterschied zu dem im Gottesdienst gebrauchten → Kirchenlied das zur persönlichen Frömmigkeitsübung, zur privaten Andacht gesungene Lied. Die Abgrenzung ist im Einzelfall allerdings schwierig, da sich Andachtslieder auch als Kirchenlieder durchsetzen und Kirchenlieder zur Hausandacht verwendet werden können. Während Kirchenlieder im Kirchengesangbuch veröffentlicht werden, erscheinen geistliche Lieder häufig als eigenständige Publikationen der Autoren bzw. Komponisten oder in Sammelwerken. Thematisch, stilistisch und musikalisch weist das geistliche Lied größere Freiheiten auf als das Kirchenlied. Dem entspricht, dass beim Kirchenlied die alten, bewährten Lieder bevorzugt werden, während beim geistlichen Lied die zeitgenössischen, neuen Veröffentlichungen dominieren.

Geistliche Lieder sind seit dem MA bekannt; zu den frühesten Beispielen gehören Marienlieder (→ Mariendichtung). Nach religiösen Reflexionen im Umkreis des → Minnesangs erreichte die geistliche Lieddichtung ihren ersten Höhepunkt im Spätmittelalter (Mönch v. Salzburg, Lieder im Umkreis der Frömmigkeitsbewegung der ›Devotio moderna‹ u. a.). Auch die bürgerlichen Liederbücher des 15. Jh.s enthalten geistliche Lieder; im → Meistersang dominierten Lieder mit geistlicher Thematik. Während in der Reformationszeit die öffentliche Wirkung im Vordergrund stand, erlebte das geistliche Lied im 17. Jh. seine beste Zeit. Zahlreiche Lieder gingen zwar auch als Kirchenlieder in die Gesangbücher ein, doch ein Großteil der Produktion diente der Erbauung und Andacht in Familie und Freundeskreis. Häufig wurden Lieder in Erbauungs- und Emblembücher

(→ Emblem) integriert, so dass gleichsam ›Gesamtkunstwerke‹ entstanden. So gut wie alle bedeutenden (und weniger bedeutenden) Autoren der Zeit hatten Anteil an der Liedproduktion; das gilt auch für die in dt. Sprache schreibenden katholischen Barockdichter. Im 18. Jh. entstanden im Umkreis des Pietismus noch einmal zahlreiche Lieder (Gerhard Tersteegen, Nikolaus Ludwig v. Zinzendorf, Gottfried Arnold). Im Zusammenhang mit der Durchsetzung des Klavierlieds seit der Mitte des 18. Jh.s (→ Lied) erreichten Lieder Christian Fürchtegott Gellerts und Friedrich Gottlieb Klopstocks in Vertonungen namhafter Komponisten eine große Verbreitung. Neue Ansätze, z. T. im Rückgriff auf ältere Traditionen, brachte die Romantik (Novalis, Clemens Brentano). Im 20. Jh. konnten die Liedersammlungen Rudolf Alexander Schröders und Jochen Kleppers den Bedeutungsverlust des geistlichen Lieds nicht aufhalten.

Geistliches Spiel, das aus der kirchlichen Liturgie hervorgegangene geistliche Drama des MA. Es handelt sich um eine europäische Erscheinung, die jedoch nationale Sonderentwicklungen kennt. Ausgangspunkt waren die liturgischen Osterfeiern, die den Gang der drei Marien zum Grab Jesu darstellten (*visitatio sepulchri*) und dabei die antiphonale Form (Wechselgesang zwischen einstimmigen Chören) des Ostertropus aufnahmen (→ Tropus [2]). Aus der dialogischen Struktur dieser Szene entwickelte sich das → Osterspiel, indem es nach und nach weitere Momente des Ostergeschehens einbezog. Aus entsprechenden Erweiterungen, ausgehend von der Hirtenszene, entstand das → Weihnachtsspiel. Darüber hinaus konnten auch andere Stoffe des AT und NT und Legendarisches (→ Legende) zum Gegenstand der Spiele werden. Aufgeführt wurden sie in der Regel im Zusammenhang mit den entsprechenden kirchlichen Festen. So gibt es u. a. Apostel-, Dreikönigs-, Emmaus-, Oster-, → Fronleichnams- und Weihnachtsspiele. Daneben wurden Antichrist- bzw. → Weltgerichtsspiele (*Ludus de*

Antichristo, um 1160; *Eisenacher Zehnjungfrauenspiel*, 1321) aufgeführt, und ausgehend von einer Stelle im Johannesevangelium (19,25–27) entstanden selbständige Marienklagen (z. B. *Bordesholmer Marienklage*, um 1475; → Mariendichtung).

Die Sprache der Spiele ist zunächst das Mittellateinische. Einen frühen Höhepunkt des mittelalterlichen lat. Dramas bildet der *Ludus de Antichristo* oder *Tegernseer Antichrist* (um 1160), ein weltgeschichtlich-eschatologisches Spiel, das mit seiner Thematik und seinem dichterischen Rang völlig allein in dieser Zeit steht. Die wichtigsten anderen mittellat. Spiele finden sich im *Codex Buranus* (um 1230): ein Emmaus-, ein Weihnachts-, ein Oster- und zwei → Passionsspiele, wobei eines der Passionsspiele, *Das große Benediktbeurer Passionsspiel*, auch mhd. Textpassagen enthält. Das dt. mittelalterliche Schauspiel setzt um 1250 mit dem *Osterspiel von Muri* ein; das erste mehrtägige Passionsspiel ist durch die *Frankfurter* → *Dirigierrolle* (um 1330) bezeugt. Insgesamt liegt der Schwerpunkt der Textüberlieferung und bezeugten Aufführungen in der Zeit des 15. und 16. Jh.s, wobei in den oft mehrere Tage dauernden Produktionen die gesamte Bürgerschaft einbezogen wurde. Nur in einigen katholischen Gebieten blieb das geistliche Spiel auch nach der Reformation lebendig; bedeutendstes Beispiel dafür sind die Aufführungen des großen *Luzerner Passionsspiels* bis 1616.

Für die Vortragsweise der nicht liedhaften Texte, meist in vierhebigen, paarweise gereimten Versen, nimmt man bis in die Spätzeit des geistlichen Spiels eine Art Sprechgesang an. Liturgische und nichtliturgische Gesänge wurden auch in den deutschsprachigen Spielen meist in ihrer originalen lat. Form gesungen. Aufführungsort war zunächst die Kirche, doch mit dem wachsenden Umfang der Stücke und ihrer Loslösung aus dem liturgischen Zusammenhang wurden sie aus der Kirche auf öffentliche Plätze verlegt. Einige Bühnenskizzen sind erhalten. Sie zeigen eine → Simultanbühne, auf der sog. *loca* (Bühnenorte) die verschiedenen Orte und Zeiten repräsentieren. Es handelt sich um ein didaktisches episches Theater, das mit Hilfe der simultanen Darstellungsweise und den oft symbolisch angeordneten *loca*, der Verwendung von Präfigurationen (→ Typologie), Kommentaren und Predigten seine geistliche Wirkungsabsicht verfolgte: Mittelalterliches Theater war, wie die Predigt, eine Art Massenmedium, mit dessen Hilfe die christliche Botschaft belehrend und ermahnend einem großen Publikum nahegebracht werden konnte.

Gelegenheitsgedicht, ein für ein bestimmtes Ereignis oder einen bestimmten Anlass geschriebenes Gedicht. G. ist die dt. Entsprechung der aus dem Lat. herrührenden wissenschaftlichen Bezeichnung Casualcarmen; in der Antike und im Humanismus nannte man Sammlungen von G.en → »silvae«, im Deutschen seit dem 17. Jh. entsprechend »Poetische Wälder« o. Ä. Der Vielfalt von ›Fällen‹ (*casus*) des menschlichen Lebens entspricht die Vielzahl der verschiedenen Arten des G.s: Geburtstagsgedicht (Genethliakon), Hochzeitsgedicht (→ Epithalamium), Leichen- und Trauergedicht (→ Epicedium), Reisegeleitgedicht (Propemptikon), Glückwunschgedichte (Laudes) zu den verschiedensten Anlässen und vieles andere mehr. Die meisten dieser Formen gab es bereits in der antiken Dichtung. Sie wurden in der lat. Dichtung des Humanismus wieder aufgenommen und gelangten von da auch in die deutschsprachige Kunstdichtung. Im 17. Jh. entwickelte sich das G. zu einem Massenphänomen.

Die Gedichte wurden einzeln gedruckt und den Adressaten überreicht oder zugesandt und gegebenenfalls bei dem jeweiligen Anlass vorgetragen. Das Schreiben von G.en war auch eine nicht unwesentliche Einnahmequelle für die Autoren. Anweisungspoetiken des 17. und frühen 18. Jh.s (→ Poetik) lehrten das Verfertigen von G.en auf der Basis der → Rhetorik und illustrierten die poetologischen Vorschriften durch Musterbeispiele. Mit der Massenhaftigkeit sank allerdings das Ansehen des G.s und seiner Produzenten. Zudem sah sich das G. im Zeichen einer neuen Literaturauffassung seit der Mitte des 18. Jh.s dem Vorwurf ausgesetzt, keine wahre Dichtung zu sein. Gleichwohl blieb das G. auch im 19. und 20. Jh. eine vielfach genutzte Form.

Gemination, auch Epanalepse, rhetorische Figur der Wiederholung eines Worts oder einer Wortgruppe (»Mein Vater, mein Vater, jetzt faßt er mich an«, Goethe).

Genera dicendi, rhetorischer Fachbegriff für die Stilebenen, die eine Rede – oder allgemeiner: einen Text – prägen (→ Rhetorik). Die antike rhetorische Theorie unterscheidet drei, dem jeweiligen Redezweck angemessene Stufen: die schlichte, niedrige Stilart (*genus subtile* bzw. *humile*), die dem allgemeinen Sprachgebrauch und alltäglichen Gegenständen entspricht und der Belehrung dient; die mittlere Stilart (*genus medium*), die im Vergleich zum niederen Stil mehr Metaphern und Redefiguren verwenden darf und besonders zur Unterhaltung und Gewinnung des Zuhörers geeignet ist, indem sie sanftere Empfindungen erregt; die hohe, erhabene Stilart (*genus grande* bzw. *sublime*), die alle Kunstmittel der Sprache (→ Tropen und → rhetorische Figuren) zur Erregung starker Leidenschaften einsetzt (→ Pathos).

Redegegenstände und Sprechweise bzw. Stilebene müssen einander angemessen sein (→ Aptum). Die Gliederung der Rede- und Schreibweisen in drei Stufen schließt allerdings, so schon Quintilian, in der Praxis Zwischenstufen keineswegs aus. Bereits in der Poetik des MA wurden am Beispiel der Werke Vergils die verschiedenen Stilarten mit einer ständischen Gliederung in Verbindung gebracht (*Rota Virgilii*, das sog. ›Rad des Vergil‹). In der Rhetorik und → Poetik des Humanismus und Barock wurden diese Vorstellungen ausgebaut (→ Ständeklausel).

Genethliakon → Gelegenheitsgedicht.

Genie, Begriff der literaturtheoretischen Diskussion des 18. Jh.s zur Bezeichnung des mit überragendem schöpferischem Vermögen begabten Dichters oder Künstlers. Er ist eng mit der Periode des → Sturm und Drang verbunden, die man früher auch Geniezeit nannte, und richtete sich gegen die Vorstellungen der klassizistischen Regelpoetik und ihren engen Begriff der Naturnachahmung (→ Mimesis); die neuen Grundbegriffe der → Poetik sind Erfindung, Originalität und Natur. Englische Vorbilder spielten eine große Rolle; in der Theorie Edward Youngs *Conjectures on Original Composition* (1759), in der dichterischen Praxis das Werk Shakespeares. Autoren des Sturm und Drang wie Goethe, Heinrich Wilhelm v. Gerstenberg, Johann Gottfried Herder und Jakob Michael Reinhold Lenz nahmen diese Gedanken auf und lieferten begeisterte Interpretationen vorbildlicher Werke. Das G. erschien ihnen als exemplarische Verwirklichung des allein aus sich schaffenden autonomen Individuums, das kraft seiner Autonomie von vornherein aller Beschränkungen durch konventionelle poetologische Regeln und Normen enthoben war.

Geniezeit → Sturm und Drang.

Genre, meist synonym für → Gattung gebraucht. In anderer Terminologie bezeichnet G. die ›historische‹ im Unterschied zur ›systematischen‹ Gattung (›Textsorte‹).

Genre objectif, Begriff für erzählende mittelalterliche Lieder, in denen – im Unterschied zu anderen, durch Aussagen eines → lyrischen Ichs geprägten Formen (Genre subjectif) – Erzähler oder Rollenfiguren sprechen. In der mhd. Literatur gilt das insbesondere für das → Tagelied, die → Pastourelle und für Frauen- und Gesprächslieder.

Georgekreis, Gruppe von Dichtern, Künstlern und Wissenschaftlern, die sich in verschiedenen Zusammensetzungen seit 1892 in München und Berlin um Stefan George und seine Zeitschrift *Blätter für die Kunst* (1892–1919) sammelte. Zu den Kennzeichen des exklusiven Kreises gehörte eine sakrale Persönlichkeitsverehrung (›Meister‹, ›Jünger‹), ein aristokratischer Formkult und eine elitäre, vergeistigte Weltanschauung, Momente, die einen tiefgreifenden Einfluss auf das dt. Geistesleben ausübten. Dem Führungsanspruch Georges entzogen sich schon früh Autoren wie Hugo v. Hofmannsthal und Max Dauthendey. Zu den bedeutendsten Mitgliedern des Kreises zählten die Dichter und Literaturwissenschaftler Karl Wolfskehl, Ernst Bertram, Norbert v. Hellingrath, Friedrich Gundolf und Max Kommerell sowie der Maler Melchior Lechter.

Germanistik, Wissenschaft von der dt. Sprache und Literatur und ihrer geschichtlichen Entwicklung. Sie umfasst in der heutigen Universitätspraxis die Teilfächer Altgermanistik/Mediävistik (Gegenstandsbereich: Literatur des MA), Neuere dt. Literaturwissenschaft (Literatur der Neuzeit) und Linguistik. Die Bezeichnung G. setzte sich erst in der 2. Hälfte des 19. Jh.s allmählich als Oberbegriff für die Alt- und Neugermanistik durch. G. ist eine Ableitung von ›Germanist‹, einer Bezeichnung der Juristensprache für einen mit dem ›germanischen‹, d. h. mittelalterlichen Recht befassten Gelehrten. Der Begriff wurde jedoch in seiner Bedeutung erweitert, und Jacob Grimm schlug auf der ersten Germanistenversammlung 1846 in Frankfurt a. M. vor, ihn als übergreifende Bezeichnung für die drei Fächer der deutschen Philologie, des deutschen Rechts und der deutschen Geschichte zu verwenden. In dieser Bedeutung setzte er sich allerdings nicht durch.

Die gelehrte Beschäftigung mit der deutschen Sprache und Literatur reicht bis in den Humanismus zurück, nicht zuletzt angespornt durch die Wiederentdeckung der *Germania* des Tacitus. Dichter und Gelehrte wie Conrad Celtis, Melchior Goldast, Martin Opitz, Johann Jakob Bodmer und andere machten durch eine Reihe von Editionen auf die kulturellen Zeugnisse der Vergangenheit aufmerksam, bis dann zu Beginn des 19. Jh.s durch die Übernahme des philologischen Instrumentariums der Klassischen → Philologie eine ›Verwissenschaftlichung‹ einsetzte, die dann auch zur Etablierung der ›Dt. Philologie‹ – v. a. auf die Edition altdt. Texte konzentriert – als Universitätsfach führte (seit 1810).

Neben den (insgesamt recht wenigen) philologischen Lehrstühlen gab es in den 30er- und 40er-Jahren vereinzelt philosophisch-ästhetisch und historisch ausgerichtete germanistische Professuren: Georg Gottfried Gervinus, der Verfasser der epochemachenden *Geschichte der poetischen National-Literatur der Deutschen* (5 Bde., 1835–42), war Historiker.

Gleichwohl konnte sich die Neugermanistik erst im letzten Drittel des 19. Jh.s etablieren, wenn auch noch lange nicht gleichberechtigt mit der Altgermanistik. Um ihre Seriosität zu beweisen, übernahm die Neugermanistik zum einen die philologische Methode, zum anderen suchten Gelehrte wie Wilhelm Scherer die Exaktheit naturwissenschaftlicher Methodik auf die Literatur zu übertragen (→ Positivismus). Mit den ersten Jahrzehnten des 20. Jh.s entwickelten sich in der Neugermanistik verschiedene, miteinander konkurrierende Strömungen: darunter die an Wilhelm Dilthey anknüpfende geistesgeschichtliche (→ Geistesgeschichte), die an der formalen Kunstwissenschaft orientierte formanalytische und die völkisch-rassenkundliche (Josef Nadler u. a.). Eine eher gesellschaftlich-geschichtlich begründete Methodik (Richard Alewyn, Arnold Hirsch, Herbert Schöffler u. a.) hatte angesichts des Nationalsozialismus keine Chance, während im Übrigen durchaus Kontinuität bestand, allerdings vielfach an die Forderungen der völkischen Ideologie angepasst.

Auch nach Kriegsende war kein Bruch zu verzeichnen, wenn man vom Wegfall der völkisch-rassistischen Komponente absieht. Eine wichtige Rolle spielte nun die sog. ›Werkimmanente → Interpretation‹. Zu einer Auseinandersetzung mit der Rolle der G. und ihrer führenden Vertreter im Dritten Reich kam es in der BRD erst 1966 auf dem Münchener Germanistentag und dann 1968 im Zusammenhang mit der Kritik der Studentenbewegung an der G. als ›bürgerlicher‹ und ›nationaler‹ Wissenschaft. Die Entwicklung zur Massenuniversität und die damit verbundenen Reformdiskussionen führten zu tiefgreifenden Veränderungen, die nicht zuletzt die institutionelle Bedeutung der Altgermanistik minderten, die moderne Linguistik entschieden förderten und in der Neugermanistik zu einer Erweiterung des Methodenspektrums führten (→ Literaturwissenschaft).

Gesamtkunstwerk, Vereinigung und wechselseitige Durchdringung der verschiedenen Kunstformen zu einem einheitlichen Werk. Der Begriff nimmt den romantischen Versuch auf, die verlorengegangene Einheit der Kunst wiederherzustellen. Durchgesetzt wurde er von Richard Wagner, der programmatisch vom »Gesamtkunstwerke der Zukunft« sprach, »das alle Gattungen der Kunst zu umfassen hat, um jede einzelne dieser Gattungen als Mittel [...] zu vernichten zu Gunsten der Erreichung des Gesamtzweckes aller, nämlich der unbedingten, unmittelbaren Darstellung der vollendeten menschlichen Natur« (*Das Kunstwerk der Zukunft*, 1849). Andere Versuche eines theatralischen G.s wurden in den 20er-Jahren des 20. Jh.s unternommen (Erwin Piscator u. a.). Multi-Media-Spektakel führen diese Tendenzen mit großem technischem Aufwand fort.

Gesangbuch → Kirchenlied.

Geschichtsdrama, auch historisches Drama, Bezeichnung für Dramen, die historische Stoffe behandeln und/oder den Geschichtsprozess zu deuten suchen. Zwar liegen der Tragödiendichtung seit der frühen Neuzeit historische Stoffe zugrunde, doch geht es in diesen Stücken nicht um Geschichte im Besonderen. Erst im 18. Jh. kam es im Zuge eines neuen Geschichtsbewusstseins zu einem Geschichtsdrama im engeren Sinn. Vorläufer waren Johann Christoph Gottscheds *Cato* (1731), in dem mit dem Titelhelden und seinem Gegenspieler Cäsar zwei Zeitalter kontrastiert worden, und die nationale (deutsche und dänische) Geschichte verarbeitenden Trauerspiele Johann Elias Schlegels (*Herrmann*, 1743; *Canut*, 1746). Den eigentlichen Durchbruch des G.s bedeutete dann Goethes *Götz von Berlichingen*

(1773), der die französisch geprägte absolutistische Kultur der Gegenwart mit der Aufwertung einer älteren nationalen Geschichtsepoche und der Betonung kraftvoller Individualität konfrontierte. Das Stück wurde zum Vorbild für zahlreiche Ritterstücke und Dramen über Gestalten der vaterländischen Geschichte bis ins 19. Jh. hinein. Dagegen suchte Schiller in seinen Dramen ein dialektisches Verständnis von Geschichte zum Ausdruck zu bringen; diese Versuche gipfelten in der monumentalen *Wallenstein*-Trilogie (1798–1799).

Im 19. Jh. bestimmten drei konkurrierende Geschichtsauffassungen das G.: Geschichte als Tradition (z. B. Franz Grillparzer), als dialektischer Prozess (Friedrich Hebbel), als fatalistisches Schauspiel (Christian Dietrich Grabbe, Georg Büchner). Mit Büchners *Dantons Tod* (1835) beginnt gleichsam die Moderne, die Destruktion jedes Sinns der Geschichte. Während sich bei Brecht noch einmal ein dialektisch-aufklärerisches Geschichtsverständnis behauptet, lösen Stücke wie Friedrich Dürrenmatts »ungeschichtliche historische Komödie« *Romulus der Große* (1949), Peter Weiss' *Marat/Sade* (1964) oder Heiner Müllers *Germania Tod in Berlin* (1977) die Vorstellungen von einem sinnhaften Geschichtsprozess weiter auf.

Geschlossene Form → Offene Form.

Geschmack, als Vermögen zu ästhetischen Urteilen ein wesentlicher Begriff der → Ästhetik v. a. des 18. Jh.s. Dabei zeigte sich in der breiten dt. Geschmacksdebatte eine Verengung des ursprünglich auf soziales Verhalten und auf Gegenstände wie Kunstwerke, Kleidung oder Mobiliar bezogenen Begriffs auf Urteile über das Schöne in Kunst und Natur; das → Erhabene blieb ausgeklammert. In zahlreichen Abhandlungen wurden die Eigenschaften, Voraussetzungen und Tugenden des guten G.s beschrieben und definiert (Johann Ulrich König, Johann Christoph Gottsched, Johann Jakob Bodmer, Johann Jakob Breitinger, Georg Friedrich Meier, Johann Adolf Schlegel u. a.); für Gottsched beispielsweise war G. »eine Fertigkeit, von der Schönheit eines Gedichtes, Gedankens oder Ausdruckes recht zu urtheilen, die man größtentheils nur klar empfunden, aber nach den Regeln selbst nicht geprüfet hat«. Kant setzte den Schlusspunkt der Diskussion, bei der es letztlich um die Objektivität des Subjektiven ging, durch eine konsequente Formalisierung des Geschmacksurteils, das »durch nichts weiter begreiflich gemacht werden« kann (*Kritik der Urteilskraft*, 1790).

Gesellschaftslied, Sammelbezeichnung für verschiedene Liedtypen des 15. bis 17. Jh.s. Der Begriff wurde von Heinrich Hoffmann v. Fallersleben 1843 eingeführt. Mit ihm sollten die in den Liederbüchern gesammelten »und in den geselligen und häuslichen Kreisen des Bürgerstandes« gesungenen Lieder der frühen Neuzeit bezeichnet werden. Wegen seiner Unschärfe wird der Begriff G. heute zugunsten einer genaueren Klassifikation der Lieder nach musikalischen (Tenorlied, Madrigal, Villanelle usw.) oder thematischen Gesichtspunkten abgelehnt.

Gesellschaftsroman → Zeitroman.

Gespenstergeschichte, Erzählung mit Figuren aus einer anderen, irrealen Welt. Dabei handelt es sich häufig um Tote. Die G. ist zwar keine Erfindung des 18. Jh.s, entfaltete sich jedoch erst im Zusammenhang mit der → Aufklärung und ihren Gegenströmungen. Vorstellungen des Volks- und Aberglaubens wie der Psychologie wurden aufgenommen. Der Aufklärung ging es zunächst darum, die Wahrscheinlichkeit der G. zu widerlegen; die wirkungsvolle Erscheinung des Gespensts und die Desillusionierung des Lesers sind ihre beiden Pole. Mit Jean Paul, Goethe und Heinrich v. Kleist erreichte die G. literarisches Niveau, in der sich nun auch psychologische Erkenntnisse und Erfahrungen niederschlugen. Als Meister des Unheimlichen kann E. T. A. Hoffmann gelten. Wie Hoffmann durch die Einbettung seiner Geschichten in die Gespräche der Serapionsbrüder, so spiegelte auch Theodor Storm in seinem *Schimmel-*

reiter (1888) die Gespenstererscheinung perspektivisch, ein Verfahren, dem viele G.n von der Neuromantik bis zur Gegenwart folgten.

Gesprächspiel, Variante der zivilisatorischen Dialogliteratur (→ Dialog) im Barock. Georg Philipp Harsdörffer führte das G., angeregt durch romanische, v. a. ital. Vorbilder in die dt. Literatur ein (*Frauenzimmer Gesprächspiele*, 8 Tle. 1641–49). Dabei erweiterte er die reine Dialogform, wie sie beispielsweise Baldassare Castiglione und Stefano Guazzo verwirklichten, zu einer Mischform, in der die Gesprächssituation – drei Damen und drei Herren unterschiedlichen Standes treffen sich, um sich nach wechselnden Spielregeln zu unterhalten und zu bilden – nur als Rahmen dient: Das Werk erweist sich als geistreiche und gelehrte Enzyklopädie aristokratisch-bürgerlicher Kultur, als Poetik, Sprach-, Kunst-, Natur- und Tugendlehre in einem, illustriert durch Beispielerzählungen, allegorische Lehrstücke, Komödien und selbst ein Singspiel mit Noten. Gab Harsdörffer noch in vielen Fällen ausgesprochene Spielanweisungen, so begnügten sich seine Nachfolger mit der Vermittlung von Lehr- und Lesestoff (Johann Rist, *Monatsgespräche*, 1663–68; Erasmus Francisci, *Die lustige Schau-Bühne*, 1663–73; Johannes Lassenius, *Fruchtbringendes Gespräch-Spiel*, 1666).

Ghasel, Gedichtform orientalischer Herkunft, die im 19. Jh. in Deutschland im Zusammenhang mit dem Interesse an orientalischen Kulturen (→ Exotismus, → Orientalisierende Dichtung) vorübergehend größere Resonanz fand. Ein G. besteht aus einer nicht festgelegten Anzahl von Langversen (*bait*). Diese sind in zwei Halbverse gegliedert. Die beiden Halbverse des Anfangs reimen untereinander; dieser → Reim kehrt am Ende aller Langverse wieder. Im Deutschen werden die Langzeilen als Verspaare wiedergegeben, so dass nach dem Paarreim am Anfang nur noch jeder gerade Vers reimt und der ungerade reimlos bleibt (Schema: aa xa xa xa usw.). Charakteristisch ist überdies die

Verwendung sog. reicher, d. h. mehr als zwei Silben umfassende Reime. Anklänge an das G., aber keine strengen Nachahmungen, enthält Goethes *West-östlicher Divan* (1819). Erst Friedrich Rückert legte formgetreue Übertragungen orientalischer G.en (Dschalâluddîn Rumi, Hafis) und entsprechende eigene Versuche (u. a. *Östliche Rosen*, 1822) vor. Zur gleichen Zeit veröffentliche August v. Platen *Ghaselen* (1821) und *Neue Ghaselen* (1823) mit Übertragungen und eigenen Texten. Gleichwohl konnte sich das G. in der dt. Literatur nicht durchsetzen. Von Übersetzungen abgesehen, entstanden dt. G.en nur noch gelegentlich.

Gleichnis, durch rhetorische oder erzählerische Mittel erweiterte Form des →Vergleichs. Dabei wird zur Veranschaulichung eines Vorgangs oder Zustands eine Beziehung zu einem entsprechenden anderen, meist sinnlich-konkreten Bereich hergestellt. Diese Beziehung wird, anders als in der →Parabel, ausdrücklich durch Vergleichspartikel (*so ... wie*) deutlich gemacht. Voraussetzung ist, dass den beiden Vergleichsbereichen ein Moment gemeinsam ist (›tertium comparationis‹). Berühmt sind die homerischen und die biblischen Gleichnisse. Im Übrigen ist das G. ein in allen Literaturen und zu allen Zeiten verwandtes Stilmittel.

Glosse (1), Erläuterung oder Übersetzung eines Wortes in einem Text. Die G. kann zwischen den Zeilen (Interlinearglosse), im laufenden Text (Kontextglosse) oder am Rand (Marginalglosse) stehen. Losgelöst vom einzelnen Text werden G.n in Glossaren gesammelt (alphabetische oder sachbezogene Anordnung). Die Praxis des Glossierens wurde aus der Antike übernommen. Die ersten Zeugnisse der dt. Sprache sind ahd. G.n: Der *Abrogans* (um 750), ein nach dem ersten Eintrag so genanntes lat.-ahd. Synonymenlexikon, gilt als das älteste dt. ›Buch‹. Die meisten G.n entstanden im Zusammenhang mit dem Hochschulunterricht vom 11. bis 13. Jh.; spätestens seit dem Humanismus war das Glossieren wissenschaftlich überholt. →Interlinearversion.

Glosse (2), kurzer, pointierter journalistischer Meinungstext, der sich auf einen schon bekannten Gegenstand bezieht und diesen ironisch, satirisch oder auch humoristisch kommentiert. Wenn die Sache, auf die sich die G. bezieht, durch ein Zitat eingeführt wird, spricht man von Zitatglosse, wie sie beispielsweise Karl Kraus in der *Fackel* um die Jahrhundertwende bevorzugte. Die G. als publizistische Kunstform entstand gegen Ende des 19. Jh.s; sie wurde im Verlauf ihrer Geschichte von anderen Kurzformen wie dem → Feuilleton oder der → Skizze beeinflusst. Als vorbildlich gelten heute die G.n in der *Süddeutschen Zeitung* (»Streiflicht«) mit ihren ironischen Kommentaren zu kulturellen und politischen Ereignissen.

Glosse (3), span. Gedichtform des 15. bis 17. Jh.s, in der Romantik in die dt. Literatur eingeführt. Sie besteht aus einem vierzeiligen Thema oder Motto – es ist oft von einem anderen Dichter übernommen – und vier trochäischen Zehnzeilern (→ Trochäus, → Dezime), die das Thema ›glossieren‹, d. h. umschreiben, variieren, interpretieren oder auch parodieren. Zu den bedeutenden span. Glossendichtern gehören Lope de Vega, Vincente Espinel und Luis de Góngora. Dt. G.n entstanden v. a. im Zug des romantischen Spanieninteresses (Ludwig Tieck, August Wilhelm und Friedrich Schlegel, Joseph v. Eichendorff); auch August v. Platen und später Detlev v. Liliencron schrieben G.n.

Gnomik, sentenzartige Form lehrhafter Literatur (→ Sentenz), die grundlegende Einsichten und Erfahrungswissen knapp und allgemeingültig in Vers oder Prosa formuliert. Am Anfang ihrer abendländischen Tradition stehen die Gnomen des AT. In der griech. und röm. Antike wurden Gnomen in Dichtungen zitiert und in Sammlungen zusammengefasst, die wiederum – z. B. die sog. *Disticha Catonis* – auf das MA wirkten. Im 13. Jh. entwickelte Freidank den gnomischen Reimpaarspruch, der auch für die G. im späten MA charakteristisch ist. Die spätmittelalterliche G. wirkte dann weiter auf die Sprichwortliteratur des 16. Jh.s. Im

19. Jh. gewinnt die G. noch einmal literarischen Rang (Goethe, Friedrich Rückert); Nachklänge finden sich u. a. in den späten Kurzgedichten Brechts.

Göttinger Hain, Bund junger Dichter, meist Studenten der Göttinger Universität, gegründet am 12.11.1772. Der Name bezieht sich programmatisch auf Friedrich Gottlieb Klopstocks Ode *Der Hügel und der Hain* und die Gegenüberstellung von antikem Parnass und germ. Hain als Dichtersitz.

Die Studentengruppe verstand sich als Protestbewegung gegen Rationalismus, → Aufklärung und frz. Kultureinflüsse – personifiziert durch Christoph Martin Wieland – und setzte stattdessen, angeregt durch → Empfindsamkeit, → Sturm und Drang und ihre Klopstockverehrung, auf schwärmerische Natur- und Vaterlandsliebe. Zu den Mitgliedern gehörten u. a. Johann Heinrich Voß, Christian und Friedrich Leopold Graf zu Stolberg, Ludwig Christoph Heinrich Hölty, Johann Martin Miller und Heinrich Christian Boie. Sie verstanden sich als eine ständeübergreifende Gemeinschaft von Gleichen. Die Treffen mit Lesungen und Kritik folgten einem festen Ritual, die Ergebnisse wurden in einem ›Bundesbuch‹ festgehalten. Dem Bund nahe standen Gottfried August Bürger, Matthias Claudius und Christian Friedrich Daniel Schubart. Sein Publikationsorgan war der Göttinger Musenalmanach (→ Almanach). Zu den poetischen Vorbildern der Hainbunddichter gehörten neben Klopstocks Oden die → Bardendichtung, die → Gräberpoesie und die liedhafte Volksdichtung (Thomas Percy, *Reliques of Ancient English Poetry,* 1765). Zu den wichtigen eigenen Leistungen zählen neben empfindsamen → Oden und → Liedern die Herausbildung der dt. Kunstballade (→ Ballade). Der Bund löste sich, mit dem Studienabschluss seiner Mitglieder, nach 1775 allmählich auf.

Gothic novel → Schauerroman.

Grabschrift → Epitaph.

Gräberpoesie, in England im 18. Jh. entstandene elegische Art der Dichtung, die vorwiegend vor dem Hintergrund von Gräbern oder Kirchhöfen das Thema der Vergänglichkeit und des Todes in reflexiv-melancholischer Manier behandelt (›Graveyard School‹). Zu den bekanntesten Beispielen zählen das epische Gedicht Edward Youngs *The Complaint, or Night Thoughts on Life, Death and Immortality* (1742–45), Robert Blairs *The Grave* (1743) und Thomas Grays *Elegy Written in a Country Churchyard* (1751). Diese Poesie fand im Zug empfindsamer Strömungen europäische Verbreitung. In der dt. Literatur ließen sich u. a. Friedrich Gottlieb Klopstock (*Die frühen Gräber*), Dichter des → Göttinger Hains (z. B. Ludwig Christoph Heinrich Hölty) und noch Novalis (*Hymnen an die Nacht*, 1800) davon inspirieren.

Gradatio → Klimax.

Graffiti, auf Gebäuden oder anderen Objekten mit verschiedenen Techniken (Schreiben, Ritzen, Sprühen usw.) meist anonym und spontan angebrachte kurze Texte, die häufig durch Bildelemente ergänzt werden. Zu ihren Charakteristika gehört die betonte Unkonventionalität, die sich u. a. in der Wahl der Schreibflächen, der bewussten Negierung sprachlicher (und strafrechtlicher) Normen und der Behandlung tabuisierter Themen niederschlägt. Erinnerungsgraffiti sind aus allen Zeiten seit der Entwicklung der Schrift überliefert, von Inschriften griech. Söldner 590 v. Chr. am Tempel von Abu Simbel über Goethes Inschrift am Straßburger Münster zu den zahllosen Touristengraffiti der Gegenwart. Ausgesprochene Graffiti-Subkulturen entstanden mit den jugendlichen Protestbewegungen der 60er- und 70er-Jahre, deren Werke zunehmend das Bild der Städte mitgestalten.

Grazer Gruppe, Kreis von Autoren um das 1959 gegründete Grazer Kunstzentrum Forum Stadtpark und die von Alfred Kolleritsch herausgegebene Zeitschrift *manuskripte* (1960 ff.). Der Grazer Gruppe, die v. a. in den 60er- und 70er-Jahren ein wichtiges Segment der modernen österreichischen Literatur repräsentierte, gehörten u. a. Wolfgang

Bauer, Helmut Eisendle, Barbara Frischmuth und Peter Handke an.

Grobianische Literatur, ein v. a. im 16. Jh. beliebter Typ didaktischer Dichtung, der durch die satirische Darstellung falscher Verhaltensweisen und Umgangsformen die richtigen lehrt. Folie dieser Negativdidaxe sind die Anstandslehrbücher der Zeit, die Tisch- und Hofzuchten, deren Verhaltensregeln nun auch auf das Zusammenleben und die Geselligkeit im städtischen Bürgertum übertragen werden (→ Anstandsliteratur). Das frühnhd. Wort *Grobian(us)*, zuerst 1482 als Synonym für *rusticus* belegt, ist eine ironische Wortneubildung in der Art vieler Heiligennamen. Sebastian Brant führte den Hl. Grobian im *Narrenschiff* (1494) als Schutzpatron für Leute mit schlechten Tischmanieren in die dt. Literatur ein. Thomas Murner nahm die Vorstellung in der *Schelmenzunft* (1512) auf, ebenso wie später Hans Sachs in *Die verkert dischzucht Grobianij* (1563). Der Prototyp der Gattung ist jedoch der neulat. *Grobianus* (1549, erweitert 1552) von Friedrich Dedekind, der in etwa 1200 elegischen → Distichen eine satirische Anleitung zum denkbar schlechtesten Benehmen vom Morgen bis zum Abend – als Gast wie als Gastgeber – gibt und dabei den Akzent auf die Tischsitten setzt. Zahlreiche Auflagen des lat. Textes und mehrere dt. Übersetzungen im 16. und 17. Jh. machten das ironisch-satirische Lehrbuch zu einem Erfolg. Am bekanntesten wurde die erweiternde dt. Neubearbeitung von Kaspar Scheidt, *Grobianus / Von groben sitten / und unhöflichen geberden* (1551).

Großstadtdichtung, Dichtung, die die Großstadt bzw. das Verhältnis des Einzelnen zur Stadt thematisiert. In der epischen Dichtung stellten sich seit dem 19. Jh. Autoren wie Eugène Sue, Karl Gutzkow, Émile Zola, John Dos Passos oder Alfred Döblin dem Problem, die Vielfalt des städtischen Lebens und der sozialen Strukturen erzählerisch zu organisieren (→ Simultantechnik, → Zeitroman). In der dt. Lyrik entdeckte der → Naturalismus das Thema der großen Stadt (Arno Holz, *Buch der Zeit*, 1886). Der Schwerpunkt liegt auf sozialen Problemen und Kontrasten, auf Motiven wie Proletariat, Armut und Fabrikarbeit. Im → Expressionismus wurde die Stadt zum Ort der Einsamkeit und Entfremdung des Individuums, zum Sinnbild des Verfalls und Untergangs (Georg Heym, Jakob van Hoddis, Johannes R. Becher usw.), während sie in den 20er-Jahren mit ihrer Buntheit, Fülle, Rasanz neue Faszination gewann. Diese große Bedeutung konnte die Großstadtlyrik später – nach ihrer völligen Bedeutungslosigkeit im Dritten Reich – nicht wieder erreichen.

Groteske, künstlerisches Darstellungsprinzip, das auf ungewöhnliche, überraschende und verzerrende Verbindungen heterogener Elemente zielt (das G.), und literarischer Gattungsbegriff für einen kürzeren, heterogene Elemente kombinierenden Text (die G.). Das Wort bezeichnete zunächst antike Ornamente, die Ende des 15. Jh.s in Grotten gefunden worden waren; in der Folgezeit wurde G. auf eine bestimmte Form der Ornamentkunst angewandt, bei der disparate Motive und Bildtraditionen miteinander verbunden (Pflanzen, Menschen, Tiere, Fabelwesen) und in verzerrter, irritierender und z. T. fratzenhaft bedrohlicher Weise dargestellt wurden. Johann Fischart verdeutschte das von ital. *grotta* abgeleitete Wort in seiner *Geschichtklitterung* (1575, 1590), selbst ein monströs-groteskes Sprachkunstwerk erster Ordnung, als ›grubengrotteschisch‹. Im 18. Jh. galt das G. als eine Form des Derb- oder Niedrig-Komischen, die u. a. von Johann Christoph Gottsched und Christoph Martin Wieland abwertend charakterisiert wurde, während Justus Möser gegen Gottscheds Vertreibung des Hanswurst 1761 eine »Vertheidigung des Groteske-Komischen« veröffentlichte. Insbesondere seit der Romantik (E. T. A. Hoffmann u. a.) behauptet das G. sowohl in einer das Hässliche und Satanische betonenden Weise (→ ›Schwarze Romantik‹) als auch in einer eher komischen Form einen festen Platz in der literarischen Tradition (Kafka, Christian Morgenstern, Paul Scheerbart, Friedrich Dürrenmatt usw.).

Als literarische Gattungsbezeichnung kam G. gegen Ende des 19. Jh.s auf (Arthur Schnitzler, Paul Scheerbart); sie umfasst sowohl Theater- und Kabarettexte (→ Kabarett) als auch lyrische und erzählende Texte. Für die dramatische G. wirkte Alfred Jarrys *Ubu Roi* (1896) als Vorbild, für die erzählenden Texte die romantische Tradition. Als Autoren von G.n gelten: für das Drama Frank Wedekind und Carl Sternheim, für Erzählprosa Scheerbart, Oskar Panizza, Gustav Meyrink und Hanns Heinz Ewers, für die Lyrik Morgenstern, Jakob van Hoddis und Hans Arp. Der Gattungsbegriff G. wird durchaus kritisch diskutiert.

Gründerzeit, von der Wirtschaftsentwicklung abgeleiteter Periodisierungsbegriff für die affirmative Kultur und Literatur in der Zeit nach der Reichsgründung (1870/71 – um 1885/90). Der Begriff überschneidet sich mit dem des ›Bürgerlichen → Realismus‹, hebt jedoch bestimmte Bereiche der künstlerischen und literarischen Produktion hervor. Zunächst wurde G. von der Kunstgeschichte verwendet, um den gemeinsamen Zeitstil der Maler Arnold Böcklin, Anselm Feuerbach, Franz v. Lenbach u. a. zu bezeichnen (Monumentalisierung, Repräsentation, Idealisierung, Pose, Inszenierung); als literarhistorischer Begriff bezieht sich G. v. a. auf die literarischen Äußerungen, die auf die als krisenhaft empfundene Gegenwart (1873 mündete der ›Gründerschwindel‹ in eine tiefgreifende Wirtschaftskrise) affirmativ antworteten, indem sie im Gefolge des → Historismus mit der Überhöhung der Vergangenheit und der Produktion historischer Mythen und politisch wirksamer Symbole zur Identitätsstiftung und Glorifizierung des Reiches als dem Ziel dt. Geschichte beitrugen. Das gilt insbesondere für die historische und patriotische Lyrik und Versepik (u. a. Emanuel Geibel, Felix Dahn, Joseph Viktor v. Scheffel usw.), für den → historischen Roman (Dahn, Georg Ebers, Gustav Freytag), das Geschichtsepos (Wilhelm Jordan, Hermann Lingg) und das → Geschichtsdrama (Geibel, Ernst v. Wildenbruch).

Gruppe 1925, 1925 gegründete Vereinigung linksbürgerlicher und kommunistischer Schriftsteller, die aus dem Umkreis des → Expressionismus kamen. Zu ihnen gehörten Johannes R. Becher, Bertolt Brecht, Alfred Döblin, Leonhard Frank und Egon Erwin Kisch. Die Gruppe zerfiel 1928 mit der Gründung des ›Bundes proletarisch-revolutionärer Schriftsteller‹.

Gruppe 47, einflussreichste, personell stark fluktuierende literarische Gruppierung nach dem Zweiten Weltkrieg. Sie entstand 1947 in dem Bestreben, einen neuen Anfang zu setzen und für ein demokratisches Deutschland und für eine der gesellschaftlichen Verantwortung gerecht werdende neue Literatur zu wirken. Damit richtete sie sich sowohl gegen die Versuche, die Literatur der → Inneren Emigration gleichsam fortzuschreiben, wie gegen die restaurative politische Entwicklung in der BRD. Die Geschichte der Gruppe 47 ist daher eng mit der bundesrepublikanischen Restauration verbunden; sie kam 1968, nach Jahren des Bedeutungsverlusts, zu ihrem Ende, wenn auch noch einige Versuche eines Neuanfangs gemacht wurden.

Initiator und Organisator war Hans Werner Richter, auf dessen Initiative und Einladung sich die Autoren (zuerst 1947) trafen, wobei unveröffentlichte Texte vorgelesen und unmittelbar danach einer Stegreifkritik unterworfen wurden. Nach der ersten Phase wuchs das öffentliche Interesse seit den 50er-Jahren stark an, professionelle Kritiker und Verleger wurden einbezogen, Großveranstaltungen mit entsprechender Medienbeteiligung brachten das kritische Ritual in Verruf. Zu dem großen öffentlichen Ansehen der Gruppe 47, der bis auf eine Reihe von älteren Autoren und Einzelgängern die herausragenden Vertreter der Nachkriegsliteratur angehörten, trugen nicht zuletzt die Auftritte bekannter Dichter wie Paul Celan oder Johannes Bobrowski und die jährlichen Preisverleihungen bei (u. a. an Günter Eich, Heinrich Böll, Ilse Aichinger, Ingeborg Bachmann, Martin Walser und Günter Grass). Zum Klima der Restaurationsperiode gehören aber auch die polemischen, z. T. maßlosen Angriffe, denen die Gruppe ausgesetzt war (Günter Blöcker: »Meinungsterror«; Josef-Hermann Dufhues, Geschäftsführender Vorsitzender der CDU: »geheime Reichsschrifttumskammer«).

Gruppe 61, 1961 in Dortmund gegründeter Arbeitskreis von Autoren, Kritikern und Schriftstellern »zur Förderung zeitgenössischer Kräfte, die sich mit der modernen Arbeitswelt beschäftigen«. Es war eine Art Gegengründung zur → Gruppe 47 mit regelmäßigen öffentlichen Tagungen. Die Gruppe 61 folgte einem neorealistischen Programm und verstand sich nicht als Literatur von Arbeitern für Arbeiter, sondern zielte auf eine umfassende »literarisch-künstlerische Auseinandersetzung mit der Arbeitswelt und ihren sozialen Problemen«. Zu den Autoren der Gruppe zählten u. a. Friedrich Christian Delius, Max von der Grün, Angelika Mechtel, und Erika Runge. Auseinandersetzungen über den (›bürgerlichen‹) Literaturbegriff, politische Richtungskämpfe und die Frage nach Identität und Selbstverständnis der Autoren führte 1970 zur Abspaltung des → Werkkreises Literatur der Arbeitswelt und einer Auflösung der Gruppe 61.

H

Häufung, *congeries,* eine Reihung synonymer oder bedeutungsähnlicher Wörter und Ausdrücke, Form der rhetorischen → Amplificatio. Beliebtes Stilmittel insbesondere im 16. und 17. Jh.

Haiku, klassische japanische Gedichtform aus drei Versen von fünf, sieben und fünf Silben, seit dem Ende des 19. Jh.s auch in westlichen Literaturen nachgeahmt (Ezra Pound, Manfred Hausmann u. a.).

Hakenstil, eine Form des → Enjambements in der germ. Langzeilendichtung (→ Langzeile): die syntaktischen Einheiten überspielen die Versgrenze und enden in der Mitte der Langzeile. Das Gegenteil nennt man → Zeilenstil.

Hallesche Dichterkreise, zwei fast gleichzeitige literarische Gruppierungen des 18. Jh.s. Der ›ältere‹ Hallesche Dichterkreis (1734/35–45) um Immanuel Jakob Pyra und Samuel Gotthold Lange ging aus einer 1733 gegründeten ›Gesellschaft zur Beförderung der deutschen Sprache‹ hervor. Er führte die pietistische Gedanken- und Gefühlswelt in die Literatur ein und verband sie mit einem John Milton verpflichteten (und auf Friedrich Gottlieb Klopstock vorausweisenden) religiösen Ton. Im ›jüngeren‹ Halleschen Dichterkreis (um 1739–60) trafen sich Johann Wilhelm Ludwig Gleim, Johann Peter Uz, Johann Nikolaus Götz u. a., zunächst noch Studenten, unter frz. Einfluss und durchaus unpietistisch im Zeichen Anakreons (bzw. der unter seinem Namen überlieferten Lyrik), dessen heiter-gesellige, sinnenfrohe Dichtung sie übersetzten und nachahmten und so den Anstoß zur → Anakreontik gaben.

Handschrift, antiker bzw. mittelalterlicher Buchtypus, der in der 2. Hälfte des 15. Jh.s durch das gedruckte → Buch abgelöst wurde. Der mittelalterliche Kodex bestand aus einer größeren Anzahl von Lagen, die aus vier bis sechs Doppelblättern (Quaternionen, Quinternionen, Sexternionen) zusammengesetzt waren. Bis zum Ende des 14. Jh.s wurde in der Regel auf Pergament geschrieben, danach stieg die Zahl der Papierhandschriften stark an. 1390 wurde in Nürnberg die erste dt. Papiermühle eingerichtet. Das neue Schreibmaterial gehörte zu den Voraussetzungen für die gesteigerte Handschriftenproduktion des späten MA. Hergestellt wurden die H.en v. a. von Mönchen in den Scriptorien der Klöster, aber auch an den Universitäten und in fürstlichen und städtischen Kanzleien. Im Spätmittelalter entstanden auch gewerbsmäßig betriebene, verlagsähnliche Schreibstuben.

Man unterscheidet zwischen Einzel- und Sammelhandschriften. Die Sammelhandschrift war eine verbreitete Buchform, wobei mehrere selbständige Werke (auch größeren Umfangs) in einem Kodex vereinigt wurden. Dies konnte planvoll, aber auch – wohl der Regelfall – zufällig geschehen. Häufig kamen Textsammlungen durch Zusätze und nachträgliche Erweiterungen zustande. Die Blätter wurden meist ein- oder zweispaltig, seltener dreispaltig beschrieben, wobei Ränder und Zeilen vorher durch Linien markiert wurden. Die Gliederung der Texte erfolgte durch rote und/oder blaue Initialen (Lombarden); wichtige Einschnitte konnten durch große, z. T. mit Illustrationen versehene Initialen markiert werden. Darüber hinaus gibt es zahlreiche Beispiele von durchgehenden Textillustrationen (→ Buchillustration). Anfang und Schluss eines Kodex wurden in der Regel besonders hervorgehoben, etwa durch Titel, Autorenporträt (selten; z. B. Heinrich Wittenwiler, *Der Ring*, um 1400–10) oder Incipit-Formel (»Hie hebet sich an …«) bzw. eine Schlussformel, ein Amen oder ein Schreiberkolophon (seit dem Spätmittelalter häufig mit Datierung). Originaleinbände älterer H.en sind nur selten erhalten, da die Kodizes mehrfach neu gebunden wurden. Da die mittelalterlichen H.en liegend aufbewahrt wurden, waren auf den Einbanddeckeln oft schwere Messingbeschläge angebracht.

Hanswurst → Komische Person.

Harlekin → Commedia dell'arte.

Hausväterliteratur, Bezeichnung für die dt. Tradition der Ökonomik, einer frühneuzeitlichen Gattung der Fachprosa. Sie diente zur Unterweisung und Beratung der ›Hausväter‹ wie – durch deren Vermittlung – auch der anderen Hausgenossen (*oeconomia* ›Haus-Lehre‹; griech. *oikos* ›das Haus‹). Dabei verbindet die H. eine alle ›Stände‹ des Hauses betreffende religiöse und sittliche Unterweisung mit einer umfassenden Landwirtschafts- und Gewerbelehre einschließlich der Bereiche Küche, Tier- und Humanmedizin und Arzneikunde. Die Sozialgeschichte bezeichnet dieses Modell sozialer Ordnung als das ›ganze Haus‹, in dem der ›Herr‹ patriarchalisch die seiner Gewalt unterworfene Hausgemeinschaft, zu der auch die Bediensteten gehören, ›regiert‹. Das entspricht einerseits der realen Rechtsform, andererseits hat das Modell eine allegorische Bedeutung als Abbild der göttlichen Ordnung.

Die Vorstellungen der protestantischen Kirchen, insbesondere des Luthertums, die das ›Haus‹ und den christlichen Hausstand als Stütze des Staates aufwerteten, bereiteten den Boden der H. im 16. Jh. (Justus Menius, *Oeconomia Christiana*, 1529, [13]1543). Den neuen Buchtyp, der christliche ›Haus-Lehre‹ und von der breiten Tradition des Agrarschrifttums seit der Antike befruchtete Agrarlehre verband, verkörperte zum ersten Mal Johann Colers *Oeconomia oder Hauß-Buch* (1593–1601). Das bedeutendste Werk der Gattung im 17. Jh. war die *Georgica Curiosa* (1682; vermehrte Ausgaben 1687 bzw. 1715) des österreichischen Protestanten Wolf Helmhard v. Hohberg. Die Wirkung der christlichen Ökonomik reicht bis ins 19. Jh. (Jeremias Gotthelf).

Hebung und Senkung, Bezeichnungen der → Metrik für die schweren, betonten bzw. leichten, schwächer betonten Teile des Verses. Hebung ist die dt. Übersetzung von griech. *arsis*, Senkung die von griech. *thesis*. Die griech. Bezeichnungen stehen für das Aufheben und das Niedersetzen des Fußes beim Tanz oder auch des Taktstocks, wobei *arsis* in der antiken Metrik die kurze Silbe, *thesis* die lange meint. Erst in der Spätantike wurden die Begriffe in Analogie zum Heben und Senken der Stimme in dem noch heute üblichen Sinn umgedeutet.

Heimatkunstbewegung, um 1890 entstandene konservative literarische Bewegung, die den Erscheinungen der Moderne – Dekadenz (→ Décadence), → Naturalismus, Intellektualismus, Zivilisation, Großstadt (Friedrich Lienhard, *Die Vorherrschaft Berlins*, 1900) – eine Rückbesinnung auf Werte wie Heimat, Scholle, Volk, Innerlichkeit, ›Dichtung‹ usw. entgegenstellte. Das Schlagwort ›Heimatkunst‹ prägte Adolf Bartels; ideologisches Gedankengut steuerten Julius Langbehn (*Rembrandt als Erzieher*, 1890) und Paul de Lagarde (*Deutsche Schriften*, 1878–90) bei. Zeitschriften wie *Das Land* (seit 1893), *(Deutsche) Heimat. Blätter für Literatur und Volkstum* (seit 1900) vertraten das Programm der H. Literarische Vorbilder, die nie erreicht wurden, waren u. a. Jeremias Gotthelf, Otto Ludwig, Gottfried Keller, Wilhelm Raabe, Fritz Reuter und Ludwig Anzengruber. Die eigenen Beiträge nehmen Themen der Literatur des 19. Jh.s, insbesondere der → Dorfgeschichte, auf, propagieren mit formal konservativen bis trivialen Mitteln ein gesundes Bauerntum als Lebensmodell mit antiliberalen, zivilisationsfeindlichen und z. T. rassistischen Zügen (Bartels). Daneben entwickeln sich Seitenlinien imperialistischer (Gustav Frenssen, Hans Grimm) und völkisch-religiöser Art (Hermann Burte). Die Ausläufer münden in die Blut-und-Boden-Literatur des Nationalsozialismus (→ Nationalsozialistische Literatur)

Heldenbuch → Heldendichtung.

Heldenepos → Heldendichtung.

Heldendichtung, in dichterische Form gefasste Überlieferung aus der kriegerischen Frühzeit (»heroic age«) einer Gemeinschaft. Sie ist ein übernationales Phänomen. Ihr

Stoff stammt aus der Heldensage und steht für eine Zivilisationsstufe, in der das Kämpferische die bestimmende Kraft ist. Die →Sage bewahrt besonders eindrucksvolle Ereignisse, Menschen (Helden) und Verhaltensweisen vor dem Vergessen, indem sie sie auf bestimmte Muster projiziert. Die heroischen Erzählungen reflektieren zwar vielfach historische Ereignisse (Völkerwanderung, Maurenkämpfe, Wikingereinfälle usw.), doch stellen sich vielfach Verbindungen her, die nicht der Chronologie oder anderen historischen Zusammenhängen, sondern archaischer Typik und literarischen Rollen und Mustern verpflichtet sind bzw. politische Konflikte auf elementare menschliche Verhaltensweisen (Ehre, Habgier, Rache usw.) zurückführen. Heldensage und H. der Germania haben ihren geschichtlichen Bezugspunkt im Wesentlichen in der Völkerwanderungszeit (Dietrich v. Bern: Theoderich; Etzel: Attila usw.).

Heldensage und H. wurden zunächst mündlich tradiert. Die wichtigsten Formen der H. sind Heldenlied und Heldenepos. Ihr Verhältnis zueinander wurde im 19. Jh. durch die sog. Liedertheorie erklärt, die Friedrich August Wolf (*Prolegomena ad Homerum*, 1795) im Hinblick auf die Entstehung der homerischen Epen entwickelt und Karl Lachmann auf das *Nibelungenlied* übertragen hatte: Lied und Epos unterscheiden sich weniger durch ihre Erzählweise als vielmehr durch ihren Umfang, der durch die Addition von Einzelliedern entstanden sei. Andreas Heusler u. a. verwiesen dagegen im 20. Jh. darauf, dass die Unterschiede zwischen Lied und Epos in der Erzählweise bestünden, dass das Epos durch »Anschwellung [...] und Sprache« (Heusler) aus dem Lied, das bereits die vollständige Fabel enthalte, hervorgegangen sei.

Das ahd. *Hildebrandslied*, im 9. Jh. aufgezeichnet, ist das einzige Zeugnis germ. Heldendichtung in dt. Sprache. Es gehört in den Umkreis der Sagen um Dietrich v. Bern, die in Form von Heldenepen seit dem 13. Jh. breit dokumentiert sind. Weitere Heldenlieder auf der Basis süd- und ostgerm.

Stoffe enthält die altnordische *Edda* (13. Jh.). Die mhd. H. setzt, wohl nach längerer mündlicher Überlieferung, Ende des 12. Jh.s ein (*Nibelungenlied* und *Klage*, um 1200; *Kudrun*, um 1230–50; *Ortnit* und *Wolfdietrich*, um 1230–50; eine umfangreiche ›historische‹ bzw. ›märchenhafte‹ oder ›aventiurehafte‹ Dietrichepik von etwa 1230–1300: *Dietrichs Flucht*, *Rabenschlacht*, *Alpharts Tod* bzw. *Goldemar*, *Sigenot*, *Ekkenlied*, *König Laurin*, *Virginal*, *Rosengarten zu Worms* usw.). Charakteristisch für die Form dieser Heldenepen ist ihre strophische Gliederung (→ Epenstrophe). Daneben wurden seit dem späten 12. Jh. auch frz. Heldendichtungen (→ Chanson de geste) aus dem Umkreis der Sagen um Karl den Großen und Guillaume d'Orange rezipiert: Pfaffe Konrad, *Rolandslied* (um 1170); Wolfram v. Eschenbach, *Willehalm* (um 1210–20). Die mhd. H. wurde bis ins 16./17. Jh. überliefert; beliebt waren balladenhafte Umformungen (*Jüngeres Hildebrandslied*, *Lied vom Hürnen Seyfrid* usw.). Die Beliebtheit der Heldenepik zeigen auch die sog. ›Heldenbücher‹ des 15. und 16. Jh.s, Epensammlungen in handschriftlicher und gedruckter Form: *Dresdner Heldenbuch* (um 1472), *Straßburger Heldenbuch* (Drucke 1479 bis 1590), *Ambraser Heldenbuch* (1504–17) u. a.

Heldensage → Heldendichtung.

Hendiadyoin, rhetorische Figur, bei der eine Vorstellung durch zwei mit *und* verbundene Wörter (Substantive, Verben) ausgedrückt wird. Dabei ersetzt die syntaktische Nebenordnung die gedanklich logischere Unterordnung (»Hier hat sie Treu und Hand«, Daniel Casper v. Lohenstein).

Hermeneutik, Kunst des sinngemäßen Verstehens und Auslegens (→ Interpretation) und ihre Theorie. Ihr Anwendungsbereich umfasst neben sprachlichen Texten auch nichtsprachliche Äußerungen und Strukturen (Gesten, Handlungen, Kunst, Musik, Institutionen, historische Verläufe u. a.). Ihre traditionelle Domäne ist jedoch das Verstehen von schriftlichen Texten. Zu unterscheiden ist dabei zwischen speziellen Hermeneutiken – traditionell wichtig sind v. a. die theologische und juristische H. –, die die Kunstregeln des Verstehens für bestimmte Bereiche festhalten, und die allgemeine oder philosophische H., die die sprachlichen, erkenntnistheoretischen und z. T. auch anthropologischen Bedingungen des Verstehens reflektiert.

Die Geschichte der H. beginnt in der Antike und Spätantike mit der Auslegung von Texten von kanonischer Bedeutung, also etwa der Dichtungen Homers, der Schriften des Aristoteles und v. a. dann der Bibel. Dabei wurden neben streng auf den Wortlaut bezogenen grammatischen Methoden auch Verfahrensweisen entwickelt, die auf eine hinter dem vordergründigen Wortsinn verborgene Bedeutung zielten. Diese von der Patristik zur Lehre vom mehrfachen Schriftsinn (→ Allegorese) ausgebaute Methode blieb für das ganze MA verbindlich und wurde erst durch die reformatorische Orientierung am Wortsinn in Frage gestellt. Nach den ersten Schritten zu einer allgemeinen H. in der → Aufklärung (Aufhebung der bisher grundsätzlichen qualitativen Unterscheidung von geistlicher und profaner H.) gilt der Theologe Friedrich Schleiermacher als Begründer der neueren H. (*Hermeneutik und Kritik*, postum 1838). Er definiert H. als »die Kunst, die Rede eines andern, vornehmlich die schriftliche, richtig zu verstehen«. Dabei bezieht er die sprachlichen Äußerungen einerseits auf die »Gesamtheit der Sprache«, andererseits auf das individuelle Denken des Verfassers. Verstehen erscheint als »Nachkonstruktion« der »grammatischen« wie der »psychologischen« Komponente. Die »Einheit« eines Werkes »als das den Schreibenden bewegende Prinzip« kann nur psychologisch nachvollzogen werden; die psychologische Auslegung, die immer nur »Annäherung« und eine »Kunst« ist, ist nichts anderes »als vollkommenes Verstehen des Stils«. Wilhelm Dilthey führte die H. Schleiermachers weiter und erklärte das hermeneutische Verstehen zur grundlegenden Methode der Geisteswissenschaften und grenzte diese damit von den

»erklärenden« Naturwissenschaften ab (*Die Entstehung der Hermeneutik*, 1900; *Der Aufbau der geschichtlichen Welt in den Geisteswissenschaften*, 1910). Besonderes Objekt des Verstehens ist das Kunstwerk, dessen allgemeingültige Wahrheit sich im psychologisch-einfühlenden Nachvollzug, im kongenialen »Sich-Hineinversetzen, Nachbilden, Nacherleben« erschließt.

Anders als die geisteswissenschaftliche H. ist die sog. philosophische H. keine Methodenlehre des Verstehens; sie geht dieser vielmehr voraus. Ihre existentialistische Version als H. des »Daseins« – die Seinserfahrung gibt das Vorwissen, das als Grundlage des Verstehens immer erforderlich ist – formulierte Martin Heidegger, der damit auch auf die Literaturwissenschaft wirkte (Emil Staiger; → Interpretation). Hans Georg Gadamer, Schüler Heideggers, nahm Anregungen seines Lehrers auf (*Wahrheit und Methode*, 1960), als er den Begriff des Verstehens jenseits einer spezifischen geisteswissenschaftlichen Methodik »als universale Bestimmtheit des Daseins« definierte. Dabei betonte er v. a. den historischen Aspekt des Verstehens, die Rolle der Vor-Urteile von Geschichte und Tradition und wertete – im Gegensatz etwa zu Schleiermacher – die Eigenleistung des Subjekts ab: »In Wahrheit gehört die Geschichte nicht uns, sondern wir gehören ihr. [...] Darum sind die Vorurteile des einzelnen weit mehr als seine Urteile die geschichtliche Wirklichkeit seines Seins.«

Dem von Gadamer vorgetragenen Geltungsanspruch der Tradition und der Vorurteile stellte Jürgen Habermas ein anderes, ideologiekritisches Konzept entgegen, während sich grundsätzliche Kritik am hermeneutischen Verfahren seit den 80er-Jahren in den Theorien des → Strukturalismus oder des Dekonstruktivismus (→ Dekonstruktion) äußerte. Gleichzeitig wurden, ausgelöst durch diese Kontroversen, die hermeneutischen Überlegungen in der Literaturwissenschaft nach den Begründungsversuchen der sog. werkimmanenten Interpretation auf höherem Reflexionsniveau erneut aufgenommen. Auch die → Rezeptionsästhetik griff auf Kategorien Gadamers zurück.

Das Grundmodell (oder das Grundproblem) der H. wird mit dem Begriff des ›hermeneutischen Zirkels‹ bezeichnet: Der Akt des Verstehens geht von einem Vorwissen aus, das mit dem Text konfrontiert wird und sich in dem Maße verändert, in dem das Subjekt Teile des Textes erschließt. Zugleich ergibt sich das Dilemma, dass das Ganze nur aus den Teilen und die Teile nur in Bezug auf das Ganze verstanden werden können. Dieser Vorgang wird bei jeder neuen Lektüre wiederholt und führt zu einem differenzierteren Verstehen, ohne dass sich jedoch die Zirkelstruktur überwinden ließe.

Heroiden, fiktive Briefe berühmter Frauen und Männer in Versform, humanistisch-barocke Sonderform der → Epistel. Andere Bezeichnungen sind heroischer Brief und Helden- bzw. Heldinnenbrief. Das Modell, von dem die neuzeitliche Gattungsentwicklung ausging, lieferte Ovid mit seinen *Epistulae Heroidum*, fingierten Liebesbriefen von Frauen der Mythologie (z. T. mit Antwortbriefen) in elegischem Versmaß (Distichen; → Elegie). In der ital. Renaissance wurde die Form wieder aufgenommen; im dt. Humanismus machte Eobanus Hessus mit christlichem Akzent den Anfang (*Heroidum christianarum Epistolae*, 1514). Höhepunkte der deutschsprachigen H. bilden Christian Hoffmann v. Hoffmannswaldaus *Helden-Briefe* (1679) in elegischen → Alexandrinern, die ihre Liebespaare u. a. aus der Geschichte nehmen und demonstrieren sollen, »was die Liebe vor ungeheure Spiel in der Welt anrichte«. Das religiös-moralisierende Gegenstück dazu bildet die *Helden-Liebe Der Schrifft Alten Testaments* (1690) von Heinrich Anselm v. Ziegler und Kliphausen. Versuche August v. Platens, die Gattung zu erneuern, blieben ohne Resonanz.

Heroisch-galanter Roman → Höfisch-historischer Roman.

Heroldsdichtung, auch heraldische Dichtung oder Wappendichtung, lehrhafte Dichtungsform des 13.–15. Jh.s, die

die Beschreibung und (allegorisierende) Auslegung von Wappen mit Lobpreis und Huldigung seines Trägers bzw. seines Geschlechts verbindet. Die H. knüpft an Traditionen des Turnierwesens (Reimsprecherkunst) und an Wappenschilderungen im → höfischen Roman seit Heinrich v. Veldeke und entsprechende selbständige Dichtungen an (Konrad v. Würzburg, *Das Turnier von Nantes*, um 1260). Zu den Hauptvertretern der H. gehört der Spruchdichter Peter Suchenwirt (14. Jh.) mit seinen ›Ehrenreden‹. Im 16. Jh. tritt die Dichtung der → Pritschmeister an die Stelle der H.

Hexameter, Versmaß antiker Herkunft, das aus sechs metrischen Einheiten (→ Metrik), insbesondere → Daktylen besteht (daktylischer H.); der letze Versfuß ist verkürzt (katalektisch). Schema: – ◡ ◡ – ◡ ◡ – ◡ ◡ – ◡ ◡ – ◡ ◡ – ◡. Dabei können die vier ersten Versfüße durch → Spondeen (– –) ersetzt werden; Zäsuren fördern ebenfalls die Beweglichkeit des Verses, der in der antiken Dichtung v. a. im Epos sowie – zusammen mit dem → Pentameter – im elegischen → Distichon verwendet wird. In den dt. Nachahmungen, die nach einigen frühen Versuchen im 16. und 17. Jh. Mitte des 18. Jh.s einsetzen, treten in der Regel → Trochäen an die Stelle von Spondeen. Allerdings versuchten strenge Metriker wie Johann Heinrich Voß und August v. Platen die Nachbildung des antiken Spondeus.

Den entscheidenden Durchbruch bei der Einführung des H.s in die dt. Literatur bedeutete Friedrich Gottlieb Klopstocks *Messias* (1748–73); es folgten u. a. die Homerübersetzungen und die Idyllendichtung von Voß, Goethes epische Dichtungen (*Reineke Fuchs*, 1794; *Hermann und Dorothea*, 1797; *Achilleis*, 1808) und Schillers philosophische Lyrik, im 19. Jh. Friedrich Hebbel, im 20. Jh. neben Autoren der antikisierenden Richtung wie Rudolf Alexander Schröder auch Gerhart Hauptmann und Thomas Mann in ihren epischen und idyllischen Versuchen sowie Bertolt Brecht.

Hiat(us), Bezeichnung für das Aufeinandertreffen von vokalischem Auslaut und vokalischem Beginn benachbarter

Wörter im Vers. Ein schwachtoniges *e* im Auslaut eines Wortes wird meist ausgelassen (→ Elision) und so der H. vermieden (»Ich fühl', ich fühl' es«). Eine entsprechende Forderung stellte bereits Martin Opitz im *Buch von der Deutschen Poeterey* (1624) auf; seit dem 18. Jh. ist der Umgang mit dem H. unterschiedlich.

Hildebrandston → Nibelungenstrophe.

Hirtendichtung → Schäferdichtung.

Historie, (1) in Spätmittelalter und früher Neuzeit Bezeichnung für eine Erzählung in Vers oder (vorwiegend) Prosa, insbesondere den → frühneuhochdt. Prosaroman (›Histori‹, ›Historia‹); (2) Bezeichnung für eine Gattung des Elisabethanischen Dramas, die Ereignisse der engl. Geschichte gestaltet.

Historienbibel, ein v. a. im 15. Jh. verbreiteter Bibeltyp, der die erzählenden Inhalte der Bibel, erweitert um apokryphe und profangeschichtliche Texte, in freier Prosabearbeitung darbot und so v. a. den Laien, d. h. den Adeligen, Patriziern und Stadtbürgern, biblische Grundkenntnisse vermittelte. Quellen der H.n waren die *Vulgata*, Kompendien wie die *Historia scholastica* (um 1170) des Petrus Comestor und das *Speculum historiale* (um 1250) des Vinzenz v. Beauvais sowie dt. Reimchroniken (z. B. die *Weltchronik*, um 1250, von Rudolf v. Ems). Es sind mehr als 100 dt. H.n bekannt.

Historischer Roman, inhaltlich bestimmte Romangattung vornehmlich des 19. und 20. Jh.s. Im Unterschied zu älteren Romangattungen wie dem → höfisch-historischen Roman des Barock, bei dem Geschichte nur als poetologisches Moment (Wahrscheinlichkeit), belehrendes Exempel oder Projektion der Gegenwart bedeutsam wird, oder dem nur am Kostümeffekt und Reiz des Fremdartigen interessierten historischen Trivialroman (→ Trivialliteratur) des späten 18. Jh.s zielt der historische Roman des 19. Jh.s auf die historische Wahrheit des Dargestellten selbst. Dadurch entsteht eine für den historischen Roman typische Spannung zwischen diesem Anspruch und der sich in der fiktionalen Umsetzung manifestierenden künstlerischen Freiheit. Vorreden nehmen häufig apologetisch dazu Stellung.

Voraussetzung des historischen Romans ist das neue entwicklungsgeschichtliche Denken des 18. Jh.s (Giambattista Vico, Johann Gottfried Herder); im 19. Jh. setzte Leopold v. Rankes historische Schule mit dem Anspruch »zu zeigen, wie es eigentlich gewesen«, die Maßstäbe. Das entscheidende literarische Modell lieferte Sir Walter Scott, angeregt von Goethes *Götz von Berlichingen* (1773), mit *Waverly* (1814), einem Geschichtspanorama der Zeit um 1745 (Auseinandersetzung zwischen den Stuarts und dem Haus Hannover) aus der Perspektive eines fiktiven ›mittleren‹ Helden. Das Vorbild der Romane Scotts – *Waverly* folgten etwa 30 weitere – prägte den europäischen historischen Roman des 19. Jh.s. Das gilt auch für die dt. Entwicklung.

Zwar gab es bereits in der Romantik vor bzw. unabhängig von Scott Versuche historischer Romane (Achim v. Arnim, *Die Kronenwächter*, 1817), doch Scott bestimmte die weitere Entwicklung. Unter den zahlreichen Nachfolgern ragen Wilhelm Hauff (*Lichtenstein*, 1826), Ludwig Tieck (*Vittoria Accorombona*, 1840) und v. a. Willibald Alexis mit seinen Romanen über die brandenburg-preußische Geschichte vom Ende des MA bis zur jüngsten Vergangenheit heraus (u. a. *Die Hosen des Herrn von Bredow*, 1846; *Ruhe ist die erste Bürgerpflicht*, 1852). Ähnlichen historischen Anspruch erhob Hermann Kurz (*Schillers Heimathjahre*, 1843; *Der Sonnenwirt*, 1855); den größten Erfolg im 19. Jh. erzielte allerdings Joseph Viktor v. Scheffel mit seiner Mischung von Wissenschaftlichkeit und Sentimentalität (*Ekkehard*, 1855).

Nach der Reichsgründung unternahm es Gustav Freytag in einem großen Zyklus, die »geistige Einheit« der dt. Geschichte am Beispiel zweier Familien von der germ. Zeit bis zur Gegenwart darzustellen (*Die Ahnen*, 1872–81). Zu den herausragenden Beispielen des historischen Romans dieser

Zeit zählen Adalbert Stifters *Witiko* (1865–67), Conrad Ferdinand Meyers *Jürg Jenatsch* (1874), Theodor Fontanes *Vor dem Sturm* (1878) und Wilhelm Raabes *Das Odfeld* (1888). Daneben entfaltete sich in großer Breite der sog. → Professorenroman (Felix Dahn, Georg Ebers).

Eine biographische Orientierung bestimmte den historischen Roman in den ersten Jahrzehnten des 20. Jh.s (Ricarda Huch, Stefan Zweig, Max Brod, Lion Feuchtwanger, Alfred Döblin u. a.). Auffallend viele historische Romane wurden während des Dritten Reiches geschrieben, in Deutschland (Werner Bergengruen, Gertrud v. Le Fort) und in der Emigration (→ Exilliteratur). Gerade hier entstanden die großen historischen Romane des 20. Jh.s als humanistische Gegenentwürfe in der Auseinandersetzung mit dem Faschismus und der Exilsituation (Heinrich Mann, *Henri Quatre*, 1935–38; Thomas Mann, *Joseph und seine Brüder*, 1933–43; Hermann Broch, *Der Tod des Vergil*, 1945). Neuere Annäherungen an den historischen Roman führen über die Biographie (Peter Härtling, Christa Wolf) sowie über antike Mythologie und Geschichte (Wolf, Christoph Ransmayr).

Historisches Drama → Geschichtsdrama.

Historisches Lied, früher auch Historisches Volkslied, Bezeichnung für meist anonym überlieferte Lieder, die von historischen Personen und Ereignissen (meist parteiisch) berichten. Derartige Lieder sind seit dem späten MA breit überliefert und werden mit der Erfindung des Buchdrucks (→ Flugblatt) verstärkt zu propagandistischen und agitatorischen Zwecken eingesetzt (Bauernkriege, Türkenkriege, Dreißigjähriger Krieg usw.). → Politische Dichtung.

Historismus, Bezeichnung für die v. a. das 19. Jh. durchdringende Auffassung von der Geschichtlichkeit alles, auch des geistig Seienden. In diesem Sinn, dass nämlich alle kulturellen Erscheinungen unter dem Gesichtspunkt ihrer geschichtlichen Entstehung und Entwicklung zu verstehen seien, wurde der H. zur Grundlage aller geisteswissenschaftlichen Disziplinen. Geschichte bildete so die Basis für die Erklärung und das Verstehen (→ Hermeneutik) literarischer, künstlerischer, kultureller Phänomene. Johann Gottfried Herder hatte mit seiner organischen Geschichtsauffassung und ihren Kategorien Individualität und Entwicklung die Voraussetzung für den H. geschaffen; in der Romantik setzte er sich dann, nicht zuletzt angeregt durch die rechtsgeschichtlichen Forschungen Friedrich Carl v. Savignys und seine historische Schule der Rechtswissenschaft, in der Wissenschaft durch und führte zur Begründung der historisch ausgerichteten Nationalphilologien und zum Aufschwung der Geschichtswissenschaft selbst. Literarische Auswirkungen zeigen sich u. a. im → historischen Roman und im → Geschichtsdrama. In der angewandten Kunst und insbesondere in der Architektur führte der H. zur Wiederbelebung historischer Stile (Romanik, Gotik, Renaissance).

Höfische Klassik, literaturgeschichtlicher Epochenbegriff für die Zeit von etwa 1160 bis 1230. Sie gilt seit der → Germanistik des 19. Jh.s als erste klassische Periode der dt. Literatur; in Analogie zum Begriff → Weimarer Klassik hat man später, dem Beispiel des Kunsthistorikers Wilhelm Pinder (1935) folgend, auch von ›Staufischer Klassik‹ gesprochen. Im Unterschied zur frühmhd. Literatur, die unter geistlichem Vorzeichen stand, war die Literatur des hohen MA Ausdruck einer neuen weltlichen Kultur des Adels, einer höfischen Kultur, die sich im Rahmen eines tiefergehenden, die feudale Struktur differenzierenden gesellschaftlichen Wandels seit etwa 1150 entwickelte. Dabei kam der Etablierung eines kulturbewussten Ministerialenstandes besondere Bedeutung zu. Auf dem prunkvollen Mainzer Hoftag Friedrich Barbarossas Pfingsten 1184 manifestierte sich der ritterlich-adelige Kulturanspruch in bis dahin unerhörter Weise.

Der neue höfische Stil kam aus Frankreich, und mit ihm kamen auch – zusammen mit den Vokabeln für die zivilisatorischen Neuerungen – die entscheidenden literarischen

Anregungen und Vorbilder. Gefördert wurde der kulturelle Austausch durch dynastische Verflechtungen, durch das Entstehen größerer Machtzentren mit entsprechend vielfältigen Hofgesellschaften, durch übernationale, die sprachlichen und politischen Grenzen überschreitende Unternehmungen wie den Kreuzzug Konrads III. (1147–49) oder die Italienzüge Barbarossas seit 1160. Zur neuen höfischen Kultiviertheit, die allerdings auch später mehr Ideal als Wirklichkeit war, gehörte von vornherein die Literatur, die die neuen Konzepte vorstellte und Maßstäbe höfischen Verhaltens vermittelte. Dies geschah weniger durch direkt lehrhafte Dichtung – ein Beispiel dafür ist *Der welsche Gast* (1215–16) Thomasins v. Zerklaere – als vielmehr durch die Demonstration dieses höfisch-ritterlichen Menschen- und Kulturideals in der um Minne und Abenteuer kreisenden lyrischen und epischen Dichtung.

Im → Minnesang setzte sich nach westlichem Vorbild um 1170 das Konzept der ›hohen Minne‹ durch, eines höfischen Frauendienstes, in dem die Terminologie des Lehnswesens auf das Verhältnis von Mann und Frau übertragen und die *frouwe* (Herrin) zu einem unerreichbaren Ideal hochstilisiert wurde, Ansporn für den Mann, in nimmer erlahmendem, wenn auch hoffnungslosem Minnedienst höfische Kardinaltugenden wie *triuwe*, *mâze* und *hohen muot* zu bewähren, sich sittlich zu läutern und zu vervollkommnen. Es handelt sich dabei nicht um persönliche Liebesdichtung, sondern um Rollendichtung, in der sich über das Verhältnis von Mann und Frau hinaus die soziale Abhängigkeit des neuen Ministerialenstandes im Lehnswesen, aber auch ein allgemeines ritterliches Bewährungsethos spiegeln mag. Einen engeren Bezug zur Lebenswirklichkeit als der oft stark stilisierte Minnesang zeigt die sog. → Spruchdichtung, die trotz ihres Namens ebenfalls gesungen wurde. Es ist lyrische Dichtung, die ethische, moralische und religiöse Fragen behandelt, sich in die politischen Auseinandersetzungen einmischt (Walther v. der Vogelweide), über Fragen der

Kunst und die Bedingungen der Sängerexistenz in der Gesellschaft reflektiert und so einen stärker didaktisch orientierten Beitrag zur höfischen Kultur leistet. Die Grenzen zum Minnesang bleiben dabei fließend.

Das ritterlich-höfische Ethos prägt auch, ins Aktive gewendet, die epische Dichtung des hohen MA. Dichter wie Hartmann v. Aue oder Wolfram v. Eschenbach betonen ausdrücklich ihren ritterlichen Stand – und distanzieren sich damit zugleich von der institutionalisierten, d. h. kirchlich vermittelten Form der Gelehrsamkeit. Die Vorlagen für den → höfischen Roman kamen zunächst fast ausschließlich aus Frankreich; dies gilt für den Antikenroman (Heinrich v. Veldeke, Herbort v. Fritzlar) ebenso wie für die von Chrétien de Troyes begründete → Artusepik (Hartmann, Wolfram u. a.), die Neuinterpretation frz. Heldenepik (→ Chanson de geste) in Wolframs *Willehalm* und die Tristanromane (Eilhart v. Oberge, Gottfried v. Straßburg). Die Romane zeigen höfische Ritter, wie sie sich – in der Regel im Dienst ihrer Damen – ritterlich und menschlich bewähren, gesellschaftliches Ansehen erringen und lernen, einen Ausgleich zwischen ihrer Stellung in der höfischen Welt und ihrem Verhältnis zu Gott zu finden. Allerdings formuliert die spätere Gralsdichtung bereits Zweifel an diesem optimistischen Glauben an eine derartige Harmonie. Der Versuch, das *Nibelungenlied*, die einzige große epische Dichtung der klassischen Zeit aus einheimischer Überlieferung, dem neuen Geist zu unterwerfen, zeigt die Grenzen der höfischen Überformung. Andererseits erwies sich die Kraft des höfischen Ideals und seiner Formkultur auch darin, dass sich die didaktische und erbauliche Literatur der Zeit (→ Lehrdichtung) den formalen und stilistischen Errungenschaften der höfischen Klassik unterwarf. Erst in der → spätmittelalterlichen Literatur gewann der religiöse Diskurs wieder eine neue Bedeutung.

Höfischer Roman, epische Großform des MA. Es handelt sich um romanhafte Versdichtungen, die seit der 2. Hälfte des 12. Jh.s im Auftrag bzw. im Umkreis der Höfe als idealisierende Selbstdarstellungen der adeligen Gesellschaft entstanden. Von den Stoffen, der Form, der Sprache und dem Ethos sind sie deutlich von der gleichzeitigen Heldenepik (→ Heldendichtung), der anderen erzählenden Großform des MA, unterschieden. Auftraggeber waren Fürsten oder Fürstinnen, die den Dichtern den Lebensunterhalt sicherten und die Arbeitsmaterialien und die Vorlagen zur Verfügung stellten (→ Mäzenatentum). Die Epiker selbst waren in der Regel lateinisch gebildet und besaßen bis auf wenige Ausnahmen Französischkenntnisse. Einige gehörten nachweislich dem Ministerialenstand an (Hartmann v. Aue, Rudolf v. Ems). Ihr Publikum war die höfische Gesellschaft mit der Familie des Auftraggebers an der Spitze; an deren Vorstellungen und Vorgaben war der Dichter gebunden. Zugleich mahnte er jedoch mit seinen idealisierenden Schilderungen höfischen Verhaltens indirekt eine Besserung der Hofsitten an; außerdem schloss die poetische Verklärung direkte hofkritische Passagen keineswegs aus. Die höfischen Romane wurden in der Regel auf Hoffesten oder in kleinerem Kreis vorgetragen; zugleich waren sie jedoch auch als Bücher konzipiert, die gelesen werden konnten.

Die Romane erzählen in der Regel von den Fahrten einzelner vorbildlicher Ritter, die als Folge von Abenteuern, Kämpfen und anderen Begegnungen angelegt und jeweils durch Hofszenen abgegrenzt sind. Sie zeigen, wie sich der Ritter, meist im Dienst seiner Minnedame, in der Auseinandersetzung mit der Welt und in der Liebe bewährt, gesellschaftliches Ansehen erringt und einen Ausgleich zwischen weltlich-höfischen Wertvorstellungen und christlichem Glauben findet. Dabei verläuft der Abenteuerweg, der zugleich einen inneren Prozess der Läuterung spiegeln kann, nicht immer ohne Brüche: Im Artusroman (→ Artusepik) erweist sich auf Grund von Verfehlungen des Helden meist ein neuer Anlauf als notwendig (›doppelter Cursus‹), der den Helden schließlich auf eine höhere Stufe führt. Im

Gralsroman erhält dieser Prozess religiöse Akzente; er stellt die Frage, ob sich die ritterlich-höfischen Welt- und Wertvorstellungen mit den christlichen Glaubenswahrheiten vereinbaren lassen. Das hohe künstlerische Bewusstsein der Dichter zeigt sich nicht nur in der Vers- und Sprachbehandlung (vierhebiger Reimpaarvers), sondern auch in den Exkursen, Kommentaren und wertenden Zwischenbemerkungen des auktorialen → Erzählers und in kunstvollen, die ästhetischen Vorstellungen des Dichters reflektierenden Prologen.

Der Artus- und Gralskomplex, die Tristansage sowie antike Stoffe bilden die wichtigsten Grundlagen des höfischen Romans. Seine Geschichte beginnt Mitte des 12. Jh.s in Frankreich mit der Aneignung antiker Stoffe (Alexander, Äneas, Troja), wobei neben der römischen Epik auch der hellenistische Liebesroman als Muster diente. Neue Akzente setzten die frz. Versromane v. a. in der Ausgestaltung der Liebesthematik und der dem höfischen Ideal entsprechenden Gesellschaftsdarstellung. Die größte Wirkung ging von dem *Roman d'Eneas* (um 1160) aus, dessen dt. Fassung durch Heinrich v. Veldeke (*Eneit*, um 1170–90) schon nach der Meinung der Zeitgenossen den dt. höfischen Roman begründete. Fast gleichzeitig schuf Chrétien de Troyes mit seinen fünf Artus- bzw. Gralsromanen die modernste und folgenreichste Form des höfischen Romans, indem er die Romanform auf die nicht-antiken keltischen Sagenstoffe der »matière de Bretagne« anwandte und ihr zugleich die besondere Struktur des doppelten Weges gab.

Mit den Bearbeitungen der Romane Chrétiens durch Hartmann v. Aue (*Erec*, um 1180–85; *Iwein*, um 1200) und Wolfram v. Eschenbach (*Parzival*, um 1200–10) sowie dem *Tristan* (um 1210) Gottfrieds v. Straßburg nach Thomas v. Britannien erreichte der dt. höfische Roman seinen künstlerischen Höhepunkt. Im Verlauf des 13. Jh.s entstanden zahlreiche weitere Artus-, Minne- und Abenteuerromane, die die bekannten Stoffe und Motive aufnahmen, kompilierten und variierten. Isoliert blieb der *Prosa-Lancelot*, der Mitte des 13. bzw. Anfang des 14. Jh.s ins Deutsche übertragen wurde. Als bedeutendstes Werk der späten Artusdichtung gilt Albrechts *Jüngerer Titurel* (um 1260–75), ein großangelegter Gralsroman auf der Basis der *Titurel*-Fragmente Wolframs. Mit dem Werk von Rudolf v. Ems zeigte sich eine Tendenz zu einer wirklichkeitsnäheren Darstellungsweise (*Der gute Gerhard*, um 1220–25; *Alexander*, um 1230–40; *Willehalm von Orlens*, um 1235–40), während Konrad v. Würzburg v. a. durch seine artistische Sprachkunst brillierte (*Engelhard*, um 1270; *Partonopier und Meliur*, um 1277; *Trojanerkrieg*, um 1280–87). Bearbeitungen der alten Versromane wurden noch im 15. Jh. vorgenommen (Ulrich Fuetrer, *Buch der Abenteuer*, um 1473–1483). Als Prosabearbeitungen erschienen sie noch bis ins 17. Jh. hinein im Druck.

Höfisch-historischer Roman, eine auch als höfischer oder heroisch-galanter Roman bezeichnete epische Großform des 17. Jh.s. Seine Handlung und Struktur beruhen auf dem spätantiken Liebesroman (Heliodor), der das Geschehen – eine Liebesgeschichte mit Trennung und Wiedervereinigung, Prüfung und Bewährung – durch seine Erzähltechnik einer artifiziellen Ordnung unterwirft: unvermittelter Einsatz (*medias in res*) an einem bereits weit fortgeschrittenen Punkt der Handlung, sukzessives Nachholen der Vorgeschichte(n). Bezeichnend für die großen höfisch-historischen Romane des → Barock ist die z. T. gewaltige Vermehrung des Personals, so dass sich ein komplexes Geflecht von Gegenwartshandlung und Vor- und Lebensgeschichten ergibt, das im dialektischen Spiel von Verwirrung und Entwirrung schließlich hinter der vordergründig chaotischen, fortunabeherrschten Welt die providentielle Ordnung sichtbar macht. Eine politische Dimension erhielt die Gattung durch John Barclays neulat. *Argenis* (1621, dt. von Martin Opitz 1626): Sie begründete, als eine Art Propagandaschrift für den frz. Absolutismus, die Einheit von Liebes- und

Staatsgeschichte, die von da an für den höfisch-historischen Roman verbindlich wurde. Nach Übertragungen aus dem Frz. und Ital. setzte mit Andreas Heinrich Bucholtz' *Herkules* (1659–60) die deutsche Eigenproduktion ein, aus der die Romane von Philipp v. Zesen (*Assenat*, 1670), Anton Ulrich v. Braunschweig (*Aramena*, 1669–73; *Octavia*, 1677–1707 bzw. vermehrt 1712), Daniel Casper v. Lohenstein (*Arminius*, 1689–90) und Heinrich Anselm v. Ziegler und Kliphausen (*Asiatische Banise*, 1689) herausragen.

Hörspiel, an das Medium des Rundfunks gebundene Gattung, die literarische Formen und Techniken mit akustischen Elementen – Ton, Geräusch, Musik – verbindet und damit beim Hörer einen akustischen Phantasieraum zu evozieren sucht. Die Formen und Inhalte des H.s sind vielfältig und machen eine Typologie unmöglich: literarisch anspruchsvolles H., Bearbeitungen von Klassikern der dramatischen und epischen Dichtung, Kriminal- und Science-fiction-Hörspiele, Spiele für den Kinder- und Schulfunk usw. Neben dem traditionellen radiophonen Wortkunstwerk haben sich andere Formen entwickelt. Dazu gehört das experimentelle ›neue H.‹ mit seinen zwei Richtungen: dem spielerischen und sprachkritischen »totalen Schallspiel« (Friedrich Knilli) bzw. dem sog. ›O-Ton-Hörspiel‹, dem Arrangement akustischen Materials auf der Basis von Tonbändern mit Originaltonaufzeichnungen.

Die Geschichte des H.s begann 1924. In diesem Jahr wurden in London Richard Hughes' *A Comedy of Danger* und danach in Frankfurt a. M. Hans Fleschs *Zauberei auf dem Sender* gesendet, während zur gleichen Zeit Hans S. v. Heister den Begriff H. prägte. An der raschen Entwicklung der Gattung und der Ausformung verschiedener Möglichkeiten – Stimmenhörspiel, ›innere Bühne‹, realistisches H.; H. als Medium der politischen Aufklärung der Massen – waren Autoren wie Hermann Kasack, Brecht, Walter Benjamin und Arno Schirokauer beteiligt. Doch mit dem Nationalsozialismus wurde der Rundfunk – und mit ihm das H. –

Medium völkischer Propaganda, an der sich u. a. Arnolt Bronnen und Hans Johst beteiligten.

Die große Zeit des H.s nach dem Krieg wurde durch Wolfgang Borcherts *Draußen vor der Tür* (1947) eingeleitet; programmatische Bedeutung erhielt dann Günter Eichs H. *Träume* (1951) mit seiner Tendenz zur Verinnerlichung. Neben Eich gehörten Leopold Ahlsen, Ilse Aichinger, Ingeborg Bachmann, Heinrich Böll, Friedrich Dürrenmatt, Max Frisch, Wolfgang Hildesheimer, Walter Jens, Marie Luise Kaschnitz, Dieter Wellershoff und Wolfgang Weyrauch zu den maßgebenden Autoren des literarischen H.s in der BRD. In der DDR entwickelte sich seit den 60er-Jahren eine stärker realitätsbezogene Form des H.s (Manfred Bieler, Stephan Hermlin, Günter Kunert u. a.). Die Opposition gegen das literarische H. – vgl. Wolf Wondratschek, *Paul oder die Zerstörung eines Hörbeispiels* (1969) – führte zu experimentellen spielerischen und sprachkritischen H.en im Anschluss an den → Dadaismus und die → konkrete Dichtung (Peter Handke, Ludwig Harig, Ernst Jandl, Friederike Mayröcker, Franz Mon), zu musikalisch strukturierten ›Partituren‹ (Mauricio Kagel, Gerhard Rühm) oder dokumentarischen O-Ton-Hörspielen (Yaak Karsunke, Michael Scharang, Paul Wühr). Daneben behauptet sich das traditionelle H. weiter, wenn auch die Gattung insgesamt angesichts der Konkurrenz der visuellen Medien an Bedeutung verloren hat.

Hofdichter, in weiterem Sinn Dichter, die an einem Hof leben, entweder mäzenatisch unterstützt (→ Mäzenatentum) oder ein Amt ausübend, in engerem Sinn angestellter und für dieses Amt bezahlter Dichter. H. der letzten Art gibt es seit der Antike; meist abwertend wird der Begriff gebraucht für die dt. H. des frühen 18. Jh.s, die als Poeten, Zeremonienmeister und Organisatoren höfischer Feste für die absolutistische Repräsentationskultur zuständig waren (Johann Ulrich König, Dresden; Johann v. Besser, Berlin; Karl Gustav Heraeus, Wien).

Humanismus, eine von Italien ausgehende gesamteuropäische Bildungsbewegung der frühen Neuzeit (14.–16./17. Jh.). Ihr Kern waren die ›studia humaniora‹ oder ›studia humanitatis‹, d. h. die produktive Aneignung der »bonae litterae«, die »erst den Menschen ausmachen« (Erasmus v. Rotterdam). Damit waren nicht nur die Pflege und Beherrschung der antiken Sprachen gemeint, sondern auch die durch die Literatur und ihre rhetorisch geprägte Sprache vermittelten Inhalte. In scharfem Kontrast zum heilsgeschichtlichen Denken des MA, zur abstrakten scholastischen Philosophie und zum Ausbildungsmonopol der Kirche formulierte der H. im Rückgriff auf die diesseitige Lebensphilosophie und Anthropologie der Antike ein Bildungsideal, das die anthropozentrische Wende der Renaissance in literarisch-moralphilosophischer Hinsicht auf programmatischer Weise verkörperte. Indem der H. auf die unverfälschten Quellen der Literatur und der Philosophie jenseits des ›dunklen‹ MA zurückgriff, schuf er die Grundlagen neuzeitlicher, diesseitsorientierter Denk- und Lebensformen, neuer ästhetischer Modelle und eines neuen autonomen Menschenbilds.

Die praktischen Aufgaben in der Frühzeit des H. bestanden v. a. in der Suche und der Erschließung der antiken Quellen. Es kam zu zahlreichen Neuentdeckungen; insbesondere wurde auch die griech. Literatur, in lat. Übersetzungen, zugänglich gemacht. Hierbei spielten griech. Gelehrte eine besondere Rolle, die angesichts der Bedrohung durch die Türken Konstantinopel verließen und zahlreiche Handschriften nach Italien brachten. Die Erfindung des Buchdrucks verstärkte die Dynamik der humanistischen Bewegung. Zentren des H. waren zunächst Städte und Fürstenhöfe, erst später die Universitäten. In Italien organisierte sich die neue Bildungselite in den Akademien von Florenz, Rom und Neapel, in denen unter fürstlicher Protektion die wesentlichen Fragen des innerweltlichen Verhaltens im privaten und öffentlichen Bereich ohne Rücksicht auf die Regeln mittelalterlicher gelehrter → Disputation diskutiert werden konnten. Die Förderung durch die Fürsten war nicht uneigennützig; die humanistische Bildungselite war zugleich eine Funktionselite, die im Rahmen der sich ausweitenden fürstlichen und städtischen Verwaltungstätigkeit gebraucht wurde.

In der Person und dem Werk Petrarcas fand der ital. H. seinen ersten und zugleich universalen Ausdruck. Für ihn wurde Literatur zu einem Medium der Selbsterfahrung und Selbsterforschung, zugleich symbolisierte er mit dem Akt der Dichterkrönung auf dem Kapitol in Rom (1341) die politische Seite des ital. H.: die Erneuerung der sprachlichen Kultur der Antike als Teil der nationalen Erneuerung Italiens, der Wiederherstellung der einstigen Größe Roms. Petrarca blieb Leitbild des europäischen H. Im 15. Jh. wurde Florenz zum Zentrum des ital. H.; hier wirkten, gefördert durch die Medici, bedeutende ital. und griech. Gelehrte, die mit der 1459 gegründeten Platonischen Akademie eine europäische Platon-Renaissance (Neuplatonismus) einleiteten (Angelo Poliziano, Giovanni Pico della Mirandola, Marsilio Ficino u. a.).

Erste Annäherungen dt. Gelehrte an den ital. H. ergaben sich aus den Beziehungen der Prager Kanzlei Kaiser Karls IV. und des Kanzlers Johann v. Neumarkt zu Cola di Rienzo und Petrarca nach der Mitte des 14. Jh.s. Weitere Anstöße brachte, neben der wachsenden Zahl nach Italien ziehender Studenten, das Wirken des aus Italien stammenden kaiserlichen Sekretärs Enea Silvio Piccolomini (später Papst Pius II.) im 15. Jh. Gegen Ende des 15. Jh.s vermittelte eine Reihe von ›Wanderlehrern‹ (Peter Luder, Hermann v. dem Busche, Johann Locher) an verschiedenen dt. Universitäten die sprachlichen und rhetorischen Grundlagen der humanistischen Studien. Vor allem aber waren es Rudolf Agricola und Conrad Celtis, die dem neuen Geist breite Resonanz bei den zeitgenössischen Gelehrten verschafften. Celtis hatte in Italien Ficino kennen gelernt und neuplatonisches Gedankengut aufgenommen und suchte nun auch die modernen Naturwissenschaften in sein humanistisches Programm zu integrieren, z. B. im ›Collegium poetarum et mathematicorum‹ in Wien, zu dessen Leiter ihn Kaiser Maximilian 1501 ernannt hatte. Mit Celtis und anderen erhielt der dt. H., nicht zuletzt angeregt durch den Fund der *Germania* des Tacitus, patriotische Akzente, die dann bei Ulrich v. Hutten vehementen Ausdruck im literarischen Kampf gegen das Papsttum fanden. Eine spektakuläre Konfrontation der alten Kräfte der Kirche und ihres scholastischen Lehrsystems und des H. ging von Johannes Reuchlins Eintreten für die Erhaltung der jüdischen Literatur aus und gipfelte in den satirischen *Epistolae obscurorum virorum* (*Briefe der Dunkelmänner*, 1515–17), einem fingierten Briefwechsel von Mönchen und Scholastikern.

Das problematische Verhältnis von H. und Reformation machte die Auseinandersetzung zwischen Luther und Erasmus v. Rotterdam deutlich, doch war es das Verdienst Philipp Melanchthons, dass das rhetorisch-literarische Grundkonzept des H., wenn auch christlich-moraldidaktisch überformt, mit einer Verbindung von wissenschaftlicher Bildung und christlicher Frömmigkeit für die protestantischen Schulen und Universitäten verbindlich wurde. Auf dieser Grundlage wirkte die humanistische Kultur mit ihren seit Petrarca entwickelten Vorstellungen in der → neulat. Literatur, aber auch in der deutschsprachigen Kunstdichtung auf humanistischer Basis (→ Barock) bis über das 17. Jh. hinaus weiter.

Humanistendrama, das neulat. Drama des 15. und 16. Jh.s. Es entstand im Zusammenhang mit der Rezeption des antiken Dramas (Terenz, Plautus, Seneca), wobei die eigenen Versuche zunächst noch eher den Charakter von Prosadialogen als den von Dramen hatten (z. B. Jakob Wimpheling, *Stylpho*, 1480). Die eigentliche dramatische Produktion von Stücken mit Akt- und Szenengliederung, Chören an den Aktschlüssen und → Prolog und → Epilog begann mit Johannes Reuchlins *Henno* (1497) und den zeitgeschichtlichen Stücken von Jacob Locher (u. a. *Tragedia de Thurcis et Suldano*, 1497). Auch der ›Erzhumanist‹ Conrad Celtis wandte sich mit allegorischen Festspielen zur höheren Ehre Kaiser Maximilians I. dem Drama zu (z. B. *Ludus Dianae*, 1501) und förderte Aufführungen antiker Komödien an der Wiener Universität. Die neulat. Theaterpraxis an Universitäten und Schulen zu Anfang des 16. Jh.s bildete die Grundlage für die Blüte des sog. (lat. und dt.) → Schuldramas im weiteren Verlauf des Jh.s.

Humoristischer Roman, Bezeichnung für eine Form des komischen Romans, in der Erzählweise und Charaktere humoristische Züge aufweisen bzw. in dem Humor als konstituierendes Element der dichterischen Einbildungskraft wirkt (Jean Paul: »Welt-Humor«). Seine Tradition reicht von Rabelais und Cervantes über die engl. Humoristen des 18. Jh.s und ihre dt. Nachfolger zu den Autoren des ›poetischen‹ Realismus im 19. Jh., bis sie im 20. Jh. fast völlig versiegt. Der Begriff ›Humor‹ stammt aus der medizinischen Säftelehre, die u. a. Temperament und Gemütsverfassung des Menschen erklärt. Im Englischen bezeichnet dann ›humour‹ den auffälligen, extravaganten Zustand eines Sonderlings, in der satirischen Literatur ein Objekt des Verlachens, im humoristischen Roman des 18. Jh.s (Henry Fielding, Laurence Sterne) hingegen in lächelnder Überlegenheit als Recht auf individuelle Eigenart respektiert. In dieser Form wurde der humoristische Roman in Deutschland rezipiert (Wilhelm Ehrenfried Neugebauer, Friedrich Nicolai, Johann Carl August Musäus, Christoph Martin Wieland, Theodor Gottlieb Hippel, Moritz August v. Thümmel).

Jean Paul schöpfte dann alle seine Möglichkeiten konsequent aus (u. a. *Flegeljahre*, 1804–05) und entwickelte zugleich eine Theorie des Humors (*Vorschule der Ästhetik*, 1804) und damit seiner eigenen Dichtung: »Der Humor, als das umgekehrt Erhabene, vernichtet nicht das Einzelne, sondern das Endliche durch den Kontrast mit der Idee.«

Durch diese Kontrastierung von Endlichkeit und Unendlichkeit, von Idee und Wirklichkeit entsteht die humoristische »Totalität«, auf die er zielt. Im 19. Jh. bleibt der Humor zwar wesentliches Stil- und Strukturelement von Romanen E. T. A. Hoffmanns, Gottfried Kellers und Wilhelm Raabes, aber bedeutende humoristische Romane im spezifischen Gattungssinn werden eher selten (Karl Immermann, *Münchhausen*, 1838–39; Friedrich Theodor Vischer, *Auch Einer*, 1879). Im 20. Jh. knüpfte Thomas Manns Tetralogie *Joseph und seine Brüder* (1933–43) noch einmal an die Tradition des humoristischen Erzählens an.

Hymenaeus → Epithalamium.

Hymne, ursprünglich kultischer Lob- und Preisgesang, später auch in allgemeinerem Sinn feierlich-erhabenes Lied unterschiedlicher Thematik (Religion, Freundschaft, Vaterland, Freiheit usw.). Das Beispiel der griech. und röm. Hymnendichtung der Antike wurde in der dt. Literatur erst in der frühen Neuzeit wirksam. Die ausgedehnte Hymnendichtung des christlichen MA knüpfte an die Psalmen und die Cantica der Bibel an. Als Begründer der christlichen lat. Hymnik gilt Ambrosius v. Mailand (4. Jh.). Der Ambrosianische Hymnus ist ein schlichtes Strophenlied aus meist acht vierzeiligen Strophen mit einfacher, einstimmiger, syllabischer Melodik; als Vers wurde zuerst der jambische Dimeter (→ Jambus) verwendet, der später zu Vierhebern bzw. Achtsilblern umgebildet und seit der karolingischen Zeit auch gereimt wurde. Später traten kompliziertere Formen hinzu. Insgesamt sind aus Spätantike und MA mehr als 17 000 lat. Hymnentexte überliefert, die in sog. Hymnaren zusammengestellt wurden.

Zu den frühen Zentren der Hymnendichtung zählen Spanien, das merowingische Gallien und England, in der Karolingerzeit der Hof Karls des Großen und die benediktinischen Abteien in Fulda (Hrabanus Maurus), St. Gallen (Notker I.) und Reichenau (Walahfrid Strabo). Zu den bedeutenden Hymnendichtern des hohen MA gehören Petrus

Venerabilis, Abaelard, Bernhard v. Clairvaux, Adam v. St. Viktor, Thomas v. Aquin, Thomas v. Celano und Jacopone da Todi. Im Spätmittelalter führte die Entwicklung schließlich zu einer Auflösung der H. in verschiedene Formen des → geistlichen Lieds; die dt. Übersetzungen lat. Hymnentexte seit dem 14. Jh. nähern sich dem → Kirchenlied. Mit dem Humanismus endete die lebendige Entwicklung der lat. H.

Die Hymnendichtung der Neuzeit löste sich aus den liturgischen Bindungen und entwickelte sich im Anschluss an antike Vorbilder als rein literarische Gattung. Hymnendichtung und -verständnis der frz. Pléiade (Pierre de Ronsard, Joachim Du Bellay u. a.) wirkten über Martin Opitz und Georg Rodolf Weckherlin auf die dt. Entwicklung. Hier erwies sich allerdings seit dem 18. Jh. die Abgrenzung von der → Ode als schwierig, wenn nicht unmöglich. Die Terminologie der Dichter selbst ist uneinheitlich. Als Begründer einer neuen Hymnendichtung auf Grund seiner Vorstellungen vom Erhabenen, vom Dichter als Priester und Seher gilt Friedrich Gottlieb Klopstock, seine *Ode auf die ernsthaften Vergnügungen des Landlebens* (1759; späterer Titel: *Die Frühlingsfeyer*) als erste Verwirklichung des hymnischen Stils in dt. Sprache. Klopstocks enthusiastischer freirhythmischer Hymnenstil wirkte weiter u. a. auf Christian Friedrich Daniel Schubart, Friedrich Leopold Graf zu Stolberg oder Johann Gottfried Herder. Auch Goethe blieb, zugleich inspiriert von Luthers Psalmenübertragung und Pindars Lyrik (deren Odenstruktur erst danach erkannt wurde), in seinen Sturm-und-Drang-Hymnen dem Vorbild Klopstocks verbunden (→ Freie Rhythmen). Während Klassik und Romantik der H. eher fernstanden – zu den wenigen Beispielen gehören Schillers Lied *An die Freude* (1786) und Novalis' der → Gräberpoesie verpflichteten *Hymnen an die Nacht* (1800) –, nahm die H. einen wichtigen Platz im Schaffen Friedrich Hölderlins ein. Seine Hymnendichtung gipfelte nach den frühen Tübinger H.n im Anschluss an Schiller in den großen freirhythmischen H.n der Jahre nach

1800 (*Wie wenn am Feiertage ..., Der Einzige, Friedensfeier, Pathmos, Der Rhein* usw.). Danach entstand bedeutende Hymnendichtung unter dem Einfluss der *Dionysos-Dithyramben* (1888) Friedrich Nietzsches und der enthusiastisch rezipierten Lyrik Walt Whitmans (*Leaves of Grass*, 1855; 1891–92; dt. Übersetzungen seit 1889) erst wieder im → Expressionismus (Alfred Mombert, Theodor Däubler, Ernst Stadler, Franz Werfel, Johannes R. Becher u. a.). Vom katholischen Glauben getragen sind die H.n Gertrud v. Le Forts (*Hymnen an die Kirche*, 1924). Neuere Versuche stammen von Ingeborg Bachmann (*An die Sonne*, 1956) und – als parodistische Kontrafaktur – von Rolf Dieter Brinkmann (*Hymne auf einen italienischen Platz*, 1975).

Hyperbaton, rhetorische Figur, die durch die Änderung der üblichen Wortfolge entsteht, indem zwei syntaktisch eng zusammengehörige Wörter durch ein nicht unmittelbar hierher gehörendes Satzglied getrennt werden: »Jeden freuet die seltne der zierlichen Bilder Verknüpfung« (Goethe). Diese Umstellung kann aus rhythmischen Gründen und/oder zur Steigerung der Intensität des Ausdrucks vorgenommen werden.

Hyperbel, rhetorische Figur der Übersteigerung und Übertreibung sowohl in verkleinernder wie vergrößernder Weise. Nach Quintilian wird die H. als Redeschmuck dann verwendet, »wenn der Gegenstand selbst, über den man sprechen muss, das natürliche Ausmaß überschritten hat«, sie also in der Sache begründet ist. Andererseits kann gerade das Übertreten dieser Grenze zu komischen Effekten führen. Viele H.n sind verblasst und in die Umgangssprache eingegangen (»blitzschnell«).

Hysteron proteron, rhetorische Figur, die durch eine Verkehrung der natürlichen Ordnung des Geschehensablaufs entsteht. Das zeitlich spätere Stadium wird syntaktisch oder im Erzählaufbau vor das zeitlich frühere gesetzt (»moriamur et in media arma ruamus«, Vergil; »Ihr Mann ist tot und läßt Sie grüßen«, Goethe).

I

Ich-Form → Erzähler.

Idylle, eine aus der Antike (Theokrit, Vergil u. a.) übernommene Gattung kürzerer Texte in Vers oder Prosa, die friedliche Szenen aus dem Leben einfacher Menschen in überschaubaren Verhältnissen und einer freundlichen Natur darstellen. Die I. des 18. und 19. Jh.s stellt dabei im Kontext der bukolischen Dichtung der frühen Neuzeit (→ Schäferdichtung) einen entschiedenen Neuansatz dar. Ausgangspunkt waren Salomon Gessners *Idyllen* (1756), denen er 1772 *Neue Idyllen* folgen ließ. Sie waren gegen die Gattungskonvention in Prosa geschrieben, einer sanft bewegten, empfindsamen rhythmischen Prosa, die dem poetischen Anliegen entsprach: die stilisierte Schäferwelt mit ihrem empfindsamen Tugendethos, ihrer Harmonie zwischen Mensch und Natur und ihrer Freiheit von allen einengenden Zwängen als Entwurf eines Gegenbildes zur zeitgenössischen Wirklichkeit.

Unter dem Einfluss des → Sturm und Drang, der wachsenden Kritik an der schwärmerischen Empfindsamkeit und einem neuen Konzept der Antike (Neuhumanismus) verschob sich der Charakter der I. zugunsten einer realistischen Grundierung, die z. B. Johann Gottfried Herder in der (vermeintlichen) Ursprünglichkeit Theokrits zu erkennen glaubte. Diese Weiterentwicklung der Gessnerschen Idyllendichtung demonstrieren Texte wie Goethes *Der Wanderer* (1772), die Prosaidyllen Friedrich Müllers und die Hexameteridyllen (→ Hexameter) von Johann Heinrich Voß zwischen aggressiver Sozialkritik (u. a. *Die Pferdeknechte*, 1775) und bürgerlicher Geborgenheit (*Luise*, 1782–84). Die Ausweitung zum idyllischen → Epos, die mit *Luise* begann, setzte sich – erweitert durch den Bezug zu einem politischen Hintergrund – in Goethes *Hermann und Dorothea*

(1797) fort. Goethes Dichtung, gelesen als Verklärung des dt. Bürgertums, fand eine Reihe von Nachahmern im 19. Jh. (u. a. Eduard Mörike, *Idylle vom Bodensee*, 1846; Friedrich Hebbel, *Mutter und Kind*, 1859), denen im 20. Jh. noch Thomas Mann folgte (*Gesang vom Kindchen*, 1919).

Ikon → Bildreihengedicht.

Imitatio, die Nachahmung anerkannter literarischer Vorbilder (nicht der Natur: → Mimesis). Sie gehört zur rhetorischen und dichterischen Schulung und spielte insbesondere in der Zeit der Erneuerung der dt. Literatur und Literatursprache im 17. Jh. – wie zuvor in den anderen europäischen Renaissanceliteraturen – eine bedeutende Rolle. Vorausgesetzt wurde, dass die I. nachahmungswürdiger Werke der Vergangenheit und Gegenwart letztlich zu etwas Neuem, Eignem führen würde. Dieser Gedanke wird seit der Antike (Seneca) gerne mit dem Bienengleichnis illustriert (Blütenstaub – Honig). Das wetteifernde, auf Überbieten eines Vorbildes zielende Verhältnis zur Tradition wird als Aemulatio bezeichnet.

Imprese, Text und bildliche Darstellung verknüpfende Kunstform des späten MA und der frühen Neuzeit. Die I. entwickelte sich aus der Heraldik und besteht aus einer Verbindung von Devise (Wahlspruch) und bildlichem Zeichen. Sie kann sich auf Individuen wie auf Institutionen (z. B. Akademien) beziehen. I. und → Emblem stehen in Wechselbeziehung zueinander; eine I. lässt sich durch Hinzufügung eines Epigramms zum Emblem, ein Emblem durch Weglassen des Epigramms zur I. umformen. Der entscheidende Unterschied zwischen Emblem und I. ist der zwischen intendierter Allgemeingültigkeit und Ausdruck individueller Zielsetzung.

Impressionismus, aus der Malerei übernommene Bezeichnung für bestimmte, v. a. stilistische Tendenzen der Literatur der Jahrhundertwende. In Frankreich wurde bei der Übertragung des Begriffs auf die Literatur I. zunächst als stilistischer Teilaspekt des → Naturalismus verstanden. Und insofern I. Ausdrucksform einer verfeinerten Wahrnehmung ist, führt er Tendenzen des Naturalismus weiter. Was den I. jedoch vom Naturalismus unterscheidet, ist seine andere Konzeption der Realität. Die Beschränkung auf die ›Impression‹ des Augenblicks verweist auf die Vorstellung einer fluktuierenden Außenwelt, einer Realität, die nur als Folge flüchtiger, rasch wechselnder Momente wahrgenommen wird. Die konsequente Hinwendung zur Erfahrungswirklichkeit führt so zu ihrer subjektivistischen Auflösung. Das entspricht der These Hermann Bahrs, dass der I. Ausdruck eines erkenntnistheoretischen Relativismus sei, eine These, die sich auf Ernst Machs *Beiträge zur Analyse der Empfindungen* (1886) stützt. Diese »Philosophie des Impressionismus« (Bahr) geht davon aus, dass die komplexen Wechselbeziehungen von flüchtigen, veränderlichen sinnlichen Außenreizen und entsprechend wechselnden Sinnesempfindungen keine klaren Abgrenzungen von Ich und Welt, Subjekt und Objekt – und damit auch kein stabiles Ich – zuließen (»Das Ich ist unrettbar«). Dichterischen Ausdruck finden diese Vorstellungen, die auf die differenzierte Darstellung flüchtiger Begebenheiten und Momente, auf genaue, sinnliche Wiedergabe der Oberfläche zielen, am ehesten in lyrischen und dramatischen Kleinformen (Hugo v. Hofmannsthal, Arthur Schnitzler, Detlev v. Liliencron) sowie in einer skizzenhaften Kurzprosa (Peter Altenberg).

Incipit → Titel.

Index librorum prohibitorum, von der katholischen Kirche erstelltes ›Verzeichnis der [für den Katholiken] verbotenen Bücher‹. Das Verbot schloss neben der Lektüre auch die Aufbewahrung und Verbreitung der nach Meinung der Kirche glaubens- und sittenwidrigen Bücher ein. Begründet wurde der Index 1559 von Papst Paul IV.; nach dem Konzil von Trient wurde er 1564 zur festen Institution, die – laufend revidiert – bis 1966 bestand. Noch nach der letzten Revision von 1948 (ca. 6000 Autoren bzw. Werke) war das Gesamtwerk von Giordano Bruno, Voltaire, Émile Zola oder Jean-Paul Sartre vom Verbot betroffen. → Zensur.

Inkunabel, auch Wiegendruck, Bezeichnung für die bis 1500 erschienenen Druckwerke (Bücher und Einblattdrucke).

Innere Emigration, bereits 1933 von Frank Thieß geprägter Begriff für die Haltung oder Situation von Personen (oder Personengruppen), die im Dritten Reich durch eine ›Emigration nach Innen‹ dem umfassenden nationalsozialistischen Herrschaftsanspruch zu entgehen suchten. Die Spannweite reichte vom Rückzug in die Innerlichkeit bis zu – getarnter – Kritik. Dabei kam den Techniken der historischen Camouflage und der Anspielung eine besondere Bedeutung zu, wie sie etwa eine Reihe von historischen Romanen und Erzählungen charakterisiert (u. a. Werner Bergengruen, *Der Großtyrann und das Gericht*, 1935; Reinhold Schneider, *Las Casas vor Karl V.*, 1938; Ernst Jünger, *Auf den Marmorklippen*, 1939). Ein anderer Rückzugsbereich stellte die Naturlyrik dar, in der der aktuellen Bedrohung eine Besinnung auf das Überzeitliche entgegengestellt wurde (Oskar Loerke, Wilhelm Lehmann). Ähnlich verfuhr Ernst Wiechert in seinem Roman *Das einfache Leben* (1939). Vielfach bleibt die Zuordnung zur inneren Emigration unsicher; zu den umstrittensten Gestalten in diesem Zusammenhang gehören Gottfried Benn und Ernst Jünger.

Innerer Monolog, Ende des 19. Jh.s entwickelte Erzähltechnik, die die im Bewusstsein ablaufenden Gedanken- und Gefühlsprozesse ohne Vermittlung einer Erzählerinstanz wiederzugeben sucht. Das geschieht – im Unterschied zur sog. → erlebten Rede – durch eine Wiedergabe in der 1. Person Präsens. Eine extreme Form dieser unmittelbaren Darstellung innerer Vorgänge wird mit dem ebenfalls Ende des 19. Jh.s geprägten Begriff *stream of consciousness* (*Bewusstseinsstrom*) bezeichnet; er steht für die Wiedergabe der frei assoziierenden, rational nicht gesteuerten ›Ströme des Bewusstseins‹, den Versuch der Nachahmung der ungeordneten Gedanken- und Gefühlswelt an der Grenze zum Unbewussten. Berühmtestes Beispiel ist der große Monolog der Molly Bloom am Ende des *Ulysses* (1922) von James Joyce.

Nach verschiedenen älteren Experimenten begann die Geschichte des inneren Monologs mit Édouard Dujardins *Les lauriers sont coupés* (*Geschnittener Lorbeer*, 1888) und führte dann über Arthur Schnitzlers Novelle *Leutnant Gustl* (1900), der ersten konsequenten Verwirklichung dieser Technik in der dt. Literatur, zu James Joyce, Virginia Woolf (*Mrs. Dalloway*, 1925), William Faulkner (*The Sound and the Fury*, 1929), Thomas Mann (*Lotte in Weimar*, 1939), Hermann Broch (*Der Tod des Vergil*, 1945) u. a. Meist tritt der innere Monolog in Verbindung mit anderen Darstellungstechniken auf.

Interlinearversion, zwischen den Zeilen eines fremdsprachigen Textes Wort für Wort, d. h. ohne Rücksicht auf die unterschiedlichen syntaktischen und idiomatischen Zusammenhänge eingefügte →Übersetzung. I.en entstanden aus der Weiterbildung der interlinearen Glossierung einzelner Wörter und Ausdrücke (→Glosse [1]). Mit ihnen begann in ahd. Zeit die Aneignung lat. Texte. Beispiele sind die ahd. Benediktinerregel (um 800) und die *Murbacher Hymnen* (Anfang 9. Jh.).

Internet-Literatur, Begriff für die durch das neue elektronische Medium verbreitete bzw. eigens für dieses Medium geschriebene Literatur. Zu unterscheiden ist also zwischen Literatur im Internet, bei der die Differenz zur traditionellen Literatur letztlich nur in der neuen Publikationsform liegt, und einer spezifischen Net- oder Internet-Literatur, die die Möglichkeiten des Mediums selbst fruchtbar macht und dadurch zu neuen Literaturformen zu gelangen sucht. Andere in der Diskussion gebrauchte Bezeichnungen sind Web-, Netz-, Cyber- oder Hyperliteratur. Zu den wesentlichen Möglichkeiten der I. gehören einerseits die multimediale Verbindung von Text-, Bild- und gegebenenfalls auch

Tonelementen, andererseits die elektronische Verknüpfung von verschiedenen Textbestandteilen (Wörter, Bildliches) durch sog. Hyperlinks, die die Konstruktion verschiedener Textebenen ermöglichen und gleichzeitig dem Leser eine gewisse Freiheit einräumen, sich spielerisch seine eigene(n) Geschichte(n) oder Texte zu schaffen. Denkbar ist auch eine Interaktivität in dem Sinn, dass der im Internet veröffentlichte Text durch den ›User‹ verändert oder weitergeschrieben wird – mit Konsequenzen für das Urheberrecht sowie den Autor- und Werkbegriff. Es ist anzunehmen, dass die neue Publikations- und Literaturform auch den sprachlichen Ausdruck beeinflusst. Seit 1996 fördern die Wochenzeitung DIE ZEIT und IBM die I. mit einem jährlich ausgeschriebenen Literaturpreis.

Interpolation, Bezeichnung für einen späteren, nicht vom Autor stammenden und nicht kenntlich gemachten Einschub von Wörtern, Sätzen oder Abschnitten in einen Text. Motive für I.en sind: Ersatz von seltenen, ungewöhnlichen Ausdrücken, Veränderung des Sinns zugunsten der eigenen Lehrmeinung, Modernisierung und Erweiterung. Es ist Sache der → Textkritik, sich damit auseinanderzusetzen.

Interpretation, methodisch erarbeitete Textauslegung bzw. deren schriftliche oder mündliche Mitteilung. Der Begriff der I. steht in enger Beziehung zur → Hermeneutik und ihrer Geschichte. Eine besondere Rolle spielte in der Geschichte der → Germanistik v. a. nach 1945 die sog. werkimmanente I., die sich gleichermaßen von historisierenden, psychologierenden und positivistischen Auffassungen absetzte und im Rückgriff auf Konzepte der Phänomenologie (Wolfgang Kayser) oder Existenzphilosophie (Emil Staiger) einen ›voraussetzungsfreien‹ Zugang zum ›sprachlichen Kunstwerk‹ propagierte, also das Werk ›immanent‹, aus sich heraus, im Hinblick auf die jedem Text eigene ›Stimmigkeit‹ zu interpretieren suchte und dafür ein entsprechendes Instrumentarium zur Verfügung stellte (vgl. W. Kayser, *Das sprachliche Kunstwerk*, 1948). Ziel des Interpreten sei es, so formulierte es Staiger, das zu begreifen, was ihn zuvor ergriffen habe. Die Kritik an der werkimmanenten I. entzündete sich u. a. an dem ›unwissenschaftlichen‹, auf Einverständnis spekulierenden Stil, einer vermuteten Flucht vor der politischen Verantwortung (der Auseinandersetzung mit dem Dritten Reich) und der Ausklammerung der historischen und gesellschaftlichen Aspekte jeder Auslegung.

Die seit dem Ende der 60er-Jahre herrschende Methodenvielfalt (→ Literaturwissenschaft) gründet auf der hermeneutischen Einsicht von der Unabdingbarkeit des Vor-Urteils für das Verstehen (das damit von ›Interessen‹ geleitet ist) und der These von der unerschöpflichen Vieldeutigkeit des literarischen Textes. Die methodischen Ansätze des Poststrukturalismus (→ Dekonstruktion, → Intertextualität) stellen die Konzepte von ›Autor‹ oder ›Textsinn‹ – und damit die hermeneutische Methodik – grundsätzlich in Frage und fordern damit ein neues Verständnis von I. heraus.

Intertextualität, von Julia Kristeva geprägter Begriff, der die Wechselbeziehungen zwischen einem literarischen Text und (im Extrem: allen) vorhergehenden Texten bezeichnet. In einem allgemeinen Sinn gehören intertextuelle Verfahren seit je zur literarischen Praxis, sei es als → Imitatio, Anspielung, → Zitat, → Parodie, → Pastiche oder → Cento. Eine Radikalisierung setzte in der Moderne ein, als das Machen von Literatur aus literarisch vorgeformten Materialien – etwa durch die potenzierte Verwendung von Zitat- und Montagetechniken – verstärkte Bedeutung gewann, so dass nicht nur der Text selbst, sondern auch seine aus der Beziehung zu anderen Texten entstandene Qualität Untersuchungsgegenstand wurde.

Ausgehend von Michail Bachtins Begriff der → Dialogizität (»Jedes Wort eines Textes führt über seine Grenzen hinaus. Jedes Verstehen ist das In-Beziehung-Setzen des jeweiligen Textes mit anderen Texten«), entwickelten Kristeva und andere seit dem Ende der 60er-Jahre das poststrukturalistische Konzept der I. (→ Poststrukturalismus, → Dekonstruktion). »Jeder Text«, so heißt es bei Kristeva, »baut sich als Mosaik von Zitaten auf, jeder Text ist Absorption und Transformation eines anderen Textes.« Dabei wird der Textbegriff äußerst weit gefasst. Die Theorie der I. bedeutet eine Absage an die Grundlagen der traditionellen Literaturauffassung, indem sie sich vom Konzept der Einheit und Geschlossenheit des literarischen Werkes löst, die Rolle des Autors als Schnittpunkt von Diskursen neu definiert und die Sinnkonstitution in Frage stellt.

Neben der poststrukturalistischen Theorie der I. gibt es strukturalistisch oder hermeneutisch fundierte Ansätze, die das Konzept der I. als begrenztes innerliterarisches Verfahren auffassen und sich dabei weiterhin an den traditionellen Begriffen von Autor, Werk und Leser orientieren. Eine Systematik der I., die fünf Typen der »Transtextualität« unterscheidet, stammt von Gérard Genette (*Palimpseste*, 1993).

Intrige, dramentheoretische Bezeichnung für das Komplott und die Machenschaften, die in der Tragödie wie in der Komödie ein Teil der Dramenfiguren gegen andere in Gang setzt und so die Handlung begründet.

Inventio → Rhetorik, → Topik.

Invocatio → Apostrophe.

Ironie, Form des indirekten, uneigentlichen Sprechens. Nach der rhetorischen Definition Quintilians kommt es bei der I. darauf an, »das Gegenteil von dem zu verstehen, was ausgesprochen wird«. Das Verfahren betrifft nicht nur einzelne Worte oder Wendungen, sondern kann ganze Texte erfassen. Häufig dient es dazu, durch übertriebenes oder unglaubwürdiges Lob einen Tadel auszudrücken, ein beliebtes Verfahren der → Satire. Damit ironisches Sprechen verstanden wird – und es will im Gegensatz zur Lüge durchschaut werden –, muss es erkennbar sein (›Ironiesignale‹). Von ›tragischer I.‹ spricht man beim Drama, wenn der Held – anders als das Publikum – im Unwissen über das nahende Verhängnis bleibt.

In der Antike bedeutet I. grundsätzlich Verstellung. Der berühmteste Fall ist die sog. ›sokratische I.‹. Sie beschreibt das Verhalten des Sokrates in den Dialogen Platons: Sokrates betont sein Nichtwissen gegenüber dem jeweiligen, von seinem eigenen Wissen überzeugten Gesprächspartner, der wiederum annimmt, Sokrates verstelle sich, um den Gesprächspartner zu Aussagen zu animieren. Die sokratische I. soll also zur Erkenntnis führen, indem sie Scheinwissen entlarvt und – soweit möglich – richtiges Wissen herausarbeitet. Rhetorisch handelt es sich, von den Inhalten der Philosophie abgesehen, um die von Cicero *dissimulatio* genannte Verstellung in der Rede, eine Art passiver Form der I.

In der dt. → Romantik wurde aus dem rhetorischen Stilmittel I. ein grundlegendes Prinzip der Philosophie und Kunst, die ›romantische I.‹. Friedrich Schlegel, ihr maßgebender Theoretiker, sah in ihr einen »steten Wechsel von Weltschöpfung und Weltvernichtung«. Die Universalität der romantischen I. kommt durch die Anverwandlung der Welt an das ironische Bewusstsein zustande; die von der I. bestimmte romantische Poesie ist durch ein ›Schweben‹ über den Gegensätzen des Absoluten und Bedingten gekennzeichnet. F. Schlegel und Novalis vertraten diese Form der I.; eher eine Praxis der Desillusionierung betrieben Ludwig Tieck (in den Komödien), E. T. A. Hoffmann und Heinrich Heine. Die Diskussion über den Ironiebegriff wurde u. a. von Karl Wilhelm Ferdinand Solger und Sören Kierkegaard fortgesetzt. Zu den großen Ironikern der Literatur des 20. Jh.s gehören Thomas Mann und Robert Musil. Beide beteiligten sich auch an der Diskussion über die I.: »Schön ist Entschlossenheit. Aber das eigentlich fruchtbare, das produktive und also das künstlerische Prinzip nennen wir den Vorbehalt. [...] Wir lieben ihn im Geistigen als Ironie« (T. Mann).

Isokolon → Parallelismus.

Itinerarium, in der röm. Antike Bezeichnung für ein Handbuch mit Angaben über Landstraßen, Stationen, Entfernungen und Wegverhältnisse (eigentlich *itinerarium adnotatum* ›kommentierte Wegbeschreibung‹, im Gegensatz zum *itinerarium pictum* ›Wegekarte‹). In der Spätantike wurde die Bezeichnung auch für Pilgeraufzeichnungen über Wallfahrten zum Hl. Grab übernommen (z. B. *Itinerarium a Burdigala Hierusalem usque*, 333), eine Praxis, die mittelalterliche Pilgerreiseberichte weiterführten. In übertragenem Sinn erscheint I. als Titel von Erbauungsschriften, die den Weg zu Gott lehren wollen (z. B. Bonaventura, *Itinerarium mentis in Deum*, um 1260–70).

J

Jakobinische Literatur, Bezeichnung für die von den ›dt. Jakobinern‹ getragene kritische, auf die Veränderung des Bewusstseins und der herrschenden gesellschaftlichen und politischen Verhältnisse gerichtete Literatur in den Jahren nach der Französischen Revolution. Im Gegensatz zur klassischen Dichtungsauffassung und seinem Konzept der ästhetischen Erziehung verstanden sich die dt. ›jakobinischen‹ Autoren als politische, räsonierend eingreifende Schriftsteller (oder Journalisten), die – angeregt durch die Zustände in England und die Revolutionen in Amerika und Frankreich – Staatsangelegenheiten zu einer öffentlichen Sache zu machen suchten. Die Wirkung auf den ›gemeinen Mann‹ war, wie das Beispiel der Mainzer Republik 1792/93 zeigt, eher gering. Neben journalistischen Medien (→ Zeitung, → Flugblatt) nutzten die Jakobiner zur Propagierung ihrer Vorstellungen Formen wie → Reisebericht, Reiseroman und → satirischer Roman sowie die politische Lyrik. Zu den Autoren zählen u. a. Joachim Heinrich Campe, Georg Forster, Adolph Freiherr v. Knigge, Andreas Georg Friedrich Rebmann und Friedrich Christian Laukhard.

Jambus, zweisilbiger Versfuß, der in der antiken → Metrik aus einer kurzen und einer lange Silbe, in der dt. Nachbildung aus einer unbetonten und einer betonten Silbe besteht (◡ –). In der dt. akzentuierenden Metrik ist der J. Bauelement verschiedener alternierender Versmaße mit Auftakt wie → Alexandriner, → Blankvers, → Endecasillabo, → Vers commun und jambischer → Trimeter.

Jesuitendichtung, von Angehörigen des Jesuitenordens verfasste Literatur des 16.–18. Jh.s. Sie steht meist im Zusammenhang mit den pädagogischen und missionarischen Aufgaben des Ordens. Dabei spielen die Bildungsstätten (Gymnasien, Universitäten) eine besondere Rolle. Gemäß der Universalität des Ordens ist die Sprache vorwiegend das Lateinische, die Ausrichtung international. Die J. beruht, wie die übrige → neulat. Dichtung der Zeit, auf humanistischer Grundlage (→ Humanismus). Das literarische Schaffen des Ordens im dt. Sprachgebiet umfasst neben Traktaten und Predigten (Jeremias Drexel) u. a. grundlegende poetologische und rhetorische Werke (Jacobus Pontanus, Jacob Masen), Staatsromane und Erzählprosa (Johannes Bisselius, Jacob Bidermann, Adam Contzen) und lyrische Dichtungen von hohem Rang (Jacob Balde). Große öffentliche Wirkung erzielte das → Jesuitendrama. In dt. Sprache erschienen u. a. geistliche Lieder und Erbauungsschriften (Friedrich Spee), Übersetzungen von Traktaten Drexels, einige Dramen und erzählende Werke.

Jesuitendrama, die von Angehörigen des Jesuitenordens verfasste dramatische Dichtung des 16.–18. Jh.s. Das J. gründet, wie das protestantische → Schuldrama, mit dem es konkurrierte, in der gelehrten Tradition des → Humanismus. Theaterzettel (→ Periochen) mit Inhaltsangaben in dt. Sprache erleichterten allerdings den Zugang für die nicht humanistisch Gebildeten. Das J. war fest im Schulbetrieb verankert. Die öffentlichen Aufführungen an Festen oder am Ende des Schuljahrs waren äußerer, glanzvoller Höhepunkt der praktischen rhetorischen und literarischen Ausbildung der Schüler. Bei der Wirkung nach außen ging es um Verteidigung, Verbreitung und Festigung des wahren Glaubens im Geist einer energisch betriebenen → Gegenreformation, und zwar mit den jeweils modernsten Mitteln des Theaters. Die Wahl der Stoffe und Themen erfolgte im Sinn der intendierten Glaubenspropaganda. Eingängige Opposition von Tugend und Laster, von Vertretern des wahren Glaubens und Ketzern, von Märtyrern und Tyrannen war das vorherrschende Muster. Dabei sollten die Zuschauer bei den jeweiligen historischen Vertretern des falschen Glaubens immer auch an den konfessionellen Gegner denken. Bibel, Kirchen- und Weltgeschichte und nicht zuletzt die Geschichte der Heiligen standen als unerschöpfliches Stoffreservoir zur Verfügung.

Am Anfang griffen die Jesuiten auf fremde Stücke zurück. Als erstes J. gilt das *Jedermann*-Stück *Euripus Tragoedia Christiana* (1549) des Löwener Franziskaners Levinus Brechtus, das von 1555 an (Wien) häufig von den Jesuiten gespielt wurde und die Konzeption des J.s beeinflusste; bis zur Auflösung des Ordens 1773 folgten mehr als 2000 weitere Stücke, wobei aber nur die Werke einiger bekannter Autoren gedruckt wurden (aus dem dt. Sprachgebiet: Jacobus Pontanus, Jacob Balde, Jacob Bidermann, Nicolaus v. Avancini). Bidermann gilt als größter dt. Dramatiker des Ordens; sein erfolgreichstes Stück wurde der zuerst 1602 aufgeführte *Cenodoxus* (dt. Übersetzung 1635). Den zweiten theatralischen Höhepunkt erreichte das J. mit dem Werk Avancinis (z. B. *Pietas victrix*, 1659), das religiöse und politische Propaganda im Dienst der triumphierenden Kirche und der Verherrlichung des Hauses Habsburg miteinander verband. Gegen Ende des 17. Jh.s verlor die humanistisch-rhetorische Fundierung an Bedeutung, während zugleich Musik und Tanz eine tragende Rolle in den aufwendigen Produktionen des späten 17. und frühen 18. Jh.s erhielten (Paul Aler, Johann Baptist Adolph), bis auch das J. unter den Einfluss der Aufklärung geriet und einer klassizistischen Dramaturgie unterworfen wurde.

Jiddische Literatur, Literatur in jiddischer Sprache, einer seit dem 10./11. Jh. sich herausbildenden jüdischen Diasporasprache auf der Basis dt. Dialekte. Sie wurde durchgehend in hebräischer Schrift aufgezeichnet. Die literarische Überlieferung setzt, nach Anfängen im 13. Jh., Ende des 14. Jh.s ein. Bis ins 16. Jh. blieben jiddische Literatur und Sprache im dt. Sprachgebiet unter dt. Einfluss. Die spätere Entwicklung führte zu einer separaten Entwicklung des östlichen Zweigs des Jiddischen und zum Untergang des Westjiddischen im Zusammenhang mit der gesellschaftlichen Integration der Juden seit der Aufklärung.

In der jiddischen Literatur verschmolzen verschiedene literarische Traditionen, wobei einerseits genuin jüdische Stoffe mit Form- und Stilelementen der abendländischen bzw. dt. literarischen Tradition verbunden, andererseits nichtjüdische Stoffe der Vorstellungswelt des jüdischen Publikums angeglichen wurden. Zu den Bearbeitungen nichtjüdischer Stoffe gehören v. a. Texte der Heldenepik (→Heldendichtung) und der →Artusepik, Fabeldichtungen und →frühneuhochdt. Prosaromane, während bei den Stoffen jüdischer Herkunft zunächst poetische Bearbeitungen ganzer biblischer Bücher dominieren. Mit dem Übergang zur Prosa entwickelte sich im Verlauf des 16. Jh.s die ›Maisé‹ – zwischen →Exempel, →Märchen und →Novelle changierend – zur beherrschenden Erzählform. Auch in der →Bibeldichtung löste die exegetische Wiedergabe von Büchern der Bibel in Prosa die Versepen ab (Jakob ben Isaak Aschkenasi, *Zenerene*).

Jüngstes Deutschland, seit den 1880er-Jahren – u. a. von den Brüdern Heinrich und Julius Hart – gebrauchte Bezeichnung für Dichterkreise der literarischen Moderne, zunächst im Umkreis des →Naturalismus, dann aber auch andere Strömungen der Jahrhundertwende einbeziehend.

Jugendliteratur →Kinder- und Jugendliteratur.

Jugendstil, aus der bildenden Kunst übernommener Begriff für eine Stilrichtung der Zeit um 1900. Diese Übernahme ist auch eine Folge der Synthese von bildender Kunst und Literatur in den Zeitschriften der Zeit, die sich aus der Verbindung von Text, Illustration und Ausstattung zu einem ornamentalen Ganzen ergibt. Die Bedeutung des J.s als gesamtkulturellem Phänomen besteht in seinem Konzept, die Welt des alltäglichen Lebens – vom Besteck bis zum Werbeplakat, vom Buch bis zum Hauptbahnhof – ästhetisch durchzuformen und alles einem einheitsstiftenden, ornamentalen Dekor zu unterwerfen, das die prosaische Wirklichkeit zum ›schönen Leben‹ verklärt. Dabei geht es um eine rhythmische Linearität, die mit Wellenlinien aller

Art, die das ›All-Leben‹ symbolisieren, mit geschwungenen Pflanzenmustern, biegsamen Körpern von Menschen und Tieren (Pfauen, Schwänen, Flamingos), wallendem Frauenhaar, bewegten Schleiern und fließenden Gewändern usw. erzeugt wird. Literarische Entsprechungen finden sich u. a. bei Richard Dehmel (*Zwei Menschen*, 1903), in frühen Gedichten Rilkes und Stefan Georges *Algabal* (1892) oder Erzählungen Thomas Manns. Dabei signalisieren die geschilderten kostbaren Innen- und Seelenräume des ›schönen Lebens‹ und die kultivierten Park- und Gartenlandschaften entgegen den eigentlichen Intentionen des J.s keine Kunst und Leben umfassende Ganzheit; sie schließen sich vielmehr in ihrer extremen Künstlichkeit und Stilisierung von der Realität des Lebens ab.

Junges Deutschland, literarische Bewegung zwischen 1830 und 1840. Ludolf Wienbargs *Ästhetische Feldzüge. Dem jungen Deutschland gewidmet* (1834) gaben ihr den Namen, der wie analoge Begriffsbildungen in Politik (›Giovine Italia‹, ›Giovine Europa‹) und Literatur (Heinrich Laube, *Das junge Europa*, 1833–37) auf die Aufbruchsstimmung nach der frz. Julirevolution von 1830 verweist. Als »literarische Schule« wurde das Junge Deutschland zuerst in dem Verbotsbeschluss des Bundestages vom 10.12.1835 bezeichnet, der als betroffene Autoren »namentlich Heinr. Heine, Karl Gutzkow, Heinr. Laube, Ludolf Wienbarg und Theodor Mundt« anführt. Sieht man von Heine ab, der wie Ludwig Börne den Jungdeutschen als Vorbild galt, aber kaum zur Gruppierung selbst zu zählen ist, so ist damit bis auf Ferdinand Gustav Kühne und Ernst Willkomm der Kern der Gruppe bezeichnet.

Der Protest der Jungdeutschen gegen die politische Restauration und die Abwendung von der idealistischen → Ästhetik und dem ›Aristokratismus‹ der klassisch-romantischen Literaturepoche verband sich mit diffusen Gedanken einer umfassenden Erneuerung einer durch ›Zerrissenheit‹ charakterisierten Zeit, einer emanzipatorischen Verbindung von Kunst, Wissenschaft und Leben. Nicht zuletzt die Forderungen nach einer natürlichen Religion und einer neuen Moral (Emanzipation der Frau, ›Wiedereinsetzung des Fleisches‹) mussten Anstoß bei den Zensurbehörden erregen. Die diesen Zielen entsprechende Sprachform war nach Meinung der Jungdeutschen die Prosa; die »Emancipation der Prosa« gehörte zum Programm der Annäherung von Kunst und Leben (Mundt, *Die Kunst der deutschen Prosa*, 1837).

Die auf ein breites Publikum gerichtete Wirkungsstrategie führte einerseits zur Bevorzugung kleinerer literarischer und journalistischer Formen (Reisebild, → Feuilleton, → Brief, → Skizze, → Novelle), andererseits erhielt der Roman mit philosophisch-religiös fundierten Emanzipationsgeschichten positiven oder negativen Ausgangs eine besondere Bedeutung (Gutzkow, *Wally, die Zweiflerin*, 1835; Mundt, *Madonna. Unterhaltungen mit einer Heiligen*, 1835). Die massive staatliche Repression nach dem Verbotsbeschluss führte zu einem raschen Zerfall der organisatorisch nicht gefestigten Bewegung.

Jung-Wien, auch Junges Österreich, Kreis von Dichtern und Kritikern aus dem Umkreis von → Impressionismus, → Symbolismus und → Neuromantik, der sich vor der Jahrhundertwende (ca. 1890–1900) um Hermann Bahr und die Zeitschriften *Moderne Rundschau* (1891 ff.) und *Die Zeit* (1894–1904) in Wien sammelte. Dazu gehörten u. a. Peter Altenberg, Richard Beer-Hofmann, Hugo v. Hofmannsthal, Felix Salten, Arthur Schnitzler und Stefan Zweig.

K

Kabarett, aus dem Frz. übernommene Bezeichnung für eine Form der ›Kleinkunst‹, in der Elemente des Theaters, der Literatur und der Musik zusammenwirken. Die ersten dt. K.s wurden nach Pariser Vorbild 1901 gegründet: »Überbrettl« (Berlin, Ernst v. Wolzogen), »Schall und Rauch« (Berlin, Max Reinhardt), »Elf Scharfrichter« (München). Sie boten ein Programm, das von einem Conférencier präsentiert wurde und → Chansons, Bänkellieder (→ Bänkelsang), Instrumentalmusik, dramatische Kurzszenen, Pantomimen, Parodien literarischer und musikalischer Werke usw. bot. Zu den bedeutendsten Interpreten des Münchener K.s der Frühzeit gehörte Frank Wedekind. Zahlreiche Neugründungen folgten; meist waren sie kurzlebig. Zu diesen literarischen K.s zählten u. a. das Berliner »Neopathetische Cabaret« (1910–11) der Expressionisten (→ Expressionismus) und das Zürcher »Cabaret Voltaire« (1916–17) der Dadaisten (→ Dadaismus). Neue politisch-literarische K.s entstanden in der Weimarer Republik, für die neben anderen Kurt Tucholsky, Erich Kästner und Walter Mehring schrieben und in denen u. a. Karl Valentin, Liesl Karlstadt, Rosa Valetti, Trude Hesterberg und Werner Finck auftraten (»Wilde Bühne«, »Cabaret Größenwahn«, »Kabaret der Komiker«, »Katakombe«). Mit dem Nationalsozialismus war die Zeit des kritischen K.s vorbei. Viele Künstler emigrierten. In der Schweiz spielte das von Erika Mann, Therese Giehse u. a. gegründete Emigranten-K. »Die Pfeffermühle«. Zu den erfolgreichsten Nachkriegsgründungen zählen im Westen das Düsseldorfer »Kom(m)ödchen«, die »Stachelschweine« und »Die Insulaner« in Berlin, die Frankfurter »Schmiere« und die »Münchner Lach- und Schießgesellschaft«, in der DDR die »Distel« (Berlin) und die »Pfeffermühle« (Leipzig). Die »Lach- und Schießgesellschaft« war mit Dieter Hildebrandt lange Zeit, nicht zuletzt durch die Fernsehübertragungen, das erfolgreichste politisch-satirische K.

Kadenz, metrisch-rhythmische Gestaltung des Versendes in akzentuierender Dichtung (→ Metrik). In der neueren dt. Dichtung besteht die wesentliche Unterscheidung zwischen *männlicher* und *weiblicher* K., wobei die *einsilbige männliche* K. auf eine Hebung (–) fällt und die *zweisilbige weibliche* K. aus einer Folge von → Hebung und Senkung (– ◡) besteht. In der mhd. Metrik werden in der Regel fünf verschiedene Kadenztypen unterschieden: *einsilbig männlich*, *zweisilbig männlich* (gespaltene Hebung: Folge von Hebung und kurzer offener Tonsilbe), *weiblich* (Vers schließt mit Senkung), *klingend* (beschwerte Hebung und Nebenhebung), *dreisilbig klingend* (Folge von Hebung, Senkung, Nebenhebung). Zwischen weiblicher und klingender K. lässt sich nicht immer sicher unterscheiden.

Kalender, Verzeichnis der Tage, Wochen und Monate eines Jahres sowie der kirchlichen Feste und Feiertage und der Heiligen und Märtyrer. Daneben gibt es den Typus des ›Ewigwährenden K.s‹, der nicht auf ein Jahr beschränkt ist und stets aktualisiert werden kann. Seit der frühen Neuzeit wurden neben astronomischen und meteorologischen Angaben immer häufiger weitere Informationen aufgenommen, aus denen sich dann die literarische Bedeutung des K.s ergibt: praktische Hinweise für die Bauern (›Bauern- und Wetterregeln‹), astrologische Vorhersagen, Gesundheitsregeln, Ratschläge für die Hauswirtschaft, Berichte von außerordentlichen Begebenheiten (›Wundergeschichten‹) mit moralischer Deutung, historische und erzählende Beiträge. Nach ersten Ansätzen im 17. Jh. (Grimmelshausen) setzt sich die eigentliche Literarisierung des K.s gegen Ende des 18. Jh.s durch (→ Kalendergeschichte).

Kalendergeschichte, kurze Erzählung mit lehrhafter Tendenz, die ihre Bezeichnung von ihrem (ursprünglichen) Medium der Veröffentlichung erhielt. Als Begründer der literarischen Gattung K. gilt Johann Peter Hebel, der die Geschichten aus seinem Kalender (*Der Rheinländische Hausfreund*, 1808–11) herauslöste und im *Schatzkästlein des rheinischen Hausfreundes* (1811) zusammenstellte. Von anderen erzählenden Formen wie →Anekdote, →Schwank oder →Novelle unterscheidet sich die K. dadurch, dass sie Merkmale ihrer ursprünglichen Publikationsform beibehält: die Gestalt des fiktiven »Hausfreundes«, den Dialog des Hausfreundes mit dem Leser, die Moral am Ende, die betonte Einfachheit.

Hebels Geschichten stehen im Zusammenhang mit einer ausgesprochenen Literarisierung des Kalenders seit dem Ende des 18. Jh.s. Belehrende und erzählende Beiträge enthielten Kalender bereits seit der frühen Neuzeit. Literarische Tendenzen zeigt bereits Grimmelshausens *Ewig-währender Calender* (1670) mit seinen →Apophthegmata und →Schwänken um die Person seines Romanhelden Simplicissimus. Im 19. Jh. knüpften Jeremias Gotthelf, Berthold Auerbach und Ludwig Anzengruber an Hebel an. K.n ohne Kalender veröffentlichten im 20. Jh. u. a. Oskar Maria Graf (1929) und Brecht (1949).

Kanon, in allgemeinem Sinn Bezeichnung für die Gesamtheit der für einen bestimmten Sachbereich verbindlichen (›kanonischen‹) Texte (Regeln, Gesetze), in literarischem Kontext für eine Auswahl mustergültiger Autoren und Werke. Derartige Listen sind bereits aus der Antike überliefert. Die historischen Veränderungen unterworfene Kanonbildung wirft Fragen der →literarischen Wertung auf. →Weimarer Klassik.

Kanzone, im allgemeinen Wortsinn ein mehrstrophiges gesungenes Lied, in spezifischer Bedeutung ein Gedicht oder Lied, dessen Strophen einem bestimmten zwei- bzw. dreiteiligen Formschema folgen, das ursprünglich aus dem provençal. →Minnesang stammt (Kanzonenstrophe, Stollenstrophe). Die Kanzonenstrophe besteht aus einem Aufgesang, der sich aus zwei gleich gebauten Teilen (Stollen) zusammensetzt; darauf folgt der metrisch verschiedene

Abgesang (metrisches und musikalisches Schema AAB). Die Form wurde vom dt. → Minnesang und → Meistersang (→ Bar) übernommen und liegt auch vielen Kirchenliedern zugrunde. Die Gedichtform der K. erhielt durch Petrarca ihre klassische, aber im einzelnen (Strophen- und Zeilenzahl, Reimordnungen, Versmaße) durchaus variable Gestalt; zu dieser gehört auch eine abschließende, kürzere Geleitstrophe. In Deutschland wurde die ital. K. seit der Romantik übersetzt bzw. nachgeahmt (August Wilhelm v. Schlegel, Zacharias Werner, August v. Platen, Friedrich Rückert).

Kapitel, Abschnitt eines Werkes. Über die bloße Nummerierung hinaus werden seit der Antike Kapitelüberschriften dazu verwendet, Interesse zu wecken bzw. wachzuhalten und das Leseverhalten zu beeinflussen. Vor allem im → humoristischen Roman und im Schelmenroman (→ Pikaroroman) kommt es häufig zu einem ironischen Spiel mit den Lesererwartungen. Ursprünglich bedeutete K., wie die Übersetzung ›Köpfchen‹ (lat. *capitulum*) andeutet, etwas anderes: die einem Buchabschnitt vorangestellte knappe Inhaltsangabe bzw. Überleitungsformel.

Karolingische Renaissance, problematische Bezeichnung für die kulturellen Bestrebungen im Umkreis Karls des Großen und seiner Nachfolger, die an spätantik-christliche Traditionen anschlossen. → Ahd. Literatur.

Kasperltheater, nach seiner → komischen Person benanntes Handpuppenspiel (→ Figurentheater). Die Gestalt des Kasperl war ursprünglich eine Schöpfung des → Wiener Volkstheaters, die durch den Schauspieler Johann Laroche vom Leopoldstädter Theater Ende des 18. Jh.s populär geworden war. Im Puppentheater erscheint sie seit der Mitte des 19. Jh.s als naiv fröhlicher, aber auch ständig missverstehender Außenseiter, der mit Witz in einer schwarzweißen Märchenwelt das Gute triumphieren lässt und die hierarchische Gesellschaftsordnung wieder herstellt. Franz Graf v. Pocci schrieb von 1850 an mehr als 40 Stücke – viele nach Märchenvorlagen – mit dem Kasperl Larifari für das Münchner Marionettentheater (*Neues Kasperl-Theater*, 1855). Kasperle-Versionen des 20. Jh.s stammen von Arthur Schnitzler (*Zum großen Wurstel*, 1906), Walter Benjamin (*Radau um Kasperl*, 1932; Hörspiel), Max Kommerell (*Kasperlespiele für große Leute*, 1948) und H. C. Artmann.

Kasuallyrik → Gelegenheitsgedicht.

Kasus → Einfache Formen.

Katachrese, ein → Tropus (uneigentliche Redeweise), der die Übernahme eines Ausdrucks aus einem anderen Bedeutungsbereich bezeichnet, wenn ein spezifischer Ausdruck für den Sachverhalt fehlt (»Bart« eines Schlüssels, »Fischauge« für extremes Weitwinkelobjektiv). Daneben bezeichnet K. den Bildbruch, d. h. die Verbindung von nicht zusammenpassenden Metaphern (als unfreiwillige Stilblüte oder bewusst eingesetztes Stilmittel). → Metapher.

Katalektisch, Bezeichnung der → Metrik für die Verkürzung eines Versfußes am Versende.

Katastrophe, auf die *Poetik* des Aristoteles zurückgehender Begriff der → Dramentheorie, der den Wendepunkt gegen Ende des Dramas bezeichnet, die Auflösung des dramatischen Konflikts zum Schlimmen (Tragödie) oder Guten (Komödie).

Katharsis, ›Reinigung‹, zentraler Begriff der Tragödientheorie des Aristoteles mit breiter Wirkungsgeschichte. In der *Poetik* heißt es, dass die Tragödie – je nach Übersetzung – »Jammer und Schaudern« bzw. »Furcht und Mitleid« hervorrufe und hierdurch eine Reinigung von derartigen Affekten bewirke. Die Bedeutung der Begriffe *eleos*, *phobos* und *katharsis* blieb lange umstritten, ebenso die Frage, ob es sich um eine Reinigung der oder von den Leidenschaften handele. K. kann in medizinisch-hygienischem Sinn auf ein heilsames Abreagieren von Affekten, aber auch auf eine moralisch-geistige ›Läuterung‹ hindeuten.

In Humanismus und Barock wurde K. vielfach in stoischem Sinn als eine Art Abhärtung und Immunisierung der Seele verstanden. Im frz. Klassizismus interpretierte man die Tragödie im Sinn der Märtyrerdramas als exemplarische Darstellung von Tugend und Laster, wobei das Leiden des tugendhaften Helden Mitleid, die Aktivitäten des Tyrannen Abscheu und Schrecken auslösten. Lessing wandte sich in seiner *Hamburgischen Dramaturgie* (1767–69) gegen diese Interpretation, lehnte die übliche Übersetzung von *phobos* als ›Schrecken‹ zugunsten von ›Furcht‹ ab, ordnete sie dem Mitleid als zentralem Begriff unter (»es ist die Furcht, daß wir der bemitleidete Gegenstand selbst werden können. [...] diese Furcht ist das auf uns selbst bezogene Mitleid«) und deutete die aristotelische K. im Sinn einer moralischen Läuterung um: die »Reinigung« beruhe in nichts anderem »als in der Verwandlung der Leidenschaften in tugendhafte Fertigkeiten«. Lessings Version behielt lange kanonische Gültigkeit, die erst durch die psychotherapeutisch-medizinischen Deutungen erschüttert wurde.

Kehrreim → Refrain.

Kinder- und Jugendliteratur, Bezeichnung für den Bereich der Literatur, der für Kinder und Jugendliche bestimmt ist oder von diesen tatsächlich rezipiert wird. Die ausdrücklich für Kinder und Jugendliche geschriebene bzw. veröffentlichte Literatur nennt man intentionale Kinder- und Jugendliteratur. Werke der Erwachsenenliteratur waren oft bereits Jugendlektüre, bevor sie Bearbeitungen unterworfen und in pädagogischer Absicht dem jugendlichen oder kindlichen Verständnis angepasst wurden (*Don Quijote*, *Robinson Crusoe*, *Gullivers Reisen*, *Lederstrumpf*). Andere Werke der Literatur für Erwachsene behaupteten sich trotz pädagogischer Widerstände als Jugendlektüre (z. B. Johann Gottfried Schnabels *Insel Felsenburg* im 18 Jh. und die Romane Karl Mays im 19. und 20. Jh.).

Zwar gibt es speziell für Kinder geschriebene Literatur seit dem späten MA und verstärkt seit der Reformationszeit, doch von Kinder- und Jugendliteratur in einem modernen Sinn kann man erst seit der Aufklärung sprechen. Sie entstand im Zusammenhang mit der Reformbewegung des

Philanthropismus (Johann Bernhard Basedow, Joachim Heinrich Campe, Christian Gotthilf Salzmann) aus pädagogischen Impulsen und sorgte u. a. durch Beispielgeschichten in familiärem Erzählrahmen für moralische und sachliche Belehrung. Bezeichnend dafür ist beispielsweise Campes *Robinson*-Bearbeitung (*Robinson der Jüngere*, 1779–80). Das aufklärerische Angebot umfasste u. a. ABC-, Lese- und Fabelbücher sowie für Kinder bestimmte Romane, Schauspiele, Gedichte und sogar Zeitschriften. Lektüre sollte nützlich sein, lustbetontes Lesen galt als schädlich.

In der Romantik wurden dann gerade die Traditionen betont, die die Aufklärung zu verdrängen suchte: die volkstümlichen Kinderreime, Märchen, Sagen, Legenden usw. Große Wirkung ging von den Kinderliedern im Anhang zu *Des Knaben Wunderhorn* (1806 [recte 1805]–08) von Achim von Arnim und Clemens Brentano und den *Kinder- und Hausmärchen* (1812–15) der Brüder Grimm aus (→ Märchen). Kunstmärchen für Kinder und zahlreiche Märchen-, Sagen- und Volksliedsammlungen schlossen sich im Lauf des 19. Jh.s an. Daneben bestanden aufklärerische Traditionen des moralischen Erzählens weiter. Zu Klassikern wurden die → Bildergeschichten Heinrich Hoffmanns (*Der Struwwelpeter*, 1845) und Wilhelm Buschs (u. a. *Max und Moritz*, 1865). Seit der Mitte des 19. Jh.s entwickelte sich eine eigenständige Mädchenliteratur, das sog. ›Backfischbuch‹ (Clementine Helm, *Backfischchens Leiden und Freuden*, 1863; Emmy v. Rhoden, *Trotzkopf*, 1885; Else Ury, *Nesthäkchen*, 10 Bde., 1918–32; usw.). Auf der anderen Seite gewann die Abenteuer- und Reiseliteratur (→ Abenteuerroman) große Bedeutung. Zu den Übersetzungen und Bearbeitungen der nordamerikanischen Klassiker (James Fenimore Cooper, Mark Twain) kam eine wachsende dt. Produktion mit moralisierenden und chauvinistischen Tendenzen (Karl May u. a.).

Um die Jahrhundertwende artikulierte sich eine Jugendschriftenbewegung (Heinrich Wolgast), die Tendenz und Kindertümelei ablehnte und ästhetische Maßstäbe durchzusetzen suchte. Unterstützt wurde die Bewegung von der Sozialdemokratie. Die neuen Tendenzen zeigten sich u. a. in der Kinderlyrik Paula und Richard Dehmels sowie in einer Reihe von Großstadterzählungen (Fritz Gansberg, Wilhelm Scharrelmann). In den zwanziger Jahren griff Erich Kästner die Thematik der großen Stadt mit ihrer Faszination und ihren sozialen Problemen auf (z. B. *Emil und die Detektive*, 1928). Im Dritten Reich wurde die Kinder- und Jugendliteratur in den Dienst der nationalsozialistischen Ideologie gestellt.

In der BRD gab sich die Kinder- und Jugendliteratur zunächst unpolitisch. Es dominierten die märchenhaft-phantastische Erzählung (Otfried Preußler, James Krüss, Michael Ende, später Janosch) und eine witzige, spielerische Kinderlyrik (Paul Maar, Josef Guggenmos u. a.). Im Gegensatz zur Bundesrepublik hatte die Kinder- und Jugendliteratur der DDR von vornherein einen stärkeren Bezug zur gesellschaftlichen Realität. Dabei spielte die Auseinandersetzung mit dem Faschismus und die Dritte-Welt-Problematik eine besondere Rolle. Die Abenteuerliteratur repräsentierten zahlreiche Indianerromane (Eduard Klein, Liselotte Welskopf-Henrich). Erst in den späten 60er-Jahren stellte sich auch die westdt. Kinder- und Jugendliteratur Gegenwartsfragen und der Auseinandersetzung mit dem Nationalsozialismus; es entwickelte sich eine besondere, dem jeweiligen Alter der Rezipienten angemessene Problemliteratur, seit der Studentenbewegung von 1968 auch mit politisch agitierender, antiautoritärer Note. Damit erhielt auch die Mädchenliteratur eine emanzipatorische Tendenz (Christine Nöstlinger). Dieser kritisch-emanzipatorische Geist bestimmte auch die neueren Entwicklungen des Kindertheaters (GRIPS-Theater seit 1969), das vorher eher von Stücken wie *Peterchens Mondfahrt* (1912) von Gerdt von Bassewitz geprägt war.

Kirchenlied, das von der Gemeinde im christlichen Gottesdienst gesungene volkssprachliche Lied. Erste Belege stammen aus dem 9. Jh. (*Petruslied*). Die dt. K.er des MA sind häufig Umdichtungen lat. → Hymnen und → Sequenzen (»Christ ist erstanden«, »Komm Heiliger Geist« usw.); beliebt waren dt.-lat. Mischtexte (»In dulci jubilo«). Handschriften aus verschiedenen Klöstern belegen den liturgischen Gebrauch dt. Lieder im MA.

Durch die Reformation erhielt das K. eine neue Bedeutung. Als erste führten die Hussiten die Volkssprache als liturgische Sprache ein; 1501 erschien das erste tschechische Gesangbuch der Böhmischen Brüder. In Deutschland machte Luther, nachdem bereits Thomas Müntzer mit Übersetzungen lat. Hymnen vorausgegangen war, das K. zu einem wesentlichen Träger des reformatorischen Programms. Zwei Drittel seiner insgesamt 36 Lieder entstanden 1523/24 im Zusammenhang mit den Bemühungen um einen dt. Gottesdienst und der daraus resultierenden Notwendigkeit, Ersatz für die lat. → Hymnen und Messgesänge zu schaffen. Später kamen auch Katechismuslieder dazu (Gebote, Credo, Abendmahl). Für seine K.er machte sich Luther ältere Traditionen zunutze. Die meisten sind Bearbeitungen: Psalmenparaphrasen, freie Nachdichtungen lat. Hymnen und liturgischer Gesänge, → Kontrafakturen vorreformatorischer dt. Lieder, liedhafte Umsetzungen von Bibelstellen.

Die neue Bedeutung des K.s führte zur Zusammenstellung in Gesangbüchern. Bereits 1524 erschienen mehrere Liederbücher mit den neuen Liedern; alle 24 Lieder Luthers aus dieser Periode enthält das *Geistliche gesangk Buchleyn* Johann Walters. 1529 folgte das erste systematisch aufgebaute evangelische Gemeindegesangbuch, 1545 das Leipziger Gesangbuch des Verlegers Valentin Babst. Eine eigene Form des Kirchengesangs entwickelte sich mit der calvinistischen → Psalmendichtung seit der Mitte des 16. Jh.s.

Ausgehend von den Liedern Luthers entstand in der Folgezeit ein riesiges Korpus protestantischer Lieddichtung. Vor allem im 17. Jh. erhielt das K. durch Autoren wie Johannes Heermann, Johann Rist und v. a. Paul Gerhardt noch einmal bedeutende Impulse. Eine große Rolle spielte daneben das für die private Andacht bestimmte → geistliche Lied. Im 18. Jh. konnten sich trotz der Bemühungen von Dichtern wie Christian Fürchtegott Gellert und Friedrich Gottlieb Klopstock kaum neue Lieder durchsetzen. Erneuerungsbestrebungen im 19. und 20. Jh. führten zu einer gewissen Bereicherung des Repertoires, das aber immer noch, wie das als Einheitsgesangbuch für alle Gliedkirchen konzipierte *Evangelische Kirchengesangbuch* von 1950 zeigt, maßgeblich von Liedern des 16. und 17. Jh.s geprägt wird.

Die propagandistischen Erfolge des reformatorischen K.s führten zu entsprechenden Bemühungen auf katholischer Seite (Gesangbücher: Michael Vehe, 1537; Johann Leisentrit, 1567). Im 17. Jh. erhielt die katholische Lieddichtung neue Anstöße durch den Jesuitenorden; der Orden gab Gesangbücher heraus und förderte das Entstehen neuer, den Katechismusunterricht stützender Lieder. Bedeutendster Liederdichter des Ordens war Friedrich Spee. Im 18. Jh. schrieb Michael Denis einige noch heute gesungene Lieder (»Thauet, Himmel, den Gerechten«), und im Breslauer Gesangbuch (1778) von Ignaz Franz steht das einzige katholische Lied, das sich auch im Protestantismus durchgesetzt hat (»Großer Gott, wir loben dich«). Auch die katholische Kirche bemühte sich im 20. Jh. um ein Einheitsgesangbuch (*Gotteslob*, 1975); wie im protestantischen stammen auch hier die meisten Lieder aus dem 16. und 17. Jh.

Kirchhofsdichtung → Gräberpoesie.

Kitsch, abwertende Bezeichnung für Kunstprodukte aller Art, die sich durch widerstandslose Konsumierbarkeit, Sentimentalität sowie die Suggestion von Stimmungen und idyllischem Schein auszeichnen. Eine wesentliche Rolle spielt dabei die kommerzialisierte und trivialisierende Verwendung von Werken, Motiven oder Versatzstücken der ›Hochkunst‹. → Trivialliteratur.

Klangmalerei → Laut- und Klangmalerei.

Klassik → Weimarer Klassik.

Klassizismus, antikisierender Kunst- und Literaturstil. Dabei wird oft wertend ein Unterschied zwischen einem eher epigonalen, dogmatischen K. und eigenschöpferischer Klassik (→ Weimarer Klassik) betont. An der antiken Poetik orientierte klassizistische Vorstellungen bestimmten seit Renaissance und Humanismus wesentlich die europäische Literaturentwicklung. In Deutschland zeigte sich ihr Einfluss zuerst im 17. Jh. (Martin Opitz); im 18. Jh. (→ Aufklärung, → Anakreontik) dominierten sie unter dem Einfluss des frz. *classicisme* über einen längeren Zeitraum. Große Wirkung, auch auf die Weimarer Klassik, ging dann von der durch Johann Joachim Winckelmann entwickelten neuen Auffassung der Antike aus (→ Antikerezeption). Im 19. Jh. vertraten August v. Platen und Mitglieder des → Münchner Dichterkreises wie Emanuel Geibel klassizistische Kunstanschauungen, um die Wende zum 20. Jh. propagierte Paul Ernst eine neue klassische Bewegung (→ Neuklassizismus).

Klausel → Cursus.

Klimax, auch Gradatio, rhetorische Figur der stufenweisen Steigerung mit mindestens drei Gliedern. Im eigentlichen Sinn handelt es sich um eine Wiederholungsfigur, die eine steigernde wörtliche Wiederholung verlangt: »wir rühmen uns auch der Trübsale, dieweil wir wissen, daß Trübsal Geduld bringt; Geduld aber bringt Erfahrung; Erfahrung aber bringt Hoffnung; Hoffnung aber läßt nicht zu Schanden werden«, Römer 5,3–5 in Luthers Übersetzung). Seit dem 19. Jh. wird K. auch als Steigerung ohne wörtliche Wiederholung verstanden. Bei einer Abstufung mit fallender Tendenz spricht man von Antiklimax.

Knittelvers, wichtigstes Versmaß der epischen und dramatischen deutschsprachigen Dichtung des späten 15. und des 16. Jh.s. Man unterscheidet zwischen dem Freien K. und dem Strengen K. Der Freie K. ist allein durch den Paarreim festgelegt, die Silbenzahl der Verse ist frei und schwankt ohne Regeln meist zwischen sieben und elf (was aber vier- oder sechzehnsilbige Verse nicht ausschließt). Der Strenge K., ebenfalls paarweise gereimt, umfasst acht Silben bei männlichem Ausgang, neun bei weiblichem. Die Abfolge männlicher und weiblicher Reimpaare unterliegt keinen Regeln. Gelegentlich wird kein Unterschied zwischen männlichem und weiblichem Schluss gemacht; dann umfasst jeder Vers acht Silben (z. B. Kaiser Maximilian I., *Theuerdank*, 1517). Es ist nicht anzunehmen, dass die meist vierhebigen Verse alternierend gelesen wurden; bestimmendes metrisches Prinzip (→ Metrum) ist außer der Reimbindung die Silbenzählung.

Mit der Opitzschen Reform verschwand der K. sehr rasch aus der dt. Dichtung, abgesehen von seiner parodistischen Verwendung (z. B. Andreas Gryphius, *Peter Squentz*, 1658). Mit der Hinwendung zum ›Altdeutschen‹ im → Sturm und Drang kam es unter fälschlicher Berufung auf Hans Sachs zu einer Renaissance des Freien K.s, der allerdings – etwa bei Goethe – nach → Hebungen reguliert wird (meist vier Hebungen, Füllungsfreiheit der Senkungen): »Heiße Magister, heiße Doktor gar, / Und ziehe schon an die zehen Jahr ...« (Goethe). In humoristischer Form erscheint der K. u. a. in der *Jobsiade* (1784) Karl Arnold Kortums und – jambisch reguliert (→ Jambus) – bei Wilhelm Busch, und während er etwa bei Schiller (*Wallensteins Lager*, 1798) für altertümliches Kolorit sorgt, dient er neueren Dichtern (Brecht, Peter Weiss, *Marat/Sade*, 1964) als Ausdruck scheinbarer Kunstlosigkeit.

Kodex → Buch.

Kölner Schule, Bezeichnung für eine Gruppe von Schriftstellern, die z. T. unter dem Einfluss des frz. → Nouveau roman – für einen »neuen Realismus« gleichsam »durch genaues Hinsehen«, d. h. die »Wiederherstellung der Fremdheit« (Dieter Wellershoff), eintrat. Neben Wellershoff gehörten Nicolas Born, Rolf Dieter Brinkmann, Günter Herburger und Günter Seuren zu dieser ›Schule‹.

Königsberger Dichterkreis, im Gegensatz zu den programmatisch orientierten und organisatorisch gefestigten → Sprachgesellschaften des Barock eine Vereinigung von Freunden, die bei regelmäßigen Zusammenkünften in ihren Häusern oder idyllischer Umgebung (›Kürbshütte‹) ihre Dichtungen vortrugen und musizierten. Die Zusammenkünfte dürften um 1636/37 begonnenen haben. Treibende Kraft war Robert Roberthin, der Förderer Simon Dachs, des bedeutendsten Dichters der Gruppe. Zu den insgesamt etwa zwölf Freunden zählten weiter Christoph Kaldenbach, Johann Peter Titz und der Komponist Heinrich Albert, dessen *Arien* (1638–50) seine Vertonungen der Lieder der Königsberger enthalten.

Kolophon → Titel.

Kolportageroman, literarisch anspruchsloser Roman, Trivialroman. Die Bezeichnung wurde vom früheren Vertriebsweg, dem Hausierhandel (frz. *colportage*), auf das Produkt übertragen. → Trivialliteratur.

Komische Person, Bühnenfigur, die in vielen nationalen und lokalen Ausprägungen auftritt. Zu ihren Kennzeichen zählen je nach Typ Gefräßigkeit, Triebhaftigkeit, Possenreißerei, Intrigantentum, Spottlust usw. Die animalischen Funktionen sind eine beliebte Quelle der von der lustigen Person, meist eine Dienergestalt, ausgehenden Komik. Komische Personen treten bereits in der antiken Komödie und im mittelalterlichen Schauspiel auf; zu festen Typen werden sie im → Fastnachtsspiel (der tölpelhafte bzw. verschlagene Bauer bei Hans Sachs), dann v. a. in der → Commedia dell'arte (Arlecchino, Pulcinella u. a.) und ihren frz. Varianten (Harlequin, Guignol), der span. Komödie (Gracioso) und im Schauspiel der → Englischen Komödianten (Pickelhering u. a.). Der dt. Beitrag zum komischen Personal ist der Hanswurst, der unter verschiedenen Bezeichnungen eine zentrale Figur des → Wiener Volkstheaters darstellt.

Komisches Epos, Versdichtung, deren Komik auf dem Gegensatz von geringfügigem Anlass oder unbedeutendem

Gegenstand und hohem epischen Stil besteht (»mock-epic«). Das erste bekannte komische Epos ist eine Parodie der homerischen Epen, der *Froschmäusekrieg* (*Batrachomyomachia*, 5./6. Jh. v. Chr.), und die Literaturparodie bleibt auch in der Neuzeit eine der Möglichkeiten der Gattung. Aufgenommen wird das antike Beispiel in der frühen Neuzeit, etwa durch Bearbeitungen des *Froschmäusekriegs* (u. a. von Gabriel Rollenhagen, 1595) und durch Vergil-Travestien wie Paul Scarrons *Le Virgile travesti* (1648–53) und Aloys Blumauers fragmentarische *Abentheuer des frommen Helden Aeneas* (1782–88). Im Übrigen knüpft das dt. komische Epos des 18. Jh.s an ital., frz. und v. a. engl. Beispiele an (Alessandro Tassoni, *La secchia rapita*, 1622; Nicolas Boileau, *Le lutrin*, 1674–83; Samuel Butler, *Hudibras*, 1663–78; Alexander Pope, *The Rape of the Lock*, 1712–14; *The Dunciad*, 1728–43). Just Friedrich Wilhelm Zachariä (*Der Renommiste*, 1744), Johann Jakob Dusch, Christoph Otto Schönaich u. a. vertreten das dt. komische Epos in der Manier Popes. Großen Erfolg hatte Karl Arnold Kortums Bildungsromanparodie in Knittelversen *Die Jobsiade* (1784, 1799), die Wilhelm Busch in einer Bildergeschichte adaptierte (*Bilder zur Jobsiade*, 1872). Zu den Ausläufern der Gattung im 19. Jh. gehört Karl Immermanns *Tulifäntchen* (1830). → Verserzählung.

Komödie, Theaterstück komischen Inhalts mit gutem Ausgang. Das Wort K., gebildet aus griech. *komos* ›festlicher Umzug mit Gesang, Gelage‹ und *oide* ›Gesang‹, verweist auf den Ursprung der K. im orgiastischen Dionysoskult. Im Verlauf der Gattungsgeschichte bricht diese Herkunft in vielfältiger Weise – etwa in der betonten Kreatürlichkeit und Sexualität, im »Karnevalesken« (Michail Bachtin) – immer wieder durch. Auch die subliterarische Tradition des Mimus, des antiken Possenspiels, wirkt in Spielarten der K. weiter und unterstreicht die ordnungssprengenden Momente der K.

Im Gegensatz zur → Tragödie kam es erst in der Neuzeit

zu einer theoretischen Diskussion der K.; in der *Poetik* des Aristoteles fehlt der entsprechende Abschnitt. Bei der Vielfalt der historischen Erscheinungsformen der K. treffen allerdings die Versuche einer Theorie bzw. der Erstellung eines Modells der K. auf erhebliche Schwierigkeiten. Unterscheidungen nach strukturellen, inhaltlichen oder intentionalen Gesichtspunkten sind üblich (Typen-, Charakter-, Situations-, Intrigen-, Konversationskomödie; satirische, gesellschaftskritische, didaktische K., Unterhaltungskomödie [Boulevardkomödie]); eine andere Möglichkeit liegt in der Differenzierung nach der Art der Komik (Bernhard Greiner): Komik der Herabsetzung und des Missverhältnisses (satirische K., Charakter-, Situationskomödie, Farce usw.), Komik der Befreiung unterdrückter Kreatürlichkeit (Posse, Schwank, Burleske u. Ä.), Komik weltüberlegener Heiterkeit mit dem Humor als tragendem Element.

Die Komödientheorie der Renaissance leitete sich von einigen Bemerkungen bei Aristoteles und Horaz, rhetorischen Grundsätzen und dem Beispiel der römischen K. ab. Zu dem sich etablierenden Regelkanon gehörte die Einteilung in Akte, die ständische Festlegung der Figuren und die Forderung einer dem niedrigen Personal und der lächerlichen Handlung entsprechenden niederen (oder mittleren) Stillage (→ Genera dicendi). In der Praxis allerdings hielten sich barocke Komödiendichter wie Andreas Gryphius oder Christian Weise ebenso wenig an die → Ständeklausel wie – im europäischen Kontext – Shakespeare, Zeichen für die unsichere Position der K. im Gattungssystem (→ Gattung). In der Aufklärung wurde die K. dem Erziehungsdenken unterworfen und, symbolisiert durch die Vertreibung des Hanswursts, ihres anarchischen Erbes beraubt. Es war die Zeit der ›Verlachkomödie‹ (→ Sächsische Komödie). Justus Mösers Schrift *Harlekin, oder Vertheidigung des Groteske-Komischen* (1761) brachte die Überwindung dieser engen Vorstellungen. Schiller stellte die K. theoretisch über die Tragödie; die Romantiker folgten ihm in dieser Aufwertung. Auf den geschichtsphilosophischen Sinn der K. verwiesen Hugo v. Hofmannsthal (»Nach einem unglücklichen Krieg müssen Komödien geschrieben werden«) und Friedrich Dürrenmatt (»Uns kommt nur noch die Komödie bei«).

Komische Szenen enthält bereits das mittelalterliche → geistliche Spiel. Das *St. Pauler Neidhartspiel* (um 1350), ein kurzer → Schwank, steht am Beginn des weltlichen Schauspiels im dt. Sprachgebiet. Seit der Mitte des 15. Jh.s entwickelte sich mit dem → Fastnachtsspiel eine neue komische Gattung, die sich aus einer Reihe loser Szenen zu einem geschlossenen Handlungsspiel verdichtete (Hans Sachs). Im Humanismus (→ Humanistendrama) begann der Rückgriff auf die antike, d. h. v. a. auf die römische K. (Plautus, Terenz), der nach Übersetzungen zu eigenen Versuchen meist in lat. Sprache führte (z. B. Johannes Reuchlin, *Henno*, 1497). Das reformatorische → Schuldrama war der K. nicht günstig. Neue Entwicklungen wurden gegen Ende des 16. Jh.s durch die ital. → Commedia dell'arte und die → Englischen Komödianten eingeleitet (Jakob Ayrer, Heinrich Julius v. Braunschweig).

Im → Barock diente die K., nun (teilweise) einer klassizistischen Poetik unterworfen, der Belustigung der höheren Stände. Ein höfischer Rahmen repräsentiert die gesellschaftliche Norm, an der soziales Fehlverhalten gemessen wird: Im Verkennen des angemessenen Platzes in der gesellschaftlichen Hierarchie, in der Diskrepanz zwischen Schein und Sein besteht die Komik (Gryphius, Weise). Gegen Ende des Jh.s zeigen sich Ansätze zu einer K., die die Moral enger auf die bürgerliche Praxis bezieht (Christian Reuter). Zugleich begann der Einfluss Molières auf die dt. K. An frz. Vorbilder, v. a. Philippe Néricault Destouches und Pierre Carlet de Chamblain de Marivaux, schloss sich auch die sächsische Komödie an, die Johann Christoph Gottsched mit großem Erfolg propagierte: Es sind Typenkomödien, in denen ein durch eine Figur personifiziertes ›Laster‹ (z. B. Theodor Johann Quistorp, *Der Hypochondrist*, 1745) verspottet und dem Gelächter preisgegeben wird (Luise Gottsched, Johann Elias Schlegel, Christian Fürchtegott Gellert, Lessing).

Neue Tendenzen, eine Wendung zu positiven Figuren, brachten das → ›rührende‹ oder ›weinerliche‹ Lustspiel im Anschluss an die frz. *comédie larmoyante* (Gellert, *Die zärtlichen Schwestern*, 1747) und Schlegels Verbindung des satirischen und rührenden Lustspiels (*Die stumme Schönheit*, 1747; *Triumph der guten Frauen*, 1748); hier deutete sich auch die Hinwendung zum Charakterlustspiel an. Lessing führte diese Ansätze konsequent weiter, nachdem er selbst Beispiele für die sächsische Typenkomödie geliefert hatte. Er forderte für die K. als Spiegel des Lebens auch die Verwendung zentraler tugendhafter Charaktere, lehnte die Fixierung auf J. C. Gottscheds ›moralischen Satz‹ als Voraussetzung des gesellschaftlichen Nutzens ab und legte gleichsam zur Illustration mit *Minna von Barnhelm* (1767) eine K. vor, die die Hauptpersonen durch psychologische Charakterisierungskunst aus den traditionellen Schemata befreite.

Während Goethes Vorliebe der → Posse und → Farce galt, setzten Heinrich v. Kleist mit dem *Zerbrochnen Krug* (1808), einem virtuos ins Komische verkehrten *König Ödipus*, und dem »Lustspiel nach Molière« *Amphitryon* (1807) sowie die Romantiker mit ihrer illusionsdurchbrechenden → Ironie und der Verbindung des Poetischen mit dem Satirischen neue Akzente. Zugleich machten Autoren wie Ludwig Tieck, Clemens Brentano und Joseph v. Eichendorff in umfassender Weise die europäische Komödientradition seit Aristophanes (Commedia dell'arte, Shakespeare, Lope de Vega, Calderón, Gozzi) fruchtbar. Gleichsam ein Endstadium der K. stellt Georg Büchners *Leonce und Lena* (1838) mit seiner Zitathaftigkeit und Radikalisierung dar, die die Spieler zu Marionetten und Automaten in einer heillosen Welt werden lässt.

Die Regionalisierung der Literatur im → Biedermeier betraf auch die K., etwa im → Wiener Volkstheater Ferdinand Raimunds und Johann Nepomuk Nestroys oder den ›Lokalpossen‹ anderer Städte (z. B. Frankfurt: Karl Malß, Darmstadt: Ernst Elias Niebergall). In Gerhart Hauptmanns »Diebskomödie« *Der Biberpelz* (1893), die auf die konventionelle Intrigenhandlung verzichtete und zur epischen Reihung tendiert, beginnen sich die traditionellen moralischen Normen beim Griff ins volle Menschenleben aufzulösen. Gilt hier die satirische Kritik dem wilhelminischen Staat und seinen Vertretern, so geht Carl Sternheim auf höchst artifizielle Weise mit der Borniertheit der wilhelminischen (klein)bürgerlichen Gesellschaft ins Gericht. Melancholische Verklärung der altösterreichischen Adelsgesellschaft dagegen und eine subtile Kunst der sprachlichen Nuancierung kennzeichnen die Konversationskomödien Hofmannsthals (*Der Schwierige*, 1921; *Der Unbestechliche*, 1923). Dem → Volksstück nähern sich die Komödien Carl Zuckmayers, dem im *Hauptmann von Köpenick* (1930) eine bruchlose Verbindung von K. und Zeitsatire gelang. Affinität zur → Groteske haben die K.n Dürrenmatts schon deswegen, weil für den Schweizer Dramatiker die Welt ein Irrenhaus ist. Mit Stücken wie *Der Besuch der alten Dame* (1956) oder *Die Physiker* (1962) erreichte die K. nach dem Zweiten Weltkrieg noch einmal einen prekären Höhepunkt: Eine Geschichte sei erst dann zu Ende gedacht, heißt es in den *21 Punkten zu den ›Physikern‹*, »wenn sie ihre schlimmstmögliche Wendung genommen hat«.

Konjektur → Textkritik.

Konkrete Dichtung, in Analogie zur Malerei gebildete Bezeichnung für eine von den materiellen Eigenschaften der Sprache – Wörter, Silben, Buchstaben – ausgehende experimentelle Poesie, wobei sich einerseits eine Reduktion auf einzelne Elemente und ein Verzicht auf komplexere sprachliche Strukturen und auf Sinnzusammenhänge, andererseits eine Erweiterung der Möglichkeiten durch kombinatorische Verfahren und durch Visualisierung und Entgrenzung ins Akustische ergibt (→ Visuelle Dichtung, → Akustische Dichtung). Zu den einflussreichsten Theoretikern und Praktikern der konkreten Poesie zählt Eugen Gomringer (*konstellationen*, 1953). Angeregt von seinem als »Akt der Befreiung« (Helmut Heißenbüttel) empfundenen Beispiel entwickelten sich in den 50er- und 60er-Jahren vielfältige Richtungen und Ausprägungen der konkreten Dichtung, repräsentiert von Autoren wie Claus Bremer, Reinhard Döhl, Heißenbüttel, Franz Mon, Diter Rot und den Mitgliedern der → Wiener Gruppe.

Zur Vorgeschichte der konkreten Poesie gehören die antiken und barocken → Figurengedichte ebenso wie Tendenzen des → Futurismus, → Expressionismus und → Dadaismus (z. B. Kurt Schwitters' Lautgedichte) sowie Texte Stéphane Mallarmés, Guillaume Apollinaires, Gertrude Steins und Hans Arps.

Kontrafaktur, ›Gegen-Verfertigung‹, seit dem MA verwendetes literarisches (und musikalisches) Verfahren, das eine Vorlage (Text, Melodie) für eigene künstlerische Absichten nutzt. Im Gegensatz zur → Parodie sind damit keine herabsetzenden, komischen Intentionen verbunden. In engerem Sinn wird K. häufig nur auf die geistliche Umformung einer weltlichen Vorlage oder die weltliche Umdichtung einer geistlichen Vorlage bezogen, d. h., beliebte Melodien werden mit neuen Texten versehen. Das gilt z. B. für zahlreiche protestantische → Kirchenlieder v. a. im 16. und 17. Jh.; so ist z. B. Luthers *Vom Himmel hoch* eine K. des Lieds *Aus fremden Landen komm ich her*, während die Melodien der Lieder Paul Gerhardts *Befiehl du deine Wege* und *O Haupt voll Blut und Wunden* beide auf das Liebeslied *Mein G'müt ist mir verwirret* von Hans Leo Haßler zurückgehen. Als literarisches Verfahren wird die K. auch noch im 20. Jh. verwendet (Brecht u. a.).

Konversationslexikon → Enzyklopädie.

Konversationsstück, auch Salonstück oder Gesellschaftskomödie, Komödientypus des 19. und 20. Jh.s. Das K. ist im Milieu der besseren Gesellschaft angesiedelt, deren Probleme bzw. deren Leben Anlass zu gepflegter, geistreicher Konversation bietet (Oscar Wilde, Hermann Bahr u. a.). In reflektierter, mit Elementen der Charakterkomödie verbundener Form erreicht das K. bei Hugo v. Hofmannsthal (u. a. *Der Schwierige*, 1921) einen besonderen Rang. Die Beziehung zum → Boulevardstück ist eng. → Komödie.

Kreis von Münster → Münster, Kreis von.

Kreuzzugsdichtung, Sammelbezeichnung für lyrische und epische Dichtungen des MA, die die Kreuzzüge ins Hl. Land sowie die entsprechenden Kämpfe gegen die ›Heiden‹ in Spanien und Preußen zum Thema haben. Aus den epischen K.en der mhd. Literatur ragen das *Rolandslied* (um 1170) des Pfaffen Konrad und, die Kreuzzugsideologie problematisierend, Wolframs v. Eschenbach *Willehalm* (um 1210–20) heraus. Geschichtsdichtungen wie die *Kaiserchronik* (um 1140–50) oder Ottokars v. Steiermark *Österreichische Reimchronik* (um 1300–20) behandeln die Züge ins Hl. Land, die *Livländische Reimchronik* (Ende 13. Jh.) und die *Kronike von Pruzinlant* von Nikolaus v. Jeroschin (um 1331–41) übertragen den Kreuzzugsgeist auf den Kampf gegen die Slawen. Daneben dient zahlreichen epischen Dichtungen die Welt des Orients als Handlungsraum und Hintergrund.

Seit dem 3. Kreuzzug (1187–92) nahm sich die Lyrik in intensiver Weise der Kreuzzugsthematik an (→ Minnesang). Es entstanden zahlreiche ›Kreuzlieder‹ – das Wort ist eine Prägung der Zeit (*kriuzliet*) –, die über den durchaus vorhandenen Aspekt der Propaganda hinaus die eigene Stellung angesichts der Forderungen von Herrin, Gesellschaft und Religion reflektieren oder sich kritisch mit der politischen Realität auseinandersetzen. Man kann unterscheiden zwischen Entscheidungsliedern, die den Konflikt zwischen der religiösen Verpflichtung zum Kreuzzug und der Liebe zur Frau thematisieren, Bekenntnisliedern, die die Beziehung zu Gott in den Vordergrund stellen, und politischen und kritischen Liedern, die den Konflikt zwischen Kaiser und Papst einbeziehen und die desolate moralische und materielle Lage in der Fremde schildern. Zu nennen sind v. a. Friedrich v. Hausen, Hartmann v. Aue, Albrecht v. Johansdorf, Heinrich v. Rugge, Walther v. der Vogelweide, Neidhart und Freidank.

Kriminalroman, erzählende Prosagattung, die in unterschiedlicher Akzentuierung von Verbrechen und ihrer Aufklärung handelt und dabei an standardisierte Erzählmuster gebunden ist. Ihr Reiz liegt nicht zuletzt gerade in der Variation dieser Muster und Strukturen. Die gewaltige Ausweitung der Produktion in der Gegenwart, die auch die audiovisuellen Formen betrifft, führt häufig zu Verbindungen mit verwandten Genres wie der Abenteuer-, Agenten- und Spionagegeschichte und verstärkt den Zug zur Trivialisierung eines wachsenden Segments der Gattung (→ Trivialliteratur). Zugleich hat der K. mit Schauplätzen im alten Ägypten oder Rom, im Mittelalter oder im 19. und frühen 20. Jh. die historische Dimension entdeckt.

Grundsätzlich lassen sich zwei Typen des K.s unterscheiden: der analytische Detektivroman und der K. im engeren Sinn. Beim Detektivroman steht das Verbrechen (in der Regel ein oder mehrere Morde) am Anfang, die Rekonstruktion des Tathergangs und die Überführung des Täters / der Täterin erfolgt im Verlauf des Erzählens. Eine herausgehobene Rolle kommt dabei der Gestalt des Detektivs (Privatdetektiv, intellektuell überlegener Amateur, Polizist) und immer mehr auch der Detektivin zu, die es mit einer sozial meist homogenen Gruppe von Verdächtigen und Zeugen zu tun hat, aus deren Mitte der Täter stammt. Bei dem anderen Typus des K.s sind Täter und Tathergang schon von Anfang an oder jedenfalls bereits recht früh bekannt; er muss seine Wirkung, seinen Spannungsreiz aus anderen Momenten – wie z. B. der Täterpsychologie oder der Aufklärung des gesellschaftlichen, wirtschaftlichen oder politischen Hintergrunds – beziehen. Der erste Typ überwiegt zahlenmäßig und wird mit dem zweiten heute dem Oberbegriff K. subsumiert.

Die Vorgeschichte des K.s beginnt im 18. Jh. im Zusammenhang mit der Entwicklung des Rechtswesens und dem aufklärerischen Anspruch, Recht und Ordnung mit rationalen Methoden zu etablieren. Zu den literarischen Vorläufern des K.s zählen die große Sammlung berühmter Kriminalfälle von François Gayot de Pitaval (*Causes célèbres et intéressantes*, 1734 ff.), der engl. →Schauerroman und Werke wie Schillers *Verbrecher aus Infamie* (1786; späterer Titel: *Der Verbrecher aus verlorener Ehre*) oder E. T. A. Hoffmanns *Fräulein von Scudéri* (1819). Wesentlichen Einfluss auf die dt. ›Criminalnovelle‹ des ausgehenden 19. Jh.s (Jodokus Donatus Hubertus Temme u. a.) übte der *Neue Pitaval* (1842–62) von Willibald Alexis und Julius Eduard Hitzig aus.

Die entscheidenden strukturellen Muster für die Entwicklung der Gattung kamen jedoch aus der amerikanischen und engl. Literatur, und noch heute ist der K. eine angloamerikanische Domäne. Edgar Allan Poes Detektivgeschichten – zunächst dominieren kurze Formen – bildeten zukunftsweisende narrative Strukturen und Einzelmotive aus und kreierten zudem die Gestalt des genialen (Amateur-)Detektivs (z. B. *The Murders in the Rue Morgue*, 1841; *The Purloined Letter*, 1845). Eine Reihe von Autoren der 2. Hälfte des 19. Jh.s – wie Charles Dickens und Wilkie Collins – nahmen Momente des K.s auf, doch erst Arthur Conan Doyle schöpfte (seit 1887) die Möglichkeiten des Poeschen Modells aus und sorgte für seine Popularisierung. Sherlock Holmes wurde zum Inbegriff des intellektuellen modernen Detektivs und der deduktiv-analytischen Methode. Den Rätselcharakter der Romane verstärkte dann Gaston Leroux (*Le mystère de la chambre jaune*, 1907) und wirkte damit ebenfalls auf die ›englische‹ Variante des K.s: Rätselspiele mit bizarren Morden und exzentrischen Detektiven, angesiedelt im Milieu der Mittelklasse in isolierter ländlicher Umgebung (Gilbert Keith Chesterton, Agatha Christie, Dorothy Sayers, Ngaio Marsh, Margery Allingham, P. D. James; in den USA John Dickson Carr, Ellery Queen, Elizabeth George, Martha Grimes u. a.).

Gegen die diesem Erzählmodell innewohnende Statik und seine gesellschaftliche Kunstwelt wandte sich die ›amerikanische‹ Schule des Hard-boiled-K.s der 30er-Jahre, die bis heute dominiert: Die rückwärtsgerichtete Verbrechensaufklärung wird durch vorwärtstreibende Handlungsmomente ergänzt bzw. überlagert, die ländliche Idylle durch – meist schlechte – großstädtische Realität ersetzt. Der Privatdetektiv erscheint als einsamer, seinem eigenen moralischen Anspruch verpflichteter Kämpfer gegen eine verderbte und häufig undurchschaubare Welt (Dashiell Hammett, Raymond Chandler, Ross Macdonald, Robert B. Parker, James Ellroy u. a.).

Der erfolgreichste kontinentaleuropäische Autor von K.en ist der Belgier Georges Simenon mit seinen rund 200 Romanen seit 1923, darunter zahlreiche mit dem Pariser Polizeikommissar Maigret. Simenons psychologisierende Variante wurde u. a. von dem Team Pierre Boileau / Thomas Narcejac, Patricia Highsmith, Margaret Millar und Ruth Rendell weitergeführt. ›Klassische‹ Motive des K.s bilden die Grundlage der zehn kritischen Polizeiromane von Maj Sjöwall und Per Wahlöö; die niederländischen Gegenstücke Janwillem van de Weterings hatten ähnlichen Erfolg. Eine anspruchsvolle ›postmoderne‹ Version des historischen K.s stellt Umberto Ecos *Il nome della rosa* (1980) dar.

Die Geschichte des deutschsprachigen K.s kennt nur wenige Höhepunkte, darunter die von Simenon beeinflussten Romane des Schweizers Friedrich Glauser um den Wachtmeister Studer (1936 ff.), an die wiederum Friedrich Dürrenmatts Versuche (u. a. *Der Richter und sein Henker*, 1952) erinnern. In den 70er-Jahren dominierten Versuche, die sozialen Ursachen von Kriminalität zu thematisieren; zu den heutigen Tendenzen gehören einerseits der ›weibliche‹ oder feministische Krimi, andererseits eine ausgesprochene Regionalisierung (Ruhrgebiet, Frankfurt a. M., Berlin usw.). Zu den bekannteren dt. Autoren und Autorinnen zählen Hansjörg Martin, Felix Huby, Jakob Arjouni, Christine Grän, Uta-Maria Heim, Richard Hey, -ky (Horst Bosetzky), Ulf Miehe und Ingrid Noll.

Kritische Ausgabe → Edition.

Kryptogramm, ›verborgene Schrift‹, nach einem bestimmten System in einem Text versteckte Buchstaben, die sich zu einem eigenständigen Wort oder Satz fügen (z. B. Name, Widmung), z. B. als → Akrostichon. Beliebtes literarisches Spiel von der Spätantike bis ins 18. Jh.

Kryptonym, ›verborgener Name‹, Form des Pseudonyms, bei der nur die Anfangsbuchstaben eines Verfassernamens erscheinen bzw. der Name verkürzt oder neu zusammengesetzt (Kuba: Kurt Bartels) oder als → Kryptogramm im Text versteckt wird.

Kudrunstrophe → Nibelungenstrophe.

Kürenbergstrophe → Nibelungenstrophe.

Kunstprosa, von Eduard Norden (*Die antike Kunstprosa*, 1898) geprägte Bezeichnung für den rhetorisch und rhythmisch durchgestalteten antiken Prosastil insbesondere der großen Redner. Charakteristisch ist v. a. die Kunst der rhythmischen Gliederung der Perioden durch die Anwendung von Wortfiguren wie Antithesen und Parallelismen sowie von metrisch durchgeformten Kola- und Periodenschlüssen (Klauseln, → Cursus). Die antike und spätantike Praxis wurde im MA und der ital. Frührenaissance wieder aufgenommen; frühe Beispiele in dt. Sprache sind die Übersetzungen von Johann v. Neumarkt (z. B. *Buch der Liebkosung*, um 1357–63) und der *Ackermann aus Böhmen* (1400–1401) von Johann v. Tepl.

Kurzgeschichte, kurze Erzählform in Prosa. Das Wort K. ist eine Lehnübersetzung der angloamerikanischen Gattungsbezeichnung *short story* und lässt sich seit der Wende zum 20. Jh. nachweisen. Es wurde neben Begriffen wie ›Skizze‹ oder ›Novelette‹ gebraucht und diente zur Abgrenzung kürzerer Prosaformen von der → Erzählung oder der → Novelle. Die Kurzgeschichten von Edgar Allan Poe und Bret Harte standen neben denen Guy de Maupassants, Anton Tschechows und anderer seit 1900 in Übersetzungen als Muster zur Verfügung. Es entwickelte sich eine umfangreiche Produktion, die v. a. in den Feuilletons der Zeitungen immer stärker verflachte (leichte Unterhaltung, schablonenhafte Erzählweise mit geradliniger Hinführung zum überraschenden Schlusseffekt), so dass die Form seit den 20er- und 30er-Jahren starker kritischer Polemik ausgesetzt war. Zu einer Vermischung mit der → Anekdote und der → Kalendergeschichte kam es in dem Bestreben, der amerikanischen Tradition der K. eine deutsche entgegenzustellen.

Einen Neubeginn brachte die Zeit nach 1945, die zugleich den Höhepunkt der Gattungsentwicklung in Deutschland bedeutete. Die K. wurde nun als eigenständige, literarisch hochstehende Form der Kurzprosa verstanden, deren Kunstprinzip in der Reduktion und Komprimierung aller Elemente zu einer komplexen Kürze bestand; als »ein Stück herausgerissenes Leben« sah sie Wolfdietrich Schnurre. Zu den Charakteristika der K. gehören u. a.: Themen aus dem Alltag, die sich zu ungewöhnlichen Situationen zuspitzen; nichtidealisierte Figuren, Durchschnittsmenschen oder Außenseiter der Gesellschaft; andeutende, verkürzende Darstellungsweise, Verzicht auf Erklärungen, Reflexionen, Beschreibungen, Figurenentwicklung; unmittelbarer Beginn des Geschehens ohne Einleitung; pointierter Schluss, aber nicht als einfacher Schlusseffekt, sondern als Teil einer auf den hintergründigen Sinn gerichteten Erzählstruktur; Verwendung moderner Erzähltechniken wie assoziative, andeutende Kompositionsweise, Auflösung der zeitlichen Linearität etwa durch → inneren Monolog usw.

Die K. erwies sich in ihrer Flexibilität als geeignete Form, die Erfahrungen des Dritten Reiches, des Krieges, der

Nachkriegszeit und der Wiederaufbau- und Wirtschaftswunderjahre in exemplarischer Verdichtung zu vergegenwärtigen. Zu dem großen Publikumserfolg der Gattung, die seit den späten 50er-Jahren zunehmend auch im Deutschunterricht der Schulen Eingang fand, trugen zahlreiche bedeutende Autoren der Nachkriegsliteratur bei: Ilse Aichinger, Heinrich Böll, Wolfgang Borchert, Wolfgang Hildesheimer, Marie Luise Kaschnitz, Kurt Kusenberg, Siegfried Lenz, Wolfdietrich Schnurre, Martin Walser u. a. Inzwischen zeigt sich eine Tendenz zu noch kürzeren Formen.

Kustode, ›Hüter‹, das auf einer Seite rechts oder links unten angegebene Anfangswort (oder ein Teil desselben) der nächsten Seite. Diese Praxis, die vom Ende des 15. bis ins 18. Jh. hinein bestand, sollte die richtige Ordnung der Blätter oder Lagen gewährleisten und die Lektüre erleichtern. Reklamante ist die Bezeichnung für die K. in mittelalterlichen Handschriften.

L

Landlebendichtung → Idylle, → Schäferdichtung.

Langzeile, auch Langvers, umfangreichere metrische Einheit, gebildet aus zwei Halbzeilen (An- und Abvers). L.en begegnen v. a. in älteren Literaturperioden: Beispiele sind der germ. Stabreimvers (→ Stabreim) und die Verse verschiedener mhd. epischer Strophenformen (→ Nibelungenstrophe u. a.), die auch im frühen Minnesang Verwendung finden. Später wurden Langzeilen, etwa die Nibelungenzeile, oft in Halbverse abgeteilt, so dass aus zwei Langzeilen eine vierzeilige Strophe entstehen konnte (z. B. die Volksballade *Die Königskinder*).

Laokoon-Problem → Ut pictura poesis.

Lapidarium, Bezeichnung für ein mittelalterliches Steinbuch oder -verzeichnis, das die Eigenschaften der Steine beschreibt und z. T. auch allegorisch auslegt (Morbrod v. Rennes, Arnold der Sachse, Albertus Magnus u. a.). Ein Steinbuch in dt. Versen, das sich v. a. auf die den Steinen innewohnenden Zauberkräfte konzentriert, stammt von einem nicht näher identifizierten Volmar (13. Jh.).

L'art pour l'art → Ästhetizismus.

Lautgedicht → Akustische Dichtung.

Laut- und Klangmalerei, Onomatopoeie, die sprachliche Nachahmung und Nachbildung von Lauten und Klängen. Man unterscheidet zwischen (1) dem Versuch, akustische Eindrücke (Geräusche, Tierlaute) durch Laute bzw. Buchstaben wiederzugeben (»Tz«), (2) der Nachbildung eines akustischen Eindrucks bei Beibehaltung grammatikalischer und syntaktischer Regeln (»Es strudeln / und brudeln / und wudeln / Die Wellen zu Rande«, Sigmund v. Birken / Johann Klaj) und (3) der Häufung bzw. Wiederholung bestimmter Laute, um eine gewisse Stimmung durch Klänge und Klangfarben zu evozieren (»Das murmelnde Rauschen der rieselnden Flut, / Der zitternde Schimmer der silbernen Fläche / Durch grünende Felder sich schlängelnder Bäche«, Barthold Heinrich Brockes). Von Laut- oder Klangsymbolik spricht man bei Versuchen, Lauten und Klängen bestimmte Eigenschaften und Bedeutungen zuzuordnen und sie auszudrücken: »A noir, E blanc, I rouge«, beginnt das Sonett *Voyelles* von Arthur Rimbaud.

Laut- und Klangmalerei wird als Stilmittel seit der Antike gebraucht. Auch in der dt. Literatur findet sie sich seit dem MA. Besondere ästhetische Bedeutung erhielt sie im → Barock auf Grund komplexer sprachtheoretischer Spekulationen über die Nähe des Deutschen zur Ursprache der Menschheit (Georg Philipp Harsdörffer, Justus Georg Schottelius, Philipp v. Zesen) bzw. der mystischen Natursprachenlehre Jacob Böhmes. In der Romantik ging die Laut- und Klangmalerei in eine allgemeine Musikalität der Sprache über, die zugleich die Möglichkeiten der → Synästhesie voll ausschöpfte.

Leberreim, scherzhaftes Stegreifgedicht etwa beim Zutrinken, dessen Eingangszeile – in der Regel »Die Leber ist vom Hecht und nicht von einem/einer ...« – vollendet (z. B. durch »Schleie«) und durch eine reimende zweite Zeile ergänzt werden muss (»Der Fisch will trinken, gebt ihm was, dass er vor Durst nicht schreie«, Theodor Fontane). L.e waren im 17. Jh. sehr beliebt und wurden in eigenen Sammlungen oder als Anhang zu Komplimentierbüchern gedruckt; Georg Greflingers *Ethica complementoria* (zuerst 1645) beispielsweise enthält »Tisch- und Leberreime« von Heinrich Schaevius. Im 19. Jh. griffen Heinrich Hoffmann v. Fallersleben und Fontane die Form auf.

Legende, Erzählung von Leben, Wirken und Tod eines/einer Heiligen, bis zur Reformation die beliebteste Erzählgattung des Christentums. Ziel der L. ist es, durch die Darstellung eines exemplarischen, gottbegnadeten Lebens den Glauben zu stärken und zur Nachahmung anzuregen. Daher geht es nicht um eine Lebensbeschreibung im geschichtlich-faktischen Sinn, sondern um die innere, spirituelle Wahrheit, die in einer typisierten ›heldenhaften‹ Biographie zum Ausdruck kommt. Die Sprachform der L. ist nicht festgelegt; in der deutschsprachigen Literatur gab es bis ins 14. Jh. hinein nur Verslegenden.

Es lassen sich zwei Grundtypen der L. unterscheiden: Geschichten, die von den »passiones« der Märtyrer insbesondere der christlichen Frühzeit handeln, und Erzählungen vom Leben der Bekenner (»confessores«), die durch ihre rigorose Tugendhaftigkeit und Askese (Wüsteneremiten) heiligmäßigen Charakter und die Kraft des Glaubens beweisen. Seit Gregor v. Tours (6. Jh.) erhält in den Heiligenviten das Wunder, und zwar v. a. das postume Mirakel, eine verstärkte Bedeutung. Dt. Legendendichtung beginnt um 900 mit dem *Georgslied* und dem *Petruslied*, gefolgt von dem *Annolied* (um 1080), bis sich dann im 12. und 13. Jh. die dt. Legendendichtung allmählich neben der lat. durchsetzt. Zugleich nehmen andere Gattungen Legenden auf (z. B. *Kaiserchronik*, um 1140–50); auch bedeutende mhd. Epiker bearbeiten Legendenstoffe (Heinrich v. Veldeke, Hartmann v. Aue, Rudolf v. Ems, Konrad v. Würzburg u. a.).

Seit dem späten 13. Jh. tritt neben die breit ausgestaltete Einzellegende die Form des Legendars nach dem Vorbild der *Legenda aurea* (um 1270) des Jacobus de Voragine, einer Sammlung von kurz gefassten, erzählerisch vereinheitlichten L.n in kalendarischer Anordnung. Drei umfangreiche dt. Verslegendare entstanden gegen Ende des 13. Jh.s (*Passional*, *Väterbuch*, *Buch der Märtyrer*). Im 14. Jh. setzte sich die Prosa durch; die größte Wirkung erzielte das um 1390 entstandene Großlegendar *Der Heiligen Leben*, das mit seinen 251 L.n bis in die Reformationszeit als Standardwerk galt (Druck 1471–72). In der Reformation wurde die L. zum beliebten Objekt konfessioneller Polemik (Luther: »lügenden«), doch behauptete die L. ihre Stellung in der katholischen Erbauungsliteratur. Die Bearbeitung eines Legendars durch Martin von Cochem (1705) wurde bis ins 19. Jh. hinein aufgelegt. Zu einer Renaissance der L. kam es um 1800 durch die Romantiker und den katholisierenden protestantischen Pfarrer Gotthard Ludwig Theobul Kosegarten, gegen dessen *Legenden* (1804) die Aufklärer ebenso wie später Gottfried Keller (*Sieben Legenden*, 1872) polemisierten. Gleichsam eine »Endform« der L. stellt die ironische Parodie des *Gregorius* von Hartmann v. Aue durch Thomas Mann dar (*Der Erwählte*, 1951).

Lehrdichtung, auf Belehrung und Wissensvermittlung zielende Dichtung. Die Grenzen zu anderen Gattungen mit lehrhaften Tendenzen wie etwa → Parabel, → Gnomik oder → Spruchdichtung sind nicht immer scharf zu ziehen. Allerdings ist eine Anwendung auf alle Dichtungen mit belehrendem Unterton nach dem horazischen Motto des »delectare« und »prodesse« wenig sinnvoll, zumal sich in der Geschichte der L. eine Reihe eindeutiger Typen herausgebildet hat. Der Platz der L. in der → Poetik blieb lange strittig. Aristoteles schloss sie aus dem Bereich der Dichtung aus, da sie mit seiner Definition der Dichtung als Nachahmung von Handlungen nicht zu vereinbaren war. Gleichwohl entstanden bereits in der griech. Antike zahlreiche Lehrgedichte (Hesiod, Empedokles, Aratos); weitreichende Wirkung ging von der röm. L. aus, insbesondere von Lukrez' *De rerum natura*, Vergils *Georgica* und Horaz' *Ars Poetica.*

Die L. des MA, lat. oder in den Volkssprachen, umfasste v. a. religiöse und moraldidaktische Texte. Zu den bedeutenden mhd. L.en zählen die höfische Tugendlehre *Der welsche Gast* (1215–16) von Thomasin v. Zerklaere und die enzyklopädische Morallehre *Der Renner* (um 1300) Hugos v. Trimberg. Daneben stehen zahlreiche versifizierte Stände- und Minnelehren, Tischzuchten, Sittenspiegel, moralisierende Spruchsammlungen usw. Im Humanismus wurde die poetologische Diskussion über die L. wieder aufgenommen und die antike Praxis weitergeführt, z. B. in Marco Girolamo Vidas lat. Hexameterpoetik (1527). Im Barock knüpfte

v. a. Martin Opitz an die humanistischen Beispiele an, allerdings nun in dt. Sprache (u. a. *Zlatna, Oder Von Rhue des Gemütes*, 1623; *Lob deß Feldtlebens*, 1623; *Vesuvius*, 1633).

In der Aufklärung erreichte die L. epochale Bedeutung. Große Wirkung ging von den großen philosophischen Lehrgedichten Alexander Popes (u. a. *An Essay on Man*, 1733–34) und James Thomsons (*The Seasons*, 1726–30) aus. In der dt. Literatur verwirklichte Albrecht v. Haller den Typus des aufklärerischen philosophisch-moralischen Lehrgedichts in Texten wie *Die Alpen*, *Gedanken über Vernunft, Aberglauben und Unglauben*, *Die Falschheit menschlicher Tugenden* und *Über den Ursprung des Übels* (*Versuch Schweizerischer Gedichten*, 1732; erweitert 1734 und 1743). Zahlreiche Dichter der Aufklärung folgten diesen Beispielen (Barthold Heinrich Brockes, Johann Jakob Bodmer, Christian Fürchtegott Gellert, Johann Peter Uz, Christoph Martin Wieland usw.). Zugleich unternahm Charles Batteux den Versuch, die L. als vierte Hauptgattung in das Gattungssystem einzufügen (→ Gattung). Er blieb nicht ohne Widerspruch (Lessing). Schiller führte das aufklärerische philosophische Lehrgedicht zu seinem letzten Höhepunkt (*Der Spaziergang*, *Das Ideal und das Leben*, beide 1795); Goethes *Metamorphose der Pflanzen* (1798) blieb Fragment. Damit endet bis auf wenige Ausnahmen (Friedrich Rückert, *Die Weisheit des Brahmanen*, 1836–39) und gescheiterte Versuche (Brecht, *Lehrgedicht von der Natur des Menschen*, 1945), die Geschichte der dt. L.

Lehrstück, Bezeichnung für einen Dramentyp bei Brecht. Sie bezieht sich auf eine Reihe kleinerer Stücke der Jahre 1929–34: *Ozeanflug* (1929), *Das Badener Lehrstück vom Einverständnis* (1929), *Der Jasager. Der Neinsager* (1930), *Die Maßnahme* (1930) u. a. Ziel der L.e ist es nicht, marxistische Lehren zu verkünden, sondern die spielenden Laien (Schüler) bestimmte Verhaltensweisen erproben und überprüfen zu lassen, um so einen Erkenntnisprozess auszulösen, der dann wieder zu gesellschaftlich bewusstem Handeln führt. »das lehrstück lehrt dadurch, dass es gespielt, nicht dadurch, dass es gesehen wird. prinzipiell ist für das lehrstück kein zuschauer nötig«, betonte Brecht. Das wiederum hat Auswirkungen auf die Art und Weise der Darstellung, die nicht Individuen oder Charaktere präsentieren, sondern Haltungen und Verhaltensweisen wie in einem Experiment demonstrieren soll (→ Episches Theater).

Leich, komplexe Großform der mhd. Sangverslyrik, die sich aus unterschiedlichen strophenartigen Einheiten (Versikeln) zusammensetzt, die nach den Prinzipien der Wiederholung und der Steigerung aneinander gereiht werden. In einfacher Form ergibt sich das Schema A BB CC ... YY Z, d. h. zwei gleich lange Versikel werden auf eine sich wiederholende Melodie gesungen (BB), gefolgt von weiteren, aber jeweils unterschiedlich gebauten Paaren dieser Art mit eigener Melodie (CC DD usw.); eingerahmt wird das Ganze jeweils von einem (musikalisch) eingliedrigen Stück (A, Z). Neben diesem zweiteiligen Typ gibt es auch dreiteilige Bauformen und L.s mit völlig freier Gliederung. Es bestehen Beziehungen zur lat. → Sequenz und zum frz. Lai, der dem dt. L. entspricht; außerdem werden gemeinsame vorliterarische Wurzeln dieser vokalen Großformen diskutiert. Es gibt religiöse (Kreuz-, Marienleich) und weltliche L.s (Minne-, Tanzleich). Der L. ist seit dem Ende des 12. Jh.s in der mhd. Literatur belegt; seine Blütezeit fällt ins 13. Jh. L.s. schrieben und komponierten u. a. Heinrich v. Rugge, Ulrich v. Gutenburg, Walther v. der Vogelweide, Ulrich v. Winterstetten, Tannhäuser und Frauenlob.

Leichenpredigt, Trauerrede zum Andenken und zur Ehrung Verstorbener. Diese Praxis kam unmittelbar nach der Reformation auf – die ersten gedruckten L.en stammen von Luther – und blieb auch in den folgenden Jahrhunderten im Wesentlichen auf den Protestantismus beschränkt. Sie war v. a. eine Angelegenheit des Adels und des gehobenen Bürgertums. Aus der christlichen L. am Grab oder in der Kirche (Verkündigung des Evangeliums, Lob Gottes, Trost, Erbauung und Belehrung) entwickelte sich im 17. Jh. ein umfangreiches Textkorpus mit Widmung, Vorrede, Predigt, Personalia (eine wichtige Quelle der historischen und genealogischen Forschung), Abdankung (Parentatio), Epicedien (→ Epicedium). Im 18. Jh. verlor die Gattung schnell an Bedeutung. Es sind rund 250000 L.en im dt. Sprachraum überliefert. Für die Texte – die Auflage lag zwischen 100 und 300 Exemplaren – bestand auch eine Nachfrage im Buchhandel; 1665 erschien in Breslau eine 194 Texte umfassende *Schatz-Kammer Unterschiedener Glückseelig-erfundener / hertzdringender Trauer-Reden und Abdanckungen.*

Das literaturwissenschaftliche Interesse richtet sich v. a. auf die sog. Abdankung, in der in der Regel ein Laie, meist ein Kollege des Verstorbenen, den Toten würdigt und ihm ein literarisches Denkmal setzt. Er folgt dabei den klassischen rhetorischen Regeln für die Gliederung einer Leichenrede (*laudatio*, *lamentatio*, *consolatio*), über die nur der Schlussteil (*gratiarum actio*) mit seinem Dank an das Trauergefolge hinausgeht. Eine Reihe von bedeutenden Dichtern schrieben bzw. hielten Trauerreden; die von Andreas Gryphius erschienen postum (*Dissertationes Funebres. Oder Leich-Abdanckungen*, 1666). Ein Beispiel für die Würdigung eines Dichterkollegen ist die *Lob-Rede Bey des Herrn Christians von Hoffmannswaldau Leichbegängnüße* (1679) von Daniel Casper v. Lohenstein.

Leihbibliothek, kommerzielles Unternehmen, das Bücher gegen Entgelt verleiht. Die L.en entwickelten sich im Verlauf der 2. Hälfte des 18. Jh.s neben und vor den → Lesegesellschaften zu einer wichtigen Institution der Lektürevermittlung (→ Leser). Gegen Ende des 18. Jh.s gab es auch in den kleineren Städten jeweils mindestens eine L. (Frankfurt a. M. besaß 1800 18 L.en), die das wachsende Lektürebedürfnis des Mittelstandes und der Gruppen, denen die Lesegesellschaften verschlossen blieben, befriedigen konnten.

Zu diesen Gruppen gehörten Randgruppen mit akademischer Bildung (Hofmeister u. Ä.), Studenten, Frauen, Schreiber, nichtadelige Militärs usw. Um 1800 überflügelten die L.en die Lesegesellschaften; zugleich verschob sich der Schwerpunkt des Angebots der L.en. Die Sachliteratur trat immer mehr hinter die unterhaltende Erzählliteratur zurück. Die → Trivialliteratur der Goethezeit und Übersetzungen ausländischer Romane (Walter Scott, James Fenimore Cooper, Eugène Sue, Alexandre Dumas père u. a.) bestimmten die Bestände der L.en in der 1. Hälfte des 19. Jh.s. Mit dem → Fortsetzungsroman in Zeitungen und Zeitschriften und dem billigeren Bücherangebot seit der 2. Hälfte des 19. Jh.s verloren die L.en an Bedeutung.

Leis, älteste Form des dt. geistlichen Lieds. Die Bezeichnung L. ist wohl aus dem von der Gemeinde gesungenen Refrain »Kyrie eleis(on)« entstanden, der auch den Schlussvers der Leisstrophen bildet. Ältester Beleg ist das ahd. *Petruslied*; spätere Beispiele sind der Osterleis »Krist ist erstanden« oder der Himmelfahrtsleis »Krist fur gen himel«).

Leitmotiv → Motiv.

Leoninischer Vers, → Hexameter, gelegentlich auch → Pentameter, mit Zäsurreim (das Wort vor der Zäsur reimt mit dem Versende). Die Namengebung ist nicht eindeutig geklärt (vom *cursus leoninus* der Kunstprosa Papst Leos I., von einem nicht belegten Dichter Leo oder Leoninus v. St. Victor). Bereits bei Vergil kommt der Vers gelegentlich vor, häufiger dann in der Spätantike. Seit dem 9. Jh. nimmt seine Verbreitung zu (*Ecbasis captivi*, *Waltharius*); das bedeutendste literarische Zeugnis für die Verwendung leoninischer Hexameter ist dann der *Ruodlieb* im 11. Jh. Danach werden leoninische Verse wieder seltener.

Lesebuch → Deutschunterricht.

Lesegesellschaften, Vereinigungen des 18. und 19. Jh.s, die den Zugang zu Büchern, Zeitschriften und Zeitungen erleichterten und zugleich zur Kommunikation unter den Gebildeten beitrugen. Diese Institutionen wurden neben den

→ Leihbibliotheken in der 2. Hälfte des 18. Jh.s zu einem wesentlichen Träger der sog. Leserevolution (→ Leser) und spielten bis zur Mitte des 19. Jh.s eine wichtige Rolle. Es gab verschiedene Organisationsformen: den privaten Kreis von 12 bis 15 Mitgliedern, die gemeinsam Neuerscheinungen kauften und zirkulieren ließen, und das Lese- oder Lektürekabinett mit eigenen Räumen (60 bis 150 Mitglieder), das Konversation und Diskussion im Geist gegenseitiger Aufklärung ermöglichte. Gerade dieser Aspekt machte die L.en in den Augen der absolutistischen Obrigkeit verdächtig und zog Überwachung und Verbote nach sich. Die Aufnahmemodalitäten und hohen Beiträge sorgten für eine homogene Mitgliedschaft (höhere Beamte, gehobenes Bürgertum, Adel). Gelesen wurden v. a. die aktuellen Zeitungen, politische, wissenschaftliche und kulturelle Zeitschriften sowie entsprechende Sachliteratur.

Leser, je nach Konzeption Gegenstand verschiedener Forschungsrichtungen der Literaturwissenschaft. Vom ›impliziten L.‹ spricht die Rezeptionsästhetik (→ Rezeption) in einer komplexen Theorie der Interaktion zwischen Text und Leser (Wolfgang Iser), zwischen objektivierbaren Textstrukturen und den individuell, sozial oder epochal bedingten, subjektiven Anschauungen des L.s. Dabei wird angesichts der »Unbestimmtheitsstellen« (Roman Ingarden) bzw. »Leerstellen« (Iser) des Textes sowie der individuellen Rezeptionssituation und der Erfahrungsgeschichte des Rezipienten der Text als selektive und imaginative Leistung des L.s in jeweils unterschiedlicher Weise konstituiert. Die Konstitution des Textes erfordert die Partizipation des L.s: »So bleibt für den L. noch alles zu tun, und doch ist alles schon getan; das Werk existiert nur genau auf der Ebene seiner Fähigkeiten« (Jean-Paul Sartre). Vom impliziten L. ist der fiktive L. zu unterscheiden, wie er v. a. in auktorial erzählten Texten (→ Erzähler) in Leseranreden oder als Leserfigur im Text selbst auftritt.

Der reale L. ist u. a. Gegenstand der psychologischen

und anthropologischen Rezeptionsforschung, der Sozialgeschichte der Literatur, der Buchmarktforschung sowie der historischen Leser- bzw. Leseforschung, die die Zusammensetzung von Lesergruppen, ihre Bildungsvoraussetzungen, den Wandel im Leseverhalten usw. untersuchen. Dabei ergibt sich eine doppelte Perspektive: der L. als Benutzer von Büchern bzw. als Objekt literaturpädagogischer und -politischer Maßnahmen (z. B. Volksbildung, Arbeiterbildung, → Zensur, Verbot).

Im Gegensatz zur hochentwickelten antiken Buchkultur war im MA bis ins 12. Jh. Lesen und Schreiben (in der Regel in lat. Sprache) die Domäne einer kleinen Schicht von Geistlichen und Mönchen. Zu den Analphabeten zählte in der Regel auch der Laienadel; bei der allmählichen Alphabetisierung zeigte sich dann ein deutlicher Vorsprung der Frauen. Im deutschsprachigen Literaturbetrieb des MA verbanden sich Schriftlichkeit und → Mündlichkeit. Das Vortragen, die (musikalische) Aufführung bestimmten die Rezeption.

Waren in der höfischen Kultur des MA Produktion und Rezeption noch eng aufeinander bezogen, so änderten sich die Verhältnisse mit der Entstehung einer breiten Laienfrömmigkeit im Spätmittelalter, dem Aufstieg der Städte und den durch den Buchdruck revolutionierten Kommunikationsmöglichkeiten grundlegend. Ein Anbietermarkt entstand, der Abstand zwischen Autor und Rezipienten vergrößerte sich. Vor allem in den Städten bildete sich ein Publikum für deutschsprachige Literatur. Mit der Gelehrtenkultur des → Humanismus entwickelte sich freilich eine tiefe Kluft zwischen humanistisch Gebildeten und ungebildetem ›Pöbel‹, die auch im 17. Jh. bestehen blieb. Waren in der gelehrten Humanistenschicht Literaturproduzenten und -rezipienten gleichsam identisch, so standen als Lektüre für die Mittel- und Unterschichten eine breite religiös-erbauliche Literatur (→ Erbauungsliteratur) einschließlich der Bibel, Kalendertexte (→ Kalender), Lieder, → Flugblätter und dergleichen zur Verfügung. Aber auch hier war die auditive Rezeption, nicht nur im Hinblick auf die populäre Form der → Predigt, noch von großer Bedeutung.

Eine tiefgreifende Veränderung im Leseverhalten vollzog sich in der 2. Hälfte des 18. Jh.s, die Wende vom ›intensiven‹ Lesen – d. h. der wiederholten Lektüre einiger weniger Bücher (Bibel, Erbauungsliteratur) – zum ›extensiven‹ Lesen, der einmaligen Lektüre immer neuer Texte zur Unterhaltung und Information. Die Zeitgenossen sahen in dieser ›Leserevolution‹ eine »Lesewut« oder »Lesesucht«, eine Gefahr für die bürgerliche Ordnung durch die Macht der Phantasie. Voraussetzung dieser Entwicklung war ein Zurückdrängen der lat. Gelehrtenliteratur wie auch der Erbauungsliteratur zugunsten einer expandierenden Unterhaltungsliteratur. → Lesegesellschaften und kommerziell betriebene → Leihbibliotheken erleichterten den Zugang zu den neuesten Lesestoffen, wobei sich die Leihbüchereien immer stärker der unterhaltenden Erzählprosa widmeten. Dabei zeigte sich auch eine geschlechtsbezogene Differenzierung des Lesepublikums: Männer lasen eher Zeitungen, Zeitschriften und ›Sachbücher‹ (nichtprofessionelles Lesen war nur in der Kindheit und Jugend statthaft), Frauen v. a. ›schöne Literatur‹, auf die sie bereits in den ›Frauenzimmerbibliotheken‹ der → Moralischen Wochenschriften verwiesen worden waren.

In einer zweiten ›Leserevolution‹ entstand im 19. Jh. ein Massenmarkt für Druckerzeugnisse, der durch → Familienblätter, Illustrierte, Zeitungen, billige Buchreihen und – seit Anfang des 20. Jh.s – durch Romanheftchen bedient wurde. Untersuchungen zum Leseverhalten im audiovisuellen Medienzeitalter zeigen u. a. die Bedeutung der Faktoren Bildung und Geschlecht: L. benutzen auch andere Medien kompetenter als Nichtleser, und literarisches Lesen wird in noch stärkerem Maß eine Domäne der Frauen, während bei den Männern das Lesen mit der Zunahme des Unterhaltungsangebots anderer Medien abnimmt.

Libretto, ›Büchlein‹, Bezeichnung für das Textbuch einer → Oper und verwandter musikalischer Gattungen (→ Singspiel, Operette, Oratorium usw.). Da das L. von vornherein auf eine musikalische und szenische Realisierung hin angelegt ist, unterliegt seine Gestaltung in hohem Maß außerliterarischen Kriterien. So nehmen monologische Partien einen größeren Raum ein (Arien), es muss (jedenfalls seit dem 18. Jh.) das Zusammenspiel mehrerer Singstimmen arrangiert (Ensembles) und die besondere Zeitstruktur musikalischer Dramatik berücksichtigt werden.

In der Frühzeit der Oper besaßen die Texte vielfach literarische Qualität; der erste dt. Operntext stammt von Martin Opitz (*Dafne*, 1627). Das Vorbild lieferte, auf die künftige Vorherrschaft hindeutend, die ital. Oper. Deutsche Libretti schrieben, v. a. für die Hamburger Oper, um 1700 neben anderen Christian Heinrich Postel, Barthold Feind und Johann Ulrich König. Mythologische und historische Sujets dominierten. Die Entwicklung einer deutschsprachigen Oper kam jedoch bald zu einem Ende; Singspiele (Christian Felix Weiße u. a.) traten an ihre Stelle. Eine dt. Oper konnte sich erst im 19. Jh. gegen die dominierende ital. Tradition durchsetzen, wobei dann angesichts der minderen Qualität der meisten Libretti – wie beispielsweise der für die Opern Carl Maria v. Webers – die Komponisten ihren Textdichtern genaue Vorschriften zu machen begannen oder die Texte selber schrieben (Albert Lortzing, Richard Wagner). Seit der Wende zum 20. Jh. bevorzugten Komponisten immer häufiger dramatische Vorlagen, die allenfalls noch geringfügig bearbeitet und gekürzt wurden (Richard Strauß, *Salome*, 1905, nach Oscar Wilde; Alban Berg, *Wozzek*, 1925, nach Georg Büchner). Daneben kam es zu enger Zusammenarbeit von Komponisten und bedeutenden Dichtern (Strauß / Hugo v. Hofmannsthal, Hans Werner Henze / Ingeborg Bachmann), die den Weg zur sog. ›Literaturoper‹ vorzeichneten.

Lied, musikalisch-literarische Gattung, die sich als Gesang, als zum Singen bestimmter Text oder nur als literarisches Erzeugnis bzw. rein instrumentales ›Lied ohne Worte‹ historisch in höchst unterschiedlicher Weise realisiert. In der Regel ist das L. strophisch gegliedert; diese Gliederung wird bei ›durchkomponierten‹ Liedern musikalisch überspielt. Durch die Verbindung von Einzelliedern zu größeren Einheiten entstehen Liederzyklen. Neben der Unterscheidung von → Volkslied und Kunstlied haben sich zahlreiche Differenzierungen nach Inhalt, Funktion, soziologischen Bedingungen und Aufführungspraxis eingebürgert (Liebeslied, historisch-politisches L., Marienlied, → geistliches Lied, → Kirchen-, Arbeits-, Kinder-, Studenten-, Solo-, Chor-, Tanz-, Konzert-, Klavier-, Orchesterlied usw.).

Die weltliche und religiöse Lieddichtung des MA manifestiert sich in den verschiedenen Formen des → Minnesangs und der → Vagantendichtung, des → geistlichen Lieds und der politischen Dichtung (→ Spruchdichtung, → Historisches Lied). Überliefert sind diese Lieder in großen Sammelhandschriften (→ Liederhandschrift), aber auch in Autorenhandschriften und in Chroniken. In der Tradition der ›alten Meister‹ des MA sah sich der frühneuzeitliche → Meistersang. Neue Impulse aus Italien nahmen Ende des 16. Jh.s Jacob Regnart, Hans Leo Haßler und andere Dichterkomponisten auf. Sie förderten die Entwicklung zum Sololied mit Generalbassbegleitung (Johann Hermann Schein) und die Rezeption petrarkistischer Liebesmotivik (→ Petrarkismus). In der Barockdichtung und -musik kam dem L. – vom geselligen Studenten- und Trinklied bis zum religiösen Andachts- und Erbauungslied – eine große Bedeutung zu. Zahlreiche namhafte Poeten veröffentlichten Lieder und Liedersammlungen in enger Zusammenarbeit mit zeitgenössischen Komponisten (Johann Rist, Philipp v. Zesen, Georg Philipp Harsdörffer, Kaspar Stieler, Johannes Scheffler, Simon Dach usw.).

Im → Pietismus nahm das geistliche L. einen neuen Aufschwung; zugleich entfaltete sich die scherzhaft-anmutige Lieddichtung der → Anakreontik. Um die Mitte des 18. Jh.s vollzog sich der Übergang vom generalbassbegleiteten L. zum L. mit vollständig ausgearbeitetem Klavierpart (Klavierlied). Das war die Voraussetzung für die Weiterentwicklung des L.s zur eigenständigen, anspruchsvollen Kunstform. Im Verlauf dieses Prozesses kam es zu Versuchen, auf der Basis von Texten v. a. aus dem Umkreis des → Göttinger Hains musikalisch den schlichten, allerdings empfindsam vertieften »Volkston« zu treffen (Johann Abraham Peter Schulz, »Der Mond ist aufgegangen« nach Matthias Claudius; Johann Friedrich Reichardt), dann zur Wiederbelebung bzw. ›Neuerfindung‹ der Volksliedtradition und des Volksliedtons in *Des Knaben Wunderhorn* (1806 [recte 1805]–08) von Achim v. Arnim und Clemens Brentano, bis die Gattung schließlich in der Lieddichtung Goethes, Joseph v. Eichendorffs, Wilhelm Müllers, Heinrich Heines u. a. und ihrer musikalischen Gestaltung durch Franz Schubert, Robert Schumann, Johannes Brahms, Hugo Wolf und Gustav Mahler einen historischen Höhepunkt erreichte. Chorbearbeitungen sorgten für die Popularisierung von Kunstliedern; daneben erhielt das politische und sozialkritische L. mit den Freiheitskriegen und den revolutionären Strömungen des → Vormärz eine neue Bedeutung (August Heinrich Hoffmann v. Fallersleben, *Lied der Deutschen*, 1841).

Sowohl die Entwicklung der modernen Poesie seit der Wende zum 20. Jh. wie die der neuen Musik ließ wenig Raum für das traditionelle L. Auf der anderen Seite disqualifizieren sich musikalische und literarische Reaktionen gegen die wachsende Komplexität und Modernität – etwa in der ›Gemeinschaftsmusik‹ der Jugendbewegung oder in der Lyrik Hermann Hesses, Hans Carossas und anderer – als epigonal. Dagegen konnte das politische L. seit Brecht neue Aktualität gewinnen, wenn auch die Werke der modernen → Liedermacher eher auf die Tradition des → Bänkelsangs und des politischen → Chansons verweisen.

Liederhandschrift, handschriftliche Lyriksammlung des MA. L.en entstanden in klösterlichen, fürstlichen oder städtischen Schreibstuben, oft im Auftrag adeliger oder bürgerlicher Mäzene, gelegentlich – im späten MA – auch der Autoren selbst. Etwa 40 dt. L.en sind vollständig oder fragmentarisch erhalten, vom 13. bis 15. Jh. vorwiegend Pergamentkodizes, seit dem 15. Jh. immer häufiger Papierhandschriften. Umfang, Anlage und Ausstattung sind sehr unterschiedlich. Nur selten sind neben den Texten auch Melodien notiert.

Man kann drei Typen von L.en unterscheiden: (1) Sammelhandschriften anonymer Lieder, nach thematischen oder formalen Gesichtspunkten gegliedert (Beispiel: die Handschrift der *Carmina burana*, um 1225–30). (2) Sammlungen des Werkes mehrerer bekannter oder anonymer Dichter, die einer oder mehreren Gattungen (→ Minnesang, → Spruchdichtung, → Meistersang) gewidmet sein können. Die bekanntesten sind die L.en A, B und C aus der Zeit um 1300, aus denen Handschrift C, die *Große Heidelberger* (*Manessische*) *Liederhandschrift*, wegen ihres Umfangs (Werke von 140 Dichtern) und ihrer Miniaturen herausragt. (3) Sammlungen des lyrischen Werkes eines einzelnen Dichters; sie sind erst aus der Zeit nach 1400 überliefert (Neidhart, Hugo v. Montfort, Oswald v. Wolkenstein).

Liedermacher, Bezeichnung für die Verfasser und Komponisten politischer und gesellschaftskritischer Lieder im Zusammenhang mit den Protestbewegungen der 60er- und 70er-Jahre (Ostermärsche, Studentenrevolte, Umwelt-, Friedens-, Frauenbewegung usw.). Ihre Balladen, Lieder und Songs, die sie selbst vortrugen, verweisen auf die Tradition des → Bänkelsangs und des politischen → Chansons. Zu den bekannten L.n zählen Wolf Biermann, Franz Josef Degenhardt, Dieter Süverkrüp und Hannes Wader.

Limerick, engl. Gedichtform scherzhaften Charakters. Inhaltlich handelt es sich um witzig pointierte, fiktive Anekdoten, die mit der stereotypen Vorstellung einer Person beginnen (»There was a young lady of Riga«), formal um gereimte anapästische (→ Anapäst) Fünfzeiler (Reimschema aabba), bei dem die Zeilen 1, 2 und 5 dreihebig sind, die Zeilen 3 und 4 zweihebig (→ Hebung). Als Meister des L.s gilt Edward Lear (*Book of Nonsense*, 1846). In Deutschland hat der L. einheimischen Formen der → Nonsensdichtung wie dem → Leberreim den Rang abgelaufen.

Lindenschmidtstrophe → Morolfstrophe.

Lipogramm, auch Leipogramm, Bezeichnung für Texte, in denen ein Buchstabe vermieden wird. Das manieristische Verfahren ist schon in der Antike seit dem 6. Jh. v. Chr. bezeugt; u. a. wird von einer (nicht erhaltenen) *Odysseia leipogrammatos* des Triphiodoros (5. Jh.) berichtet, bei der in jedem der 24 Gesänge der den betreffenden Gesang bezeichnende Buchstabe nicht vorkam. Als Spielerei war die Praxis im dt. Barock beliebt (Georg Philipp Harsdörffer, Christian Weise, Erdmann Uhse). Einen Roman ohne den Buchstaben r schrieb 1813 der Jurist Franz Ritter (*Die Zwillinge*), einen Roman ohne e Georges Perec (*La Disparition*, 1969). Eugen Helmlé, der 1986 Perecs Buch als *Anton Voyls Fortgang* übersetzte, steigerte den Schwierigkeitsgrad noch, als er in der Kriminalgeschichte *Im Nachtzug nach Lyon. Lipogramm* (1993) gleich auf zwei der wichtigsten Buchstaben – r und e – verzichtete.

Literarische Wertung, Begriff, der sprachliche Werturteile über Literatur bezeichnet. Gegenstand der literarischen Wertung sind einzelne Texte, Textgruppen, poetologische Konzepte, an der Literaturproduktion beteiligte Personen und Institutionen. Literarische Wertungen arbeiten mit subjekt- und objektbezogenen Argumenten, denen wiederum – allerdings selten ausdrücklich formulierte – Wertmaßstäbe zugrunde liegen. Die subjektbezogene Argumentation behandelt häufig die Wirkung eines Werkes auf das beurteilende Subjekt, für Kant das entscheidende Kriterium jeden ästhetischen Urteils (»Gefühl der Lust oder Unlust«), die objektbezogene begründet ihre Urteile mit Hinweisen auf bestimmte Textmerkmale. Beide Argumentationsweisen können miteinander verbunden werden. Dabei geht der

Urteilende von der Voraussetzung aus, dass die Maßstäbe seiner Wertungen von anderen geteilt werden. Es kann eine universale Geltung angenommen werden (›immer‹), sie kann aber auch relativiert oder eingeschränkt werden (auf be stimmte Individuen, Gruppen, historische Kontexte usw.).

Die bis etwa 1750 herrschende klassizistische Regelpoetik (→ Poetik) ging von der Universalität und Verbindlichkeit der von ihr formulierten Normen aus; entsprechend fielen die Urteile aus. Mit der Genieästhetik wurde die Verbindlichkeit von ästhetischen Normen grundsätzlich in Frage gestellt (→ Genie); Friedrich Schlegel übernahm diese Auffassung für die Romantik mit dem Wort, »daß die Willkür des Dichters kein Gesetz über sich leide«. Die Wirkung dieser Vorstellungen reicht bis in die Gegenwart; sie äußert sich einerseits in der niedrigen Einschätzung von Normgebundenheit und der Abwertung eines Schreibens nach bestimmten Formmustern, andererseits in der Hochschätzung von Kriterien wie Originalität und Innovation. Auch die Gegensatzbildungen von Hoch- und → Trivialliteratur oder Kunst und → Kitsch gehören in diesen Wertungszusammenhang.

Die Tatsache, dass die Urteile über die gleichen literarischen Sachverhalte in der Praxis so häufig voneinander abweichen, hat einerseits zu einer skeptizistischen Auffassung gegenüber der Möglichkeit wissenschaftlich begründeter Werturteile geführt, andererseits zu Versuchen, verbindliche, über die bloße Subjektivität hinausgehende Kriterien der literarischen Wertung zu formulieren. Neue Wertmaßstäbe mit z. T. dogmatischen Wahrheitsansprüchen wurden im Zug der Ideologiekritik seit den 60er- und 70er-Jahren wenigstens teilweise durchgesetzt; eine spezielle Weiterführung stellen die Konzepte der → feministischen Literaturwissenschaft dar. Wertungen und Werturteile schließen Wissenschaftlichkeit nicht aus. Voraussetzung ist allerdings, dass sie reflektiert werden, ihre Logik durchsichtig gemacht wird.

Literatur, im umfassenden, in der Antike gebräuchlichen Sinn alles schriftlich Aufgezeichnete (lat. *littera* ›Buchstabe‹). Die Breite dieses Literaturbegriffs blieb jedoch nicht immer erhalten. Der erste dt. Beleg in einem Wörterbuch (Simon Roth, *Ein Teutscher Dictionarius*, 1571) verwendet den Begriff im Sinn von ›Schrift‹, ›Schriftkunst‹, ›Schriftgelehrsamkeit‹. Die Bedeutung ›Gelehrsamkeit‹ ist charakteristisch für Humanismus und Barock und das frühneuzeitliche Verständnis von Dichtung als wesentlichem Aspekt humanistisch-gelehrter Bildung (→ Poeta doctus). Im Zusammenhang mit der Ausbildung der modernen Wissenschaften setzte in der Aufklärung allmählich eine Verengung des Begriffs ein; ein Segment des Gesamtbereichs wurde mit der Bezeichnung ›schöne L.‹ (*belles-lettres*) ausgegliedert. Für ›schöne L.‹ bürgerte sich Anfang des 19. Jh.s die verkürzende Bezeichnung L. ein, die somit mehrdeutig wurde. Das gilt auch für den heutigen Sprachgebrauch, wo L. vereinfachend für Komposita wie National-, Forschungs-, Primär- oder Sekundärliteratur stehen kann.

In der Moderne, etwa seit dem Naturalismus, konkurrieren verschiedene Literaturbegriffe, wobei die Bandbreite von der ästhetizistischen Verengung auf ›reine Dichtung‹ bis zum sog. erweiterten Literaturbegriff der neueren → Literaturwissenschaft reicht. Dieser gibt die Unterscheidung zwischen L. in quantitativem (jede Art schriftlicher Kommunikation) und qualitativem Sinn (das eigentlich ›Literarische‹ oder ›Poetische‹) weitgehend auf; teilweise – in seiner weitesten Fassung – bezieht er gegen den Wortsinn des Begriffs auch mündlich tradierte Texte ein.

Literaturarchiv, Institution zur Sammlung, Aufbewahrung und Erschließung literarischer Dokumente aller Art einschließlich ganzer Nachlasse. L.e entstanden im 19. Jh. zunächst als Sonderabteilungen der großen öffentlichen Bibliotheken, dann auch als selbständige Einrichtungen und – inzwischen immer mehr – als Bestandteil von Dichtermuseen. Zu den großen L.en, die zugleich bedeutende Forschungsinstitute sind und große Werkausgaben betreuen, gehören: das Goethe- und Schiller-Archiv in Weimar (seit 1889; heute verbunden mit anderen Instituten: Stiftung Weimarer Klassik), das Deutsche Literaturarchiv im Schiller-Nationalmuseum Marbach (seit 1956), das Freie Deutsche Hochstift / Frankfurter Goethemuseum (seit 1859) u. a. In der Schweiz wurde an der Landesbibliothek Bern 1991 ein Schweizerisches L. eingerichtet. Als Folge der Verfolgung und Vertreibung durch den Nationalsozialismus (→ Exilliteratur) finden sich zahlreiche Nachlässe dt. Schriftsteller in ausländischen L.en.

Literaturbriefe, in fiktive Briefform gekleidete literaturkritische und -theoretische Erörterungen, die in der Regel periodisch entweder einzeln oder in Literaturzeitschriften erschienen. Beispiele aus dem 18. Jh. sind die *Critischen Briefe* (1746) Johann Jakob Bodmers, die *Briefe, die Neueste Litteratur betreffend* (1759–65) von Lessing, Moses Mendelssohn und Friedrich Nicolai, die Briefe über *Merkwürdigkeiten der Literatur* (1766–67, 1770) von Heinrich Wilhelm v. Gerstenberg u. a. und Johann Gottfried Herders *Auszug aus einem Briefwechsel über Oßian und die Lieder alter Völker* (1773). In den seit der frz. Revolution beliebten ›Reisebriefen‹ des ausgehenden 18. und des 19. Jh.s überwiegt das politische Interesse (→ Reiseliteratur). Ein poetologisch bedeutsames Dokument ist dagegen Hugo v. Hofmannsthals ›Chandos-Brief‹ (*Ein Brief*, 1902).

Literaturdidaktik → Deutschunterricht.

Literaturgeschichte, die historische Entwicklung der Literatur selbst bzw. die Darstellung dieser Entwicklung. In der Regel sind literarhistorische Darstellungen auf eine ›Nationalliteratur‹ beschränkt, wobei deren ganze Geschichte oder auch nur einzelne → Epochen oder → Gattungen behandelt werden können. Literaturgeschichtsschreibung ist an eine Reihe von Voraussetzungen und Vorentscheidungen gebunden, die z. B. den Literaturbegriff (→ Literatur), die Auswahl aus dem historischen Material und die Einbeziehung des historischen und kulturellen Kontexts betreffen. Und unabhängig von der gewählten Methode stellt sich das grundsätzliche Problem der Rekonstruktion eines sinnvollen geschichtlichen Zusammenhangs aus einer Masse heterogener Fakten, Daten und Verläufe.

Literaturgeschichtsschreibung im heute üblichen Sinn gibt es erst seit dem späten 18. Jh. Die Vorgeschichte reicht bis in die Antike zurück. Man sammelte Nachrichten über Schriftsteller und ihre Werke, ein Verfahren, das im MA und in der frühen Neuzeit fortgesetzt wurde und zu gelegentlich recht umfangreichen Katalogen von Fakten und Titeln führte. Eine innere Ordnung hatte dieser Art der »historia litteraria« oder »Litterärgeschichte« nicht; ebenso wenig war sie auf ›Dichtung‹ eingeengt. Die neue L. seit dem späten 18. Jh. reflektiert den grundlegenden Wandel im Verständnis von Geschichte.

Wurde Geschichte bis dahin v. a. als Sammlung von Beispielen verstanden, die allgemeine Sätze der Theologie oder Philosophie illustrieren sollten, so entwickelte sich nun ein Begriff von Geschichte als eines inneren Zusammenhangs. Die Literaturgeschichtsschreibung übernahm diese Auffassung; zugleich verengte sie ihren Gegenstandsbereich auf Poesie. L. hatte nun die Aufgabe, die sinnhafte Entwicklung der Dichtung im historischen Prozess darzustellen. Dabei erhielt sie ihre Einheit und sinnvolle Ordnung durch den Bezug auf die Nation, das Subjekt der Geschichte. Dieses nationale Konzept bestimmte die (protestantische) Literaturgeschichtsschreibung des 19. Jh.s von Georg Gottfried Gervinus (1835–42) bis Wilhelm Scherer (1883). Dabei konnte freilich durchaus Verschiedenes unter Nation verstanden werden: Wenn etwa Gervinus, Hermann Hettner oder Robert Prutz Nation mit Volk in Beziehung setzten und die L. als einen Emanzipationsprozess darstellten, so standen dahinter liberale Vorstellungen; August Vilmar (1845) dagegen bot die konservativ-christliche, undemokratische Variante. Ein anderes Konzept lag der katholischen

Literaturgeschichtsschreibung zugrunde (Joseph v. Eichendorff u. a.); sie sah ihren Bezugspunkt nicht in der Nation, sondern in einem dieser übergeordneten religiös-übersinnlichen Bereich. Die Schwierigkeit, eine einheitliche Perspektive zu begründen und gleichzeitig der Mannigfaltigkeit der Erscheinungen gerecht zu werden, blieb letztlich ungelöst. Daran änderte auch Scherers Versuch nichts, das nationale Konzept mit den ›objektiven‹ Vorstellungen des naturwissenschaftlichen → Positivismus zu verbinden, um so durchgängige Kausalzusammenhänge herstellen zu können.

Ende des 19. Jh.s setzte die Kritik am nationalen Paradigma ein, das freilich in popularisierenden Werken weiterlebte. Verschiedene neue Konzepte wurden entwickelt: die rassistische Verengung des Nationalen auf das Germanisch-Völkische (Adolf Bartels), der Bezug auf »Stämme und Landschaften« mit der Abhängigkeit des »Geistes« vom »Blut« und des »Blutes« vom »Boden« (Josef Nadler), die geistesgeschichtliche Methode (→ Geistesgeschichte), für die Texte nur als Beispiele im Rahmen ideengeschichtlicher Konstruktionen Bedeutung hatten. Während sich die erste große Literaturgeschichte der Nachkriegszeit von Helmut de Boor und Richard Newald (1949 ff.) nur als philologische Summe verstand und im Rahmen des traditionellen Kanons blieb, formulierte die → sozialgeschichtliche Methode neue Konzepte, die um die Wechselbeziehung von Literaturproduktion und -rezeption und ökonomischen, sozialen und politischen Bedingungen kreisen. Damit verbunden war, Folge einer Erweiterung des Literaturbegriffs, die Abkehr von der sog. ›Höhenkammliteratur‹. Im Gegensatz zu anderen Ansätzen – etwa des → Strukturalismus, des → Poststrukturalismus oder der Systemtheorie, die in Bezug auf die Literaturgeschichtsschreibung nur als Theorien präsent sind – wurden immerhin einige der sozialgeschichtlichen Projekte wenigstens teilweise als Gemeinschaftsunternehmen verwirklicht (Rolf Grimminger [Hrsg.], *Hansers Sozialgeschichte der deutschen Literatur vom 16. Jh. bis zur Gegenwart*, 1980 ff.; Horst Albert Glaser [Hrsg.], *Deutsche Literatur. Eine Sozialgeschichte*, 1982 ff.); auch die Neubearbeitungen des Werkes von de Boor-Newald tragen sozialgeschichtliche Züge. Ein Monument orthodox-marxistischer Literaturgeschichtsschreibung und der DDR-Germanistik liegt mit der vielbändigen, von einem Kollektiv erarbeiteten *Geschichte der deutschen Literatur von den Anfängen bis zur Gegenwart* vor (1965 ff.).

Literaturkritik, kommentierende, wertende Äußerung über literarische Texte in verschiedenen Medien und Textformen. Im Unterschied zur gelehrten philologischen Kritik (→ Philologie, → Textkritik), die seit der Antike betrieben wurde und im Humanismus erneut große Bedeutung gewann, entstand im 17. Jh. in Frankreich die Form der aktuellen L. Gegenüber dem gelehrten ›Pedanten‹ profilierte sich der Typus des modernen, weltmännischen Kritikers, der sich weniger an den kanonischen Werken der Vergangenheit als an der Gegenwart orientierte, auf Neuerscheinungen einging und in der Volkssprache für ein größeres Publikum schrieb. Voraussetzung dafür war die Entstehung von gelehrten Zeitschriften und ihre zunehmende Öffnung für Rezensionen und andere informierende bzw. kritische Beiträge zum aktuellen literarischen Geschehen (→ Literaturzeitschriften). Das erste deutschsprachige Beispiel sind die *Monatsgespräche* (1688–90) von Christian Thomasius mit ihren Unterhaltungen über neue Bücher und ästhetische Fragen. Im 18. Jh. wuchs die Zahl der Zeitschriften stark an, die sich – z. T. ausschließlich – der Kunst-, Literatur- und → Theaterkritik widmeten. Hinzu kam, insbesondere seit dem Auftreten der Schweizer Johann Jakob Bodmer und Johann Jakob Breitinger und ihres Kontrahenten Johann Christoph Gottsched, eine Vielzahl anderer literaturkritischer Publikationen. Die L. hatte sich als Institution des literarischen Lebens und damit der bürgerlichen Öffentlichkeit etabliert.

Zu den wichtigsten ästhetischen Debatten der → Aufklärung gehört die Abwägung zwischen auf Vernunft bzw. auf → Geschmack gegründeter Kritik. Gottscheds Vorstellung vom »Criticus« als einem Gelehrten, »der von freien Künsten philosophieren kann«, wurde mit dem Hinweis auf die Rolle des subjektiven Geschmacksurteils eines gebildeten Laienpublikums in Frage gestellt. Mit Lessings räsonierender, historische Gesichtspunkte einbeziehender Kritik begann die Auflösung der klassizistischen Regelpoetik (→ Poetik), die dann – wie die darauf basierende L. – mit der von Johann Georg Hamann und Johann Gottfried Herder beeinflussten Genieästhetik (→ Genie) des → Sturm und Drang ihr Ende fand. Während Schiller versuchte, den Geschmack des breiten Publikums zu heben, zogen sich die Romantiker (→ Romantik) angesichts der zunehmenden trivialen Buchproduktion auf die elitäre Form einer gleichsam poetische Kritik zurück, in der der Kritiker das Verfahren des Künstlers nachvollzieht: »er wird das Werk ergänzen, verjüngen, neu gestalten« (Friedrich Schlegel). Gegen die klassisch-romantischen Vorstellungen von der Autonomie der Kunst (und als Kunst verstandener Kritik) entwickelte sich im → Jungen Deutschland und im → Vormärz eine moralisierende, politisierende ›Gesinnungskritik‹, die dem Programm einer Verbindung von Kunst und Leben entsprach und journalistische Züge annahm. Der Platz der auf Breitenwirkung zielenden L. wurde das → Feuilleton, während sich die theoretisch fundierte kritische Beschäftigung mit neuerer Literatur immer mehr mit den Universitäten verband und sich so die Trennung von L. und → Literaturwissenschaft vorbereitete.

In der feuilletonistischen L. verstärkten sich die Subjektivierungstendenzen seit dem späten 19. Jh. (z. B. Theodor Fontane). Bei Alfred Kerr schließlich nahmen Selbstdarstellung und hohe Selbsteinschätzung extreme Formen an; wie zuvor F. Schlegel u. a. verstand er Kritik als Kunst. Im Dritten Reich wurde am 27. 11. 1936 »endgültig die Weiterführung der Kunstkritik in der bisherigen Form« untersagt –

die Anordnung bezieht sinngemäß auch L. ein – und durch den »Kunstbericht« (»weniger Wertung, als vielmehr Darstellung und damit Würdigung«) ersetzt. Während sich einerseits die Personalisierung der L., die mit Kerr einen Höhepunkt erreicht hatte, auch in der Gegenwart fortsetzt (Marcel Reich-Ranicki), zeigen sich andererseits mit den neuen Massenmedien Tendenzen, die die urteilende und wertende Funktion der L. zugunsten der Unterhaltung oder Werbung bedrohen. → Literarische Wertung.

Literaturpreis, meist mit einem Geldbetrag verbundene Auszeichnung eines Werkes oder des Gesamtwerkes eines Autors; daneben gibt es Förderpreise. Der bedeutendste (wenn auch wegen der Vergabepraxis umstrittenste) internationale L. ist der seit 1901 vergebene Nobelpreis für Literatur. Die L.e im deutschsprachigen Raum stiften Staaten (Staatspreis für Literatur, Österreich), Bundesländer (Schiller-Gedächtnispreis, Baden-Württemberg), Städte (Goethe-Preis, Frankfurt), Verbände (Hörspielpreis der Kriegsblinden), Stiftungen (Arno-Schmidt-Preis), Verlage, Akademien usw. Aus der überaus großen Anzahl der L.e ragt als bedeutendster deutscher der von der Deutschen Akademie für Sprache und Dichtung in Darmstadt verliehene Georg-Büchner-Preis heraus. Von großer Bedeutung war der von 1912–32 vergebene Kleist-Preis (1985 wieder erneuert).

Literatursatire, satirische Auseinandersetzung mit Werken, Autoren, Strömungen und Stilrichtungen, häufig im Zusammenhang literarischer Richtungskämpfe (→ Satire). Beliebte Form für den direkten Angriff ist das → Epigramm (z. B. Goethes und Schillers *Xenien*, 1796, und die darauf folgende Auseinandersetzung); häufiges Stilmittel sind Übertreibung und → Parodie, mit deren Hilfe die Gegner mit ihren eigenen Waffen bzw. Formen geschlagen werden sollen. L. kann episodisch in größeren, hauptsächlich andere Ziele verfolgenden Werken erscheinen, kann aber auch den ganzen Text bestimmen. Zu den herausragenden L.en gehören die humanistischen *Dunkelmännerbriefe* (*Epistolae* *virorum obscurorum*, 1515–17), die Meistersingerparodie *Absurda Comica. Oder Herr Peter Squentz* (1658) von Andreas Gryphius, Goethes Farce *Götter, Helden und Wieland* (1774), Heinrich Leopold Wagners *Voltaire am Abend seiner Apotheose* (1778), das erst postum 1819 veröffentlichte *Pandaemonium Germanicum* (entst. 1775) von Jakob Michael Reinhold Lenz, die Komödien *Der gestiefelte Kater* (1797) von Ludwig Tieck und *Die verhängnißvolle Gabel* (1826) bzw. *Der romantische Oedipus* (1829) von August v. Platen und – wenigstens partiell – Heinrich Manns Roman *Im Schlaraffenland* (1900). Im 20. Jh. beschränkt sich die L. häufig auf Einzelzüge. Ohne satirisch-aggressiven Impetus sind die verbreiteten Stilparodien (Robert Neumann, *Mit fremden Federn*, 1927; *Unter falscher Flagge*, 1932. Kurt Hoche, *Schreibmaschinentypen*, 1971).

Literatursoziologie, Forschungsrichtung der → Literaturwissenschaft bzw. Sozialwissenschaft, die die Beziehung von Literatur und Gesellschaft untersucht. Dabei haben sich verschiedene Richtungen herausgebildet. Die theoretischen Voraussetzungen schuf zunächst die marxistische Literaturtheorie (→ Sozialgeschichtliche Methode, → Sozialistischer Realismus) mit ihrer Vorstellung von Kunst als ideologischem Reflex der geschichtlichen Prozesse, als Spiegel der materiellen Verhältnisse. In einer modifizierten Form – ohne den marxistischen Widerspiegelungsbegriff – führten die Vertreter einer dialektisch orientierten L. diese Ansätze weiter (Walter Benjamin, Theodor W. Adorno u. a.). Der Widerspiegelungsbegriff wurde durch die Annahme einer Vermittlung von Gesellschaft und Kunst im Kunstwerk selbst ersetzt: Die Widersprüche der Gesellschaft lassen sich an der ästhetischen Form selbst erkennen. Damit folgte die Kritische Theorie Adornos der Hegel- und Marxschen Dialektik von Form und Inhalt, ohne sich auf die normativen Vorstellungen der materialistischen Literaturwissenschaft einzulassen. In Frankreich verband Lucien Goldman marxistische Ansätze mit strukturalistischen Vorstellungen

(→ Strukturalismus) und sprach von einer »Strukturhomologie« zwischen ästhetischen Formen und den durch die gesellschaftliche Praxis bedingten Bewusstseinsformen (*Soziologie des modernen Romans*, 1964, dt. 1970). Dagegen ging Pierre Bourdieu (*Zur Soziologie der symbolischen Formen*, 1970, dt. 1974) von einem Spannungsverhältnis zwischen dem ›literarischen Feld‹ und dem der Macht aus; in ihrem Wechselspiel komme die Dialektik von literarischem Werk und Gesellschaft zum Ausdruck.

Neben der vom Marxismus angeregten dialektischen Beschreibung des Verhältnisses von Literatur und Gesellschaft etablierte sich in Anlehnung an die empirische Sozialforschung eine empirische Kunst- und Literatursoziologie, die u. a. Produktion und Distribution von Literatur unter den Bedingungen des Marktes untersuchte (Alphons Silbermann, *Empirische Kunstsoziologie*, 1973). Darüber hinaus gibt es zahlreiche Versuche, die neueren soziologischen Theorien für die L. fruchtbar zu machen. Das gilt beispielsweise für die Rollentheorie, die Institutionentheorie und nicht zuletzt die Systemtheorie, mit deren Hilfe Methoden zur Beschreibung und Analyse des ›Sozialsystems Literatur‹ und einer ›Sozialgeschichte‹ der Literatur formuliert werden (Wilhelm Voßkamp, Renate v. Heydebrand, Siegfried J. Schmidt u. a.).

Literaturstreit, Auseinandersetzung grundsätzlicher Art zwischen Vertretern konkurrierender ästhetischer und literarischer Konzeptionen. Bedeutendstes Beispiel in der neueren europäischen Literatur ist die ›Querelle des Anciens et des Modernes‹ in den letzten Jahrzehnten des 17. Jh.s, in der sich die Vertreter einer strikten Nachahmung der Antike und ihres Kunstideals (Nicolas Boileau, Jean de La Bruyère, François de Salignac de la Mothe Fénelon, Pierre Daniel Huet u. a.) durch die ›Modernen‹ herausgefordert sahen, die die Überlegenheit der zeitgenössischen Literatur und Kultur proklamierten (Charles Perrault, Bernard le Bouvier de Fontenelle). Die dt. Literaturgeschichte verzeichnet u. a. den L. zwischen Johann Christoph Gottsched und den Schweizern Johann Jakob Bodmer und Johann Jakob Breitinger in der 1. Hälfte des 18. Jh.s über den Nachahmungsbegriff, über Wahrscheinlichkeit, das ›Wunderbare‹ und die Rolle der Phantasie. → Poetik, → Ästhetik.

Literaturwissenschaft, Bezeichnung für den wissenschaftlichen, d. h. methodisch reflektierten Umgang mit Literatur. Zu diesem Gesamtbereich gehören grundsätzlich auch die traditionelle → Philologie und die → Literaturgeschichte; in der Praxis jedoch hat sich die (allgemeine) L. im engeren Sinn aus diesem Komplex herausgelöst. Sie sieht ihre Aufgabe in der Auslegung von Texten, wozu sie eine Fülle von methodischen Programmen und Fragestellungen entwickelt hat (und entwickelt), was wiederum eine Verständigung über den Literaturbegriff (→ Literatur) zur Voraussetzung hat.

Die Forderung nach einer eigenständigen L. wurde mit Nachdruck erst in der 2. Hälfte des 19. Jh.s erhoben. Es ging dabei zunächst um die Abgrenzung von der philologischen Methode, die die (Alt-)Germanistik von der Klassischen Philologie übernommen hatte, und dann um eine akademische Legitimation der Beschäftigung mit neuerer Literatur, die nicht mit feuilletonistischer → Literaturkritik verwechselt werden sollte. In diesem Bemühen wurde zunächst L. mit Literaturgeschichte gleichgesetzt, der die Aufgabe gestellt wurde, über die Beobachtung von Fakten zur Erkenntnis von Gesetzmäßigkeiten fortzuschreiten. Mit Wilhelm Diltheys *Einleitung in die Geisteswissenschaften* (1883) wurde die L. – systematisch nun der Theologie, Philosophie, Geschichte und Kunst zugeordnet – der naturwissenschaftlichen Methodik des → Positivismus entzogen; an die Stelle des kausalen Erklärens trat das Verstehen (→ Hermeneutik). Auf dieser Grundlage setzte sich die geistesgeschichtliche Methode durch, programmatisch vertreten durch die 1923 gegründete *Deutsche Vierteljahrsschrift für Literaturwissenschaft und Geistesgeschichte*. Literaturgeschichte wurde zur → Geistesgeschichte.

Nach den Verirrungen einer völkischen Deutschwissenschaft und der geschichtlichen Abstinenz der sog. werkimmanenten → Interpretation der Nachkriegszeit suchte die L. durch die Anlehnung an benachbarte Disziplinen neue Orientierungspunkte: an die Lehre des dialektischen Materialismus (DDR), an Soziologie (→ Literatursoziologie, → Sozialgeschichtliche Methode), Mentalitätsgeschichte, Psychoanalyse, Linguistik, Anthropologie, Informatik, Statistik usw. Dagegen stehen die methodischen Ansätze, die Literatur als Literatur zu ihrem Gegenstand machen und die literarischen Verfahrensweisen zu beschreiben suchen; russ. → Formalismus, tschechischer → Strukturalismus und die vom anthropologischen und linguistischen Strukturalismus angeregte frz. strukturalistische L. der 60er-Jahre gehören in diesen Zusammenhang. Gegen die Annahme stabiler literarischer Strukturen und eines durchgängigen, entzifferbaren Sinns setzt die poststrukturalistische Methode der → Dekonstruktion die prinzipielle Uneindeutigkeit des Textes und knüpft damit an die Theorie der → Intertextualität an, die dem Text als Teil eines unübersehbaren Geflechts von Texten Geschlossenheit und Stabilität abspricht. Die literaturwissenschaftliche Praxis ist durch Methodenpluralismus charakterisiert.

Literaturzeitschriften, periodisch erscheinende Publikationsorgane, die literarische Texte und/oder Beiträge zu Autoren, Werken oder anderen literarischen Themen enthalten. Die Vielfalt der L. ist kaum überschaubar; die Bandbreite reicht vom einfachen kleinen Blättchen von nur wenigen Seiten bis zu repräsentativ ausgestatteten, umfangreichen Heften, von den großen L. mit überregionaler Bedeutung zu denen mit nur lokaler oder regionaler Verbreitung. Zahlreiche L. hatten nur eine kurze Lebensdauer, andere bestanden mehr als ein Jh. Inhaltlich lassen sich Produktionszeitschriften (mit literarischen Texten: Erstdrucke, Teilveröffentlichungen u. Ä.) und Rezeptionszeitschriften (Kritik, Information) unterscheiden; in der Praxis überwiegt die Verbindung der beiden Typen. Die Zahl der L. seit den Anfängen im späten 17. Jh. geht in die Tausende und verweist auf ihre große Bedeutung für das literarische Leben, das sich wiederum in seinen historischen Veränderungen in ihnen spiegelt.

Nach den Anfängen gegen Ende des 17. Jh.s (*Acta eruditorum*, 1682–1782; Christian Thomasius, *Monatsgespräche*, 1688–90) entwickelte sich in der Aufklärung ein einflussreiches Zeitschriftenwesen. Neben den allgemeineren → Moralischen Wochenschriften trugen zahlreiche L. zur Verbreitung aufklärerischer Sprach- und Literaturkritik bei (*Beiträge zur critischen Historie der deutschen Sprache, Poesie und Beredsamkeit*, Johann Christoph Gottsched, 1732–42; *Neue Beiträge zum Vergnügen des Verstandes und Witzes*, 1744–57, → Bremer Beiträger; *Briefe, die Neueste Litteratur betreffend*, Lessing, Moses Mendelssohn und Friedrich Nicolai, 1759–65; *Bibliothek der schönen Wissenschaften und freien Künste*, F. Nicolai u. a., 1757–1805; *Allgemeine deutsche Bibliothek*, F. Nicolai, 1765–1805). Zu den führenden L. der Klassik zählen Christoph Martin Wielands *Teutscher Merkur* (1773–1810), Schillers *Thalia* (1785–93) und *Die Horen* (1795–97) sowie Goethes *Propyläen* (1798–1800), zu denen der Romantik Friedrich Schlegels *Athenaeum* (1798–1800), die *Zeitung für Einsiedler* (Achim v. Arnim, Clemens Brentano, Joseph Görres, 1808) und *Phoebus* (Adam Müller, Heinrich v. Kleist, 1808).

Das 19. Jh. brachte eine beträchtliche Ausweitung des Zeitschriftenmarktes. Zu den großen Blättern des Realismus gehörten *Die Grenzboten* (Gustav Freytag, Julian Schmidt u. a., 1842–1922) und die *Deutsche Rundschau* (Julius Rodenberg, 1874–1914); dem gestiegenen Lektürebedarf kamen L. wie *Novellen-Zeitung* (1844–73) und *Deutsche Roman-Zeitung* (1864–1944) entgegen. Der Programmatik des Naturalismus verpflichtet sind u. a. Heinrich und Julius Harts *Kritische Waffengänge* (1882–84), *Die Gesellschaft* (Michael Georg Conrad, 1885–1902) und die *Freie Bühne* bzw. *Neue Rundschau* (Otto Brahm, 1890 ff.; besteht noch heute); den ästhetizistischen Gegenpol vertraten u. a. Stefan Georges *Blätter für die Kunst* (1892–1919). Die L. des Expressionismus öffneten sich in besonderem Maße auch der bildenden Kunst (*Der Sturm*, Herwarth Walden, 1910–32; *Der Brenner*, Ludwig v. Ficker, 1910–54; *Die Aktion*, Franz Pfemfert, 1911–32; *Die weißen Blätter*, René Schickele, 1913–21). Eine der führenden allgemeinen L. der 20er-Jahre war *Die literarische Welt* (Willy Haas, 1925–33).

Die Reglementierung und Gleichschaltung brachte das Ende zahlreicher L. im Dritten Reich. Die geduldete → Innere Emigration repräsentiert *Das innere Reich* (1934–44), die → Exilliteratur Blätter wie *Maß und Wert* (Thomas Mann, Zürich) oder *Die Sammlung* (Klaus Mann, Amsterdam). In der Nachkriegszeit und den folgenden Jahrzehnten erschienen u. a. die L. *Der Ruf* (1946–49), *Akzente* (ab 1954), *Text + Kritik* (ab 1963), *Kürbiskern* (ab 1965), *Kursbuch* (ab 1965), in der DDR *Der Aufbau* (ab 1945) und *Sinn und Form* (ab 1949), in Österreich *manuskripte* (ab 1960), in der Schweiz *Der Rabe* (ab 1982). Das Beispiel des von der Einstellung bedrohten *Merkur* (ab 1947) zeigt stellvertretend die prekäre ökonomische Situation der L.

Litotes, uneigentliche Ausdrucksweise (→ Tropus) der Unterbietung und des Understatements. Sie entsteht dadurch, dass ein Ausdruck durch die Verneinung des Gegenteils ersetzt und somit hervorgehoben wird (»nicht klein« bedeutet »ziemlich groß«). Der Tropus bekommt dadurch, dass etwas anderes gemeint ist, als gesagt wird, eine ironische Note (→ Ironie).

Littérature engagée, ›engagierte Literatur‹, von Jean-Paul Sartre geprägte Bezeichnung für eine von ihm geforderte Literatur der Praxis und der Stellungnahme, die er aus dem Wesen der Literatur selbst zu begründen sucht (*Qu'est-ce que la littérature*, 1947; dt. *Was ist Literatur*, 1950).

Locus amoenus, ›lieblicher Ort‹, ein literarischer → Topos der Natur- und Landschaftsschilderung, der aus einer Reihe stereotyper Versatzstücke zusammengesetzt ist (Hain, Quelle, Wiese, Blumen, Vögel usw.). Er kehrt in jeweils leicht variierter Ausstattung insbesondere in der europäischen → Idyllen- und → Schäferdichtung wieder, erscheint aber auch im → Minnesang, im mhd. → höfischen Roman (›Minnegrotte‹ in Gottfrieds v. Straßburg *Tristan*, um 1210) oder in Schilderungen christlicher Paradieslandschaften.

Lokalposse → Volksstück.

Losbuch → Artesliteratur.

Ludlamshöhle, 1817 gegründete Wiener Gruppe von Literaten, Schauspielern und Musikern, nach dem Titel eines Schauspiels von Adam Gottlob Oehlenschläger benannt. Zu den Mitgliedern zählten u. a. Eduard v. Bauernfeld, Ignaz Franz Castelli, Franz Grillparzer, Karl v. Holtei und Josef Christian v. Zedlitz. 1826 wurde die Vereinigung unter politischen Vorwänden (Staatsgefährdung) verboten.

Lügendichtung, phantastische Dichtung, die völlig unmögliche oder bis zur Unmöglichkeit übertriebene Begebenheiten wie selbstverständlich als ›wahr‹ darstellt und durch die Ich-Form des Erzählens beglaubigt – und doch zugleich das Durchschautwerden einkalkuliert. Dieser spielerische Umgang mit der ›Wahrheit‹, der an die jeweils gültigen Wirklichkeitsbegriffe gebunden ist, kann auch satirischen Zwecken dienen (→ Satire). Kennzeichnend für die L. ist häufig die Ich-Perspektive und eine am → Abenteuer-, → Pikaro- oder Reiseroman orientierte episodische Erzählweise. Die Reihe der Beispiele reicht von Lukians *Wahren Geschichten* (2. Jh. n. Chr.) über mittelalterliche und frühneuhochdt. Schwänke und Schwankromane, z. B. *Der edle Finkenritter* (1559) und Christian Reuters *Schelmuffsky* (1696), zu Gottfried August Bürgers *Münchhausen* (1786) und schließlich Martin Walsers *Lügengeschichten* (1964).

Lustige Person → Komische Person.

Lustspiel, im 16. Jh. als Übersetzung von lat. *comoedia* zuerst belegt und seitdem synonym mit → Komödie gebraucht. Versuche, zwischen Komödie und Lustspiel zu differenzieren – etwa im Hinblick auf eine eher spöttisch-aggressive bzw. auf eine eher gedämpfte, ›humorvolle‹ Ausprägung der Komik –, haben sich nicht durchgesetzt.

Lutherstrophe → Volkslied.

Lyrik, literarische Gattung. Ursprünglich meinte L. von der Lyra begleitete Gesänge (griech. *lyra* ›Leier‹), war also keine umfassende Gattungsbezeichnung. Noch Martin Opitz spricht 1624 von »Lyrica oder getichte die man zur Music sonderlich gebrauchen kann«. Anders als bei der Tragödie oder dem Epos gibt es im Fall der L. keine von der Antike ausgehende Tradition verbindlicher Exempla und einheitlicher Begriffsbildung. Bis ins 18. Jh. hinein wurden die einzelnen lyrischen Formen in den Poetiken nicht unter einem Oberbegriff zusammengefasst (→ Gattung, → Poetik). Erst Charles Batteux gelang es, L. als eigene Gattung in das Gattungssystem einzufügen (*Les beaux-arts réduits à un même principe*, 1746). Er definierte ihr Wesen als Nachahmung (→ Mimesis) von Empfindungen (im Unterschied zu epischer und dramatischer Dichtung als erzählender bzw. darstellender Nachahmung von Handlungen). In der dt. Rezeption wirkte v. a. die Festlegung des Lyrikbegriffs auf Gefühl und Empfindung, weniger die Ableitung vom Nachahmungsbegriff. In Weiterführung dieser Gedanken erscheint dann Lyrik nicht nur als gefühlsbestimmte Rede von Empfindung, sondern als Rede aus der Empfindung (Heinrich Wilhelm v. Gerstenberg). Nach Johann Georg Sulzer hat das Gedicht »gar viel von der Natur des empfindungsvollen Selbstgesprächs«.

L. wird von nun an, in verschiedener Akzentuierung, von Hegel über Friedrich Theodor Vischer bis zu Emil Staiger vorwiegend unter die Kategorie der Subjektivität gestellt; vom »subjektiven Inneren« als dem »eigentlichen Einheitspunkt des lyrischen Gedichts« schreibt Hegel in seiner *Ästhetik*. Innerlichkeit, Gefühl, Gemüt, Erlebnis, ›Ich‹ sind die bevorzugten Begriffe dieser Lyrikauffassung, die durch die L. der klassisch-romantischen Kunstepoche, des 19. und des frühen 20. Jh.s nachdrücklich bestätigt zu werden scheint.

Mit der L. der (internationalen) Moderne einerseits (Hugo Friedrich, *Die Struktur der modernen Lyrik*, 1956) und einem genauen Blick auf die poetische Tradition andererseits wurde die Einseitigkeit und historische Bedingtheit dieser Festlegungen offenbar, die nicht nur die L. ganzer Epochen (Mittelalter [→ Minnesang], → Humanismus und → Reformation, → Barock usw.) verfehlen, sondern auch zahlreiche Formen reflexiver, agitatorischer oder lehrhafter Poesie ausschließen bzw. zu L. minderer Art erklären (→ Lehrdichtung, → Politische Dichtung). Allerdings ist zu beobachten, dass die Vorstellungen von einer ›lyrischen‹ L. vielfach als Vorverständnis bestehen bleiben. Demgegenüber scheint Dieter Lampings Definition des lyrischen Gedichts als »Einzelrede in Versen« eher als gemeinsamer Nenner geeignet (*Das lyrische Gedicht*, 1989).

Lyrisches Drama, Bezeichnung für unterschiedliche Dramenformen. Sie kam im 18. Jh. auf und bezog sich hier v. a. auf die Textvorlagen musikalisch-dramatischer Gattungen, insbesondere des → Melodrams; in der Moderne verbindet sich der Begriff des lyrischen Dramas als eines Dramas der inneren Welt nur weniger Figuren v. a. mit dem → Symbolismus (Maurice Maeterlinck, Hugo v. Hofmannsthal).

Lyrisches Ich, Bezeichnung für den sich in der Ich-Form äußernden Sprecher eines lyrischen Gedichts, der prinzipiell nicht mit dem Autor gleichgesetzt werden kann.

M

Madrigal, eine aus Italien stammende freie Liedform, die durch Petrarca Eingang in die Kunstdichtung erhielt und vorwiegend bukolisch-idyllischen Charakter annahm. In der Renaissance wurde das M. als eine Gedichtform von sechs bis etwa fünfzehn Versen definiert, bei dem weder die Hebungszahl (→ Hebung und Senkung) noch die Reimstellung geregelt waren. Auch vereinzelte reimlose Verse (›Waisen‹) konnten eingefügt werden. Das M. wurde im Anschluss an die ital. Madrigalisten (Andrea Gabrieli, Carlo Gesualdo, Claudio Monteverdi u. a.), die Texte von Petrarca, Pietro Bembo, Tasso, Giovanni Battista Guarini u. a. vertonten, zu einer bedeutenden Gattung der europäischen Vokalmusik der Renaissance und des Barock. M.e wurden auch in die Texte barocker Opern und Oratorien integriert. Als musikalische Gattung kam das M. seit dem Ende des 16. Jh.s nach Deutschland (Hans Leo Haßler, Johann Hermann Schein, Heinrich Schütz), gewann aber seit der Mitte des 17. Jh.s auch eine gewisse literarische Bedeutung. Sie schlug sich u. a. in der Abhandlung Caspar Zieglers *Von den Madrigalen* (1653) und einer entsprechenden poetischen Produktion nieder (Philipp v. Zesen), die in der → galanten Literatur (Benjamin Neukirch) und in der → Anakreontik (Friedrich v. Hagedorn, Goethe) weitergeführt und schließlich in der Romantik (Clemens Brentano, Joseph v. Eichendorff) noch einmal aufgenommen wurde.

Madrigalverse, Verse, wie sie in den → Madrigalen gebraucht werden. Gruppen von ungeregelten Versen dieser Art – freie Anzahl der (meist jambischen) Verse, beliebiger Wechsel ihrer Länge, beliebige Reimordnung – erscheinen nach ital. Vorbild im dt. Barock zuerst in Kantaten-, Singspiel- und Operntexten, aber auch in Dramen von Andreas Gryphius. Im 18. Jh. werden nach frz. Vorbild auch längere

Gedichte wie Fabeln und Erzählungen in M.n abgefasst (Christian Fürchtegott Gellert, Lessing, Christoph Martin Wieland). Sie verlieren so immer mehr ihre gedichtförmige Geschlossenheit, wie auch ihre ausgiebige Verwendung in Goethes *Faust* zeigt (›Faustverse‹).

Mädchenbuch → Kinder- und Jugendliteratur.

Märchen, realitätsenthobene Erzählung wunderbaren Inhalts. Man unterscheidet zwischen dem erst nach längerer mündlicher Tradierung aufgezeichneten Volksmärchen und dem aus einem bewussten künstlerischen Akt entstandenen Kunstmärchen. Zu den konstitutiven Merkmalen des Volksmärchens gehört, dass es keinen namentlich bekannten Verfasser hat, dass es über einen längeren Zeitraum mündlich überliefert wurde und dass daher mit einer Reihe von Varianten zu rechnen ist. Vom Inhalt her kann man zwischen Zauber-, Schwank-, Tier-, Lügen-, Legenden- und ätiologischen M. unterscheiden.

Die Frage nach Entstehung und Alter des M.s lässt sich nicht generell beantworten. Nur in Einzelfällen besteht eine nachweisbare Kontinuität der Überlieferung über das späte MA hinaus. Auffallend sind allerdings die Übereinstimmungen in der Motivik zwischen orientalischen, antiken und mittelalterlichen Überlieferungen auf der einen Seite und neueren Sammlungen auf der anderen (Giovanni Francesco Straparola, Giambattista Basile, Charles Perrault, Jacob und Wilhelm Grimm usw.). Verschiedene Erklärungsmodelle – Monogenese (einmalige Erfindung, Wanderung), Polygenese oder Archetypik – konkurrieren miteinander.

Erst gegen Ende des 18. Jh.s begann die systematische Sammlung (und damit Literarisierung) von M. Einflussreichstes Modell wurden die *Kinder- und Hausmärchen* (1812–15) der Brüder Grimm. Ihre Sammlung stilistisch stark überarbeiteter und inhaltlich ›gereinigter‹ Texte prägte das Bild des dt. Volksmärchens bis in die Gegenwart und regte zugleich eine intensive Sammlungs- und Forschungstätigkeit in zahlreichen anderen Ländern an. Durch die Brüder Grimm wurde das M., ursprünglich Unterhaltung von Erwachsenen im ländlichen Raum, zur Kinderlektüre im städtischen Bürgerhaus. Erst die romantisierenden stilistischen Eingriffe und die Umformung zum homogenen ›Buchmärchen‹ ermöglichten den gewaltigen Erfolg der Grimmschen M.

Typische Merkmale der hier versammelten Texte sind: Einsträngigkeit der Handlung, Gliederung in Episoden (eine besondere Rolle spielt dabei die Dreigliedrigkeit), Typenhaftigkeit der Figuren, Konzentration auf den Helden, stereotype Schauplätze, stereotype Handlungsverläufe mit zahlreichen Motivwiederholungen (Auszug, Vertreibung, Missachtung des Helden, Bewährung mit Hilfe diesseitiger oder jenseitiger Helfer, ausgleichende Gerechtigkeit, Sieg des Guten, Bestrafung des Bösen). Dazu kommt in stilistischer Hinsicht eine Vorliebe für Parataxe, Formelhaftigkeit, Dialoge und Verseinschübe, eine Bevorzugung bestimmter Zahlen und Farben, das Arbeiten mit schroffen Gegensätzen. In dieser typisierten Märchenwelt geschieht das Wunderbare gleichsam wie selbstverständlich; es wird nicht eigens betont wie in → Sage oder → Legende. Im M. gelten keine Natur- oder Kausalitätsgesetze. In Deutschland knüpften u. a. Wilhelm Hauff (*Mährchen-Almanach*, 1826–1828) und Ludwig Bechstein (*Deutsches Märchenbuch*, 1845 u. ö.) an ›Grimms Märchen‹ an.

Das Kunstmärchen, das Motive aus der mündlichen Märchentradition aufnimmt und in eine individuelle Schöpfung integriert, hat ebenfalls eine lange Geschichte. Die großen orientalischen Märchensammlungen wie *1001 Nacht* oder die Märchenbücher der Renaissance (Basile u. a.) haben ebenso Kunstcharakter wie Perraults *Contes de ma mère l'oye* (1697) und die sich daran anschließende Mode der Feenmärchen (→ Feengeschichte). Auch die *Kinder- und Hausmärchen* der Brüder Grimm enthalten eine Reihe von Kunstmärchen (u. a. von Philipp Otto Runge, Johann Heinrich Jung-Stilling, Clemens Brentano), freilich an den

›Volkston‹ angeglichen; überhaupt spielt die literarische Überlieferung in den *Kinder- und Hausmärchen* eine bedeutende Rolle.

Die Geschichte des dt. Kunstmärchens beginnt im 18. Jh. mit Christoph Martin Wielands parodistischem Feenmärchen vom Prinzen Biribinker in seinem Roman *Don Sylvio von Rosalva* (1764) sowie den ironischen *Volksmährchen der Deutschen* (1782–87) von Johann Karl August Musäus. Wielands Sammlung *Dschinnistan oder auserlesene Feen- und Geister-Mährchen* (1789) verbindet Einflüsse der orientalischen Tradition mit der des frz. Feenmärchens. Nicht zuletzt angeregt durch Goethes *Märchen* am Ende seiner *Unterhaltungen deutscher Ausgewanderten* (1795) erreichte das Kunstmärchen in der Romantik seinen künstlerischen Höhepunkt (Ludwig Tieck, Friedrich de la Motte Fouqué, E. T. A. Hoffmann, Brentano u. a.); es blieb – nicht nur in der dt. Literatur – bis ins 20. Jh. hinein ein beliebtes Genre (Eduard Mörike, Hans Christian Andersen, Oscar Wilde u. a.).

Märe, Bezeichnung für kürzere mhd. Verserzählungen (Reimpaardichtungen). Das Wort (Neutrum; mhd. *daz maere*, pl. *diu maere*) bedeutet Kunde, Nachricht, Erzählung und wurde im Mhd. auf erzählende Texte unterschiedlichster Art angewandt. Die Forschung hat den Begriff auf kürzere Erzählungen eingeschränkt, und hier wiederum auf die, die im Unterschied zu den erörternden oder Erzählung und Erörterung verbindenden kürzeren Gattungen (→ Reimrede, → Bîspel) vorwiegend erzählen. Die Terminologie ist nicht unstrittig; Abgrenzungsprobleme bestehen in jedem Fall. Die Stoffe gehören vielfach zum internationalen Erzählgut. Adressat ist zunächst ein kunstverständiges adeliges bzw. patrizisches Publikum.

Die mhd. Märendichtung geht von den M.n des Stricker (Mitte 13. Jh.) aus, die knapp und pointiert an positiven oder negativen Beispielen von der angemessenen Klugheit als Voraussetzung der Wahrung der Ordnung der Welt bzw.

von ihrer Störung durch entsprechend bestrafte Dummheit und Sündhaftigkeit erzählen. Im Anschluss an den Stricker entwickeln sich zwei Grundtypen: Das moralisch-exemplarische M. zeigt, wie Betrüger entlarvt, Undankbarkeit und Eigennutz bestraft, Anmaßung und Hoffart verurteilt bzw. Einfalt, Liebe und Treue belohnt werden; das schwankhafte M. gibt die Dummen, Törichten und Sündhaften dem Spott und dem Gelächter preis. Thema ist hier meist die Liebe bzw. die Sexualität. Einen dritten Typus ohne Verbindung zu dem Stricker stellt das höfisch-galante M. dar (Kurzformen des höfischen Romans, Übersetzung antiker Novellen, historische Anekdoten). Nach dem Stricker gehören Wernher der Gartenaere (*Helmbrecht*, um 1250–80), Konrad v. Würzburg (*Der Welt Lohn*, *Das Herzmaere*, *Heinrich von Kempten*, *Der Schwanritter*, um 1260), Heinrich Kaufringer (um 1400) und Hans Folz (gest. 1513) zu den namentlich bekannten Märendichtern; zahlreiche Texte wurden anonym überliefert. Die Märendichtung lebte weiter bis ins 16. Jh.; bereits bei Kaufringer deutet sich die Hinwendung zum Bürgertum der Städte als Publikum an.

Märtyrerdrama, dramatische Darstellung des Schicksals christlicher Märtyrer sowie vergleichbarer anderer standhafter Personen. Nach Vorläufern im MA und der Reformationszeit wurde die Märtyrertragödie im 17. Jh. zu einer zentralen dramatischen Form. Sie setzte das aristotelische Postulat ›mittlerer‹ Charaktere außer Kraft und diente durch die Darstellung außergewöhnlicher Tugenden (Märtyrer) und Laster (Tyrann) der Belehrung des Publikums. Das gilt für das → Jesuitendrama (Jacob Pontanus, Jacob Bidermann u. a.) ebenso wie für das protestantische → schlesische Kunstdrama (Andreas Gryphius, Johann Christian Hallmann, August Adolph v. Haugwitz) und das Drama der frz. Klassik (Pierre Corneille). Lessing lehnte die Konzeption des M.s in seiner Aristotelesdeutung (→ Katharsis) in der *Hamburgischen Dramaturgie* (1767–69) entschieden ab.

Mäzenatentum, die Unterstützung von Künstlern bzw. künstlerischen Projekten durch Gönnerinnen und Gönner. Der Begriff ist abgeleitet von G. Cilnius Maecenas, der neben Properz und Vergil v. a. Horaz großzügig förderte. Die Sache selbst spielte bereits in der griech. Antike eine wesentliche Rolle. Auch im MA gehörte die Unterstützung durch Höfe, die aus Kunstinteresse und/oder Repräsentationsgründen als Auftraggeber oder als Mäzene auftraten, schon angesichts der hohen Materialpreise zu den wesentlichen Voraussetzungen der literarischen Kultur. Im Barock entwickelte sich die Widmung literarischer Werke (bzw. die Annahme von Widmungen) zu einer Form des M.s. Seit der Renaissance treten aber vielfach reguläre Arbeitsverhältnisse der akademisch gebildeten Literaten an die Stelle eher willkürlichen M.s, das schließlich weitgehend durch verschiedene Formen der öffentliche Förderung ersetzt wurde.

Maikäferbund, nach dem Vereinsabzeichen (Maikäfer am grünen Band) benannter Bonner Dichterkreis (1840–46), dem neben den Gründern Gottfried und Johanna Kinkel Karl Simrock und Jacob Burckhardt angehörten.

Makkaronische Dichtung, Bezeichnung für literarische Werke (Versepen, Gedichte), die Material aus zwei Sprachen in komischer Weise miteinander verbinden, wobei die Grundsprache das grammatische und syntaktische Gerüst bietet, denen die anderen Elemente angepasst werden. Diese Dichtung setzt die Kenntnis der verwendeten Sprache bei Dichter und Leser voraus, ist also im Wesentlichen Gelehrtendichtung meist parodistischer und satirischer Art. Der Name ist von dem Epos *Macaronea* (15. Jh.) des Paduaner Humanisten Tifi Odasi abgeleitet, der als erster diese Dichtart in großem Maßstab betrieb (Lat. mit volkssprachlichen Elementen), gefolgt von Teofilo Folengo (*Baldus*, 1517) und zahlreichen anderen Dichtern der ital. Renaissance. Das Verfahren fand Nachahmer in anderen europäischen Literaturen. In Deutschland prägte Johann Fischart für die makkaronische Dichtung den Ausdruck »Nuttelverse« (Nudelverse); Beispiele für ihre Verwendung in der dt. Literatur sind Fischarts satirisch-groteske Tierdichtung *Flöh Haz / Weiber Traz* (1573 und 1577) und die anonyme Vergilparodie *Floia* (1593). In der komischen und satirischen Gelegenheitsdichtung, aber auch in der Komödie des Barock blieb die makkaronische Sprachmengerei beliebt. Danach sind im großen Ganzen nur noch gelegentliche scherzhafte Einsprengsel zu verzeichnen.

Manierismus, kunstgeschichtlicher Stil- und Epochenbegriff für die Phase zwischen → Renaissance und → Barock (ca. 1530–90). Seine Verwendung in der Literaturgeschichte als Epochenbegriff bzw. als »Generalnenner für alle antiklassischen Tendenzen« (Ernst Robert Curtius), hat sich nicht durchgesetzt. Hingegen erweist sich der Begriff – definiert etwa als »Autarkie und Überfunktion des Stiles im ganzen wie der einzelnen Stilmittel« (Hugo Friedrich) – als brauchbar zur Charakterisierung bestimmter stilistischer Erscheinungen im Kontext der europäischen Theorien der ›Scharfsinnigkeit‹ (→ Argutia) und der ihnen verpflichteten Extremstile in Italien (Marinismus, Concettismus), England (Euphuismus), Spanien (Gongorismus), Frankreich (›préciosité‹) oder Deutschland (›Schwulststil‹).

Manifest, programmatische Schrift, in der eine Gruppe oder Bewegung ihre künstlerischen, literarischen oder politischen Ziele niederlegt (Karl Marx / Friedrich Engels, *Manifest der Kommunistischen Partei*, 1848; *Manifesto tecnico della letteratura futuristica*, 1912, → Futurismus; M.e des → Expressionismus, → Dadaismus usw.).

Manuskript → Handschrift.

Mariendichtung, der Jungfrau und Gottesmutter Maria gewidmete lyrische, epische und dramatische Dichtung. Sie hat ihre bedeutendste Phase im MA, wird in Barock und Gegenreformation weitergeführt, in der Romantik wieder aufgenommen und auch noch im 20. Jh. gelegentlich gepflegt.

Die deutschsprachige M. des MA beginnt mit einer Reihe von Marienliedern, hymnischen Gesängen zum Preis der Mutter Christi nach dem Vorbild lat. → Hymnen und → Sequenzen (u. a. *Arnsteiner Mariengebet*, um 1150, *Mariensequenz von Muri*, um 1180). Im 13. Jh. entstanden hymnische Großformen des Marienpreises wie das *Rheinische Marienlob* (um 1220) und Konrads v. Würzburg *Goldene Schmiede* (um 1275). Konrads Marienpreis stellt eine 2000 Reimpaarverse umfassende Folge von Bildern und Attributen aus der Tradition der Bibelexegese und der Marienverehrung, von kunstvollen Formulierungen, gesuchten Metaphern und seltenen Reimen dar und gehört zu den einflussreichsten Werken des → geblümten Stils im MA. Auch die Form des → Leichs wurde wiederholt in den Dienst der Marienverehrung gestellt (Konrad v. Würzburg, Reinmar v. Zweter, Frauenlob u. a.). Die Spruchdichtung des späten MA sowie zahlreiche Marienlieder (Mönch v. Salzburg, Heinrich Laufenberg, die Meistersinger des 15. und 16. Jh.s) bezeugen die ungebrochene Marienverehrung; zu den lyrischen Formen der M. im Spätmittelalter gehören auch die aus dem Ave Maria entwickelten ›Mariengrüße‹.

Die epische M. des MA wird weitgehend durch den Typus des ›Marienlebens‹ bestimmt, d. h. Erzählungen von Marias Leben auf der Basis des NT und apokrypher Evangelien (Pseudo-Matthäus, 5. Jh.; Pseudo-Melito, *De transitu Mariae*, 4./5. Jh.). Als Sammelbecken apokrypher Überlieferungen übte die 8000 Verse umfassende lat. Dichtung *Vita Beatae Virginis et salvatoris rhythmica* (Anfang 13. Jh.) ebenfalls bedeutenden Einfluss auf die späteren dt. Marienleben aus. Das erste dt. Marienleben sind die *Driu liet von der maget* (1472) des Priesters Wernher, ein drei Bücher (»liet«) mit mehr als 5000 Versen umfassendes Werk. Es folgten u. a. *Die Kindheit Jesu* (um 1200) von Konrad v. Fußesbrunnen und Marienleben von Walther v. Rheinau (Ende 13. Jh.) und Bruder Philipp (1. Hälfte 14. Jh.). Das letzte bedeutende Beispiel dieses Genres stammt von Heinrich v. St. Gallen, der zugleich den Übergang zur Prosa vollzog (um 1410–20).

Bei den dramatischen Gestaltungen des Stoffes überwiegen die ›Marienklagen‹, die vom 13. bis 16. Jh. bezeugt sind und am Karfreitag szenisch dargestellt wurden. Sie stehen im Zusammenhang mit der Kreuzigungsszene und bringen den Schmerz Marias zum Ausdruck, entweder monologisch oder im Gespräch mit ihrem Sohn, Johannes, Petrus und den drei Marien (bei jeweils unterschiedlicher Besetzung). Überlieferte Noten zeigen, dass die Marienklagen wenigstens teilweise gesungen wurden. Der älteste Text ist die *Lichtenthaler Marienklage* (13. Jh.), den dichterischen Höhepunkt bezeichnet die *Bordesholmer Marienklage* (um 1475).

In der Literatur des Barock wurde die Tradition der M. v. a. im Kirchenlied und im Kunstlied wieder aufgenommen; die Motivik des Hohenliedes und mystisches Gedankengut spielen eine wesentliche Rolle (Friedrich Spee, Jacob Balde, Angelus Silesius, Johannes Khuen, Laurentius v. Schnüffis). Im Zusammenhang mit der romantischen Hinwendung zum MA erscheint Maria erneut als Thema der Dichtung (Clemens Brentano, Friedrich Schlegel, August Wilhelm Schlegel, Joseph v. Eichendorff u. a.), doch – wie auch später im 20. Jh. (z. B. Rainer Maria Rilke, Rudolf Alexander Schröder, Gertrud von Le Fort) – nicht als poetische Vergewisserung eines verbindlichen Glaubens, sondern als Ausdruck individueller Erfahrung.

Marionettentheater → Figurentheater.

Materialistische Literaturwissenschaft → Sozialistischer Realismus, → Literatursoziologie.

Mauerschau → Teichoskopie.

Maxime, ›oberster Grundsatz‹, Form aphoristischen, spruchhaften Sprechens (→ Aphorismus). Beispiele sind La Rochefoucaulds *Réflexions ou sentences et Maximes morales* (1665) und Goethes *Maximen und Reflexionen* (postum 1840).

Meininger, das Hoftheaterensemble Herzog Georgs II. von Sachsen-Meiningen (reg. 1866–1914), das durch seinen psychologisierenden Schauspielstil, durch homogenes Ensemblespiel, betonte Texttreue und sorgfältige, historisch genaue Ausstattung einen neuen Theaterstil erarbeitete und durch zahlreiche Gastspiele in ganz Europa bekannt machte.

Meistersang, auch Meistergesang, v. a. im 15. und 16. Jh. in Städten von dort ansässigen Bürgern, in der Regel Handwerkern, betriebene Liedkunst. Über die Anfänge des M.s ist nichts bekannt; in der eigenen Überlieferung der Meistersinger gilt Mainz als Sitz der ersten Meistersingergesellschaft. Man geht davon aus, dass die ersten Meistersingergesellschaften oder -bruderschaften Ende des 14. Jh.s oder Anfang des 15. Jh.s aufkamen. Die Meistersinger selbst sahen in den berühmten Dichtern des 13. und 14. Jh.s, den ›alten Meistern‹, die Begründer ihrer Kunst (Walther v. der Vogelweide, Reinmar v. Zweter, Frauenlob, Regenbogen, Heinrich v. Mügeln usw.), wobei die späten Spruchdichter wegen ihrer Gelehrsamkeit und ihrem Kunstanspruch bereits von den Zeitgenossen als ›meister‹ bezeichnet wurden. Eine Beziehung zwischen den Berufsdichtern des 13. und 14. Jh.s und den Handwerkerdichtern besteht insofern, als die Meistersinger vielfach die Texte ihrer Vorbilder imitierten. Die Zentren des M.s waren die süd- und südwestdeutschen Reichsstädte, u. a. Mainz, Nürnberg, Augsburg, Straßburg. Material liegt v. a. über Nürnberg vor. Hier erlebte der M. im 16. Jh. mit Hans Sachs seinen Höhepunkt. Sein Beispiel gab den Anstoß zur Wiederbelebung des M.s in verschiedenen anderen Städten. Meistersingergesellschaften bestanden bis ins 18. Jh., in Einzelfällen sogar bis ins 19. Jh. hinein. Das letzte bekannte Meisterlied wurde 1788 in Memmingen gedichtet.

Ein Meisterlied, von den Meistersingern → Bar genannt, besteht aus einer ungeraden Anzahl von Strophen. Die Strophen selbst folgen dem Schema AAB, d. h. zwei metrisch-musikalisch völlig gleichgebaute ›Stollen‹, die zusammen den ›Aufgesang‹ bilden, folgt der metrisch-musikalisch abweichende ›Abgesang‹. Es handelt sich um die Kanzonenstrophe (→ Kanzone), die die Meistersinger von den Sangspruchdichtern des MA übernahmen. Die Gesamtheit von metrischem Schema, Reimanordnung und Melodie nannte man ›Ton‹ oder ›Weise‹. Die ›Töne‹ wurden mit dem Namen des Urhebers und eigenem Tonnamen bezeichnet (z. B. Hans Sachs, Silberweise); z. T. stammten sie noch von den ›alten Meistern‹ bzw. wurden diesen untergeschoben. Auf diese feststehenden, meist nicht von ihnen selbst stammenden Töne dichteten die Meistersinger in silbenzählender Manier die Texte ihrer Lieder (Sachs beispielsweise verwendete für seine 4285 Meisterlieder 275 verschiedene Töne, darunter nur 13 eigene). Die Melodien waren einstimmig; Neuerungen, wie sie die Entwicklung der Musik nahegelegt hätte, lehnte man ab. In der Regel wurden die Lieder solistisch und stets ohne Begleitung vorgetragen. Meisterlieder durften nicht gedruckt werden.

Der M. hatte nicht zuletzt die Funktion, Angehörigen städtischer Mittel- und Unterschichten religiöse und weltliche Bildung zugänglich zu machen. Die Lieder behandelten überwiegend religiöse Themen (mit entsprechend veränderter Tendenz nach der Reformation); es wurden aber auch Lieder zum Lob des M.s oder über die Sieben freien Künste gesungen. Im 16. Jh. nahm die Zahl der Lieder weltlichen Inhalts zu, wobei neben der Geschichte die Erzählliteratur von der Antike bis zum Humanismus zahlreiche Anregungen bot. Politisches war schon durch die städtische Zensur ausgeschlossen.

Über die Organisation der Gesellschaften, den Ablauf der Veranstaltungen (›Singschulen‹) und die zu beachtenden Regeln für Text und Vortrag informieren Schulordnungen und → Tabulaturen. Bei den Singschulen wurde zwischen öffentlichem Hauptsingen in der Kirche mit religiöser und später eventuell auch ernsthafter weltlicher Thematik und einem internen Zechsingen im Gasthaus unterschieden. Beim Hauptsingen beurteilten Merker den Vortrag im Hinblick auf inhaltliche und formale Richtigkeit und notierten die Fehler. Der Sänger mit der geringsten Fehlerzahl hatte gewonnen. Dass sich das Phänomen des M.s überhaupt im öffentlichen Bewusstsein erhalten hat, ist Richard Wagners Oper *Die Meistersinger von Nürnberg* (1868) zu verdanken.

Meistersangstrophe → Meistersang, → Kanzone.

Melodram, literarisch-musikalische Form, bei der das gesprochene Wort von Musik begleitet wird. Das M. war schon in der Antike bekannt und wurde im 18. Jh. wieder erneuert (Jean-Jacques Rousseau). In Deutschland folgte u. a. Georg Benda in seinen Mono- und Duodramen diesem Beispiel (*Medea*, 1775). Das M. wurde in Klassik und Romantik eine beliebte Form der Konzertmusik (Robert Schumann, Franz Liszt u. a.) und drang in die Oper ein (Beethoven, *Fidelio*, 1805 bzw. 1814; Carl Maria v. Weber, *Der Freischütz*, 1821). In vielfältiger Form wird es auch in der Musik des 20. Jh.s verwendet (z. B. Igor Strawinsky, Arnold Schönberg, Hans Werner Henze). – Daneben ist M. Gattungsbezeichnung für eine Form pathetisch-rührender Dramatik der frz. und engl. Romantik.

Memoiren, ›Denkwürdigkeiten‹, Gattung der autobiographischen Literatur. M. und → Autobiographie verbindet das beiden gemeinsame retrospektive Erzählen. Der Unterschied besteht im Gegenstand des Erzählens. Anders als in der Autobiographie ist das Thema nicht (oder nicht vorwiegend) das Ich, sondern die Ereignisse der Epoche, das politische, gesellschaftliche oder kulturelle Umfeld. Abgesehen von ihrem möglichen literarischen Rang, haben M. Bedeutung als historische und kulturhistorische Quellen. Die moderne Memoirenliteratur erreichte im 17. Jh. in Frankreich ihren ersten Höhepunkt (La Rochefoucauld, Kardinal Retz, Comte de Saint-Simon u. a.), während sich in Deutschland – nach den frz. geschriebenen M. Friedrichs II. von Preußen im 18. Jh. – erst im 19. Jh. eine Tradition der M. von Staatsmännern, Diplomaten und hohen Militärs entwickelte. Die bedeutendsten Leistungen sind die *Denkwürdigkeiten des eignen Lebens* (1837–59) von Karl August Varnhagen v. Ense und Otto v. Bismarcks *Gedanken und Erinnerungen* (1898). Das Interesse an M. von Politikern, Schauspielern, Schriftstellern und anderen bekannten Persönlichkeiten ist ungebrochen.

Memorabile → Einfache Formen.

Menippeische Satire → Satire.

Merker, im → Minnesang der fiktive Aufpasser (*merkaere*), der den Liebenden das Leben schwer macht, im → Meistersang der reale Kritiker und Schiedsrichter, der die vorgetragenen Lieder nach den Regeln der → Tabulatur beurteilt.

Merzkunst, Bezeichnung von Kurt Schwitters für seine Form des → Dadaismus, geprägt nach dem in einer Collage benutzten zweiten Teil des Wortes ›Kommerz‹.

Mesostichon → Akrostichon.

Messkataloge → Buchhandel.

Metapher, Mittel der übertragenen, uneigentlichen Sprechweise (→ Tropus). Die M. bezeichnet nicht das im Wortsinn eigentlich bzw. ursprünglich Gemeinte, sondern etwas diesem Ähnliches. Sie beruht also auf einer Ersetzung des ›eigentlichen‹ Wortes durch ein anderes, das den gemeinten Begriff dank seiner sachlichen oder gedanklichen Ähnlichkeit auszudrücken in der Lage ist: ›Achill war ein Löwe in der Schlacht.‹ Auf engstem Raum bringen Wortzusammensetzungen (›Sternenhirte‹), Genitivmetaphern (›Salz der Augen‹) oder andere Wortverbindungen (›flammender Zorn‹) die verschiedenen Vorstellungsbereiche zusammen.

Quintilian definierte die M. als einen → Vergleich, bei dem die Formulierung der Vergleichsbeziehung (›wie‹) fehlt (»der schultern warmer schnee«, Christian Hoffmann v. Hoffmannswaldau). Bei einem Vergleich beruht die Ähnlichkeit auf einem gemeinsamen Dritten (›tertium comparationis‹), das aber bei der M. in der Regel nicht genannt wird und auch nicht immer auszumachen ist, jedenfalls aber einen Interpretationsspielraum offenlässt. Die ingeniöse Erfindung dunkler M.n, die durch die Unähnlichkeit und Entlegenheit der in Beziehung gesetzten Sachen und Bedeutungen entstehen, gehört zu den beliebtesten manieristischen Verfahren (→ Argutia, → Manierismus). Wenn die Ausdrucksweise auf nicht vorhandenen bzw. nicht erschließbaren Ähnlichkeiten basiert und neue, nur in der Sprache existierende Welten schafft, wie häufig in der modernen Lyrik, spricht man von → Chiffren. Auf der anderen Seite sind M.n so sehr Teil der Alltagssprache, dass sie häufig kaum noch erkennbar sind (›Stuhlbein‹).

Metonymie, Ausdrucksmittel der uneigentlichen Rede (→ Tropus), wobei das eigentlich gemeinte Wort durch ein anderes ersetzt wird, das in einer realen Beziehung zur eigentlichen Sache steht (Ähnlichkeit wie in der → Metapher genügt nicht). Beziehungen dieser Art sind etwa: Ursache – Wirkung, Behälter – Inhalt, Person – die dazugehörige Tätigkeit, Besitzer – Besitz, Erzeuger – Erzeugnis, Bewohner – Ort. Beispiel: »Goethe lesen« für »Goethes Werke« lesen.

Metrik und Versgeschichte, Lehre von den Gliederungsprinzipien der Verssprache und ihrer geschichtlichen Entwicklung. Im Lauf der Geschichte haben sich verschiedene metrische Systeme herausgebildet. Ihre Eigenheit wird dabei wesentlich von der Prosodie der jeweiligen Sprache bestimmt, d. h. von den Betonungsregeln und insbesondere der Klassifizierung von Silben (nach Akzent, Tonhöhe bzw. Tonart, Dauer) als den wichtigsten phonetischen Einheiten eines Textes. Da in der Geschichte der dt. Metrik (und Literatur) mehrfach fremde Muster einen bedeutenden Einfluss gewannen, kann von einer einheitlichen, die gesamte Literaturgeschichte übergreifenden dt. Metrik keine Rede sein. Schon die Bezeichnungen für viele der gebräuchlichsten Versmaße, Strophen- und Gedichtformen verweisen auf ihre Herkunft aus der Antike, den Literaturen der romanischen Länder oder Englands.

Als die wichtigsten metrischen Systeme gelten: (1) Die quantitierende Metrik der Antike, die prosodisch zwischen ›langen‹ und ›kurzen‹ Silben unterscheidet und den Vers aus ›Metren‹ genannten Einheiten bildet, von denen einige wiederum auf ›Füßen‹ aufbauen (zwei zweisilbige Versfüße bilden ein Metrum; ein dreisilbiger Versfuß bildet allein ein Metrum). Im Deutschen wird der Unterschied nicht gemacht; man spricht nur von Versfüßen. In der metrischen Notation steht – für die lange, ⏑ für die kurze Silbe. Es gibt zweisilbige Versfüße (→ Jambus ⏑ –, → Trochäus – ⏑, Pyrrhichius ⏑ ⏑, → Spondeus – –), dreisilbige (→ Daktylus – ⏑ ⏑, → Anapäst ⏑ ⏑ –, Kretikus – ⏑ –, usw.) und viersilbige. Die viersilbigen Versmaße spielen, wie auch die meisten dreisilbigen, keine Rolle für die dt. Dichtung. Die Versfüße werden zu einfachen bzw. gleichartigen oder gemischten Versarten oder Metren zusammengefügt. Jambische, trochäische oder daktylische Verse sind Beispiele für gleichartige Metren, die wiederum nach der Anzahl der Metren bzw. Versfüße unterschieden werden (z. B. → Trimeter, → Tetrameter, → Pentameter, → Hexameter); aus gemischten Metren bestehen beispielsweise die verschiedenen → Odenstrophen. – (2) Die akzentuierende Metrik, wie sie in bestimmten Epochen der dt. Literatur (und der anderer germ. Sprachen) dominierte. Sie unterscheidet prosodisch zwischen ›betonten‹ und ›unbetonten‹ Silben, ist also durch den dynamischen Akzent geprägt. – (3) Das silbenzählende System etwa der frz. und ital. Versdichtung, bei dem → Reim und → Zäsur (bei längeren Versen) angesichts der freien Betonung im Versinneren ein besonderes Gewicht bei der rhythmischen Gliederung der Verse erhalten.

Die entscheidenden Wendepunkte in der dt. Versgeschichte bezeichnen zugleich kulturgeschichtliche Umbruchssituationen. Die ahd. → Stabreimdichtung, als heidnische Dichtung von den christlichen Trägern der Schriftkultur nur in wenigen Texten überliefert, wurde im 9. Jh. durch die christliche Endreimdichtung abgelöst (Otfrid v. Weißenburg); eine Anregung durch den lat. christlichen Hymnenvers gilt als plausibel. Mit der → höfischen Klassik des MA und ihrem an frz. Vorbildern orientierten Kulturideal wurde seit dem späten 12. Jh. die Verskunst der provençal. Trobadors und der nordfrz. Trouvères sowie der frz. Epiker Grundlage der mhd. Dichtung, wobei die romanische Lyrik immer als Einheit von Metrum und Melodie aufgenommen wurde. Auch die klassische Strophenform des → Minnesangs, die → Kanzone, folgt frz. Mustern. Diese schlagen sich auch noch in der Versbehandlung der Dichtung des 16. Jh.s und den Strophenformen der Meistersinger nieder (→ Meistersang). Gliederung durch Reimbindung und Silbenzählung kennzeichnet den sog. Strengen Knittelvers (8 bzw. 9 Silben), während der Freie → Knittel bei beliebiger Silbenzahl nur noch die Reimbindung beibehält. Grundsätzlich freie Silbenzahl bewahrte sich auch der Volksliedvers.

Die frz. Metrik erlangte noch einmal stärkeren Einfluss, als im späten 16. und frühen 17. Jh. durch die Übersetzungen des Hugenottenpsalters und die Anlehnung an die Dichter der → Pléiade die Versprinzipien der frz. Renaissancedichtung v. a. in Südwestdeutschland (Georg Rodolf Weckherlin) übernommen wurden. Während sich die Versmaße sowie Strophen- und Gedichtformen der frz. Renaissancepoesie für einen längeren Zeitraum behaupteten, blieb die silbenzählende Manier allerdings nur Episode. Martin Opitz' Reformprogramm, niedergelegt im *Buch von der Deutschen Poeterey* (1624), schloss zwar unmittelbar an die Renaissancedichtung an, stellte aber nach dem Vorbild der Niederländer (Daniel Heinsius) die Metrik auf eine neue Grundlage: Wie in der antiken Metrik bestimmen nun Versfüße die Gliederung des Verses (nur Jamben und Trochäen sind nach Opitz der dt. Prosodie gemäß); anders als in der Antike sollen aber die Silben nicht nach ihrer Dauer, sondern »aus den accenten vnnd dem Thone« gemessen werden, damit zu erkennen ist, welche Silbe in die Hebung bzw. Senkung des Versfußes gehört. Erweiterungen der engen Vorschriften wurden bald vorgenommen; während Opitz nur alternierende Verse akzeptierte, führten Augustus Buchner, Philipp v. Zesen, Georg Philipp Harsdörffer und andere daktylische und anapästische Verse ein und versuchten sich in frei erfundenen Mischformen und Nachahmungen antiker Odenstrophen. Grundsätzlich jedoch blieb das von Opitz begründete System bis zur Mitte des 18. Jh.s unbestritten.

Mit Friedrich Gottlieb Klopstock setzte dann eine folgenreiche Neuorientierung ein; die dt. Dichtung habe sich nicht nur in Einzelheiten, sondern prinzipiell auf die antike, d. h. v. a. allem griech. Metrik zu gründen, wobei freilich die griech. Verse durchaus »nach der Prosodie unsrer Sprache« nachzubilden seien. Klopstocks Erneuerung des Hexameters machte ebenso Schule wie seine Nachbildungen antiker Odenstrophen und seine → Freien Rhythmen. Auch die Ablehnung des Reims gehört in diesen Zusammenhang. Auf dem Gebiet des Dramas führte die Abwendung von den alten Formen in der 2. Hälfte des 18. Jh.s zur Adaption des engl. → Blankverses (Christoph Martin Wieland, Lessing), der den → Alexandriner als Dramenvers ablöste.

Daneben freilich bestand Johann Gottfried Herder auf der Ausdruckskunst der ›Volkslieder‹, wie dann auch später die Romantiker den Volksliedton für sich entdeckten und Polemiken mit den klassizistischen Verächtern des Reims austauschten und ital. und span. Formen nachahmten. Die vielfältigen Möglichkeiten des dt. Verses um 1800 demonstrieren gleichsam in einer Summe Goethes Faustdichtungen. Zu den wenigen Formen, die im 19. Jh. neu eingeführt wurden, gehört das orientalische → Ghasel. Im 20. Jh. wird eine wachsende Abkehr von Reim, festen Versmaßen und traditionellen Formen deutlich, die im 19. Jh. wieder eine starke Position erlangt hatten. Dagegen bezog Arno Holz

Stellung, indem er den Verzicht auf alle traditionellen Momente der Lyrik forderte, einschließlich der »metrischen Reminiszenzen«, die er in den im Übrigen vorbildlichen Freien Rhythmen der Goethezeit noch erkannte (*Revolution der Lyrik*, 1899). Die Verskunst des 20. Jh.s hält eine Vielzahl von Möglichkeiten zwischen → Freiem Vers ohne herkömmliche metrische Ordnungsprinzipien und artifiziellem Umgang mit den Elementen der Tradition bereit.

Metrum → Metrik.

Mimesis, Nachahmung (der Natur), zentrale Kategorie der → Ästhetik und Kunsttheorie seit der Antike. Ursprünglich bezog sich der Begriff auf die ›Darstellung‹ des Heiligen in kultischen Tänzen (griech. *mimesthai* ›zur Darstellung bringen‹). Platon nannte im *Staat* alle Kunst »mimetisch«. Aristoteles griff die Vorstellung von M. als eine allen Künsten gemeinsame Grundlage auf, aber ohne die bei Platon implizierte Abwertung, und nutzte den Begriff zur anthropologischen Begründung und philosophischen Rechtfertigung der Künste. Künstlerisches Schaffen gründet in einem angeborenen Nachahmungstrieb, der aber über die Darstellung des Empirisch-Faktischen hinausgeht und »das nach den Regeln der Wahrscheinlichkeit oder Notwendigkeit Mögliche« einbezieht und so durch die Darstellung des Allgemeinen und Exemplarischen Erkenntnischarakter gewinnt. Zusammen mit den Ergänzungen in der *Ars poetica* des Horaz, die v. a. die Kategorie des ›Angemessenen‹ betont (→ Aptum), werden die aristotelischen Vorstellungen in der Renaissance rezipiert und bilden die Grundlage für die poetologischen Auseinandersetzungen in den europäischen Literaturen bis zum Ende des 18. Jh.s. In Deutschland ist das 18. Jh. die eigentliche Epoche der Nachahmungspoetik, über deren spezifische Form heftige Auseinandersetzungen geführt wurden (Johann Christoph Gottsched, Johann Jakob Bodmer, Johann Jakob Breitinger) und die noch in der Ästhetik der Klassik nachwirkte. Auch die ästhetischen Diskussionen im 19. und 20. Jh. (→ Realismus, Widerspiegelungstheorie des → Sozialistischen Realismus) griffen immer wieder auf den Begriff der M. zurück, wie denn auch von ›Wirklichkeit‹, wie immer definiert, schwer abzusehen ist. → Poetik.

Minneallegorie, in eine allegorische Handlung (→ Allegorie) gefasste Minnelehre. Sie erscheint zunächst als Teil größerer Werke – etwa in Gottfrieds *Tristan* (›Minnegrotte‹) –, dann seit dem 13. Jh. auch als selbständige didaktische Dichtung. Die M. bleibt bis zum Spätmittelalter eine beliebte Gattung (Großform der → Minnerede). Als anspruchsvollste dt. M. gilt die *Minneburg* (um 1340), die das Modell des Liebeskrieges systematisch ausbaut. Eine einflussreiche Sonderform der M. stellt die Jagdallegorie dar, die das Verhältnis der Liebenden am Beispiel der Jagd darstellt (Hadamar v. Laber, *Die Jagd*, um 1330–50).

Minnerede, Sonderform der → Reimrede, einer kleineren Form des Reimpaargedichts. Gegenstand der M. sind die aus dem → Minnesang stammenden Themen des Frauenpreises und der Minneklage sowie Reflexionen über das Wesen der Liebe und didaktische Erörterungen des rechten Verhaltens und seiner Regeln. Zu den formalen Gestaltungsmöglichkeiten zählen Streitgespräch, Dialog (etwa zwischen Mutter und Tochter) und Allegorie (→ Minneallegorie). Frühestes Beispiel der v. a. im Spätmittelalter beliebten M. ist das *Büchlein* (Ende 12. Jh.) von Hartmann v. Aue.

Minnesang, Bezeichnung der deutschsprachigen höfischen Liebeslyrik des MA. Mhd. *minne* bedeutet freundliches Gedenken, Erinnerung, Liebe. Der M. entfaltete sich seit der Mitte des 12. Jh.s vor dem Hintergrund einer neuen höfischen Kultur (→ Höfische Klassik) und bildete bis zum späten MA ein vielfältiges Formen- und Motivrepertoire aus. Verschiedene Herkunftstheorien wie etwa die arabische These wurden diskutiert; konkret nachweisbar sind, für bestimmte Phasen der Entwicklung, Einflüsse der provençal. Trobador- und der nordfrz. Trouvèrelyrik und punktuelle

Berührungen mit der lat. Vagantenlyrik und der Liebesdichtung Ovids.

Der M. war Gesellschaftskunst, adelige Standesdichtung, Medium der Selbstdarstellung der höfischen Gesellschaft, in deren Mitte er vorgetragen wurde. Text und Melodie stammten in der Regel vom selben Verfasser, der – möglicherweise von Instrumenten begleitet – seine Werke selbst vortrug. Wie die Handschriften erkennen lassen, wurde der M. später auch als Leselyrik rezipiert. Überliefert ist die mhd. Liebesdichtung in ca. 40, z. T. nur unvollständig erhaltenen Handschriften (→ Liederhandschrift), u. a. in der Kleinen Heidelberger (A), der Großen Heidelberger (Manessischen; C) und der Weingartner Liederhandschrift (B).

Die Entwicklung des M.s wird in verschiedene Phasen gegliedert. (1) ›Donauländischer M.‹, (um 1150–70), so genannt nach der Herkunft der meisten Dichter (der v. Kürenberg, Burggraf v. Regensburg, Meinloh v. Sevelingen, Dietmar v. Aist): Liebeslyrik in einfachen Formen (→ Rollenlyrik), inhaltlich gekennzeichnet durch eine potentielle Gegenseitigkeit. – (2) ›Rheinischer M.‹ (1170–90), eine Phase der Rezeption der Trobador- und Trouvèrelyrik mit geographischem Schwerpunkt am Oberrhein. Zentrale Gestalt war der staufische Ministeriale Friedrich v. Hausen; daher die Bezeichnung ›Hausen-Schule‹ (Ulrich v. Gutenburg, Bligger v. Steinach, Bernger v. Horheim). Zum Umkreis gehörten auch Graf Rudolf v. Fenis, Heinrich v. Veldeke und Albrecht v. Johansdorf. Von den romanischen Vorbildern wurden nicht nur Strophenformen und Melodien übernommen, sondern v. a. auch das Konzept der ›Hohen Minne‹. Die Minne des Mannes ist, analog zur Terminologie des Lehnswesens, höfischer Frauendienst: Werben um die körperlich und ethisch vollkommene Herrin, die als Idealbild gleichwohl unerreichbar bleibt und so den hoffnungslos Liebenden seiner Klage überlässt. Leiderfahrung, Kontrolle der Affekte, Entsagung führen den vorbildlich Liebenden aber auch auf den Weg zur sittlichen Vervollkommnung und damit zu gesellschaftlichem Ansehen. Der ›Rheinische M.‹, in dem die Paradoxa der Hohen Minne diskutiert werden und das Leid beklagt und ebenso sehr bejaht wird, neigt zu abstrakter Gedanklichkeit. Neue thematische Aspekte bringt das sog. Kreuzlied, das Minne- und Kreuzzugsthematik miteinander verbindet (→ Kreuzzugsdichtung). – (3) Die ›klassische‹ Phase des mhd. M.s (1190–1220), repräsentiert durch Dichter wie Hartmann v. Aue, Heinrich v. Morungen, Reinmar, Wolfram v. Eschenbach und Walther v. der Vogelweide, den bedeutendsten dt. Lyriker des MA. Die Lieder dieser Dichter zeichnen sich durch vollkommene Beherrschung der durch den ›Rheinischen M.‹ erreichten formalen Möglichkeiten aus. Auf dieser Grundlage variieren und erweitern sie das überlieferte Formen-, Motiv- und Themenrepertoire. Vorherrschend bleibt die Thematik der Hohen Minne, wobei der Bogen vom Sensualistischen (Morungen) über das Spiritualistische und Gedankliche (Reinmar) bis zu Walthers intensiver und kritischer Auseinandersetzung mit der Minneideologie reicht. Aber selbst noch in der Parodie oder in Walthers Mädchenliedern, die die Hohe Minne ›überwinden‹, bleibt das Konzept als Folie gegenwärtig. Mit den Liedern Wolframs erreicht die Gattung des → Tagelieds nach den Anfängen bei Dietmar v. Aist ihren Höhepunkt. – (4) Gegen Ende der klassischen Phase beginnt mit den Liedern Neidharts (um 1210–40) der sog. Gegengesang, der die Situation der Hohen Minne in ein derb-bäuerliches Milieu überträgt und ihre Konzepte und Konventionen virtuos persifliert. – (5) Die Spätphase des M.s ist am breitesten dokumentiert; zwei Drittel der überlieferten Lieder stammen aus der Periode nach 1230. Vorwiegend handelt es sich um Variationen der älteren Modelle, des konventionellen höfischen M.s oder der Ansätze Neidharts. Deutlich wird eine stärker realistische Darstellungsweise, etwa in Steinmars Herbstlied. Das Tagelied und die komplexe Form des → Leichs erhalten ein neues Gewicht. Das Ende des M.s markieren Autoren wie Frauenlob (um 1300), der zum → Meistersang hinführt, der Mönch v. Salzburg (um 1365–95) mit seinen Tagelied-variationen und schließlich Oswald v. Wolkenstein (gest. 1445), der neben Walther und Neidhart zu den Großen des M.s zählt und noch einmal die Themen und Formen der mhd. Lyrik auf höchst individuelle Weise durchspielt.

Mittelalterrezeption, die Aufnahme und Aneignung mittelalterlicher Kultur- und Literaturleistungen in der Neuzeit. Dabei ist zwischen der schöpferisch-produktiven Rezeption, der dichterischen Auseinandersetzung mit Stoffen und Werken des MA, und der wissenschaftlichen M. zu unterscheiden. Außerdem ist mit einer sekundären M. zu rechnen, etwa im Anschluss an das Mittelalterbild der Romantik oder Richard Wagners, die auf trivialem oder kommerziellem Feld stark nachwirkt (Film, touristische Ritterturniere und andere Spektakel).

Die M. begann im Humanismus, geleitet von wissenschaftlich-antiquarischen und patriotischen Interessen. Conrad Celtis edierte 1501 die Werke Hrotsvits v. Gandersheim; mhd. Texte – u. a. Lieder Walthers v. der Vogelweide – publizierte der Polyhistor und Philologe Melchior Goldast in seiner *Paraenetica* (1604), aus der wiederum Martin Opitz zitierte. Opitz selbst edierte 1639 das *Annolied*, das ohne diese Ausgabe verloren wäre. Das zunehmende Interesse an der Literatur des MA im 18. Jh. dokumentieren der dreibändige *Thesaurus Antiquitatum Teutonicarum* (1726–1728) Johannes Schilters und v. a. die Editionen und literaturkritischen Arbeiten Johann Jakob Bodmers und Johann Jakob Breitingers: u. a. die Gesamtausgabe der Manessischen Liederhandschrift (*Sammlung von Minnesingern aus dem schwäbischen Zeitpuncte CXL Dichter enthaltend* (1758–59) und die Teilausgabe des *Nibelungenlieds* (*Chriemhilden Rache, und Die Klage; zwey Heldengedichte*, 1757). Die höfische Epik des MA stellte Bodmers Schüler Christoph Heinrich Myller in verschiedenen Editionen (*Der Eneidt*, 1783; *Parcival*, 1784) und der *Samlung teutscher Gedichte aus dem XII., XIII. und XIV. Jh.* (1782–1787) vor.

Von breiter Wirkung waren die romantischen Vorstellungen vom christlichen MA und seiner Dichtung als ›romantischer‹ Poesie, die sich in zahlreichen dichterischen Werken und Bearbeitungen niederschlug (Ludwig Tieck, Novalis, Achim v. Arnim u. a.). Die politische Instrumentalisierung des MA, verbunden mit einer nationalen bzw. chauvinistischen Verengung begann mit den Freiheitskriegen – einschließlich einer »Feld- und Zeltausgabe« des *Nibelungenlieds*, das nun in zahlreichen Ausgaben, Bearbeitungen und Dramatisierungen für patriotische und nationale Zwecke vereinnahmt wurde. Walther v. der Vogelweide diente den liberal-nationalen Kräften als Zeuge für die Reichsidee (vgl. »Ir sult sprechen willekomen« und August Heinrich Hoffmanns von Fallersleben *Lied der Deutschen*), ließ sich aber auch im Kulturkampf für die antirömische Kampagne nutzen. Daneben diente der Barbarossa-Mythos zur ideologischen Fundierung der Reichsidee. Zur Verbreitung und Popularisierung mittelalterlicher Stoffe trug wesentlich Richard Wagner mit seinen Musikdramen bei, die auch noch heute bekannter sind als die mhd. Originaltexte.

Bei der völkischen Vereinnahmung des MA (und Richard Wagners) spielte wieder das *Nibelungenlied* als Beispiel für den heroischen germanischen Durchhaltewillen eine besondere Rolle. Die populäre Mittelalterwelle der Gegenwart, die nicht zuletzt auch die Musik erfasst hat, setzte in den 70er- und 80er-Jahren mit Romanen wie *Ich Wolkenstein* (1977) und *Herr Neidhart* (1981) von Dieter Kühn und Tankred Dorsts Drama *Merlin oder Das wüste Land* (1981), einer Bearbeitung des Artus-Stoffes, ein. Aus den Parzival-Teilen dieses Textes entstand dann, gemeinsam mit Robert Wilson, das Bühnenprojekt *Parzival. Auf der anderen Seite des Sees* (1987). Christoph Hein setzte den Artus-Mythos als politische Parabel in der Endzeit der DDR ein (*Die Ritter der Tafelrunde*, 1989). Daneben sorgte und sorgt die

Medienindustrie für die Entfaltung einer umfassenden trivialen Mittelalter-Fantasy-Welt (→ Fantasy) in Roman, Sachbuch, Film, Fernsehserien.

Mittellateinische Literatur, die mittelalterliche Literatur zwischen etwa 750 und 1500 in lat. Sprache. Latein war die Sprache der Kirche und damit des mittelalterlichen Bildungswesens; mittelalterliche Literatur ist zunächst v. a. lat. Literatur. Die Grundlagen wurden in der karolingischen Zeit gelegt. Den dringlichsten Aufgaben entsprechend – geistige Erneuerung von Kirche, Staat und Bildungswesen –, stand ausgesprochene Zweckliteratur im Vordergrund: Literatur zu den Artes, der Bibel und der Liturgie; Urkundenbücher, Annalen, Biographien, Heiligenviten in Vers und Prosa usw. (→ Artesliteratur, → Geistliche Prosa). Über das rein Zweckgebundene hinaus reichen etwa Walahfrid Strabos Gedichte oder die liturgischen → Sequenzen Notkers I. In der folgenden ottonisch-salischen Epoche lagen die Schwerpunkte auf der Historiographie im Umkreis des sächsischen Herrscherhauses (Widukind v. Corvey) und dann auch im Bodenseeraum (Ekkehard IV., *Casus Sancti Galli*, nach 1035).

Neue Entwicklungen bahnten sich mit der Aufnahme weltlicher Erzählstoffe (*Waltharius*, *Gesta Apollonii*; → Tierdichtung) und Hrotsvits v. Gandersheim geistlichen Gegenentwürfen zu den Lustspielen des Terenz an. Im Hochmittelalter führte der Konflikt zwischen Kaiser und Papst zu einer ausgeprägten Streitschriftenliteratur; dementsprechend zeigt die Geschichtsschreibung vielfach einen parteiischen Geist. In der Reichsgeschichtsschreibung kam neben der sächsischen Annalistik der staufischen Geschichtsschreibung um Barbarossa und den von ihm angeführten Kreuzzug besondere Bedeutung zu. Im wissenschaftlichen Bereich entwickelte sich insbesondere die naturwissenschaftlich-medizinische Literatur (Hildegard v. Bingen; der sog. *Bartholomaeus*); eine Reihe von → Enzyklopädien kompilierte das geistliche und weltliche Wissen.

In der geistlichen Dichtung entstanden aus den Oster- und Weihnachtsfeiern allmählich größere → geistliche Spiele (*Benediktbeurer Weihnachtsspiel*, um 1200; *Benediktbeurer Passionsspiel*, um 1220); daneben bildeten sich Legendenspiele heraus. Allein steht das Tegernseer Antichristspiel (*Ludus de Antichristo*, um 1160). Der *Ruodlieb*-Roman (um 1070) und die Gedichte des Archipoeta (um 1160–67) führten die weltliche lat. Dichtung weiter (→ Vagantendichtung).

Mit der Einführung der Scholastik nach dem Vorbild von Paris und Oxford im 13. Jh. begann eine neue Epoche. Doch trotz der starken westlichen Einflüsse behielt die mittellat. Literatur auf deutschem Boden ein eigenes Gepräge. Zu ihren wesentlichen Eigenschaften gehören u. a. Praxisnähe und enzyklopädische Ausrichtung. So dominiert in der wissenschaftlich-scholastischen Literatur nicht das Spekulative, sondern der Bezug zum Leben. Als Beispiel dafür kann Albertus Magnus mit seinen Aristoteleskommentaren und -paraphrasen gelten, die das überlieferte Wissen nicht nur erschließen, sondern es auf dem Gebiet der Naturlehre mit eigenen Beobachtungen konfrontieren und durch empirische Einzelbeschreibungen ergänzen. Unterhaltendes blieb im Wesentlichen der Volkssprache vorbehalten; Ausnahmen bilden allenfalls Sammlungen wie die *Mirakelbücher* (um 1225–26) des Caesarius v. Heisterbach oder die Geschichten und Exempel der *Gesta Romanorum* (14. Jh.). In der letzten Phase der mittellat. Literatur im 15. Jh. ragt Nikolaus v. Kues als bedeutendster Denker heraus. Eine umfangreiche Traktatliteratur spiegelt die allgemeine Unzufriedenheit mit den Zuständen in Kirche und Reich. Mit dem Vordringen des → Humanismus über die Alpen begann eine neue Epoche der lat. Literatur in Deutschland (→ Neulat. Literatur).

Moderne, übergreifender geschichtlicher, philosophischer und ästhetischer Epochenbegriff mit unterschiedlichen Akzentsetzungen und Datierungen. Im Gegensatz zu den geschichtlichen und philosophisch-wissenschaftlichen Konzepten, die in der M. eine fortschreitende Bewegung auf der Basis neuzeitlichen rationalistischen Denkens sehen, steht im Konzept der ästhetischen M. der Bruch mit der Tradition im Vordergrund. Dabei ergeben sich unterschiedliche Vorstellungen über Begriff und Datierung der M. Zu den diskutierten Modellen gehören: Die M. beginnt mit der →›Querelle des Anciens et des Modernes‹ Ende des 17. / Anfang des 18. Jh.s, da hier in der Abgrenzung zur Antike ein neues Geschichtsbewusstsein einsetzt; der Umbruch zur M. findet in der Zeit zwischen etwa 1890 und 1914 statt, ein Konzept der dt. Literaturgeschichtsschreibung, die damit das Selbstverständnis der Autoren jener Zeit aufnimmt; die Anfänge der M. gehen auf das 19. Jh. mit seiner neuen technischen Zivilisation und den aus den Erfahrungen der Großstadt resultierenden neuen Wahrnehmungsformen zurück (Charles Baudelaire); die Ansätze der M. liegen in der dt. Frühromantik mit ihrer Radikalisierung der ästhetischen Theorie im Hinblick auf die Autonomie des Künstlers und der Kunst.

Monodistichon, einzelnes →Distichon, in der Regel als →Epigramm. Vgl. Daniel Czepkos *Sexcenta monodisticha sapientum* (entst. 1640–47).

Monodrama, eine aus dem 18. Jh. stammende Bezeichnung für ein von Musik begleitetes Ein-Personen-Stück (→Melodram). Dabei folgten dem Beispiel Jean-Jacques Rousseaus (*Pygmalion*, 1762) u. a. Johann Christian Brandes, Friedrich Wilhelm Gotter, Johann Gottfried Herder und Goethe (*Proserpina*, 1778). Komponist war meist Georg Benda.

Monolog, Rede einer einzelnen Person im Gegensatz zum →Dialog. Monologisches Sprechen ist nicht an bestimmte Gattungen gebunden (Ich-Aussprache in der Lyrik, im Tagebuch oder Ich-Roman; →Innerer Monolog), erhält aber im Drama eine besondere Bedeutung. Er wird in verschiedenen Funktionen verwendet: als epischer M. zur Mitteilung nicht darstellbaren oder vergangenen Geschehens (etwa in der Exposition), als lyrische Selbstaussprache und reflektierender Kommentar, als dezidiert dramatischer M., in dem der Held auf dem Höhepunkt des Geschehens zur Entscheidung in einer Konfliktsituation gelangt.

Montage, künstlerische Verfahrensweise bzw. literarische Schreibweise, die fremde Materialien/Texte miteinander oder mit eigenen Materialien/Texten zu einem Werk verbindet. Ein verwandter, oft zusammen mit oder als Synonym für M. bezeichneter Begriff ist der der Collage, der aber auch in eingeschränkter Bedeutung nur für die Arbeiten verwendet wird, die gänzlich aus fremden Materialien bestehen. Das literarische Verfahren der M. ist eng mit den avantgardistischen Literaturströmungen des frühen 20. Jh.s verbunden (→ Futurismus, → Expressionismus, → Dadaismus, → Surrealismus), hat aber eine längere Vorgeschichte (etwa die engl. Cross-Reading-Texte des 18. Jh.s, die Zeitungsausschnitte gegen die Druckanordnung in Längsspalten quer über die Kolumnen hin lesen; die Integration historischer Redetexte in Georg Büchners Drama *Dantons Tod*, 1835). Zur Demonstration gegen einen organischen Werkbegriff wird die M. jedoch erst in der Moderne; sie lenkt den Blick auf die Machart des Textes und/oder sorgt durch scharfe Kontraste schockartig für Denkanstöße.

Der programmatische Einsatz von Montagetechniken begann mit der Lyrik im Umkreis des Dadaismus. Ihre Bedeutung für den modernen dt. Roman demonstrierte Alfred Döblin, angeregt durch James Joyce und John Dos Passos, in *Berlin Alexanderplatz* (1929). Wolfgang Koeppen knüpfte in seinen Romanen aus den 50er-Jahren an diese Techniken an, die – in konventioneller wie radikaler Form – einen starken Einfluss auf die Erzählprosa gewannen (Peter Handke, Alexander Kluge, Arno Schmidt u. a.). Auch in der Lyrik wurden nach dem Zweiten Weltkrieg die Möglichkeiten der Montage neu erprobt, etwa von Hans Magnus Enzensberger, Vertretern der → Wiener Gruppe oder

der → konkreten Poesie. Eine wesentliche Rolle spielt M. in der → Dokumentarliteratur.

Moralische Wochenschriften, Zeitschriftentyp der → Aufklärung nach dem Vorbild der von Joseph Addison und Richard Steele herausgegebenen engl. ›Moral Weeklies‹ *The Tatler* (1709–11), *The Spectator* (1711–12) und *The Guardian* (1713). Die Gattung breitete sich rasch in ganz Europa aus. Auch in Deutschland erschienen zahlreiche, meist recht kurzlebige Moralische Wochenschriften; sie wurden zum wichtigsten publizistischen Medium der Aufklärung. Nach einem wenig erfolgreichen frühen Unternehmen (*Der Vernünfftler*, 1713–14) leiteten die Züricher Johann Jakob Bodmer und Johann Jakob Breitinger mit ihrer Wochenschrift *Die Discourse der Mahlern* (1721–23) die Blüte des Genres im deutschsprachigen Raum ein. Es folgten u. a. *Der Patriot* (Hamburg 1724–28), *Die Vernünftigen Tadlerinnen* (Halle/Leipzig 1925–26, hrsg. von Johann Christoph Gottsched), *Der Biedermann* (Leipzig 1727–29, hrsg. von Gottsched), *Der Freydenker* (Danzig 1741–43), *Der Gesellige* (Halle 1748–50), *Der Mensch* (1751–56), *Der Nordische Aufseher* (Kopenhagen/Leipzig 1758–60) und rund 100 weitere Wochenschriften dieser Art bis etwa 1770.

Die Moralischen Wochenschriften richten sich an das wohlhabende Bürgertum. Ihrer moralischen Intention entsprechend machen sie – wie es Bodmer und Breitinger ausdrücken – »zu ihrem Objecte den Menschen«, »alles was menschlich ist und die Menschen angehet«. Die Zeitschriften behandeln Themen des bürgerlichen Alltags, des religiösen und gesellschaftlichen Lebens, der Sprachpflege und der schönen Literatur. Das Interesse ist auf das Leben in der Welt gerichtet, Maßstab ist der gesunde Menschenverstand. Religion wird unter dem Aspekt der Nützlichkeit und Vernunft betrachtet. Das absolutistische System wird fraglos akzeptiert; allerdings birgt die dezidiert bürgerliche Konzeption von allgemeiner, standesunabhängiger Tugend und Menschlichkeit Sprengstoff, der nicht ohne Wirkung blieb.

Die literarhistorische Bedeutung der Moralischen Wochenschriften liegt nicht zuletzt in ihrer Förderung der Lektüre weltlicher Literatur. Das geschieht nicht nur durch Leseempfehlungen – etwa in den ›Frauenzimmerbibliotheken‹ mancher Blätter – und die Diskussion ästhetischer und literarischer Fragen, sondern auch durch die Vielfalt der Darbietungsformen selbst (Gespräche, Briefe, Träume, Gedichte, Beispielgeschichten, die Einschaltung von fiktiven Erzähler- und Redakteursfiguren usw.).

Moralität, Form des spätmittelalterlichen und frühneuzeitlichen Schauspiels v. a. in Frankreich, England und den Niederlanden, in der allegorische Figuren (Personifizierungen von Tugenden, Lastern, Tod, Gewissen usw.) in einem Kampf um die Seele der Zentralfigur (›Jedermann‹) auftreten. Das bekannteste Stück ist der aus dem 15. Jh. stammende engl. *Everyman* (Druck 1509). Im dt. Sprachraum zeigen sich Einflüsse der M. in Pamphilius Gengenbachs allegorischem Spiel *Die X alter dyser welt* (1515). Die am weitesten verbreitete Dramatisierung des Jedermannstoffes im 16. Jh. war der neulat. *Hecastus* des Niederländers Georg Macropedius, den Hans Sachs 1549 als *Ein Comedi Von dem Reichen sterbenden Menschen Der Hecastus genannt* in dt. Verse brachte. Thomas Naogeorg formte den Stoff in seinem *Mercator* (1540) zu einem protestantischen Tendenzdrama um. Hugo v. Hofmannsthals Erneuerung der *Jedermann*-Moralität in altertümelnden Versen (*Jedermann. Das Spiel vom Sterben des reichen Mannes erneuert*, 1911) basiert auf dem engl. *Everyman* und verwendet u. a. auch Partien des *Hecastus* in der Übersetzung von Sachs.

Moritat → Bänkelsang.

Morolfstrophe, nach dem mhd. Epos *Salman und Morolf* benannte Strophe. Sie besteht aus fünf vierhebigen Zeilen und verbindet ein Reimpaar mit einer Waisenterzine: aabxb (→ Waise, → Terzine). Eine Abwandlung der Morolfstrophe ist die Lindenschmidtstrophe im Volkslied und der volksliedhaften Lyrik, eine Erweiterung (zwei Reimpaare) die siebenzeilige Tirolstrophe nach der mhd. Dichtung *Tirol und Fridebrant* (Reimschema aabbcxc).

Motiv, aus der Malerei bzw. Musik stammende Bezeichnung für eine kleinere stofflich-thematische Einheit, deren Grundform schematisch bzw. abstrakt beschrieben werden kann (›Verführte Unschuld‹, ›Der verliebte Alte‹, ›Die verfeindeten Brüder‹, ›Der unerkannte Heimkehrer‹, ›Dreiecks‹-Verhältnisse usw.). Hinsichtlich der Bedeutung und Funktion der M.e im literarischen Werk unterscheidet man zwischen Kern- oder Zentralmotiv, Neben-, Füll- und Randmotiv. Aus der Musik (Richard Wagner) wurde der Begriff des Leitmotivs auch für analoge Techniken in der Literatur übernommen. Dabei geht es weniger um die wörtliche Wiederholung formelhafter Wendungen als vielmehr um die Verwendung von M.en »in der symbolischen Art der Musik« (Thomas Mann).

Münchner Dichterkreis, eine von König Maximilian II. von Bayern geförderte und hauptsächlich aus den von ihm berufenen norddeutschen Autoren bestehende Vereinigung (1852–83). Die Mitglieder dieses Kreises – u. a. Emanuel Geibel, Paul Heyse, Friedrich Bodenstedt, Felix Dahn, Hermann Lingg, Wilhelm Heinrich Riehl, Adolf Friedrich Schack, Joseph Viktor v. Scheffel – vertraten das Programm eines unpolitischen, formal virtuosen Klassizismus, der im Kontext der realistischen Tendenzen der Literatur der Zeit zunehmend epigonal wirkte. Um den Kontakt mit den einheimischen Münchner Künstlern und Literaten zu fördern, wurden als Ergänzung zu den offiziellen königlichen ›Symposien‹ seit 1856 geselligere Zusammenkünfte in der privaten ›Gesellschaft der Krokodile‹ veranstaltet (der Name wurde nach einem Gedicht Linggs gewählt). Die ›Krokodile‹ bestanden bis 1883, während der offizielle Münchner Kreis bereits früher an Bedeutung verloren hatte (Tod Maximilians 1864, Weggang Geibels).

Mündlichkeit, Begriff zur Bezeichnung einer mündlich überlieferten Literatur, wobei es dann im Zusammenhang mit dem jeweiligen Alphabetisierungsgrad der Gesellschaft zu komplexen Wechselwirkungen zwischen M. (Oralität) und Schriftlichkeit kommen kann. Denn einerseits verändert die Schriftlichkeit die Eigenart der Produktion und Rezeption von Texten tiefgreifend, andererseits reagiert die weiterbestehende Oralität auf die alternativ zur Verfügung stehenden Ausdrucksmöglichkeiten und Denkformen der Schriftlichkeit. Schwierigkeiten bei der Beschreibung von M. bzw. der Wechselbeziehungen zwischen M. und Schriftlichkeit ergeben sich aus dem Umstand, dass das mündliche Erzählen in älteren Epochen nur über schriftliche Zeugnisse erschlossen werden kann.

Im europäischen MA kam es zu einem symbiotischen Miteinander von M. und Schriftlichkeit. Die mündliche Überlieferung der germ. Stämme traf mit der vom Christentum getragenen Schriftkultur zusammen, die am Anfang nur von einer kleinen klerikalen Schicht vertreten wurde. Die Ausweitung der Schriftlichkeit auch auf die Volkssprache und ihre Verbreitung im höfischen und städtischen Kontext änderte jedoch nichts an der Tatsache einer zum größten Teil analphabetischen Gesellschaft (→ Leser). Dieses Nebeneinander hatte Folgen für die Ausdrucksformen der schriftlich konzipierten und schriftliche Traditionen aufnehmenden Literatur, insofern sie die Vortragssituation und die Aufnahme durch ein illiterates Publikum einbeziehen musste. Ausdruck dafür ist nicht zuletzt die Vorherrschaft des Verses in der volkssprachlichen Literatur bis ins Spätmittelalter hinein (im Gegensatz zur lat. Schriftkultur der Gelehrten). Die Merkmale mündlicher Sprech- und Erzählweise, wie sie die Oral-poetry-Forschung mit Bezug auf die (als Oral poetry betrachteten) Epen Homers herausgearbeitet und an zeitgenössischen südslawischen Sängern verifiziert hat, haben sich am stärksten in der (meist anonymen) → Heldendichtung bewahrt: Formelhaftigkeit des Erzählens, stereotype Beschreibungsmuster und Motive, einfache Vers- und Melodieformen usw.

Einen entscheidenden Wendepunkt im Verhältnis von M. und Schriftlichkeit bedeutet die Erfindung des Buchdrucks mit beweglichen Lettern im 15. Jh. und die mit seiner Geschichte einhergehende Alphabetisierung der Gesellschaft. Die moderne Schriftkultur und die neue Rolle des Lesens führte in der Romantik zu einer nostalgischen Suche nach einer verlorengegangen M. in der sog. ›Volkspoesie‹ des → Volkslieds, des → Märchens und der → Sage. Hingegen bedeutet die neue Medienkultur eine deutliche Einschränkung der Dominanz der Schriftlichkeit.

Münster, Kreis von, Bezeichnung für einen an katholischen und mystischen Positionen orientierten Kreis von Intellektuellen, wobei allerdings wegen seines langen Bestehens (etwa 1763–1826) eher von einer Folge von Gruppierungen zu sprechen wäre. Mittelpunkt des Kreises, in dem sich die irrationalistischen Strömungen der Zeit artikulierten, waren zunächst der Minister Franz v. Fürstenberg und die Fürstin Gallitzin, die Theologen, Pädagogen – man war auch am Bildungswesen interessiert – und Schriftsteller um sich sammelten. Zu den Literaten, die dem Kreis wenigstens zeitweilig nahestanden, gehörten u. a. Johann Georg Hamann (er starb in Münster), Friedrich Heinrich Jacobi, Friedrich Leopold Graf zu Stolberg (er trat 1800 in Münster zum Katholizismus über), Clemens Brentano und Annette v. Droste-Hülshoff. Der Kreis von Münster gehört zu den Wegbereitern der Romantik, insbesondere ihrer katholisierenden Strömungen.

Mundartdichtung → Dialektdichtung.

Musenalmanach → Almanach.

Mystik, eine in verschiedenen Religionen und Kulturen bekannte Erfahrung des Göttlichen bzw. Transzendenten, bezeichnet in der christlich-mittelalterlichen Tradition die »cognitio dei experimentalis« (Thomas v. Aquin, Bonaventura), die auf Erfahrung gegründete Gotteserkenntnis. Das meint eine über den Glauben und über die philosophisch-verstandesmäßige Erkenntnis hinausgehende Gotteserfahrung, eine Erfahrung seiner Existenz durch Erlebnisse der Gottesschau und der ekstatischen Vereinigung mit Gott. Diese Vereinigung der Seele mit Gott (*unio mystica*), das Ziel der mystischen Erkenntnis, ist an eine Reihe von Voraussetzungen gebunden. Dazu gehört eine durch Askese und Meditation geprägte Frömmigkeitshaltung, die dann mystische Erlebnisse wie Visionen, Auditionen, sensuelle Empfindungen bis hin zur *unio mystica* ermöglicht.

Die literarische Umsetzung der mystischen Erlebnisse geschieht auf unterschiedliche Weise, als literarische Beschreibung auf der einen, als philosophisch-spekulative Reflexion auf der anderen Seite. Dem entspricht die Unterscheidung zwischen einer eher praktischen (Erlebnismystik) und einer spekulativen (theoretischen, philosophischen) M., die sich auch in unterschiedlichen Textsorten niederschlägt. Der Erlebnismystik zugehörig sind Texte wie (pseudo)-autobiographische Erlebnisberichte (u. a. Visionsliteratur) oder vom mystischen Erlebnis angeregte Dichtungen und Briefe, zur spekulativen M. gehören die Reflexionen über das mystische Erlebnis (Mystologie) und die Lehrschriften über die Vorbereitung und den Weg dazu (Mystagogie).

Vor dem Hintergrund einer großen lat. mystischen Tradition (Bernhard v. Clairvaux, Hugo v. St. Victor) entstanden seit dem 12. Jh. im dt. Sprachgebiet neben lat. mystischen Schriften (Rupert v. Deutz, Elisabeth v. Schönau) mystische Texte in dt. Sprache (*St. Trudperter Hoheslied*, um 1150). Erste Ansätze einer Passions- und Liebesmystik zeigen die Wirkung Bernhards v. Clairvaux (Egbert v. Schönau). In den letzten Jahrzehnten des 13. Jh.s erreichte dann die dt. und lat. Frauenmystik im sächsischen Kloster Helfta ihren Höhepunkt (Mechthild v. Magdeburg, Gertrud v. Helfta, Mechthild v. Hackeborn); bekanntestes Werk ist Mechthilds v. Magdeburg *Fließendes Licht der Gottheit* (um 1250–82), das in bildhafter und anspielungsreicher Sprache vom mystischen Verlangen nach Gott, von der auf Vereinigung mit Gott gerichteten Liebe spricht, mystische Erfahrungen und

Visionen schildert, aber auch lehrhafte Unterweisungstexte, Gebete und lyrische Formen zu einer facettenreichen Montage kombiniert.

Noch unter dem Einfluss der Zisterziensermystik (Bernhard v. Clairvaux u. a.) stand der Franziskaner David v. Augsburg (gest. 1272) mit seinen einflussreichen lat. und dt. Traktaten. Die mystagogische Schrift *De exterioris et interioris hominis compositione* (*Über den äußeren und inneren Menschen*) behandelt den Aufstieg zu Gott in drei Stufen und wurde zu einem der wichtigsten geistlichen Lehrbücher des MA. Sein dt. Text *Die sieben Staffeln des Gebets* lehrt, wie man stufenweise bis zur Ekstase, zur Vereinigung mit Gott gelangt. Den Höhepunkt der mittelalterlichen dt. Mystik bilden die Werke der Dominikaner Meister Eckhart, Heinrich Seuse und Johannes Tauler. Ein Anlass zur Abfassung dt. Schriften war möglicherweise die Frauenseelsorge. Eckhart betont die Bedeutung des Intellekts bei der Gotteserkenntnis; die Vereinigung mit Gott erfolgt durch einen kognitiven Akt. Der Grundbegriff seiner mystischen Lehre ist der Begriff der »Abgeschiedenheit«, die vollständige Abkehr von sich selbst und allen Dingen, von Zeit und Ort. Diese radikale Abgeschiedenheit ist die Voraussetzung der Vereinigung mit Gott, der Rückkehr der Seele in den göttlichen Ursprung allen Seins, der »Gottesgeburt« im Seelengrund des Menschen. Dagegen ist Seuses autobiographische Vita (um 1362) ein Dokument der Erlebnismystik, während Taulers Predigten auf die Praxis des religiösen Lebens zielten.

In den Schriften Taulers und in der anonymen *Theologia Deutsch* (*Der Franckforter*, um 1380–1400) lernte Luther die dt. M. kennen. Er edierte die *Theologia Deutsch* 1516, distanzierte sich jedoch bald von der mittelalterlichen M., während Spiritualisten wie Sebastian Franck und Valentin Weigel oder Wiedertäufer wie Caspar v. Schwenckfeld das mystische Erbe weiterführten. Mit Paracelsus und Jacob Böhme begann eine neue naturmystische Tradition. Dagegen nahm Friedrich Spee, der Verfasser der *Trutz Nachtigal* (1649), die Linie der bernhardinischen Brautmystik auf, während Angelus Silesius' *Cherubinischer Wandersmann* (1657; erweitert 1675) noch einmal die spekulative Seite der M. verkörpert. Auch der Pietismus führte mystische Traditionen weiter, während Clemens Brentano mit seiner romanhaften Ausarbeitung der Visionen der stigmatisierten Nonne Anna Katharina Emmerick und des Lebens Jesu die im MA weit verbreitete Visionsliteratur neu belebte (*Das bittere Leiden unsers Herrn Jesu Christi. Nach den Betrachtungen der gottseligen Anna Katharina Emmerich*, 1833).

Mythe → Einfache Formen.

Mythos, Erzählung von Göttern, Helden, Ereignissen aus archaischer Zeit. Die ältesten Beispiele in Europa sind die Epen Homers und Hesiods *Theogonie* (*Entstehung der Götter*) aus der Zeit um 700 v. Chr. In der attischen Tragödie wird der M. zum Schicksal des Einzelnen, der gegen die Macht der Götter zu bestehen sucht. Dabei beginnt der Prozess der Auflösung und Kritik der Mythen bereits mit ihrer Aufzeichnung; er setzt sich in der weiteren Überlieferung, Systematisierung (Genealogien) und Auslegung fort, ohne dass die Mythen je ihre Bedeutung für Dichtung und Philosophie verloren hätten. Zu den schon früh etablierten Interpretationsmustern gehört die Reduktion auf historische Ereignisse (›Euhemerismus‹ nach Euhemeros v. Messene, 3. Jh. v. Chr.), die → Allegorese, die die Götter als Sinnbilder für Naturphänomene, menschliche Erfahrungen oder moralische oder geistige Begriffe deutet, die Interpretation des M. als notwendige Form der Darstellung der Wahrheit in einer frühen Stufe der Menschheitsentwicklung (Platon).

Als Bildungsgut blieben die antiken Mythen im MA lebendig; die allegorisierenden Auslegungen wurden im christlichen Sinn fortgeführt. In Renaissance, Humanismus und Barock schöpften die Dichter und Künstler mit Vorliebe Motive und Bilder aus dem Reservoir der antiken Mythen. Eine neue Bedeutung erlangte der M. im späten 18. und frühen 19. Jh. Sein poetischer Gehalt trat in den Mittelpunkt; aus der Klage über den Verlust des goldenen Zeitalters resultierte in der →Romantik die programmatische Forderung nach einer neuen Mythologie.

Bereits im 18. Jh. war die nordische Mythologie neben die griechische getreten. Im 19. Jh. vergrößerte sich das Blickfeld weiter; das symbolische Mythenverständnis (Friedrich Creuzer) ging von einem gemeinsamen Ursprung und einer gemeinsamen Symbolik der Mythen der verschiedenen Völker aus, ein Gedanke, den auch Jacob Grimm vertrat. Eine Neubelebung der nordischen Mythologie versuchte Richard Wagner in seiner *Ring*-Tetralogie (1869–76). Bedeutender Einfluss auf die Dichtung des 20. Jh.s (Thomas Mann, Hermann Broch, Alfred Döblin, James Joyce, u. a.) ging von den Mythendeutungen der Religionswissenschaft (z. B. Karl Kerényi) und der Psychoanalyse (Sigmund Freud, C. G. Jung) aus.

N

Nachahmung → Imitatio, → Mimesis.

Nachspiel, heiteres oder possenhaftes Spiel, aber auch Pantomime oder Ballett im Anschluss an die Hauptaufführung. N.e gehörten zur europäischen Theaterpraxis des 16. bis 18. Jh.s.

Nachtstück, ursprünglich Bezeichnung für die bildliche Darstellung einer nächtlichen Szene (im Deutschen zuerst 1645 von Philipp v. Zesen in diesem Sinn), dann auf literarische Werke übertragen (nachweisbar 1648 in der engl., 1795 in der dt. Literatur). Als Titel erscheint N. bei E. T. A. Hoffmann (*Nachtstücke*, 1816–17), wobei der Titel die Darstellung nächtlicher Szenen in hell-dunkler Farbgebung meint und ›Nacht‹ zugleich metaphorisch auf die Sphäre des Unheimlichen und Bedrohlichen verweist. Nach Hoffmann verwandten u. a. Horst Bienek (1959) und Wolfgang Hildesheimer (1963) den Titel ›Nachtstücke‹.

Naiv – sentimentalisch, von Schiller in seiner Abhandlung *Über naive und sentimentalische Dichtung* (1795–96) entwickeltes Begriffspaar, das zwei unterschiedliche Formen des Schöpferischen bezeichnet: »Der Dichter, sage ich, ist entweder Natur, oder er wird sie *suchen*. Jenes macht den naiven, dieses den sentimentalischen Dichter.« Das Begriffspaar steht typologisch für überzeitliche Möglichkeiten. Zugleich bezeichnet Schillers Begriff des Sentimentalischen als einer bewussten, reflektierenden Kunsthaltung eine spezifisch moderne Einstellung, nicht zuletzt – auch in Abgrenzung zu Goethe – seine eigene.

Narratio → Rhetorik.

Narrativik → Erzähler.

Narrenliteratur, Bezeichnung für moralisch-didaktische Dichtungen, die die ›Narrheit‹ (Sünden, Laster, Torheiten) der Welt an der Figur des Narren exemplifizieren bzw. mit seiner Hilfe sichtbar machen. Durch Sebastian Brants *Narrenschiff* (1494) wurde die Narrengestalt, obwohl sie nicht neu war, zu einer Symbolfigur der Zeit. Seine Narrenrevue, die durch eine Sammlung negativer Beispiele menschlichen Verhaltens zur Selbsterkenntnis und damit zur Überwindung der Narrheit führen soll, fand Leser in ganz Europa (lat., frz., engl., niederl. Übersetzungen) und in Deutschland mit Thomas Murner, Hans Sachs und Johann Fischart bedeutende Nachfolger. Einer der Narren Brants, der neue Heilige Grobian, wurde Ausgangspunkt der → grobianischen Literatur des 16. Jh.s (Friedrich Dedekind). Auch im 17. Jh. blieb die N. lebendig. Aegidius Albertinus deutete sie in gegenreformatorischem Sinn um. Bei Johann Michael Moscherosch, Grimmelshausen, Johann Beer u. a. kommt es zur Integration der Narrensatire in den pikaresken Roman (→ Pikaroroman).

Nationalsozialistische Literatur, von der Ideologie des Nationalsozialismus geprägte und von der Kulturpolitik des NS-Regimes gelenkte Literatur. Für den Bereich der Literatur im Dritten Reich, der sich eine Distanz zum Nationalsozialismus zu bewahren suchte, hat sich der Begriff → Innere Emigration – im Gegensatz zur → Exilliteratur der vertriebenen oder geflohenen Autoren – durchgesetzt. Grundlegend für die NS-Literatur waren – neben den allgemeinen politischen Faktoren – die Maßnahmen der nationalsozialistischen Kulturpolitik, die vom Regime selbst als ›Gleichschaltung‹ bezeichnet wurden. Das bedeutete zum einen die Zerschlagung der bestehenden politischen und kulturellen Institutionen und Strukturen, die Verfolgung und Vertreibung missliebiger Autoren, Berufsverbote sowie demonstrative Bücherverbrennungen, zum andern die Einrichtung von eigenen, dem Staats- und Parteiapparat verantwortlichen NS-Zwangsorganisationen. Für die Literatur war das die Reichsschrifttumskammer innerhalb der Reichskulturkammer (mit Joseph Goebbels als oberstem Dienstherrn). Trotz der vielfältigen Kontrollinstanzen und Unterdrückungsmechanismen, denen die Vertreter der ›entarteten‹ Kunst und Literatur ausgesetzt waren, sorgten Rivalitäten und Kompetenzüberschneidungen gelegentlich für divergierende Auffassungen, ganz abgesehen von Eingriffen von ›höchster Stelle‹ (so entschied Hitler gegen die Parteiamtliche Prüfungskommission, dass Ernst Jünger »nicht zu behelligen« sei).

Zu den inhaltlichen und ästhetischen Vorgaben der NS-Literatur gehörten das ideologische Programm des Nationalsozialismus (Rassenideologie, Antisemitismus, Zivilisationsfeindlichkeit, Blut-und-Boden-Kult usw.) und der Ausdruck einer spezifischen Haltung im Dienst der politischen Ziele des Nationalsozialismus (Kampf- und Opferbereitschaft, Heimatverklärung, Sakralität, Führer- und Todeskult, schematisches Freund-Feind-Denken, Pathos, Monumentalität usw.). Dabei wurden Traditionen des 19. und frühen 20. Jh.s für die eigenen Zwecke vereinnahmt (national-konservative und rassistische Essayistik und Literaturwissenschaft, → Heimatkunstbewegung, Balladendichtung der Jahrhundertwende, Elemente des → Expressionismus, Kulturkritik der 20er-Jahre, Kriegsdichtung usw.).

Ausdruck fanden diese Elemente in nationalsozialistischen Agitationsgedichten und -liedern (Hans Baumann, Gerhard Schumann, Will Vesper, Horst Wessel u. a.), im nationalsozialistischen historischen Roman (Werner Beumelburg, Hans Friedrich Blunck, Erwin Guido Kolbenheyer u. a.) und v. a. im sog. → Thingspiel: Versuche, auf eigens dafür gebauten Freilichttheatern (›Thingstätten‹) in weihevoller Form kultisch-mythische Stoffe einem größeren Publikum nahezubringen und es so für eine heroische germ. Gemeinschaftsideologie zu gewinnen. Diese Bemühungen scheiterten allerdings und wurden bereits 1937 eingestellt. Überhaupt kam der Literatur im Kontext der NS-Propaganda angesichts der wachsenden Bedeutung der modernen Massenmedien nur eine eher untergeordnete Rolle zu.

Nationaltheater, im 18. Jh. im Anschluss an Johann Christoph Gottscheds Theaterreform geprägter Begriff für ein stehendes nationales, d. h. bürgerliches Selbstverständnis spiegelndes Theater. Es sollte unabhängig von Hof, Adel und Zensur sein, dt. Originaldramen spielen und zugleich Ort kritischer Diskussion sein. Die ersten Anregungen kamen von Johann Elias Schlegel (1747), Christian Fürchtegott Gellert (1751) und Johann Georg Sulzer (1760). 1767 wurde im Hamburger Theater am Gänsemarkt der erste Versuch der Etablierung eines dt. N.s unternommen, für den sich eine Gruppe von Kaufleuten und Schauspielern (u. a. Konrad Ekhof) zusammengefunden hatten. Lessing war als ständiger Rezensent (*Hamburgische Dramaturgie*, 1767–69) an dem Unternehmen beteiligt, das aber nach weniger als zwei Jahren an schlechter Organisation, Interessenkonflikten, Repertoireproblemen (Mangel an zugkräftigen dt. Originalschauspielen) und ungenügender Resonanz bei Hamburgs Bürgern scheiterte.

Zwar wurden in der Folgezeit einige Theater in N. umbenannt (Wien, Stuttgart, Mannheim u. a.), doch bedeutete das nur, dass sie als ›Volkstheater‹ allen Ständen offen standen. In der Praxis übten einige Theater für gewisse Zeit die Funktion eines N.s aus, etwa das Weimarer Hoftheater unter der Direktion Goethes, das Wiener Burgtheater, das sich 1848 auch den Namen N. gab, oder gegen Ende des 19. Jh.s das Theater der Meininger. Heute verweist die Bezeichnung N. (Mannheim) nur noch auf die Tradition.

Natur, in vielfältiger Funktion bedeutender und häufig zentraler Gegenstand der Dichtung. Sie ist primärer Daseins- und Erlebnisraum des Menschen; zum Ausdruck seiner elementaren Empfindungen und Gefühle bedarf er, bedarf die Poesie der Naturbilder. Gerade die Lyrik lebt von Naturbildern: der ›Natureingang‹ des Minnesangs, die Naturanrufung und das Beschwören einer ursprünglichen Einheit von Mensch und Natur in der Goethezeit, der romantische Bildzauber, die ›naturmagische‹ Lyrik des 20. Jh.s.

Neben dieser gleichsam elementaren Bedeutung der N. und des Naturbilds für die Lyrik gibt es eine spezifische Naturdichtung, Dichtung, die N. thematisiert: als Objekt ästhetischer Anschauung, als Detail, als Landschaft (Barthold Heinrich Brockes, Annette v. Droste-Hülshoff, Wilhelm Lehmann, Karl Krolow u. a.), als über sich hinausweisender Ort (etwa in der allegorisierenden Naturdichtung des Barock, der symbolischen Naturauffassung Goethes und der Romantiker u. a.), als Gegenwelt zur als mangelhaft empfundenen gesellschaftlichen Wirklichkeit (in der Hirten- und → Schäferdichtung und der → Idylle).

Von der Antike bis ins 18. Jh. ist die Natur- und Landschaftsdarstellung von zwei gegensätzlichen Topoi (→ Topos) geprägt: die N. erscheint als → Locus amoenus, als lieblicher, schöner Ort, oder als Locus terribilis, als schrecklicher, lebensfeindlicher Ort. Diese Topoi basieren nicht auf empirischen Beschreibungen, sondern es sind Bildmuster, die mit bestimmten Requisiten möbliert werden. Im 18. Jh. erfährt die schreckliche N. eine Umwertung: sie wird zur ›erhabenen‹ N. (→ Erhaben). Die Vorstellung von der erhabenen N. enthält allerdings bereits Keime einer pessimistischen Naturauffassung, die im 19. Jh. zum Tragen kommt. Die Postulate der Aufklärung und des Idealismus, nach denen die N. als Objektivation der göttlichen Vernunft selbst vernünftig sei, verlieren an Bedeutung; die Natur als Ort der Grausamkeit und des Leides gerät, durch Arthur Schopenhauer philosophisch vorbereitet, ins Blickfeld (Beispiele finden sich etwa bei Nikolaus Lenau [*Die Drei*, 1831], Eduard Mörike, Hugo v. Hofmannsthal, Günter Eich). Eine Gegenbewegung setzt unter dem Einfluss des Monismus und Vitalismus um die Jahrhundertwende ein und gipfelt zunächst in der enthusiastischen Naturdichtung des Expressionismus (Richard Dehmel, Theodor Däubler, Alfred Mombert). Danach wird N., auch als Rückzugsraum in schlimmen Zeiten, gerade angesichts der drohenden und tatsächlichen Naturzerstörung noch einmal zu einem zentralen Gegenstand (Oskar Loerke, Wilhelm Lehmann, Georg Britting, Johannes Bobrowski, Peter Huchel, Sarah Kirsch, Wulf Kirsten u. a.).

Naturalismus, als Stilbegriff Bezeichnung für Werke verschiedener literarischer Epochen mit einem besonders ausgeprägten Wirklichkeitsbezug, als literarhistorischer Epochenbegriff Bezeichnung für eine europäische Literaturbewegung im letzten Drittel des 19. Jh.s. Der N. als literaturgeschichtliche Epoche ging von Frankreich aus (Émile Zola, Edmond und Jules Goncourt) und erfasste u. a. die Literaturen Russlands (Leo Tolstoj), Skandinaviens (Henrik Ibsen, August Strindberg) und Deutschlands. Hier prägte er das Jahrzehnt von 1885 bis 1895, wenn auch keineswegs ausschließlich.

Der N. suchte die Konsequenzen aus den rapiden gesellschaftlichen Veränderungen im Gefolge der industriellen Revolution zu ziehen und ihre Spannungen sichtbar zu machen. Im Gegensatz zur verklärenden Tendenz des bürgerlichen → Realismus zielte die naturalistische Programmatik auf eine möglichst genaue Wiedergabe der Alltagsrealität, der Erfahrungswirklichkeit, ohne subjektive Perspektivierung, ohne Manipulation durch Erzählerfiguren, ohne sprachliche Stilisierung. Die dt. Naturalisten sammelten sich im Kampf um eine neue ›Wahrheit‹ der Literatur in München um die Zeitschrift *Die Gesellschaft* (1885–1902) und ihren Herausgeber Michael Georg Conrad, in Berlin gingen die Impulse von den *Kritischen Waffengängen* (1882–84) der Brüder Heinrich und Julius Hart und dem 1886 gegründeten literarischen Verein → »Durch« aus. Daneben erschien eine Reihe von Publikationen mit Überlegungen zu einer neuen Literatur, die sich an dem wissenschaftlichen Positivismus und Empirismus und einem naturwissenschaftlich geprägten Weltbild orientierten (Auguste Comte, Hippolyte Taine, John Stuart Mill, Charles Darwin, Ernst Haeckel u. a.) und mit Begriffen wie Gesetz, Kausalität, Objektivität, Determinismus usw. operierten

(u. a. Karl Bleibtreu, *Revolution der Literatur*, 1886; Wilhelm Bölsche, *Die naturwissenschaftlichen Grundlagen der Poesie*, 1887). Arno Holz formulierte als Kunstgesetz: »Kunst = Natur – x«, wobei x die durch die menschliche Unzulänglichkeit und die Beschaffenheit der Kunstmittel gesetzten Grenzen meint (*Die Kunst. Ihr Wesen und ihre Gesetze*, 1891–92).

Zuerst verschafften sich die naturalistischen Tendenzen Ausdruck in der Lyrik, in der von Wilhelm Arent hrsg. → Anthologie *Moderne Dichter-Charaktere* und dem *Buch der Zeit* (1886) von Holz. Die Erkenntnis, dass die Lyrik eine für das naturalistische Programm wenig erfolgversprechende Gattung war, führte die Autoren zur Prosa und zum Drama. Das große Vorbild für die Prosa war die von Zola in seiner Theorie vom *Roman expérimental* (1880) propagierte, gleichsam wissenschaftlich experimentelle, ›objektive‹ Schreibart. Die Romane von Conrad, Max Kretzer oder Wilhelm v. Polenz zeigten allerdings, dass sich zwar Thematik und Milieu in Sinn der naturalistischen Programmatik einbringen ließen, dass aber geeignete neue große Sprach- und Erzählformen nicht zur Verfügung standen. Dagegen ließ sich in der kurzen Form der Prosaskizze diese wissenschaftliche Genauigkeit durch den Verzicht auf übergreifende Kompositionselemente und die Beschränkung auf einen engen Realitätsausschnitt, auf einfache Gegenstände und alltägliche Handlungsweisen eher erreichen. Das geschah in Gerhart Hauptmanns psychologisierender ›novellistischer Studie‹ *Bahnwärter Thiel* (1888) und besonders in *Papa Hamlet* (1889) von Holz und Johannes Schlaf, dem ersten Versuch eines ›konsequenten N.‹. Hier ermöglichte der jedes Detail von Augenblick zu Augenblick registrierende → »Sekundenstil« nüchterne Sachlichkeit sowie größte Unmittelbarkeit.

Dieses Stilprinzip wandten Holz und Schlaf auch auf das Drama an (*Die Familie Selicke*, 1890), die Gattung, die sich als die erfolgreichste (und dem Programm adäquateste)

Gattung des N. erwies. Das soziale Drama des N. ist vorwiegend Familiendrama, d. h. die Konsequenzen der ökonomischen und sozialen Abhängigkeiten – ›wissenschaftlich‹ durch die Gesetzmäßigkeiten der Milieu- und Vererbungstheorie bestätigt – drücken sich in Familienkonflikten aus (z. B. Hauptmann, *Vor Sonnenaufgang*, 1889). Über diese Beschränkung hinaus weist Hauptmanns wirkungsvollstes naturalistisches Stück *Die Weber* (1892) mit seiner Verbindung von sozialökonomischen und individuellen Komponenten. Die innovative Bedeutung des N., die sich insbesondere in seiner Dramatik manifestiert, liegt jedoch weniger in den neuen Gegenstandsbereichen, die für die Literatur erschlossen wurden, als vielmehr in deren sprachlicher Gestaltung, den nuancierten Beschreibungs- und Dialogtechniken.

Naturnachahmung → Mimesis.

Neidhartspiel, Typus des mittelalterlichen Schauspiels, der mit dem → Fastnachtsspiel und den Jahreszeitenspielen am Anfang des weltlichen Schauspiels in Deutschland steht. Die N.e dramatisieren mit der Person des Minnesängers Neidhart verbundene Schwänke (z. B. Veilchenschwank). Das *St. Pauler Neidhartspiel* (um 1350) aus der Steiermark ist das älteste erhaltene N. Aus diesen Anfängen – dieses Stück umfasst nur 58 Verse – entwickelten sich große Spiele: das Tiroler oder Große Neidhartspiel (Ende 15. Jh.) umfasst mehr als 2000 Verse und rund 70 Sprechrollen.

Neue Sachlichkeit, von dem Kunsthistoriker Georg Friedrich Hartlaub 1923 geprägter und auf die Literatur übertragener (umstrittener) Begriff für Tendenzen einer an den vielfältigen und neuartigen Phänomenen der alltäglichen Wirklichkeit orientierten neuen Kunst- und Literaturpraxis in der Weimarer Republik, die sich auch an ein neues Publikum – die Arbeiter und Angestellten der Industriegesellschaft – jenseits des Bildungsbürgertums richtete. Auslöser dieser neuen Sicht der Dinge war der Krieg. Die Überwindung der bürgerlichen Bildungsvorstellungen führte auch zur Berücksichtigung der neuen Darstellungsmöglichkeiten des Films, der Photographie und dann auch des Rundfunks. Literarisch schlug sich die nüchterne Tatsachenorientierung in einem entsprechend sachlichen, kühlen, zum Dokumentarischen neigenden Stil nieder. Es war zugleich eine Reaktion auf Pathos und Utopismus des → Expressionismus und auf die Innerlichkeitstendenzen der → Neuromantik und verwandter Strömungen der Zeit nach der Jahrhundertwende. Man begrenzt die Neue Sachlichkeit in der Regel auf die Jahre zwischen 1923 und 1929 bzw. 1932, wobei sich aber in der Einschätzung des Phänomens – insbesondere in Bezug auf seinen politischen Ort zwischen linken oder linksliberalen Positionen und Affirmation des Kapitalismus – große Unterschiede zeigen. Das gilt auch für die Frage, ob Neue Sachlichkeit als Epochenbegriff für die Literatur der Weimarer Republik zu verstehen sei oder – die wohl vorherrschende Meinung – nur bestimmte Tendenzen kennzeichne.

Literarischen Niederschlag fanden die Tendenzen der Neuen Sachlichkeit v. a. in der Prosa, besonders in ihren publizistischen, auf Aktualität und die Verwendung dokumentarischen Materials ausgerichteten Formen wie → Reportage (Egon Erwin Kisch), Fotodokumentation und -montage (John Heartfield / Kurt Tucholsky) und Roman (Reiseroman, Kriegsroman, historisch-biographischer Roman, proletarisch-revolutionärer Roman: Alfons Paquet, Kasimir Edschmid, Ernst Glaeser, Erich Maria Remarque, Ludwig Renn, Edlef Koeppen, Hans Marchwitza, Emil Ludwig). In der Lyrik gehören die Kabarett- und Zeitungslyrik (Tucholsky, Erich Kästner, Walter Mehring, Mascha Kaléko) und Texte Brechts (*Hauspostille*, 1927; *Aus dem Lesebuch für Städtebewohner*, 1930) in den Zusammenhang der Neuen Sachlichkeit. Im Bereich des Dramas fanden Zeitstück und dokumentarische Montagen (Brecht, Georg Kaiser, Ernst Toller, Friedrich Wolf u. a.) in der multimedialen Inszenierungspraxis Erwin Piscators ihre angemessene Verwirklichung.

Neue Subjektivität, Bezeichnung für Tendenzen der westdt. Literatur der 70er-Jahre, die eine ›Tendenzwende‹ nach der Politisierung der vorherigen, im Aufbruch von 1968 gipfelnden Periode signalisieren. Die neuen Bezugspunkte der Literatur sind Alltags- und Selbsterfahrung, die eigene Geschichte, Selbstbestimmung. Die Hinwendung zur subjektiven Lebenswirklichkeit äußert sich nicht zuletzt in einer großen Anzahl autobiographischer Texte, die vielfach Erfahrungen von 1968 thematisieren und zugleich individuelle Entwicklungen und Fehlentwicklungen, gerade auch vor dem Hintergrund der sozialen Herkunft, nachzeichnen (Nicolas Born, Elisabeth Plessen, Peter Schneider, Bernward Vesper, Peter-Paul Zahl u. a.). Aber auch bereits renommierte Autoren machen in diesen Jahren ihre Lebensgeschichte zum Gegenstand literarischer Reflexionen (Max Frisch, Peter Handke, Wolfgang Koeppen, Peter Rühmkorf u. a.). In den Zusammenhang des autobiographischen Schreibens gehören auch die neue → Frauenliteratur (Karin Struck, Verena Stefan) und die weniger auf literarische Qualität als auf ›Authentizität‹ zielenden ›Verständigungstexte‹. In der Lyrik zeichnet sich eine entsprechende Entwicklung ab, für die u. a. die sog. Alltagslyrik (z. B. Jürgen Theobaldy) steht.

Neuklassik, von ihren Anhängern selbst so bezeichnete literarische Bewegung zu Anfang des 20. Jh.s. Die N. wendet sich gegen die → Moderne und die sie repräsentierenden zeitgenössischen Strömungen (→ Naturalismus, → Décadence, → Impressionismus, → Neuromantik). Ihre Bezugspunkte sind die → Weimarer Klassik und Friedrich Hebbel. Gefordert wird die Rückkehr zum traditionellen Gattungskanon; dagegen verfällt die »Halbkunst« des Romans (Paul Ernst) der Ablehnung. Die theoretische Fundierung bilden Schriften von Ernst (*Der Weg zur Form*, 1906), Wilhelm v. Scholz (*Gedanken zum Drama*, 1904) und Samuel Lublinski (*Der Ausgang der Moderne*, 1909). Die dichterische Praxis gilt v. a. der Tragödie, die zur höchsten Dichtungsform erklärt wird (z. B. Ernst, *Brunhild*, 1909; Scholz, *Meroe*, 1906; Lublinski, *Peter von Russland*, 1906).

Neulateinische Literatur, die im humanistischen Rückgriff auf die Antike und in betonter Ablehnung des mittelalterlichen Lateins entstandene lat. Literatur der Neuzeit. Nach der Rezeption des ital. → Humanismus prägte sie das literarische Leben in Deutschland von der Mitte des 15. bis ins 17. und 18. Jh. hinein. Diese lat. Kultur gründete auf den ›studia humanitatis‹, den vornehmlich von rhetorischen Prinzipien bestimmten humanistischen Studien in den Lateinschulen und an den Artistenfakultäten der Universitäten (→ Artesliteratur). Mit der Reformation kam es zu einer Verbindung von Sprachkultur und moralisch-religiöser Tugendlehre, wobei konfessionelle Verengungen nicht ausblieben (→ Reformationsliteratur). Gegenstand der Studien waren die Musterautoren der Antike; Sprache, stilistische Eigenschaften und Gattungskonventionen wurden eingeübt. Die auf diesen Voraussetzungen beruhende Dichtung konnte aber dann gerade durch die spezifische Auswahl und Verbindung bestimmter Modelle, Themen oder Motive, durch subtile Hinweise, Verschiebungen und Anspielungen Eigenes formulieren. Es war eine gelehrte Kunstdichtung, wie es sie in dieser Form in dt. Sprache nicht gab; sie schuf jedoch die Basis, auf der dann im 17. Jh. eine deutschsprachige Kunstliteratur entstehen konnte, die jedoch die lateinische zunächst nicht verdrängte (→ Barock). In den katholischen Territorien behauptete sich das Neulateinische länger als in den protestantischen; das war nicht zuletzt ein Verdienst des Jesuitenordens, der die lat. Dichtung bis weit ins 18. Jh. hinein pflegte (→ Gegenreformation, → Jesuitendichtung, → Jesuitendrama).

Wegbereiter der neulat. Dichtung in Deutschland war der ›Erzhumanist‹ Conrad Celtis, der erste Deutsche, der nach der Wiederbelebung der Ehrung durch Petrarca 1487 vom Kaiser zum Dichter gekrönt wurde. Seine Odendichtung (1513) wurde ebenso beispielgebend wie die mit poetischen

Landschafts- und Städteschilderungen durchsetzte Liebesdichtung der *Amores* (1502). In der Odendichtung folgten ihm u. a. Paulus Melissus Schede im 16. und der Jesuit Jacob Balde im 17. Jh., während seine Liebes- und Städtedichtung (mit durchaus patriotischer Note) bis auf Paul Fleming wirkte (→ Ode). Zu einer beliebten Gattung entwickelten sich seit Eobanus Hessus die Ovids *Heroides* nachgebildeten Heldinnen- bzw. Heldenbriefe in elegischen Distichen (→ Heroiden). Dabei wurden Ovids heidnische Heldinnen zu christlichen Heiligen (Hessus, Nikolaus Reusner, Jacob Bidermann). In Städten (Wittenberg, Erfurt, Köln, Straßburg, Heidelberg usw.) bildeten sich Humanistenzirkel, deren freundschaftlicher und gesellschaftlicher Verkehr literarischen Ausdruck in zahllosen → Gelegenheitsgedichten fand. Eine Erweiterung des antiken Formenkanons bedeutete u. a. das auf prosaische Vorbilder der Renaissance zurückgehende poetische Städtelob und die beliebte Gattung der dichterischen Reisebeschreibung (Hodeporicon).

Unter der epischen Dichtung, die das Vorbild der ital. Neulateiner Jacopo Sannazaro oder Marco Girolamo Vida nicht erreichen konnte, ragt Nicodemus Frischlins *Hebraeis* (postum 1599) heraus. Eine beliebte kleine Gattung entstand mit der von Poggio Bracciolino angeregten Fazetienliteratur (→ Fazetie), witzig-schwankhafte Kurzgeschichten in Prosaform (Heinrich Bebel). Größere Formen der Erzählprosa konnten sich nicht durchsetzen, wenn auch John Barclay mit der *Argenis* (1621) ein wichtiges Vorbild für den ›modernen‹ → höfisch-historischen Roman gelang. Weitere Versuche größerer Erzählprosa in lat. Sprache stammen von Adam Contzen (*Methodus doctrinae civilis, Seu Abissini regis historia*, 1628), Bidermann (*Utopia*, 1640), Johannes Bisselius (*Icaria*, 1637; *Argonauticon Americanorum*, 1647) und Johann Ludwig Prasch (*Psyche Cretica*, 1685). Die utopische Literatur (→ Utopie) fand, angeregt durch Thomas Morus (*Utopia*, 1516), u. a. bei Johann Valentin Andreae Nachfolge (*Christianopolis*, 1619), der überdies durch die Komödie *Turbo* (1616) und die Satirensammlung *Menippus* (1617) die Bedeutung des Neulateinischen auch für lutherische Reformorthodoxie im frühen 17. Jh. erkennen lässt.

Die neulat. Dramatik (→ Humanistendrama) ging von der Wiederbelebung der Komödien des Plautus und des Terenz aus (Jakob Wimpheling, Johannes Reuchlin); mit der Reformation wurde das neulat. Drama zu einem wichtigen Medium der Glaubenspropaganda auf protestantischer (Thomas Naogeorg) wie auf katholischer Seite (→ Jesuitendrama: Jacob Gretser, Jacob Bidermann u. a.). Hier, im katholischen Bereich, entstand auch eine poetologische Literatur von europäischem Rang (Jacobus Pontanus, Jacob Masen). Patriotische Akzente neben konfessionell-protestantischen setzte Frischlin mit der Komödie *Julius redivivus* (1572, 1585), wie denn überhaupt der nationale Aspekt seit Celtis und Ulrich v. Hutten eine große Bedeutung hatte und auch die humanistische Geschichtsschreibung (Wimpheling, Beatus Rhenanus) prägte.

Während die neulat. Dichtung des Jesuitenordens mit dem Jesuitendrama und dem lyrischen Werk Baldes ihre bedeutendsten Leistungen im 17. Jh. verzeichnen konnte, verlor sie nach der Opitzschen Reform im protestantischen Bereich rasch an Bedeutung, auch wenn durch Martin Opitz, Fleming, Andreas Gryphius, Christoph Kaldenbach, Prasch und viele andere die neulat. Tradition neben der deutschsprachigen Dichtung weitergeführt wurde. Als Wissenschaftssprache blieb das Lateinische bis ins 19. Jh. hinein in Gebrauch.

Neuromantik, Bezeichnung für gegen den → Naturalismus gerichtete literarische Strömungen um die Jahrhundertwende, die durch eine Neubelebung der → Romantik und eine Hinwendung zum Irrationalismus charakterisiert sind. Dazu gehört eine Wiederaufnahme von Formen, Themen und Motiven der romantischen Literatur, eine deutliche Vorliebe für Traumliteratur und für Märchen- und

Legendendichtung, eine Wiederaufnahme der Naturlyrik in romantischem Ton (Hermann Hesse, Hans Carossa). Auch in der Prosa folgte Hesse Mustern der Romantik; insbesondere die Gestalt des Taugenichts von Joseph v. Eichendorff machte – nicht nur bei Hesse (*Peter Camenzind*, 1904) – Schule. Im Drama war Gerhart Hauptmanns *Hanneles Himmelfahrt* (1893) Ausgangspunkt der eigenen neuromantischen Produktion; andere Autoren folgten, nicht zuletzt in Anlehnung an Richard Wagner. In den Kontext der N. gehört auch das von Ricarda Huch entworfene Bild der romantischen Epoche (*Die Romantik*, 1899–1902).

Nibelungenstrophe, nach dem Nibelungenlied benannte mhd. Strophenform. Sie besteht aus vier paarweise gereimten → Langzeilen. Die Anverse sind vierhebig mit klingender → Kadenz, die ersten drei Abverse dreihebig, der vierte vierhebig, jeweils mit männlicher Kadenz. Gelegentlich kommen Binnenreime vor. Die N. erscheint auch in der Lyrik des Kürenbergers (um 1150–60) und in der sog. ›Elegie‹ Walthers v. der Vogelweide, aber z. T. auch in der *Kudrun*, die im Übrigen eine eigene Strophenform verwendet. Mit der N. verwandte Strophenformen sind: (1) Der Hildebrandston, bei dem der herausgehobene Schluss der N. fehlt (auch der letzte Abvers ist dreihebig); er wird u. a. im *Jüngeren Hildebrandslied* verwendet und ist Grundlage neuzeitlicher volksliedhafter Strophenformen. (2) Die Kudrunstrophe, bei der sich die letzten beiden Abverse charakteristisch von der N. unterscheiden; sie sind vierhebig bzw. sechshebig jeweils mit klingender Kadenz. (3) Die Walther-und-Hildegund-Strophe nach dem gleichnamigen Epos, die sich von der N. nur durch den auf sechs Hebungen erweiterten Anvers der vierten Langzeile unterscheidet. (4) Die Rabenschlachtstrophe (nach einem Epos aus dem Sagenkreis um Dietrich von Bern), eine sechszeilige Strophe aus fünf vierhebigen und einem abschließenden sechshebigen Vers (Reimschema ababcc), die als Kombination aus zwei zäsurgereimten Nibelungenlied-Langzeilen und den beiden letzten Abversen der Kudrunstrophe aufgefasst werden kann.

Nonsensdichtung, Unsinnspoesie, Dichtung ohne intendierten Sinn, die aber gleichwohl – u. a. auf der Basis von Klang-, Wort- und Sprachspielen – einer eigenen Logik des Unsinns oder des Absurden folgt. Eine besondere Bedeutung gewann die N. in der engl. Literatur seit dem 19. Jh. (Edward Lear, Lewis Carroll u. a.). Vertreter der dt. N. sind Joachim Ringelnatz, Christian Morgenstern, Paul Scheerbart sowie Dadaisten und Surrealisten wie Hans Arp, Kurt Schwitters u. a. (→ Dadaismus, → Surrealismus).

Nordsternbund, Zusammenschluss junger romantischer Autoren in Berlin (etwa 1803–10). Adelbert v. Chamisso, Karl August Varnhagen v. Ense, Friedrich de la Motte Fouqué, Wilhelm Neumann, Julius Eduard Hitzig und David Ferdinand Koreff gehörten zu den Mitgliedern. Der Name wurde durch ein Gleichnis in August Wilhelm Schlegels *Berliner Vorlesungen über schöne Litteratur und Kunst* (1801–04) angeregt, in denen die »Wissenschaft« dem durch den Polarstern bezeichneten Norden zugeordnet wurde. Die Dichtung der Mitglieder, veröffentlicht in drei *Grünen Musen-Almanachen* (1804–06), war allerdings eher nach Süden orientiert (Antike, Romania). Aus dem Bund ging auch ein gemeinschaftlich verfasster Roman, *Die Versuche und Hindernisse Karls* (1808), eine Parodie des → Bildungsromanes, hervor.

Nouveau roman, nach 1950 in Frankreich entwickelte Form des experimentellen Romans. Der ›neue Roman‹ bedeutet einen radikalen Bruch mit dem traditionellen psychologisierenden Roman und der Vorstellung von der Abbildbarkeit der Wirklichkeit (→ Mimesis). Er verzichtet auf psychologische Motivierung, auf handlungstragende ›Helden‹ und lineare zeitliche Abläufe, auf Sinnangebote. Sichtbar werden, bei fehlendem Innenbezug zwischen Mensch und Welt, Dinge und Strukturen, die in einer Art Beschreibungsgeometrie in ihrer Oberflächlichkeit dargestellt und in ihrer Künstlichkeit reflektiert werden (Michel Butor, Alain Robbe-Grillet, Nathalie Sarraute, Claude Simon). Der Nouveau roman wirkte auch auf deutschsprachige Autoren wie Jürgen Becker, Peter Handke und Dieter Wellershoff. → Kölner Schule.

Novelle, Prosa- oder (selten) Verserzählung von mittlerem Umfang, die sich durch straffe Handlungsführung, formale Geschlossenheit und thematische Konzentration auszeichnet. Gegenstand des Erzählens ist nach der Definition Goethes »eine sich ereignete unerhörte Begebenheit«, eine Begebenheit also, die einen gewissen Anspruch auf Wahrheit erhebt und von etwas Neuem oder Außergewöhnlichem erzählt. Zu den zahlreichen Versuchen, die Novellenform näher zu charakterisieren, gehören die Hinweise auf die Zuspitzung des Erzählens auf einen ›Wendepunkt‹ hin (und damit auf einen dem Drama verwandten Aufbau) und auf die Strukturierung durch ein sprachliches Leitmotiv oder durch ein Dingsymbol (Paul Heyse u. a.). Häufig werden N.n zu Zyklen verbunden bzw. in → Rahmenerzählungen eingebettet.

Die Gattungsgeschichte der europäischen N. geht von Boccaccios *Decamerone* (um 1350) aus, einer durch eine Rahmenhandlung verknüpften Sammlung von 100 Erzählungen (»Geschichten, Fabeln, Parabeln oder wirkliche Begebenheiten, wie wir sie nennen wollen«). Die Konzeption des *Decamerone* wurde für Jahrhunderte Vorbild der europäischen Novellendichtung. Dabei ist in der Vielfalt erzählerischer Kurzformen bei Boccaccio bereits die Mehrdeutigkeit des Novellenbegriffs angelegt. In England nahm Geoffrey Chaucer die Form des Novellenzyklus auf, allerdings (teilweise) in Versen (*Canterbury Tales*, Ende 14. Jh.), in Frankreich folgten die anonymen *Cent nouvelles nouvelles* (um 1460) sowie das *Heptaméron* (1559) der Marguerite de Navarre dem Modell Boccaccios. Matteo Bandello (*Novelle*, 1553–54) und Cervantes (*Novelas ejemplares*, 1613) setzten durch den Verzicht auf eine Rahmenhandlung neue Akzente. Darüber hinaus entfernte sich Cervantes in manchen seiner N.n mit satirischen Sittenbildern und realistischen Gesellschaftsschilderungen entschieden von der ital. Tradition. Die Rezeption seiner N.n gegen Ende des 18. Jh.s in Deutschland übte eine bedeutende Wirkung auf die romantische Novellistik aus.

Nach Vorläufern in Humanismus, Barock und Aufklärung begann mit Goethes *Unterhaltungen deutscher Ausgewanderten* (1795), nach dem Beispiel Boccaccios als Zyklus mit Rahmenhandlung angelegt, die Geschichte der dt. Novelle. Auch Christoph Martin Wieland folgte mit dem *Hexameron von Rosenhain* (1805) der ital. (und frz.) Tradition. Zahlreiche weitere Novellenzyklen entstanden bis hin zu Gottfried Kellers *Sinngedicht* (1881), doch trat seit der Romantik und den N.n Heinrich v. Kleists die Einzelnovelle immer stärker in den Vordergrund. Auch Goethes *Novelle* (1828) bestätigt diese Tendenz. Neue Ausdrucksmöglichkeiten gewann die N. in der Romantik durch die Integration märchenhafter, phantastischer und dämonischer Elemente (Ludwig Tieck, Achim v. Arnim, Clemens Brentano, Friedrich de la Motte Fouqué, E. T. A. Hoffmann, Adelbert v. Chamisso, Joseph v. Eichendorff).

Nach der Novellistik der Biedermeierzeit (Annette v. Droste-Hülshoff, Jeremias Gotthelf, Franz Grillparzer, Eduard Mörike, Adalbert Stifter) erreichte die dt. N. im Realismus ihren künstlerischen Höhepunkt (Keller, Theodor Storm, Conrad Ferdinand Meyer). Mit Gerhart Hauptmanns »novellistischer Studie« *Bahnwärter Thiel* (1888) beginnt die Geschichte der modernen N., die sich über Autoren wie Thomas und Heinrich Mann, Arthur Schnitzler oder Alfred Döblin bis zu Günter Grass und Martin Walser als äußerst fruchtbar – und offen für Anregungen aus anderen Literaturen (z. B. Émile Zola, Anton Tschechow, Guy de Maupassant) – erwiesen hat. Charakteristisch für die Entwicklung im 20. Jh. ist eine Erweiterung der formalen

Ausdrucksmöglichkeiten, nicht zuletzt durch eine Annäherung an andere Formen des Erzählens (→ Kurzgeschichte).

Nürnberger Dichterkreis → Sprachgesellschaften.

Nylandkreis, Kurzbezeichnung für den 1912 gegründeten ›Bund der Werkleute auf Haus Nyland‹ (einem westfälischen Bauernhof), dem Dichter, Künstler, Wissenschaftler, Industrielle und Arbeiter angehörten, die sich mit einer ›Literatur der Arbeitswelt‹ beschäftigten und teilweise dem Expressionismus nahestanden. Zu dem Kreis zählten u. a. Karl Bröger, Gerrit Engelke, Heinrich Lersch, Wilhelm Vershofen und Josef Winckler. Sein Publikationsorgan war die Zeitschrift *Quadriga* (1912–14; seit 1918 unter dem Titel *Nyland*). Im Verlauf der 20er-Jahre verloren sich seine ursprünglichen Zielsetzungen. → Arbeiterliteratur.

O

Ode, strophisch gegliederte Form lyrischen Sprechens, charakterisiert durch Feierlichkeit, Gedankenschwung, Ergriffenheit und Gefühlsausdruck im Rahmen fester formaler Schemata. Der Verlauf der geschichtlichen Entwicklung zeigt allerdings die Variabilität der O., die bereits in der Antike eine nahe Verwandtschaft zu → Lied und → Hymne aufweist. Das Themenspektrum ist breit und bezieht Öffentliches (Politik, Staat, Religion, Moral usw.) wie Privates (Liebe, Freundschaft, Natur usw.) ein.

Die neuzeitliche Odendichtung gründet auf den verschiedenen Typen der antiken O., der dreiteilig gegliederten Chorlyrik Pindars (→ Pindarische O.) und der monodischen, von Einzelsängern vorgetragenen Odendichtung in vierzeiligen Strophen mit festen Maßen, benannt nach Alkaios, Sappho, Asklepiades und Archilochos (→ Odenstrophen). Während die Neulateiner von Conrad Celtis bis Jacob Balde, vorwiegend an Horaz orientiert, mit der antiken Odendichtung in lat. Sprache wetteiferten, wurde für die volkssprachliche Odendichtung das Beispiel der frz. → Pléiade im 16. Jh. entscheidend: Pierre de Ronsard übernahm beide Typen der O., verwendete jedoch Reime. So wurde die O. von Georg Rodolf Weckherlin und Martin Opitz in die dt. Barockliteratur eingeführt: der pindarische Typ als große höfische, pathetische Form (Weckherlin, Andreas Gryphius u. a.) und der horazische als gereimtes Strophenlied (Opitz, Paul Fleming, Christian Hoffmann v. Hoffmannswaldau u. a.). Experimente, antike Strophenmaße im Deutschen nachzubilden, blieben eine Ausnahme (Philipp v. Zesen). Mit Friedrich v. Hagedorn und der → Anakreontik erreichte die gesellige Odendichtung einen Höhepunkt. Hier begannen auch die Versuche, zur Reimlosigkeit zurückzukehren.

Eine neue Epoche der dt. Odendichtung setzte mit Friedrich Gottlieb Klopstock ein, dem es als Erstem gelang, die antiken Odenmaße nachzubilden und der dann spätere eigene schuf, um dem pathetischen Gestus seines lyrischen Sprechens gerecht zu werden. Die Dichter des → Göttinger Hain folgten Klopstocks Beispiel. Das Werk Hölderlins bedeutet dann den zweiten Höhepunkt der antikisierenden Odendichtung ›hohen‹ Stils nach Klopstock. Dies geschieht ausschließlich in den Formen der alkäischen, asklepiadeischen und der sapphischen O. Im 19. Jh. versuchte August von Platen, das quantitierende Prinzip der antiken → Metrik nachzuahmen und das Themenspektrum zugunsten der leichteren Töne zu erweitern; epigonale Züge trägt die neoklassizistische Odendichtung des 20. Jh.s (Rudolf Borchardt, Rudolf Alexander Schröder, Josef Weinheber). Parodistischen Bezug auf die O. nehmen u. a. Brecht und Peter Rühmkorf.

Odenstrophen, feste Strophenformen der antiken monodischen Lyrik (→ Ode). Sie bestehen aus jeweils vier Zeilen und sind nach griech. Lyrikern benannt. Nicht zuletzt wegen ihrer Verwendung durch Horaz lebten v. a. die drei folgenden, hier ohne die möglichen metrischen Varianten wiedergegebenen Formen weiter:

Alkäische Strophe:
∪ – ∪ – ∪ | – ∪ ∪ – ∪ –
∪ – ∪ – ∪ | – ∪ ∪ – ∪ –
∪ – ∪ – ∪ – ∪ – ∪
– ∪ ∪ – ∪ ∪ – ∪ – ∪

Asklepiadeische Strophe:
– ∪ – ∪ ∪ – | – ∪ ∪ – ∪ –
– ∪ – ∪ ∪ – | – ∪ ∪ – ∪ –
– ∪ – ∪ ∪ – ∪
– ∪ – ∪ ∪ – ∪ –

Sapphische Strophe:
– ∪ – ∪ – ∪ ∪ – ∪ – ∪
– ∪ – ∪ – ∪ ∪ – ∪ – ∪
– ∪ – ∪ – ∪ ∪ – ∪ – ∪
– ∪ ∪ – ∪

In der dt. Literatur verwenden die alkäische Strophe u. a. Friedrich Gottlieb Klopstock (*An Fanny*) und Hölderlin (*An die Parzen, Abendphantasie*), die asklepiadeische Klopstock (*Der Zürchersee*), Ludwig Christoph Heinrich Hölty (*Die Mainacht*) und Hölderlin (*Heidelberg*), die sapphische Klopstock (*Der Frohsinn*), Hölty (*An die Grille*) und August v. Platen (*Los des Lyrikers*).

Offene Form, Bezeichnung für eine nicht streng ›gesetzmäßige‹ architektonische oder hierarchische Bauform literarischer Werke (›atektonisch‹). Das Gegenteil bezeichnet der Begriff ›geschlossene Form‹ (›tektonisch‹). Diese Begriffe haben besondere Bedeutung für die Poetik des Dramas gewonnen (→ Dramentheorie, → Episches Theater).

Oper, theatralische Gattung, die Wort, Musik und szenische Darstellung miteinander verbindet. Die O. entstand um 1600 im Zusammenhang mit den humanistischen Bemühungen um eine Erneuerung des antiken Dramas in der Florentiner ›Camerata‹, einem Kreis von Gelehrten, Künstlern und Mäzenen. Das erste »dramma per musica«, das allerdings zahlreiche Vorläufer im 16. Jh. hatte, war die *Dafne* (1597) von Jacopo Peri (Musik) und Ottavio Rinuccini (Text); 1607 wurde in Mantua Claudio Monteverdis erste O. aufgeführt (*L'Orfeo*). In den frühen O.n wurde der Text noch vorwiegend in der neuen Form des Rezitativs gesungen. Nach der Ausbildung einer formalen Gliederung wechselte im Verlauf der historischen Entwicklung die Gewichtung der verschiedenen Elemente (Arien, Ensembles, Chöre, Rezitative, gesprochene Texte, Tanz, rein musikalische Intermezzi).

Aufführungsort der frühen O.n waren Fürstenhöfe, doch bereits 1637 setzte mit der Eröffnung des ersten öffentlichen, d. h. einem zahlenden Publikum offen stehenden Opernhauses in Venedig die Entwicklung ein, die zur eminenten gesellschaftlichen Bedeutung der O. in den folgenden Jahrhunderten führte. In Deutschland blieben die Aufführungen zunächst auf Höfe beschränkt; die erste dt. Oper,

Dafne (1627) von Heinrich Schütz (Musik; nicht erhalten) und Martin Opitz (Text) war Teil fürstlicher Hochzeitsfeierlichkeiten. Ausnahme blieb lange die Hamburger Oper, die um die Wende zum 18. Jh. auch zahlreiche dt. Werke aufführte (Reinhard Keiser, zeitweise Georg Friedrich Händel, Georg Philipp Telemann). Nach 1730 verschwand die dt. O. allmählich; die ital. (neapolitanische) übernahm weitgehend die Herrschaft. Erst das dt. → Singspiel der zweiten Jahrhunderthälfte (Libretti von Christian Felix Weiße, Musik von Johann Adam Hiller; später Mozart) setzte neue Akzente, ohne jedoch die ital. O. verdrängen zu können. Das gilt auch für die Experimente mit ernsten Opern: *Alkeste* (1773) von Anton Schweitzer (Musik) und Christoph Martin Wieland (Text); *Günther von Schwarzburg* (1777) von Ignaz Holzbauer (Musik) und Anton Klein (Text). Die führenden Komponisten der Zeit, Haydn, Gluck und Mozart, konzentrierten sich fast ausschließlich auf die ital. (und z. T. frz.) O.

Die Abkehr von den ital. Mustern zu Anfang des 19. Jh.s geschah u. a. im Anschluss an das Modell der frz. Opéra comique, einer durchaus ernsten Form mit gesprochenen Dialogen (Beethoven, *Fidelio*, 1805 bzw. 1814). Auch Carl Maria v. Webers ›deutscher‹ *Freischütz* (1821) zeigt noch Anklänge an frz. Formen ebenso wie später die O.n Albert Lortzings oder Friedrich v. Flotows. Da der dt. O. keine größeren, erhabenen musikdramatischen Modelle zur Verfügung standen, knüpfte die weitere Entwicklung zunächst an die Pariser Grand opéra an. Das gilt auch noch für den jungen Richard Wagner, der dann um 1850 das Konzept eines neuen musikdramatischen »Gesamtkunstwerks« vorstellte, das die Gliederung nach Nummern aufgab, weitgehend auf gleichzeitiges Singen in Ensembles verzichtete und das Ideal einer ›unendlichen Melodie‹ proklamierte.

Während sich die Operette als heitere und witzige Form von der Oper ablöste bzw. die Form des Singspiels weiterführte, überwog in der O. die symphonisch geprägte

Wagner-Nachfolge (Richard Strauß, Franz Schreker u. a.). Alban Berg (*Wozzek*, 1925; *Lulu*, 1937) orientierte sich an den Formstrukturen der Instrumentalmusik, während sich gleichzeitig eine Tendenz zur Vereinfachung und Reduktion zeigte (Kurt Weill, Carl Orff). Vor dem Hintergrund eines übermächtigen Repertoires konnten sich in den letzten Jahrzehnten nur wenige neue O.n durchsetzen (Bernd Alois Zimmermann, Hans Werner Henze, Aribert Reimann).

Oral poetry → Mündlichkeit.

Ordensdrama, Sammelbezeichnung für die Dramenproduktion der katholischen Orden im 16., 17. und 18. Jh. Neben den Jesuiten (→ Jesuitendrama) entwickelten die Benediktiner in ihren Stiften, z. B. in Kremsmünster in Oberösterreich, und an der Ordensuniversität Salzburg eine bedeutende Spielpraxis (Simon Rettenpacher, Otto Aicher u. a.). Aber auch andere Orden wie die Zisterzienser und die Piaristen veranstalteten Theateraufführungen.

Orientalisierende Dichtung, Bezeichnung für Werke, die Stoffe, Themen, Gedanken und v. a. Formen orientalischer Literaturen aufnehmen. Erzählstoffe aus dem vorderen Orient, aus Persien und Indien wurden seit dem MA rezipiert. Im Zusammenhang mit den geschichtlichen Ereignissen (Kreuzzüge, Maurenkämpfe, Türkenkriege) und vermehrten Orientreisen (→ Reisebericht) wuchs das Interesse am exotischen Osten, das sich dementsprechend auch in der Aufnahme orientalischer Themen in der Dichtung des MA und der frühen Neuzeit niederschlug. Bereits im 17. Jh. wurden literarische Texte ins Deutsche übertragen (Adam Olearius), doch erst im späten 18. Jh. entwickelte sich der Blick für den Eigenwert zunächst der arabischen Dichtung, und mit der erfolgreichen Nachbildung der *Märchen aus 1001 Nacht* durch den frz. Orientalisten Antoine Galland (1704–17; dt. 1781–1785), die einen großen Einfluss auch auf die dt. Literatur ausübte, wurde das Bild vom märchenhaften Orient bis in die Gegenwart hinein stabilisiert.

Den literarischen Orientalismus begründeten die Brüder

Schlegel mit ihren Indienstudien. Joseph v. Hammer-Purgstalls Übersetzungen der Lyrik des Hafis (→ Divan) inspirierten Goethes *West-östlichen Divan* (1819), der wiederum als Anregung für Friedrich Rückert und August von Platen diente, die nun auch die Formen (→ Ghasel) und Themen der orientalischen Dichtung nachzuahmen und für die dt. Literatur fruchtbar zu machen suchten. Im Zuge des → Exotismus zu Beginn des 20. Jh. gewann die fernöstliche Literatur (China, Japan) an Bedeutung, sichtbar beispielsweise in der Nachdichtung chinesischer Lyrik durch Klabund oder den Versuchen von Nachbildungen des japanischen → Haiku und anderer Formen (Hans Bethge, Klabund u. a.). Daneben blieben orientalische Stoffe und Themen weiterhin von Bedeutung (Brecht, Alfred Döblin, Max Frisch, Hermann Hesse, Georg Kaiser, Thomas Mann u. v. a.).

Originalität → Genie.

Ornatus, ›Redeschmuck‹, Teil der Elocutio, die die sprachliche Einkleidung der in der Inventio gefundenen und in der Dispositio geordneten Gedanken und Argumente behandelt (→ Rhetorik). Auf der Basis der vorausgesetzten Sprachrichtigkeit und Klarheit ›schmückt‹ der Redner seine Texte mit den verfügbaren Stilmitteln (→ Rhetorische Figuren, → Tropus) je nach Zuordnung zu den verschiedenen → Genera dicendi. Dabei kommt dem Kriterium der Angemessenheit (→ Aptum) eine entscheidende Rolle zu. Der O., der dem Gegenstand und Redeziel angemessen sein muss, steht im Dienst der angestrebten Wirkung.

Ossianische Dichtung, an den schottischen Dichter James Macpherson und seine Ossiandichtungen bzw. -fälschungen (*Fragments of Ancient Poetry Collected in the Highlands of Scotland*, 1760; *Fingal*, 1762; *The Works of Ossian, the Son of Fingal*, 1765) anknüpfende literarische Mode. Der Rückgriff auf eine mythische keltische Vorzeit, verbunden mit sentimentaler Natursehnsucht und melancholisch-elegischer Empfindsamkeit, fand eine breite Resonanz in Europa, obwohl die Echtheit der Dichtungen schon früh bezweifelt wurde. Es entstanden zahlreiche dt. Gesamt- und Teilübersetzungen (erste Gesamtübersetzung von Michael Denis 1768–69; Teilübersetzung auch in Goethes *Werther*, 1774) und Nachahmungen, z. T. im Rahmen der sog. → Bardendichtung. Johann Gottfried Herder sah hier eine Bestätigung seiner Auffassung von ›Volkspoesie‹ (*Briefwechsel über Oßian und die Lieder alter Völker*, 1773).

Osterspiel, älteste Form des mittelalterlichen → geistlichen Spiels. Ausgangspunkt waren die liturgischen Osterfeiern, die den Gang der drei Marien zum Grab Jesu darstellten (*visitatio sepulchri*) und dabei die antiphonale Form (Wechselgesang zwischen einstimmigen Chören) des Ostertropus aufnahmen (→ Tropus [2]). Aus der dialogischen Struktur dieser Szene entwickelte sich das O., indem es nach und nach weitere Momente des Ostergeschehens szenisch gestaltete: die Auferstehung, Höllenfahrt Christi, Salbenkauf der drei Marien, der ›Apostellauf‹ zum Grab, die sog. Gärtnerszene (Begegnung zwischen dem auferstandenen Christus und Maria Magdalena) u. a. Nach den lat. O.en von Klosterneuburg und Benediktbeuren aus der 1. Hälfte des 13. Jh.s ist das *Osterspiel von Muri* (um 1250) das erste deutschsprachige O., sprachlich beeinflusst von der mhd. höfischen Dichtung. Der Schwerpunkt der Überlieferung liegt auf dem 15. und 16. Jh.; als die bedeutendsten Texte gelten das *Innsbrucker* (1391) und das *Redentiner Osterspiel* (um 1464).

Ottaverime → Stanze.

Oxymoron, rhetorische Figur, die durch die syntaktische Verbindung zweier einander widersprechender oder gar ausschließender Begriffe entsteht (»bittersüß«). Das O. ist u. a. ein wichtiger Stilzug manieristischer Literatur (→ Argutia, → Concetto, → Manierismus).

P

Palimpsest, Handschrift, deren ursprünglicher Text abgeschabt und durch einen neuen ersetzt wurde. Es war v. a. eine mittelalterliche Praxis, begründet durch die Kostbarkeit des Schreibmaterials (Pergament), wobei häufig heidnische antike Texte, aber auch für unwichtig erachtete christliche überschrieben wurden.

Palindrom, griech. ›rückläufig‹, Folge von Buchstaben, Wörtern, Versen oder Sätzen, die rückwärts gelesen denselben oder einen anderen sinnvollen Wortlaut ergeben (Reliefpfeiler, Roma – Amor, Ein Neger mit Gazelle zagt im Regen nie). Das P. ist möglicherweise sprachmagischen Ursprungs, wurde jedoch bereits in der Antike als artistisches Sprachspiel betrieben.

Palinodie, ›Widerrufslied‹, Widerruf eines eigenen Werkes mit den gleichen formalen Mitteln. Die P. war bereits in der Antike bekannt und wurde in Humanismus und Barock in ernsthafter oder spielerisch-artistischer Weise wieder aufgenommen. Beispiel von Georg Greflinger, 1651: »Schweiget mir vom Frauen nehmen / Es ist lauter Ungemach« (*Hylas will kein Weib nicht haben*) – »Wer beschimpfft das Frauen-nehmen? Wer benahmt es Ungemach?« (*Wider-Ruff*). In einem allgemeinen Sinn wird P. auch für eine dichterische Weltabsage ohne spezifischen Gegentext gebraucht.

Pangrammatisch, Bezeichnung für Verse, bei denen alle oder möglichst viele Wörter mit demselben Buchstaben beginnen (auch: Tautogramm). Es handelt sich um eine alte, bereits in der Antike benutzte Technik, die in manieristischen Texten verschiedener Epochen wiederkehrt.

Parabel, Erzählung, die explizit oder implizit auf eine vom Wortlaut des Textes unterschiedene Bedeutung verweist. Im Unterschied zur →Fabel arbeitet die P. ohne

Anthropomorphisierungen (z. B. sprechende Tiere oder Bäume). Die → Rhetorik rechnet die P. zu den erdichteten Beispielerzählungen, die in die Rede eingefügt werden, um die Argumentation publikumswirksam zu verstärken. Beispiele für diese rhetorische Verwendung sind u. a. die Geschichte des Menenius Agrippa vom Magen und den Gliedern (Livius), Fiescos Erzählung vom Tierreich (Schiller, *Fiesco*, II, 8), Nathans Ringparabel (Lessing, *Nathan der Weise*, III, 7). Neben der Rhetorik bietet die Bibel im AT und NT den zweiten wichtigen Ausgangspunkt für die Parabeldichtung (z. B. ›Gleichnis vom verlorenen Sohn‹, Lukas 15,11 ff.).

In der dt. Literatur tritt die P. bereits im MA auf (u. a. Rudolf v. Ems, *Barlaam und Josaphat*, um 1225), etabliert sich aber erst im Verlauf der frühen Neuzeit unter dem Begriff ›Lehrgedicht‹ als eigene Erzählgattung (Georg Philipp Harsdörffer). Im späten 18. Jh. wird die P. terminologisch von der Fabel unterschieden (Lessing, *Eine Parabel*, 1778). Zu einer Erneuerung der Gattung (und einer Problematisierung der Erkenntnisgewissheit der aufklärerischen Gattungstradition) kommt es im 20. Jh. (Brecht, Kafka, Friedrich Dürrenmatt u. a.).

Paradoxon, scheinbar widersprüchliche, alogische Aussage, z. B. in der Form eines → Aphorismus oder einer → Sentenz, die aber bei näherer Betrachtung einen situationsbezogenen oder auch höheren Sinn ergibt. Paradoxa sind vielfach Bestandteil religiösen bzw. mystischen Sprechens (Luther, *Paradoxa*, 1518; Sebastian Franck, *Paradoxa*, 1534; Angelus Silesius), gehören aber auch zum Repertoire manieristischen Dichtens (→ Argutia, → Concetto, → Manierismus, → Oxymoron).

Paralipse → Praeteritio.

Parallelismus, auch Isokolon, rhetorische Figur, die durch die parallele Anordnung gleichrangiger Satzglieder entsteht (›parallelismus membrorum‹) und der Verstärkung des Ausdrucks dient. Ein dreigliedriger P. wird Trikolon genannt.

Parasit, als Typenfigur der antiken Komödie schmeichelnder, wohlgelittener Schmarotzer. Im Anschluss an die Rezeption der antiken Komödie treten Schmarotzerfiguren v. a. im Drama der frühen Neuzeit auf, etwa in Jacob Bidermanns *Cenodoxus* (1602, → Jesuitendrama). Eine parodistisch-verkehrte Version bietet Max Frisch in *Biedermann und die Brandstifter* (1958).

Parodie, ›Gegengesang‹, auf eine Vorlage (Einzeltext, Gattung) bezogener Text, der diese durch Techniken wie stilistische Übertreibung und bewusste Verzeichnung von Thema und Aussage in komischer oder satirischer Weise beleuchtet oder herabsetzt. Die literarische P. ist an keine bestimmte Gattung gebunden und eine in allen Literaturen und Epochen bekannte Erscheinung. In der dt. Literatur begegnet sie seit dem MA; als Technik der literarischen Kritik erlebte sie einen Höhepunkt in der Literatur von Aufklärung, Klassik und Romantik. Im 20. Jh. sind u. a. die P.n Robert Neumanns und Peter Rühmkorfs zu nennen.

Im Barock wurde eine Form der P. gepflegt, die keinerlei herabsetzende Funktion hatte, sondern vielmehr ein als vorbildlich empfundenes Werk in kunstvoller Weise nachzuahmen suchte (z. B. die zahlreichen P.n des Opitz-Liedes »Ich empfinde fast ein grawen«). Verwandte Erscheinungen sind → Kontrafaktur, → Pastiche und → Travestie.

Paronomasie, auch Annominatio, → Wortspiel mit ähnlich klingenden Wörtern, die entweder verschiedener Herkunft sein oder dem gleichen Wortstamm angehören können.

Pars pro toto, ›der Teil für das Ganze‹, ein → Tropus (uneigentlicher Ausdruck), der entsteht, wenn ein Teil für das Ganze gesetzt wird (z. B. »Dach« für »Haus«); Form der → Synekdoche.

Pasquill, gegen eine bestimmte Person gerichtete Schmähschrift, meist anonym oder pseudonym. Als Reaktion auf die persönliche Form der Auseinandersetzung in der Reformationszeit wurde das P. in den Zensurverordnungen des Reiches (mit mehr oder weniger Erfolg) verboten. Die Satiretheorie der Aufklärung grenzt die → Satire vom P. ab und lehnt die aggressive Personalsatire (Christian Ludwig Liscow) als P. ab.

Passionsspiel, bedeutendste Form des → geistlichen Spiels im späten MA. Es entstand durch die Erweiterung des → Osterspiels. Dabei wurde jedoch nicht nur das Passionsgeschehen einbezogen, sondern schließlich die ganze christliche Heilsgeschichte des AT und NT. Die ersten auf dt. Boden überlieferten P.e sind zwei im *Codex Buranus* (13. Jh.) enthaltene lat. Spiele. Die dt. P.e reichen ins 14. Jh. zurück (›Frankfurter → Dirigierrolle‹, um 1330); ihren Höhepunkt erreichte die Spielpraxis im 15. und 16. Jh. mit mehrtägigen Massenschauspielen (*Alsfelder P., Donaueschinger P., Frankfurter P., Luzerner P., Tiroler P.* u. a.). Das *Luzerner P.* wurde 1616 zum letzten Mal gespielt. Die Aufführungen der Oberammergauer Passionsspiele gehen der Überlieferung nach auf ein Gelübde anlässlich der Pest von 1633 zurück. Als erstes Spieljahr gilt 1634; belegt sind Aufführungen seit 1674. Im Verlauf der Aufführungsgeschichte wurde der Text mehrfach revidiert.

Pastiche, genaue Nachahmung des Stils eines Werkes oder Autors (z. B. als Mystifikation oder Fälschung, als Stilimitation etwa zu Übungszwecken, als – auch ironische – literarische Huldigung).

Pastorale → Schäferdichtung.

Pastourelle, mittelalterliche Form der Hirten- und → Schäferdichtung. Sie gehört zu den → Genres objectifs und gestaltet – nach einem Natureingang (→ Locus amoenus) – die Verführung bzw. den Verführungsversuch eines Landmädchens durch einen Ritter. Die P., zunächst in Frankreich bzw. der Provence ausgebildet, erscheint in der mhd. Literatur u. a. bei Gottfried v. Neifen, dem Tannhäuser und Oswald v. Wolkenstein.

Pathos, in der antiken → Rhetorik Bezeichnung des dem *genus grande* oder *sublime* (→ Genera dicendi) zugeordneten Affekts. Hier geht es um die hinreißende, überwältigende emotionale Wirkung, um die Erregung der Leidenschaften (*movere*, *concitare*), für die der pathetische, erhabene Stil mit reichlicher Verwendung von → Tropen und → rhetorischen Figuren angebracht ist. Dagegen hat die sanfte, mittlere Affektstufe, das rhetorische Ethos, die Funktion, den Zuhörer zu unterhalten und Wohlwollen und Vergnügen zu erregen; dafür ist der mittlere Stil (*genus medium*) angemessen. Bereits die antike Rhetorik kennt die Kritik am ›hohlen P.‹ Im 18. Jh.s wird das Pathetische im Zusammenhang mit der Diskussion um das → Erhabene Gegenstand ästhetischer Erörterungen (Schiller, *Über das Pathetische*, 1793).

Patriarchade, von John Milton und Friedrich Gottlieb Klopstock angeregte Form biblischer Epik über Gestalten und Themen des AT (→ Bibeldichtung). Eingeleitet wurde die Mode durch Johann Jakob Bodmers *Noah ein Helden-Gedicht* (1750), dem er selbst und andere Dichter wie Christoph Martin Wieland, Justus Friedrich Wilhelm Zachariä oder Johann Caspar Lavater zahlreiche weitere patriarchalisch-arkadische Texte folgen ließen.

Pegnesischer Blumenorden → Sprachgesellschaften.

PEN, internationale Schriftstellervereinigung (Poets, Playwrights, Essayists, Editors, Novelists; engl. *pen* ›Feder‹), 1921 in London mit dem Ziel gegründet, zur Völkerverständigung und Meinungsfreiheit beizutragen. Erster Präsident war John Galsworthy. Es finden regelmäßige Kongresse des internationalen PEN wie der nationalen PEN-Zentren statt.

Pentameter, Versmaß antiker Herkunft, das nur in Verbindung mit dem → Hexameter als zweiter Vers des → Distichons in → Epigramm und → Elegie verwandt wird. Es besteht trotz seines Namens (griech. *pente* ›fünf‹) aus sechs → Daktylen, wobei der dritte und der letzte Versfuß verkürzt (katalektisch) sind:

– ∪ ∪ – ∪ ∪ – | – ∪ ∪ – ∪ ∪ –.

Die ersten beiden Daktylen können durch Spondeen (– –)

bzw. in den dt. Nachbildungen durch Trochäen (– ∪) ersetzt werden; eine Zäsur nach dem dritten Fuß ist obligatorisch.

Perikope, zur Lesung oder Auslegung im Gottesdienst bestimmter Bibeltext. Die Bibelabschnitte aus den Evangelien und Episteln sind den Sonn- und Feiertagen des Kirchenjahres zugeordnet. Sie wurden v. a. im 16. und 17. Jh. in einer ausgedehnten lutherischen Postillenliteratur für ein breiteres Publikum ausgelegt (z. B. Johann Arndt, *Postilla*, 1616) und bildeten die Grundlage für lat. und dt. Perikopenlieder und -gedichte (Johannes Heermann, Martin Opitz, Andreas Gryphius u. a.).

Perioche, in der Antike Inhaltsangabe umfangreicher Werke, in der frühen Neuzeit Bezeichnung der Theaterzettel des →Jesuitendramas, die vielfach auch nach Szenen gegliederte Inhaltsangaben in dt. Sprache enthielten.

Periodisierung → Epoche.

Peripetie, Begriff der Tragödientheorie des Aristoteles, der den plötzlichen Umschlag der Handlung bezeichnet, der dann zur → Katastrophe hinführt. → Dramentheorie.

Periphrase, Umschreibung, → rhetorische Figur, bei der eine Sache, ein Begriff oder eine Person nicht einfach benannt, sondern umschrieben wird, etwa durch Eigenschaften, Tätigkeiten, Wirkungen usw. Die P. kann u. a. der Vermeidung von Klischees oder hässlicher, unzüchtiger oder niedriger Wörter, der → Amplificatio, dem ›Redeschmuck‹ (→ Ornatus), der Anspielung oder der verhüllenden Bezeichnung eines tabuisierten Wortes (→ Euphemismus) dienen.

Permutation, ›Vertauschung‹, Bezeichnung für ein dichterisches Verfahren, bei dem in mehr oder weniger systematischer Weise die verschiedenen Kombinationsmöglichkeiten der einzelnen Wörter eines Satzes oder Verses durchgespielt werden. Man spricht auch von Proteus-Versen, nach dem ›Erfinder‹ des Verfahrens Julius Caesar Scaliger (*Poetices libri septem*, 1561), der den Hexameter »Perfide sperasti diuos te fallere Proteu« (»Frevelhaft hast du, Proteus, die Götter zu täuschen gehofft«) 64-mal abwandelte. Dieses Beispiel humanistischer Kunstpoesie machte im 16. und 17. Jh. Schule, z. T. in Verbindung mit dem Bauprinzip der → Versus rapportati (Georg Philipp Harsdörffer, Quirinus Kuhlmann u. a.). Ähnliche Verfahrensweisen verwendet die moderne experimentelle Dichtung. Beispiel sind etwa Raymond Queneaus vielfach kombinierbaren zehn Sonette (»*Cent mille milliards de poèmes*«, 1961).

Personales Erzählen, Bezeichnung für eine Erzählweise aus der notwendig beschränkten, subjektiven Perspektive einer der fiktiven Gestalten eines Erzählwerks (→ Erzähler). Diese Form des Erzählens wird durch die Entwicklung von Darstellungstechniken wie → erlebte Rede und → innerer Monolog ermöglicht.

Personifikation, ›fictio personae‹, Form der → Metapher, die Gegenstände, Begriffe oder Konzepte (z. B. Flüsse, Städte, Tiere, Vaterland, Nacht, Gewissen, Gerechtigkeit usw.) in die Rolle redender oder handelnder Personen überführt.

Perspektive → Erzähler.

Petrarkismus, eine literarische Konvention, die direkt oder indirekt auf Petrarcas volkssprachliche Lyrik (*Canzoniere*, entst. zwischen 1336 und 1374) zurückgeht und durch einen im Einzelnen variablen Komplex von Themen, Motiven, Bildern und sprachlich-rhetorischen Techniken charakterisiert ist. Der P. prägte die europäische Liebesdichtung über mehrere Jahrhunderte. Der Grundton der Liebeslyrik des *Canzoniere* ist der der Klage, der Resignation und der Melancholie, Folge der Hoffnungslosigkeit der Liebe und einer zutiefst gespaltenen inneren Haltung des Liebenden zwischen sinnlichem Begehren und distanzierter Verehrung, Verfallenheit und Sehnsucht nach Befreiung, Leidenschaft und Sündenbewusstsein. Im Verlauf der Rezeptionsgeschichte ging das Individuelle der Lyrik Petrarcas verloren, erhalten blieben – zu Stereotypen erstarrt – die erotische

Grundkonstellation, die zentralen Themen und Motive und v. a. die virtuosen sprachlich-rhetorischen Mittel.

Anknüpfungspunkte bildeten dabei gerade die Gedichte, in denen Petrarcas Stil durch eine Häufung von → Antithesen und → Oxymora ans Manieristische grenzt (*S'amor non è*, *Pace non trovo* u. a.), dann die Bildersprache Petrarcas mit ihren Antithesen von Hitze und Kälte, Feuer und Eis, Krieg und Frieden oder Leben und Tod. Zugleich erhält die Frau, ausgehend von Petrarcas Schönheits- und Tugendpreis, festumrissene Züge, wobei ihre Schönheiten katalogisiert und in ihrer Kostbarkeit und Unvergleichlichkeit durch eine entsprechende Preziosenmetaphorik und mythologische Anspielungen hervorgehoben und zusammen oder einzeln zum Gegenstand von Gedichten werden. Darüber hinaus werden Objekte und Orte besungen, die mit der geliebten Frau verbunden sind, suggerieren Traumbilder Erfüllung usw.

In Deutschland setzte die petrarkistische Liebesdichtung in vollem Umfang erst mit der Literaturreform des 17. Jh.s ein, vielfach aus zweiter Hand rezipiert (Pierre de Ronsard, niederl. Dichtung), und erreichte nach Martin Opitz und Georg Rodolf Weckherlin ihren Höhepunkt in der Lyrik Paul Flemings. Petrarkistische Auffassungen und die damit verbundene Sprache drangen auch in andere Gattungen – Drama, Roman, Schäferdichtung – ein. Beispiele für einen geistlichen P. bieten Friedrich Spee und Angelus Silesius. Zwar verlor der P. im 18. Jh. an Bedeutung, doch blieben petrarkistische Vorstellungen weiter lebendig (Johann Wilhelm Ludwig Gleim, Gottfried August Bürger, Schiller). Einen späten Höhepunkt erlebte der P. noch einmal im Werk Heinrich Heines. Die dichterische Opposition gegen die petrarkistische Manier, der Antipetrarkismus, begleitete den P. spielerisch-parodistisch oder satirisch fast von Anfang an.

Phantasie oder Einbildungskraft, im 18. Jh. entwickelte poetologische Kategorie. Dabei kommt den Schweizern Johann Jakob Bodmer und Johann Jakob Breitinger eine besondere Bedeutung zu. Sie erweiterten im Verlauf der ästhetischen Diskussionen – auch mit Johann Christoph Gottsched – das Nachahmungsprinzip auf die »möglichen Welten«, erhöhten die nur reproduzierende »Imagination«, von der ihre *Discourse der Mahlern* (1721–23) sprechen, in ihren späteren Schriften zu einer produzierenden, schöpferischen Einbildungskraft und stellten mit den Begriffen des »Neuen«, »Wunderbaren« und »Erhabenen« »Köpfen von einer feuerreichen Einbildungskraft« neue Aufgaben. Damit schufen Bodmer und Breitinger die Voraussetzungen für eine Subjektivierung der Dichtkunst und ihre Befreiung von den Weisungen der normativen → Poetik in der 2. Hälfte des 18. Jh.s.

Während dann einerseits in der Romantik die Leistung der Einbildungskraft gleichsam absolut gesetzt wird (Novalis: »Die Einbildungskraft der wunderbare Sinn, der uns alle Sinne *ersetzen* kann [...]«), werden andererseits die »Leiden der Einbildungskraft« (Karl Philipp Moritz, *Anton Reiser*, 1785–90) bzw. die Gefahren einer rauschhaften Phantasie (Wilhelm Heinrich Wackenroder) thematisiert. In der Moderne hat insbesondere die Deutung Sigmund Freuds großen Einfluss ausgeübt: die Arbeit der Phantasie als Verarbeitung und Kompensation unerfüllter (sexueller) Wünsche (*Traumdeutung*, 1900; *Der Dichter und das Phantasieren*, 1908).

Phantastische Literatur, Texte, in denen Phänomene auftreten, die jenseits der (historisch und kulturell unterschiedlich definierten) Erfahrungswirklichkeit liegen. Diese so geschaffene Welt des Phantastischen muss als (wenigstens potentiell) mögliche dargestellt werden, verlangt also angesichts der in ihr vorkommenden ›unmöglichen‹, phantastischen Gestalten und Ereignisse nach Erklärung. Diese Erklärung kann darin liegen, dass das Phantastische rational aufgeklärt oder als Erscheinung einer anderen Wirklichkeit – wie auch immer begründet – bestätigt wird.

Das Aufkommen des Phantastischen in der Literatur im späten 18. Jh. hängt eng mit der → Aufklärung und den gegen sie gerichteten okkulten Gegenströmungen zusammen. Die Geheimbundromane der Zeit wie Schillers *Geisterseher* (1787–89) oder Karl Grosses *Genius* (1791–94) vertreten kritisch-aufklärerische Tendenzen und sehen hinter dem Unheimlichen rational erklärbare finstere Machenschaften klerikaler und feudaler Kreise und Geheimgesellschaften. Eine andere, beim Publikum erfolgreiche Richtung des → Schauerromans knüpft v. a. an die engl. Gothic novel an und geht von der Wirklichkeit des Übernatürlichen aus. Hier setzt dann auch die phantastische Literatur der → Romantik ein, in der das Unterbewusste der Psyche gleichsam als phantastische Wirklichkeit nach außen projiziert wird (Ludwig Tieck, E. T. A. Hoffmann, Achim v. Arnim u. a.). Diese Tendenzen finden ihre Fortsetzung in der → schwarzen Romantik der europäischen und amerikanischen Literatur. In der Literatur der Moderne seit etwa 1900 spielt die geheimnisvolle Gegenwelt des Phantastischen als das »mit fremdem Blick gesehene Reale« (Jean-Paul Sartre) erneut eine wesentliche Rolle (Hanns Heinz Ewers, Franz Kafka, Alfred Kubin, Gustav Meyrink u. a.). → Utopie, → Fantasy.

Philhellenismus, aus der Anteilnahme am griech. Freiheitskampf 1821–29 gegen die osmanische Herrschaft entstandene europäische politische und literarische Bewegung. Sie führte zu Freiwilligenaufgeboten und Sach- und Geldspenden und regte eine ausgedehnte künstlerische Produktion an. Dabei wirkte das Beispiel Byrons, der 1824 im griech. Freiheitskampf umkam, als Vorbild. In Frankreich traten u. a. François René de Chateaubriand, Alphonse de Lamartine, Pierre-Jean de Béranger und Victor Hugo dichterisch für die Ziele des P. ein, in Deutschland Adelbert v. Chamisso, Wilhelm Waiblinger und der als ›Griechen-Müller‹ bekannt gewordene Wilhelm Müller (*Lieder der Griechen*, 1821–24). Die für die Freiheit der Griechen eintretenden Lieder kommentierten – wie später die Polenlieder – indirekt die Unterdrückung im eigenen Land.

Philologie, im allgemeinen Sinn Bezeichnung für eine Vielzahl von unterschiedlichen textwissenschaftlichen Disziplinen aller Sprachen und Literaturen, in engerem Sinn für die mit der kritischen Textherstellung verbundenen Bereiche (→ Edition, → Textkritik). Da dazu neben der Erstellung eines kritischen Textes (gegebenenfalls mit → Varianten und Lesarten) auch seine Kommentierung und die Erarbeitung relevanter historischer, biographischer oder sprachlich-stilistischer Informationen gehört, sind die Grenzen zur → Literaturgeschichte und zur → Poetik, aber auch zu hermeneutischen Verfahren (→ Hermeneutik) – etwa bei den ›divinatorischen‹ Aspekten der Textkritik oder der Einordnung des Werkes in einen Gesamtzusammenhang – fließend.

Philologische Arbeit wurde bereits in der griech. Antike betrieben, etwa in den Kommentaren zu den homerischen Epen. In der Bibliothek von Alexandria, dem Zentrum der hellenistischen Ph., liegen die Anfänge der modernen Textkritik. Eine methodische Gegenbewegung, die die → Allegorese bevorzugte, entstand im 2. Jh. in Pergamon. In der röm. Antike dominierten praktisch-didaktische Interessen, in der Spätantike entstanden Kommentare zu den kanonischen Texten der Überlieferung, Grammatiken und Enzyklopädien mit weitreichendem Einfluss auf das mittelalterliche Denken (→ Artesliteratur).

Renaissance und Humanismus führten seit dem 14. Jh. (Petrarca, Boccaccio) zu einer Wiederbelebung der Ph. Florenz entwickelte sich zum Zentrum der Ph. der Frührenaissance, und mit der Berufung des griech. Gelehrten Manuel Chrysoloras aus Konstantinopel wurde auch die griech. Literatur der Antike philologisch erschlossen. Die textkritischen Bemühungen um die antike Literatur gipfelten in den Arbeiten Angelo Polizianos Ende des 15. Jh.s und den Editionen von Aldus Manutius. Im deutschsprachigen Raum ragen die Edition des griech. Textes des NT (1516) durch Erasmus v. Rotterdam und die patriotische Gefühle beflügelnde Ausgabe der *Germania* des Tacitus durch Conrad

Celtis (1500) hervor. Zu den bedeutenden europäischen Philologen der frühen Neuzeit zählen ferner Julius Caesar Scaliger und sein Sohn Joseph Justus in Frankreich, Daniel Heinsius in den Niederlanden und Richard Bentley in England.

Mit Friedrich August Wolf (*Prolegomena ad Homerum*, 1795) setzte eine neue, methodisch strengere Entwicklung der klassischen Ph. ein. Deren Prinzipien wurden dann mit der Entstehung einer deutschen Ph. in der Romantik auch auf die dt. literarische Überlieferung angewandt. Karl Lachmanns Editionen mhd. Texte (u. a. Wolfram v. Eschenbach, *Parzival*, 1833) gründeten auf den textkritischen Methoden der klassischen Ph. und bestimmten die Arbeitsweise ganzer Philologengenerationen. Er trug wesentlich zur Verengung des Begriffs Ph. auf ›Textphilologie‹ bei. Mit seiner Lessing-Ausgabe (1838–40) lieferte er auch das Muster für die Edition neuerer Literaturwerke. Alternative Konzepte wurden im Lauf des 20. Jh.s entwickelt (→ Edition, → Textkritik).

Pietismus, religiöse Erneuerungsbewegung des dt. Protestantismus im 17. und 18. Jh. mit bedeutenden Auswirkungen auf die literarische Entwicklung. Der P. richtete sich gegen die doktrinär-polemische Kontroverstheologie und das erstarrte Amtskirchentum innerhalb des Protestantismus und zielte, orientiert am Modell des Urchristentums, auf eine Erneuerung der Kirche durch inneren Wandel der Gläubigen (geistliche ›Wiedergeburt‹). Dabei sollte die ›Erweckung‹ der Einzelseele nicht nur zum Gnadenstand, der Teilhabe an der göttlichen Natur führen, sondern darüber hinaus praktische Folgen durch ein ausgesprochenes Tatchristentum und ein auf die Verwandlung der Welt gerichtetes missionarisches Wirken zeitigen. Philipp Jacob Spener fasste diese Bestrebungen in der folgenreichen Programmschrift *Pia Desideria* (1675) zusammen und leitete damit, unterstützt durch eine planvolle Politik der Besetzung theologischer Lehrstühle und die Gründung von pietistischen Gemeinschaften, eine Breitenbewegung ein, die über ein Jahrhundert lang die Entwicklung der evangelischen Kirche entscheidend prägte.

Obwohl der P. ausgesprochen fiktionsfeindliche Züge aufwies und alles ablehnte, was nicht dem religiösen Leben diente, war die Bewegung von epochaler Bedeutung für die dt. Literaturgeschichte. Das gilt in doppelter Beziehung: für den eigenen Beitrag zur Literatur und für die vom P. ausgehende innovative Wirkung auf die sprachliche und literarische Entwicklung vom Ende des Barock bis zur Goethezeit. Angesichts seiner kunstfeindlichen Tendenzen, die zum Niedergang von Theater, Oper, Roman und weltlicher Lyrik in der 1. Hälfte des 18. Jh.s beitrugen, war pietistische Literaturproduktion auf ein bestimmtes Gattungsspektrum eingeschränkt: ein vielfältiges und massenhaftes Angebot von Lehr- und Erbauungsschriften, wie es sich etwa satirisch im Katalog des Bücherkrämers in der antipietistischen Komödie *Die Pietisterey im Fischbein-Rocke* (1736) von Luise Gottsched spiegelt; Bibelübersetzungen und -kommentare; geistliche Lyrik als einzig erlaubtem poetischen Beitrag zur Literatur (Gottfried Arnold, Joachim Neander, Gerhard Tersteegen, Nikolaus Ludwig v. Zinzendorf); individuelle Lebens- und Erfahrungsberichte.

Im letzten Bereich liegen die einflussreichsten literarischen Leistungen des P. Früh schon wurde die biographische Exempelliteratur zu ›Sammelbiographien‹ zusammengefasst (Johann Henrich Reitz, *Historie Der Wiedergebohrnen*, 5 Bde., 1698–1717). Es sind beispielhaft fromme Lebensläufe aus dem Kreis des P. und seiner europäischen Vorläufer: Seelen-, Bekehrungs- und Bewährungsgeschichten, die die Gnadenwirkung Gottes bezeugen und zur Nachfolge ermutigen sollen. Immer stärker wurde dabei die Beschreibung des äußeren Lebensgangs zugunsten einer Reflexion und Durchleuchtung des inneren Lebens zurückgedrängt, die in der Erfahrung des Gnadendurchbruchs der Wiedergeburt gipfelte. Beispielhaft dafür steht August Hermann Franckes *Lebenslauff* (1690). Einen wichtigen Schritt zur Übertragung der religiösen Seelenerforschung auf Gemüts- und Körperkrankheiten und damit zur empirischen psychologischen Darstellung einer individuellen Entwicklung bedeutete Adam Bernds *Eigene Lebens-Beschreibung* (1738), für die sich auch Karl Philipp Moritz interessierte, der pietistisch geprägte Begründer eines *Magazins zur Erfahrungsseelenkunde* (1789–93) und Verfasser des autobiographischen Romans *Anton Reiser* (1785–90).

Wirkungen der pietistischen Tendenz zur Innerlichkeit, zur Seelen- und Selbsterforschung und zu einer subjektiv-gefühlvollen, religiös gesteigerten Sprechweise trugen entscheidend zu den literarischen Entwicklungen im 18. Jh. bei, die in der literarischen Revolution des → Sturm und Drang gipfelten. Ein großer Teil der bedeutenden Autoren des Jahrhunderts war durch Elternhaus, Schule oder persönliche Beziehungen pietistischen Einflüssen ausgesetzt (Johann Jakob Bodmer, Lessing, Georg Christoph Lichtenberg, Christoph Martin Wieland, Friedrich Gottlieb Klopstock, Johann Georg Hamann, Johann Gottfried Herder, Johann Heinrich Voß, Moritz, Goethe, Schiller, Friedrich Hölderlin u. v. a.). In säkularisierter Form äußerten sich diese Einflüsse in der neuen Bedeutung des Individuums, seines seelischen Lebens und seiner inneren Probleme (→ Autobiographie, → Bildungs- und Entwicklungsroman), in der prägenden Bedeutung religiöser Muster für den Geniekult (→ Genie) und der Übertragung religiöser Gefühlsinbrunst auf Erlebnisbereiche wie Natur, Freundschaft, Liebe, Vaterland mit tiefgreifenden Folgen für die Dichtersprache als Instrument des Gefühlsausdrucks.

Pikaroroman, Romangattung v. a. des 16. bis 18. Jh.s. Zu den charakteristischen Merkmalen des P.s gehört die Form der fiktiven → Autobiographie, die es dem (meist in Reue) zurückblickenden Erzähler ermöglicht, verschiedene Entwicklungsphasen des Ich zu konfrontieren und die eigene Handlungsweise zu kommentieren. Zugleich öffnet die

Konzeption des Romans als einer Art Lebensreise, die den Helden als gesellschaftlichen Außenseiter in verschiedenen, auch kriminellen Rollen durch die Welt führt, einen kritischen Blick von unten auf die Gesellschaft. Das span. Wort *pícaro*, das der Gattung der *novela picaresca* den Namen gab, bedeutet etwa ›gemeiner Kerl von üblem Lebenswandel‹; im Deutschen wurde es im 17. Jh. mit ›Landstörtzer‹ übersetzt. Die heute vielfach übliche Bezeichnung Schelmenroman führt insofern in die Irre, als das Wort ›Schelm‹ die ältere negative Bedeutung (›gemeiner, betrügerischer Mensch‹) verloren hat und nur in einem eher harmlosen Sinn verstanden wird.

Der P. entstand Mitte des 16. Jh.s in Spanien; als Vorläufer können antike Romane in der Tradition der menippeischen → Satire gelten (Apuleius, *Metamorphosen* bzw. *Der goldene Esel*, 2. Jh.). Der anonyme *Lazarillo de Tormes* (1554; ›gereinigte‹ Fassung 1573) und v. a. Mateo Alemáns *Guzmán de Alfarache* (I: 1599, II: 1604) wirkten traditionsbildend; Francisco López de Úbedas *Pícara Justina* (1605), Vicente Espinels *Marcos de Obregón* (1618) und Francisco Gómez de Quevedos *Historia de la vida del Buscón* (1626; entstanden 1603) folgten.

Charakteristisch für die dt. Rezeption, die 1614 bzw. 1617 mit *Lazarillo*-Übersetzungen und 1615 mit Aegidius Albertinus' *Guzmán*-Bearbeitung *Der Landtstörtzer. Gusman von Alfarche oder Picaro genannt* einsetzte, war die Anpassung an die veränderten nationalen und religiösen Bedingungen, während die spezifisch span. Voraussetzungen der Gattung (Konflikt zwischen Alt- und Neuchristen, Ideologie der ›Reinheit des Blutes‹) an Bedeutung verloren. Einflussreich wurde die von Albertinus vorgenommene geistliche Umfunktionierung des spanischen *Guzmán* im Sinn der → Gegenreformation. Auch Grimmelshausens *Simplicissimus Teutsch* (1668–69), der bedeutendste europäische P. des 17. Jh.s, nahm Anregungen von Albertinus auf, verband sie jedoch mit anderen Traditionen wie der des frz. *roman comique*. Gleichzeitig mit Grimmelshausen zeigten sich in Hieronymus Dürers *Lauf der Welt und Spiel des Glücks* (1668) Züge des P.s; danach griffen u. a. Johann Beer, Christian Weise, Johannes Riemer und Christian Reuter sowie eine Reihe von Verfassern sog. → ›Simpliziaden‹ auf die pikarische Tradition zurück. Verbunden damit war eine von engl. und niederl. Mustern ausgehende Verbürgerlichung der Gattung.

Um die Wende zum 18. Jh. ging der P. im Abenteuerroman auf (→ Avanturierroman). Mit Daniel Defoes *Moll Flanders* (1722) und Alain René Lesages *Histoire de Gil Blas de Santillane* (1715–35) erschienen in England und Frankreich noch einmal bedeutende P.e. Von wenigen Ausnahmen abgesehen (Heinrich Heine, *Aus den Memoiren des Herren von Schnabelewopski*, 1834) blieb der P. in Deutschland ohne Bedeutung, bis im 20. Jh. neopikareske Romane als Parodien oder Travestien von Bildungsgeschichten wieder an die Tradition des P.s anknüpften (u. a. Thomas Mann, *Bekenntnisse des Hochstaplers Felix Krull*, 1954; Günter Grass, *Die Blechtrommel*, 1959).

Pindarische Ode, nach Pindar benannte Form des altgriech. Chorliedes. Sie besteht aus zwei gleichgebauten Teilen (Ode – Antode bzw. Strophe – Antistrophe) und einem metrisch abweichenden dritten Teil (Epode). Diese Folge kann mehrmals wiederholt werden. Pierre de Ronsard führte die triadische »ode pindarique« in die Renaissancelyrik ein und ersetzte die antiken Versmaße durch gereimte Achtsilbler. Im dt. Barock übernahmen Georg Rodolf Weckherlin und Martin Opitz die pindarische Ode als höfisch-panegyrische Form, Andreas Gryphius erfüllte sie mit religiösem Pathos und verwandte sie überdies in → Reyen seiner Trauerspiele.

Plagiat, Diebstahl geistigen Eigentums, d. h. in Bezug auf die Literatur die Übernahme fremder Texte, Textpassagen oder anderer charakteristischer Elemente, ohne den Urheber zu nennen. P. als juristischer Begriff setzt eine sich seit dem 18. Jh. herausbildende genauere Vorstellung von geistigem Eigentum voraus. Heute werden die Autorenrechte durch das Urheberrecht geschützt. Abgrenzungsprobleme bestehen zur erlaubten freien künstlerischen Verwertung fremden Gedankenguts, wie sie auch literarische Verfahrensweisen wie → Cento, → Montage, → Parodie, → Zitat und das lange gültige Prinzip der → Imitatio voraussetzen. → Fälschung, → Intertextualität.

Pléiade, bedeutendste frz. Dichtergruppe der Renaissance, die durch eine Orientierung an der antiken und der italienischen Dichtung wesentlich zur Erneuerung der frz. Literatur und Sprache beitrug und v. a. durch Pierre de Ronsard auch bedeutenden Einfluss auf die dt. Literaturentwicklung im 17. Jh. ausübte. Zu den weiteren Mitgliedern zählten u. a. Joachim Du Bellay, Rémy Belleau, Jodelle und Pontus de Tyard.

Poeta doctus, ›gelehrter Dichter‹, Ideal des umfassend gebildeten Dichters, der diese Bildung in seine Werke einfließen lässt. In der dt. Literatur setzte sich dieses Ideal zuerst in der neulat. Dichtung des Humanismus, dann im Barock auch in der deutschsprachigen Dichtungstheorie und -praxis durch. Mit der durch eine radikale Subjektivierung gekennzeichneten neuen Dichtungsauffassung seit Empfindsamkeit und Sturm und Drang (→ Genie) trat das Konzept in den Hintergrund, bis es im 20. Jh. wieder an Bedeutung gewann. → Autor.

Poeta laureatus → Dichterkrönung.

Poeta vates → Autor.

Poetik, Lehre von der Dichtkunst, ihrem Wesen, ihren Verfahrensweisen und Formen, ihrer Wirkung und ihrem Zweck. Poetiken in engerem Sinn, aber auch Vorworte, Manifeste, Briefe oder diskursive Partien der Werke selbst gehören zu den Texten, in denen diese Art der theoretischen Auseinandersetzung mit Literatur stattfindet. Dabei schlägt sich der historische Wandel der Vorstellungen von Literatur auch in entsprechenden Veränderungen der P. und ihres Ge-

genstandsbereichs nieder. In ihrer traditionellen Form verlor die P. seit dem 18. Jh., als die dichterische Praxis sich den Regeln entzog, zunehmend an Bedeutung und wurde in die Disziplin der → Ästhetik und später der Literaturtheorie übergeführt. Fragen der Gattungspoetik (→ Gattung) blieben aber weiterhin aktuell; in der Erzähltheorie (→ Erzähler) werden die Verfahren der deskriptiven P. in veränderter Form weitergeführt.

Bis ins 18. Jh. hinein und z. T. darüber hinaus bilden Texte der Antike den Bezugspunkt der poetologischen Reflexion: die *Poetik* des Aristoteles, die die Disziplin der P. begründete und seit ihrer Wiederentdeckung in der Renaissance mit ihren zentralen Punkten (→ Mimesis, → Affekten- bzw. → Katharsislehre, Gattungspoetik) tiefgreifenden Einfluss auf die neuzeitliche poetologische Diskussion ausübte; die *Ars poetica* (eigentlich *Epistola ad Pisones*) des Horaz mit ihrer Betonung des rhetorischen *decorum*, des Angemessenen (→ Aptum), und dem berühmten Wort über das doppelte Wirkungsziel der Dichtung (»aut → prodesse volunt aut delectare poetae ...«); und – Zeichen für die Rhetorisierung der P. (→ Rhetorik) – rhetorische Texte wie Quintilians *Institutio oratoria* oder die Longinus fälschlich zugeschriebene Abhandlung (›Pseudo-Longinus‹) *Vom Erhabenen* (*Peri hypsous*, → Erhaben).

Die Rezeption der Schriften von Aristoteles, Horaz und anderen Autoren der Antike führte zuerst in der ital. Renaissance zu einer Reihe von Kommentaren und eigenen Poetiken (Lodovico Castelvetro, Antonio Minturno, Julius Caesar Scaliger), die die antiken Theoreme interpretierten, umdeuteten und mit den Entwicklungen der Gegenwart (Renaissanceepos) in Einklang zu bringen suchten. Ergebnis war schließlich ein klassizistisches System der P. auf der Basis eines an das Wahrscheinliche und die Nachahmung klassischer Muster gebundenen Mimesisbegriffs (→ Imitatio, → Mimesis). Zu den Resultaten dieses Rezeptionsprozesses gehörten auch die Etablierung der sog.

→ Ständeklausel, die Lehre von den drei Einheiten (→ Drei-Einheiten-Lehre) und die moralistische Umdeutung der Katharsislehre. Autoritativen Rang auch im Hinblick auf die dt. P. besaß das große humanistische Kompendium Scaligers (*Poetices libri septem*, 1561).

Die dt. Poetikenproduktion setzte, nach Vorläufern im Humanismus (Joachim v. Watt, 1518), mit Macht im Barock ein. Im katholischen Bereich erschien eine bedeutende poetologische Literatur in lat. Sprache, die besonderen Akzent auf das Drama legte (Jacobus Pontanus, 1594; Jacob Masen, 1654–57; Franciscus Lang, 1717), während – auf gleicher humanistischer Grundlage – im protestantischen Bereich Martin Opitz' *Buch von der Deutschen Poeterey* (1624) die Reform der deutschsprachigen Dichtung in Anlehnung an die Antike und v. a. die europäischen Renaissanceliteraturen einleitete. Dabei spielten sprachliche und verstechnische Aspekte die Hauptrolle – über allgemeine Fragen konnte sich der lateinkundige → Poeta doctus in den humanistischen Lehrbüchern orientieren –, die dann in den folgenden dt. P.en in immer größerem Detail ausgebaut wurden (Philipp v. Zesen, 1640–41 u. ö.; Johann Peter Titz, 1642; Georg Philipp Harsdörffer, 1647–53; Justus Georg Schottelius, 1663; Augustus Buchner, 1665; Sigmund v. Birken, 1679; Daniel Georg Morhof 1682; Albrecht Christian Rotth, 1688; Magnus Daniel Omeis, 1704).

Im Lauf der Entwicklung trat eine deutliche Diskrepanz zwischen klassizistischer normativer Theorie und ›barokker‹ Praxis auf. Poetiker wie Harsdörffer reagierten darauf, indem sie neue Formen (etwa des Dramas) in das antike bzw. humanistische System zu integrieren suchten und die rhetorisch-sprachliche Gestaltung manieristischen Einflüssen öffneten (→ Manierismus). Der jesuitische Theoretiker Masen schrieb eines der maßgeblichen Werke der europäischen → Argutia-Bewegung (*Ars nova argutiarum*, 1649). Auch der Roman wurde, zuerst in Vorreden, als Prosaversion des Epos, in das System aufgenommen (→ Romantheorie). Die rhetorischen und poetologischen Schriften Christian Weises und der Vertreter des galanten Stils (→ Galante Literatur) traten für eine karrierefördernde Anpassung an die Erfordernisse der politisch-gesellschaftlichen Praxis des Absolutismus ein.

Eine Neubegründung der P. im Geist der Aufklärung bedeutete Johann Christoph Gottscheds *Critische Dichtkunst* (1730, ⁴1751), eine Dichtungslehre mit normativem Anspruch auf philosophischem Fundament. Naturnachahmung und Wahrscheinlichkeit sind die zentralen Begriffe; die Regeln sind Ausdruck der vernünftigen Ordnung der Natur. Gottsched knüpfte an den frz. Klassizismus an (Nicolas Boileau u. a.), das dt. Barock galt ihm als Ausbund der Unnatur und des schlechten Geschmacks, als bedauerliche Abirrung vom Opitzianischen Klassizismus. Lockerungen des rigiden Konzepts verfochten Johann Jakob Bodmer und Johann Jakob Breitinger, indem sie dem ›Wunderbaren‹ wenigstens in Grenzen Platz verschafften und für eine bildhafte Sprache plädierten. Zugleich fand das Konzept des Erhabenen durch die Rezeption des Pseudo-Longinus Eingang in die Diskussion.

Um die Jahrhundertmitte wurde das traditionelle Gattungssystem durch neue Entwicklungen in Frage gestellt (→ Bürgerliches Trauerspiel, → Rührendes Lustspiel), während Lessing im *17. Literaturbrief* (1759) und in der *Hamburgischen Dramaturgie* (1767–69) dem Paradigma des frz. Klassizismus das Beispiel Shakespeares entgegenhielt und zugleich Aristoteles neu zu interpretieren suchte. Mit der Genieästhetik (→ Genie), die sich der Festlegung von Regeln verweigerte, verlor die traditionelle P. an Bedeutung. Poetologische Reflexion wurde Teil der Ästhetik und ästhetisch-geschichtsphilosophischen Denkens. Von großer Wirkung auf die philosophisch-poetologische Diskussion bis ins 20. Jh. hinein erwies sich die Durchsetzung der Gattungstrias in der dt. Klassik. Im Ganzen reduzierte sich P. im traditionellen Sinn auf Äußerungen zu einzelnen Fragen dichterischen Schaffens, Selbstreflexionen, Manifeste und Programme. An der Goethezeit orientierte normative Vorstellungen hat die dt. → Literaturwissenschaft bis über den Zweiten Weltkrieg hinaus tradiert.

Poetischer Realismus → Realismus.

Politische Dichtung, thematisch und intentional bestimmter Bereich der Dichtung. Es bestehen allerdings erhebliche Definitions- und Abgrenzungsschwierigkeiten. Im weitesten Sinn ist alle Dichtung politisch, sei es, dass man von ihrer generellen gesellschaftlichen und historischen Bedingtheit ausgeht, sei es, dass man ihre politische Funktion gerade in der absoluten Autonomie des Ästhetischen gegenüber einer deformierten Gesellschaft sieht. Jeder Text lässt sich auf Grund bestimmter Interessen nach verschiedenen Kriterien beurteilen, nach seinen ästhetischen Qualitäten oder seinem politischen Gebrauchswert, und jeder Text kann im Verlauf der Geschichte seiner → Rezeption auf verschiedene Weise gelesen werden, also beispielsweise plötzlich ›politisch‹ werden. Es scheint daher sinnvoll, den Begriff der politischen Dichtung auf die Texte zu beschränken, die außerästhetische, eindeutig politische Ziele verfolgen, sich – nach Max Weber – mit »Machtverteilungs-, Machterhaltungs- oder Machtverschiebungsinteressen« beschäftigen. Texte dieser Art wählen ihre ästhetischen Verfahren und Mittel nach dem Gebrauchswert und der Wirkungsabsicht aus, sie verwenden Wirkungsstrategien der → Rhetorik. Das gilt nicht nur für publizistische Formen wie Traktat, → Flugschrift oder Pamphlet, sondern auch für Lyrik, Drama und erzählende Prosa. Gerade die Lyrik nimmt einen bedeutenden Platz im Spektrum der politischen Dichtung ein.

Die politische Dichtung des MA setzt mit den Sprüchen Walthers v. der Vogelweide ein (→ Spruchdichtung), der zugleich auch die zentralen Themen seiner Zeit anschlägt: Reich, Kirche, Kreuzzüge. Die späteren Spruchdichter, wie Walther Auftragsdichter im Dienst verschiedener Herren und Interessen, nehmen die Themen auf, wobei sich der Bereich des Politischen allmählich erweitert und Territorialstreitigkeiten, die Städte und schließlich auch der ›gemeine Mann‹ Gegenstand politischer Dichtung werden. In Reformation, Gegenreformation und Barock nähern sich im Zeichen der Konfessionalisierung politische und religiöse Dichtung an; der Dreißigjährige Krieg und die ihm zugrunde liegenden Konflikte lösen einen aggressiven publizistischen Kampf aus, der in einer schlagkräftigen politischen Lyrik gipfelt. Sie ist nicht nur eine Sache anonymer Flugblattpropagandisten, sondern an ihr beteiligen sich auch bedeutende Dichter wie Georg Rodolf Weckherlin oder Martin Opitz.

Daneben blüht bis ins 18. Jh. die traditionelle höfische Panegyrik, bis dann in der 2. Hälfte des 18. Jh.s neue Themen wie Vaterland und Freiheit artikuliert werden, etwa in der patriotischen Dichtung Friedrich Gottlieb Klopstocks und des → Göttinger Hains oder der radikalen Fürstenkritik in Aufklärung und → Sturm und Drang (Gottfried August Bürger, Christian Friedrich Daniel Schubart). Vom späten 18. Jh. bis zur Weimarer Republik erscheinen als zentrale Themen der politischen Dichtung die nationale Einheit, Demokratisierung, Lösung der sozialen Frage. Sie finden ihren Ausdruck im 19. Jh. v. a. in der Lyrik der Befreiungskriege (Theodor Körner) und des Vormärz (Franz Dingelstedt, Georg Herwegh, Ferdinand Freiligrath, August Heinrich Hoffmann v. Fallersleben) sowie in der sozialistischen Parteilyrik nach der Jahrhundertmitte; bedeutende Zeugnisse politischer Dichtung anderer Gattungen sind etwa Johann Nepomuk Nestroys »Posse« *Freiheit in Krähwinkel* (1848) oder Heinrich Heines satirisches Versepos *Deutschland. Ein Wintermärchen* (1844).

Im Kaiserreich war politische Dichtung weitgehend identisch mit Parteilyrik, d. h. mit sozialdemokratischer Lyrik und Arbeiterlyrik auf der einen und affirmativer Kriegslyrik auf der anderen Seite. In der Weimarer Republik erreichte die politische Lyrik mit Auseinandersetzungen über den Krieg, die Revolution und die wirtschaftlichen Krisenerscheinungen als polarisierenden Themen eine neue Breitenwirkung bei gleichzeitiger Radikalisierung der ideologischen Gegensätze. Nach den Erfahrungen des Dritten Reiches und dem darauf folgenden Rückzug ins Private kam es erst Mitte der 60er-Jahre zu einem Wiederaufleben des politischen Gedichts im Zusammenhang mit der Auseinandersetzung mit der Vergangenheit, dem Vietnam-Krieg (Erich Fried, *und VIETNAM und*, 1966) und der innenpolitischen Polarisierung. Dabei wurde die Diskussion über das Verhältnis von Dichtung und Politik, das bereits Heine und Brecht problematisiert hatten, in durchaus kontroverser Weise fortgesetzt (Hans Magnus Enzensberger u. a.).

Politischer Roman, betont lehrhafter Romantyp des späten 17. Jh.s mit bürgerlich-frühaufklärerischen Zügen. ›Politisch‹ bedeutet hier ›weltklug‹. Es ist ein Schlüsselwort der Pädagogik Christian Weises, der ein auf Erfahrung, Klugheit und Selbsterkenntnis basierendes weltmännisches Bildungsideal propagierte, das den Weg zu einem glücklichen Leben und einer erfolgreichen Karriere im absolutistischen Staat bereiten sollte. Von Weise stammt auch der Prototyp des politischen Romans, *Die drey ärgsten Ertz-Narren In der gantzen Welt* (1672), der sich als eine Verbindung von karger Reisehandlung (Reise als Vehikel für die Lehre) und Narrenrevue charakterisieren lässt. Weise selbst ließ weitere Romane und poetologische Hinweise (*Kurtzer Bericht vom Politischen Näscher*, 1680) folgen und fand in Johannes Riemer seinen bedeutendsten und erzählerisch überlegenen Nachfolger (*Der Politische Maul-Affe*, 1679; *Die Politische Colica*, 1680; *Der politische Stock-Fisch*, 1681). Starke fachspezifische Akzente erhielt der politische Roman bei den Musikern Johann Kuhnau und Wolfgang Caspar Printz sowie dem Mediziner Johann Christoph Ettner.

Polyptoton, rhetorische Figur, die durch die Wiederholung eines Wortes in einem anderen Kasus entsteht (»das hat ein Freund für seinen Freund getan«, Schiller; »ben zi bena«, *Merseburger Zaubersprüche*). Das P. kann in allen Formen der Wiederholung erscheinen (→ Anapher, Epipher usw.).

Polysyndeton → Asyndeton.

Pornographie, unterschiedlich definierte Bezeichnung für eine Form erotischer Literatur. Der Begriff ist abgeleitet von griech. *pornos* bzw. *porne* (Hurer, Hure) und *graphein* (schreiben). Im allgemeinen Sprachgebrauch und der Rechtsprechung wird P. oder ›harte P.‹ als sog. Schmutz- und Schundliteratur mit kunstloser, literarisch unqualifizierter Darstellung des Geschlechtsakts in zahlreichen, doch zugleich monotonen Variationen und Perversionen gleichgesetzt. Doch die Unterscheidung zwischen ästhetisch befriedigender und eher minderwertiger pornographischer Darstellung stößt ebenso auf Schwierigkeiten wie eine Unterscheidung zwischen erotischer und pornographischer Literatur. Das zeigen entsprechende historische Abrisse, die jeweils den gleichen literarischen Kanon erotischer bzw. pornographischer Literatur von Petronius über Boccaccio und Pietro Aretino zu John Cleland, dem Marquis de Sade, Goethe, Leopold v. Sacher-Masoch und D. H. Lawrence vorstellen. Das ist nicht nur ein terminologisches Problem, sondern hat mit der historischen Bedingtheit moralischer und ästhetischer Wertvorstellungen zu tun. Deshalb ist die Geschichte der pornographischen bzw. erotischen Literatur zugleich eine Geschichte ihrer wechselnden Akzeptanz bzw. Tabuisierung und der daraus resultierenden obrigkeitlichen Maßnahmen (→ Zensur, gerichtliche Verfolgung). Insbesondere die idealistische Ästhetik und die Wertvorstellungen des prüden 19. Jh.s hatten tiefgreifenden Einfluss auf die negative Einschätzung erotischer bzw. pornographischer Literatur (und stimulierten zugleich ihre Produktion). D. H. Lawrence drehte den Spieß um; nicht die Darstellung der Sexualität sei obszön oder pornographisch, sondern die verlogene bürgerliche Sentimentalität. Umstritten ist auch, ob der Aspekt der Wirkung – sexuelle Stimulation – ein geeignetes Definitions- bzw. Wertungskriterium darstellt. Eine ähnliche Problematik ergibt sich bei der Bewertung des Obszönen, das nicht identisch mit dem Pornographischen ist.

Positivismus, eine auf Auguste Comte zurückgehende philosophische Richtung, die als Basis für wissenschaftliche Erkenntnis nur Tatsachen zulässt und deren Theorien und Gesetze die Herstellung von kausalen Beziehungen zwischen den als Tatsachen beobachteten Phänomenen ermöglichen sollen. Der literaturwissenschaftliche P. prägte die dt. Germanistik von der 2. Hälfte des 19. bis zum Anfang des 20. Jh.s. Seine Hauptvertreter waren Wilhelm Scherer und seine Schüler Richard M. Meyer, Franz Muncker und Erich Schmidt. Das an den Naturwissenschaften orientierte Wissenschaftsverständnis bedeutete für die positivistische Literaturwissenschaft eine Konzentration auf empirische Tatsachen: auf die Herstellung verlässlicher Texte (→ Edition), auf die Erforschung der Quellen und der Stoff- und Motivgeschichte, auf biographische Untersuchungen. Die Klassifizierung und Ordnung des Materials sollte dann zu ›Gesetzen‹ führen. Dazu gehört Scherers Annahme in seiner *Geschichte der deutschen Literatur* (1883) über den Verlauf der dt. Literaturgeschichte mit ›Blütezeiten‹ in 600-jährigem Abstand (600, 1200, 1800). Die wichtigsten Leistungen des literaturwissenschaftlichen P. sind Dichterbiographien, eine vielfältige Editionstätigkeit und bibliographische Werke.

Posse, neuzeitliche Form des ›niederen‹ komischen Theaters. Als Gattungsbezeichnung tritt P. zuerst für derbkomische → Nachspiele der Wanderbühne im 17. Jh. auf. Charakteristisch für die P., die Traditionen des → Fastnachtsspiels, der → Englischen Komödianten und der → Commedia dell'arte aufnimmt, ist die Dominanz des Stofflichen, einfache Handlung, Situationskomik, das Auftreten einer → komischen Person. Ihre Geschichte ist seit dem 18. Jh. eng mit der des → Wiener Volkstheaters und des → Volksstücks verbunden.

Postille, zunächst Bezeichnung für die Auslegung eines Bibelabschnitts, dann v. a. der den Sonn- und Feiertagen des Kirchenjahres zugeordneten Bibelabschnitte insgesamt (→ Perikope). Das Wort P. wird von der Einleitungsformel »post illa [verba textus]« (»nach jenen [Worten des Textes]«) abgeleitet. Nach dem Beispiel Luthers (u. a. *Hauspostille*, 1527) entwickelte sich die P. zu einer wichtigen Form der protestantischen → Erbauungsliteratur des 16. und 17. Jh.s (Johann Arndt, Valerius Herberger, Johann Gerhard, Johannes Heermann u. a.). In der Erbauungsliteratur des 19. Jh.s wurde noch einmal auf die alte Postillenliteratur zurückgegriffen. Parodistisch bezieht sich Brecht mit seiner lyrischen *Hauspostille* (1927) auf diese Tradition.

Postmoderne, unterschiedlich interpretierter Epochen- und Stilbegriff. Der Historiker Arnold Toynbee setzte den Beginn der postmodernen Ära mit der Wende von der nationalstaatlichen zur globalen Politik um 1875 an, einem Datum, mit dem ungefähr die Literaturwissenschaft die → Moderne einsetzen lässt. Seit den 50er- und 60er-Jahren wurde der Begriff in der nordamerikanischen Literaturwissenschaft diskutiert, zunächst in eher negativer Bedeutung im Rückblick auf die innovativen Werke der Moderne, dann in positivem Sinn als ›futuristischer‹ Postmodernismus (Leslie Fiedler). Dieser wandte sich gegen die elitäre klassische Moderne und ihren emphatischen Werkbegriff und propagierte eine grenzüberschreitende, die Massenkultur einbeziehende populistische → Ästhetik.

In der amerikanischen Architekturtheorie erhielt der Begriff der P. in den 70er-Jahren eine präzise Bedeutung. Er richtete sich gegen den Funktionalismus der Architektur, der seit den 20er-Jahren als eindeutiger Stil der Moderne dominiert hatte. Gegen den funktionalen Purismus setzte die architektonische P. die – spielerische und ironisch-parodistische – Rückkehr zu dem bisher verpönten historischen Formenvokabular, zu einem Stilpluralismus und einer ›Mehrfachkodierung‹, die es ermöglichen sollte, Eliten und Massen gleichermaßen anzusprechen.

Mehrfachkodierung und Pluralismus sind auch die Kennzeichen einer literarischen P., die sich gleichsam wie in einem neuen alexandrinischen Zeitalter in einem virtuosen intertextuellen Verwirrspiel (→ Intertextualität) aus dem Schatzhaus der Tradition bedient. Als »pla(y)giarism« bezeichnete der amerikanische Romancier Donald Barthelme dieses Verfahren, für das auch Umberto Eco angeführt werden kann. Damit wurden die rigorosen Restriktions- und Dogmatisierungstendenzen der modernen Ästhetik – Verbot der Gegenständlichkeit in der Malerei, der Tonalität in der Musik, des leichten Erzählens in der Literatur – aufgebrochen und die Pluralität wiederhergestellt, die die Moderne einst charakterisierte. Die postmodernen Verfahren selbst – → Zitat, → Parodie, → Montage, Bruch mit den jeweils geltenden Regeln usw. – sind allerdings bereits die der avantgardistischen Moderne.

Poststrukturalismus, auch Neostrukturalismus, ist eine Bezeichnung für verschiedene, aus dem → Strukturalismus hervorgegangene und ihn kritisch reflektierende Strömungen in den Geistes- und Sozialwissenschaften. Charakteristisch für das poststrukturalistische Denken im Hinblick auf die → Literaturwissenschaft ist die Opposition gegenüber dem Modell der traditionellen → Hermeneutik und der Annahme eines durchgehenden Sinns oder der Einheit von Texten. Stattdessen betont die poststrukturalistische Literaturwissenschaft gerade die prinzipielle Offenheit und Vieldeutigkeit von Texten, die als Teil eines unübersehbaren Geflechts von Texten angesehen werden. Vertreter des P. sind u. a. Roland Barthes, Michel Foucault, Jacques Derrida und Julia Kristeva (→ Dekonstruktion, → Diskurs, → Intertextualität).

Präfiguration → Typologie.

Praeteritio, auch Paralipse, rhetorische Figur, bei der eine

Sache (oft auch ironisch) hervorgehoben wird, indem der Redner vorgibt, nicht näher darauf eingehen zu wollen. Berühmtes Beispiel ist die Rede von Marcus Antonius in Shakespeares *Julius Caesar* (III,2).

Praktik, im 16. und 17. Jh. Bezeichnung für die mit praktischen Ratschlägen, Wetterregeln, Prophezeiungen und Geschichten aller Art angereicherten → Kalender; parodiert nach dem Vorbild von Rabelais in Johann Fischarts *Aller Practick Großmutter* (1572).

Predigt, Verkündigung und Auslegung des Gottesworts durch den Prediger. Man unterscheidet zwei Typen der P., Homilie und Sermo. Die Homilie bezieht sich eng auf einen Bibelabschnitt (→ Perikope: Tageslesung) und erläutert diesen Schritt für Schritt; ihre gedruckte Sammelform ist die nach den Sonn- und Festtagen des Kirchenjahres geordnete → Postille. Der Sermo dagegen, die Themenpredigt, geht von einem isolierten Schriftwort und dem Anlass der Predigt aus. Eine andere Unterscheidung, die sich mit der zwischen Homilie und Sermo berührt, ist die zwischen regelmäßiger Sonn- und Feiertagspredigt und P.en zu herausgehobenen Gelegenheiten (›extraordinari‹-Predigt). – Methodisches Grundproblem der Erforschung der P. ist ihre Stellung zwischen → Mündlichkeit und Schriftlichkeit; sie ist als wirklich gehaltene P. lange Zeit die wichtigste Form der öffentlichen Rede, andererseits werden P.en aufgeschrieben, gesammelt und gedruckt und dienen in dieser Form als Hilfsmittel für Prediger sowie als Trost-, Erbauungs- und Unterhaltungslektüre.

Die P. knüpfte auf ihre Weise an die → Rhetorik der Antike an und modifizierte deren Grundsätze und Anweisungen für ihre Zwecke. Vorbildlich für die geistliche Rede des MA und der frühen Neuzeit wurde Augustinus' *De doctrina christiana*, deren 4. Buch als letzte antike und erste christliche Rhetorik gilt. Neben die lat. P. trat im Dienst der Verkündigung und Mission die volkssprachliche. Karl der Große förderte die P. in der Volkssprache, doch sind aus der

Frühzeit der dt. Predigt im MA nur wenige Texte erhalten. Im 13. und 14. Jh. gewann die deutschsprachige P. durch das Auftreten der Franziskaner und Dominikaner breitere Wirkung. Zu den größten Leistungen dt. Prosa im MA zählen die P.en des Franziskaners Berthold v. Regensburg, aus lat. Musterpredigten oder Predigtnachschriften umgeformte und mit volkstümlichen Beispielerzählungen angereicherte erbauliche Lesetexte. Die dominikanische P. erreichte bei Meister Eckhart und Johannes Tauler ihren Höhepunkt. Versuchte Eckhart seine mystische Lehre (→ Mystik) durch anschauliche Bilder und → Allegorien dem Lateinunkundigen zu vermitteln, so zielte sein Schüler Tauler eher auf die Praxis des religiösen Lebens. Der bedeutendste Prediger im späten MA war der Straßburger Theologe Johannes Geiler v. Kaysersberg, der mit den Mitteln der → Satire und drastischer Komik die Missstände der Zeit publikumswirksam anprangerte.

Die katholische P. der Reformationszeit war v. a. der Auseinandersetzung mit Luther und seiner Theologie gewidmet. Literarische Qualität erreichte sie dann im Barock. Katholische P.en wurden in großen Sammlungen und Predigthandbüchern publiziert; durch die Integration der P.en in einen erzählerischen Rahmen entstanden literarische Großformen. Zu den bedeutendsten Predigern gehörten Florentius Schilling, Prokop v. Templin, Heribert v. Salurn, Wolfgang Rauscher und – als Höhepunkt – Abraham a Sancta Clara, die ihr geistliches Anliegen mit einprägsamen Bildern, Allegorien, ›Predigtmärlein‹ und einer über alle stilistischen Ebenen verfügenden Sprachgewalt verfolgten. Mit dem 18. Jh. wurde die klassizistische P. Frankreichs zum Vorbild (François de Salignac de la Mothe Fénelon; Jacques Bénigne Bossuet), die bildhafte, allegorische Predigtweise des Barock machte allmählich einer nüchternen Vernünftigkeit Platz. Seit dem 19. Jh. spielte die katholische P. im Rahmen der literarischen Kultur so gut wie keine Rolle mehr.

Die protestantische P. steht, anders als die katholische, im Zentrum des Gottesdienstes. Von ihrer existentiellen Bedeutung für das kirchliche Leben sprach bereits Luther, der seine P.en – über 2000 sind in verschiedenen Formen überliefert – in den Dienst seiner reformatorischen Absichten stellte. Zahlreiche Sammlungen seiner P.en entstanden, etwa die *Kirchenpostille* (1522) mit P.en über die Perikopen des Kirchenjahres und die *Hauspostille* (1527) mit P.en über neutestamentliche Texte; andere Predigtzyklen folgten den Katechismusabschnitten oder dem Buch Genesis. Die Sammlungen von meist bearbeiteten und erweiterten P.en waren als Hilfsmittel für andere Prediger gedacht; die Postillen sollten überdies der Hausandacht dienen. Als Adressaten sah Luther in der Regel den ungebildeten Laien (»Wenn ich auf die Kanzel komme, so gedenke ich nur den Knechten und Mägden zu predigen«); dementsprechend wählte er eine schlichte, anschauliche, bildhafte Predigtweise mit fingierten Dialogen, verdeutlichenden Sprichwörtern und Metaphern.

Philipp Melanchthon und Andreas Hyperius sorgten für die Ausbildung einer schulmäßig betriebenen Homiletik und verstanden die P. v. a. als Lehrpredigt, die die Grundlagen des evangelischen Glaubens und Lebens behandeln (und dabei den traditionellen rhetorischen Aufbauschemata folgen) sollte. Mit dem → Pietismus wurde das Gewicht stärker auf die Erbauung, d. h. die innere Erneuerung des Menschen, auf Bekehrung und Wiedergeburt gelegt. In der Aufklärung entwickelte sich die protestantische P. zur ethisch-religiösen Rede. Mit Johann Gottfried Herders Tätigkeit als Hofprediger in Weimar und den als gesellschaftliche Ereignisse geltenden Auftritten Friedrich Schleiermachers in Berlin erreichte die P. noch einmal einen Höhepunkt. Die weitere Entwicklung der protestantischen P. ist von einer zunehmenden Diskrepanz zwischen ihrem hohen Rang im Selbstverständnis des Protestantismus und ihrer tatsächlichen Bedeutung im kirchlichen Leben bestimmt.

Predigtmärlein → Exempel.

Preislied, Gattung der germ. und mittelalterlichen Lyrik. Einen Nachklang der nicht erhaltenen alten germ. P.er, die u. a. von Tacitus bezeugt werden, stellt das ahd. *Ludwigslied* (881–82) dar. Neben dem Fürstenpreis in der mhd. → Spruchdichtung steht der Frauenpreis des → Minnesangs.

Priamel, Form der moraldidaktischen oder scherzhaften Spruchdichtung. Es handelt sich um einstrophige, meist paarweise gereimte Gedichte, die eine Reihe scheinbar heterogener Einzelheiten aufzählen und diese dann in einer überraschenden Schlusspointe auf einen Nenner bringen. Die P. erscheint bereits bei mhd. Spruchdichtern (→ Spruchdichtung), verfestigt sich jedoch erst im 15. Jh. (Hans Rosenplüt, Hans Folz) und wird gelegentlich auch in das → Fastnachtsspiel einbezogen.

Priapea, scherzhafte, derb-erotische Gedichte, die Priapus, dem Fruchtbarkeitsgott und Schützer der Gärten, in den Mund gelegt wurden und – ursprünglich etwa in Form von Inschriften auf Statuen – vor Schädigung von Feld und Garten und vor Diebstahl warnten. In der röm. Kaiserzeit wurden die P. zu einer beliebten Gattung (z. B. *Carmina Priapea*; Horaz, Catull, Martial), meist epigrammatisch zugespitzt (→ Epigramm), elegant und drastisch zugleich. Nachwirkungen der antiken P. finden sich u. a. bei Goethe in den *Venetianischen Epigrammen* (1795) und den *Römischen Elegien* (1795), wobei allerdings die erotischen Texte zunächst zurückgehalten wurden.

Pritschmeister, Gelegenheitsdichter, die im 16. und 17. Jh. bei festlichen Anlässen für den geregelten Verlauf der Veranstaltung sorgten (ihre Pritsche, ein Klapperwerkzeug, kam dabei zu Hilfe) und die zu feiernden Gelegenheiten und Personen dichterisch verherrlichten. Sie setzten die Tradition der mittelalterlichen → Heroldsdichtung fort. Die Texte, allenfalls von kulturhistorischem Interesse, wurden selten gedruckt.

Prodesse et delectare, der *Ars poetica* des Horaz entnommene und dabei vereinfachte Formel, die ›nützen‹ und ›erfreuen‹ als Wirkungsziel der Dichtung bezeichnet und bis zur Aufklärung die Literaturauffassung wesentlich prägte. Der Originaltext lautet: »aut prodesse volunt aut delectare poetae / aut simul et iucunda et idonea dicere vitae« (»Entweder nützen oder erfreuen wollen die Dichter oder zugleich, was erfreut und was nützlich fürs Leben ist, sagen«). → Poetik.

Prodigienliteratur, Geschichten von bedeutungsvollen Vorzeichen (Prodigien), d. h. Ereignissen, die die regelmäßigen, ›normalen‹ Erscheinungen der Natur durchbrechen: Kometen, Himmelszeichen, Wetterkatastrophen, Blutzeichen, Missgeburten usw. Diese Wunderzeichen erhielten im christlichen Kontext oft eine eschatologische Deutung. Entsprechende Berichte wurden seit dem MA gesammelt und im 16. und 17. Jh. in großen Kompilationen zusammengestellt, z. B. Jobus Fincelius' *Wahrhafftige beschreibung und gründlich verzeichnus schrecklicher Wunderzeichen und Geschichten* (3 Tle., 1556–67), Conrad Wolfharts (Lycosthenes) *Prodigiorum ac ostentorum chronicon* (1557; dt. von Johann Herold u. d. T. *Wunderwerck Oder Gottes unergründliches vorbilden*, 1557) oder Caspar Goltwurms *Wunderwerck und Wunderzeichen Buch* (1557).

Professorenroman, Bezeichnung für einen Typ des → historischen Romans im letzten Drittel des 19. Jh.s, der sich weniger durch überzeugende literarische Leistungen als durch die archäologisch-antiquarische Gelehrsamkeit der Verfasser – Professoren – auszeichnet. Hauptvertreter waren Georg Ebers (*Eine ägyptische Königstochter*, 1864, und rund 20 weitere Romane) und Felix Dahn (*Ein Kampf um Rom*, 1876; *Kleine Romane aus der Völkerwanderungszeit*, 13 Bde., 1883–1901).

Prolepsis → Anakoluth.

Prolog, ›Vorrede‹, eine dem eigentlichen → Drama (seltener einem epischen Text) vorangestellte Einleitung. Der dramatische P. wird von einem Sprecher oder Gestalten des Dramas monologisch bzw. dialogisch gesprochen oder szenisch dargestellt. Seine Funktion besteht u. a. in der Begrüßung des Publikums, in der Mitteilung von Informationen über das Stück und die Intentionen des Verfassers. Seine Formen reichen vom einfachen Vorspruch bis zur abgeschlossenen dramatischen Szene. P.e sind Bestandteil dramatischer Aufführungen seit der Antike bzw. – im deutschsprachigen Raum – seit dem MA (→ Geistliches Spiel, → Fastnachtsspiel). Eine bedeutende Rolle spielen P.e in Klassik (Goethe, Schiller) und Romantik (Ludwig Tieck) und dann wieder im 20. Jh. (z. B. Hugo v. Hofmannsthal, Gerhart Hauptmann, Frank Wedekind); im → epischen Theater erhalten P.e eine kommentierende bzw. verfremdende Funktion (Brecht, Peter Weiss, Peter Hacks u. a.). – Im MA wurden auch epische Werke häufig durch P.e eröffnet (Hartmann v. Aue, Wolfram v. Eschenbach, Gottfried v. Straßburg u. a.).

Prooemium, Vorrede zu einem Epos (Musenanruf, Themenvorstellung usw.) bzw. Einleitungsteil einer Rede (*exordium*; → Rhetorik).

Propemptikon → Gelegenheitsgedicht.

Prophetenspiel, Typus des mittelalterlichen → geistlichen Spiels, bei dem die biblischen Propheten (auch Augustinus oder die antiken Sibyllen können eingeführt werden) die Juden von der Wahrheit über die prophezeite Ankunft Christi zu überzeugen suchen. Das P. basiert auf der Predigt *Contra Iudaeos, Paganos et Arianos sermo de symbolo* aus dem 5. oder 6. Jh., die man im MA fälschlich Augustinus zuschrieb. P.e sind in Deutschland seit dem späten 12. Jh. bezeugt; meist werden sie → Weihnachtsspielen vorangestellt (z. B. *Benediktbeurer Weihnachtsspiel*, um 1200).

Propositio, Bezeichnung der → Rhetorik für den Teil der *narratio* (Erzählung des Sachverhalts), der das Thema zusammenfassend darlegt.

Prosaauflösung, Bezeichnung für die Umformung einer Versdichtung in eine Prosaerzählung, ein in der dt. Literatur bedeutsames Verfahren im Zusammenhang mit der Entstehung des → frühneuhochdt. Prosaromans.

Prosagedicht, dt. Bezeichnung für das frz. *poème en prose*, eine Gattung lyrischer Prosa des 19. und 20. Jh.s (z. B. Charles Baudelaire, *Petits poèmes en prose*, 1869). In der dt. Literatur wird der Begriff P. u. a. auf die poetische Prosa des 18. Jh.s (z. B. die Idyllendichtung Salomon Gessners), auf Friedrich Nietzsches *Also sprach Zarathustra* (1883–85) und andere Texte vom Expressionismus bis zur Gegenwart bezogen. Walter Helmut Fritz nimmt in seinen Prosagedichten ausdrücklich die frz. Tradition auf.

Prosimetrum, die Mischung von Vers und Prosa, ein charakteristisches Verfahren der menippeischen → Satire.

Prosodie → Metrik.

Protestsong, Typus des balladenhaften politischen Liedes, der zuerst im Rahmen der amerikanischen Bürgerrechtsbewegung aufkam (Joan Baez, Bob Dylan u. a.) und dann im Zusammenhang mit verschiedenen Protestbewegungen (Ostermärsche, 1968, Vietnam usw.) auch in Deutschland breite Resonanz fand (Wolf Biermann, Franz Josef Degenhardt, Dieter Süverkrüp u. a.; → Liedermacher).

Proteus-Verse → Permutation.

Psalmendichtung, Nachdichtung und Paraphrase von einzelnen Psalmen oder des ganzen Psalters (150 Texte, v. a. → Hymnen und Klagelieder). Der alttestamentliche Psalter wurde in der lat. Version in die christliche Liturgie übernommen; er gehörte seit dem 9. Jh. zu den am häufigsten übersetzten und einflussreichsten Texten. In der Reformationszeit nahm die Zahl der Übersetzungen und Paraphrasen stark zu. Sie bildeten eine der Grundlagen des neuen evangelischen Gemeindelieds. Luther empfahl die Psalmenparaphrase in gereimten Liedstrophen als Mittel zur Verbreitung des Evangeliums und dichtete selbst eine Reihe von Psalmliedern, darunter das ›Kampflied‹ der Reformation *Ein feste Burg ist unser Gott*, eine allerdings sehr freie Bearbeitung von Ps. 46. Eine besondere Rolle spielte der sog. ›Hugenottenpsalter‹ von Clément Marot und Théodore de Bèze (abgeschlossen 1562) mit den Melodien von

Claude Goudimel, die auch der Übersetzung von Ambrosius Lobwasser (1573) ihre Vorrangstellung in den dt. reformierten Gemeinden bis ins 18. Jh. hinein sicherten. An ein gebildetes Lesepublikum richteten sich hingegen die neulat. Verse des *Psalterium universum* (1537) von Eobanus Hessus.

Eine klassizistische dt. Übersetzung des gesamten Psalters legte Martin Opitz 1637 vor. Zahlreiche weitere Barockautoren verfassten Übersetzungen und Paraphrasen (u. a. Paul Fleming, Andreas Heinrich Bucholtz, Andreas Gryphius); einen eigenen prophetischen Psalter schrieb der Chiliast Quirinus Kuhlmann (*Der Kühlpsalter*, 1684–86). Die Folge der poetischen Übersetzungen in gereimten und später auch reimlosen Versen riss im 18. Jh. nicht ab (Samuel Gotthold Lange, Johann Adolf Schlegel u. a.). Die ersten Versuche, dem Stil der Psalmen (›parallelismus membrorum‹, → Parallelismus) gerecht zu werden, unternahmen Johann Gottfried Herder (1782–83) und Moses Mendelssohn (1783). Die formalen Charakteristika wurden von da an immer wieder für die lyrische Dichtung fruchtbar gemacht (bei Friedrich Gottlieb Klopstock, im Expressionismus, bei Brecht, Paul Celan u. a.).

Pseudonym, fingierter Name eines Autors oder Künstlers, der seine Identifizierung – mit mehr oder weniger großem Nachdruck – verhindern soll. Dabei spielen politische, gesellschaftliche, ästhetische und gewiss auch spielerische Gesichtspunkte eine Rolle. Es kommt vor, dass ein Autor mehrere P.e benutzt oder dass nur ein Teil seines Werkes pseudonym erscheint. P.e können aus dem Werk abgeleitet (›Ossian‹) oder ohne Beziehung zu Autor und Werk frei erfunden sein (Joachim Ringelnatz: Hans Bötticher), sie können aus Verschlüsselung (Kasimir Edschmid: Eduard Schmidt) resultieren oder Intentionen und Selbstverständnis des Autors andeuten (Angelus Silesius: Johannes Scheffler; Jeremias Gotthelf: Albert Bitzius) usw.

Puppenspiel → Figurentheater.

Q

Quantitierende Metrik → Metrik.

Quartett, vierzeilige Strophe, insbesondere Bezeichnung für die beiden Vierzeiler des → Sonetts. → Quatrain.

Quatrain, vierzeilige Strophe, von Martin Opitz aus der frz. Dichtung des 16. und 17. Jh.s in die dt. Literatur eingeführt. Sie besteht in der Regel aus → Alexandrinern oder → Vers communs mit verschiedenen Reimschemata (üblicherweise abba und abab). Verwendet wurde die Form v. a. für epigrammatische und gnomische Texte (Philipp v. Zesen, Friedrich v. Logau, Lessing). In der frz. Metrik bezeichnet Q. auch das → Quartett des Sonetts.

Quodlibet, wörtlich ›was beliebt‹, seit dem 16. Jh. gebräuchliche Bezeichnung für poetisch-musikalische Werke, die aus Elementen heterogener Herkunft, etwa Liedstrophen, Sprüchen, Witzworten, Grobheiten oder Banalitäten montiert sind. Später trat oft eigene poetische Erfindung an die Stelle der Zitate, so dass das Q. in dieser neuen Form als witziger »Poetischer Mischmasch« (Erdmann Neumeister, 1712) in Spätbarock und Frühaufklärung eine deutliche Aufwertung erfuhr.

R

Rabenschlachtstrophe → Nibelungenstrophe.

Rätsel, im literarischen Sinn ein Text (Vers oder Prosa), der ein Wort, einen Begriff, eine Sache derart verschlüsselt, dass die Auflösung zwar Scharfsinn und ein gewisses Sachwissen erfordert, aber grundsätzlich möglich ist. Die Verschlüsselungen beruhen oft auf einer semantischen Mehrdeutigkeit oder Paradoxie; gerade im literarischen Rätsel ist die Sprachgestalt selbst häufig Grundlage der Kodierung. Das R. reicht in vorliterarische Zeiten zurück. Vorbild für die europäische Rätseldichtung bis zum Humanismus waren die R. des Römers Symphosius (4./5. Jh. n. Chr.). Eine deutschsprachige Tradition setzte mit dem *Sängerkrieg auf Wartburg* (um 1250) und der → Spruchdichtung des 13. Jh.s ein. Die Rätseldichtung und Ansichten des Humanismus über das R. fasste Nikolaus Reusners *Aenigmatographia* (1599) zusammen. Die erste gedruckte dt. Sammlung stellt das um 1505 erschienene *Straßburger Rätselbuch* dar. Neues Interesse am R. brachte die Gesellschaftskultur des 17. Jh.s, wie sie sich etwa in Georg Philipp Harsdörffers *Frauenzimmer Gesprächspielen* (1641–49) artikulierte. Im 18. Jh. wurde das R. v. a. Gegenstand der Kinderliteratur, hatte aber dann noch einmal im frühen 19. Jh. eine gesellschaftliche Funktion (Schiller, Johann Peter Hebel, Arthur Schopenhauer u. a.). Mit dem Verlust des Gesellschaftlichen in der Lyrik verlor das literarische R. seine Voraussetzungen und die nichtkommunikativen Formen (Kreuzworträtsel u. Ä.) traten an seine Stelle.

Räuberroman, nach inhaltlichen Kriterien bestimmter Romantyp, in dessen Mittelpunkt der edle Räuber steht, der sich über die Gesetze (und die durch die Herrschenden korrumpierte Ordnung) stellt und als Beschützer, Wohltäter und Rächer der Armen und Unterdrückten auftritt. Der R.

gehört zu den Ende des 18. Jh.s im Zusammenhang mit der Ausweitung des literarischen Marktes aufblühenden Gattungen des Trivialromans (→ Trivialliteratur). Neue Aktualität erhielt das bekannte Sujet vom edlen Räuber (Robin Hood) durch Schillers Schauspiel *Die Räuber* (1781). Zu den bekanntesten Beispielen der Gattung zählen Heinrich Z[illegible]d Christian A[illegible]*hauptmann* (1[illegible]r Räuberro-m[illegible]Weltschmerz u[illegible].Jh. hinein n[illegible]anen über-h[illegible]nahm auch ei[illegible]ie Räuber-th[illegible] *aus verlorener Ehre*, 1786; Hermann Kurz, *Der Sonnenwirt*, 1854; Leonhard Frank, *Die Räuberbande*, 1914).

ÜBRIGENS …

Rahmenerzählung, Erzählung, die eine oder mehrere Binnenerzählungen wie ein Rahmen umschließt und zugleich die fiktive Begründung für den Anlass des Erzählens mitteilt. Man unterscheidet zwei Typen der R.: (1) die, die eine Einzelerzählung einrahmt, perspektivisch beleuchtet und häufig durch eine fingierte Quelle (Chronik, Tagebuch, Brief usw.) Authentizität suggeriert; und (2) die, die einen Zyklus von Einzelerzählungen im Kontext einer geselligen Erzählsituation zu einer Einheit zusammenfasst (→ Novelle). In dieser Form wurde die R. zuerst im Orient ausgebildet (z. B. *Tausendundeine Nacht*); die europäische Tradition ging von Boccaccios *Decamerone* (um 1350) aus (Geoffrey Chaucer, Marguerite de Navarre, Giambattista Basile u. a.). In Deutschland folgten Goethe mit den *Unterhaltungen deutscher Ausgewanderten* (1795) und Christoph Martin Wieland mit dem *Hexameron von Rosenhain* (1805) der von Boccaccio ausgehenden Tradition der zyklischen Rahmenhandlung. Sie wurde auch in der Romantik (Achim v. Arnim, E. T. A. Hoffmann) und im weiteren Verlauf des

19. Jh.s (Gottfried Keller) fortgeführt, während sich zugleich die gerahmte Einzelerzählung zu einer der bevorzugten Formen der Novelle in Biedermeier und Realismus entwickelte (Jeremias Gotthelf, Franz Grillparzer, Conrad Ferdinand Meyer, Theodor Storm). Als Möglichkeit des Erzählens blieb die R. im 20. Jh. verfügbar, wenn sie auch nicht mehr die dominierende Stellung wie in der realistischen Novellistik einnahm (Stefan Andres, Werner Bergengruen, Jakob Wassermann, Stefan Zweig u. a.).

Realismus, Stilbegriff und literarischer Epochenbegriff für die Zeit von 1848 bis 1880/90. Als Stilbegriff impliziert R. vom alltäglichen Sprachverständnis her die Darstellung erfahrungsmäßiger Wirklichkeit, unverhüllter Wahrheit usw. Was der Begriff in diesem Verständnis nicht reflektiert, sind die Voraussetzungen des jeweiligen Wirklichkeitsverständnisses. Wirklichkeit bedeutet im MA oder in der frühen Neuzeit etwas völlig anderes als im 19. Jh. Der Begriff R. verliert jede genaue Bedeutung, wenn er – wie beispielsweise bei Theodor Fontane – mit Kunst gleichgesetzt wird (»er ist die Kunst«).

Als Epochenbegriff entspricht R. dem Selbstverständnis des nachrevolutionären bürgerlichen Zeitalters und seiner nationalstaatlichen und naturwissenschaftlich-technischen Orientierung. Ausgangspunkt für die Programmatik des R. war die Ablehnung der Literatur des → Jungen Deutschland und des → Vormärz und ihrer sog. subjektiven Reflexionspoesie ohne Basis in der Wirklichkeit. Dagegen wurde die Forderung nach einer Darstellung ›objektiver‹, geschichtlich begründeter sittlicher Verhältnisse erhoben, für die trotz der gescheiterten bürgerlichen Revolution der Boden bereitet sei: Auch ohne die politische Selbstbestimmung sei das Bürgertum dank seiner sittlichen Überlegenheit, die bereits das private und wirtschaftliche Leben durchdringe, auf dem Weg zur politischen Macht. Insofern biete die dt. Wirklichkeit die Grundlage für eine objektive Literatur und Kunst. Hauptorgan des programmatischen

R. war die von Gustav Freytag und Julian Schmidt herausgegebene Zeitschrift *Die Grenzboten* (1842–1922). Die Forderung nach ästhetischer Objektivität gilt allerdings nur mit einer bezeichnenden, in der idealistischen Grundlage des bürgerlichen R. angelegten Einschränkung: Die Kunst habe zwar die Erfahrungswirklichkeit und ihre Widersprüche darzustellen, aber sie müsse zugleich auch ›verklären‹ (Otto Ludwig: »Poesie der Wirklichkeit, die nackten Stellen des Lebens überblumend«). Daher spricht man auch von ›poetischem R.‹.

Zu den wichtigsten konkreten poetologischen Forderungen des R. gehören: Vermeidung rhetorischer Prinzipien, etwa des Allegorischen oder Tendenziösen, ›Verklärung‹ des Alltags und Verwendung des mittleren Stils, Stoffe aus dem Bereich des handel- und gewerbetreibenden Bürgertums, Prosa, zurückhaltende, ›objektive‹ Erzählergestalt in Novelle, Erzählung und Roman. Allerdings zeigen sich – etwa in der Erzählerfrage, aber auch in der Einschätzung des Bürgertums – bedeutende Unterschiede zwischen dem programmatischen R. der unmittelbar der 48er-Revolution folgenden Periode und dem Spätrealismus.

Im R. spielen Drama und Lyrik nur eine untergeordnete Rolle. Erzählende Gattungen dominieren. Die konzentrierte Form der → Novelle entsprach mit ihrem kunstvollen, aber nicht ironisch gebrochenen Erzählen und mit ihrer distanzierenden Rahmentechnik (→ Rahmenerzählung) in hohem Maß der Forderung der Objektivität (Gottfried Keller, Theodor Storm, Conrad Ferdinand Meyer); ihren großen Erfolg verdankte sie aber auch der Entwicklung des Buchmarkts (zahlreiche neue Zeitschriften; → Familienblatt, → Feuilleton).

Der Roman des R. entwickelte sich zunächst in der Auseinandersetzung mit dem klassisch-romantischen → Bildungs- und Künstlerroman. Zeigte Kellers *Grüner Heinrich* (1854–55) den schwierigen Übergang von der romantischen zur bürgerlichen Künstlerexistenz (auch des Autors), so lieferte Freytag mit *Soll und Haben* (1855) das Muster eines realistischen Bildungsromans, eine kleinbürgerliche Aufsteigergeschichte bei gründlicher Demontage aller unbürgerlichen Kräfte (Juden, adelige Großgrundbesitzer, Polen). Auch Wilhelm Raabes *Hungerpastor* (1863–64) folgt diesem Schema mit entsprechend linearer Erzählstruktur. Ludwigs große Erzählung *Zwischen Himmel und Erde* (1856), angesiedelt in kleinbürgerlich-handwerklichem Milieu, ist ein lehrbuchmäßiges Beispiel für den poetischen R. Die genaue Schilderung des Kleinstadtmilieus und der Berufswelt ist nur Hintergrund für die Darstellung tiefer psychologischer Spannungen, seelischer Vorgänge und sittlicher Entscheidungen. Die äußere Handlung erhält eine allgemeinmenschliche Bedeutung, und die Schlussidylle bietet, ebenfalls programmgemäß, ein anschauliches Bild poetischer Verklärung (»Ausmalung der Stimmung und Beleuchtung des Gewöhnlichsten im Leben mit dem Lichte der Idee«).

Bei Keller zeigt sich, wie die Verklärung der bürgerlichen Gesellschaft im Geist des demokratischen Humanismus (*Das Fähnlein der sieben Aufrechten*, 1860) einer zunehmenden Skepsis gegenüber der Gesellschaft Platz macht (*Die Leute von Seldwyla*, 1856, vermehrt 1873–74; *Martin Salander*, 1886). Gänzlich unvereinbar mit dem Geschichtsoptimismus des programmatischen R. ist das späte Werk Raabes, das überdies ganz im Gegensatz zu den Forderungen einer ›objektiven‹ Erzählweise (Friedrich Spielhagen) das Erzählen selbst in virtuoser Weise thematisiert und den linearen Erzählvorgang konsequent aufbricht. Fontane behält zwar den außenstehenden Erzähler bei, doch an die Stelle verbindlicher Erzählerkommentare tritt durch eine zunehmende Dialogisierung, durch kommentarlose Gegenüberstellungen von Meinungen und Briefen und durch das Delegieren des Erzählens an Romanfiguren eine Vielstimmigkeit und Offenheit, die die verschiedenen gesellschaftlichen Bereiche und Positionen deutlich macht, ohne wertend Stellung zu beziehen.

Rede, Form wirkungsbezogenen Sprechens und der zugrunde liegende stilistisch und rhetorisch durchgeformte Text. Über die Theorie der R. und ihre Umsetzung in die Praxis belehrt die → Rhetorik. Die antike Rhetorik kannte zunächst drei Gattungen der öffentlichen R.: die politische R., die Gerichtsrede und die Fest- oder Prunkrede. In der Spätantike kamen die → Predigt als geistliche Rede, im Mittelalter und Neuzeit die Disputation und akademische R. hinzu. Ziel einer R. war es, Handlungen oder Entscheidungen herbeizuführen, Meinungen zu beeinflussen oder den allgemeinen Konsens zu bestätigen.

In Deutschland kommen bedeutende Leistungen bis in die frühe Neuzeit v. a. aus dem Bereich der geistlichen Beredsamkeit (Berthold v. Regensburg, Meister Eckhart, Martin Luther, Abraham a Sancta Clara usw.) und der Universitätsrede (Conrad Celtis, Erasmus v. Rotterdam, Philipp Melanchthon). Die Rede im politischen Kontext blieb als Teil des Hofzeremoniells bedeutungslos. Ansätze zu einer politischen Redekunst gibt es erst seit dem 18. Jh.; eine durchgehende Tradition setzte jedoch erst mit den Befreiungskriegen (Johann Gottlieb Fichte, Adam Müller) und der Revolution von 1848 (Ernst Moritz Arndt, Robert Blum, Heinrich v. Gagern, Ludwig Uhland) ein, die dann mit der Reichsgründung und den darauf folgenden politischen Auseinandersetzungen (Kulturkampf, Sozialistengesetze, Großmachtpolitik) ein schärferes Profil gewann (August Bebel, Otto v. Bismarck, Heinrich v. Treitschke usw.). Nach der Weimarer Republik (Walther Rathenau, Gustav Stresemann, Friedrich Naumann) verkam die politische R. im Dritten Reich zu Propaganda, Demagogie und Massensuggestion. Nach 1945 knüpften Theodor Heuss, Carlo Schmid, Kurt Schumacher u. a. an die Tradition der Weimarer Republik an.

Daneben bildete sich seit der Französischen Revolution die Tradition der Schriftstellerrede heraus. Sie erhebt, begründet aus dem Selbstverständnis des ›freien Schriftstellers‹ (→ Autor), den Anspruch auf gesellschaftliche und politische Wegweisung und hat bis zur Gegenwart, von den Politikern nicht immer begrüßt, bedeutende Texte hervorgebracht (Gottfried August Bürger, Georg Forster, Ludwig Börne, Karl Gutzkow, Hugo v. Hofmannsthal, Heinrich und Thomas Mann, Walter Jens, Günter Grass, Martin Walser u. a.).

Redegattungen → Rede, → Rhetorik.

Reformationsliteratur, die Literatur der Zeit von 1517 (Luthers Thesenanschlag) bis 1555 (Augsburger Religionsfriede). Die Eigenständigkeit der Reformationszeit als literarischer Epoche lässt sich mit dem Funktionswandel der Literatur begründen, die hier zum ersten Mal eine zentrale Stellung im öffentlichen Leben einnahm. Der Begriff R. umfasst nicht nur das reformatorische Schrifttum im engeren Sinn, sondern auch die Literatur der altkirchlichen Gegner und die Publizistik im Zusammenhang mit den Bauernkriegen.

R. war in hohem Maß zweckgebundene Gebrauchsliteratur, die sich vielfältiger Formen und Gattungen bediente. Die neuen Möglichkeiten öffentlicher Wirkung, die der Buchdruck bot, wurden von beiden Seiten intensiv zu agitatorischen Zwecken genutzt. Zum ersten Mal wurde die → Flugschrift als Massenmedium eingesetzt (allein zwischen 1518 und 1525 erschienen 3000 Flugschriften), wobei bei der raschen Verbreitung der Inhalte angesichts des geringen Alphabetisierungsgrads der Bevölkerung mündliche Kommunikationsformen entscheidend zu Hilfe kamen.

Die R. war zweisprachig. Die Reformatoren hatten z. T. eine humanistische Ausbildung absolviert, zahlreiche Humanisten schlossen sich vorübergehend oder auf Dauer der Reformation an, und das Bildungssystem der protestantischen Schulen und Universitäten wurde auf humanistischer Basis organisiert. Doch Luther erkannte schon früh die Bedeutung des Deutschen für die Verbreitung seiner Vorstellungen und reduzierte den Gebrauch des Lateinischen immer stärker. Andere, wie Ulrich v. Hutten, folgten ihm. Die Hinwendung zum Deutschen, Voraussetzung des missionarischen Erfolgs, war darüber hinaus Ausdruck einer neuen Sicht des Glaubens (Mündigkeit des Laien) und eines gegen Rom gerichteten Nationalgefühls.

Luther, der Begründer der Reformation, war zugleich ihr wortgewaltigster Vertreter und einflussreicher Anreger. Seine →Bibelübersetzung, mit der er einen wesentlichen Beitrag zur Entwicklung einer dt. Kunstprosa leistete, wurde zum Grundbuch des evangelischen Glaubens und maßgebliche Quelle für →Bibeldichtung, →Psalmendichtung, →Kirchenlied und →Erbauungsliteratur. Maßstäbe setzte er mit seinen eigenen Kirchenliedern, seitdem zentraler Bestandteil der evangelischen Gesangbücher. Sie unterstrichen die konstitutive Bedeutung des Lieds im protestantischen Gottesdienst und zogen eine kaum überschaubare Liedproduktion nach sich. Auf Luthers Anregung hin entstand auch eine fruchtbare protestantische Fabeldichtung (Erasmus Alberus, Burkhard Waldis); seine eigenen →Fabeln erschienen erst postum (1557). Mit seinen programmatischen und polemischen Traktaten und Sendschreiben löste er die erste große Flugschriftenwelle aus; zu den bedeutendsten Texten in diesem Zusammenhang gehören die *Fünfzehn Bundesgenossen* (1521) von Johann Eberlin v. Günzburg.

Die humanistische Form des →Dialogs, wie sie Hutten in seinen lukianischen Satiren und Willibald Pirckheimer in seinem satirischen *Eckius dedolatus* (1520) pflegten, war der Ausgangspunkt einer breiten dt. Dialogliteratur, die zu den bedeutendsten literarischen Leistungen der Zeit zählt. Hutten selbst übersetzte seine lat. Dialoge ins Deutsche (*Gesprächbüchlin*, 1521). Ebenfalls 1521 erschien als Flugschrift der anonyme *Karsthans*, in dem der Bauer nicht mehr als grober Flegel, sondern als Beispiel des in der Bibel belesenen, mündig gewordenen Laien erscheint. Martin Bucers *Gesprech Büechlin Neuw Karsthans* (1521) knüpfte unmittelbar daran an. Auch Hans Sachs, der bereits in dem Spruchgedicht *Die Wittenbergisch Nachtigal* (1523) aggressiv für die Sache der Reformation eingetreten war, veröffentlichte 1524 vier Reformationsdialoge, in denen der in zahlreichen reformatorischen Flugschriften beschworene ›gemeine Mann‹ – in Gestalt des bibelfesten Schusters H. S. – selbstbewusst das Wort ergreift.

Auch das Drama entwickelte sich zu einem wichtigen Instrument der Glaubenspropaganda. In offener Revueform oder in der geschlossenen Form der römischen Komödie wurden Themen auf die Bühne gebracht, an denen sich die neuen religiösen Auffassungen beispielhaft demonstrieren ließen. Die frühesten reformatorischen Tendenzdramen entstanden in der Schweiz (Pamphilius Gengenbach, Niklaus Manuel). Waldis' Stück *De parabell vam vorlorn Szohn* (1527), das erste Reformationsdrama auf biblischer Grundlage, veranschaulicht wirkungsvoll die lutherische Rechtfertigungslehre. Die Parabel vom verlorenen Sohn gehörte in der Folgezeit zu den beliebtesten Dramenstoffen; allerdings ging die Wirkung nicht von Waldis' dt. Drama, sondern von dem neulat. *Acolastus* (1529) des Niederländers Guilhelmus Gnaphaeus aus. Zu den wichtigsten Dramatikern der folgenden Jahre zählen Paul Rebhun und der Neulateiner Thomas Naogeorg. → Schuldrama.

Als herausragende literarische Leistung der katholischen Gegenseite kann Thomas Murners polemische Verssatire *Von dem grossen Lutherischen Narren* (1522) gelten. Eine späte Entwicklung der R. stellen die → Teufelbücher protestantischer Autoren dar, denen die katholische Seite ›Engelbücher‹ entgegenhielt (Johannes Nas, *Angelus paraeneticus*, 1558).

Refrain, auch Kehrreim, in regelmäßigen Abständen wiederkehrende Laut- oder Wortgruppe bzw. Verse in strophischen Gedichten, meist am Ende der Strophen.

Reim, Gleichklang von Wörtern vom letzten betonten Vokal an (Endreim). Gleichklang von Wortanfängen (Konsonanten) bezeichnet man als →Stabreim bzw. →Alliteration; beschränkt sich der Gleichklang auf die Vokale, spricht man von →Assonanz. Die ursprüngliche Bedeutung des Wortes R. ist wohl Verszeile oder gereimter Vers. Seit ahd. Zeit (Otfrid v. Weißenburg, *Evangelienbuch*, um 863–71) ist der Endreim wesentliches Element der dt. Versdichtung; erst im 18. Jh. wurde er im Zusammenhang mit der Nachbildung antiker Metren (→Metrik) und der Übernahme des engl. →Blankverses in Frage gestellt. Seitdem stehen reimlose und gereimte Formen nebeneinander, wenn auch nach 1945 eine verstärkte Abkehr vom Reim zu beobachten ist. Mit der normativen Poetik des Barock beginnt die Zeit der Reimlexika (zuerst bei Philipp v. Zesen im Anhang zu seinem *Deutschen Helicon*, 1640), für die bis zur Gegenwart ein Bedarf zu bestehen scheint.

Die Metrik hat für die Vielfalt der Reimformen und -stellungen ein umfangreiches Vokabular entwickelt. Der *reine* R. beruht auf der vollständigen Übereinstimmung des phonetischen Materials, beim *unreinen* R. stimmen meist die betonten Vokale, seltener die Konsonanten nur ungefähr überein (geschieht / verglüht; spannte / Lande). In der Hochsprache unreine Reime können bei Dialektaussprache rein sein: neige / Schmerzenreiche (Goethe). Reicht der R. hinter den betonten Vokal zurück, spricht man vom *erweiterten* R., der in verschiedenen Varianten auftritt: als *rührender* R. (Übereinstimmung auch des anlautenden Konsonanten: Los / los) mit den besonderen Formen des *identischen* R.s (Wiederholung desselben Worts), des *äquivoken* R.s (gleichlautende Wörter: lehren / leeren) und des *grammatischen* R.s (die Reimwörter gehören zum selben Wortstamm: setzen / übersetzen); als *reicher* Reim (die Übereinstimmung erstreckt sich auch noch auf den vorletzten betonten Vokal oder noch weiter (Sterblichen / verderblichen) mit der Sonderform des *Doppelreims* (Reimbindung von zwei miteinander reimenden Wortpaaren: lind wiegt / Wind schmiegt), von dem sich wiederum der *Schüttelreim* ableitet

(Austausch der Anfangskonsonanten oder auch von Silben der am Reim beteiligten Wörter: lang und bauschig / bang und lauschig). Vom reichen Reim abgesehen reimen selten mehr als zwei Silben; den einsilbigen R. nennt man *männlich* (Hut / Mut), den zweisilbigen *weiblich* (kehrte / lehrte). Der zweisilbige R. ist *gespalten*, wenn wenigstens eines seiner Elemente auf zwei Wörter verteilt ist (Reiter / schreit er).

Hinsichtlich der Stellung des R.s innerhalb des Verses unterscheidet man u. a. zwischen *Anfangsreim* (Übereinstimmung der Versanfänge), *Binnenreim* (Übereinstimmung im Versinnern), *Schlagreim* (Gleichklang unmittelbar aufeinander folgender Wörter) und → *Zäsurreim*; *Binnenreim* wird auch als übergreifende Bezeichnung für die verschiedenen Möglichkeiten der Reimstellung innerhalb eines Verses bzw. für R.e gebraucht, bei denen nur ein Element im Versinnern steht.

Eine wesentliche gliedernde Funktion erfüllt der R., indem er gewisse Verse einer Dichtung miteinander verbindet, den Text also in bestimmte Gruppen oder Strophen einteilt. Zu den wichtigsten Reimstellungen zählen: *Paarreim* (aabb), *Kreuzreim* (abab), *halber Kreuzreim* (häufig bei Volksliedstrophen: nur der 2. und 4. Vers reimen: xaxa), *umarmender* oder *umschließender* R. (abba), *Schweifreim* (aabccb), *Kettenreim* (als *äußerer* Kettenreim z. B. in der → Terzine: aba bcb; der *innere* Kettenreim verbindet Versanfang, Versende und Versinneres – oder auch nur Versende und Versinneres – nach einem bestimmten Schema).

Reimrede, auch Reimpaarrede, kleinere Reimpaardichtung vorwiegend räsonierender, erörternder Art (im Gegensatz zu erzählenden Texten: → Märe). Die R. erscheint u. a. als didaktische geistliche, weltliche und politische ›rede‹ sowie als Minnerede (›rede‹ steht im Mhd. für alles Gesprochene). Sie dient im Frühmhd. zunächst geistlicher Unterweisung (*Memento mori*, um 1070–90; Armer Hartmann, *Rede vom heiligen Glauben*, um 1140–60); aus der geistlichen R. wächst im Verlauf des 13. Jh.s allmählich die weltlich-didaktische hervor und verselbständigt sich (der Stricker). Bedeutendster Nachfolger des Strickers im 13. Jh. ist der österreichische Spruchdichter Heinrich der Teichner, der in seinem Werk umfassend geistliche und weltliche Themen abhandelt. Ein markanter Vertreter der politisch-didaktischen R. ist der sog. *Seifried Helbling* (um 1283–1305), die politische Lobrede vertritt Peter Suchenwirt (14. Jh.). Von besonderer Bedeutung im Spätmittelalter ist die → Minnerede, in der die R. ihre stilistisch aufwendigste, künstlichste Form erreicht.

Reisebericht, Darstellung von Reisen und Reiseeindrükken, denen reale Erfahrungen zugrunde liegen. Auch → Itinerarien, Reiseführer oder -handbücher, die weniger über Reisen berichten, als die Reise begleitende Informationen liefern, gehören wenigstens am Rande zur Gattung. Abzugrenzen ist der R. vom sog. Reiseroman oder anderen fiktionalen Texten, in denen Reise als Motiv oder strukturierendes Moment verwendet wird (wie schon in Homers *Odyssee* und dann in vielen unterschiedlichen Romantypen vom hellenistischen Reise- und Liebesroman über den → höfischen Roman des MA bis zum → Pikaro-, → Abenteuer- und → Bildungsroman).

Der R. ist an keine bestimmten literarischen Formen gebunden. Er übernimmt vielfach Darstellungsmöglichkeiten, die in anderen Zusammenhängen entstanden sind (Reisegedicht, Briefsammlung, Tagebuch usw.). Bereits die Griechen kannten verschiedene Formen des R.s wie Küstenbeschreibung (Periplus; wörtlich: ›Umschiffung‹) und die Beschreibung der Sehenswürdigkeiten eines Landes (Periegese: ›Rundführung‹). Der bekannteste der erhaltenen Texte ist Pausanias' Beschreibung Griechenlands (um 170 n. Chr.). Die mittelalterliche Reiseliteratur entstand im Zusammenhang mit den Kreuzzügen und Pilgerfahrten ins Heilige Land. Sie erhob in der Regel keine literarischen Ansprüche, sondern diente der Vermittlung von Informationen sowohl über die äußeren Reisebedingungen wie über die Geographie und Kultur der fremden orientalischen Welt. Dabei vermischten sich bei der Schilderung der Exotik des Orients häufig Reales und Wunderbares. Von 1320 bis 1500 sind (einschließlich der Übersetzungen) etwa 120 Pilgerberichte in dt. Sprache überliefert, darunter die *Peregrinationes in Terram Sanctam* (lat. u. dt. 1486) von Bernhard v. Breidenbach und das *Evagatorium* Felix Fabris vom Ende des 15. Jh.s, das bedeutendste Werk der damaligen Reiseliteratur.

An den Entdeckungsfahrten im Zeitalter der Renaissance hatten Deutsche kaum Anteil; entsprechend gering ist die Zahl der deutschsprachigen R.e. Zu den wichtigsten gehört Hans Stadens Beschreibung seiner Reise nach Brasilien und der Gefangenschaft bei den Tupinamba mit nüchternen Schilderungen ihrer Sitten und Gebräuche (*Warhaftig Historia vnd beschreibung eyner Landschafft der Wilden / Nacketen / Grimmigen Menschfresser Leuthen*, 1557). Dem deutschsprachigen Publikum wurden die zahlreichen R.e der Epoche in zwei großen Publikationsserien vermittelt, Theodor de Brys *America* (1590–1630) und Levinus Hulsius' *Schiffahrten* (1598–1650). Mit der Tätigkeit der Holländisch Ostindischen Kompanie wurde der Ferne Osten vermehrt Gegenstand von R.en; über China bzw. die Mongolei hatte bereits Marco Polo (*Il Milione*, 1298–99) geschrieben und für lange Zeit die europäischen Vorstellungen vom Fernen Osten geprägt. Als erster Deutscher hatte Sigmund v. Herberstein in seiner *Musovia* (lat. 1549; dt. 1557) über Russland berichtet; 1647 publizierte dann Adam Olearius einen monumentalen Bericht über die Holsteinische Gesandtschaftsreise nach Russland und Persien von 1633–1639 (*Offt begehrte Beschreibung Der Newen Orientalischen Reise*; vermehrt 1656). Über Russland und Persien hinaus nach Japan reiste 1683–93 Engelbert Kaempfer; er trug mit seinen *Amoenitas Exoticae* (1712) und einer *Geschichte und Beschreibung von Japan* (zuerst engl. 1727; dt.

1777–79) wesentlich zur Prägung des europäischen Japanbildes bei.

In der 2. Hälfte des 18. Jh.s erlebte die Gattung einen bedeutenden Aufschwung. Höhepunkte der aufklärerischen Reiseliteratur sind Georg Forsters Bericht über die Weltumsegelung James Cooks (*Reise um die Welt*, 1778–80) – »eine philosophische Geschichte der Reise« nennt er sie selbst – und Friedrich Nicolais zwölfbändige *Beschreibung einer Reise durch Deutschland und die Schweiz im Jahre 1781* (1783–96), die die Maßstäbe ihrer aufgeklärten Kritik aus protestantisch-preußischem Nützlichkeitsdenken bezieht. Im Zusammenhang mit der Französischen Revolution wurde in der Folgezeit Paris zu einem bevorzugten Reiseziel und ›Briefe‹ aus Paris oder Frankreich die bevorzugte Mitteilungsform (z. B. Joachim Heinrich Campe, *Briefe aus Paris zur Zeit der Revolution geschrieben*, 1790; Gerhard Anton v. Halem, *Blicke auf einen Theil Deutschlands, der Schweiz und Frankreich bey einer Reise vom Jahr 1790*, 1791; Johann Friedrich Reichardt, *Vertraute Briefe über Frankreich*, 1792–93).

Überwog bei den Frankreichreisenden der Revolutionszeit meist das politische Interesse, so hatten die Italienreisenden des späten 18. Jh.s ein anderes Ziel, die Bestätigung ihrer klassizistischen Vorstellungen (z. B. Karl Philipp Moritz, *Reisen eines Deutschen in den Jahren 1786 bis 1788*, 1792–93; Goethe, *Italienische Reise*, 1816–17 und 1829). Das Gegenprogramm stellt Johann Gottfried Seumes *Spaziergang nach Syracus im Jahre 1802* (1803) dar: Er sieht das Italien der Gegenwart; das antike Italien ist nur Folie, vor der die Unzulänglichkeit und die Armut, verschuldet durch Kirche und Feudalherrschaft, um so sichtbarer werden.

Die »neue Ära wissenschaftlichen Reisens«, die Alexander v. Humboldt in Forsters *Reise um die Welt* dokumentiert sah, fand ihre Fortsetzung im 19. Jh. u. a. mit Humboldts Forschungsreise nach Südamerika (*Voyage*, 30 Bde., 1805–34). Auch Adelbert v. Chamissos Bericht von seiner

Reise um die Welt (1836) gehört in diesen Zusammenhang. Bei beiden werden Reiseverlauf und wissenschaftliche Ergebnisse getrennt dargestellt. Diese werden in Zukunft immer mehr Domäne einschlägiger Fachliteratur; zugleich zeigen sich Tendenzen einer stärkeren Literarisierung des R.s, wie sie sich bereits in den ›empfindsamen Reisen‹ in der Nachfolge von Lawrence Sternes romanhafter *Sentimental Journey* (1768) zu Ende des 18. Jh.s abzeichneten.

Epochemachend wurden Heinrich Heines religions- und gesellschaftskritische *Reisebilder* (1826–31), deren formale Heterogenität – »ein zusammengewürfeltes Lappenwerk« nennt sie Heine selbst – sich mit Subjektivität, Reflexion und Ironie verbindet. In der 2. Jahrhunderthälfte ragen die Reisefeuilletons Theodor Fontanes aus England und seine *Wanderungen durch die Mark Brandenburg* (1861–81) hervor, die den R. durch historische Reminiszenzen vertiefen. In der Weimarer Republik kam es zu einer ausgesprochenen Politisierung der Gattung, die sich nicht zuletzt in den der USA bzw. der UdSSR gewidmeten R.en zeigt. Bevorzugte Form war die → Reportage (Egon Erwin Kisch u. a.). Zu den bedeutenden Autoren der Nachkriegszeit, die ihre Reiseerfahrungen in Reportagen und Feuilletons festhielten, gehören Wolfgang Koeppen, Hans Magnus Enzensberger und – in polemischer Auseinandersetzung mit der Gattungstradition – Rolf Dieter Brinkmann (*Rom. Blicke*, 1979).

Reklamante → Kustode.

Renaissance, kulturhistorische Epochenbezeichnung für die Zeit vom 14. bis 16. Jh., zunächst auf Italien bezogen, dann auf ganz Europa ausgeweitet. Der Begriff R., ›Wiedergeburt‹, setzte sich im 19. Jh. zuerst in Frankreich durch; Jacob Burckhardt übernahm sie samt der Formel Jules Michelets von der »Entdeckung der Welt und des Menschen« (*Die Kultur der Renaissance in Italien*, 1860). In Italien selbst, dem Ursprungsland der R., gebrauchte der Kunsthistoriker Giorgio Vasari als Erster 1550 den entsprechenden Begriff *rinascità*. Die Vorstellung von einer politischen und künstlerischen Wiedergeburt im Geist der Antike geht in der ital. Diskussion allerdings bis ins 14. Jh. zurück. Der Bezug zur Antike ist ein wesentliches Kriterium für den Epochenbegriff R., der sich hauptsächlich an der Entwicklung der Künste orientiert. Als literaturwissenschaftlicher Epochenbegriff hat sich R. in der dt. Literaturwissenschaft nicht durchgesetzt; verwendet wird R. allerdings als übergreifende Bezeichnung für die gesamte Kultur der (in Deutschland verspätet eintretenden) Epoche, während für deren literarisches Segment der Begriff → Humanismus üblich ist.

Reportage, ›Berichterstattung‹, Prosaform mit dokumentarischem Anspruch, die aus der Perspektive des Berichterstatters von Fakten und realen Vorgängen berichtet. Eigene Eindrücke und Wertungen fließen ebenso ein wie der Prozess der Recherche selbst. Funktion der R. ist die Vermittlung von spezifischen Einsichten und Erfahrungen, die dem Publikum nicht direkt zugänglich sind, wobei die Wirkungsabsicht von bloßer Unterhaltung über die Mitteilung von Informationen zur expliziten oder impliziten Aufforderung reicht, Konsequenzen aus dem Berichteten zu ziehen. Eigene Formen der R. haben Rundfunk und Fernsehen entwickelt; Originaltöne und Bilder ergänzen den Wortbericht.

Die Entwicklung der R. ist mit der der Massenpresse verbunden. Der Terminus R. wurde Anfang des 20. Jh.s gebräuchlich. Zu den bevorzugten Arten der R. gehören die Reise-, Sozial-, Gerichts- und Industriereportage. Eine besondere Bedeutung gewann die R. in der historischen Krisen- und Umbruchszeit der 20er-Jahre (Egon Erwin Kisch, Joseph Roth, Sling [d. i. Paul Schlesinger] u. a.). Neue Impulse gingen nach dem Zweiten Weltkrieg von der Hinwendung zu dokumentarischen Literaturformen aus (→ Arbeiterliteratur, → Dokumentarliteratur, → Werkkreis Literatur der Arbeitswelt); insbesondere die Rollenreportagen Günter Wallraffs erzielten eine nachhaltige Wirkung. Einflüsse des amerikanischen ›New Journalism‹ zeigen sich in den ironisch-subjektiven, literarisch versierten Magazinreportagen seit den 80er-Jahren.

Requiem, Totenmesse der katholischen Liturgie. In der Literatur werden Texte als R. bezeichnet, die in Gehalt und Form der Totenmesse entsprechen (Rainer Maria Rilke, *Requiem*, 1909; Yvan Goll, *Requiem für die Gefallenen von Europa*, 1917) oder sich in der Thematik (Tod, Schuld usw.) mit ihr berühren (z. B. William Faulkner, *Requiem for a Nun*, 1951).

Restaurationszeit → Biedermeier.

Retardierendes Moment, Bezeichnung für eine die Spannung steigernde Verzögerung im Handlungsverlauf eines Dramas vor der → Katastrophe. Auch andere Gattungen (→ Ballade, → Novelle, → Kriminalroman usw.) bedienen sich dieses Kunstmittels. → Dramentheorie.

Revue, Form des Unterhaltungstheaters, eine lose Folge von Gesangsnummern, Tanzdarbietungen und dramatischen und akrobatischen Szenen. Dabei reicht die Bandbreite von der literarischen oder politisch-zeitkritischen R., die sich dem → Kabarett annähert, bis hin zu letztlich inhaltslosen Ausstattungsrevues (Shows). Die Revueform, bereits im → Fastnachtsspiel verwandt, wurde durch Erwin Piscator in den Dienst des politischen Theaters gestellt und seitdem immer wieder genutzt.

Reyen, Bezeichnung für die Chorlieder im Barockdrama. Sie beschließen in Analogie zum antiken Chor die einzelnen Akte des barocken Trauerspiels (den fünften meist ausgenommen) und deuten das Geschehen. Die dt. Barockdramatiker folgen dabei dem Beispiel des → Jesuitendramas und des niederl. Dramatikers Joost van den Vondel. Im Verlauf der Entwicklung kommt es – parallel zur Intensivierung des rhetorischen und metaphorischen Stils überhaupt – zu immer komplexeren Formen, beispielsweise allegorisch-mythologischen Singspielen, die die ›Lehre‹ emblematisch verschlüsseln.

Rezension, Besprechung, kritische Beurteilung von literarischen Werken, Konzertverantaltungen, Fernsehsendungen, Filmen und Aufführungen von Bühnenwerken in Zeitungen (→ Feuilleton) und (wissenschaftlichen) Zeitschriften. – R. bezeichnet auch einen Aspekt der → Textkritik (›recensio‹).

Rezeption, Begriff für die (durchaus verschiedenen Arten der) Aufnahme und Aneignung von literarischen Texten durch den oder die Leser, Zuschauer oder Hörer. Dabei beschreibt die Rezeptionsgeschichte die historischen Veränderungen der verschiedenen Rezeptionsprozesse, während die in den 70er-Jahren diskutierte Rezeptionsästhetik (Hans Robert Jauß, Wolfgang Iser) davon ausgeht, dass sich die Bedeutung literarischer Texte erst im Akt der R. konkretisiert.

Die Bedeutung literarischer Kunstwerke ergibt sich nach Jauß (*Literaturgeschichte als Provokation der Literaturwissenschaft*, 1967) erst durch die Verschmelzung des im Werk objektivierten jeweiligen historischen »Erwartungshorizonts« als »Rezeptionsvorgabe« mit dem individuellen, durch allgemeines und literarisches Vorwissen bestimmten »Erwartungshorizont« des gebildeten Lesers. Das »Sinnpotential« eines Textes entfaltet sich geschichtlich in einer Reihe jeweils neuer Konkretisationen. Daraus ergibt sich ein neuer Ansatz für die Literaturgeschichtsschreibung. Das jeweils neue Werk einer ›literarischen Reihe‹ erscheint als ein Ergebnis der aktiven Rezeption des Autors, als Antwort auf die von den früheren Werken der Reihe aufgeworfenen Fragen. Die Literaturgeschichte lässt sich so als Prozess beschreiben, in dem »das nächste Werk formale und moralische Probleme, die das letzte Werk hinterließ, lösen und wieder neue Probleme aufgeben kann« (Jauß).

Vom ›impliziten Leser‹ spricht Iser in einer komplexen Theorie der Interaktion zwischen Text und Leser, zwischen objektivierbaren Textstrukturen und den individuell, sozial oder epochal bedingten subjektiven Anschauungen des Lesers. Dabei wird angesichts der »Unbestimmtheitsstellen« (Roman Ingarden) bzw. »Leerstellen« (Iser) des Textes sowie der individuellen Rezeptionssituation und der Erfahrungsgeschichte des Rezipienten der Text als selektive und imaginative Leistung des Lesers in jeweils unterschiedlicher Weise konstituiert (*Der implizite Leser*, 1972; *Der Akt des Lesens*, 1976).

Anders als die Rezeptionsästhetik sucht die empirische (sozialwissenschaftliche oder historisch-philologische) Rezeptionsforschung Aufschlüsse über den text-externen Leser, über Umfang und Zusammensetzung des Lesepublikums, über das Leserverhalten usw. (→Leser). Aussagen sind dabei nur insoweit möglich, als Dokumente vorhanden sind. Dazu gehören Angaben über Auflagenzahl und -höhe, Erwähnungen, Zitate, Anspielungen in anderen Werken, explizite kommentierende und wertende Äußerungen in Briefen, Rezensionen, Kommentaren, Poetiken usw. Historische Studien sind dabei auf die überlieferten Daten angewiesen, beruhen also auf einer problematischen Grundlage, die der historischen Quellenkritik bedarf. Nur für die Gegenwartsliteratur ermöglichen empirische Untersuchungen und Umfragen eine repräsentative Materialbasis. Bei inhaltlichen Fragestellungen steigen jedoch mit der Komplexität der Texte die Schwierigkeiten empirischer Erhebungen.

Rhetorik, aus dem Griechischen stammender Begriff für die Kunst der →Rede in praktischem wie theoretischem Sinn, d. h. für die Fähigkeit des wirkungsvollen Redens und die dazugehörige Theorie bzw. Kunstlehre. Dabei bezog sich der Begriff R. schon in der Antike nicht nur auf die mündliche Beredsamkeit, sondern auch auf die verschiedenen Arten der Kunstprosa, die denselben Regeln unterworfen waren. Die R. als Kunstlehre bot ein differenziertes Modell zur Herstellung – und damit auch zur Analyse – von Texten, das bis ins 18. Jh. hinein Verbindlichkeit beanspruchen konnte. Zugleich verstand sich die rhetorische Erziehung als Charakterbildung; Ziel dieser Bildung war, so

Quintilian, der »vir bonus dicendi peritus«, der die Kunst des Redens beherrschende Ehrenmann. Von der Spätantike bis in die frühe Neuzeit bildete die R. als Teil der Sieben freien Künste (→ Artesliteratur) die Grundlage jeder höheren Bildung; das Absolvieren einer Artistenfakultät mit dem obligatorischen rhetorischen Ausbildungsprogramm war überdies Voraussetzung für das Studium an den höheren Fakultäten (Theologie, Rechtswissenschaft, Medizin).

Ausgehend von der *Rhetorik* des Aristoteles wurde die R. von röm. Rhetorikern zu einem differenzierten System ausgebaut (*Rhetorica ad Herennium*, Cicero, Quintilian), das zwar Wandlungen unterworfen war, doch gleichwohl einen festen Grundbestand aufwies und in dieser Form die Zeiten überdauerte. Die antike Theorie unterscheidet zwischen drei Redegattungen: Gerichtsrede, politische Rede, Fest- oder Prunkrede; dazu kommt später unter dem Einfluss des Christentums die geistliche Rede, die → Predigt. Die Textproduktion geschieht in fünf Stadien: (1) Sammlung der Argumente und Materialien (*inventio*) mit Hilfe der Suchkategorien der → Topik für den zu behandelnden Gegenstand. (2) Gliederung des Stoffes und der Argumente (*dispositio*) in einer sinnvollen Weise. Darüber informiert die Lehre von den Redeteilen: die Einleitung (*exordium*) soll die Aufmerksamkeit der Zuhörer erregen oder ihr Wohlwollen erwecken (*captatio benevolentiae*), der Hauptteil beginnt mit der parteilichen Schilderung des Sachverhalts (*narratio*) und gipfelt in der mehrfach untergliederten Argumentation und Beweisführung (*argumentatio*), die *peroratio* beendet die Rede. (3) Sprachlich-stilistische Umsetzung des durch die ersten beiden Schritte gewonnenen argumentativen Konzepts auf der Basis einer bis ins Detail ausgearbeiteten Stillehre (*elocutio*). (4) Auswendiglernen der Rede (*memoria*). (5) Vortrag (*pronunciatio*, *actio*).

Die Stillehre ist das differenzierteste und komplexeste Teilgebiet der R. Wie die Dispositionsschemata konnte sie unmittelbar auch in der Dichtkunst Verwendung finden.

Das gilt für die Unterscheidung in drei Stilebenen – hoher, mittlerer, niederer Stil (→ Genera dicendi) –, die sich durch die Zuordnung zu bestimmten Gegenstandsbereichen und den Ständen der Gesellschaft einerseits und den Gattungen andererseits zur sog. → Ständeklausel verdichtete, es gilt für die stilistischen Mittel, die in einer dem Gegenstand, dem Publikum und dem angestrebten Wirkungsziel angemessenen Weise einzusetzen sind (Lehre vom *decorum* oder → *aptum*) und, nach → rhetorischen Figuren und → Tropen klassifiziert, in entsprechenden Handbüchern und Blütenlesen zur Verfügung stehen.

Absicht des Redners ist es, die Zuhörer von der Richtigkeit seiner Sache zu überzeugen. Das kann er auf dreierlei Weise erreichen: durch Belehrung und rationale Beweisführung (*docere*, *probare*), durch die Erregung sanfter, gemäßigter Affekte (*delectare*, *conciliare*) oder durch das Hervorrufen heftiger Leidenschaften (*movere*; → Pathos). Dabei sind *delectare* und *movere* mit ihrem emotionalen Moment die eigentliche Domäne des Redners (und des Poeten). Auch hier ergibt sich wieder ein Zusammenhang mit der Stillehre und der Verwendung des Redeschmucks (→ *ornatus*): Angemessen für belehrende Zwecke ist der niedere, d. h. sachliche und nüchterne Stil (*genus humile*), der keinen besonderen rhetorischen Aufwand erfordert; wenn der Redner Wohlwollen und Vergnügen erzielen will, ist der mittlere Stil (*genus medium*) mit einem zurückhaltenden Gebrauch von Tropen und Figuren angebracht; sollen Leidenschaften erregt und angestachelt werden, so steht dafür der pathetische, erhabene Stil (*genus grande*) mit einer starken bis exzessiven Verwendung von Wort- und Gedankenfiguren und Tropen zu Gebot.

Die R. hatte auch im Bildungssystem des MA ihren festen Platz. Veränderungen ergaben sich v. a. durch die ihr zugewiesene Aufgabe der Förderung und Verbreitung des Glaubens (*ars praedicandi*). Zugleich entwickelten sich spezialisierte Anwendungsgebiete (Hand- und Formularbücher für

Kanzleien, Mustersammlungen; → Ars dictaminis). Die antiken Texte selbst wurden erst im → Humanismus wieder in ihrer vollständigen Form zugänglich. Damit kam es auch, über den sprachlich-stilistischen Bereich hinaus, zu einem Rückgriff auf das der R. zugrunde liegende Bildungsideal, etwa in Baldassare Castigliones Konzeption des vollkommenen Hofmanns (*Il libro del cortegiano*, 1527). Entscheidend für die weitere Entwicklung der R. in Deutschland wurde ihre Integration in das protestantische Schulwesen (Philipp Melanchthon); das katholische – insbesondere das der Jesuiten – folgte nach.

Die enge Beziehung zwischen R. und Dichtung bestand weiter, die R. wurde mehr denn je Grundlage der Poesie (→ Poetik). Die Definition der Dichtung als *oratio ligata*, gebundene Rede, zeigt die Nähe auch terminologisch. Die Poetiken selbst, etwa Martin Opitz' bahnbrechendes *Buch von der Deutschen Poeterey* (1624), sind nach Schemata der R. konzipiert (*inventio*, *dispositio* [= Gattungslehre], *elocutio*); dazu kommt als eigenes Moment der Poesie nur noch die Verskunst. Die erste deutschsprachige R., allerdings nur der *elocutio* gewidmet, ist Johann Matthäus Meyfarts *Teutsche Rhetorica oder Redekunst* (1634). Versuche, die traditionelle Schulrhetorik den politischen und gesellschaftlichen Gegebenheiten des Absolutismus anzupassen, stellen die zahlreichen Lehrbücher und Schuldramen Christian Weises im Rahmen seines ›politischen‹, d. h. auf welt- und lebenskluges Verhalten abzielenden Bildungskonzepts dar. Johann Christoph Gottsched führte die R. auf rationalistischer Basis weiter. Doch obwohl in der Praxis weiterhin rhetorische Konzepte eine Rolle spielten (und spielen) – etwa im pathetisch-erhabenen Stil Friedrich Gottlieb Klopstocks –, verlor die R. als Disziplin und als Grundlage der Poesie zunehmend an Bedeutung. Erst in den letzten Jahrzehnten gibt es Ansätze, rhetorische Konzepte wiederzubeleben und für die verschiedensten wissenschaftlichen Disziplinen fruchtbar zu machen.

Rhetorische Figuren, sprachliche Ausdrucksweisen, die von den gewöhnlichen, ›normalen‹ Formulierungen abweichen und dem rhetorischen → Ornatus dienen (der wiederum im Dienst des Wirkungsziels der Rede steht). Dabei unterscheidet man – es handelt sich um den Redeschmuck in Wortverbindungen – zwischen Wortfiguren (*figurae verborum*), bei denen eine Veränderung der üblichen Wortstellung eintritt (durch Umstellung, Hinzufügung, Auslassung), und Sinn- oder Gedankenfiguren (*figurae sententiae*), Formen der Gedankenführung (Beispiele dafür sind etwa die rhetorische Frage, das → Hysteron proteron, die Wiederholung eines Gedankens oder das Vorausgreifen, → Antizipation, usw.). Bei einer Reihe von Figuren kann die Zuordnung je nach Verwendung wechseln (z. B. → Antithese) oder sie ist überhaupt umstritten. Zum Redeschmuck in den Einzelwörtern vgl. → Tropus.

Rhythmus, Gliederung eines Vorgangs, z. B. der Rede, in der Zeit. In der → Metrik dient der Begriff zur Bezeichnung der Sprachbewegung, die aus der Spannung zwischen den vorgegebenen metrischen Schemata und ihrer sprachlichen Erfüllung entsteht. Zu dieser Spannung tragen u. a. metrische Lizenzen, Gliederung durch variierende Abschnitte, Überspielen der Verseinheit durch → Enjambement und andere Mittel bei. Dichtungen, bei denen das Metrum den Rhythmus dominiert, gelten als starr und spannungslos.

Ritornell, wörtlich ›Wiederkehr‹, volkstümliche ital. Gedichtform. Sie besteht aus einer beliebigen Anzahl von dreizeiligen Strophen; es reimen oder assonieren jeweils die erste und dritte Zeile, die zweite bleibt reimlos. Das Versmaß ist frei, doch in der Kunstdichtung dominiert der Elfsilbler (→ Endecasillabo). Der erste Vers ist allerdings meist wesentlich kürzer als die anderen. In der dt. Literatur findet sich das R. u. a. bei Friedrich Rückert, Paul Heyse und Theodor Storm (*Frauenritornell*).

Ritterroman, inhaltlich-stofflich bestimmter Romantyp. Zu unterscheiden ist zwischen den Fortschreibungen mittelalterlicher Versromane und -epen im späten MA und der frühen Neuzeit und dem Ende des 18. Jh.s neu entstehenden trivialen R. Der in der Kontinuität zum MA stehende R. umfasst Prosaauflösungen mittelalterlicher Texte (→ Frühneuhochdeutscher Prosaroman) sowie Neuschöpfungen aus dem Geist der höfischen Dichtung, insbesondere des Artusromans. Das bedeutendste Beispiel ist der vielbändige *Amadís de Gaula* (1508), der es in der dt. Fassung (1569–1595) auf insgesamt 26 Bände brachte und ein zeitloses, feudales MA, eine Märchenwelt mit Zauberern, Feen und Ungeheuern schildert, in der die Helden ihre ritterlichen und amourösen Abenteuer bestehen und die alten höfischen Werte wie Treue, Tapferkeit und Einsatz für die Bedrängten und Hilfsbedürftigen aufrechterhalten. Auch in der Anfangsphase des → höfisch-historischen Romans des Barock spielt das ritterliche Element noch eine Rolle, bis der fahrende Ritter durch den dem Zeitalter des absolutistischen Staats angemessenen politischen Akteur abgelöst wird. Zu den Verfassern eigenständiger dt. R.e im 16. Jh. zählte Jörg Wickram (*Ritter Galmy*, 1539; *Gabriotto und Reinhart*, 1551).

Die R.e des ausgehenden 18. Jh.s gehören zu dem Spektrum trivialer Romantypen, die im Zusammenhang mit der Expansion des Literaturmarkts entstanden (→ Trivialliteratur). In ihnen schlägt sich, nicht zuletzt angeregt durch Goethes *Götz von Berlichingen* (1773), ein gesteigertes Interesse für das MA wie für große Kerle nieder, die das Gute mit Faust und Schwert gegen eine Welt von Schurken verteidigen (Leonhard Wächter, *Mannesschwur und Weibertreue*, 1785; Friedrich Christian Schlenkert, Karl Gottlob Cramer, Christian Heinrich Spieß u. a.).

Robinsonade, von Daniel Defoes Roman *The Life and Strange Surprising Adventures of Robinson Crusoe* (1719; dt. 1720) abgeleitete Bezeichnung einer Romangattung v. a. des 18. Jh.s. Unmittelbar nach Erscheinen der Übersetzung begann die Flut dt. ›Robinsone‹ (bis 1800 hat man insgesamt 128 Texte gezählt), die sich v. a. durch Herkunftsbezeichnungen voneinander unterscheiden (*Der Sächsische Robinson*, 1722–23; *Der Americanische Robinson*, 1724 usw.; es gibt aber auch eine *Jungfer Robinsone*, 1724). Nach 1760/80 überwiegen Bearbeitungen wie die zum didaktischen Kinderbuch (Joachim Heinrich Campe, *Robinson der Jüngere*, 1779–80) und Parodien.

Durchgängig übernehmen die R.n aus Defoes Roman nur das Motiv des Schiffbruchs und des Inselaufenthalts. Im Übrigen verbinden sich Elemente verschiedener Erzählgattungen – fiktive → Autobiographie, → Reisebericht, → Pikaro- und → Avanturierroman – zu einem neuen, stark schematisierten Genre: Verlust des sozialen Status des Protagonisten, Reise als Verkettung katastrophaler Umstände und Unfälle, Schiffbruch, einsame Insel, Finden eines Schatzes, glückliche Heimkehr und Wiederherstellung des sozialen Status. In einer Variante der R. verzichten die Robinsone auf die Rückkehr in die negativ gesehene Welt und gründen auf der paradiesischen Insel ein utopisches Gemeinwesen. Zu diesen Romanen gehören der anonyme *Americanische Freybeuter* (1742–45), Johann Friedrich Bachstroms *Land der Inquiraner* (1736–37) und – als bedeutendstes und vielgelesenes Beispiel – Johann Gottfried Schnabels *Wunderliche Fata Einiger See-Fahrer* (4 Bde., 1731–43), bekannter unter dem Titel *Insel Felsenburg* (→ Utopie). Das Scheitern der utopischen Programmatik zeigen parodistische Romane wie Johann Carl Wezels *Robinson Krusoe. Neu bearbeitet* (1779–80), Johann Gottlob Benjamin Pfeils *Die glückliche Insel* (1781) oder der anonyme *Jesuit auf dem Thron* (1794). Vor allem als Kinderbuch hat die R. bis ins 20. Jh. hinein gewirkt (Campe; Johann David Wyss, *Der Schweitzerische Robinson*, 1812–13).

Rokoko, aus der Kunstgeschichte übernommener Begriff für eine literarische Strömung innerhalb der Aufklärungsliteratur. Mit diesem nicht unumstrittenen Begriff sollen dominante Stilzüge der dt. Literatur zwischen 1740 und 1780 erfasst werden. Die Grundlage für diesen Versuch bilden die ästhetischen Anschauungen der Aufklärungsphilosophie (→ Ästhetik) – das Gedicht als vollkommene sinnliche Rede (Alexander Gottlieb Baumgarten) – und ein erkennbar neues Stilideal, gewonnen an den Griechen als Vätern »alles schönen Denckens« und ihren römischen Erben (Georg Friedrich Meier). Die Dichter, die der antiaristokratischen Geselligkeitskultur des R. entgegenkamen und als Vorbilder dienten, waren u. a. Anakreon (→ Anakreontik), Theokrit, Sappho, Horaz, Catull und Tibull, die bevorzugten Gattungen → Lied, → Epigramm, → Idylle, Kleinepos (→ Verserzählung), → Singspiel.

Friedrich v. Hagedorn setzte den heiter-scherzhaften Ton mit seinem *Versuch in poetischen Fabeln und Erzählungen* (1738) und der *Sammlung Neuer Oden und Lieder* (1742–1752). Es war eine spezifisch bürgerliche Kunstübung, die sich auf der mittleren Stilebene bewegte, doch auf dieser Basis über zahlreiche Facetten des Ausdrucks vom Scherzhaften und Anmutigen bis hin zum Melancholisch-Empfindsamen verfügte. Titel von Zeitschriften verwiesen programmatisch auf das neue Stilideal (*Belustigungen des Verstandes und Witzes*, *Ermunterungen zum Vergnügen des Gemüths*), das seit den 50er-Jahren u. a. in Liedern von Christian Felix Weiße, Heinrich Wilhelm v. Gerstenberg, Johann Georg Jacobi und Goethe, in Singspielen Weißes, Christoph Martin Wielands und Goethes, in Idyllen und Kleinepen Salomon Gessners, Johann Peter Uz' und Wielands verwirklicht wurde.

Rollenlyrik, Sammelbezeichnung für einen seit der Antike bekannten Typus des lyrischen Gedichts, bei dem das → lyrische Ich in einer bestimmten Rolle spricht (z. B. Clemens Brentano, *Der Spinnerin Lied*; Frank Wedekind, *Der Tantenmörder*).

Roman, Großform des Erzählens in Prosa. Das Wort R. ist aus den romanischen Bezeichnungen für die Volkssprache und dann für ›Erzählung in Versen oder in Prosa‹ abgeleitet. Es wurde erst in der 2. Hälfte des 17. Jh.s ins Deutsche übernommen und konkurrierte zunächst mit einer Vielzahl von Umschreibungen wie ›Helden- und Liebes-Gedicht‹, ›Geschichtgedicht‹, ›Wundergeschichte‹ usw. Vorher wurden romanähnliche Texte v. a. als ›Historia‹ bzw. ›Histori‹ bezeichnet.

Der R. wird in antiken Poetiken nicht erwähnt, gehört also nicht zu dem traditionellen, durch Vorgaben der Antike sanktionierten Formenkanon (→ Antikerezeption, → Poetik). Ebenso wenig gab es einen frühen Prototyp, der die Geschichte der Gattung hätte bestimmen können. Angesichts der Vielfalt der historischen Erscheinungen bleibt eine Definition des übergeordneten Gattungsbegriffs eher vage; für Untergattungen sind eher spezifische Aussagen möglich. Auch die frühen → Romantheorien orientierten sich an bestimmten R.en oder Romantypen. Pierre Daniel Huet beispielsweise (*Traité de l'origine des romans*, 1670; dt. 1682) ging vom ›hohen‹ frz. R. des 17. Jh.s (*roman héroïque*) und seinen ›Vorläufern‹ in der Antike (Heliodor) aus und gelangte so zu seiner Definition des R.s als »auß Kunst gezierte und beschriebene Liebes Geschichten in ungebundener Rede zu unterrichtung und Lust des Lesers«; Friedrich v. Blanckenburg hatte Christoph Martin Wielands *Agathon* (1766–67) vor Augen, als er den R. als »innre Geschichte« eines Menschen beschrieb (*Versuch über den Roman*, 1774). Das breite Spektrum der jeweils zeitgenössischen Romanproduktion war so nicht zu erfassen.

Die Geschichte des dt. Prosaromans beginnt im späten MA, als sich neben den Versromanen (→ Höfischer R., → Artusepik) und den → Heldenepen längere erzählende Prosatexte herausbildeten. Das früheste Beispiel, der aus dem Frz. übertragene *Prosa-Lancelot* (Teilübersetzung um 1250; vollständige dt. Fassung Anfang 14. Jh.), blieb noch ohne Wirkung. Erst im 15. Jh. setzte eine breitere und ständig an Umfang zunehmende Produktion von Prosaromanen ein, die zunächst ebenfalls aus Übersetzungen und dann auch aus Umformungen mhd. Versromane bestand (→ Frühnhd. Prosaroman). Als erster dt. ›Originalroman‹, d. h. als R., für den keine Vorlage nachweisbar ist, erschien 1509 der anonyme *Fortunatus*; diese eigenständige Romanproduktion gipfelte Mitte des 16. Jh.s in den R.en Jörg Wickrams. Das bedeutendste Sprachkunstwerk des 16. Jh.s war gleichwohl wieder eine Bearbeitung einer ausländischen Vorlage, Johann Fischarts *Geschichtklitterung* (1575; erweiterte Ausgaben 1582 und 1590) nach Rabelais' *Gargantua* (1534). Vor allem jedoch dominierte im letzten Drittel des Jh.s der *Amadis auß Franckreich* (1569–95), der es in der dt. Fassung auf insgesamt 26 Bände brachte (→ Ritterroman).

Auch der Neuanfang im Barock und die Ausbildung der drei wichtigsten Untergattungen – des → höfisch-historischen R.s, des Schäfer- (→ Schäferdichtung) und des → Pikaro- oder Schelmenromans – ging in erster Linie von frz. und span. Modellen aus, führte jedoch nach einer längeren Rezeptionsphase zu durchaus eigenen Lösungen und mit dem *Simplicissimus* (1668–69) Grimmelshausens zu dem einzigen dt. R. der Zeit von weltliterarischem Rang. Die Differenzierung des Erzählens, die in den großen Romanen des 17. Jh.s erreicht wurde, setzte allerdings keine kontinuierliche Weiterentwicklung in Gang, die komplexen Erzählmodelle des höfisch-historischen wie des pikaresken R.s verflachten (→ Galante Literatur, → Politischer R., → Avanturierroman).

Entscheidend für die Erneuerung des dt. R.s im 18. Jh. wurden wieder Entwicklungen in anderen europäischen Literaturen, v. a. der englischen. Daniel Defoes *Robinson Crusoe* (1719; dt. 1720) löste eine Flut von Nachahmungen aus; aus der Masse dieser → Robinsonaden ragt Johann Gottfried Schnabels *Insel Felsenburg* (1731–43; eigentlicher Titel: *Wunderliche Fata einiger See-Fahrer*) mit seiner Verbindung von Robinsonade und → Utopie heraus. Ausgehend von Beispielen Samuel Richardsons, Oliver Goldsmiths und

Lawrence Sternes entwickelte sich der dt. moralisch-empfindsame R. (Christian Fürchtegott Gellert, Johann Timotheus Hermes, Sophie v. La Roche), während der komische und →satirische Roman der 2. Jahrhunderthälfte Henry Fielding und Cervantes wesentliche Impulse verdankte (Wilhelm Ehrenfried Neugebauer, Wieland, Friedrich Nicolai, Johann Carl Wezel).

Hatte bereits der *Simplicissimus* mit seiner pseudoautobiographischen Erzählweise zwei Erzählebenen ausgebildet, so wurde nun in den Romanen Fieldings, Sternes und dann Wielands eine ähnliche Differenzierung auch für den Er-Roman wirksam: Die Ausbildung einer auktorialen Erzählerfigur (→Erzähler), die über den Vortrag der Geschichte hinaus Raum für Reflexionen erhält und das Erzählen selbst thematisiert, war ein folgenreicher Vorgang in der Geschichte des neueren R.s, vorbereitet allerdings schon im erst jetzt angemessen rezipierten *Don Quijote* (1605–1615). Einen ersten Höhepunkt erreichte diese Entwicklung im Werk Jean Pauls; hier wird der Erzähler zur Instanz, in dem die heterogenen Redeweisen ihre Einheit finden. Dagegen basiert das auf Richardson zurückgehende Muster des →Briefromans gerade auf dem weitgehenden Verzicht auf die Erzählergestalt, ein Verfahren, das als Ausdruck subjektiver Authentizität im Einklang mit den Tendenzen des Zeitalters steht (Goethe, *Die Leiden des jungen Werthers*, 1774; Friedrich Heinrich Jacobi, Ludwig Tieck).

Das Konzept vom R. als innerer Geschichte des Menschen, wie es Blanckenburg in Wielands *Agathon* verwirklicht sah, liegt auch Goethes *Wilhelm Meisters Lehrjahre* (1795–96) zugrunde, dem Bezugspunkt der weiteren Geschichte des →Bildungs- und Entwicklungsromans im 19. Jh. und darüber hinaus. Der neuen Qualität, die der R. durch Werke wie *Agathon*, *Werther* oder *Wilhelm Meister* gewonnen hatte, stand eine rapide wachsende triviale Romanproduktion gegenüber (→Trivialliteratur), die die klassizistischen Vorurteile gegenüber der Gattung bestärkte.

Dagegen erhielt der R. in der → Romantik geradezu universalistischen Charakter; er erschien als Inbegriff der romantischen Poesie, als Form, die alle Gattungen, Gefühl und Reflexion, Poesie und Prosa, Ironie und Witz in sich aufnehmen und vereinigen konnte (Friedrich Schlegel, Clemens Brentano, Achim v. Arnim, E. T. A. Hoffmann).

Mit Walter Scotts historischen R.en gelangte ein neuer Romantyp nach Deutschland, der von Willibald Alexis bis Theodor Fontane auf breite Resonanz stieß (→ Historischer R.). Die dt. → Zeit- und Gesellschaftsromane (Karl Immermann, Karl Gutzkow, Charles Sealsfield [d. i. Karl Postl], Gustav Freytag, Gottfried Keller, Fontane) setzten auf andere Weise ein Gegengewicht zum Vorrang der Bildungs- und Entwicklungsgeschichten in der dt. bildungsbürgerlichen Tradition, wenn sie sich auch nur ausnahmsweise mit den großen engl., frz. und russ. R.en des 19. Jh.s messen konnten.

Mit der sozialen Romankunst Heinrich Manns und v. a. dem Werk Thomas Manns, das die europäische Tradition realistischen Erzählens und eine Tendenz zur Psychologisierung verband, erreichte der dt. R. Anfang des 20. Jh.s wieder europäischen Rang. In der Folgezeit allerdings verlor das realistische Konzept seine Bedeutung; an seine Stelle trat das Streben nach einer epischen Totalität durch mythische Bezüge, Integration der Wissenschaften, spezifische Erzählweisen (→ Innerer Monolog, → Stream of consciousness) und → Montagetechniken (Hermann Broch, Robert Musil, Alfred Döblin). Gegen diese umfassenden Entwürfe stehen die R.e Franz Kafkas mit ihrer Tendenz zur Verdichtung und äußersten Ökonomie zur Beschreibung der Situation des Einzelnen und Vereinzelten in der Fremdheit der Welt. Nach dem Dritten Reich knüpfte der dt. Roman erst wieder mit Wolfgang Koeppen, Max Frisch und Günter Grass an die durch die NS-Zeit unterdrückten Traditionen modernen Erzählens an. In der Folgezeit entstand eine vielfältige Romanliteratur mit Werken von ausgesprochener Individualität und Radikalität (Arno Schmidt, Uwe Johnson, Peter Weiss u. a.) auf der einen und eher traditionellen Erzählweisen verpflichteten R.en auf der anderen Seite (Heinrich Böll, Siegfried Lenz, Martin Walser, Christa Wolf usw.).

Romantheorie, auf den Roman bezogener Teilbereich der → Poetik. Reflektierende Beschäftigung mit der neuen Gattung des Prosaromans fand zunächst v. a. in Vorreden bzw. in den Romanen selbst statt. Eine erste Zusammenfassung historischer und poetologischer Aspekte des Romans gab Pierre Daniel Huet in seinem *Traité de l'origine des Romans* (1670); die dt. Fassung von Eberhard Werner Happel (als Exkurs in seinem Roman *Der Insulanische Mandorell*, 1682) bestimmte bis Johann Christoph Gottsched, wenn nicht bis Friedrich v. Blanckenburg die dt. Romanpoetik. Romane sind demnach »auß Kunst gezierte und beschriebene Liebes Geschichten in ungebundener Rede zu unterrichtung und Lust des Lesers«. Da dem Roman die historische Legitimation fehlte – die Poetik der Antike und der Renaissance kennen ihn nicht – und er zudem moralisch bedenklich erschien, bedeutet Romanpoetik zunächst (und für lange Zeit) v. a. Apologie. Systematisch nimmt er bereits in den barocken Äußerungen über den Roman die Stelle des Epos im Gattungssystem ein (→ Gattung).

Neue Akzente setzte Blanckenburg, der Christoph Martin Wielands *Agathon* (1766–67) vor Augen hatte, als er den Roman als »innre Geschichte« eines Menschen beschrieb (*Versuch über den Roman*, 1774). Geschichtsphilosophische Ansätze zur Bestimmung des Romans – »wahre *bürgerliche Epopee*« (Johann Carl Wezel, 1780) – wurden dann in Hegels *Ästhetik* (1835) ausgeführt und bis ins 20. Jh. hinein weiterentwickelt (Georg Lukács u. a.), während die Romanautoren selbst – Charles Sealsfield (d. i. Karl Postl), Gottfried Keller, Friedrich Spielhagen und Theodor Fontane – eher praktische Fragen der Romantechnik in den Vordergrund stellten. Im Konzept der romantischen ›progressiven

Universalpoesie‹ (→ Romantik) als einer Vereinigung aller Gattungen, Künste und Wissenschaften, von Poesie und Prosa, Kritik, Selbstreflexion und Ironie erhielt der Roman eine zentrale Stelle: »Ein Roman ist ein romantisches Buch« (Friedrich Schlegel). Gerade diese Züge, Selbstreflexion und Universalanspruch, wurden für die Theoriediskussion des modernen Romans fruchtbar, an der sich die Romanciers maßgeblich beteiligten (Alfred Döblin, Robert Musil, Hermann Broch, Thomas Mann). Die wissenschaftlich-akademische R. artikuliert sich v. a. als Erzählforschung und -theorie (→ Erzähler).

Romantik, im Rahmen der dt. Literaturgeschichte Epochenbegriff für den Zeitraum von etwa 1795 bis 1830/40. Das Wort ›romantisch‹ war im 18. Jh. vorwiegend im Sinn des Phantastischen, Romanhaften, Märchenhaften gebraucht worden. In der R. erhielten diese Bedeutungen nicht nur einen positiven Sinn; sie wurden auch um neue Nuancen erweitert. ›Romantisch‹ erscheint als eine Sehweise, die das Gewöhnliche, Alltägliche überhöht: »Die Welt muss romantisiert werden« (Novalis). Zugleich wurde ›romantisch‹ als Epochenbezeichnung und Gegenbegriff zum Klassischen, d. h. Antiken eingesetzt (→ Weimarer Klassik): ›Romantisch‹ in diesem Sinn heißt ›nicht-klassisch‹, ›modern‹ und bezieht sich auf die Dichtung des christlichen MA, die Literaturen Italiens und Spaniens (Dante, Petrarca, Calderón, Cervantes) und nicht zuletzt auf Shakespeare und Goethe. Ausgeschlossen blieb die frz. Literatur.

Die romantische Bewegung war keine geschlossene Einheit, sondern manifestierte sich in einer Reihe von Gruppierungen, die sich an verschiedenen Orten bildeten und z. T. nacheinander, z. T. nebeneinander bestanden und zeitweilig auch personell miteinander verbunden waren. Dabei kam Frauen – Rahel Varnhagen, Karoline v. Günderrode, Henriette Herz, Bettina v. Arnim, Dorothea Schlegel, Caroline Schlegel-Schelling u. a. – durch ihre schriftstellerischen Leistungen, ihre emanzipatorische Kraft und ihre gesellschaftlichen Fähigkeiten (→ Salon) eine besondere Bedeutung zu.

Ausgangspunkt der romantischen Bewegung war das Kunsterlebnis Wilhelm Heinrich Wackenroders und Ludwig Tiecks in Süddeutschland und Dresden, das seinen programmatischen Niederschlag in den *Herzensergießungen eines kunstliebenden Klosterbruders* (1796) und den *Phantasien über die Kunst* (1799) fand. Ihr Zentrum hatte die Frühromantik in Jena (›Jenaer R.‹) im Hause der Brüder Schlegel und ihrer Frauen; hier versammelten sich seit 1798 neben den Schlegels Friedrich v. Hardenberg (Novalis), Tieck, Wackenroder, Friedrich Schleiermacher, Johann Gottlieb Fichte, Friedrich Wilhelm Joseph Schelling, Johann Wilhelm Ritter u. a. Publizistisches Organ war die Zeitschrift *Athenaeum* (1798–1800), in dem das neue romantische Selbstverständnis und das Konzept einer romantischen, alle Künste und Wissenschaften umfassenden »Universalpoesie« artikuliert wurde.

Die ›Heidelberger R.‹ bildete sich seit 1805 im Umkreis der Universität mit Achim v. Arnim, Clemens Brentano, Joseph v. Eichendorff, Joseph Görres und Friedrich Creuzer als wichtigsten Repräsentanten; darüber hinaus bestanden enge Beziehungen zu den Brüdern Jacob und Wilhelm Grimm. Hier kam es, angesichts der Niederlagen in den Napoleonischen Kriegen, zu einer Besinnung auf das ›Volk‹ und seine Traditionen, die sich in großen Volkslied-, Volksbuch-, Märchen- und Sagensammlungen niederschlug.

Während die Theoretiker der ›Jenaer R.‹, August Wilhelm und Friedrich Schlegel, ein Wanderleben führten (Wien, Paris, Köln), entstand in Dresden 1808/09 ein Zirkel um die Zeitschrift *Phöbus*, dem u. a. Heinrich v. Kleist, der Staatsphilosoph Adam Müller und der Arzt und Naturphilosoph Gotthilf Heinrich Schubert angehörten. Die beiden wichtigsten Zentren der Spätromantik waren Berlin und Wien. E. T. A. Hoffmann, zu dessen Freundeskreis Friedrich de la Motte Fouqué und Adelbert v. Chamisso gehörten, lebte seit 1814 in Berlin, wo auch die neugegründete Universität große Anziehungskraft auf romantische Wissenschaftler ausübte (Fichte, Schleiermacher, Henrik Steffens); in Wien vertraten F. Schlegel, Müller und Zacharias Werner – wie später Görres in München – die restaurativen, katholischen Tendenzen der R. Eher regionalen Charakter besaß die ›Schwäbische R.‹ mit Ludwig Uhland, Justinus Kerner, Gustav Schwab und Wilhelm Hauff (→ Schwäbischer Dichterkreis). Jean Paul und Friedrich Hölderlin gehörten keiner bestimmten Gruppierung an.

Die R. lässt sich als Gegenbewegung gegen das rationalistische Denken des 18. Jh.s, gegen frz. Klassizismus und dt. Klassik verstehen. Zugleich aber scheint sie den Versuch zu unternehmen, die Tendenzen der Aufklärung fortzusetzen, sie um bisher unterdrückte oder vernachlässigte Bereiche zu erweitern. Das Interesse an der »Nachtseite« der Natur (Schubert, *Ansichten von der Nachtseite der Naturwissenschaft*, 1808), an den Phänomenen des Unterbewussten, des Traumes, des Somnambulismus, des Mesmerismus und der Alchimie, das alles ist nicht Ausdruck eines bedenklichen Obskurantismus oder Okkultismus, sondern öffnet den Blick für bisher noch nicht rational erklärte Erscheinungen mit höchst fruchtbaren Folgen für die Literatur (Kleist, E. T. A. Hoffmann usw.).

Die R. vertrat kein einheitliches Programm, und ihre Repräsentanten waren sich dessen durchaus bewusst und setzten die widersprüchlichen Ansätze und Denkmodelle dialektisch miteinander in Beziehung. Denn im Hintergrund standen Ideen von einer Einheit oder Ganzheit (des Universums; des Leibes, der Seele und des Geistes; des Wissens usw.), die auf Vorstellungen eines allumfassenden organischen Werdensprozesses gründeten, in dem das Wirken des Absoluten sichtbar werde. An diese Vorstellungen schließt sich der romantische Begriff von Dichtung an, wie ihn F. Schlegel in seinem Konzept der »progressive[n] Universalpoesie« im 116. *Athenaeum*-Fragment formulierte. Dabei geht es nicht nur um die Vereinigung aller bisherigen Kunstformen, sondern um einen alle Künste und Wissenschaften umgreifenden dialektischen Prozess der »Selbstschöpfung« und »Selbstvernichtung«, der in seiner Steigerung und Potenzierung zwar ein Ganzes ahnen lässt, aber grundsätzlich unendlich ist. Ein Resultat dieser prinzipiellen Unabschließbarkeit ist die Tendenz zum → Fragment, das Abbrechen vor dem Erreichen der Utopie bzw. der Übergang ins Allegorische oder Märchenhafte, ein anderes die sog. ›romantische → Ironie‹, die über den Gegensätzen des Endlichen und Unendlichen, des Absoluten und Bedingten ›schwebt‹ bzw. durch Desillusionierung und Destruktion die Gegensätze bewusst macht.

Geschichtsphilosophisch steht hinter diesem Denken ein dreistufiges Modell (ursprüngliche Einheit von Mensch und Natur, Verlust dieser Einheit, ihre Wiedergewinnung auf einer höheren Stufe), wie es sich auch in der Klassik u. a. bei Schiller findet. Die Romantiker sahen in einem idealisierten MA, der ›altdt. Zeit‹, dieses Goldene Zeitalter, das inzwischen verloren und durch die Poesie in einer großen Synthese wiederzugewinnen war. Dem Ungenügen an der modernen Gesellschaft und dem bürgerlichen Alltag (›Philistertum‹) setzte die Dichtung Gegenbilder entgegen; Gestalten wie der Künstler, Träumer, Wanderer, Taugenichts verweisen ebenso auf eine andere, höhere Welt wie die Grenzüberschreitungen ins Übersinnliche bis hin zum Wahnsinn. Zeichenhaft für diese andere, poetisierte Welt stehen neben dem christlich-wunderbaren MA Italien und der Orient. Als universales Symbol dieser Sehnsüchte figuriert die »blaue Blume« in Novalis' *Heinrich von Ofterdingen* (1802).

Daneben gibt es allerdings auch eine kritische Strömung, die zuerst in Tiecks → Briefroman *Die Geschichte des Herrn William Lovell* (1795–96) sichtbar wird und die Gefahren einer übersteigerten Subjektivität demonstriert, die in Nihilismus umschlägt. In Jean Pauls *Titan* (1800–03) zeigt die

Gestalt des Roquairol entsprechende Züge, und August Klingemanns *Nachtwachen von Bonaventura* (1804) stellen ein krasses Dokument nihilistischer Weltinterpretation dar, die als Konsequenz idealistisch-subjektiver Philosophie (Fichte) erscheint und der romantischen Kunstreligion wie der Utopie des Goldenen Zeitalters eine Absage erteilt.

Der Programmatik entsprechend zeichnet sich die romantische Poesie durch eine Fülle von Ausdrucksformen aus. Die Lyrik erhält, in Übereinstimmung mit dem hohen Rang der Musik im romantischen Denken, einen stimmungsvollen, liedhaften Charakter, wobei sich Virtuosität und Musikalität miteinander verbinden (Tieck, Novalis, Eichendorff, Brentano). Das Drama tendiert im Anschluss an Shakespeare und Calderón, die auch übersetzt werden, zur offenen Form und zur Ausweitung traditioneller Gattungsgrenzen. Geschichtsdramen, ironische Märchenspiele, Komödien, aber auch fatalistische → Schicksalsdramen zeigen die Spannweite des dramatischen Schaffens (Tieck, Brentano, Werner, Eichendorff). Dem Programm der ›Romantisierung‹ der Welt durch die Literatur kommt v. a. das → Märchen entgegen; Goethes *Märchen* in den *Unterhaltungen deutscher Ausgewanderten* (1795) diente als Vorbild für zahlreiche romantische Kunstmärchen (Novalis, Wakkenroder, Tieck, Arnim, Fouqué, Chamisso, E. T. A. Hoffmann).

Als wichtigste Form galt den Romantikern jedoch der → Roman (F. Schlegel: »Ein Roman ist ein romantisches Buch«), denn er schien ihnen in seiner offenen Form am ehesten geeignet, die romantische Poesie der Zukunft mit ihrer Verbindung von Fiktion und Kritik, von Phantasie und Ironie und mit ihrem Streben nach Universalität zu verwirklichen. Der Roman erscheint als eine Art Gesamtkunstwerk, in dem sich »Erzählung, Gesang und andere Formen« mischen (F. Schlegel); Goethe, Cervantes, Laurence Sterne und Denis Diderot sind die Vorbilder, an denen sich dann die eigene Romanproduktion orientiert. Experimentellen Charakter in diesem programmatischen Sinn haben Werke wie F. Schlegels *Lucinde* (1799), Novalis' *Heinrich von Ofterdingen* (1802) oder Brentanos »verwilderter Roman« *Godwi* (1801). Bevorzugte Romangattung ist – in der kritischen Auseinandersetzung mit Goethes *Wilhelm Meister* (1795–96) – der → Bildungs- und Künstlerroman (Novalis, Tieck, Eichendorff, E. T. A. Hoffmann, Eduard Mörike). Aber auch andere Gattungen wie der → historische Roman (Arnim, Hauff, Tieck) oder der → Schauerroman (E. T. A. Hoffmann) gehören zum Spektrum des romantischen Romans.

Romantische Ironie → Ironie.

Romanze, volkstümliches span. Erzähllied auf der Basis von Stoffen der einheimischen Sage und Geschichte, belegt seit dem 14./15. Jh. Sie wurde im 16. und 17. Jh. als Kunstdichtung gepflegt (Lope de Vega, Luis de Góngora) und dann im 20 Jh. wieder aufgenommen (Federico García Lorca u. a.). Johann Wilhelm Ludwig Gleim führte den Begriff mit seinen bänkelsängerischen *Romanzen* (1756) in die dt. Literatur ein (→ Bänkelsang), wo er zunächst im Sinn von → Ballade gebraucht wurde. Johann Gottfried Herder regte mit seinen genauen Übertragungen span. R.n (*Der Cid*, 1803–04) die romantische Romanzendichtung an (Clemens Brentano, Joseph v. Eichendorff, August Wilhelm und Friedrich Schlegel, Ludwig Tieck u. a.). Parodistisch erscheint die Form bei Karl Immermann (*Tulifäntchen*, 1830) und Heinrich Heine (*Atta Troll*, 1843). Die Romanzenstrophe besteht aus vier trochäischen Vierhebern (→ Trochäus), ungereimt oder mit → Assonanz.

Rondeau, aus der frz. Literatur stammende Gedichtform, die seit dem 13. Jh. in verschiedenen Varianten überliefert ist. Im 16. Jh. bildete sich eine feste Form heraus. Sie besteht aus 13 Zeilen, die durch zwei Reime miteinander verbunden sind, und zwei Kehrversen (frz. *rentrement*, Wiedereinschub): Nach der achten und der dreizehnten Zeile werden die Anfangsworte des Gedichts refrainartig wiederholt.

In der dt. Literatur findet sich die Form u. a. bei Johann Fischart, Georg Rodolf Weckherlin und Philipp v. Zesen. Dt. Bezeichnungen sind Ringelgedicht, Ringelreime, Rundum. Ältere, freiere Formen des R.s werden als Rondel bezeichnet. Eine verwandte Form ist das → Triolett.

Rührendes Lustspiel, Bezeichnung für einen unter dem Einfluss der frz. *comédie larmoyante* und der engl. *sentimental comedy* entwickelten Komödientyp der dt. Aufklärung. Das rührende Lustspiel bedeutet wie das → bürgerliche Trauerspiel einen Bruch mit dem klassizistischen Gattungssystem (→ Gattung). Es wird nicht mehr, wie in der traditionellen Typenkomödie (→ Sächsische Komödie), das ›Laster‹ dargestellt und verlacht, sondern »Abschilderungen guter Personen [...] zeigen uns das Gerechte, das Schöne und Löbliche« und »feuern zu der Tugend an und ermuntern die Zuschauer, ihr zu folgen« (Christian Fürchtegott Gellert in seiner von Lessing aus dem Lat. übersetzten *Abhandlung für das rührende Lustspiel*, 1751). In der Absicht, »der Komödie einen ernsthaften, seiner Natur nach aber angenehmen Inhalt« zu geben, zeigt sich der Anspruch des Bürgertums, nicht mehr nur als Gegenstand des Spottes auf der Bühne zu erscheinen, sondern in seiner moralischen Qualität. Die Stücke sind ganz in der bürgerlichen Sphäre angesiedelt; es geht stets um Häusliches, um Familienglück und Familienkrisen, um die Bewährung selbstloser Tugend. Das europäische Vorbild dieses Genres war Nivelle de la Chaussées *Mélanide* (1741), wichtigster dt. Autor Gellert (*Die zärtlichen Schwestern*, 1747).

Rührstück, Bezeichnung für ein im Anschluss an das → rührende Lustspiel und das → bürgerliche Trauerspiel entstandene Form des Schauspiels in der 2. Hälfte des 18. Jh.s. Dabei handelt es sich um eine Trivialisierung des von Denis Diderot konzipierten bürgerlichen Theaters, der ernsthaften → Komödie und des → bürgerlichen Trauerspiels, das sich zwar auf die private, häusliche Sphäre beschränkte, doch den Anspruch erhob, das Allgemeinmenschliche darzustellen (Diderot, *Von der dramatischen Dichtkunst*, übersetzt von Lessing; in: *Das Theater des Herrn Diderot*, 1760). Diderots Stück *Le père de famille* (1758; dt. *Der Hausvater*, 1760) wurde zum häufig nachgeahmten Muster. Das dt. R. ist charakterisiert durch eine enge Verbindung von Illusion, Rührung und moralisch-didaktischer Intention. Zu diesem Zweck präsentiert es – im Umkreis der bürgerlichen Familie – (stets lösbare) Konflikte zwischen bürgerlicher Moral und Laster, wobei es nach Verirrungen, Verfehlungen und Normverletzungen mit unerbittlichem Harmonisierungswillen zum versöhnlichen, rührenden Abschluss kommt. Die erfolgreichsten Autoren waren Otto Heinrich v. Gemmingen (*Der deutsche Hausvater*, 1780), Friedrich Ludwig Schröder und die die zeitgenössischen Bühnen beherrschenden Dramatiker August Wilhelm Iffland und August v. Kotzebue. Nach 1810 verlor das R. angesichts neuer trivialer dramatischer Gattungen (z. B. → Schicksalsdrama) an Bedeutung; seine Ingredienzen wirkten weiter bis in die Gegenwart.

S

Sächsische Komödie, Bezeichnung für den im Umkreis von Johann Christoph Gottsched entstandenen aufklärerischen Typ der ›Verlachkomödie‹ nach frz. Vorbild (Philippe Néricault Destouches). Dabei handelt es sich um eine satirische Typenkomödie: Der Held repräsentiert ein Laster, eine menschliche Schwäche oder Torheit (gelegentlich wird die Kritik auf eine ganze gesellschaftliche Gruppe – z. B. ›Pietisterey‹ – ausgedehnt), der Zusammenstoß mit der vernünftigen Umwelt – den anderen Figuren des Stücks – produziert Komik. Das Lasterhafte ist zugleich das Lächerliche, und wer sich ›lasterhaft‹, d. h. unvernünftig, verhält, verdient es, ausgelacht zu werden. Eine Intrige wird eingefädelt, die den Helden in der Regel vom Laster heilt, das vielfach den Stücken den Namen gibt (*Der geschäftige Müßiggänger*, *Der Hypochonder*, *Der Misogyn*, *Die Betschwester* usw.). In der Distanzierung von den im Stück verlachten Verhaltensweisen liegt der erhoffte moralische Gewinn für den Zuschauer. Zu den Autoren des in den 30er- und 40er-Jahren des 18. Jh.s florierenden Komödientyps gehören u. a. Luise Gottsched, Johann Theodor Quistorp, Johann Christian Krüger und – wenigstens mit einem Teil ihres Schaffens – Johann Elias Schlegel, Christian Fürchtegott Gellert und Lessing.

Saga, Sammelbegriff für die altisländischen Prosaerzählungen des 12. – 14. Jh.s. Der Begriff S. schließt eine Reihe verschiedener Prosaformen ein (kürzere und längere romanhafte Erzählungen, Biographien, Geschichtsdarstellungen, Märchen); sie handeln von Geschehnissen im Zusammenhang mit der isländischen Landnahme, von der Geschichte isländischer Geschlechter, von nordischer Königsgeschichte und von der sagenhaften oder mythischen Vorzeit, verarbeiten aber auch internationale Märchenliteratur, Geschichtsschreibung und hagiographische Literatur. Heute wird der Begriff S. auch für breit angelegte Familienromane benutzt (vgl. John Galsworthy, *The Forsyte Saga*, 1906–21).

Sage, seit den Brüdern Grimm (*Deutsche Sagen*, 1816–18) Bezeichnung für eine mündliche Erzählung, die – im Gegensatz zum → Märchen – einen gewissen Realitätsanspruch erhebt (»Das Märchen ist poetischer, die Sage historischer«). Das geschieht dadurch, dass die – schriftlich fixierte – mündliche Erzählung durch Angaben zu Raum, Zeit und Personen den Anschein erweckt, die geschilderten Vorgänge seien wirklich geschehen. Das gilt auch für übernatürliche Begebenheiten. Die S. gehört zu den vorliterarischen Formen. Hinter den in den S.n erzählten individuellen Erlebnissen und Begegnungen – es geht um die Auseinandersetzung mit der Natur (auch der des Menschen), der Realität, der Transzendenz – stehen kollektive Erfahrungen und Glaubensvorstellungen, die hier ihren symbolischen Ausdruck finden. S.n entspringen einer vorrationalen, mythischen Bewusstseinsebene, die sich auch noch in modernen Sagenbildungen äußert (›Urban legends‹). Man unterscheidet zwischen dämonologischen oder mythischen S.n auf der einen und historischen S.n auf der anderen Seite. Als dritte Hauptgruppe sind die Erklärungs- oder Ursprungssagen (aitiologische S.n) zu nennen, die die Ursachen von Naturerscheinungen, Bauwerken, Namen, Eigenschaften von Tieren und Pflanzen usw. erklären und deuten. Weitere Differenzierungen nach verschiedenen Kriterien (Form, Funktion, Inhalt) sind möglich.

Salon, Bezeichnung zunächst für den Ort gesellig-literarischen Zusammenseins, dann für die Form der Gesellschaftskultur selbst. Die Sache geht auf die ital. Renaissance zurück; unter dem Namen S. trat sie erstmals im 17. Jh. in Frankreich auf (Cathérine Marquise de Rambouillet). In Deutschland bildeten sich im 18. Jh. an einigen Residenzen von Frauen inspirierte literarisch-gesellschaftliche Zirkel. Doch erst mit dem Aufstieg Preußens und der Entwicklung

Berlins zur Großstadt entstanden seit dem Ende des 18. Jh.s im Zeichen der preußischen Judenemanzipation wie der Emanzipation der Frau und des Bürgertums überhaupt literarische S.s nach frz. Vorbild (Henriette Herz, Sara Levy, Rahel Varnhagen). Die literarisch wie gesellschaftlich bedeutsame Salonkultur verbreitete sich von Berlin aus (Wien, Weimar, München usw.) und blieb bis ins 20. Jh. lebendig – trotz zeitweiliger Kritik an der frz. Form der Geselligkeit durch Heinrich Riehl (*Die Familie*, 1855).

Sangspruch → Spruchdichtung.

Sapphische Strophe → Odenstrophen.

Satire, Bezeichnung für spezifische literarische Gattungen und für eine literarische bzw. allgemein künstlerische Verfahrensweise. Im letzteren, heute vorherrschenden Sinn ist ›das Satirische‹ oder die ›satirische Schreibart‹ als kritische, mahnende, polemische oder spöttische Auseinandersetzung mit moralischen Verfehlungen, gesellschaftlichen Missständen in der Absicht der Besserung nicht an bestimmte Gattungen gebunden und kann vom satirischen → Epigramm bis zur Großform des Romans (→ Satirischer Roman) in allen literarischen Äußerungen als entscheidendes oder auch nur peripheres Moment Verwendung finden.

Im Vergleich zu diesem eher unpräzisen Gebrauch des Satirebegriffs haben die spezifischen Gattungstraditionen festere Konturen. Sieht man vom Satyrspiel ab, das keine bedeutende nachantike Wirkung hatte, so handelt es sich dabei um zwei historische Gattungen: die nach Angaben Quintilians von Lucilius begründete Verssatire (lucilische S.) und die auf Menippos von Gadara und Varro zurückgehende menippeische (oder varronische) S., eine Prosaform mit Verseinlagen (Prosimetrum)

Theoretische Äußerungen zur S. gehen meist von der Verssatire aus, sind aber vielfach auch auf die menippeische S. anwendbar. Dabei bezieht sich die Diskussion v. a. auf Rolle und Haltung des Satirikers (überlegener Spott bzw. Empörung), die neben Kritik und Tadel auch das Lob umfassende Wirkungsabsicht, die Ablehnung persönlicher Angriffe, die indirekte Redeweise und die offene, ungebundene Form. An die Vielseitigkeit der S. erinnert auch die mögliche Herkunft des Wortes von lat. *satura* [*lanx*], eine mit allerhand Früchten angefüllte Schüssel, woraus dann die Bedeutung ›Allerlei‹, ›Mischung‹, ›Fülle‹ usw. folgt. Die Ableitung von ›Satyr‹, die in Renaissance und Barock besonders hervorgehoben wurde, ist sekundär, trifft aber mit ihren Konnotationen Spott, Frechheit, Sprunghaftigkeit wesentliche Aspekte der S. (die man dann noch im 18. Jh. ›Satyre‹ schrieb).

Die Hauptvertreter der röm. Verssatire sind Horaz, Persius und Juvenal. Sie prägten mit ihren verschiedenen Verfahrensweisen – der ironischen des Horaz und der strafenden, pathetischen des Juvenal – auch die neuere Tradition der Verssatire, die im Humanismus einsetzte und besondere Bedeutung im frz. Klassizismus (Nicolas Boileau) und in der engl. Aufklärung (Alexander Pope) erlangte. In Deutschland erreichte die neulat. Verssatire mit Jacob Balde ihren letzten Höhepunkt; zugleich bildete sich mit Johann Lauremberg, Joachim Rachel und Friedrich Rudolph Ludwig v. Canitz eine deutschsprachige Tradition heraus, die dann im 18. Jh. von Albrecht v. Haller, Christoph Martin Wieland u. a. fortgesetzt wurde.

Die Tradition der menippeischen S. gründet v. a. auf dem vielseitigen Werk Lukians, auf Senecas *Apocolocynthosis*, Petronius' *Satyricon* und Apuleius' *Metamorphosen*. Als wichtigstes Merkmal der Gattung gilt, sieht man von dem gelegentlichen Einschub von Versen ab, die Technik der Verfremdung oder Verzerrung, mit der sie der Wirklichkeit gegenübertritt. Dabei wird die Verschiebung der Perspektive oft durch das Mittel der phantastischen Reise verwirklicht; ähnlich distanzierende Funktion hat die häufig verwendete Dialogform, die das Sprechen von einem deutlichen Abstand her ermöglicht. Zum menippeischen Formenrepertoire gehört auch das ironische Lobgedicht (→ Enkomium), das auf Selbstentlarvung zielt (Erasmus v. Rotterdam, *Lob der Torheit*, 1509).

In Deutschland entstanden die ersten menippeischen S.n (in dt. und lat. Sprache) im Humanismus (Ulrich v. Hutten, Erasmus); Johann Fischart, Johann Michael Moscherosch, Johann Balthasar Schupp und Grimmelshausen setzten die Tradition im 16. und 17. Jh. fort. Auch der → Pikaroroman, der u. a. an Apuleius anknüpfte, gehört in diesen Zusammenhang. Im 18. Jh. schrieben Georg Christoph Lichtenberg und Wieland, der auch Lukian übersetzte, menippeische S.n. Seit dem Barock zeigte sich besonders der → Roman offen für satirische Elemente. Eigene Formen der aufklärerischen Prosasatire entwickelten Georg Wilhelm Rabener und – sich dem → Pasquill nähernd – Christian Ludwig Liscow. Im Ganzen sank die Bedeutung der historischen Gattungen der S. kontinuierlich; ›das Satirische‹ hingegen durchdrang weite Bereiche der politischen und gesellschaftskritischen Literatur des 19. und 20. Jh.s von Heinrich Heine bis Heinrich Böll und Günter Grass.

Satirischer Roman, Bezeichnung für ein recht disparates Korpus fiktionaler epischer Texte, deren verbindendes Kriterium die satirische Intention und die Vorherrschaft der satirischen Schreibart darstellen. Beziehungen bestehen seit der Antike (Petronius, Apuleius) zur menippeischen → Satire, die mit ihren Motiven und Darbietungstechniken (phantastische Reise, Traumvision, Götter- und Totengespräch, Parodie usw.) auf den satirischen Roman einwirkt. Von Beginn an ist die satirisch-parodistische Auseinandersetzung mit bestehenden Romantypen ein wesentliches, innovativ wirkendes Moment seiner Geschichte. Dass er sich in der Neuzeit als wichtigste Großform der Satire durchsetzen konnte, hängt mit der nicht kanonisch festgelegten Form, seiner Wandlungsfähigkeit und seiner Offenheit für die verschiedenartigsten Darstellungsweisen zusammen.

In der dt. Literatur etablierte sich der satirische Roman, sieht man von Johann Fischarts grotesker Sprachorgie nach

Rabelais ab (*Geschichtklitterung*, 1575; erweiterte Fassungen 1582, 1590), im 17. Jh. mit der Rezeption des span. → Pikaroromans und des frz. *roman comique* sowie der von diesen Vorbildern ausgehenden eigenen Tradition des niederen Romans. Dabei handelt es sich nach dem Selbstverständnis der Autoren um satirische Schriften, die »mit Lachen die Wahrheit« sagen (Grimmelshausen), durch Demonstration der lasterhaften Welt zur Tugend hinzuführen suchen und sich in allen wesentlichen Aspekten als Gegenbilder der idealisierenden Weltentwürfe des höfisch-historischen Romans und des Schäferromans verstehen. Am umfassendsten lassen Grimmelshausens *Simplicissimus* (1668–1669) und die Romane Johann Beers die Möglichkeiten der Satire im Barockroman erkennen. In den → politischen Romanen Christian Weises und seiner Nachfolger steht die Satire im Dienst eines auf Weltklugheit zielenden Erziehungsprogramms, während am Ende der Epoche Christian Reuter mit dem *Schelmuffsky* (1696–97) eine scharfe Zeitsatire ohne pädagogische Leseanleitung gelingt.

Im 18. Jh. spielt zunächst der Aspekt der Gattungssatire in der Nachfolge von Cervantes' *Don Quijote* eine wichtige Rolle (Wilhelm Ehrenfried Neugebauer, Christoph Martin Wieland); darüber hinaus entwickelte sich der satirische Roman zum Medium z. T. umfassender Zeit- und Gesellschaftskritik. Hier bilden nicht mehr die christlichen Normen den Maßstab, sondern es geht um den Einklang von Individuum und Gesellschaft. Dabei verschiebt sich allmählich der Akzent, und die satirische Kritik am ›Sonderling‹, den es in die Gesellschaft zu integrieren gilt, wird von der Erkenntnis und Kritik der Unvollkommenheit eben dieser Gesellschaft abgelöst (Johann Gottlieb Schummel, Friedrich Nicolai, Adolph v. Knigge, Wieland, Johann Carl Wezel). Mit Wezels *Belphegor* (1776) und seiner provozierend desillusionierenden Abrechnung mit Vernunftoptimismus und Menschenbild der Aufklärung beginnt eine Linie radikaler Infragestellung und satirischer Desillusionierung, die sich in Friedrich Maximilian Klingers *Fausts Leben, Taten und Höllenfahrt* (1791) und August Klingemanns *Nachtwachen* (1804) fortsetzt.

Im 19. Jh. führt der dt. satirische Roman eine eher bescheidene Existenz. Zu den bedeutenden Ausnahmen gehören E. T. A. Hoffmanns *Kater Murr* (1819–21) mit seiner kunstvollen Vereinigung von → Bildungsromanparodie (→ Parodie), Gesellschaftssatire und Künstlerbiographie, Karl Immermanns *Münchhausen* (1838–39) und Georg Weerths *Ritter Schnapphahnski* (1849). Erst mit Heinrich Mann kam es zu einer Neubelebung des satirischen Romans in Werken wie *Im Schlaraffenland* (1900), v. a. aber in seinen glänzenden satirischen Analysen dt. Kleinbürger- und Untertanengeistes und wilhelminischer Gesellschaftsstrukturen im Zeichen moralischen Zerfalls (*Professor Unrat*, 1905; *Der Untertan*, 1918). Die Krisenerscheinungen der Weimarer Republik dokumentierte Erich Kästners *Fabian* (1931), und die dumpfe Atmosphäre und heuchlerische Verdrängung der Vergangenheit, die Ideologie des Kalten Krieges und die Wirtschaftswundermentalität der frühen Jahre der Bundesrepublik bildeten ein dankbares Objekt der Gesellschaftssatire in den Romanen von Wolfgang Koeppen, Heinrich Böll, Günter Grass und Martin Walser. Bundesrepublikanische Alltagswelt, mit bösem Blick ins Groteske und Monströse gesteigert, beschrieben Gisela Elsner und Renate Rasp, während Stefan Heym in seiner satirischen Parabel *Der König David Bericht* (1972) Erfahrungen der Stalinära und der sozialistischen Gegenwart in der DDR verarbeitete.

Schachbuch, Gattung allegorischer Lehrdichtung des MA (→ Allegorie). Sie nutzt die Figurenhierarchie des Schachspiels als gliederndes Prinzip einer Darstellung der ständischen Ordnung mit moraldidaktischer Zielsetzung. Ausgangspunkt der Tradition der ›Schachzabelbücher‹ war eine um 1300 entstandene lat. Schachallegorie des oberital. Dominikaners Jacobus de Cessolis. Dt. Beispiele sind das über

19000 Verse umfassende *Schachzabelbuch* (1337) Konrads v. Ammenhausen und Heinrichs v. Beringen *Schachgedicht* (um 1325–50). Die Gattung blieb bis ins 16. Jh. beliebt.

Schäferdichtung, eine in der Welt der Hirten und Schäfer spielende Dichtungsform. Andere Bezeichnungen für den Gesamtbereich der Sch. sind Bukolik, Hirtendichtung und Pastorale, während Begriffe wie →Idylle oder →Ekloge eine engere Bedeutung haben. S. tritt in den verschiedensten literarischen (und musikalischen) Gattungen auf; ihre Gemeinsamkeit liegt in ihrem allegorischen Grundzug – der Hirte oder Schäfer steht in der Regel für den Dichter – und der von ihr dargestellten oder erinnerten idealen Welt eines von gesellschaftlichen Konventionen und Zwängen freien, naturnahen ›Goldenen Zeitalters‹ mit expliziten oder impliziten Bezügen zur geschichtlichen Wirklichkeit. Hier liegt auch die Affinität der Sch. zur →Utopie.

Von den antiken Modellen bukolischer Dichtung – Theokrits *Eidyllia* und Vergils *Eklogen* – bestimmte v. a. Vergil die europäische Entwicklung bis ins 18. Jh. Er gab dem Hirtengedicht mit dem Bezug auf Augustus (Regentenlob) und dem programmatischen Entwurf der Friedensherrschaft als Aufgabe Roms eine politische Dimension. Die Sch. der Renaissance knüpfte an die antiken Muster an, entwickelte Großformen und stellte den Gegenwartsbezug her. Die Eklogen Petrarcas und Boccaccios wirkten weiter auf die neulat. und volkssprachliche Eklogendichtung der europäischen Renaissancedichtung (Garcilosa de la Vega, Clément Marot, Pierre de Ronsard, Edmund Spenser, Daniel Heinsius usw.). Zugleich entwickelte sich aus der dialogischen Anlage der Ekloge das Schäferspiel (Angelo Poliziano, Tasso, Giovanni Battista Guarini), das in der Schäferoper des Barock kulminierte. Bei Jacopo Sannazaros *Arcadia* (1504) liegen die Anfänge der neuzeitlichen schäferlichen Prosaerzählung, für die mit Longus' *Daphnis und Chloe* (2. Jh. n. Chr.) auch die Antike ein Beispiel bot. Seit der Mitte des 16. Jh.s bildete sich dann in Spanien die große

Form des höfischen Schäferromans heraus (Jorge de Montemayor, Cervantes, Lope de Vega). Mit Sir Philip Sidneys *Arcadia* (1590–93) vollzog sich dann eine folgenreiche Erweiterung ins Politische; mit Honoré d'Urfés *Astrée* (1607–1627) erreichte der Schäferroman seinen Höhepunkt.

Die Aneignung der europäischen Tradition in Deutschland begann im 16. Jh. mit den Neulateinern (→ Neulateinische Literatur); viele von ihnen schrieben Eklogen, und Euricius Cordus und Joachim Camerarius nutzten den politischen, gegenwartsbezogenen Aspekt der Gattung zu Stellungnahmen im Bauernkrieg. In der deutschsprachigen Dichtung des → Barock kam der Sch. eine bedeutende Rolle zu. Die bevorzugten Gattungen waren die schäferliche Liebeslyrik (Georg Rodolf Weckherlin, Martin Opitz, Johann Rist u. a.), die auch in einer durch Hoheliedübertragungen angeregten geistlichen Variante Bedeutung erlangte (Friedrich Spee, Johannes Scheffler, Laurentius v. Schnüffis), und pastorale Gelegenheitsdichtungen aller Art. Opitz übersetzte den Text der Oper *Dafne* (1627) von Ottavio Rinuccini, die am Anfang einer großen Zahl von Schäferspielen, -balletten und -opern des 17. und 18. Jh.s steht.

Großen Einfluss übte Opitz mit seiner Erfindung der ›Schäferei‹ aus, einer neuen Form der Ekloge (›Prosaekloge‹), in der sich Landschaftsschilderungen, gelehrte Unterhaltungen und Gedichte zu Ehren herausragender Persönlichkeiten oder Geschlechter verbinden (*Schäfferey Von der Nimfen Hercinie*, 1630). Paul Fleming, Philipp v. Zesen und v. a. die Nürnberger Dichter (→ Sprachgesellschaften) in der Nachfolge von Georg Philipp Harsdörffer, Johann Klaj und Sigmund v. Birken (*Pegnesisches Schäfergedicht*, 1644–1645) griffen diese Form auf.

Auch der dt. Schäferroman ging eigene Wege. Zwar wurden Montemayors *Diana*, Sidneys *Arcadia* und Teile der *Astrée* d'Urfés übersetzt, doch leiteten Texte wie die anonyme *Jüngst-erbawete Schäfferey* (1632) eine Sonderentwicklung ein, in der kleine sentimentale Liebesromane mit unglücklichem Ausgang, die die Liebe als »Privat-werck« schildern und moralischen Exempelcharakter tragen, das Bild bestimmten (Christian Brehme, Zesen, Johann Joseph Bekkh, Johann Thomas u. a.). Einzig Heinrich Arnold und Maria Katharina Stockfleths *Kunst- und Tugend-gezierte Macarie* (1669–73), die die Hof- und Adelsgesellschaft kritisch mit einer auf Tugend und Bildung gegründeten Lebensform konfrontiert, steht für die große Form des Schäferromans. Im 18. Jh. fand die Bukolik in der → Idylle eine neue, bevorzugte Ausdrucksform.

Schäferroman → Schäferdichtung.

Schauerroman, Ende des 18. Jh.s im Zusammenhang mit der Expansion der Literaturproduktion entstandene Gattung des Trivialromans (→ Trivialliteratur). Zwei Tendenzen lassen sich unterscheiden: eine kritisch-aufklärerische, die hinter dem Unheimlichen rational erklärbare finstere Machenschaften klerikaler und feudaler Kreise und Geheimgesellschaften sieht (Schiller, *Der Geisterseher*, 1787–89; Karl Grosse, *Der Genius*, 1791–94; Christian Heinrich Spieß, Joseph Alois Gleich u. a.), und eine von der Wirklichkeit des Übernatürlichen ausgehende. Die zweite, beim Publikum erfolgreichere Richtung knüpfte v. a. an die engl. Gothic novel an, die sich seit Horace Walpoles *The Castle of Otranto* (1764) zu einem populären Romangenre entwikkelt hatte und in ganz Europa rezipiert wurde. Große Wirkung ging von Matthew Gregory Lewis' *The Monk* (1796, dt. 1797–98 u. ö.) aus. Zu den Versatzstücken der Horrorgemälde gehören wilde Landschaften, dunkle Kloster- und Burggemäuer, Verließe, Folterkammern, Geheimbünde, Intrigen, Familienflüche, Doppelgänger und vieles andere mehr. Vertreter des dt. trivialen Sch.s sind u. a. Karl Grosse und Spieß; daneben zeigt sich der Einfluss des Sch.s auf die romantische Erzählliteratur etwa in frühen Werken Ludwig Tiecks und in E. T. A. Hoffmanns Roman *Die Elixiere des Teufels* (1815–16).

Schelmenroman → Pikaroroman.

Schicksalsdrama, auch Schicksalstragödie, Bezeichnung für einen trivialromantischen Dramentyp, in dem ein vorbestimmtes, kausal nicht erklärbares Schicksal den Verlauf der Ereignisse bestimmt. Vor diesem häufig durch Träume, Ahnungen, mysteriöse Begebenheiten, dramatische Wetterverhältnisse und unheilschwangere Requisiten (Beil, Dolch usw.) angekündigten und auf diese Weise als zwangsläufig suggerierten Fatum gibt es kein Entkommen. Es vollzieht sich in einer Verkettung unglücklicher äußerer Umstände und unglaublicher Zufälle und führt so, begleitet von Schauereffekten, unaufhaltsam zum tragischen Ende, zur Selbstzerstörung, zur Zerstörung einer Familie. Die auslösenden Momente des fatalen Geschehens sind u. a. Familienflüche, in der Vergangenheit liegende Bluttaten (→ Analytisches Drama), Unglücksprophezeiungen.

Das Muster lieferte Zacharias Werner (*Der vierundzwanzigste Februar*, 1809). Die bekanntesten Schicksalsdramatiker nach Werner sind Adolph Müllner (*Der neunundzwanzigste Februar*, 1812; *Die Schuld*, 1813, u. a.), Ernst Houwald (*Die Heimkehr*, 1918; *Der Leuchtturm*, 1820), aber auch Franz Grillparzers Erstling *Die Ahnfrau* (1817) zählt zu diesem Genre, das überdies Spuren in Friedrich Kinds (Text) und Carl Maria v. Webers romantischer Oper *Der Freischütz* (1821) hinterlassen hat. Satirisch setzte sich August v. Platen in seinem Lustspiel *Die verhängnisvolle Gabel* (1826) mit der Modegattung auseinander.

Schlesische Dichterschule, sachlich nicht gerechtfertigte Bezeichnung für zwei (angebliche) Gruppierungen schlesischer Dichter des 17. Jh.s: die der Generation von Martin Opitz (›1. Schlesische Dichterschule‹) und die der Generation von Christian Hoffmann v. Hoffmannswaldau und Daniel Casper v. Lohenstein (›2. Schlesische Dichterschule‹).

Schlesisches Kunstdrama, Bezeichnung für das deutschsprachige Drama des 17. Jh.s, das sich im Anschluss an die Literaturreform (Martin Opitz) unter dem Einfluss der antiken Tragödie (Seneca) und des zeitgenössischen europäischen Theaters (→Jesuitendrama, Joost van den Vondel) entwickelte. Die Verfasser stammten aus Schlesien. Das schlesische Kunstdrama umfasst nur einen quantitativ schmalen Bereich des deutschen Barocktheaters, allerdings den literarisch anspruchvollsten in dt. Sprache. Nach Opitz' Übersetzungen antiker Tragödien (Sophokles, Seneca) legte Andreas Gryphius mit seinen auch politisch signifikanten christlich-stoischen Märtyrerdramen und anderen Manifestationen der »vergänglichkeit menschlicher sachen« (u. a. *Leo Armenius*, 1650; *Catharina von Georgien*, 1651; *Cardenio und Celinde*, 1657; *Carolus Stuardus*, 1657 bzw. 1663; *Papinianus*, 1659) die Grundlage für die weitere Entwicklung. Bedeutendster Nachfolger wurde Daniel Casper v. Lohenstein mit seinen die Problematik politischen Handelns im Licht moderner Klugheits- und Affektenlehren reflektierenden Trauerspielen (u. a. *Cleopatra*, 1661; *Agrippina*, 1665; *Epicharis*, 1665; *Sophonisbe*, 1669). Während dann August Adolph v. Haugwitz sich wieder eng an Gryphius orientierte (*Maria Stuarda*, 1683), erweiterte Johann Christian Hallmann das Drama in seinen zahlreichen Tragödien, Festspielen und »Trauer-Freuden-Spielen« zum opernhaften Gesamtkunstwerk. →Barock, →Märtyrertragödie, →Tragödie.

Schlüsselliteratur, Bezeichnung für literarische Werke, hinter deren Figuren ›wirkliche‹ Personen verborgen, aber gleichwohl erkennbar sind. Betroffen sind alle literarischen Gattungen, wenn auch der Roman die für Verschlüsselungen am ehesten geeignete Form darstellt. Die Schwierigkeit einer Bestimmung des Begriffs Sch. liegt darin, dass die Verschlüsselungen nach einiger Zeit bedeutungslos werden, Schlüssel verloren gehen und Werke anders gelesen und verstanden werden. Als erstem Werk der dt. Literatur ist Kaiser Maximilians I. *Theuerdank* (1517) ein Schlüssel beigegeben; die Sache selbst dürfte älter sein. Verschlüsselte Episoden finden sich u. a. im →höfisch-historischen und galanten Roman des Barock, insbesondere denen Herzog Anton

Ulrichs v. Braunschweig, oder in barocken Schauspielen. Neuere Beispiele sind E. T. A. Hoffmanns *Meister Floh* (1822), Beleg für die Bedeutung der Schlüsseltechnik für die Satire, und Klaus Manns *Mephisto* (1936). Von der Sch. sind die (zahlreicheren) Werke zu unterscheiden, die Personen oder manche ihrer Eigenschaften als Vorlagen oder Modelle verwenden (Goethe, *Die Leiden des jungen Werthers*, 1774; Theodor Fontane, *Effi Briest*, 1894–95; zahlreiche Werke Thomas Manns). Hier liegt es nicht in der Absicht des Autors, dass diese Personen wiedererkannt werden.

Schriftsinn → Allegorese.

Schüttelreim → Reim.

Schuldrama, Dramentypus der frühen Neuzeit mit pädagogisch-didaktischen Zielsetzungen. Das Sch. entstand an den protestantischen Lateinschulen und bildete gleichsam die letzte Stufe im Rhetorikunterricht (→ Rhetorik) mit seinen vielfältigen Übungs- und Präsentationsformen. Luther empfahl, man solle die Schüler Theater spielen lassen, damit sie sich in der lat. Sprache übten und lernten, wie sie sich in ihrem jeweiligen Stand oder späteren Beruf verhalten sollten. Gestützt auf diese Autorität und das Vorbild von Terenz und des neulat. → Humanistendramas entwickelte sich an den protestantischen Lateinschulen ein humanistisch-antikisierendes Deklamationstheater, das neben der sprachlichen Schulung auch der religiösen und moralischen Belehrung diente. Es war und blieb ein in erster Linie auf die Sprache, auf das Wort und seine Bedeutung gerichtetes Theater. Anders als beim späteren → Jesuitendrama, das strikt beim Lateinischen verharrte, gab es bei den Protestanten schon im 16. Jh. parallel zur lat. Spielpraxis auch öffentliche Aufführungen in dt. Sprache, gewiss mit dem Ziel, ein breiteres Publikum, auch im Sinn konfessioneller Propaganda, zu erreichen. Die parallele Spielpraxis in lat. (gelegentlich sogar griech.) und dt. Sprache wurde bis ins 17. Jh. fortgesetzt.

Zentren des Sch.s waren neben den Niederlanden Sachsen, die Schweiz und protestantische Städte wie Nürnberg, Augsburg, Straßburg und Breslau; aber auch im kath. Wien entstand um die Mitte des 16. Jh.s eine Schultheatertradition (Wolfgang Schmeltzl). Eine bedeutende Entwicklung nahm das Straßburger Theater, das neben zeitgenösssischen Schuldramen auch regelmäßig antike Stücke spielte und sich Anfang des 17. Jh.s unter Caspar Brülow als erste feste Bühne in Deutschland etablierte (bis 1621). In Breslau wurden noch die Werke der Barockdramatiker Andreas Gryphius, Daniel Casper v. Lohenstein und Johann Christian Hallmann von Gymnasiasten auf den Bühnen ihrer Schulen gespielt. Eine letzte Blüte erlebte das Sch. gegen Ende des 17. Jh.s in Zittau unter der Leitung Christian Weises.

Das Sch. entnahm seine Stoffe vorwiegend der Bibel. Das Gleichnis vom verlorenen Sohn oder Geschichten des AT (Joseph, Susanna, Esther, Hiob u. a.) waren besonders beliebt; daneben wurden Themen der spätmittelalterlichen → Moralitäten (Jedermann) aktualisiert und Fragen der Kinder- und Jugenderziehung behandelt. Daneben entstanden während der reformatorischen Auseinandersetzungen ausgesprochen polemisch-agitatorische Kampfdramen (Thomas Naogeorg). Entscheidenden Einfluss auf die Entwicklung des lat. und dt. Sch.s übte der neulat. *Acolastus* (1529) des Niederländers Guilhelmus Gnaphaeus aus, der die Parabel vom verlorenen Sohn zu einem lehrhaft-erbaulichen Familienstück in fünf Akten mit → Prolog und → Epilog formte. Zu den bedeutenden Autoren des lat. Sch.s zählten Georg Macropedius und Naogeorg, während Paul Rebhun und Sixtus Birck die deutschsprachige Tradition repräsentierten. Allerdings bestanden enge Beziehungen zwischen dt. und lat. Schuldramen. Oft wurden die lat. Werke ins Deutsche übersetzt, andererseits stellte z. B. Birck lat. Fassungen von einigen seiner dt. Stücke her. Bei Nicodemus Frischlin steht die dt. neben der lat. Produktion. In der 2. Hälfte des 17. Jh.s wurde dann das lat. Drama immer mehr – auch im Zusammenhang mit pädagogischen

Reformen und neuen ›politischen‹ und galanten Verhaltenslehren – durch das deutschsprachige verdrängt (Weise).

Schwäbischer Dichterkreis, auch Schwäbische Romantik oder Schwäbische Dichterschule, Bezeichnung für eine lose Verbindung württembergischer Autoren der Spätromantik zwischen ca. 1810 und 1850. Zu dem ursprünglichen Kreis gehörten Ludwig Uhland, Justinus Kerner und Gustav Schwab; später kamen Gustav Pfizer, Johann Georg Fischer, Hermann Kurz u. a. hinzu. Wilhelm Hauff, Nikolaus Lenau und Eduard Mörike standen in näherer Beziehung zu dem Kreis der Spätromantiker, bei dem sich zunehmend Züge des → Biedermeier bemerkbar machten. Gepflegt wurden – bei einer Vorliebe für mittelalterliche und lokale Stoffe – v. a. volkstümliche lyrische Formen, Sagen und Erzählungen.

Schwank, kleinere komische, auf eine Pointe hin inszenierte Erzählform, Erzählung eines lustigen oder bösartigen ›Streichs‹ (das Wort Sch. kommt aus der Fechtersprache und bedeutet ursprünglich ›Schlag‹, ›Streich‹, ›Hieb‹). Das erzählerische Grundmuster basiert auf der konfliktträchtigen Zuordnung zweier sozial, intellektuell oder sexuell höchst unterschiedlicher Handlungsträger, wobei (1) der zunächst Unterlegene sich dem Überlegenen gleichstellt bzw. über ihn triumphiert (›Ausgleichstyp‹) oder (2) die Auflehnung scheitert und sich die Überlegenheit des Gegners vergrößert (›Steigerungstyp‹). Seltener ist ein dritter Typ, bei dem die Spannung unaufgelöst bleibt (›Spannungstyp‹). Charakteristisch ist also eine Art Wettkampfsituation, bei der List gegen List, List gegen Gewalt oder Gewalt gegen List gesetzt wird; Verletzungen sexueller Tabus, sozialer Normen und der Regeln der Logik fördern dabei Spannung und Unterhaltungswert.

Schwänke können in den verschiedensten epischen Textzusammenhängen vorkommen (z. B. in → Pikaroromanen, → Predigten, → Chroniken, → Kalendern, Geschichtensammlungen aller Art usw.). In der Literatur des MA erscheint der Sch. in Versform (→ Märe); in der frühen Neuzeit werden Schwänke in z. T. umfangreichen Anthologien gesammelt, wobei sich Verbindungen mit den Traditionen der →Fazetie und des Predigtmärleins (→ Exempel) ergeben (u. a. Johannes Pauli, *Schimpf und Ernst*, 1522; Jörg Wickram, *Rollwagenbüchlein*, 1555; Hans Wilhelm Kirchhof, *Wendunmuth*, 1563–1603; Johann Peter de Memel [d. i. Johannes Praetorius], *Lustige Gesellschafft*, 1656). Werden Schwänke um eine Person zentriert und in einen epischen Zusammenhang gestellt, spricht man vom Schwankroman. Das früheste Beispiel ist *Der Pfaffe Amîs* (um 1240) des Stricker, dem später u. a. Philipp Frankfurters *Geschichte des Pfarrers vom Kalenberg* (1473), Hermann Botes *Dil Ulenspiegel* (um 1510–11) und das *Lalebuch* (1597) folgten.

Bei der dramatischen Form des Sch.s handelt es sich zunächst um Dramatisierungen von Schwankstoffen, etwa in den → Neidhart- und → Fastnachtsspielen oder manchen Komödien des 15.-17. Jh.s. Seit dem späten 19. Jh. bezeichnet Sch. eine triviale, auf Situationskomik und Stereotypen basierende Form des Theaters (bzw. dann auch des Fernsehens).

Schwankroman → Schwank.

Schwarze Romantik, Bezeichnung für eine Strömung der europäischen Romantik, deren Themen v. a. der ›Nachtseite‹ der menschlichen Natur entstammen: Ängste, Träume, Wahnvorstellungen, Doppelgängermotive, Todessehnsucht, Vampirismus, Satanismus, Nekrophilie usw. Der bedeutendste dt. Vertreter der schwarzen Romantik ist E. T. A. Hoffmann; wesentliche Anregungen gingen von Gotthilf Heinrich Schuberts *Ansichten von der Nachtseite der Naturwissenschaft* (1808) aus. → Schauerroman.

Schwulst, abwertende Bezeichnung für den durch gesteigerten Einsatz rhetorischer Mittel (→ Rhetorische Figuren, → Tropen) charakterisierten Stil eines Teilbereichs der dt. Barockliteratur v. a. in der 2. Hälfte des 17. Jh.s. (Christian Hoffmann v. Hoffmannswaldau, Daniel Casper v. Lohenstein u. a.); → Argutia, → Concetto, → Manierismus. Die negative Bewertung setzte sich um 1730 durch (Johann Jakob Bodmer, Johann Christoph Gottsched); die Bezeichnung ›lohensteinischer Sch.‹ wurde dann als Kampfbegriff im Kontext der literarischen Auseinandersetzungen der Zeit, etwa gegen Klopstock, verwandt.

Science Fiction, Form der → phantastischen Literatur, die das Phantastische als denkbare Möglichkeit – in fernen Zeiten oder Welten – rational oder pseudorational zu begründen sucht. Der Begriff SF setzte sich in den 30er-Jahren des 20. Jh.s in den USA durch und löste nach dem Zweiten Weltkrieg in Deutschland ältere Bezeichnungen wie ›Zukunftsroman‹ oder ›technische Utopie‹ ab. Anders als die → Utopie zielt SF nicht – oder nur ausnahmsweise – auf Gesellschaftskritik. SF verwendet die gängigen Muster des Abenteuer- und Spannungsromans und verbindet sie mit einem Repertoire spezifischer Motive und Themen (Zukunft, Zeitreisen, Weltraum, fremde Welten, Weltkatastrophen, interplanetarische Kriege, Invasionen aus dem Weltraum, Telepathie, fremde Intelligenzen, Roboter usw.).

Zur Vorgeschichte der SF gehören die → Utopie, phantastische Reise- und → Abenteuerromane und pseudowissenschaftliche Schauerliteratur wie Mary Shelleys *Frankenstein* (1818). Die wachsende Fortschrittsgläubigkeit und die sich beschleunigende technische Entwicklung im 19. Jh. schufen die Voraussetzungen für die Ausbildung des Genres durch Jules Verne und H. G. Wells. In Deutschland folgten u. a. Kurd Laßwitz (*Auf zwei Planeten*, 1897), Bernhard Kellermann (*Der Tunnel*, 1913) und der völkisch-rassistische Ideologien und Mythen transportierende Hans Dominik (u. a. *Die Macht der Drei*, 1923; *Der Brand der Cheopspyramide*, 1926). Seit den 20er-Jahren entwickelte sich das Genre in den USA zur seriellen Unterhaltungsliteratur (Hefte, Magazine) und erreichte in den 40er-Jahren einen Höhepunkt (›Goldene Ära‹) mit Autoren wie Isaac Asimov und Robert Heinlein.

Seit den 50er-Jahren erweiterte sich das Spektrum der bisher eher eskapistischen SF durch zeitkritische Tendenzen, durch die Einbeziehung von Themen wie Wirtschaftsimperialismus, Frauenemanzipation oder Umweltzerstörung usw. (Ray Bradbury, Arthur C. Clark, Kurt Vonnegut, Brian W. Aldiss, Philip K. Dick, Ursula LeGuin). Kultstatus erlangten Bücher wie Frank Herberts *Dune Chronicles* (1965 ff.) und Douglas Adams *A Hitch-Hiker's Guide Through the Galaxy* (1979 ff.). Außerhalb der dominierenden angloamerikanischen SF hat sich v. a. das Werk des Polen Stanisław Lem international behaupten können. Zu den dt. Science-Fiction-Autoren zählen u. a. Herbert W. Franke und Wolfgang Jeschke; ein Spezialfall ist die seit 1961 wöchentlich erscheinende Heftchenserie *Perry Rhodan, der Erbe des Universums*. Im Übrigen hat sich die populäre SF zu einem umfassenden multimedialen Massenphänomen im Kontext der internationalen Jugendkultur entwickelt.

Segen → Zauberspruch.

Sekundenstil, Bezeichnung für eine Darstellungstechnik im → Naturalismus, die auf eine exakte Abbildung der Wirklichkeit zielt, d. h. die Geschehnisse und Wahrnehmungen detailliert in ihrem zeitlichen Fluss ohne Raffung oder Dehnung ›Sekunde für Sekunde‹ zu registrieren sucht. Erstes Beispiel für diesen Stil ist die Erzählung *Papa Hamlet* (1889) von Arno Holz und Johannes Schlaf. Einen neueren Versuch stellt Peter Weiss' »Mikro-Roman« *Der Schatten des Körpers des Kutschers* (1960) dar.

Senar → Trimeter.

Senkung → Hebung und Senkung.

Sentenz, in einem Satz formulierter Sinn- oder Denkspruch, der sich auf Grund seiner eingängigen Formulierung und seines Anspruchs auf Allgemeingültigkeit aus dem Kontext eines literarischen Werks (Drama, Prosa, Ballade usw.) herauslösen lässt. Wegen ihrer Fasslichkeit und Geschlossenheit kann die S., unabhängig vom ursprünglichen Textzusammenhang, zum → Sprichwort werden. In einem weiteren Sinn umfasst der Begriff S. auch außerhalb von größeren Texten formulierte Denk- und Weisheitssprüche (→ Gnomik).

Sentimentalisch → Naiv – sentimentalisch.

Septem artes liberales → Artesliteratur.

Sequenz, mittelalterliche Form liturgischer Chorgesänge. Sie entstand, als man den Melismen auf das Schluss-a des Alleluia nach dem Graduale der Messe Texte unterlegte (→ Tropus [2]) und sich diese Form allmählich weiterentwickelte und vom ursprünglichen Kontext löste. Die S. besteht aus einer Folge von jeweils zwei gleich langen Texten (→ Versikeln), die von Halbchören auf jeweils dieselbe Melodie gesungen werden; am Anfang und Ende steht ein gemeinsamer Chor (A BB CC ... YY Z). Das Schema kann wiederholt werden (Da-capo-S.). Die frühen S.en waren in Prosa gehalten (daher auch die Bezeichnung ›Prosa‹ für S.). Beispiele dafür sind die S.en Notkers I. v. St. Gallen (*Liber Ymnorum*, um 885). Seit dem 11. Jh. glichen sich die S.en der Form (Vierheber, → Reim oder → Assonanz) der → Hymne an. Die S. beeinflusste Formen weltlicher mittelalterlicher Lyrik wie den frz. Lai oder den dt. → Leich.

Serapionsbrüder, Kreis von Schriftstellern um E. T. A. Hoffmann in Berlin (ca. 1814–20), zu dem Carl Wilhelm Salice Contessa, Julius Eduard Hitzig, David Ferdinand Koreff und – zeitweilig – Adelbert v. Chamisso sowie Friedrich de la Motte Fouqué gehörten. Ursprünglich trug die Vereinigung den Namen ›Seraphinenorden‹, doch nannte sie sich am 14.11.1818, dem Tag des Hl. Serapion und der Rückkehr Chamissos von seiner Weltreise, in ›Serapionsbrüder‹ um. Der Bund gab Hoffmann die Anregung für die Idee eines Rahmens für sein vierbändiges Erzählwerk *Die Serapions-Brüder* (1819–21), in dem Freunde auf wöchentlichen Sitzungen die vorgetragenen Geschichten kommentieren und diskutieren.

Sestine, aus dem Italienischen übernommene Gedichtform. Sie besteht aus sechs sechszeiligen Strophen (auch die einzelnen Strophen können als S. bezeichnet werden) und einer dreizeiligen Geleitstrophe, die durch wiederkehrende Reimwörter auf kunstvolle Weise miteinander verbunden sind. Die Strophen sind in sich nicht gereimt, jedoch kehren die letzten Wörter jedes Verses der ersten Strophe in den folgenden fünf Strophen in jeweils veränderter Abfolge wieder, und zwar so, dass das letzte Wort einer Strophe jeweils das Reimwort der ersten Zeile der folgenden bildet (identischer Reim), z. B. in der Form abcdef / fabcde usw. oder abcdef / faebdc usw. In der dreizeiligen Schlussstrophe kehren alle Reimwörter in der Reihenfolge der ersten Strophe in der Mitte und am Ende der Verse wieder. Als Erfinder der S. gilt der provençal. Dichter Arnaut Daniel (um 1200). Im Gegensatz zu ihrer Verbreitung in den romanischen Ländern blieb ihre Bedeutung in der dt. Literatur eher gering. Gepflegt wurde sie v. a. im Barock (Martin Opitz, Georg Rodolf Weckherlin u. a.) und dann wieder in der Romantik (Joseph v. Eichendorff, Friedrich Rückert, Ludwig Uhland); Zacharias Werner verwandte die S. auch im Drama. Rudolf Borchardt griff die Form im 20. Jh. noch einmal auf.

Shakespearebühne, Bezeichnung für die Bühne des elisabethanischen Theaters, die im Vergleich etwa zur → Terenzbühne eine differenziertere Raumordnung mit Vorder- und Hinterbühne aufwies. Vorder- und Hinterbühne konnten bei größeren Innenraumszenen auch zusammen benutzt werden. Eine Oberbühne enthielt einen weiteren Innenraum und Bauten für Balkon- und Erkerszenen und Szenen auf Mauern oder Wehrtürmen. Darüber wiederum befand sich ein Raum für eine Musikkapelle. Da nur einfache Requisiten verwandt wurde, war schneller Szenenwechsel möglich. Die Theaterbauten selbst – z. B. das Globe-Theatre, 1599 erbaut – waren nach oben offene oktogonale Gebilde mit überdachten Zuschauergalerien und einem freien Innenhof als eine Art Stehparkett.

Short story → Kurzgeschichte.

Silbenzählendes Versprinzip → Metrik.

Silvae, ›Wälder‹, aus der Antike stammende Bezeichnung für eine Sammlung von Entwürfen (Quintilian) oder Gelegenheitsgedichten (Statius). In der letzten Bedeutung wurde S. von den Humanisten übernommen. Im Barock wurde die Bezeichnung verdeutscht (Martin Opitz: »Sylven oder wälder«); die Sektion → Gelegenheitsgedichte barocker Gedichtsammlungen trug nun häufig die Überschrift »Poetische Wälder« (Opitz, Paul Fleming u. a.). Johann Gottfried Herder benutzte die Bezeichnung für eine Sammlung literarästhetischer Fragmente (*Kritische Wälder*, 1769).

Simpliziade, in Analogie zu → Robinsonade gebildete Bezeichnung für literarische Werke, die an Grimmelshausens *Simplicissimus* (1668–69) anknüpften bzw. sich der Begriffe ›Simplicissimus‹ bzw. ›simplicianisch‹ zu Reklamezwecken bedienten. Nur wenige dieser Texte – zwischen 1670 und 1744 erschienen – weisen engere Beziehungen zu Grimmelshausens Werk auf (Johann Beer, *Der Simplicianische Welt-Kucker*, 1677–79; Johann Georg Schielen, *Deß Frantzösischen Kriegs-Simplicissimi* [...] *Lebens-Lauff*, 1682; Daniel Speer, *Ungarischer Oder Dacianischer Simplicissimus*, 1683).

Simultanbühne, Bühnenform des mittelalterlichen → geistlichen Spiels, bei der die einzelnen Spielorte (*loca*) der Handlung auf dem Spielplatz (z. B. Marktplatz) fest aufgebaut sind. Es ist also kein Szenenwechsel erforderlich, vielmehr gehen die Schauspieler zum Spielort des jeweils folgenden Geschehens. Überlieferte Skizzen zeigen eine symbolische Anordnung der Spielorte: Himmel und Hölle stehen sich, an entgegengesetzten Enden des Platzes aufgebaut, gegenüber; dazwischen spielt sich das irdische Geschehen ab.

Simultantechnik, auch Simultanismus, Bezeichnung für literarische (und filmische) Verfahrensweisen, mit denen gleichzeitig an verschiedenen Orten stattfindende Ereignisse und Handlungen in ihrem Nebeneinander sichtbar gemacht werden sollen. Das Problem formulierte bereits Lessing, als er den Unterschied zwischen den bildenden Künsten (simultan dargestellte Körper im Raum) und der Dichtung (in der Zeit, nacheinander, ablaufende Handlungen) formulierte (*Laokoon*, 1766; → Ut pictura poesis). Im Drama lässt sich die Simultaneität durch eine entsprechende horizontale und/oder vertikale Aufteilung der Bühne erreichen. In der Erzählliteratur des 20. Jh.s wird der Eindruck der Simultaneität durch (filmische) Techniken wie Schnitt und Montage hervorgerufen, indem unterschiedliche, aber simultan ablaufende Wirklichkeitsausschnitte, Szenen, Gesprächsfetzen usw. in einem zeitlich-räumlichen Querschnitt sprunghaft nebeneinander gesetzt werden. Mit traditionellen erzählerischen Mitteln unternahm bereits Karl Gutzkow den Versuch, durch einen »Roman des Nebeneinander« die Komplexität der zeitgenössischen Realität zu veranschaulichen (*Die Ritter vom Geiste*, 1850–51).

Singspiel, musikalisch-literarische Gattung mit historisch unterschiedlicher Gewichtung der musikalischen und literarischen Elemente. Zunächst handelte es sich bei dem S. eher um ein Schauspiel mit musikalischen Einlagen. In dieser Form erschien das S. bei den → Englischen Komödianten und dt. Autoren des 17. Jh.s wie Jakob Ayrer, Johann Rist und Christian Weise. Ansätze eines höfischen S.s nach frz. Vorbild finden sich bei Herzog Anton Ulrich v. Braunschweig.

Eine kontinuierliche Entwicklung des dt. S.s begann jedoch erst im 18. Jh. mit Zentren in Nord- und Mitteldeutschland und in Wien. Im Norden, wo man mit singenden Schauspielern arbeitete, standen Parodien auf die Barockoper am Anfang (wie in England die *Beggar's Opera*, 1728, von John Gay und Johann Christian Pepusch). Der erfolgreichste Autor war Christian Felix Weiße, der sich an der engl. Ballad Opera und frz. Mustern orientierte und mit dem Komponisten Johann Adam Hiller einen kongenialen Partner fand (u. a. *Lottchen am Hofe*, 1767; *Die Jagd*, 1770).

Nach Leipzig wurde Weimar zu einer bedeutenden Pflegestätte des bürgerlich-schäferlichen S.s; neben Goethe schrieb auch Christoph Martin Wieland Singspieltexte.

Die österreichische Tradition war stärker der → Oper verpflichtet. Ihren ersten Höhepunkt erreichte sie mit einem Werk von Joseph Felix v. Kurz (Bernardon) und Joseph Haydn: *Der Neue Krumme Teufel. Eine Opera Comique* (1752; die Musik ist verloren). Mit den S.en Mozarts schließlich wurde die Musik endgültig zur Hauptsache. Im 19. Jh. entwickelte sich das S. in zwei Richtungen weiter: zur sog. Spieloper (Albert Lortzing) und zur Operette.

Sinngedicht → Epigramm.

Siziliane → Stanze.

Sketch, kurze dramatische Szene meist witziger Art, eine charakteristische Form des → Kabaretts, inzwischen auch des Fernsehens.

Skizze, Bezeichnung für den ersten Entwurf oder das Gerüst eines Werkes bzw. – seit dem 18. Jh. – für eine kurze Prosaform, die bewusst auf Abrundung oder vollständige Ausformung verzichtet. Programmatische Verwendung findet die S. im → Naturalismus (→ Sekundenstil) und in den Stimmungsbildern des → Impressionismus; die Verwendung der S. in der modernen Literatur reflektiert eine Skepsis gegenüber festen literarischen Formen (Robert Walser, Reinhard Lettau u. a.).

Sonett, eine strophisch gegliederte, vierzehnzeilige Gedichtform, entstanden um 1220/30 am Hof Friedrichs II. in Sizilien. In seiner Grundform besteht das S. aus zwei Quartetten (Oktave bzw. Oktett) und zwei darauf folgenden Terzetten (Sextett). Von Anfang an gab es verschiedene Reimanordnungen in den Quartetten (alternierend: abab abab; umarmend: abba abba) wie in den Terzetten (cde cde, cdc dcd, cde dce usw.). Zu einer in Strophengliederung und Reimanordnung deutlich unterschiedenen Variante kam es im späten 16. Jh. in England (›Shakespeare-S.‹); sie besteht aus drei alternierend reimenden Quartetten (mit jeweils eigenen Reimen) und einem abschließenden Reimpaar (abab cdcd efef gg). Daneben sind im Verlauf der langen Gattungsgeschichte zahlreiche weitere Variationen der Form entstanden. Verbreitet ist die Bildung von Sonettzyklen.

Überlegungen zum Verhältnis von äußerer Form und innerer Struktur des S.s haben zu verschiedenen Modellen geführt, ohne dass damit die Vielfalt der Sonettproduktion zu erfassen wäre. Von einer antithetischen Spannung zwischen Oktave und Sextett, die in einem pointierten, epigrammatischen Schluss mündet, gehen schon die barocken Poetiker aus. Seit der Romantik konkurrieren zwei- und dreigliedrige Strukturvorstellungen: Oktave und Sextett als »Hauptantithese« (August Wilhelm Schlegel) im Verhältnis von Erwartung und Erfüllung, Spannung und Entspannung, Verwicklung und Lösung usw. oder die beiden Quartette als Prämissen und das Sextett als Konklusion in einem »lyrischen Syllogismus« (Hugo Friedrich) bzw. als These, Antithese und Synthese in einem dialektischen Verständnis der Form (Johannes R. Becher). Hinweise zur → Poetik geben auch die S.e über das S., die in großer Zahl seine Geschichte begleiten.

Ausgehend von Italien, insbesondere der klassischen Sonettkunst Petrarcas im *Canzoniere* (entstanden 1336–74) und dem darauf gründenden → Petrarkismus des 16. Jh.s wurde das S. zur bevorzugten Form der europäischen Renaissancepoesie und erreichte im Werk Lope de Vegas, Luis de Góngoras, Luís de Camões' und den großen Sonettzyklen der Dichter der Pléiade (Joachim Du Bellay, Pierre de Ronsard) und Shakespeares eine nur selten wieder erreichte Höhe. Deutsche S.e erschienen vereinzelt seit 1556, zunächst im Zusammenhang mit Übersetzungen größerer Werke. Erst die Literaturreform des 17. Jh.s leitete die Blüte des S.s auch in Deutschland ein. Beispielgebend war Martin Opitz mit seinen frz. bzw. niederl. Vorbildern folgenden Anweisungen und seinen (z. T. übersetzten) Mustersonetten. Neben und nach ihm traten Georg Rodolf Weckherlin, Paul Fleming, Andreas Gryphius, Catharina Regina v. Greiffenberg und Christian Hoffmann v. Hoffmannswaldau u. v. a. mit einem bedeutenden, thematisch vielfältigen Sonettschaffen hervor.

Im 18. Jh. spielte das S. zunächst kaum noch eine Rolle; von »gezwungenem Schellenklang« (Johann Christoph Gottsched) war kritisch die Rede. Versuche Johann Wilhelm Ludwig Gleims (1764) und Gottfried August Bürgers (1789) bereiteten den neuen, am italienischen Beispiel orientierten Aufschwung der Form in der Romantik vor, die freilich – anders als im Barock – nicht mehr unumstritten war. Doch selbst der zunächst skeptische Goethe ließ sich zu einem Zyklus von Liebessonetten anregen (1815). Zu den Höhepunkten der Sonettdichtung im 19. Jh. gehören August v. Platens *Sonette aus Venedig* (1825). Während die Naturalisten das S. mieden, begann um die Jahrhundertwende mit der Rezeption des frz. Symbolismus und der Rückbesinnung auf die europäische Überlieferung (Stefan George, Rudolf Borchardt, Rudolf Alexander Schröder) eine neue Phase der Sonettdichtung, die in Rainer Maria Rilkes tendenziell formsprengenden *Sonetten an Orpheus* (1923) gipfelte.

Durch die Betonung der Spannung von alter, strenger Form und neuen bzw. neu gesehenen Inhalten – Großstadt, Arbeitswelt, Krieg – gewannen Expressionisten wie Georg Heym oder Paul Zech der Gattung neue Seiten ab. Gegen den weit verbreiteten kunstgewerblichen Nachvollzug der alten Muster zeigen neuere Texte, dass sich die Spannung zwischen klassischer Form und moderner Thematik noch immer fruchtbar machen lässt – und dass sich die Macht der Gattungstradition selbst noch in ironisch-parodistischer Verfremdung, individuellen Variationen und experimentellen Verfahrensweisen bestätigt (Peter Rühmkorf, Gerhard Rühm, Günter Grass u. a.).

Sonettenkranz, besondere Form des Sonettenzyklus (→ Sonett). Der strenge S. besteht aus 15 Sonetten. Bei den ersten 14 Sonetten wird jeweils die Schlusszeile eines Sonetts als Anfangszeile des folgenden wiederholt (das erste Sonett beginnt mit Schlusszeile des vierzehnten), so dass eine kreisförmige Struktur entsteht. Das letzte Sonett, Meistersonett genannt, setzt sich aus Anfangsversen der anderen Sonette zusammen.

Song, aus dem Engl. übernommene Bezeichnung für verschiedene liedhafte Formen wie das politische → Chanson, das balladenhafte politische und agitatorische Lied (→ Protestsong) und die Gesangseinlagen in Stücken Brechts.

Sozialer Roman → Zeitroman.

Sozialgeschichtliche Methode, literaturwissenschaftliches Verfahren, das die sozialen und institutionellen Bedingungen des Schreibens, der Produktion wie der Rezeption, in ihrem geschichtlichen Wandel zu ihrem Gegenstand macht. Auch bevor ausdrücklich eine sozialgeschichtliche Methode proklamiert wurde, gehörte die Untersuchung der gesellschaftlichen Bedingungen der Literaturproduktion und -rezeption zum Gegenstand der Literaturwissenschaft, z. B. der → Literatursoziologie. Die Frage nach dem Verhältnis von Literatur und übergreifenden sozialen Prozessen wurde u. a. von der marxistischen Literaturtheorie und der Rezeptionsgeschichte (→ Rezeption) gestellt.

Die Anwendung des Basis-Überbau-Schemas auf die Literatur führte in der älteren marxistischen Literaturtheorie zur Formulierung eines einseitigen Abhängigkeitsverhältnisses. Das Verhältnis von gesellschaftlicher Basis und dem von ihr determinierten kulturellen Überbau wurde als ›Widerspiegelung‹ aufgefasst und ließ sich v. a. an realistischen Erzähltexten demonstrieren. Insgesamt erwies sich das Verfahren allerdings als ungeeignet, komplexere Phänomene zu erklären, so dass zu ihrer Erfassung vermittelnde Instanzen – Sprache, politisches System, ›Institution Kunst‹ usw. – zwischen Werk und gesellschaftlicher ›Totalität‹ angesetzt werden mussten.

Seit der Abkehr von dem marxistischen Modell und der

einseitigen Widerspiegelungstheorie (→ Sozialistischer Realismus) geht die Sozialgeschichte von einem komplexen Wechselverhältnis von Literatur und Gesellschaft aus, wobei es insbesondere auch darum geht, wie sich Literatur zu anderen Formen kommunikativen Handelns verhält. Damit beschäftigen sich u. a. die von der Systemtheorie Talcott Parsons und Niklas Luhmanns ausgehenden Modelle, die zu erklären versuchen, wie sich das ›System‹ Literatur gegenüber anderen ›Systemen‹ herausbildet und eigene Institutionen, Regeln, Formen entwickelt. Eine andere Form sozialgeschichtlicher Methodik stellt die Mentalitätsgeschichte dar, die die Bilder und Vorstellungen untersucht, die sich eine Gesellschaft von der Wirklichkeit macht und die in der Literatur bewahrt werden.

Sozialistischer Realismus, seit 1934 verbindliche Literaturdoktrin in der UdSSR und nach dem Zweiten Weltkrieg auch in den Ländern des Ostblocks. »Der sozialistische Realismus«, so der Beschluss des sowjetischen Schriftstellerkongresses vom August 1934, »fordert vom Künstler wahrheitsgetreue, historisch konkrete Darstellung der Wirklichkeit in ihrer revolutionären Entwicklung. Wahrheitstreue und historische Konkretheit der künstlerischen Darstellung muss mit den Aufgaben der ideologischen Umgestaltung und Erziehung der Werktätigen im Geiste des Sozialismus verbunden werden.« Das Realismus-Gebot ist aus der materialistischen Widerspiegelungstheorie Lenins abgeleitet, der zufolge Kunst als Widerspiegelung der Wirklichkeit auftritt. Damit verbinden sich Forderungen nach ›Parteilichkeit‹, ›Tendenziosität‹, ›Volkstümlichkeit‹, ›Ideengehalt‹ und ›Massenverbundenheit‹. Bedeutender Einfluss ging von Maxim Gorki aus, der mit seinem Roman *Die Mutter* (1906) das klassische Werk des sozialistischen Realismus geschaffen hatte (Parteilichkeit, politisch bewusstes Proletariat, positiver Held) und auf dem Kongress die ›menschliche Arbeit‹ und den ›Erbauer des Sozialismus‹ als Haupthelden der sozialistischen Literatur herausstellte. In der literarischen Praxis dominierte der Roman als geschlossene Form mit auktorialem, allwissendem Erzähler. In der Sowjetischen Besatzungszone bzw. der DDR entstand nach dem Zweiten Weltkrieg eine diesen Vorgaben entsprechende Literatur (Erwin Strittmatter, Willi Bredel, Bruno Apitz u. a.); auch hier bildete die Doktrin des sozialistischen Realismus die Grundlage der literaturtheoretischen Auseinandersetzungen (→ DDR-Literatur).

Spätmittelalterliche Literatur, die deutsche Literatur zwischen etwa 1220/30 und dem Beginn der neuzeitlichen Literatur des → Humanismus im 15. Jh. Die Abgrenzung zur Literatur der → höfischen Klassik ist schwierig, da die großen Werke der Klassik zunächst entschiedenen Vorbildcharakter besaßen und so auch die Literaturproduktion prägten. Zugleich kamen jedoch seit 1220/30 neue Formen und literarische Verfahrensweisen auf, die die spätere Entwicklung bestimmen sollten. Nach einer Übergangsperiode bis etwa 1300 wird das ganze Spektrum der dt. Literatur des Spätmittelalters, deutlich unterschieden von der vorhergehenden höfischen Klassik, erkennbar. Die Vielfalt der Erscheinungsformen der spätmittelalterlichen Literatur beruht auf der zunehmenden, alle Lebensbereiche umfassenden Ausbreitung der Schriftlichkeit, wobei den Städten eine immer bedeutendere Rolle zukommt.

Der → höfische Roman behauptete sich auch im Spätmittelalter als Medium der Selbstvergewisserung und idealisierenden Selbstdarstellung der ritterlichen Adelsgesellschaft. Zu den bekannten Stoffkomplexen – Artus, Gral, Tristan – kamen andere hinzu, wobei u. a. das Handlungsschema des griech. Liebesromans (Trennung und glückliche Wiedervereinigung eines Paars) in verschiedenen Variationen aufgenommen wurde (Rudolf v. Ems, Ulrich v. Etzenbach, Heinrich v. Neustadt). Doch im Zentrum der epischen Dichtung stand weiterhin die → Artusepik (der Stricker, Heinrich v. dem Türlin), die dann in Albrechts *Jüngerem Titurel* (um 1260–75), der sich als vollständige Fassung von Wolframs

v. Eschenbach *Titurel* vorstellte, gipfelte: eine große Kompilation des Artus-Gral-Komplexes mit geschichtsphilosophischem Anspruch. Im Gegensatz zu Albrechts riesigem Versroman blieb der *Prosa-Lancelot*, die zweite große Gesamtdarstellung des Stoffkomplexes, ohne große Wirkung (Teilübersetzung der frz. Vorlage vor 1250, vollständige Übersetzung Anfang des 14. Jh.s). Noch im 15. Jh. wurden die alten Stoffe neu bearbeitet (Ulrich Fuetrer, *Buch der Abenteuer*, um 1473–83).

Neben den höfischen Roman traten als weitere große epische Gattungen des Spätmittelalters die → Heldendichtung (*Kudrun*, Sagenkreis um Dietrich von Bern) und die Geschichtsschreibung bzw. romanhafte Geschichtsdichtung. Dazu zählen eine Reihe von Troja- und Alexanderdichtungen (Konrad v. Würzburg, Ulrich v. Etzenbach, Johannes Hartlieb), aber auch die großen Weltchroniken von Rudolf v. Ems oder Jans Enikel (→ Chronik).

Wie die Epik führte auch die spätmittelalterliche Lyrik zunächst die Gattungen des hohen MA – → Minnesang und → Spruchdichtung – weiter. Die verschiedenen Genres wurden aufgenommen, variiert und kombiniert, neue Liedtypen wurden hinzugefügt, neue Sprechweisen – manieristische, gelehrt-spekulative, parodistische – erprobt und so das Spektrum nach und nach erweitert. Auf der anderen Seite wandte sich Neidhart radikal gegen die Konventionen des verfeinerten höfischen Minnesangs der Generation nach Walther v. der Vogelweide und transponierte den Minnesang ins bäuerliche Milieu. Mit Oswald v. Wolkenstein erreichte die mittelalterliche Lyrik noch einmal hohen Rang; mit dem Hineinnehmen autobiographischer Elemente kündigte sich bereits eine neue Zeit an. Die Spruchdichtung, die sich auch weiterhin den alten Themen wie politische Kritik oder Herrscherlob widmete (z. B. Reinmar v. Zweter im 13. Jh., Michel Beheim im 15. Jh.), erweiterte ihr Repertoire mit poetisch-spekulativen Darstellungen gelehrten Wissens (Frauenlob).

Die geistliche Literatur gewann im Spätmittelalter eine große Bedeutung als Folge neuer religiöser Bewegungen (Bettelorden) und der Bedürfnisse und Ansprüche einer sich emanzipierenden Laienfrömmigkeit. Das betrifft direkt die → geistliche Prosa, die volkssprachliche → Predigt und die Traktatliteratur, indirekt ist mit dieser Entwicklung auch die Entstehung kleinerer didaktischer Genres verbunden. Zuerst trat die neue volkssprachliche geistliche Literatur in Zusammenhang mit dem Wirken der Franziskaner in Augsburg und Regensburg auf. Berthold v. Regensburg machte die Predigt zu einem Instrument der Volksmission; eine Reihe von franziskanischen Traktaten mit mystischen Tendenzen wandte sich an Laienbrüder und Nonnen. Die religiöse Frauenbewegung wurde zu einer der Quellen der dt. → Mystik (Mechthild v. Magdeburg). Die gelehrte Auseinandersetzung mit diesen neuen Tendenzen charakterisierte die Mystik der Dominikaner (Meister Eckhart); Johannes Tauler und Heinrich Seuse, Schüler Eckharts, wirkten stärker in die Breite. Zur vielfältigen und umfangreichen Literatur geistlicher Unterrichtung und Erbauung gehören auch eine große Zahl von → Legenden und Legendensammlungen und Traktate über alle Aspekte des Glaubens, des christlichen Lebens und Sterbens.

Die didaktischen Formen der Literatur reichen von vierzeiliger → Gnomik (Freidank) bis zu enzyklopädischen Großunternehmungen wie Hugo v. Trimbergs *Der Renner* (um 1300). Eine neue Entwicklung stellt die Gattung des → Bîspels dar, eine Verbindung von Erzählung und Auslegung, die Mitte des 13. Jh.s bei dem Stricker zuerst erscheint. Verwandt damit ist das längere → Märe. Mit der → Satire eroberte sich die mittelalterliche Didaxe eine weitere Dimension, etwa in Ständesatiren wie *Des Teufels Netz* (um 1420) oder, alle satirischen Tendenzen des Spätmittelalters zusammenfassend, in dem satirischen Weltspiegel Heinrich Wittenwilers (*Der Ring*, um 1400–10).

Die neuen Tendenzen der Epoche zeigen sich gleichermaßen in weltlicher und geistlicher Literatur. Zu ihnen gehören die Herausbildung des →frühnhd. Prosaromans, die Entwicklung des →geistlichen Spiels mit seiner Typenvielfalt und großen repräsentativen Aufführungen, die Anfänge eines weltlichen Schauspiels in den →Neidhart- und →Fastnachtsspielen, die Entstehung des →Meistersangs. Damit wird die Stadt zu einem wichtigen Ort literarischer Kommunikation.

Spenserstanze →Stanze.

Spiegel bzw. lat. *speculum*, Titel zahlreicher mittelalterlicher religiöser, moraldidaktischer, juristischer und satirischer Werke kompilatorischer oder enzyklopädischer Art (z. B. Vinzenz v. Beauvais, *Speculum maius*, um 1250; Eike v. Repgow, *Sachsenspiegel*, um 1220–35). Auch Erbauungsbücher, Standeslehren, medizinische Werke und dichterische Texte wie Fabelbücher und Schauspiele (Ferdinand II. v. Tirol, *Speculum vitae humane*, 1534) übernahmen den Titel.

Spielmannsdichtung bzw. Spielmannsepik, umstrittene Bezeichnung für eine Gruppe von fünf anonymen mhd. Epen, für die man im 19. Jh. ›Spielleute‹ nicht nur als Verbreiter, sondern auch als Verfasser glaubhaft zu machen suchte. Es sind dies Texte aus dem 12. Jh., z. T. jedoch erst viel später überliefert: *König Rother*, *Herzog Ernst*, *Oswald*, *Orendel* und *Salman und Morolf*. Gemeinsam ist ihnen (bis auf *Herzog Ernst*) das sog. →Brautwerbungsschema und ein den Orient einbeziehender Handlungsraum; stilistisch verbindet sie ein formelhafter Stil, eine gewisse sprachliche Unbekümmertheit und Sorglosigkeit sowie eine ausgesprochene Freude am Drastischen und Burlesken, mögliche Anzeichen für eine ›spielmännische‹ Dichtungstradition. Die Vorstellung vom Spielmann als Verfasser von Buchdichtung ließ sich allerdings nicht halten, abgesehen davon, dass Spielmann kaum mehr ist als ein vager Sammelbegriff. Wenn noch für die Beibehaltung des Begriffs S. plädiert wird, dann in dem Sinn, dass er das Gemeinsame der Texte – den Moment der Begegnung von →Mündlichkeit und Schriftlichkeit – bezeichne.

Spondeus, antiker Versfuß aus zwei langen Silben (– –); erscheint z. B. im →Hexameter, wenn die Senkungen des →Daktylus durch eine Hebung ersetzt werden. Johann Heinrich Voß versuchte in seinen dt. Hexametern den Spondeus nachzubilden, deutlich beispielsweise in Versschlüssen wie: »Unmuthsvoll nun begann der Herrscher im Donnergewölk Zeus«. Er fand Nachfolge u. a. bei August Wilhelm Schlegel, Goethe und August v. Platen.

Sprachgesellschaften, lose Vereinigungen von Autoren und anderen Sprach- und Literaturinteressierten zum Zweck der Sprach- und Tugendpflege. S. sind im wesentlichen ein Phänomen des 17. Jh.s., entstanden vor dem Hintergrund der im Vergleich zu den süd- und westeuropäischen Ländern zurückgebliebenen sprachlichen, literarischen und kulturellen Entwicklung und dem durch den Dreißigjährigen Krieg offenbar gewordenen desolaten Zustand des Deutschen Reiches. Die vielfach geforderte und intensiv geförderte ›Spracharbeit‹ grammatischer, lexikalischer und literarischer Art zielte in durchaus patriotischer Absicht auf eine Steigerung der Ausdrucksmöglichkeiten der dt. Sprache und Literatur, wobei Übersetzungen der im literarischen wie kulturellen Sinn stilbildenden Vorbilder notwendigerweise den Ausgangspunkt bildeten. Sprachpurismus spielte dabei nur eine Nebenrolle, aber angesichts der aktuellen Situation war der Kampf gegen die ›Sprachmengerei‹ (→Alamodeliteratur) ein logischer Bestandteil des Reformkonzepts, zumal ein enger Zusammenhang zwischen dem Zustand der Sprache und der moralischen Verfassung eines Volkes gesehen wurde. Damit war ein Sprachprogramm zugleich ein Tugendprogramm.

Die Organisation der S. war einfach; das Oberhaupt vollzog die Aufnahme, Kontakt bestand in der Regel durch Briefe, die Mitglieder erhielten Gesellschaftsnamen (»Der Mehlreiche«) und Abzeichen. Vorbild der ersten dt. Sprachgesellschaft, der ›Fruchtbringenden Gesellschaft‹ (gegründet 1617), war die ital. Accademia della Crusca, ihr erstes Oberhaupt Fürst Ludwig v. Anhalt-Köthen. Die bedeutendsten dt. Literaten zählten – neben weniger produktiven Adeligen – zu den insgesamt fast 900 Mitgliedern, bis die Gesellschaft nach 1680 allmählich unterging. Die beiden bedeutendsten S. neben der ›Fruchtbringenden Gesellschaft‹ waren die von Philipp v. Zesen 1642/43 gegründete und bis zum Tod des Gründers (1689) florierende ›Deutschgesinnte Genossenschaft‹ und der ›Pegnesische Blumenorden‹, der von den Nürnbergern Georg Philipp Harsdörffer und Johann Klaj 1644 ins Leben gerufen und dann von Sigmund v. Birken und anderen bis ins 18. Jh. hinein weitergeführt wurde. Beide Gesellschaften nahmen, im Gegensatz zur ›Fruchtbringenden Gesellschaft‹, auch Frauen auf. Zu den weiteren Gesellschaften zählen die kleine ›Aufrichtige Tannengesellschaft‹ (gegründet 1633) um Jesaias Rompler v. Löwenhalt und Johann Rists ›Elbschwanorden‹ (gegründet 1658).

Sprichwort, prägnante, formelhafte Lebensregel mit einem Anspruch auf Allgemeingültigkeit. Zu den sprachlich-stilistischen Merkmalen gehören vielfach → Parallelismus der Satzglieder, Bildhaftigkeit, → Anaphern, → Antithesen und klangliche Mittel wie → Reim, → Assonanz oder → Alliteration. Sprichwörter formulieren Regeln über den Lauf der Welt, aus denen sich Lehren und damit Handlungsempfehlungen ableiten lassen. Sprichwörter sind, im Gegensatz zum → Aphorismus, anonym. Sie stammen aus unterschiedlichen Quellen: der volkstümlichen Spruchweisheit, der Literatur der Antike und der Bibel, aus der Verdichtung von Fabeln, Schwänken und anderen Kurzformen, der Popularisierung von → Sentenzen literarischer Werke.

Sprichwörter wurden zunächst v. a. mündlich tradiert. Doch bereits im MA wurden Sprichwörter auch gesammelt und schriftlich überliefert (zuerst bei Notker III. v. St. Gallen, um 1000). Die Blütezeit des S.s war das 16. Jh., als unter dem Einfluss von Erasmus' v. Rotterdam gelehrten *Adagia* (1500) Heinrich Bebel, Sebastian Franck und Johannes Agricola bedeutende Sammlungen vorlegten. Ihnen folgten weitere im 17. Jh. Die Sammeltätigkeit fand im 19. Jh. mit Karl Friedrich Wilhelm Wanders fünfbändigem *Sprichwörter-Lexikon* (1867–80) einen – auch quantitativ – bisher nicht wieder erreichten Höhepunkt.

Zu den Sonderformen des S.s gehören die Rechtssprichwörter, die (bereits früh parodierten) Bauern- oder Wetterregeln und die sogen. Wellerismen (nach Samuel Weller, einer Figur in Charles Dickens' *Pickwick Papers*, 1836–37; sie verbinden ein S. mit der obligatorischen Nennung des Sprechers im Mittelteil und einer situationsbezogenen Pointe: »Aller Anfang ist schwer, sagte der Dieb, und stahl einen Amboss«).

Spruchdichtung, eine von Karl Simrock 1833 eingeführte Bezeichnung für mhd. Lieder und Gedichte, die thematisch und formal nicht dem → Minnesang zuzurechnen sind. Die im Begriff erkennbare Annahme, dass diese Texte anders als die Liebeslyrik nicht gesungen worden seien, beruht auf einem Irrtum. Auch die S. wurde in der Regel gesungen vorgetragen (›Sangspruchdichtung‹).

S. ist vorwiegend didaktisch ausgerichtet. Sie dient der religiösen, moralischen und politischen Belehrung, übt Kritik an den Missständen in Kirche und Staat, reflektiert die eigene Kunst und setzt sich mit der der Konkurrenten auseinander. Es handelt sich um Gebrauchsdichtung, die einen wesentlich stärkeren Bezug zur Alltagsrealität und mehr Tagesaktualität besitzt als die stilisierte Liebeslyrik des Minnesangs. Überliefert ist sie allerdings in denselben Handschriften wie der Minnesang (→ Liederhandschrift), v. a. in der Großen Heidelberger (Manessischen) Liederhandschrift (C); eine besondere Bedeutung kommt der Jenaer Liederhandschrift (J) zu, da sie auch viele Melodien enthält. Zu den formalen Eigentümlichkeiten der S. gehört – wenigstens bis zur Mitte des 14. Jh.s – die prinzipielle

Einstrophigkeit; allerdings konnten mehrere Einzelstrophen zu Reihen oder Zyklen zusammengeschlossen werden (z. B. Walthers v. der Vogelweide *Reichstonsprüche*). Strophenformen und Melodien konnten mehrfach verwendet werden; manche Spruchdichter benutzten überhaupt nur einen ›Ton‹ (›Ton‹ heißt die Gesamtheit von Strophenform und Melodie). Die Töne wurden mit Eigennamen bezeichnet (z. B. Frauenlob, Langer Ton), eine Praxis, die dann der → Meistersang übernahm.

Spruchdichter waren fahrende Berufssänger, die von der Freigebigkeit ihrer Auftraggeber bzw. ihres Publikums abhängig waren. Die frühesten bekannten Spruchdichter waren Herger und Spervogel im 12. Jh.; eine neue künstlerische Qualität erhielt die S. durch Walther v. der Vogelweide, der zudem die Thematik um den Bereich Politik erweiterte. Als weitere Spruchdichter des 13. Jh.s sind Reinmar v. Zweter, Bruder Wernher, der Marner und – um 1300 – Frauenlob zu nennen. Die Kunst wurde im 14. und 15. Jh. weitergeführt (Heinrich v. Mügeln, Suchensinn, Muskatblut) und lebte dann im Meistersang weiter. – Zu den wichtigsten Vertretern der gesprochenen S. (Reimspruch, → Reimrede) gehören nach Freidank im 13. Jh. Heinrich der Teichner und Suchenwirt im 14. Jh., Hans Rosenplüt und Hans Folz im 15. Jh.

Staatsroman → Utopie.

Stabreim, Übereinstimmung im Anlaut von metrisch hervorgehobenen Wörtern v. a. im germ. Vers (Stabreimvers). Dabei können alle Wörter mit vokalischem Anlaut wegen des Glottisschlags (*glottal stop*) miteinander ›staben‹, die Konsonantenverbindungen sk, sp, st nur mit sich selbst. Der Stabreimvers, meist eine → Langzeile, enthält in der Regel zwei oder drei Stäbe, selten vier. Die Stäbe sind an die tonstärksten Silben der Zeile gebunden, und das sind auf Grund der germ. Betonungsregeln die Stammsilben. An- und Abverse der Langzeilen werden durch Stäbe miteinander verbunden, wobei in der Regel der Abvers nur einen

Stab auf der ersten Haupthebung erhält, während im Anvers meist die beiden Haupthebungen miteinander staben: »Welaga nû, waltant got / wewurt skihit« (*Hildebrandslied*). Auf Grund der weitgehenden Füllungsfreiheit der Senkungen und der Variationsmöglichkeiten bei der Stabsetzung ist der Stabreimvers rhythmisch äußerst beweglich. Der Stabreimvers ist in der altengl., altsächs. und altnordischen Dichtung verbreitet. Im Ahd. ist er nur in vereinzelten Texten erhalten (*Hildebrandslied*, *Muspilli*). Erneuerungsversuche im 19. Jh. (Wilhelm Jordan, Richard Wagner) blieben ohne Erfolg bzw. verdanken ihr Überleben nur der Musik.

Ständeklausel, in der →Poetik der Renaissance und des →Barock v. a. für das Drama formulierte Zuordnung von →Gattung, dichterischem Gegenstand und sozialer Stellung der Figuren. Diese Vorstellung gründet sich auf Aussagen der aristotelischen Poetik über die Charaktere in Tragödie und Komödie (→Dramentheorie), auf Horaz' Betonung der Einheitlichkeit eines Kunstwerks durch die Beachtung des ›decorum‹, des Angemessenen (→Aptum), und die rhetorische Stillehre (→Genera dicendi, →Rhetorik), die den Zusammenhang von Gegenstand und Stilebene betont. Der Bezug auf spezifisch gesellschaftliche Stände wurde zuerst im MA am Beispiel der verschiedenen Werke des Vergil hergestellt (*Rota Virgilii*, das sog. ›Rad des Vergil‹): den Hirtengedichten (*Bucolica*) kommt der niedere, der Schilderung des Landlebens (*Georgica*) der mittlere, dem Epos (*Äneis*) der hohe Stil zu. Zugleich wurden typische Gegenstände aus der Umwelt der verschiedenen ›Stände‹ aufgelistet und so ein verbindlicher Katalog der Wörter und Sachen der jeweiligen ›Stilwelt‹ erstellt.

Die humanistische Poetik übertrug diese Vorstellungen auf das Drama, wobei zunächst die mittlere Ebene wegfiel; von Julius Caesar Scaliger (*Poetices libri septem*, 1561) übernahm Martin Opitz (*Buch von der Deutschen Poeterey*, 1624) die S. für das dt. Barock: In der Tragödie agieren hohe Standespersonen, Bürgerliche (›gemeine Leute‹) in der Komödie. Georg Philipp Harsdörffer (*Poetischer Trichter*, Bd. 2, 1648) gelangte dann wieder entsprechend den drei ›Haubtständen‹ zu einer Dreiteilung und ordnet der Komödie »deß gemeinen Burgermanns Leben«, den ›Hirten- oder Feldspielen‹ das »Bauerleben« zu. Vor allem bei der → Komödie wurden diese Einschränkungen bereits im Barock durchbrochen; für die Tragödie bedeutete das → bürgerliche Trauerspiel des 18. Jh.s das Ende der S.

Stammbuch, Erinnerungs- und Gedenkbuch, in das Verwandte, Freunde, Lehrer, Gönner usw. sich mit einem Text (Spruch, Widmung, Vers usw.) oder einer Zeichnung eintragen (*album amicorum*). Dieser Brauch entwickelte sich zuerst an dt. Universitäten des 16. Jh.s und griff dann auch auf ausländische Universitäten und Adelskreise über und behauptete sich bis ins 19. Jh. Eine Schwundform ist das heutige ›Poesiealbum‹. Als historische und literarische Quellen geben Stammbücher Auskunft über persönliche Beziehungen, Begegnungen auf Reisen, biographische Daten usw.

Stanze, Strophenform ital. Herkunft; andere Bezeichnungen sind Ottaverime und Oktave. Die S. besteht aus acht Elfsilblern (→ Endecasillabo) mit dem Reimschema abababcc. Im Deutschen können auch abwechselnd männliche und weibliche → Kadenzen verwandt werden. Nach ersten Beispielen im 13. Jh. und bei Boccaccio im 14. Jh. wurde die S. zum dominierenden Vers der klassischen ital. Renaissanceepik von Luigi Pulci und Matteo Maria Boiardo zu Ariost und Tasso; sie fand zugleich Verwendung im Drama und in der Lyrik. Andere europäische Literaturen folgten (Spanien, Portugal); in Deutschland kam es zu freieren Nachbildungen bei Christoph Martin Wieland (*Oberon*, 1780) und zu genaueren Entsprechungen (mit abwechselnd weiblicher und männlicher Kadenz) bei Wilhelm Heinse, dann bei Goethe (u. a. *Epilog zu Schillers ›Glocke‹*, *Zueignung* zu *Faust*), Schiller und in der Romantik, später bei Detlev v. Liliencron und Rainer Maria Rilke.

Zu den Sonderformen der S. zählt die ebenfalls aus Italien stammende Siziliane, bei der das Reimpaar ab viermal wiederholt wird (im Deutschen bei Friedrich Rückert und Liliencron); allenfalls entfernt verwandt ist die engl. Spenserstanze (›Spenserian stanza‹), die nach acht fünfhebigen Zeilen mit dem Reimschema ababbcbc eine neunte, um eine Hebung längere mit dem Reim c folgen lässt und so den Strophenschluss pointiert.

Stationendrama, Form des Dramas, bei der an die Stelle der geschlossenen, zielgerichteten Handlungsstruktur des aristotelischen Dramas (→ Episches Theater) die Reihung von Einzelszenen, von Stationen, tritt. Nach dem Vorbild Georg Büchners und August Strindbergs wurde das S. zu einer wichtigen Form des expressionistischen Dramas (Georg Kaiser, Ernst Toller u. a.). Zur Vorgeschichte des S.s gehört das mittelalterliche → geistliche Spiel.

Stegreifspiel, nach vorgegebenem Thema oder Handlungsschema improvisiertes Spiel. Es bildet die Grundlage des Theaters der → Commedia dell'arte und gehörte u. a. zur Praxis der → Englischen Komödianten (komische Vor-, Zwischen- und Nachspiele) sowie des → Wiener Volkstheaters.

Stemma → Edition, → Textkritik.

Stichomythie, ›Zeilenrede‹, Form des Dialogs im Drama, bei der Rede und Gegenrede über eine längere Passage hin jeweils auf eine Verszeile beschränkt sind. Dieses Stilmittel wird in der dt. Literatur zur Darstellung erregter Auseinandersetzungen v. a. im Drama des Barock und der Klassik eingesetzt.

Stil, Bezeichnung für Schreibart, Eigenart des Sprachgebrauchs. In diesem Sinn ist S., vom lat. *stilus* (›Griffel‹, in übertragenem Sinn ›Schreibweise‹), im Deutschen seit dem 15. Jh. belegt. Fragen des S.s sind in der Literaturwissenschaft sowohl im historischen Kontext, etwa in Bezug auf das Phänomen des Stilwandels oder des Konzepts eines Epochenstils, als auch bei textnahen Betrachtungsweisen von Bedeutung. Eine große Rolle spielte die Stiluntersuchung in der sog. werkimmanenten → Interpretation.

In einem engeren Sinn bezieht sich S. auf die sprachliche Gestalt eines Werkes, wobei sich der S. eines Textes oder einer Gruppe von Texten in der Wiederholung der gleichen oder gleichartiger sprachlicher Phänomene manifestiert, sich also durch wiederkehrende Muster eine Zusammengehörigkeit von Textelementen und Texten erkennen lässt. Eine entsprechende Untersuchung kann sich auf die verschiedensten sprachlichen Momente beziehen, auf Satzbau, Wortwahl, Bildgebrauch, Tempuswahl, rhetorische Figuren, Argumentationsstrategien, Darstellungsformen usw. Die Terminologie stammt dabei aus den einschlägigen Disziplinen (Grammatik, Rhetorik, Linguistik, Erzähltheorie usw.). In einem weiteren Sinn wird der Stilbegriff auch auf das Schaffen eines Autors (Personalstil) und auf bestimmte Werke, Gattungen oder Zeiträume (Werk-, Gattungs-, Epochenstil) angewandt.

Bis ins 18. Jh. waren S. und Stilistik eine Domäne der → Rhetorik. Danach bekam die aus der rhetorischen Stillehre (*elocutio*) abgeleitete Stilistik eine neue Funktion. An die Stelle der rhetorischen Forderung der Entsprechung von Sachen und Wörtern trat der von Gedanke und Ausdruck. Eine neue Dimension erhielt der Stilbegriff durch seine Anwendung auf größere Komplexe und, ausgelöst von Heinrich Wölfflins *Kunstgeschichtlichen Grundbegriffen* (1915), durch die Erprobung einer sprach- und fächerübergreifenden Stiltypologie. Im Übrigen ist die ›Stilfrage‹ kein spezifisches Phänomen der Künste und Wissenschaften, sondern betrifft ebenso, wie der Sprachgebrauch deutlich macht, viele Bereiche des Alltagslebens.

Stilarten → Genera dicendi.

Stoff, von Johann Jakob Bodmer 1740 in die literaturkritische Terminologie eingeführte Bezeichnung für die ›Materie‹ einer Dichtung. Dabei erweist sich die Definition von S. als schwierig, da der Begriff einen weiten Umfang hat. Er bezeichnet eine der literarischen Gestaltung vorausgehende Ebene: eine vom Autor aufgegriffene ›Sache‹ – so der rhetorische Begriff – wie ein Erlebnis, einen Bericht, ein geschichtliches Ereignis, Realien aller Art, Momente der literarischen (religiösen, mythischen) Überlieferung, Figuren- und Motivkonstellationen usw. Eine wichtige Unterscheidung ist auch die zwischen schon literarischem S. und dem noch nicht literarischen, »rohen Stoff« (Goethe). Ein S. wiederum setzt sich aus → Motiven zusammen. Die historischen Transformationen der S.e und Motive erforscht die Stoff- und Motivgeschichte. Wichtige Impulse gingen dabei von den Brüdern Grimm aus; für Jacob Grimm war die Geschichte der Dichtung die der poetischen S.e. Während nach der Vorherrschaft des → Positivismus das Interesse an der Stoff- und Motivgeschichte zurückging (›Stoffhuberei‹), hat es unter komparatistischen Aspekten, ausgehend von der frz. *thématologie* (Thematologie), inzwischen wieder zugenommen.

Stollenstrophe → Kanzone, → Meistersang, → Bar.

Stream of consciousness → Innerer Monolog.

Strophe, eine aus einer Anzahl von → Versen bestehende metrische Einheit. Sie kann allein ein einstrophiges Gedicht bilden oder mit weiteren, nach denselben Regeln geformten S.n zu einem mehrstrophigen Text verbunden werden. Seit dem MA gibt es auch in S.n gegliederte Epen. Der Begriff stammt aus der griech. Chorlyrik, bei der – entsprechend einer Bewegung hin bzw. weg vom Altar – S. und gleichgebaute Antistrophe aufeinander folgten. Drama und Chorlyrik (→ Pindarische Ode) übernahmen diese Form, wobei sie eine metrisch anders gebaute Epode hinzufügten. Die anderen Strophenformen der Antike werden entweder nach der Verszahl (z. B. → Distichon) oder nach ihren ›Erfindern‹ benannt (→ Odenstrophen).

In der dt. Literatur des MA bestimmt der → Reim die Strophenbildung. Erstes Beispiel ist Otfrids v. Weißenburg *Evangelienbuch* (um 863–71). Seit dem 12. Jh. bildeten sich mannigfache lyrische Strophenformen, z. T. nach provençal. Vorbild, heraus; eine besondere Rolle spielte die Kanzonenstrophe (→Kanzone), die auch für den →Meistersang bestimmend wurde. In der (Helden-)Epik tragen die verschiedenen Strophenformen den Namen der Dichtungen (→Nibelungenstrophe, →Titurelstrophe, →Berner Ton usw.). Die gebräuchlichsten Strophenformen der neuzeitlichen dt. Dichtung sind bis auf wenige Ausnahmen Adaptionen ausländischer Muster. In der Renaissance beginnt – zunächst in der neulat. Dichtung – die Übernahme der antiken Formen, zugleich wird bis hin zur Romantik nach und nach das romanische Formenrepertoire rezipiert (→Sonett, →Dezime, →Glosse [3], →Kanzone, →Madrigal, →Quatrain, →Ritornell, →Rondeau, →Sestine, →Stanze, →Terzine). Aus der engl. Literatur stammt die →Chevy-Chase-Strophe.

Strukturalismus, auf der linguistischen Theorie von Ferdinand de Saussure (*Cours de linguistique générale*, 1916) aufbauende methodische Richtung der Geistes- und Sozialwissenschaften. Saussure versteht die Sprache (»langue«), unterschieden von ihrer jeweiligen Aktualisierung in der Rede (»parole«), als ein System von Zeichen, das aus sich heraus zu erklären ist. Der Ort eines einzelnen Zeichens im System wird nicht durch einen Bezug nach außen, sondern durch seine relative Position zu anderen Zeichen bestimmt. Es gilt also die Beziehungen in diesem abgeschlossenen Zeichensystem modellhaft zu beschreiben, seine Struktur zu bestimmen. Individuelle Erscheinungen werden allgemeinen Strukturen, diachronische Aspekte synchronen untergeordnet.

An Saussures Theorie orientierten sich der russische →Formalismus und der linguistische und literaturwissenschaftliche tschechische oder Prager S. seit Ende der 20er-Jahre (Roman Jacobson, Jan Mukařovský); Claude Lévi-Strauss übertrug die strukturalistische Theorie auf die Anthropologie. Vor allem in Frankreich fand der S. als Untersuchungsmethode Anwendung in zahlreichen Wissenschaften neben Linguistik und Literaturwissenschaft (Philosophie, Psychoanalyse, Ethnologie, Geschichte). In der Literaturwissenschaft leistete der S. wichtige Beiträge zur Erzähltheorie (→ Erzähler) und zur Methodik der Textanalyse. Die Konzeption der abgeschlossenen Struktur wird im → Poststrukturalismus in Frage gestellt (→ Dekonstruktion, → Intertextualität).

Sturmkreis, Gruppe von expressionistischen Autoren und Künstlern in Berlin um die von Herwarth Walden herausgegebene Zeitschrift *Der Sturm* (1910–32), der auch eine Galerie angegliedert war (→ Expressionismus). Daneben sorgten Rezitationsabende und eine ›Sturm-Bühne‹ für die Verbreitung des von futuristischen Vorstellungen beeinflussten literarischen Programms einer radikalen ›Wortkunst‹ (→ Futurismus). Vertreter dieses Programms war neben Walden v. a. August Stramm. Weitere Mitarbeiter der Zeitschrift waren Kurt Heynicke, Wilhelm Klemm und Kurt Schwitters, zeitweise auch Alfred Döblin und Else Lasker-Schüler.

Sturm und Drang, literarische Bewegung von der Mitte der 60er- bis zur Mitte der 80er-Jahre des 18. Jh.s. Ihren Höhepunkt erreichte sie, nach der Begegnung Johann Gottfried Herders und Goethes 1770 in Straßburg, in den 70er-Jahren. Die Bezeichnung Sturm und Drang geht auf Friedrich Maximilian Klingers gleichnamiges Drama von 1777 zurück, das eigentlich *Wirrwarr* heißen sollte. Der Sturm und Drang war eine Jugendbewegung, deren Gemeinsamkeiten u. a. in der Forderung nach einer größeren Autonomie und Freiheit, nach Selbstverwirklichung und Selbstentfaltung und den daraus resultierenden sozialkritischen und utopischen Tendenzen bestanden. Dabei ergibt sich ein Zusammenhang zwischen der Rebellion gegen die Welt der Väter und gesellschaftliche Unfreiheit und dem Bruch mit der herrschenden → Ästhetik und → Poetik. Gleichwohl ist der Sturm und Drang nicht als Gegenbewegung gegen die

→ Aufklärung zu verstehen. Bei aller Betonung des Gefühls wurde kein reiner Irrationalismus propagiert; es ging vielmehr um eine Versöhnung von Gefühl und Vernunft.

Die neue Ästhetik der Phantasie, der Leidenschaft und Spontaneität wurde durch die Gefühlskultur des → Pietismus und der → Empfindsamkeit, durch das Werk Friedrich Gottlieb Klopstocks sowie durch verwandte engl. und frz. Strömungen vorbereitet. Edward Young hatte bereits 1759 in seinen *Conjectures On Original Composition* eine von Regeln befreite Ästhetik gefordert. Unmittelbarer Wegbereiter in Deutschland war Johann Georg Hamann, der wiederum auf Herder wirkte. Für Herder, Goethe, Heinrich Wilhelm v. Gerstenberg u. a. wurde Shakespeare das Vorbild der Genieästhetik, die sich mit ihren Vorstellungen vom göttlich inspirierten → Genie und dem den Regeln enthobenen freien Geist gegen die herrschende Ästhetik des frz. Klassizismus stellte. In diesen Zusammenhang gehört auch die begeisterte Aufnahme des Rousseauschen Naturbegriffs und damit die Hinwendung zum ›Volkstümlichen‹ als dem Ursprünglichen, Natürlichen (und daher Guten). Die Konsequenzen für die Dichtungsauffassung zeigt Herders Aufsatz *Auszug aus einem Briefwechsel über Oßian und die Lieder alter Völker* (1773).

Im Drama, der bevorzugten Gattung, zeigten sich die ästhetischen und thematischen Innovationen am eindrücklichsten. Die klassizistische Dramaturgie (→ Dramentheorie) wurde aufgegeben; die → offene Form mit kurzen Szenen, Episodenreihungen, häufigem Ortswechsel, Zeitsprüngen und einer expressiven Stilhaltung setzte sich in Anlehnung an Shakespeare durch (und wirkte in dieser Form weiter u. a. auf Georg Büchner). Familienkonflikte, die Zerrissenheit des Menschen zwischen Gefühl und Verstand, das Problem des Standesunterschieds und der Konflikt zwischen dem Freiheitsdrang des Einzelnen und den Restriktionen der Gesellschaft, der schließlich eine politische Dimension erhielt, sind die Hauptthemen der Sturm-und-Drang-Dramatiker (Gerstenberg, Goethe, Klinger, Johann Anton Leisewitz, Jakob Michael Reinhold Lenz, Heinrich Leopold Wagner, Schiller). Aus dem insgesamt nicht sehr großen Prosaschaffen ragt Goethes → Briefroman *Die Leiden des jungen Werthers* (1774) heraus, in der Lyrik stehen die neue erlebnishafte Natur- und Liebesdichtung (Goethe) und eine gesellschaftskritische und politische Lied- und Balladendichtung (Christian Friedrich Daniel Schubart, Gottfried August Bürger) für die verschiedenen Tendenzen des Sturm und Drang.

Stuttgarter Gruppe, lose Gruppierung von Autoren und Typographen der 50er- und 60er-Jahre des 20. Jh.s um Max Bense. Zu dieser Gruppe, in der experimentelle Schreibweisen erprobt wurden und → konkrete und → visuelle Poesie produziert wurde, lassen sich Autoren wie Reinhard Döhl, Ludwig Harig und Helmut Heißenbüttel zählen.

Style indirect libre → Erlebte Rede.

Summa, systematische Gesamtdarstellung eines Wissensbereichs der mittelalterlichen Theologie oder Philosophie. Zu den ›Summisten‹, so die Bezeichnung der Verfasser der enzyklopädischen Werke, gehören u. a. Albertus Magnus und Thomas v. Aquin (*Summa theologica*, 1273).

Surrealismus, nach dem Ersten Weltkrieg in Paris parallel zum → Dadaismus entstandene avantgardistische Kunst- und Literaturbewegung (Louis Aragon, Philippe Soupault, André Breton). Sie hatte in den 20er-Jahren ihre bedeutendste Zeit; Zeugnisse sind u. a. die *Surrealistischen Manifeste* von 1924 und 1929. Der S. als historische Bewegung endete – nach politischen Streitigkeiten – mit dem Zweiten Weltkrieg, beeinflusste jedoch weit darüber hinaus Kunst, Film und Fotografie tiefgreifend. In Deutschland gab es keine surrealistischen Gruppen; Künstler und Dichter wie Hans Arp, Yvan Goll oder Carl Einstein gehörten zur den Pariser Surrealisten.

»Der S. beruht«, schrieb Breton im ersten Manifest, »auf dem Glauben an die überlegene Wirklichkeit gewisser bisher vernachlässigter Assoziationsformen, an die Allmacht des Traumes, das selbstlose Spiel des Gedankens.« Zur Absage an Logik und Rationalismus gehört die Destruktion der konventionellen Sprache und der literarischen Formen, die Aufhebung der Trennung von innerer und äußerer Realität und die Propagierung einer bewusstseinserweiternden, gleichsam passiven Schreibweise (»écriture automatique«), die von der Ratio unzensierte, von psychischen Automatismen gesteuerte literarische Wiedergabe der latenten psychischen Vorgänge und Trauminhalte. In Deutschland wurde der S. nur zögernd rezipiert. Verständnis zeigte v. a. Walter Benjamin. Einflüsse auf dt. Schriftsteller – genannt werden Alfred Kubin, Hermann Kasack, Hans Erich Nossack u. a. – betreffen eher äußerliche Momente.

Symbol, auf allgemeine Zusammenhänge (Idee, Begriff) verweisendes sinnliches, bildhaftes Zeichen. In dieser spezifischen Bedeutung wurde der Symbolbegriff – in Abgrenzung zur → Allegorie – zu einem wesentlichen Bestandteil des Dichtungsverständnisses von der Goethezeit bis zum Beginn des 20. Jh.s. Seine ältere Bedeutung – Kennzeichen, Erkennungszeichen, Sinnbild, Devise, Wahlspruch bzw. Motto – entspricht der heutigen außerästhetischen öffentlichen Verwendung bestimmter Bildzeichen in Religion, Staat oder Gesellschaft (Kreuz, Halbmond usw.). Die Beziehung zwischen Zeichen und Bedeutung hat im jeweiligen kulturellen und geistigen Kontext etwas Evidentes, ob es sich um sog. natürliche S.e (z. B. Tiersymbole wie Löwe oder Taube) oder um durch Übereinkunft geschaffene S.e (Friedenszweig, Hammer und Sichel) handelt. Ein Zeichen oder Bild kann in verschiedenen Kulturen und Epochen, aber auch in unterschiedlichen geistigen Zusammenhängen eine andere symbolische Bedeutung besitzen (Taube als S. des Friedens im AT bzw. des Hl. Geistes im NT). Der alle Bereiche durchdringende symbolische Charakter des mittelalterlichen Weltverständnisses wird noch in den Emblembüchern (→ Emblem) der frühen Neuzeit sichtbar (bereits im Titel bei Filippo Picinelli, *Mondo simbolico*, 1653; lat. *Mundus symbolicus*, 1680).

In den Diskussionen um 1800 erhielt der Symbolbegriff seine besondere poetologische Bedeutung, in der sich der Wandel der Dichtungsauffassung im späteren 18. Jh. ausdrückt (→ Poetik, → Rhetorik). An die Stelle der rhetorischen Dichtungsauffassung, die in der rational-begrifflichen Allegorie ihren adäquaten Ausdruck fand, tritt das Ideal einer Dichtung, die durch den ›unendlichen‹ Bedeutungssinn des S.s gleichsam durch sich selbst spricht und die nicht zuletzt von einem neuen Naturverständnis – die beseelte Natur als Spiegel von Geist, Seele, Gemüt und Medium der Selbsterkenntnis – getragen wird. Einflussreich wurden Goethes Bemerkungen zur Abgrenzung von S. und Allegorie. Während die Allegorie da entstehe, wo der Dichter zum Allgemeinen das Besondere suche, schaue der Symboliker im Besonderen das Allgemeine. Diese symbolische Art sei »eigentlich die Natur der Poesie, sie spricht ein Besonderes aus, ohne ans Allgemeine zu denken oder darauf hinzuweisen. Wer nun dieses Besondere lebendig faßt, erhält zugleich das Allgemeine mit, ohne es gewahr zu werden, oder erst spät«. Dabei gehört eine gewisse Unbestimmtheit zum Wesen des S.s: Der symbolische Dichter verfährt so, »daß die Idee im Bild immer unendlich wirksam und unerreichbar bleibt und, selbst in allen Sprachen ausgesprochen, doch unaussprechlich bliebe«. Eine entscheidende Grundlage der Symbolik ist die Bedeutungshaftigkeit der Natur, die erkannt und künstlerisch herausgearbeitet werden muss (Joseph v. Eichendorff: »Schläft ein Lied in allen Dingen ...«). Neben diesem ganzheitlichen Symbolbegriff zeigen sich im 19. Jh. begrenztere Anwendungen, indem bestimmte Einzelzüge oder Bereiche symbolisch hervorgehoben bzw. Werke um sog. ›Dingsymbole‹ komponiert werden.

Symbolismus, eine in der 2. Hälfte des 19. Jh.s von Frankreich ausgehende literarische Richtung, die mit ihrem neuen Stil- und Poesiebegriff einen tiefgreifenden Einfluss auf die europäischen und amerikanischen Literaturen ausübte. Charakteristisch für die Dichtung des S. ist der Verzicht auf die Wiedergabe äußerer Wirklichkeit und auf die kommunikative Funktion der Sprache. Es geht vielmehr darum, durch eine Lyrisierung und symbolische Aufladung der Sprache (→Symbol), durch außergewöhnliche Bilder, Zeichen, Klänge und Töne das Absolute zu evozieren, das hinter den Erscheinungen steckt: eine von der Wirklichkeit losgelöste, von geheimen Korrespondenzen durchwaltete hermetische Sphäre, in der die Worte und Klänge eine eigene, ideale Realität von magischer Wirkung bilden. Symbolistische Dichtung ist lyrische Dichtung, ob als Gedicht, als »poème en prose« oder als lyrisches Drama. Der S. wurde durch Charles Baudelaire vorbereitet, der sich wiederum in der Nachfolge der dt. Romantik und Edgar Allan Poes sah, und fand in Arthur Rimbaud, Paul Verlaine, Stéphane Mallarmé und später Paul Valéry und Paul Claudel seine bedeutendsten Vertreter. Den dt. S. repräsentieren Stefan George, der an Mallarmés Soireen teilnahm und hier wichtige Anregungen empfing, Hugo v. Hofmannsthal und Rainer Maria Rilke.

Symploke →Anapher.

Synästhesie, Vermischung, Verknüpfung oder Überlagerung unterschiedlicher Sinnesqualitäten, Auflösung der Grenzen zwischen den Eindrücken und Reizen verschiedener Sinne zugunsten einer Synthese der Wahrnehmung. Der Begriff stammt aus der Psychologie des 19. Jh.s; die Sache und ihre literarische Verwendung sind seit der Antike bekannt. S. ist ein häufiges Stilmittel in der Dichtung der Renaissance, des Barock und insbesondere der Moderne seit der Romantik, um Sprachkonventionen zu durchbrechen und neue Ausdrucksmöglichkeiten zu erschließen. E. T. A. Hoffmann schreibt in den *Kreisleriana* (*Fantasiestücke in Callots Manier*, 1813–15) von der »Übereinkunft der Farben, Töne, Düfte«, »Es duftet still die Frühlingsnacht«, heißt es in Joseph v. Eichendorffs Gedicht *Liedesmut*. Im

→ Symbolismus wird die synästhetische Metaphorik noch einmal zu einem wesentlichen Stilprinzip.

Synekdoche, Mittel der uneigentlichen Sprechweise (→ Tropus), bei dem ein Ausdruck durch einen anderen – engeren oder weiteren – aus seinem Bedeutungsfeld ersetzt wird. Eine S. entsteht, wenn ein Teil für das Ganze (→ Pars pro toto) bzw. das Ganze für einen Teil gesetzt wird, das Allgemeine für das Spezielle (bzw. umgekehrt), das Nachfolgende für das Vorhergehende (und umgekehrt), der Singular für den Plural (»der Deutsche«). Die S. berührt sich eng mit der → Metonymie.

Synkope, Ausstoßung eines unbetonten Vokals oder einer unbetonten Silbe im Innern eines Wortes aus artikulatorischen, grammatischen oder metrischen Gründen.

Szenarium, (1) Überblick über Szenenfolge und Handlungsverlauf als Spielgrundlage für das → Stegreifspiel (→ Commedia dell'arte), (2) Rohentwurf eines Dramas mit Festlegung der Gliederung in Akte und Szenen und der Schauplätze, (3) Übersichtsplan für den Regisseur und das technische Personal, der die technischen Abläufe (Dekoration, Beleuchtung, Geräusche usw.) einer Theateraufführung festhält, (4) Zwischenstadium bei der Herstellung eines → Drehbuchs (›Treatment‹).

Szene, Gliederungseinheit des Dramas. Sie wird in der Regel entweder durch einen Ortswechsel (›Szenenwechsel‹) oder das Auf- oder Abtreten von Figuren definiert.

T

Tabulatur, Poetik des → Meistersangs, in der die Regeln zur Herstellung und Beurteilung von Meisterliedern aufgeführt wurden. Für ihre Beachtung zu sorgen, war Aufgabe des Merkers.

Tagebuch, tägliche bzw. regelmäßige Aufzeichnungen von Erfahrungen, Beobachtungen, Ereignissen, Gedanken und/oder Gefühlen. Datums- und gegebenenfalls Ortsangaben setzen die einzelnen Eintragungen voneinander ab. Die Struktur des T.s ist linear und offen, die Distanz zum Gegenstand gering, der Charakter der Aufzeichnungen monologisch, auch wenn sich das T. als Brief an eine fiktive oder wirkliche Person richtet (*Das Tagebuch der Anne Frank*, 1946). Bei Tagebüchern, die im Hinblick auf eine Publikation bearbeitet bzw. geschrieben wurden, ist eine stärkere literarische Stilisierung zu erwarten.

Tagebuchähnliche Aufzeichnungen gibt es seit der Antike. Doch erst mit der Renaissance und dem wachsenden Ichbewusstsein des Menschen und den Erfahrungen in einer komplexer werdenden Welt gewinnen Darstellungen der Erlebnisse und Meinungen des Individuums an Bedeutung. Gleichwohl sind die meisten Tagebücher zunächst, in Deutschland noch bis weit ins 17. Jh. hinein, vorwiegend Chroniktagebücher. Beobachtetes hat Vorrang vor Reflexion. Bezeichnend dafür sind beispielsweise die Tagebücher Sigmund v. Birkens (1660 ff.), während das zur gleichen Zeit in England entstandene T. von Samuel Pepys (1660–69) zum modernen subjektiven T. hinführt.

Der → Pietismus förderte den Prozess der Subjektivierung im 18. Jh., der sich dann in den empfindsamen Tagebüchern (Johann Caspar Lavater) fortsetzte. Goethe hingegen hielt Distanz zur empfindsamen Tagebuchkultur seiner Zeit und sah im T. v. a. eine Zweckform. Anfang des 19. Jh.s entstand in Frankreich der Typus des *journal intime*, der die Tendenz zur Ich-Analyse der empfindsamen Tagebücher des 18. Jh.s aufnahm. Als bedeutendstes dt. Tagebuchwerk der Mitte des 19. Jh.s gelten die Tagebücher Friedrich Hebbels. Die Tagebuchproduktion des 20. Jh.s ist kaum überschaubar und hat eine große Spannweite: Sie reicht von den demonstrativ emotionsarmen, ästhetisierenden Kriegstagebüchern Ernst Jüngers zu den Tagebüchern der Opfer, von den im Hinblick auf die Öffentlichkeit konzipierten literarischen Tagebüchern Max Frischs zu Dokumenten radikaler Introspektion (Franz Kafka, André Gide, Cesare Pavese) oder minutiöser Alltags- und Befindlichkeitsbeschreibung (Thomas Mann). Große Wirkung ging im Zug der Frauenbewegung von den Tagebüchern der Anaïs Nin (gedruckt 1966 ff.) aus.

Seit dem 18. Jh. erscheinen fiktionale Tagebücher (Daniel Defoe); häufig werden Tagebücher in Romane integriert (Daniel Defoe, Goethe, Frisch, Uwe Johnson), außerdem übernehmen Erzählwerke Strukturelemente des T.s (Rainer Maria Rilke, Gide, Doris Lessing).

Tagelied, Gattung des mhd. → Minnesangs, die den Abschied der Liebenden bei Morgengrauen darstellt. Enge formale und thematische Bezüge bestehen zur provençal. Alba und zur altfrz. Aubade. Von den Liedern der ›hohen Minne‹ unterscheidet sich das T. durch seine offene Darstellung körperlicher Liebe, der Abschied wird zur großen Liebesszene. Neben den Liebenden, in der Regel Ritter und Dame, kann als dritte Person ein Wächter hinzutreten, der die Liebenden bewacht und den Morgen ankündigt. Formale Charakteristika sind Dialog, Refrain und – häufig – Dreistrophigkeit. Nach ersten Beispielen von Dietmar v. Aist und Heinrich v. Morungen begründete Wolfram v. Eschenbach mit seinen fünf Tageliedern die Tradition des höfischen T.s in der mhd. Literatur. Ihm folgten u. a. Ulrich v. Winterstetten, Johannes Hadlaub und Oswald v. Wolkenstein. Parodistische Abwandlungen der immer gleichen Situation gibt es schon bei Wolfram; Steinmar übertrug das T. ins bäuerliche Milieu. Das T. lebte weiter in Liederbüchern und Volksliedsammlungen. Transponiert in eine andere Gattung prägt die Tageliedsituation den 2. Akt von Richard Wagners *Tristan und Isolde* (1665).

Taschenbuch, Bezeichnung für die literarischen → Almanache des 18. und 19. Jh.s bzw. die nach angelsächsischem Vorbild (*pocket book*) seit 1950 verbreitete Form des einheitlich ausgestatteten preiswerten Buches ohne festen Einband.

Teichoskopie, ›Mauerschau‹, Bezeichnung für eine dem → Botenbericht verwandte Technik des antiken und des klassizistischen neuzeitlichen Dramas, mit deren Hilfe schwer darstellbare Vorgänge (z. B. Schlachten, Schiffsuntergänge usw.) durch den Bericht eines Beobachters (von einer Mauer, einem Turm, einem Berg oder einem Fenster aus) vergegenwärtigt werden (z. B. Schiller, *Wilhelm Tell*, IV,1). Die Bezeichnung ist von einer Episode im 3. Gesang von Homers *Ilias* abgeleitet, in der Helena von der trojanischen Mauer herab Priamos und anderen die griechischen Helden schildert.

Tektonisch → Offene Form.

Telaribühne, eine im 16. Jh. in Italien entwickelte Vorform der Kulissenbühne. An beiden Seiten der Bühne standen drehbare, mit bemalter Leinwand bespannte Dreiecksprismen (Telari oder Periakten), die zusammen bewegt und so für einen raschen Wechsel der Szenerie sorgen konnten. → Theater.

Telestichon → Akrostichon.

Terenzbühne, humanistischer Rekonstruktionsversuch der Bühne der röm. Komödie, insbesondere der von Terenz, dessen Stücke dramaturgisch durch eine strikte Einheit des Ortes charakterisiert sind. Die T. stellt nur einen Schauplatz, eine Straße, dar; den Hintergrund bilden Vorhänge als Eingänge zu den Häusern, deren Inneres gelegentlich als zweiter Schauplatz benutzt werden kann. Die Spieler treten durch die Vorhangtüren auf und ab. Wegen ihres Aussehens hat man die T., die Bühnenform des → Schuldramas des 16. Jh.s, auch als ›Badezellenbühne‹ bezeichnet.

Terzett, dreizeilige Strophenform wie → Terzine und Tercet (frz. Nachbildung der Terzine), dann v. a. dreizeiliger Abschnitt eines Gedichts, insbesondere im → Sonett.

Terzine, dreizeilige ital. Strophenform, bei der die einzelnen Strophen durch einen übergreifenden Reim miteinander verkettet werden (aba bcb cdc usw.). Am Schluss steht dann ein Einzelvers, der den mittleren Reim der letzten Strophen aufnimmt, so dass kein freier Reim übrigbleibt (... xyx yzy z). Der Kettenreim hebt die Selbständigkeit der einzelnen Strophen auf, die oft auch syntaktisch miteinander verbunden werden. Der Vers der ital. Terzine, die Dante für seine *Göttliche Komödie* aus einer anderen Strophenform mit Reimverkettung entwickelte (Serventese-Strophe), ist der Elfsilbler (→ Endecasillabo).

Boccaccio *(L'amorosa visione)* und Petrarca (*Trionfi*) nahmen die Form auf. Deutsche T.n entstanden erst seit der Zeit der Romantik, nachdem Dantes Bedeutung erkannt worden war: August Wilhelm Schlegel, Ludwig Tieck, Goethe (Eingangsmonolog von *Faust II*), Adelbert v. Chamisso (*Salas y Gomez*), Friedrich Rückert, August v. Platen, Stefan George, Hugo v. Hofmannsthal (*Ballade des äußeren Lebens*, *Terzinen*), Rudolf Borchardt u. a.

Tetralogie, vier stofflich oder thematisch verbundene Dramen, die zusammen einen Aufführungszyklus bilden. In der griech. Antike handelte es sich dabei zunächst um drei Tragödien (→ Trilogie), denen ein Satyrspiel folgte. Das Satyrspiel wurde schon bei Euripides durch eine weitere Tragödie ersetzt. An die antike T. knüpfen Richard Wagners Tetralogie *Der Ring des Nibelungen* (1869–76) und Gerhart Hauptmanns *Atriden-Tetralogie* (1941–47) an. Der Begriff wird auch für vierteilige Werke anderer Gattungen verwendet (etwa für Thomas Manns Roman *Joseph und seine Brüder*, 1933–43).

Tetrameter, in der antiken → Metrik jeder aus vier metrischen Einheiten bestehende Vers, besonders aber für den trochäischen T. gebraucht (→ Trochäus). Der trochäische T. besteht aus vier trochäischen Dipodien (= acht trochäischen Versfüßen) mit fester Zäsur nach der zweiten Dipodie und Katalexe (Verkürzung) am Schluss (→ Metrik). In den dt. Nachbildungen erscheint der T. als (bisweilen katalektischer) achthebiger trochäischer Vers mit Zäsur nach dem vierten Fuß. Als Dramenvers ist der T. meist ungereimt (etwa in Partien von Goethes *Faust II* oder August v. Platens Literaturkomödien), gereimt erscheint er etwa bei einer Reihe von Barocklyrikern oder bei Platen (*Das Grab im Busento*).

Teufelbücher, didaktisch-satirische Traktate der 2. Hälfte des 16. Jh.s, mit denen protestantische Geistliche den Kampf gegen Sünden und Laster unter dem Namen eines dafür verantwortlichen Spezialteufels führten. Den Anfang machte 1552 Matthäus Friderich mit der Schrift *Wider den Saufftteuffel*, und bis 1604 erschienen noch mindestens 37 weitere T., die die jeweiligen Laster anprangerten, den Uneinsichtigen mit Strafen Gottes drohten und heilsdienliche Anweisungen gaben. Der Frankfurter Verleger Sigmund Feyerabend sammelte 1569 die bis dahin veröffentlichten 20 Texte unter dem Titel *Theatrum Diabolorum* (die 3. Aufl. von 1588 enthielt dann 33 Texte). Inhaltlich lassen sich drei Hauptgruppen unterscheiden, wobei das Schwergewicht auf der ersten liegt: (1) Persönliche Sünden und Laster (Sauf-, Hosen-, Fluch-, Hoffart-, Hurenteufel usw.), (2) Ehe und Familie (Ehe-, Weiber-, Gesindeteufel usw.), (3) Kirchliches und öffentliches Leben, Teufelwesen allgemein (Fastnachts-, Gerichts-, Hof-, Kriegsteufel usw.). Die T., moralisch belehrend und unterhaltsam zugleich, fanden massenhafte Verbreitung. In den katholischen Territorien wurden sie allerdings verboten. Hier förderte man ›Engelbücher‹ (z. B. Johannes Nas, *Angelus paraeneticus*, 1558).

Text, seit dem 16. Jh. belegte Bezeichnung für eine zusammenhängende sprachliche, schriftliche fixierte Äußerung. Die ursprüngliche Wortbedeutung von lat. *textus* (Weben, Gewebe; Zusammenfügung, Zusammenhang) erscheint auch noch im *Deutschen Wörterbuch* der Brüder Grimm als eine der Hauptbedeutungen: »die zusammenhängenden wörter einer schrift, einer rede«; daneben steht die Bedeutung »hauptworte einer schrift im gegensatz zu den erklärungen und anmerkungen«, wie sie im kirchlichen Gebrauch und in der Editionsphilologie üblich sind (→ Textkritik, → Philologie).

Reflexionen über den Begriff des T.es gehören zu den Voraussetzungen der Editionsphilologie, deren Gegenstand er ist. Dabei haben sich in den letzten Jahrzehnten zwei grundsätzlich unterschiedliche Auffassungen herausgebildet: ein statischer, von einem feststehenden T. ausgehender Textbegriff, der an traditionelle Vorstellungen anknüpft, und ein dynamischer Textbegriff, der von der prinzipiellen Unabgeschlossenheit des literarischen Prozesses ausgeht und zu einer ›textgenetischen‹ Edition führt. Auch außerhalb der Editionsphilologie ist die Diskussion des Textbegriffs keineswegs abgeschlossen. ›T.‹ wurde seit den 50er-Jahren immer häufiger als neutraler literaturwissenschaftlicher Terminus gebraucht, um ideologisch befrachtete Termini wie Dichtung oder Schrifttum zu vermeiden; eine allgemeine, Sprach- und Literaturforschung übergreifende ›Textwissenschaft‹ sollte die traditionelle Literaturwissenschaft ablösen. In der Praxis entwickelte sich mit der ›Textlinguistik‹ eine eigenständige Disziplin der Sprachwissenschaft. Dagegen nahm die rezeptionsästhetische Textdiskussion (→ Rezeption) die hermeneutischen Vorstellungen Hans Georg Gadamers auf; Bedeutungen literarischer T.e entstünden erst im ›Akt des Lesens‹ (Wolfgang Iser). Die Tendenzen zur Öffnung bzw. Auflösung des Textbegriffs kulminierten in der poststrukturalistischen Diskussion (→ Dekonstruktion, → Intertextualität). Zugleich wurde mit der wachsenden Bedeutung der audiovisuellen Medien eine Erweiterung des Textbegriffs auf nichtsprachliche Phänomene diskutiert.

Textkritik, philologische Methode zur kritischen Prüfung überlieferter → Texte und der Textherstellung (→ Philologie). Probleme der Textherstellung ergeben sich insbesondere bei der Texten der Antike und des MA, wo es in der Regel keine authentischen Texte gibt, aber auch bei Werken der Neuzeit mit problematischer Überlieferung oder verschiedenen Fassungen (→ Edition).

Die Schwierigkeit der kritischen Herstellung eines antiken oder mittelalterlichen Textes besteht darin, dass das Verhältnis der überlieferten → Handschriften zu dem Originaltext und seinem mutmaßlichen Autor ungeklärt ist. Bis auf wenige Ausnahmen (z. B. Otfrid v. Weißenburg) fehlen nicht nur die Originale des Verfassers selbst, sondern auch die frühesten Abschriften, da die handschriftliche Überlieferung oft recht spät einsetzt, so dass mit zahlreichen Veränderungen des Wortlauts durch Abschreibefehler, Missverständnisse und/oder bewusste Eingriffe (Interpolationen) zu rechnen ist. Aus diesem Grund ist die Rekonstruktion der Textgeschichte eine entscheidende Voraussetzung der Textkritik, deren germanistische Variante Karl Lachmann im 19. Jh. auf der Basis der Altphilologie mit bahnbrechenden Editionen mhd. Texte begründete. Ziel von Lachmanns textkritischer Methode war es, dem Original oder wenigstens dem sog. Archetypus, d. h. der angenommenen gemeinsamen Vorlage aller überlieferten Handschriften, möglichst nahe zu kommen.

Dafür sind nach Vorbild der klassischen T. im wesentlichen folgende methodische Schritte erforderlich: Sammlung und genealogische Klassifizierung der Textzeugen nach ihren Verwandtschafts- und Abhängigkeitsverhältnissen (Filiation) zur Aufstellung eines Stammbaums (Stemma); die Rekonstruktion des Archetypus auf der Basis der ältesten guten Handschrift (Leithandschrift) mit Hilfe der anderen

Textzeugen (›recensio‹) unter kritischer Abwägung der Lesarten; die Verbesserung von Überlieferungsfehlern (Emmendation) durch einfache Korrektur, etwa bei Verschreibungen, oder durch Konjekturen (Vermutungen) bei wirklich oder vermeintlich korrupten Stellen. Die nicht in den kritischen Text eingegangenen Varianten und die Begründung für eventuelle Konjekturen verzeichnet der kritische Apparat. Der erarbeitete Text wird in einer ›normalisierten‹ Sprachform – etwa des (erschlossenen) ›klassischen‹ Mhd. – wiedergegeben. Die begründeten Zweifel an der Realisierbarkeit dieses textkritischen Programms, des Anspruchs auf Rekonstruktion eines Originals bzw. eines Archetypus, haben im Lauf des 20. Jh.s zu anderen, bescheideneren Lösungen geführt, etwa der partiellen Rekonstruktion nach einer Leithandschrift, dem orthographisch nicht oder nur geringfügig normalisierten Abdruck einer als repräsentativ angesehenen Handschrift oder der Annahme gleichwertiger früher Fassungen anstelle nur eines Archetyps.

Theater, Bezeichnung für künstlerische Darbietungen verschiedenster Art auf der Bühne oder einem anderen Schauplatz (Schauspiel, Pantomime, Figuren- bzw. Puppentheater, Ballett, Oper usw.), für die soziale Organisation, die die Aufführungen organisiert und realisiert und für das Gebäude selbst. Private und ›öffentliche‹ Organisationsformen des T.s stehen nebeneinander, wobei in Deutschland das vom Staat, den Ländern oder den Kommunen getragene und stark subventionierte Th. die bedeutendere Rolle spielt. Aus historischen Gründen, der Kleinstaaterei, hat sich eine nicht nur auf die großen Städte beschränkte, vielfältige Theaterkultur erhalten. Die Öffentlichkeit des Th.s und die damit verbundenen Wirkungsmöglichkeiten haben seit dem MA zur Einflussnahme politischer, gesellschaftlicher und kirchlicher Institutionen geführt (→ Zensur).

Im MA war Th. Teil der religiösen Festkultur (→ Geistliches Spiel). Als dominierender Typus des deutschsprachigen weltlichen Dramas entwickelte sich seit dem 15. Jh. das

→ Fastnachtsspiel im Rahmen städtischer Fastnachtsfeiern; gespielt wurde von Handwerksgesellen in Wirtsstuben und Bürgerhäusern. Mit der Rezeption der antiken Komödie im Humanismus wurden formal an Terenz angelehnte neulat. Dramen in den Unterricht der Lateinschulen, aber auch der Universitäten integriert (→ Humanistendrama, → Schuldrama). Während an den protestantischen Schulen um der propagandistischen Wirkung willen schon früh auch in dt. Sprache gespielt wurde, blieb das später entstandene → Jesuitendrama beim Lateinischen. Noch im 17. Jh. waren die Schulen die wichtigsten Träger des Th.s.

Erst Ende des 16. Jh.s wurde mit Gastspielen engl. Schauspieltruppen (→ Englische Komödianten) und ital. → Commedia-dell'arte-Truppen professionelles Th. eingeführt. Die engl. Theatertruppen gingen im Verlauf der 1. Hälfte des 17. Jh.s allmählich in dt. Hände über und bespielten als → Wanderbühnen Höfe und Städte. Zugleich wurden mit dem 17. Jh. die neuesten theatralischen Errungenschaften Italiens importiert, die → Oper und die Kulissenbühne (die das Telarisystem der Renaissance mit drehbaren Prismen ablöste; → Telaribühne). Nicht nur die Hoftheater, auch die Schul- und Universitätsbühnen übernahmen die technischen Neuerungen.

Das Th. der Wanderbühne wurde von der mit Johann Christoph Gottsched zusammenarbeitenden Neuberschen Theatertruppe einer Literarisierung unterworfen; symbolisch dafür war die Vertreibung des Harlekins bzw. Hanswursts von der Bühne. Seit der Jahrhundertmitte wurde überdies von Lessing, Georg Christoph Lichtenberg u. a. – nicht zuletzt nach englischem Vorbild – die Entwicklung eines ›natürlichen‹ Schauspielstils propagiert. Erst in den 60er-Jahren kam es zu stehenden Th.n; ihre (finanzielle) Gefährdung zeigt die kurze Episode des Hamburger Nationaltheaters (1767–69). 1776 wurde in Wien das erste Hoftheater gegründet; Mannheim (1777), Berlin (1786) und andere folgten. Ein Repertoire, das sich über die populäre

Dramatik der Zeit hinaus (August Wilhelm Iffland, August v. Kotzebue) auch auf die großen Werke der dramatischen Weltliteratur einließ, entwickelte allein Goethe als Leiter des Weimarer Hoftheaters von 1791–1817.

In der Romantik drängten Oper und Ballett das Sprechtheater in den Hintergrund, das seinerseits wieder einer stärkeren Theatralisierung unterworfen wurde. In diese Tendenz fügte sich das → Wiener Volkstheater ein, das die Theatralik allerdings nie verleugnet hatte. Die Bedeutung der dt. Provinz für das Th. bestätigte in der Folgezeit Richard Wagners Bayreuth für das Gebiet des Musiktheaters (erste Festspiele 1876), während in Meiningen eine neue Ära des Sprechtheaters begann. Die → Meininger erhoben, ganz im Gegensatz zur Theaterpraxis des 19. Jh.s, den Anspruch auf Werktreue und forderten von den Schauspielern, sich der Dichtung unterzuordnen. Zugleich sorgten sie für eine detailgetreue, historisch korrekte Ausstattung. Mit ihren Neuerungen übten sie einen großen Einfluss auf die Theaterentwicklung aus, auch auf den seit 1880 sich entfaltenden Bühnennaturalismus.

Da die Zensur Aufführungen von gesellschaftskritischen zeitgenössischen Stücken nicht zuließ, wurden private Theatervereine gegründet, so 1887 in Berlin die von Otto Brahm geleitete → Freie Bühne, die mit Henrik Ibsens *Gespenstern* öffnete und in den folgenden Jahren Werke von Gerhart Hauptmann, Leo Tolstoj und Arno Holz / Johannes Schlaf folgen ließ und die moderne naturalistische Dramatik durchsetzte (→ Naturalismus). Als bürgerliches Illusionstheater kritisiert, stieß das naturalistische Th. bereits um die Jahrhundertwende auf Widerstand. Neue Bühnenformen wurden konzipiert, um den Abstand zwischen Bühne und Publikum aufzuheben; die gemalte Bildbühne wurde zur Raumbühne umgestaltet (Adolphe Appia, Erwin Piscator), eine nicht-psychologische Schauspielkunst gefordert (Edward Gordon Craig, Brecht). Der Nationalsozialismus beendete die avantgardistischen Experimente.

Während danach in der BRD in eher traditioneller Weise die bisher verbotene Moderne des Auslands und die Klassiker gepflegt wurden, konnte Brecht in Ostberlin mit dem Berliner Ensemble seine Theaterarbeit weiterführen (→ Episches Theater). In der BRD wurde das experimentelle Th. der Weimarer Republik erst in den siebziger Jahren von Regisseuren wie Peter Zadek, Peter Stein, Claus Peymann u. a. wieder aufgenommen, die auch außerhalb der Th. spielen ließen, Klassiker respektlos behandelten, kollektive Arbeitsweisen erprobten und eigene Projekte verwirklichten.

Theaterkritik, kritischer Bericht über Aufführungen theatralischer Werke in verschiedenen Medien (Zeitungen, Zeitschriften, Rundfunk, Fernsehen). Th. befasst sich mit dem aufgeführten Werk, insbesondere wenn es sich um ein neues Stück handelt, v. a. aber mit der Aufführung (Regie, Bühnenbild, Ausstattung, schauspielerische Leistungen usw.). Stärker als bei der → Literaturkritik gilt das Gebot der Aktualität; das führte im späten 19. Jh. zum Phänomen der ›Nachtkritiken‹, bei denen notwendig subjektive Eindrücke überwogen. Die Geschichte der dt. Th. beginnt im 18. Jh. und erreichte mit Lessings *Hamburgischer Dramaturgie* (1767–69) einen frühen Höhepunkt. Auch im Verlauf ihrer weiteren Geschichte spielte sie eine bedeutende Rolle, wenn es darum ging, neue literarische Tendenzen publizistisch zu unterstützen. Dafür stehen u. a. die T.en des → Jungen Deutschland, die den → Naturalismus fördernden Kritiken Otto Brahms und Paul Schlenthers, Alfred Kerrs Eintreten für die moderne Literatur und das moderne Theater (wenigstens bis 1918). Zu den einflussreichsten Berliner Kritikern der 20er-Jahre zählten neben Kerr Siegfried Jacobsohn und Herbert Ihering; nach dem Zweiten Weltkrieg veränderte bzw. verringerte das Fehlen einer Metropole Bedeutung und Einfluss der Th.

Thingspiel, nationalsozialistische Form eines weihevollen Theaters, das auf eigens dafür geschaffenen Freilichtbühnen

(›Thingstätten‹) durch die pathetische, heroisierende Darstellung kultisch-mythischer Gegenstände ein Massenpublikum auf die NS-Gemeinschaftsideologie einstimmen sollte (Richard Euringer, Eberhard Wolfgang Möller, Kurt Heynicke). Die Bemühungen um das Th. wurden bereits 1937 offiziell eingestellt. → Nationalsozialistische Literatur.

Tierdichtung, Bezeichnung für literarische Werke, in denen Tiere Träger der Handlung sind. Dabei werden den Tieren menschliche Eigenschaften zugeschrieben (Anthropomorphisierung), d. h. sie besitzen ein Bewusstsein und verfügen über die Handlungsmöglichkeiten und v. a. die Sprachfähigkeit des Menschen. T. kann sich in den verschiedensten literarischen Gattungen verwirklichen (Märchen, Sage, Fabel, Epos, Drama, allegorisches Bestiarium, Roman, Erzählung usw.), doch die bevorzugten Formen der T. in Deutschland sind Fabel und Tierepos. Vorbilder lieferten die antike und die orientalische Tradition, z. B. das indische *Pantschatantra*, die äsopischen Fabelsammlungen und das parodistische Epos vom ›Froschmäusekampf‹ (*Batrachomyomachia*). Dagegen fanden die Tierkomödien des Aristophanes keine bedeutende Nachfolge.

Der vorwiegend lehrhafte Charakter der T. kommt v. a. in der → Fabel zum Ausdruck, die über antike lat. Sammlungen nach Deutschland gelangte und seit dem 13. Jh. zu eigenen Fabeldichtungen führte (der Stricker, Ulrich Boner). Im 15. Jh. löste die Prosa die bisher vorherrschende Versform ab; Heinrich Steinhöwels erfolgreicher *Esopus* (um 1476–1477) bereitete die umfangreiche Produktion der Reformationszeit vor. Ihre letzte Blütezeit erlebte die Fabeldichtung in der Aufklärung.

Für das dt. Tierepos wurde der Reinhart-Fuchs-Stoff bestimmend. Bereits in dem lat. allegorisch-satirischen Gedicht *Ecbasis captivi* (um 1043–46) spielt die Auseinandersetzung zwischen Fuchs und Wolf eine entscheidende Rolle; dieser Konflikt bildet auch den Kern des flämischen *Ysengrimus* (um 1150) und des frz. *Roman de Renart*-Zyklus.

Auf dieser Grundlage entstand die grimmige politische Satire des *Reinhart Fuchs* (um 1195) von Heinrich (dem Gleisner). Die späteren Gestaltungen des Stoffes vom niederdt. *Reynke de Voß* (1498) bis hin zu Goethes *Reineke Fuchs* (1794) beruhen freilich nicht auf dieser Dichtung, sondern auf der niederl. Bearbeitung des *Roman de Renart.*

Einige Tierepen der nachreformatorischen Zeit behandeln andere Stoffe. Am bedeutendsten ist Georg Rollenhagens *Froschmeuseler* (1595), der auf der Grundlage der *Batrachomyomachia* eine Moralsatire in reformatorischem Geist schuf. Weitere Beispiele des Tierepos in dieser Epoche sind Wolfhart Spangenbergs *Ganskönig* (1607) und *Eselkönig* (1625); sie bestätigen die Affinität des Tierepos (wie der T. überhaupt) zur → Satire. In der neueren Literatur lösen sich die festen Traditionslinien auf und lassen die Verwendung von Tieren als literarische Akteure in den verschiedensten Zusammenhängen zu (E. T. A. Hoffmann, Heinrich Heine, Günter Grass usw.).

Tirolstrophe → Morolfstrophe.

Titel, Benennung eines literarischen, künstlerischen, musikalischen oder wissenschaftlichen Werkes. Der T. dient der Unterscheidung, Kennzeichnung, Information und Werbung und ist heute juristisch geschützter Bestandteil eines Werkes. In der Antike und weitgehend auch im MA und z. T. noch bei den Frühdrucken waren feste, vom Autor gewählte Buchtitel nicht üblich. Ihre Funktion konnten → Incipit – und Explicitformeln (*incipit*: ›es beginnt‹, explicit: ›es ist beendet‹) oder das Kolophon (Mitteilung am Ende einer mittelalterlichen Handschrift oder eines Frühdrucks über Autor, T., Schreiber bzw. Drucker sowie Ort und Jahr) übernehmen. Zu den frühesten dt. Dichtungen mit einem ausdrücklich vom Autor im Werk genannten T. gehört *Der welsche Gast* (1215–16) Thomasins v. Zerklaere. Werke ohne Titelhinweise erhielten ihre T. von Philologen (etwa nach dem ersten Wort des Textes, dem Namen des Helden, nach Gattungen und/oder Fundorten der Handschrift o. Ä.).

Seit dem 16. Jh. ist der Titel mit bibliographischen Angaben (Verlag, Drucker, Ort, Jahr) regelmäßiger Bestandteil eines Buches.

Titurelstrophe, nach ihrem Gebrauch in Wolframs v. Eschenbach *Titurel*-Fragmenten benannte Strophenform. Sie besteht aus vier paarweise gereimten Versen mit 8, 10, 6 und wieder 10 Hebungen, jeweils mit klingender → Kadenz und – ausgenommen den zäsurlosen dritten Vers – Zäsur nach der vierten Hebung. Der *Jüngere Titurel* (um 1260–75) Albrechts fügt Zäsurreime in der ersten und zweiten Zeile hinzu. Aufgenommen wird die Strophenform in Hadamar v. Labers *Jagd* (um 1330–50) und – leicht variiert – Ulrich Fuetrers *Buch der Abenteuer* (um 1473–83).

Tonbeugung, Bezeichnung der Verslehre für den Konflikt zwischen den Forderungen des metrischen Schemas (→ Metrik) und der natürlichen Sprachbetonung bzw. die entsprechende Verstärkung oder Abschwächung des sprachlichen Gewichts einer Silbe beim Vortrag.

Topik, Bezeichnung der → Rhetorik für die systematisierte Lehre von den Fundstätten (*topoi*, *loci*) der Beweise. Mit ihrer Hilfe soll dem Redner, umfassende Sachkenntnisse sind vorausgesetzt, im Rahmen der Inventio das Auffinden geeigneter Gedanken und Argumente für seine Rede erleichtert werden. Dabei werden die Fundstätten eingeteilt in die, die sich aus der Person ergeben (*loci a persona*), und solche, die aus der Sache folgen (*loci a re*). Fundorte zur Person sind beispielsweise Abstammung, Nationalität, Geschlecht, Alter, Beruf, Namen usw., aus der Sache sich ergebende Fundstätten sind u. a. Ursache, Ort, Zeit, Möglichkeit, Definition, Ähnlichkeit, Umstände usw. Im Zusammenhang mit der rhetorischen Dichtungsauffassung in Humanismus und Barock erhielt die T. eine große Bedeutung für die Literatur, insbesondere auch für die Verfertigung von → Gelegenheitsgedichten.

Topos, im rhetorischen Sinn Fundstätte für Beweise, Argumente, Gedanken (→ Topik), in der von Ernst Robert Curtius eingeführten literaturwissenschaftlichen Bedeutung allgemein verwendbarer Gemeinplatz, Klischee. Topoi als Gemeinplätze entstanden mit der Rhetorisierung der Dichtung (→ Rhetorik); aus den variablen, allgemeinen Suchformeln bildete sich im Lauf der literarischen Traditionsbildung ein Grundbestand fester Bilder, Motive und stereotyper Wendungen heraus, die als Versatzstücke in den jeweiligen Kontext eingesetzt werden konnten. Beispiele sind Lob des goldenen Zeitalters, Klage über den Verfall der Sitten, die Welt als Theater, affektierte Bescheidenheit, Unsagbarkeit, Beschreibungsmuster (z. B. → Locus amoenus) usw. Die europäische Literatur zeigt (mindestens) bis ins 18. Jh. den tiefgreifenden Einfluss dieser vorgeprägten Denk- und Ausdrucksformen; eigene Sammlungen sorgten für ihre Verfügbarkeit auch für weniger gebildete Zeitgenossen. Auch nach der Abkehr von der traditionellen Rhetorik im 18. Jh. blieb ein Grundbestand von Topoi erhalten (Trost- und Preisrede, Predigt usw.). Außerdem lässt sich die Entstehung neuer Topoi beobachten.

Totengespräch, der menippeischen → Satire zugehörige Form des → Dialogs. Sie geht auf Lukians *Nekrikoi dialogoi* aus dem 2. Jh. n. Chr. zurück, eine Sammlung von 30 Gesprächsszenen, in denen historische und mythologische Gestalten die menschlichen Laster und Torheiten, aber auch die zeitgenössischen religiösen Vorstellungen und den Berufsstand der Philosophen satirisch bloßstellen. Das entsprechende Verfahren der Kritik aus verfremdender Perspektive wenden auch Lukians Göttergespräche an.

Die große Wirkung Lukians auf die neuzeitliche europäische Literatur begann mit der Hinwendung der ital. Humanisten zur griech. Literatur im 15. Jh.; die zahlreichen Übersetzungen ins Lateinische bildeten ihrerseits die Vorlagen für die Übertragungen in die Volkssprachen. Die erste dt. Übersetzung eines T.s durch Johannes Reuchlin (1495) basiert allerdings auf dem griech. Text. Vor allem Erasmus v. Rotterdam, der auch eine Reihe von lukianischen Schriften ins Lateinische übertrug, und Ulrich v. Hutten ließen sich von Lukian zu satirischen Neuschöpfungen anregen.

Eine neue Phase der produktiven Lukian-Rezeption setzte in der 2. Hälfte des 17. Jh.s in Frankreich ein (u. a. Bernard le Bouvier de Fontenelle, *Dialogues des morts*, 1683; François de Salignac de la Mothe Fénelon, *Dialogues divers*, 1700), an die dann David Fassmanns periodisch erscheinenden *Gespräche in dem Reiche der Todten* (1718–39) mit großem Erfolg anknüpften. Christoph Martin Wieland übersetzte Lukians *Sämtliche Werke* (1788–89) und schrieb eigene lukianische Dialoge (u. a. *Neue Göttergespräche*, 1791). Beliebt wurden Literatursatiren in der Form des T.s. So ließ z. B. Johann Jakob Bodmer, angeregt von Nicolas Boileau, Pluto und Diogenes mit den Romanhelden Arminius (Daniel Casper v. Lohenstein) und Herkules (Andreas Heinrich Bucholtz) in einem Gespräch aufeinandertreffen (*Discourse der Mahlern*, 1722); die Linie führt weiter über Johann Elias Schlegel (*Democritus. Ein Todtengespräche*, 1741) und Goethes Farce *Götter, Helden und Wieland* (1773) zu Franz Grillparzers T. zwischen Friedrich II. und Lessing (1841) und einer Reihe weiterer literarischer T.e im 19. und 20. Jh. (z. B. von Fritz Mauthner, 1906; Herbert Eulenberg, 1910; Alfred Polgar, 1935).

Totentanz, bildliche Darstellungen und Text verbindende didaktische Dichtungsform des späten MA. Ein T. besteht aus einer Bilderfolge, die einen Reigen zeigt, bei dem jeweils eine Person mit dem Tod ein Paar bildet. Begleitet wird die Bilderfolge mit Vertretern aller Stände, Männern und (seltener) Frauen, Kindern und Alten durch Dialoge zwischen dem Sterbenden und dem Tod in der Volkssprache. Dabei verbinden sich sozialkritische Tendenzen mit der Einsicht, dass vor dem Tod alle gleich sind, und der Mahnung zu gottgefälligem Leben und der Erinnerung daran, dass der Tod jederzeit eintreten und den Menschen vor den himmlischen Richter bringen kann. Die ersten Totentänze entstanden nach der Mitte des 14. Jh.s; der Zusammenhang mit der großen europäischen Pestepidemie 1348–52 liegt nahe. Zu den einflussreichsten Darstellungen gehört die altfrz. *Danse macabre* am Beinhaus des Pariser Franziskanerklosters Aux SS. Innocents (1424–25; Druck 1485). Die dt. Totentänze werden in eine oberdt. und eine niederdt. Tradition gegliedert (*Oberdeutscher vierzeiliger T.*, *Groß-Baseler T.*, *Klein-Baseler T.*; *Lübecker T.*); diese Darstellungen aus dem 15. Jh. wirkten auf die späteren Totentänze des 16. Jh.s. Beispiele für die Rezeption des T.es in der Moderne sind u. a. Hugo v. Hofmannsthals *Der Tor und der Tod* (1893) und Hans Henny Jahnns *Neuer Lübecker Totentanz* (1931).

Tragikomödie, Schauspiel, das komische und tragische Elemente miteinander verbindet. Den Begriff ›tragico-comoedia‹ gebrauchte bereits Plautus für seinen *Amphitruo*, um seine Komödie unter Göttern und Heroen zu charakterisieren; in der Praxis war ihm Euripides vorausgegangen. Diese Mischform fand, von den → Poetiken gerechtfertigt, in Renaissance und Barock große Verbreitung. In Deutschland wurde sie als *tragico-comoedia* bzw. *comico-tragoedia* vom dt. und lat. → Schuldrama, vom → Jesuitendrama (Jacob Bidermann, *Cenodoxus*) und vom → ›Schlesischen Kunstdrama‹ (Johann Christian Hallmann: »Trauer-Freuden-Spiel«) gepflegt.

Im späten 18. Jh. erhielt die von Klassizisten wie Johann Christian Gottsched abgelehnte Gattung eine neue Bedeutung, die der heute üblichen entspricht: die Durchdringung von komischen und tragischen Elementen bis hin zum Grotesken, wobei die Komik zur Steigerung des Tragischen dient und das Nebeneinander von Komik und Tragik, von Lächerlichem und Erhabenem neuen anthropologischen und existenziellen Erfahrungen entspricht. Auch diese moderne T. ist ein europäisches Phänomen. In der deutschsprachigen Literatur repräsentieren es Autoren wie Jakob Michael Reinhold Lenz, Heinrich v. Kleist, Georg Büchner, Friedrich Hebbel, Arthur Schnitzler, Gerhart Hauptmann,

Frank Wedekind, Friedrich Dürrenmatt, Thomas Bernhard u. a.

Tragödie, eine der Hauptgattungen des Dramas. Den dt. Begriff ›Trauerspiel‹ führte Martin Opitz 1628 in Anlehnung an das Niederländische ›Treurspel‹ ein. Walter Benjamin stellte in seiner Schrift *Ursprung des deutschen Trauerspiels* (1928) die beiden Begriffe einander gegenüber und wollte unter T. nur die Werke der griech. Tragiker verstanden wissen (»Auseinandersetzung mit der dämonischen Weltordnung«), während er ihr neuzeitliches Gegenstück, geschichtsphilosophisch bestimmt von der Theologie des Sündenfalls, mit dem Begriff des Trauerspiels zu fassen suchte.

Die neuzeitliche Tragödientheorie (→ Dramentheorie) ist zum großen Teil Rezeptions- und Auslegungsgeschichte der *Poetik* des Aristoteles, insbesondere seiner Definition der T. als »Nachahmung einer guten und in sich geschlossenen Handlung von bestimmter Größe«, eine »Nachahmung von Handelnden und nicht durch Bericht, die Jammer und Schaudern hervorruft und hierdurch eine Reinigung von derartigen Erregungszuständen bewirkt« (Übersetzung von Manfred Fuhrmann). Vorbild für die Tragödiendichtung der Neuzeit war allerdings nicht die attische T. (Aischylos, Sophokles, Euripides), die Aristoteles vor Augen hatte, sondern die röm. T. Senecas. Sie prägte die europäische T. der Renaissance (elisabethanisches Theater) und des Barock.

Bevor die theoretische Diskussion in Deutschland einsetzte, brachten Hans Sachs und Jakob Ayrer im 16. Jh. eine Vielzahl von ›Tragedien‹ und ›Comedien‹ auf die Bühne, wobei allein das glückliche oder unglückliche Ende über die Gattungszugehörigkeit entschied. Die → Englischen Komödianten spielten ihre Versionen von T.n Thomas Kyds, Christopher Marlowes und Shakespeares an Höfen und auf städtischen Jahrmärkten. Erst mit Martin Opitz' Literaturreform wurde die poetologische Diskussion über die T., d. h. v. a. die Frage nach dem Verständnis der → Katharsislehre, in Deutschland rezipiert. Opitz knüpfte dabei an Daniel Heinsius an, der wiederum die Poetiken und Aristoteleskommentare der ital. Renaissancepoetiker vor Augen hatte: Katharsis wird im Sinn des christlich-stoischen Constantia-Ideals umgedeutet. Das entspricht auch der barocken Praxis der → Märtyrertragödie. Andreas Gryphius' Absicht, »die vergänglichkeit menschlicher sachen« darzustellen, bezeichnet die Abwendung der T. von mythologischen Stoffen und die Hinwendung zur Geschichte. Sie liefert, im lat. → Jesuitendrama wie im → ›Schlesischen Kunstdrama‹ von Gryphius, Daniel Casper v. Lohenstein oder Johann Christian Hallmann, die Modelle vorbildlicher und abschreckender Existenzweisen (Märtyrer, Tyrann) im Bewusstsein der Vergänglichkeit alles Irdischen, wobei (meist) allegorische → Reyen (Chöre) an den Aktschlüssen zur Deutung beitragen.

Johann Christoph Gottscheds Versuch, die T. zu erneuern und seinen moraldidaktischen Zwecken dienstbar zu machen (»eine Schule der Geduld und Weisheit, eine Vorbereitung zu Trübsalen, eine Aufmunterung zur Tugend, eine Züchtigung der Laster«), orientierte sich am frz. Vorbild: Hier hatte man im Gegensatz zur Freiheit des elisabethanischen Theaters die T. einem festen klassizistischen Regelkanon unterworfen und die tragische Handlung ins Innere des Helden verlagert. Mit der Entfaltung der neuen Gattung des → bürgerlichen Trauerspiels und Lessings Neuinterpretation der aristotelischen Katharsislehre unter dem Gesichtspunkt des Mitleids, seiner Forderung gemischter Charaktere und dem Hinweis auf den »Geschmack der Engländer« verlor die T. des frz. Klassizismus ihre beherrschende Stellung.

Die wirkungsästhetische Konzeption der T. und ihr moralisch-pädagogischer Charakter (Katharsis als »Verwandlung der Leidenschaften in tugendhafte Fertigkeiten«, Lessing) blieb auch im neuhumanistischen Programm der → Weimarer Klassik erhalten. Schiller verband dabei seine

Überlegungen zur T. mit seiner Theorie des → Erhabenen und Pathetischen. Darüber hinaus heißt es über die T., dass sie alle möglichen Fälle umfasse, »in denen irgend eine Naturzweckmäßigkeit einer moralischen oder auch eine moralische Zweckmäßigkeit der anderen, die höher ist, aufgeopfert wird«. Damit vertritt Schiller eine Kollisionstheorie, wie sie in der Philosophie des Tragischen seit dem dt. Idealismus in jeweils verschiedener Weise formuliert (Friedrich Wilhelm Joseph Schelling, Friedrich Hölderlin, Hegel, Friedrich Hebbel, Friedrich Nietzsche) und von Dramatikern wie Franz Grillparzer oder Hebbel gestaltet wurde.

Besondere Wirkung erzielten die Ausführungen Hegels zur Dialektik des Tragischen und zum »Gefühl der Versöhnung, das die Tragödie durch den Anblick der ewigen Gerechtigkeit gewährt, welche in ihrem absoluten Walten durch die relative Berechtigung einseitiger Zwecke und Leidenschaften hindurchgreift«. Wenn aber, wie bei Georg Büchner oder Christian Dietrich Grabbe, der Sinn der Geschichte selbst in Zweifel gerät, wird dieses dialektische Schema brüchig. Daneben entstand in der Romantik mit dem sog. → Schicksalsdrama eine neue, zum Trivialen neigende Form der T., in der der Mensch unheimlichen Mächten und Zwangsläufigkeiten ausgesetzt scheint. Die Auseinandersetzung mit der T. führte auch noch im 20. Jh. zu fruchtbaren Ergebnissen (Hugo v. Hofmannsthal, Gerhart Hauptmann, Heiner Müller), wenn auch Friedrich Dürrenmatt 1954 notierte, es komme uns »nur noch die Komödie bei«.

Trauerspiel → Tragödie, → Bürgerliches Trauerspiel.

Travestie, der → Parodie verwandte komische oder satirische Herabsetzung eines Werkes durch die ›Verkleidung‹ (ital. *travestire*, frz. *travestir* ›verkleiden‹) seines Inhalts bzw. Stoffes in eine andere, ›unpassende‹ Form. Der erwünschte Effekt wird durch die Diskrepanz zwischen Inhalt und Form erreicht. Beispiele sind die Vergiltravestien von Paul Scarron (*Le Virgile travesti*, 1648–53) und Aloys

Blumauer (*Die Abentheuer des frommen Helden Aeneas*, 1782–88), die Opern- und Dramentravestien Johann Nepomuk Nestroys (Friedrich Hebbel, Giacomo Meyerbeer, Richard Wagner) und Christian Morgensterns *Horatius travestitus* (1897).

Triade, ›Dreiheit‹, bezeichnet in der griech. Dichtung eine Gruppe aus drei Strophen: Strophe und metrisch identische Antistrophe sowie anders gebaute Epode. → Pindarische Ode.

Trikolon → Parallelismus.

Trilogie, zu einem Aufführungszyklus gehörende Folge von drei stofflich oder thematisch verbundenen Dramen. Ursprünglich bezeichnete T. die drei Tragödien im Rahmen der → Tetralogie des antiken griech. Theaters. Bei den neueren T.n handelt es sich z. T. um Stücke, die aus technischen Gründen geteilt wurden (z. B. Schiller, *Wallenstein*, 1798–1799). Die Bezeichnung wird auch auf dreiteilige Werke anderer Gattungen übertragen (Goethe, *Trilogie der Leidenschaft*).

Trimeter, allgemein jeder aus drei metrischen Einheiten bestehende Vers, im besonderen der jambische T. Dieser besteht in der antiken → Metrik aus drei jambischen Dipodien (= sechs jambische Versfüße; daher im Lat. auch als Senar bezeichnet). Gelegentlich werden die → Jamben durch andere Versfüße ersetzt. Eine → Zäsur findet sich vorwiegend im dritten, seltener im vierten Versfuß und teilt den Vers in zwei ungleiche Abschnitte. Grundschema:

∪ – ∪ – ∪ | – ∪ – ∪ – ∪ –.

Der jambische T. wurde in der Antike vorwiegend im Drama, aber auch in der Lyrik verwendet. In den dt. Nachahmungen in Übersetzungen und Dichtungen des 18. und 19. Jh.s erscheint der T. als sechshebiger jambischer Vers mit männlichem Ausgang, reimlos, ohne feste Zäsurregeln. Er findet sich u. a. in Partien von Dramen Schillers (*Die Jungfrau von Orleans*, *Die Braut von Messina*) und Goethes (*Pandora*, *Faust II*: »Bewundert viel und viel gescholten, Helena, / Vom Strande komm ich, wo wir erst gelandet sind ...«), bei Eduard Mörike (*Auf eine Lampe*) und August v. Platen.

Triolett, einstrophige frz. Gedichtform, eine Art → Rondeau. Das T. besteht aus acht Versen, die durch zwei Reime miteinander verbunden sind (ABaAabAB). Die Anfangszeile wird zweimal wiederholt (erscheint also dreimal), und zwar als Vers 4 und – zusammen mit dem zweiten Vers als Schlusszeile – als Vers 7 (im Reimschema durch Großbuchstaben bezeichnet). In der dt. Literatur findet sich das T. seit der Anakreontik (z. B. Friedrich v. Hagedorn, *Der erste May*; August Wilhelm v. Schlegel, August v. Platen, Friedrich Rückert u. a.).

Trivialliteratur, unscharfer bzw. verschieden definierter Begriff für die fiktionale Literatur, die sich durch andere ästhetische Zielsetzungen vom Bereich der ›hohen‹ Literatur abgrenzt, festen Gattungsschemata folgt und (tendenziell) massenhafte Verbreitung findet. Die Bezeichnung T. wurde wie verwandte Begriffe (Unterhaltungsliteratur, → Kitsch, Schund usw.) lange explizit oder implizit wertend – genauer: abwertend – für den umfangreichen Bereich fiktionaler Literatur gebraucht, der den ästhetischen Vorstellungen der ›Hoch-‹ oder ›Höhenkammliteratur‹ nicht entsprach. Auch die Erweiterung des Zweischichtenmodells (Hochliteratur – T.) zu einem Dreischichtenmodell (Hochliteratur – Unterhaltungsliteratur – T.), bei dem die bildungsbürgerliche Unterhaltungsliteratur vom ›Schund‹ abgegrenzt wurde, basiert auf historisch bedingten und von der Konvention bestimmten Geschmacksurteilen. Aus der Kritik an diesem Verfahren resultierte Helmut Kreuzers Definition von T. »als Bezeichnung des Literaturkomplexes, den die dominierenden Geschmacksträger einer Zeitgenossenschaft ästhetisch diskriminieren« (1967). T. erscheint so als historisch variables Phänomen, als Rezeptionsphänomen (→ Rezeption); ein bestimmtes Textkorpus lässt sich auf diese Weise nicht abgrenzen.

Gegen diese historische Relativierung der Begriffe T. oder Unterhaltungsliteratur stehen die Versuche, eindeutige Kriterien für derartige Abgrenzungen zu formulieren, wenn auch klar ist, dass Grenzüberschreitungen, bewusst oder unbewusst, in die eine oder andere Richtung möglich und Wertungsfragen nie völlig auszuschließen sind. T., wie sie sich seit dem 18. Jh. entwickelt, löst sich von den Normen der Hochliteratur. Originalität, Innovation oder theoretische Reflexion sind ihre Sache nicht; vielmehr arbeitet sie mit schematisierten Gattungs-, Handlungs-, Darstellungs- und Stilmustern und entsprechend normierten Welt- und Menschenbildern. Diese Standardisierung erlaubt eine serielle Produktionsweise, die sich zunächst in Fortsetzungen erfolgreichen Romantypen, Romanserien oder → Fortsetzungsromanen äußerte und im 20. Jh. in der arbeitsteiligen, anonymen Massenproduktion von Romanheftchen und → Comics gipfelt. Hier liefern dann die Verlage selbst in ihren detaillierten Anweisungen für die Autoren die verbindliche ›Regelpoetik‹, die die für den Erfolg unabdingbare Gleichmäßigkeit der Produktion garantiert und so die Lesererwartungen und -bedürfnisse erfüllt. Die Bedürfnisse, auf die die T. antwortet, sind eskapistischer Art. Die T. mit ihren Traumwelten ermöglicht es dem Leser, seine Gefühlswelt zu entfalten und seine Wünsche zu erfüllen, indem er in der Phantasie »eine Korrektur der unbefriedigten Wirklichkeit« vornimmt (Sigmund Freud). Die massenhafte Rezeption von T. erlaubt die Annahme, dass hier geistige Grundbedürfnisse einer großen Leserschicht befriedigt werden.

Die Geschichte der T. beginnt gegen Ende des 18. Jh.s im Zusammenhang mit der Ausweitung des literarischen Marktes und einem rapiden Anstieg der Literaturproduktion, an dem insbesondere der Roman einen großen Anteil hatte. Hier entstanden die fortwirkenden Muster des historischen Trivialromans (Leonhard Wächter, Friedrich Schlenkert, Karl Gottlob Cramer, Benediktine Naubert, → Historischer Roman) des → Ritter-, → Räuber- und → Schauerromans sowie des sentimentalen Familien- und Liebesromans (August Lafontaine), dessen Popularität auch im 19. und 20. Jh. ungebrochen anhielt (Eugenie Marlitt, Hedwig Courths-Mahler usw.). Der im 19. Jh. entstandene → Kriminalroman entwickelte sich, z. T. vermischt mit Elementen anderer Romangattungen, zu einem der erfolgreichsten Genres der T. (dessen Begrenzungen er allerdings vielfach überschreitet). Eine längere Vorgeschichte hat der Reise- und → Abenteuerroman, der dann im 19. Jh. mit Karl May einen Höhepunkt erreichte. Weitere beliebte triviale Romangattungen sind der Zukunftsroman (→ Science Fiction) und der Heimatroman. Die meisten dieser im 18. und 19. Jh. entwickelten Gattungsschemata finden sich in der periodischen Heftchenproduktion des 20. Jh.s wieder, wobei man die scheinbare Fülle von Berg-, Arzt-, Liebes-, Frauen-, Horror-, Wildwest- oder Landserromanheften im wesentlichen auf zwei narrative Handlungsmodelle zurückführen kann: Abenteuer- und Liebesgeschichte.

Die Dominanz des Romans in der modernen Literatur betrifft in noch stärkerem Maße die T. Gleichwohl gibt es eine parallele Entwicklung auch beim Drama: Im 18./19. Jh. stehen dem Ritter- oder Räuberroman die gleichen trivialen Dramentypen gegenüber, dem sentimentalen Familien- und Liebesroman entspricht das bürgerliche → Rühr- und Familienstück. Seit dem Ende des 19. Jh.s ist der Bühnenschwank (bzw. Fernsehschwank) wichtigstes Genre der trivialen Dramatik. Auch die Lyrik kennt triviale Formen und findet auch – etwa im Schlager – massenhafte Verbreitung.

Trobador, Troubadour, provençal. Dichter-Komponist und Sänger des 12. und 13. Jh.s. Die Kunst der T.s wirkte stark auf den dt. → Minnesang. Die nordfrz. Dichter-Komponisten werden Trouvères genannt.

Trochäus, zweisilbiger Versfuß, der in der antiken → Metrik aus einer langen und einer kurzen Silbe, in der dt. Nachbildung aus einer betonten und einer unbetonten Silbe besteht (– ◡). In der dt. akzentuierenden Metrik ist der T. Bauelement verschiedener alternierender Versmaße ohne Auftakt. Am häufigsten erscheint er als Vierheber, z. B. als reimloser ›anakreontischer Vers‹ in der Lyrik des 18. Jh.s oder als wirkliche oder vermeintliche Nachbildung der reimenden oder assonierenden ›Spanischen Trochäen‹ der Romanzendichtung (→ Romanze). Auf span. Vorbild geht auch seine Verwendung im Drama zurück (Franz Grillparzer, → Schicksalsdrama). Fünfhebige reim- und zäsurlose Trochäen, nach ihrer Herkunft auch ›Serbische Trochäen‹ genannt, finden sich seit Johann Gottfried Herder und Goethe gelegentlich in der Dichtung des 19. Jh.s. August v. Platen verwendete sie als episches Versmaß (*Die Abassiden*, 1833).

Tropus (1), Bezeichnung der rhetorischen Fachsprache für einen übertragenen, uneigentlichen Ausdruck, der an die Stelle der direkten Formulierung gesetzt wird (→ Rhetorik). Tropen haben eine wesentliche Bedeutung für den → Ornatus, den ›Schmuck der Rede‹. Zu den Tropen gehören u. a. → Hyperbel, → Litotes, → Periphrase, → Metapher, → Metonymie, → Synekdoche.

Tropus (2), Bezeichnung für den Einschub (Interpolation) eines textlosen Melodieabschnitts, einer Melodie mit Text oder eines Textes für einen bisher textlosen Melodieabschnitt in liturgische Gesänge des MA. Die Tropen, die sich v. a. vom 9.–11. Jh. großer Beliebtheit erfreuten, wurden in sog. Troparien gesammelt. Von literaturgeschichtlicher Bedeutung ist die Verselbständigung des Textierungstropus am Ende des Alleluia zur → Sequenz sowie der antiphonale T. vor dem Introitus der Ostermesse, aus dem sich das → Osterspiel entwickelte.

Trouvère → Trobador.

Tunnel über der Spree, 1827 von Moritz v. Saphir nach dem Vorbild der Wiener → Ludlamshöhle in Berlin gegründete literarisch-gesellige Vereinigung. Ihre beste Zeit hatte die langlebige Gesellschaft (bis 1897) von etwa 1840–1860. Die bekanntesten Literaten unter den Mitgliedern waren Felix Dahn, Theodor Fontane, Emanuel Geibel, Paul Heyse, Theodor Storm und Moritz v. Strachwitz; daneben gehörten auch Maler (Adolf Menzel) und Musiker (Albert Lortzing) der Vereinigung an.

Typenkomödie → Sächsische Komödie.

Typologie, auch Figuraldeutung, Methode der Textauslegung, insbesondere der Bibelexegese, bei der Personen oder Ereignisse auf jeweils andere Personen oder Ereignisse bezogen (Typus – Antitypus) und durch einen gemeinsamen Sinn verbunden werden. In der Bibelexegese wird so seit der Patristik der Bezug zwischen AT und NT hergestellt: Geschehnisse, Institutionen und Gestalten des AT sind Vorausdeutungen, Präfigurationen, von Geschehnissen, Institutionen und Gestalten des NT. Dabei bleibt sowohl der *figura* (Typus, Vorbild) wie auch der neutestamentlichen Erfüllung ihr konkreter geschichtlicher Charakter bewahrt. Der vorausweisende Charakter bestimmter Gegebenheiten ist erst im Rückblick zu erkennen. AT und NT sind durch eine Vielfalt derartiger Sinnbezüge verknüpft, mit denen von der Patristik bis ins 17. Jh. gearbeitet wird (Bibelkommentar, → Predigt, → Bibeldichtung, bildende Kunst usw.). Beispiele für diese paarweise typologische Verknüpfung sind u. a.: Adam – Christus, Opfer Isaaks – Opfer Christi, Jonas' Errettung aus dem Walfisch – Auferstehung usw.

U

Übersetzung, schriftliche Wiedergabe eines Textes in einer anderen Sprache (bzw. einer anderen historischen Sprachstufe derselben Sprache). Einen Sonderfall stellt dabei angesichts der Komplexität literarischer oder poetischer Texte die literarische Ü. dar, der seit der Antike eine bedeutende Stellung in den ›Nationalliteraturen‹ und ihrer Entwicklung zukommt. Das Verhältnis von Vorlage und Übersetzung lässt sich mit dem Kriterium der Äquivalenz charakterisieren, das sich aus der Intention des Übersetzers nach einer adäquaten Wiedergabe in der anderen Sprache ergibt. Dieser freilich stehen grundsätzliche Schwierigkeiten entgegen, die wiederum verschiedene Auffassungen vom Übersetzen zur Folge haben. Das prinzipielle Problem ergibt sich aus der Verschiedenheit von Ausgangs- und Zielsprache, wobei neben den verschiedenen Sprachstrukturen insbesondere die Differenzen auf der semantischen Ebene ins Gewicht fallen, zumal in der Regel nicht einmal einzelne Wörter in verschiedenen Sprachen ein identisches Bedeutungsfeld umfassen, ganz zu schweigen von komplexeren mehrschichtigen Strukturen, die dann – in eine andere Sprache transponiert – wieder einen eigenen Sinnzusammenhang entwikkeln.

Als Antwort auf diese Schwierigkeiten konkurrieren seit der Antike verschiedene Auffassungen des Übersetzens, wobei sich die Spannweite von der wortgetreuen Ü. über die sich vom Wortlaut lösende sinngemäße Ü. bis zur freien Nachdichtung erstreckt. Während z. B. Niklas v. Wyle im 15. Jh. die wortwörtliche Übersetzung propagierte, schloss sich Luther in seinem *Sendbrief vom Dolmetschen* (1530) und der Praxis seiner Bibelübersetzung der schon von Cicero und Hieronymus erhobenen Forderung nach sinngemäßem Übersetzen an. Die Diskussionen über die Methoden des Übersetzens fanden eine fruchtbare Fortsetzung erst im 19. und 20. Jh. (Friedrich Schleiermacher, Wilhelm v. Humboldt, Ulrich v. Wilamowitz-Moellendorff, Rudolf Borchardt u. a.).

Die Ü. spielt, beginnend mit den Wort-für-Wort-Übersetzungen und → Interlinearversionen der → ahd. Literatur eine bedeutende Rolle in der dt. Kultur- und Literaturgeschichte. Im Humanismus und v. a. im → Barock ist das Übersetzen Teil einer Strategie, den kulturellen und sprachlichen Rückstand aufzuholen (→ Sprachgesellschaften). Zu den literatur- und kulturgeschichtlich herausragenden Ü.en zählen u. a. Luthers Bibel-Ü., Johann Jakob Bodmers Milton-Ü., Christoph Martin Wielands Horaz-, Lukian- und Shakespeare-Ü.en, die Homer-Ü.en von Johann Heinrich Voß, der Schlegel-Tiecksche Shakespeare, Hölderlins Sophokles-Ü.en und Schleiermachers Platon-Ü.; unter den Übersetzern des 20. Jh.s sind u. a. Stefan George (Charles Baudelaire, Dante, Shakespeare), Borchardt (Dante u. a.), Wolfgang Schadewaldt (Homer, Sophokles), Erich Fried (Shakespeare) und Hans Wollschläger (Joyce) zu nennen.

Unsinnsdichtung → Nonsensdichtung.

Utopie, im literarischen Sinn Entwurf einer anderen, besseren Gesellschaft oder eines idealen Staatswesens, konzipiert als Gegenbild zur bestehenden Realität oder als Konstruktion des Hypothetisch-Möglichen. Der Begriff U. ist ein Kunstwort und geht auf Thomas Morus' Schrift *De optimo reipublicae statu, deque nova insula Utopia, libellus vere aureus* (*Ein wahrhaft goldenes Büchlein von der besten Staatsverfassung und von der neuen Insel Utopia*, 1516) zurück, die zugleich die literarische Gattung – nicht das utopische Denken – begründete. Der Name U., zusammengesetzt aus griech. *ou* (›nicht‹, ›kein‹) und *topos* (›Ort‹), deutet an, dass dieser beste Staat Fiktion ist: ›Kein-Ort‹, ›nirgendwo‹. Dass es diesen Ort grundsätzlich nicht geben kann, ist für Morus auf Grund der Verbindlichkeit des christlichen Glaubens, der schon wegen der Erbsünde keine

Vollkommenheit auf Erden kennen kann, noch selbstverständlich. Fiktionssignale und Ironie deuten diese Distanz an.

Das literarische Verfahren der frühneuzeitlichen U.n von Morus, Tommaso Campanella (*La Città del sole*, entstanden 1602; Erstdruck in lat. Sprache 1623), Johann Valentin Andreae (*Reipublicae christianopolitanae descriptio*, 1619) und Francis Bacon (*Nova Atlantis*, 1638 [entstanden 1624]) ist stets das gleiche: Ein Seefahrer erzählt, von Fragen und Kommentaren der Zuhörer unterbrochen, nach seiner Rückkehr von seiner abenteuerlichen Reise und der fernen, von der Außenwelt abgeschlossenen Insel und den dort herrschenden idealen Verhältnissen. Die dialogische Form erleichtert es, durch Vergleiche kritisch auf die empirische Wirklichkeit einzugehen. Die Reise, die den Blick in die ferne Idealwelt ermöglicht, und die Gegenüberstellung von vollkommener gesellschaftlicher Harmonie und negativ erfahrener Realität gehören zu den konstitutiven Merkmalen der frühneuzeitlichen U. Ihre inhaltlichen Vorstellungen konkretisieren sich in geometrischen und symmetrischen Konstruktionen, die die unüberschaubare Komplexität der wirklichen Welt reduzieren und so Ordnung und Glück verheißen. Mit Bacons *Nova Atlantis*, einer am Fortschrittsdenken ausgerichteten technisch-naturwissenschaftlichen U., stößt allerdings diese statische Form der Raumutopie an ihre Grenzen.

Bis zum Ende des 18. Jh.s erschienen die meisten U.n in England und Frankreich. In der dt. Literatur blieb ihre Bedeutung gering. Erst *Der wohleingerichtete Staat des Königreichs Ophir* (1699), die erste deutschsprachige Sozialutopie, folgte dem Beispiel von Andreaes *Christianopolis*. Im Übrigen zeigt sich utopisches Denken u. a. zitatweise in Grimmelshausens *Simplicissimus* (1668–69) oder in der arkadischen Gegenwelt der → Schäferdichtung. Kennzeichnend für die weitere Entwicklung der literarischen U. ist die Ausweitung der bisher eher kargen Rahmenerzählung, die

Verbindung der Erlebnisse des oder der Romanhelden mit Entstehung und Entwicklung der utopischen Modelle, die so in die jeweils aktuellen Romanformen integriert werden (Schäfer-, Reise-, →Abenteuer-, →Bildungs- und Erziehungsroman). Beispiele dafür ist noch im 17. Jh. die *Histoire des Séverambes* (1677–79; dt. 1689) von Denis Veiras (Vairasse); im 18. Jh. zeigt die →Robinsonade eine besondere Affinität zur U. (z. B. Johann Gottfried Schnabel, *Wunderliche Fata einiger See-Fahrer* [*Insel Felsenburg*], 4 Bde., 1731–43). Daneben enthalten die aufklärerischen Staatsromane utopische Elemente (Johann Michael v. Loen, Albrecht v. Haller, Christoph Martin Wieland).

Mit Louis-Sébastien Merciers *L'an 2440* (1771) kündigt sich die Verzeitlichung der Utopie und damit die Ablösung des bisher dominierenden Typus der Raumutopie an. Der Idealstaat wird in die Zukunft verlegt: Die U.n nehmen gleichsam die – erhoffte oder gefürchtete – Zukunft vorweg. Nach dem vom wissenschaftlichen und sozialistischen Fortschrittsdenken geprägten 19. Jh. treten die Glücksverheißungen zurück; die negativen Seiten der total geplanten Gesellschaft werden offenbar. Die negative U., Dystopie oder Anti-Utopie zeichnet die Schreckensvisionen des jede Individualität erstickenden Staates (Jewgenij Samjatin, Aldous Huxley, George Orwell). Die Verbindung der negativen U. mit apokalyptischen Vorstellungen zeigen Romane wie Alfred Kubins *Die andere Seite* (1909) oder Günter Grass' *Die Rättin* (1986).

Ut pictura poesis, ein Zitat aus der *Ars poetica* des Horaz, das in der Neuzeit eine Diskussion über die Beziehung von bildender Kunst und Dichtung ausgelöst hat. Bei Horaz steht der Satz (»Ein Gedicht ist wie ein Gemälde«) im Zusammenhang mit Hinweisen auf die Bedeutung des Leser- bzw. Betrachterstandpunktes für das Verständnis; in der Renaissance wurde er zum Ausgangspunkt von Erörterungen über die gemeinsamen Gesetze von Dichtung und bildender Kunst, bei denen auch das Wort des Simonides (um

500 v. Chr.) von der Malerei als einer stummen Poesie und der Poesie als einer redenden Malerei eine Rolle spielte. Diese Vorstellungen bestärkten bis ins 18. Jh. hinein Tendenzen einer ›malenden‹, beschreibenden Dichtung, denen erst durch Lessings Abgrenzung von bildender Kunst und Dichtung in seiner gegen Johann Joachim Winckelmann gerichteten Schrift *Laokoon: oder über die Grenzen der Mahlerey und Poesie* (1766) die theoretische Grundlage entzogen wurde.

Der Vergleich zwischen der spätantiken Laokoon-Gruppe und der literarischen Gestaltung desselben Themas in Vergils *Äneis* führte Lessing zur prinzipiellen Unterscheidung: Die Malerei verwendet »Figuren und Farben in dem Raume«, die Poesie artikuliert »Töne in der Zeit«. Gegenstände der Malerei sind »Körper mit ihren sichtbaren Eigenschaften«, die nebeneinander dargestellt werden; Gegenstand der Dichtung sind »Handlungen«, die nacheinander dargestellt werden. In der dt. Literatur der Klassik und des Realismus wurde Lessings Postulat einer handlungsorientierten Dichtung übernommen; zu den Beispielen für das Weiterbestehen einer bedeutenden ›beschreibenden‹ Literatur gehört das Werk Adalbert Stifters.

V

Vagantendichtung, Bezeichnung für vorwiegend anonym überlieferte weltliche lat. Lyrik des MA (v. a. 12. und 13. Jh.). Ein Teil dieser Dichtung lässt sich wohl den Vaganten, d. h. reisenden Studenten, Geistlichen und Klerikern zuschreiben, unterwegs zu Studien- oder Arbeitsorten oder aus anderen Gründen auf Wanderschaft; als Verfasser kommen aber auch – und das macht die Bezeichnung V. problematisch – Angehörige der höheren Geistlichkeit in Frage. Es handelt sich um Tanz- und Liebeslieder, um gesellige Lieder, die um Themen wie Trinken, Spielen, Vagieren und Betteln kreisen und zum vollen Lebensgenuss aufrufen, um Parodien und satirische Kritik an weltlichen und geistlichen Institutionen und Würdenträgern. Häufig werden, neben anderen Metren, die → Vagantenzeile und -strophe verwendet; gelegentlich kommt es zu volkssprachlichen (frz. oder dt.) Einsprengseln. Ein großer Teil der Lieder ist in der Handschrift der *Carmina burana* (um 1225–30) überliefert. Manche der anonymen Texte lassen sich bestimmten Verfassern zuordnen, u. a. dem Archipoeta, der zeitweise als ›Hofdichter‹ des Reichskanzlers Reinald v. Dassel wirkte und mit der *Vagantenbeichte* für die sehr diesseitige Lebensauffassung der V. steht.

Vagantenzeile, → Langzeile der mittellat. Versdichtung, bestehend aus sieben → Trochäen mit → Zäsur nach der vierten Hebung. Sie findet sich häufig in der mittelalterlichen → Vagantendichtung, z. B. in den *Carmina burana* oder beim Archipoeta (»Meum est propositum in taberna mori«). Vier durchgereimte Langzeilen ergeben die (volle) Vagantenstrophe der mittelalterlichen Dichtung. Aus den An- und Abversen von zwei Vagantenzeilen entsteht in der neueren volkstümlichen Lyrik eine vierzeilige ›halbe‹ Vagantenstrophe mit abwechselnd vier- und dreihebigen Versen und abwechselnd männlichem und weiblichem Ausgang, wobei auch die ehemaligen Anverse gereimt sein können. Dabei wird, wenn es sich um gesungene Texte handelt, die → Metrik recht frei behandelt (Beispiel: *Tannhäuser-Ballade*).

Variante, Bezeichnung der → Textkritik für abweichende Lesarten eines Textes, die durch Veränderungen des Autors oder durch spätere Eingriffe entstanden sind. → Edition.

Verfremdung, sprachlich-literarische, künstlerische Darstellungsweise, die vertraute Gegenstände oder Vorgänge in einer neuen, ungewohnten Sicht erscheinen lässt. In diesem allgemeinen Sinn hat V. eine lange Tradition. Zentrale Bedeutung gewann der Begriff im russischen → Formalismus. Er bezeichnet hier das Verfahren, mit dem die durch sprachliche und gesellschaftliche Konventionen verkümmerte, automatische Wahrnehmung gestört und durch ästhetische Irritationen ein ›neues Sehen‹ ermöglicht wird (›Sehen‹ statt ›Wiedererkennen‹). Eine andere, gesellschaftskritisch-didaktische Funktion erhielt V. in Brechts → epischem Theater. Ausgangspunkt ist hier, vor dem Hintergrund der marxistischen Theorie der Entfremdung, die Widersprüchlichkeit der Klassengesellschaft, die dem Zuschauer als historische und damit veränderbare gezeigt werden soll. Diesem Ziel entsprechend entwickelte Brecht spezifische Verfremdungseffekte (›V-Effekte‹), die Dramenaufbau, Sprache, Inszenierung und Schauspielstil seines Theaters charakterisieren.

Vergleich, rhetorische Gedankenfigur, die durch die Gegenüberstellung von Bild und Gegenbild die Anschaulichkeit und Eindrücklichkeit steigert. Der Vergleich beruht – wie die → Metapher – auf Ähnlichkeit, deren Grundlage ein gemeinsames Drittes (*tertium comparationis*) darstellt: »Achill kämpfte wie ein Löwe«. Wird der Vergleich episch ausgeführt, spricht man von einem → Gleichnis.

Verlag → Buchhandel.

Vers, Verszeile, Teil eines Verstextes, metrische Einheit mittlerer Größe zwischen Versfuß und Strophe (→ Metrik).

Das Wort V. (lat. *versus* ›das Umwenden‹; ›Reihe, Linie‹) ersetzte im 17. Jh. das bisher für dt. V.e gebrauchte ›Reim‹ (mhd. *rîm*). Die in der Umgangssprache vielfach übliche, wissenschaftlich allerdings nicht akzeptierte Verwendung von V. in der Bedeutung von Strophe stammt aus der Kirchensprache, d. h. der Zählung von Psalmabschnitten und dann allgemein Bibelabschnitten (›Lukas 5, Vers 1‹). Von hier wurde V. als Bezeichnung für Kirchenliedstrophen übernommen.

Vers commun, aus der frz. Dichtung übernommenes Versmaß. Der frz. *vers commun* ist ein gereimter Vers mit 10 oder 11 Silben (je nach männlichem oder weiblichem Schluss) und einer → Zäsur nach der 4. Silbe. Martin Opitz führte den »gemeinen Vers« nach einigen früheren Versuchen (u. a. von Paulus Melissus Schede) als fünfhebigen → Jambus mit männlicher bzw. weiblicher → Kadenz und einer Zäsur nach der 2. Hebung in die dt. Dichtung des 17. Jh.s ein (»Itzt herrscht das Licht. Der schwartze Schatten fleucht«, Andreas Gryphius). Er empfahl seine Verwendung als Alternative zum → Alexandriner für → Sonett und vierzeiliges Epigramm (→ Quatrain). Im 18. Jh. wurde der Vers commun durch die Nachbildung des beweglicheren ital. → Endecasillabo ersetzt.

Verserzählung, im weiteren Sinn Sammelbezeichnung für alle kürzeren epischen Dichtungen in Versform, im engeren Sinn Gattungsbezeichnung für die neuzeitliche kürzere epische Versdichtung insbesondere des 18. und 19. Jh.s. Die neuzeitliche V. gewinnt ihren Platz im Gattungssystem durch die Abgrenzung von der in Prosa gehaltenen Normalform. Im MA gab es diese Differenzierungsmöglichkeit nicht. Erst im Verlauf der frühen Neuzeit entwickelte sich die V. allmählich im Kontext anderer versepischer Kleinformen (→ Fabel, → Schwank usw.) und der analogen Prosaformen. Beispiel dafür sind die zahlreichen ›Historien‹ von Hans Sachs und Johann Fischarts *Glückhafft Schiff von Zürich* (1576). Eine Kontur als eigene Gattung erhielt die V.

jedoch erst im 18. Jh. durch Friedrich v. Hagedorn, Heinrich Wilhelm v. Gerstenberg und v. a. Christoph Martin Wieland, die die Trennung von der äsopischen Fabel vollzogen und auf jede stoffliche und didaktische Festlegung verzichteten. Komische, satirische und novellistische Varianten kennzeichnen dann die V. des 19. Jh.s (Eduard Mörike, Heinrich Heine, Conrad Ferdinand Meyer u. a.). → Idylle, → Komisches Epos.

Versfuß, wiederkehrendes Element eines Versmaßes; → Metrik.

Versikel, ›Verschen‹, textlich-musikalische, meist paarweise angeordnete Bauelemente der → Sequenz und des → Leichs, die sich in verschiedenen Gruppierungen zu größeren Strophengebilden verbinden können.

Verslehre, Versgeschichte → Metrik und Versgeschichte.

Versmaß → Metrik.

Versus rapportati, ›zurückgetragene Verse‹, Verse oder Gedichtform mit spielerisch-manieristischen Zügen. Die Versus rapportati bestehen aus einer Folge von asyndetischen Aufzählungen, deren Sinn sich jedoch erst erschließt, wenn man sie auflöst und die zusammengehörigen Teile erkennt: »Die Sonn' / ein Pfeil / der Wind / verbrennt / verwundt / weht hin / | Durch Fewer / schärffe / sturm' / mein augen / Hertze / Sinn« (Martin Opitz) ergibt: »Die Sonn' verbrennt Durch Fewer mein' augen, ein Pfeil verwundt [Durch] schärffe« usw. Die seit der Spätantike bekannte Form erfreute sich im 16. und 17. Jh. besonderer Beliebtheit (zeitgenössische Bezeichnungen waren u. a. Trittreime, Wechselsatz, Correlativi).

Villanelle, ursprünglich ein einfaches Bauern- und Hirtenlied, das sich im 16. Jh. als Gegenstück zur polyphonen Kunstmusik in Europa verbreitete. Die Strophen werden meist aus acht Elfsilblern gebildet, die jeweils in einem Kehrreim enden; es gibt zahlreiche Varianten dieser Form, die durch den Musiker Jacob Regnart nach Deutschland gelangte (*Kurtzweilige Teutsche Lieder ... Nach Art der Nea-*

politanen oder Welschen Villanellen, 1576–79). Die dt. V.n bestehen häufig aus einer Folge von dreizeiligen Strophen mit den Reimen aaa bbb ccc usw., aber auch fünf- oder achtzeilige Strophen kommen vor.

Visionsliteratur → Mystik.

Visuelle Dichtung, Form der → konkreten Dichtung, deren Vorgeschichte über → Dadaismus und → Futurismus bis auf die → Figurengedichte der frühen Neuzeit und der Antike zurückreicht. Einflussreiches frühes Beispiel in der deutschsprachigen Literatur sind Eugen Gomringers *konstellationen* von 1954 (die Konstellation »umfasst eine gruppe von worten – wie sie eine gruppe von sternen umfasst und sternbild wird«), denen sich ›Ideogramme‹, ›Pictogramme‹ und vielfältige andere ›Sehtexte‹ an der Grenze zwischen Text und Typographie, Wort und Bild zugesellen (Claus Bremer, Ernst Jandl, Franz Mon u. a.).

Vita, ›Leben‹, biographische Textgattung v. a. der antiken, mittelalterlichen und frühneuzeitlichen Literatur (→ Biographie). Als Titel erscheint V. zuerst bei Cornelius Nepos (1. Jh. v. Chr.). Die antike V. folgt einem von Aristoxenos im 4. Jh. ausgebildeten Schema, das die Reihung und rhetorische Ausschmückung von Tugenden vorsieht und dem gegebenenfalls bekannte Daten zugeordnet werden können. Die antike Vitenliteratur (neben C. Nepos v. a. Plutarch und Sueton) wirkte auf die mittelalterliche Biographik, die Fürstenvita (Beispiel: Einhard, *Vita Karoli Magni*, um 835) und die legendarische Heiligen- und Märtyrervita (→ Legende). Die ersten Künstlerviten erscheinen in Trobadorhandschriften des MA; die Künstlerbiographik der Renaissance beginnt mit Boccaccios *Vita di Dante* (um 1360) und findet in Giorgio Vasaris *Vite de' più eccelenti architetti, pittori et sculptori italiani da Cimabue insino a' tempi nostri* (1550, 1568) ihren Höhepunkt.

Volksaufklärung, Bezeichnung für eine Reform- und Erziehungsbewegung des 18. und 19. Jh.s, die dem ›Volk‹, und d. h. insbesondere der bäuerlichen Bevölkerung sowie den städtischen und ländlichen Unterschichten, aufgeklärtes Denken und Handeln nahezubringen suchte. Es ging um praktische Lebenshilfe und um eine Veränderung der Mentalität, um die Vermittlung einer vernunftgegründeten Wirtschafts- und Lebensweise und aufklärerischer Religionsvorstellungen, um den Kampf gegen Aberglauben und bäuerlichen Traditionalismus. Träger der V. waren zunächst Wirtschafts- und Naturwissenschaftler und Gutsbesitzer, später übernahmen Geistliche (beider Konfessionen), Ärzte, Publizisten und Wirtschaftsbeamte die führende Rolle. Die Bewegung setzte um die Mitte des 18. Jh.s ein, erreichte um die Jahrhundertwende ihren Höhepunkt und blieb bis zur Mitte des 19. Jh.s in regional unterschiedlicher Weise wirksam.

Neben der unmittelbaren, direkten Einflussnahme auf das ›Volk‹ v. a. durch Geistliche war die Literatur das wichtigste Vehikel der V. Dabei handelte es sich um ökonomische und medizinische Sachliteratur, um dialogisch und katechetisch gestaltete Lehrschriften aller Bereiche, um aufklärerische ›Volksblätter‹ wie die *Zeitung für Städte, Flecken und Dörfer* (ab 1786) und nicht zuletzt um Texte, die Unterhaltung und Belehrung miteinander verbanden (Beispielerzählungen, Fabeln, Gedichte usw.). Aus diesem Bemühen um unterhaltsame Verkleidung der Lehren entstand die Konzeption des ›unterhaltsamen Volksbuchs‹, dessen erfolgreichstes Beispiel Rudolph Zacharias Beckers *Noth- und Hülfsbüchlein für Bauersleute* (1788 ff.) darstellt, das die praktischen Ratschläge und Lehren in eine romanhafte Rahmenhandlung einkleidet. Die literarischen Formen der V. blieben auch noch im 19. Jh. wirksam (z. B. Heinrich Zschokke, *Das Goldmacherdorf*, 1817; Jeremias Gotthelf, *Der Bauernspiegel*, 1837).

Volksbuch, von Joseph Görres (*Die teutschen Volksbücher*, 1807) eingeführte Bezeichnung für Schriften verschiedener Gattungen, die auf eine lange, die Texte verändernde Rezeptionsgeschichte zurückblicken konnten (Vers- und

Prosaerzählungen, Reiseberichte, Rätselbücher, naturkundliche Texte, Kalender usw.). Dabei verband Görres literatursoziologische und buchgeschichtliche Kriterien (einfache Aufmachung, Verbreitung durch Kolporteure) mit romantischen Vorstellungen von Volkspoesie, deren Spuren hier bewahrt seien. In der späteren Literaturwissenschaft wurde der Begriff V. vielfach auf erzählende Prosa eingeschränkt und irreführend als Gattungsbezeichnung für den spätmittelalterlichen und → frühneuhochdeutschen Prosaroman gebraucht.

Volkslied, von Johann Gottfried Herder nach engl. *popular song* geprägte Bezeichnung für ein einfaches, in der Regel strophisch gegliedertes und gereimtes Lied mit der dazugehörigen Melodie; die Beziehung zu dem vieldeutigen Phänomen ›Volk‹ ist allerdings nur schwer zu definieren: vom Volk geschaffen, vom Volk mündlich tradiert und verändert (›zersungen‹), im ›volkstümlichen‹ Stil verfasst, für das Volk geschrieben usw. sind einige der angebotenen Deutungen. Man unterscheidet eine Reihe von Gattungen des V.s, wobei als Kriterien Inhalt, Anlass oder Trägerschaft dienen: religiöse Lieder, Glückwunsch-, Heische-, Liebes-, Hochzeits-, Tanz-, Jahreszeiten-, Wander-, Handwerks-, Arbeitslieder usw.

Im V. und der volksliedhaften Lyrik dominieren – bei zahlreichen Lizenzen – vier- bzw. dreihebige Verse, die sich häufig zu vierzeiligen bzw. zweiteiligen Strophen verbinden. Eine Reihe davon ist von alten → Langzeilen abgeleitet, etwa die Vagantenstrophe (abwechselnd vier- und dreihebige Verse mit männlicher bzw. weiblicher Kadenz) aus zwei → Vagantenzeilen, die Hildebrandsstrophe (vier dreihebige Verse mit abwechselnd weiblicher und männlicher Kadenz) aus zwei Nibelungenzeilen (→ Nibelungenstrophe). Neben den vierzeiligen Strophen, zu denen auch die → Chevy-Chase-Strophe gehört, spielen auch fünf-, sechs- und siebenzeilige Strophen eine Rolle: die fünfzeilige Lindenschmidtstrophe (→ Morolfstrophe), die sechszeilige

Schweifreimstrophe (aabccb) und die siebenzeilige Lutherstrophe (ababccx oder ababccb).

Die Hinwendung zum V. im 18. Jh. wurde von Thomas Percys *Reliques of Ancient English Poetry* (1765) angeregt und führte zu einer entsprechenden Sammeltätigkeit in Deutschland von Johann Gottfried Herder (*Volkslieder*, 1778–79) und Achim von Arnim und Clemens Brentano (*Des Knaben Wunderhorn*, 1806 [recte 1805]/1808) über Ludwig Uhland (*Alte hoch- und niederdeutsche Volkslieder*, 1844–45) und Rochus v. Liliencron (*Die historischen Volkslieder der Deutschen vom 13. – 16. Jh.*, 1865–69) bis zu Ludwig Erk und Franz M. Böhme (*Deutscher Liederhort*, 1893–94). Dazu kommen die Sammeltätigkeit des Deutschen Volksliedarchivs und, die Auswahlkriterien korrigierend, Wolfgang Steinitz' *Deutsche Volkslieder demokratischen Charakters* (1954–62).

Als Herder, Goethe und andere den Begriff V. durchsetzten, zielten sie v. a. auf eine neue Dichtungsauffassung, bezogen sie eine Gegenposition zur klassizistischen Literatur der Aufklärung. Herder ging es um Dichtung als unmittelbarem Erlebnisausdruck, um Spontaneität und Naivität in Inhalt und Stil (»Sprünge und kühne Würfe«). Volkspoesie in diesem Sinn umfasste Poesie aller Völker und Zeiten, sofern sie nur die geforderten Eigenschaften hatte (z. B. auch Gedichte aus dem Barock oder von Goethe). Arnim und Brentano beschränkten sich zwar auf »Alte deutsche Lieder«, so der Untertitel ihrer Sammlung, doch auch hier ist der Umgang mit der Überlieferung frei, stellen die Herausgeber durch romantisierende und archaisierende Überarbeitungen und neue, selbstverfasste Beiträge erst den wirkungsmächtigen ›Wunderhorn-Ton‹ her, der dann die Volksliedauffassung der Dichter, Komponisten und Sammler des 19. Jh.s prägte.

Problematisch blieb auch, dass die vorausgesetzte Mündlichkeit des V.s nur höchst unterschiedlich dokumentiert werden konnte (und kann), dass also der Rückgriff auf gedruckte Quellen als Ausgleich dienen musste. Gleichwohl gehört die Spannung zwischen → Mündlichkeit und Schriftlichkeit zur Tradition des V.s. Die mündliche Tradierung bzw. die Niederschrift aus dem Gedächtnis führt zu assoziativen Variationen, Veränderungen, Kontaminationen; Variabilität ist eines der wesentlichen Merkmale des V.s.

Volksstück, historischen Bedeutungsverschiebungen unterworfene Bezeichnung für ein Bühnenstück für und über das ›Volk‹, wobei bei der unscharfen Benennung immer der Gegensatz des ›Volkstheaters‹ zu einem anderen Theater, dem des Hofes oder des Bürgertums, mitzudenken ist. Die Gattungsbezeichnung, erstmals in der 2. Hälfte des 18. Jh.s belegt, setzte sich im 19. Jh. im Zusammenhang mit der Wiener Diskussion um das V. und den Verfall des alten Volkstheaters durch. Das V. ist ein Produkt der Volkstheater der Vorstädte, insbesondere Wiens; es ist der Tradition der → Commedia dell'arte verpflichtet. Als Begründer des → Wiener Volkstheaters gilt Joseph Anton Stranitzky, der die Gestalt des Hanswurst einführte, an dessen anarchischer Komik man sich später störte (›Hanswurst-Streit‹). Im Verlauf der 2. Hälfte des 18. Jh.s kam es zu einer Literarisierung des Wiener Volkstheaters, das dann seinen Höhepunkt im 19. Jh. in den V.en Ferdinand Raimunds und Johann Nepomuk Nestroys fand. Parallelen gab es in einigen anderen Städten, in denen das V. in der 1. Hälfte des 19. Jh.s als ›Lokalposse‹ gepflegt wurde: Frankfurt a. M. (Karl Malß), Darmstadt (Ernst Elias Niebergall), Berlin (Julius v. Voß, Louis Angely, Karl v. Holtei, David Kalisch).

In der 2. Hälfte des 19. Jh.s nahm das V. vielfach Züge moralisierender Unterhaltung an, und mit den Dramen Ludwig Anzengrubers löste sich das V. von der Institution des Volkstheaters und begann ein Eigenleben als literarische Gattung, die dann nach einer Periode der Sentimentalisierung in den 20er-Jahren des 20. Jh.s zeitkritische Schärfe gewann (Carl Zuckmayer, Brecht, Marieluise Fleißer, Ödön v. Horváth). Hier wiederum knüpfte in den 60er-Jahren das ›kritische V.‹ der Gegenwart an, das z. T. auch wieder den Dialekt als charakteristische Ausdrucksform einführte (Martin Sperr, Franz Xaver Kroetz, Rainer Werner Fassbinder, Thomas Strittmatter, Peter Turrini u. a.).

Vorausdeutung, Bezeichnung für eine in epischen und dramatischen Texten sowie Filmen angewandte Technik, durch Verweise auf erst später eintretende Ereignisse die Leser- oder Zuschauererwartung zu lenken und zur Strukturierung der Texte beizutragen. Dabei lässt sich unterscheiden zwischen V.en auf der Ebene der Figuren durch Prophezeiungen, Visionen oder Träume (z. B. die Träume in der ›Josephsgeschichte‹ des AT oder Kriemhilds Falkentraum im *Nibelungenlied*) und Vorausdeutungen auf der Ebene des Erzählers. In epischen Texten beginnen die V.en oft schon mit Titel und Vorwort; auch das → epische Theater hat eine Reihe von Techniken der V. entwickelt, einschließlich der Projektion von Zwischentiteln oder der Kommentierung durch Chöre und Songs. Die u. a. im → geistlichen Spiel des MA angewandte Figuraldeutung (→ Typologie) stellt eine verfestigte Form der V. dar.

Vormärz, Bezeichnung für die zur Revolution im März 1848 hinführende literarische Epoche. Ihr Ende ist mit der Revolution eindeutig datiert, für ihren Beginn gibt es unterschiedliche Auffassungen: 1815 (Gründung des Deutschen Bundes; in dieser Ausdehnung richtet sich der Begriff V. zugleich gegen die konkurrierenden Epochenbezeichnungen → Biedermeier bzw. Restaurationszeit und die ihnen innewohnende Gewichtung); 1830 (frz. Julirevolution; Ende der klassisch-romantischen Kunstperiode); 1840 (Beginn einer radikalen, zur Revolution hinführenden Politisierung).

Nach dem Zerfall der jungdeutschen Bewegung (→ Junges Deutschland) und der literarischen und politischen Stagnation nach 1835/36 setzten um 1840/41 neue Entwicklungen ein: Die sog. Rheinkrise von 1840 löste eine nationale Begeisterungswelle aus, die Thronbesteigung Friedrich Wilhelms IV. von Preußen weckte politische Hoffnungen

(1840 Amnestie für politische Vergehen, 1841 Lockerung der →Zensur), und mit dem Auftreten der Jung- und Linkshegelianer, die den »illusionären Liberalismus« des Jungen Deutschland verwarfen, erhielt die Politisierung eine radikale, systemkritische Dimension. Allerdings war die Lockerung der politischen Repressionsmaßnahmen nur von kurzer Dauer; die meisten Autoren des V. wurden für kürzere oder längere Zeit ins Exil getrieben (Zürich, Brüssel, Paris, London).

Insbesondere die Lyrik erwies sich als wirkungsvolles Medium der politischen Agitation; Georg Herwegh bezeichnete sie als »Vorläuferin der Tat«. Freiheit, Verfassung, staatliche Einheit waren ihre Themen (Herwegh, *Gedichte eines Lebendigen*, 1841–42; August Heinrich Hoffmann v. Fallersleben, *Unpolitische Lieder*, 1840–41; Franz Dingelstedt, *Lieder eines kosmopolitischen Nachtwächters*, 1841; Ferdinand Freiligrath, *Ein Glaubensbekenntnis*, 1844 und *Ça ira!* 1846). Heinrich Heine distanzierte sich zwar von der direkten politischen Instrumentalisierung der Lyrik (»gereimte Zeitungsartikel«), schrieb aber selbst mit seinem Zeitgedicht *Die schlesischen Weber* (1844) ein Beispiel anklagender sozialer Literatur. Erste theoretische Ansätze einer sozialistischen Literaturwissenschaft formulierten Karl Marx und Friedrich Engels. Begleitet von einer breiten sozialkritischen Publizistik wandten sich neben der Lyrik auch der Roman und die Novellistik der Behandlung sozialer Themen zu (Ernst Dronke, Georg Weerth, Ernst Willkomm).

Vorrede, Vorwort, einleitende Bemerkungen zu einem eigenen oder fremden Werk, häufig der Ort für grundlegende poetologische oder programmatische Aussagen. Beispiele sind etwa Sigmund v. Birkens Vorrede zu Anton Ulrichs v. Braunschweig Roman *Aramena* (1669–73), Philipp Jacob Speners *Pia Desideria* (1675) als Vorrede zu einer Ausgabe von Johann Arndts *Postilla*, Johann Christoph Gottscheds ›Critische Vorrede‹ zu seinem *Sterbenden Cato* (1732) oder die ausgedehnten V.n George Bernard Shaws zu seinen Stücken.

Vorspiel, eine einem größeren Bühnenstück vorausgehende Szene oder Szenenfolge (oft Einakter), die in das Hauptwerk einführt (z. B. in Bezug auf Vorgeschichte, Milieu, Thematik, Charaktere). Beispiele sind u. a. Schillers *Wallensteins Lager* (1798), Goethes »Vorspiel auf dem Theater« zu *Faust I* (1808), Richard Wagners *Rheingold* (1869) als »Vorabend« zum *Ring des Nibelungen*, das V. zur Dreigroschenoper (1928) von Brecht und Kurt Weill.

W

Wagenbühne, Bühnenform des spätmittelalterlichen →geistlichen Spiels in England, Frankreich und Spanien, insbesondere im Zusammenhang mit Prozessionen (→Fronleichnamsspiel). Dabei machten die vorher von den Zünften mit der entsprechenden Szenerie ausgestatteten Wagen in der vom Spielverlauf geforderten Reihenfolge an bestimmten Stationen halt, die Akteure spielten die jeweilige Szene vor dem versammelten Publikum und machten dann Platz für den nächsten Wagen und die nächste Szene usw. In der Renaissance wurde die W. bei festlichen Aufzügen für prunkvolle allegorische Schaubilder genutzt.

Waise, Bezeichnung für eine reimlose Zeile in einem im Übrigen gereimten Gedicht. Waisen kommen u. a. in bestimmten Strophenformen vor, etwa in den Strophen der →Kanzonen oder im →Berner Ton (Waisenterzine). Reimen Waisen verschiedener Strophen miteinander, spricht man von ›Körnern‹.

Walther-und-Hildegund-Strophe →Nibelungenstrophe.

Wanderbühne, ein im 19. Jh. geprägter Begriff für alle nicht an einen festen Spielort gebundenen Schauspielerensembles. Er umfasst neben den historischen Erscheinungsformen auch die modernen kommerziellen Tourneetheater oder die subventionierten ›öffentlichen‹ Landes- und Städtebundtheater mit ihrer Verpflichtung, an verschiedenen Orten zu spielen. Die Geschichte der W. auf dt. Boden beginnt Ende des 16. Jh.s mit dem Wirken ausländischer Theatertruppen, den italienischen →Commedia-dell'arte-Truppen, einigen niederländischen Schauspieltruppen und den →Englischen Komödianten. Aus den engl. Truppen gingen im Verlauf des 17. Jh.s die dt. W.n hervor. Die bedeutendsten Truppen und ihre Prinzipale bemühten sich um eine Literarisierung des Wandertheaters – Johannes Velten in der 2. Hälfte des 17. Jh.s, Caroline und Johann Neuber im Zusammenspiel mit Johann Christoph Gottsched, Johann Friedrich Schönemann, Konrad Ackermann u. a. im 18. Jh. –, bis sie schließlich trotz mancherlei Rückschlägen (→ Nationaltheater) in höfische oder bürgerliche Theater integriert wurden bzw. selbst feste kommerzielle Theater führten.

Wappendichtung → Heroldsdichtung.

Wechsel, Gattung des mhd. → Minnesangs, bei der Mann und Frau in eigenen Strophen ihre Gefühle und Gedanken äußern, dabei aber nicht dialogisch miteinander, sondern übereinander sprechen. Die Grundform besteht aus zwei Strophen; sie kann aber durch weitere Männer- und Frauenstrophen oder Strophen dritter Personen (z. B. Botenstrophen) erweitert werden. Der W. findet sich besonders in der 2. Hälfte des 12. Jh.s, u. a. bei dem von Kürenberg, Reinmar, Walther v. der Vogelweide. Eine Sonderform des W.s ist das → Tagelied.

Weihnachtsspiel, Typus des mittelalterlichen → geistlichen Spiels, entstanden aus dem Weihnachtstropus (→ Tropus [2]) und szenischen Darstellungen der Weihnachtsliturgie, die nach und nach durch Zusätze erweitert wurden (Krippen-, Hirten-, Dreikönigs- oder Magierspiel, Prophetenspiel, Bethlehemitischer Kindermord). Die einzelnen Szenen wurden zunächst an den jeweiligen Festtagen aufgeführt. Die ganze Weihnachtsgeschichte enthält zuerst das lat. *Benediktbeurer Weihnachtsspiel* (um 1200), das erste deutschsprachige Spiel ist das *St. Galler Weihnachtsspiel* aus der 2. Hälfte des 13. Jh.s. Liturgisch am wenigsten gebunden ist das große singspielartige *Hessische Weihnachtsspiel* (um 1460).

Weimarer Klassik, Epoche der dt. Literaturgeschichte. Ihr Beginn wird durch Goethes Aufbruch nach Italien (1786), ihr Ende durch Schillers Tod (1805) markiert; als Kernphase gilt die Zeit der engen Zusammenarbeit von Goethe und Schiller (1794–1805).

Die Weimarer Klassik ist, wie alle Klassiken, ein Rezeptionsphänomen, eine nachträgliche Konstruktion, die aus einem durchaus widersprüchlichen Komplex von Werken einen normbildenden → Kanon heraushebt und auf Grund bestimmter ästhetischer und ideologischer Prämissen als Klassik definiert. Dieser wertende Auswahlprozess betrifft selbst das Werk der Autoren, die im Zentrum der Weimarer Klassik stehen; v. a. jedoch wird er in der emphatischen Hervorhebung der Weimarer Klassik als literaturgeschichtlicher Gipfelepoche gegenüber den gleichzeitigen literarischen Strömungen der Spätaufklärung und der Romantik sichtbar.

Das lat. Wort *classicus*, ›zur höchsten Steuerklasse gehörend‹, wurde noch in der Antike (Gellius, 2. Jh.) auch auf die geistige Leistung bezogen (»scriptor classicus«). In der Neuzeit entwickelte sich der Begriff des ›Klassischen‹ zu einem Norm- und Wertbegriff, der im Sinn des Vorbildlichen, Musterhaften mit dem Antiken gleichgesetzt wurde. Ein klassischer Autor ist im Wortgebrauch des 18. Jh.s ein Schriftsteller der Antike. Der Bezug zur Antike führte wiederum zu einer Orientierung an ihren Formvorstellungen, an ihrem durch Harmonie und Maß gekennzeichneten ›klassischen‹ Stil. Der Gegenbegriff ist der des Romantischen (→ Romantik) als des Modernen, der seinen Bezugspunkt im MA hat. Goethe operierte zwar gelegentlich polemisch mit dem Gegensatzpaar klassisch – romantisch, hielt jedoch die »durch die romantische Wendung ungebildeter Jahrhunderte« geschaffenen neuen Formen für unverzichtbar für die Dichtung seiner Zeit, auch etwa für die »barbarische Komposition« des *Faust*.

So wenig wie Goethes *Faust* oder *Wilhelm Meister* können Schillers späte Dramen – die *Jungfrau von Orleans* wird ausdrücklich als »romantische Tragödie« bezeichnet – mit klassischen, d. h. antiken Maßstäben erfasst werden. Dass es gleichwohl zum Konstrukt einer dt. Klassik als Epochenbegriff kam, hängt mit den politischen Konstellationen im 19. Jh. und den Fehlschlägen auf dem Weg zu einem Nationalstaat zusammen. Die Klassik, vom Bildungsbürgertum als Höhepunkt der nationalen Kulturentwicklung verstanden, wurde zum Leitbild einer kulturellen nationalen Identität erhoben, die im Nationalstaat ihre politische Erfüllung finden würde. Das von der Antike ausgehende ästhetische Programm der Klassik wurde so seines universalen und kosmopolitischen Charakters beraubt und aufs Nationale verengt; es diente damit zugleich als Demonstration dt. Überlegenheit gegenüber Frankreich und seinem seit Lessing abqualifizierten *classicisme*.

Vor dem Hintergrund der Revolution in Frankreich erlebte Sachsen-Weimar insbesondere seit 1795 (Friede von Basel) eine Phase weitgehender politischer Unabhängigkeit, in der sich der ›Musenhof‹ dank des → Mäzenatentums der herzoglichen Familie in Ruhe entfalten und eine Reihe von bedeutenden Autoren und Künstlern an sich ziehen bzw. halten konnte (Goethe, Schiller, Johann Gottfried Herder, Christoph Martin Wieland, Karl Ludwig v. Knebel u. a.). Aus der Fülle der literarischen Produktion seit Goethes Italienreise hat man eine Anzahl von signifikanten Werken herausgehoben und stilistische, poetologische oder philosophisch-weltanschauliche Gemeinsamkeiten im Sinn einer Klassikdoktrin herauszuarbeiten versucht. Es sind dies u. a. Herders *Ideen zur Philosophie der Geschichte der Menschheit* (1784–91), Dramen Goethes (*Iphigenie auf Tauris*, 1787; *Torquato Tasso*, 1790) und Schillers (*Don Karlos*, 1787; *Wallenstein*, 1798–99), Schillers ästhetische Schriften und das Balladenschaffen Goethes und Schillers.

Zu den grundlegenden Vorstellungen, die hier entwickelt bzw. verwirklicht wurden und als konstitutiv für die Weimarer Klassik gelten können, gehören v. a.: das von Karl Philipp Moritz (*Über die bildende Nachahmung des Schönen*, 1788) und Kant (*Kritik der Urteilskraft* (1790) begründete und von Schiller weitergeführte Konzept der ästhetischen Autonomie, das eine strenge Trennung von Kunst und Wirklichkeit fordert und alle zweckgerichteten Bestimmungen der Kunst ablehnt, ohne damit allerdings auf Wirkung zu verzichten; das Programm der »Bildung zur Humanität« durch Kunst (Herder), das neben Herder v. a. Wilhelm v. Humboldt und Schiller vertreten; ein sich vom → Sturm und Drang abwendendes ästhetisches Ideal, das sich auf die antike, ›klassische‹ Kunst und Literatur gründete und durch Johann Joachim Winckelmann (»edle Einfalt und stille Größe«) vorbereitet worden war. Goethe sprach in diesem Zusammenhang von »Stil«, der – auf eine »allgemeine Norm« und das »Wesen der Dinge« bezogen – die höchste Stufe dichterischer Hervorbringung gegenüber bloßer »Nachahmung« und subjektivistischer »Manier« darstelle; Schiller stellte sein Formideal unter den Begriff der »Simplicität«. Entschiedene Differenzen zeigen sich freilich zwischen dem für die klassische Kunstanschauung reklamierten Symbolbegriff Goethes (→ Symbol) und der Vorliebe Schillers für die → Allegorie.

Weinerliches Lustspiel → Rührendes Lustspiel.

Weltgerichtsspiel, Typus des mittelalterlichen → geistlichen Spiels mit dem Jüngsten Gericht als zentralem Thema. Stoffliche Grundlage sind Partien des AT (Daniel 7 und 12), das NT (Offenbarung 20), apokryphe Texte und der Traktat Adsos v. Toul über den Antichrist *(De ortu et tempore Antichristi*, Mitte 10. Jh.). Zu den bedeutenden W.en im dt. Sprachgebiet zählen der lat. *Tegernseer Antichrist* (*Ludus de Antichristo*, um 1160), der das Thema um eine weltgeschichtliche Dimension bereichert, das *Thüringische (Eisenacher) Zehnjungfrauenspiel* (1321) und – ins Komische gewendet – *Des Entkrist Vasnacht* (um 1353–54).

Welttheater, Übersetzung von lat. *theatrum mundi*, ein bereits in der Antike geläufiger Vorstellungskomplex von der Welt als Theater, auf dem der Mensch seine Rolle spielt, vom menschlichen Leben als Komödie oder Tragödie, vom Menschen als Marionette in der Hand Gottes. Diese Gedanken gingen, in verschiedener Akzentuierung, von der

Antike (Platon, Horaz, Seneca, Augustinus, Boethius) in die Vorstellungswelt des christlichen MA und der frühen Neuzeit ein. In Renaissance und Barock durchdrangen sie alle europäischen Literaturen, wobei sich die Theaterdichter besonders häufig auf den Topos vom W. beriefen. Calderón weitete ihn im *Großen Welttheater* (1675) zu einer umfassenden Allegorie des menschlichen Lebens aus, die Joseph v. Eichendorff in der Romantik übersetzte und Hugo v. Hofmannsthal im *Salzburger Großen Welttheater* (1922) noch einmal erneuerte.

Werkimmanente Interpretation → Interpretation.

Werkkreis Literatur der Arbeitswelt, eine 1970 aus der Abspaltung von der → Gruppe 61 entstandene Vereinigung von Arbeitern und Angestellten, die in örtlichen Arbeitskreisen (»Werkstätten«) in Zusammenarbeit mit Schriftstellern und Journalisten eine kritische Arbeiterliteratur zu fördern sucht. Die Themen entstammen der Arbeitswelt, im Zentrum steht, so das Programm, die »Situation abhängig Arbeitender«, die literarischen Verfahren orientieren sich an den Prinzipien einer »realistischen Gestaltung«. Bevorzugte literarische Formen sind Reportage, Bericht, Protokoll, Roman. Die Veröffentlichungen fanden durch eine eigene Taschenbuchreihe des Fischer Taschenbuch Verlags in den 70er- und 80er-Jahren große Verbreitung.

Widerspiegelungstheorie → Sozialistischer Realismus.

Widmung, Zueignung literarischer (und anderer) Werke. Dafür stehen seit der Antike eigene Textformen wie Widmungsbrief in Vers oder Prosa, Widmungsgedicht oder Kurzwidmung bereit. Zu den Funktionen der W. im Lauf der Geschichte gehörten u. a. Darlegung der künstlerischen Programmatik, Sicherung des Urheberschutzes und materieller Gegengaben durch den oder die Geehrten, öffentliche Anerkennung. Seit dem 18. Jh. verloren diese Gesichtspunkte an Bedeutung; W.en wurden zunehmend Ausdruck idealer oder allgemein menschlicher Vorstellungen und privater Verbundenheit.

Wiegendruck → Inkunabel.

Wiener Gruppe, Bezeichnung für eine Wiener Künstlergruppe der 50er- und 60er-Jahre (um 1952–1964). Sie fand ihre Identität in der Abgrenzung gegenüber dem etablierten, z. T. durch die nationalsozialistische Vergangenheit kompromittierten Literaturbetrieb und, beeinflusst von → Dadaismus und → Surrealismus, in der konsequenten Hinwendung zu sprachexperimentellen Verfahrensweisen. Zu den Mitgliedern der Gruppe gehörten u. a. Friedrich Achleitner, H. C. Artmann, Konrad Bayer, Gerhard Rühm und Oswald Wiener.

Wiener Volkstheater, Bezeichnung für das Wiener Vorstadttheater des 18. und 19. Jh.s. Hier lebte zunächst die barocke Theatertradition ungebrochen weiter. Die Komödie, wie sie etwa vom Theater am Kärtnertor gepflegt wurde, war Stegreiftheater in der Tradition der → Commedia dell'arte. Die komische Figur, der Hanswurst, fand Anfang des 18. Jh.s in Joseph Anton Stranitzky ihren bedeutendsten Darsteller. Als Nachfolger wirkten u. a. Gottfried Prehauser und Joseph Felix v. Kurz (Künstlername: Bernardon), der selbst in seinen zahlreichen Stegreifspielen, Singspielen, Burlesken und Parodien auftrat. Mit einem Edikt Maria Theresias begannen 1752 die Versuche, die Stegreifburleske durch »wol ausgearbeitete Piecen« zu ersetzen. Philipp Hafner gelang es, in seinem Zauberstück *Mägera, die förchterliche Hexe* (1762–63) die Tradition des alten burlesken Stegreifspiels mit Elementen der europäischen literarischen → Komödie (Molière, Ludvig Holberg, Carlo Goldoni) zu verbinden und so die Grundlage für die weitere Entwicklung der Wiener Volkskomödie in ihren verschiedenen Genres – Zauber- und Märchenspiel, Parodie, Sitten- und Besserungsstück – im späten 18. und der 1. Hälfte des 19. Jh.s zu schaffen. Mit dem Beginn des 19. Jh.s ging die Zeit der Hanswurstfigur in ihren verschiedenen Ausprägungen zu Ende; die komische Figur wurde in die Stücke integriert. Um 1820 begann mit einer neuen Blüte des

→ Zauberstücks eine ungemein produktive Zeit des Wiener Volkstheaters (Adolf Bäuerle, Joseph Alois Gleich, Karl Meisl, Ferdinand Raimund, Johann Nepomuk Nestroy), das dann mit Nestroys ›Possen‹ eine betont satirisch-kritische Note erhielt (→ Volksstück).

Witz, im ursprünglichen Wortsinn ›Verstand‹, ›Klugheit‹, ›Geist‹, ist einerseits eine poetologische Kategorie des 18. und frühen 19. Jh.s (→ Poetik), andererseits bezeichnet W. eine → ›einfache Form‹, eine Textsorte. Christian Wolff definierte W. im Sinn von lat. *ingenium* als Fähigkeit, Ähnlichkeiten zwischen Dingen wahrzunehmen. Gottsched übernahm den Begriff. In ihm drückte sich das Wesen der poetischen Einbildungskraft aus, das Vermögen, überraschende Beziehungen und Vergleiche herzustellen und neue → Metaphern zu ersinnen. In dieser Bedeutung war W. bis zur Romantik eine Kategorie des Schöpferischen – »Der Witz allein erfindet«, heißt es bei Jean Paul –, mit W. verband sich die ungebundene schöpferische Assoziation, der über die Grenzlinien des gewohnten Denkens hinausführende poetische Einfall.

W. als Bezeichnung einer sprachlichen Form des Komischen setzte sich im Lauf des 19. Jh.s im Anschluss an die Nebenbedeutung ›Scherz‹ durch. Wirkungsziel des W.es sind Überraschung und Gelächter, für seine Form sind äußerste Knappheit und eine zweiteilige Struktur kennzeichnend. Eine kurze Erzählung baut eine Erwartung, eine Spannung auf, die durch eine überraschende, befreiendes Lachen auslösende Wendung (Pointe) durchbrochen wird. Diese semantische Umfunktionierung, auf der die Wirkung des W.es basiert, ist zugleich ein Angriff auf die Ordnung der Dinge selbst. Das erklärt, dass sich der W. als Sprachventil tabuisierter Bereiche und Regungen eignet.

Wörterbuch, alphabetisch geordnetes Verzeichnis von Wörtern und ihrer Erklärung. Entsprechend den zugrunde gelegten Kriterien gibt es vielfältige Möglichkeiten: Verzeichnis des Wortschatzes einer historischen Sprachstufe bzw. der jeweiligen Gegenwart, Verzeichnis des Wortschatzes in seiner historischen Bedeutungsentwicklung, Verzeichnis des Wortschatzes bestimmter Regionen oder Fachgebiete, mehrsprachige Wörterbücher, Spezialwörterbücher aller Art (einschließlich der Erfassung des Wortschatzes von dichterischen Einzeltexten oder eines literarischen Gesamtwerks) usw.

Am Anfang der dt. Lexikographie stehen die sachlichen bzw. alphabetisch geordneten Glossarien (→ Glosse [1]) und Vokabularien des MA und der frühen Neuzeit, die der Lehre des Lateinischen und anderer Sprachen sowie der Aneignung des überlieferten Wissens und der Aufwertung der dt. Sprache dienten. Im Barock trat die Forderung nach einem Stammwörterbuch in den Mittelpunkt, das durch die Demonstration des Reichtums des Deutschen an uralten ›Stammwörtern‹ die Überlegenheit der dt. ›Hauptsprache‹ v. a. gegenüber dem Französischen beweisen sollte (Justus Georg Schottelius, Kaspar Stieler u. a.). Das bedeutendste Wörterbuch des 18. Jh.s ist Johann Christoph Adelungs *Versuch eines [...] Grammatisch-kritischen Wörterbuches Der Hochdeutschen Mundart* (1774–86, ^{2}1793–1801), das auch die literarische Hochsprache seiner Zeit erfasst und kritische Angaben zur Stilhöhe macht. Einem umfassenden Programm – auch im Sinn nationaler Identitätsstiftung – ist das größte dt. Wörterbuch verpflichtet, das von Jacob und Wilhelm Grimm begonnen (erste Lieferung 1852) und nach über 100 Jahren 1961 mit Bd. 32 abgeschlossen wurde (*Deutsches Wörterbuch*): Erfassung der dt. Hoch- und Schriftsprache sowie der Landschafts-, Fach- und Gruppensprachen seit dem Spätmittelalter in ihrer historischen Entwicklung.

Worthäufung → Häufung.

Wortspiel, Spiel mit der Mehrdeutigkeit von Wörtern, den unterschiedlichen Bedeutungen klangähnlicher Wörter und dem Wortmaterial selbst. Eine Reihe von literarischen Kleinformen wie → Witz, → Anekdote, → Aphorismus oder

→ Sprichwort greift häufig auf entsprechende Verfahren zurück, ebenso die → Komödie. Zu diesen Techniken gehören das Spiel mit der eigentlichen und der metaphorischen Bedeutung eines Wortes oder Ausdrucks (Amphibolie), das Spiel mit Wörtern desselben Stammes (Paronomasie, Annominatio) bzw. gleich oder ähnlich klingenden Wörtern, die Manipulation des Wortmaterials selbst durch Silben- oder Buchstabenvertauschung, Neubildungen, Entstellungen usw. In der Literaturgeschichte ist das W. häufig mit manieristischen Stilerscheinungen verbunden (→ Argutia, → Manierismus).

X

Xenien, ›Gastgeschenke‹, Bezeichnung Martials für epigrammatische Begleitverse zu Gastgeschenken. Von Goethe und Schiller 1796 ironisch als Titel für die gegen ihre Kritiker gerichtete Sammlung von Distichen gebraucht. → Distichon, → Epigramm.

Z

Zäsur, in der → Metrik ein durch ein Wort-, Kolon- oder Satzende markierter Einschnitt im Innern eines Verses. Es gibt feste Z.en, die an bestimmten, festgelegten Stellen im Vers liegen (etwa im → Alexandriner), und freie Z.en, die an verschiedenen Stellen erscheinen können (z. B. im → Blankvers). In der antiken Metrik wird der Begriff Diärese für die Art der Z. verwendet, bei der der syntaktische Einschnitt mit dem Versfußende zusammentrifft. Dazu gehört die sog. Bukolische Diärese nach dem vierten Versfuß des → Hexameters, die den Hexameter in einen daktylischen → Tetrameter und einen → Adoneus teilt:
– ◡ ◡ – ◡ ◡ – ◡ ◡ – ◡ ◡ | – ◡ ◡ – ◡.

Zäsurreim, Reim an einem metrischen Einschnitt, etwa zwischen den Wörtern vor den Zäsuren zweier Verse (im *Nibelungenlied* reimen gelegentlich die Anverse der → Langzeilen; → Nibelungenstrophe) oder zwischen dem Wort vor der Zäsur und dem Wort am Zeilenende (so beim sog. leoninischen Hexameter; → Leoninischer Vers).

Zahlensymbolik, Bezeichnung für die Verwendung von Zahlen bzw. Zahlenverhältnissen als Struktur- und Aufbauelemente literarischer Werke. Dabei spielen die traditionellen antiken und christlichen Symbolzahlen wie die Drei, Vier, Fünf, Sieben, Neun, Zehn und Zwölf eine bedeutende Rolle – von der Dreizahl im Märchen zu den Zwölfergruppen in der mittelalterlichen Epik (12 Paladine Karls des Großen, 12 Ritter der Tafelrunde usw.). Mehrfach wird das Lebensalter Christi Grundlage der Werkstruktur. Das gilt für das *Ezzolied* (um 1060) und den *Ackermann* (1400–01) Johannes' v. Tepl mit jeweils 33 + 1 Strophen bzw. Kapiteln. Bekanntestes Beispiel ist Dantes *Göttliche Komödie,* dessen 3 × 33 Gesängen + Einleitungskapitel die Zahl der Lebensjahre Christi ebenso wie die vollkommenen Zahlen drei und neun sowie deren Potenzen bzw. Summen neun und hundert zugrunde liegen. Derartige Sinnbezüge lassen sich auch in der Dichtung des Barock und in anderen Epochen nachweisen. Eher umstritten sind die Versuche, mathematisch komplexe Operationen in mittelalterlichen Texten nachzuweisen.

Zanni → Commedia dell'arte.

Zauberspruch, Text, mit dessen Hilfe Wirkungen herbeigeführt werden sollen, die mit natürlichen Mitteln nicht erreichbar sind. Für die Germanen sind Zauberpraktiken zunächst durch die Römer bezeugt. Schriftliche Zeugnisse auf dt. Boden gibt es erst um die Wende vom 9. zum 10. Jh., darunter die *Merseburger Zaubersprüche*. Von Anfang an muss mit einer Verbindung von Elementen antiken Heidentums, germ. Heidentums und christlicher Segenspraktiken gerechnet werden. Träger der Überlieferung war im wesentlichen der Klerus. Neben der deutschsprachigen besteht eine lat. und eine gemischtsprachige mittelalterliche Tradition. Germ. → Stabreim ist im Deutschen nur in den *Merseburger Zaubersprüchen* eindeutig belegt. Sie bieten ein Beispiel für die zweiteilige Form vieler Sprüche: Einer Beispielerzählung, die einen gelungenen magischen Vorgang aus mythischer oder legendarischer Vorzeit zeigt, folgt die Beschwörung, die Anwendung auf den konkreten Fall. Zu unterscheiden ist zwischen Heils- und Schadenszauber; allerdings ist die schriftliche Überlieferung weitgehend auf Heilszauberformeln beschränkt.

Zauberstück, im weiteren Sinn jedes Theaterstück, das mit übernatürlichen Wesen, Zauberrequisiten und großer Theatermaschinerie arbeitet, im engeren Sinn das Wiener Z. des 18. und 19. Jh.s von Philipp Hafner (*Mägera, die förchterliche Hexe*, 1762–63) über Adolf Bäuerle, Joseph Alois Gleich und Karl Meisl bis hin zu Ferdinand Raimund und Johann Nepomuk Nestroy. → Volksstück, → Wiener Volkstheater.

Zeilensprung → Enjambement.

Zeilenstil, in der germ. Langzeilendichtung (→ Langzeile) das Zusammenfallen von Vers- und Satzschluss. Meist erscheint er in einer freien Form, bei der diese Kongruenz erst nach zwei oder mehr Langzeilen erreicht wird. Man spricht von → Hakenstil, wenn das Satzende in die Mitte eines Langverses fällt.

Zeitroman, wie die Begriffe Gesellschaftsroman und Sozialer Roman Bezeichnung für einen Romantyp des 19. und 20. Jh.s, der auf eine Darstellung der zeitgenössischen sozialen Wirklichkeit zielt. Forderungen nach einem derartigen Roman wurden zuerst im → Jungen Deutschland erhoben; Ludolf Wienbarg formulierte 1835 das Programm eines zeitgeschichtlichen Sittenromans, der sich durch seinen direkten Gegenwartsbezug vom → historischen Roman und durch seinen Akzent auf der Gesellschaftsschilderung vom → Bildungsroman unterscheiden sollte, und Theodor Mundt sprach 1837 von der Eignung des Romans zum »Totalbild der menschlichen Richtungen in jeder Ausdehnung«. Diese Vorstellungen wurden im → Realismus weitergeführt und mit Forderungen nach ›epischer Objektivität‹ verbunden (Friedrich Spielhagen).

Als erster bedeutender Versuch eines gegen den Typus des klassisch-romantischen Bildungsromans gerichteten Z.s können Immermanns »Familienmemoiren« *Die Epigonen* (1836) gelten, während die Romane der Jungdeutschen eher Romane des Zeitgeistes als der zeitgenössischen Gesellschaft sind. Die erzähltechnischen Probleme, die sich aus der Aufgabe einer umfassenden, querschnittartigen Gesellschaftsdarstellung ergaben und mit dem auf einen Helden zentrierten Bildungsroman nicht zu lösen waren, thematisierte Karl Gutzkow in seinem Programm des »Romans des Nebeneinander« (*Die Ritter vom Geiste*, 1850–51; *Der Zauberer von Rom*, 1858–61): Eine Vielzahl genau umrissener Personen und Parallelhandlungen erlaubt es, alle Bereiche der Gesellschaft vom Kriminellenmilieu bis zur Herrscherfamilie einzubeziehen und zu charakterisieren. Auch

Theodor Fontane spricht in einem Brief von der Möglichkeit eines »Vielheitsromans«. In der Praxis beschränkten sich jedoch seine Romane wie die Gottfried Kellers oder Wilhelm Raabes auf bestimmte soziale Schichten, während sich Spielhagen an zahlreichen großen Gesellschaftsbildern versuchte (z. B. *Sturmflut*, 1876; → Realismus). Im → Naturalismus erweiterte sich die Milieudarstellung durch eine konsequentere Einbeziehung unterer sozialer oder asozialer Gruppen (Max Kretzer). Im europäischen Kontext, im Rahmen der großen engl., frz. und russ. Traditionen des Gesellschaftsromans, konnte sich der dt. Zeit- und Gesellschaftsroman des 19. Jh.s nicht durchsetzen.

In der ersten Hälfte des 20. Jh.s verwirklichten Heinrich Mann (*Im Schlaraffenland*, 1900; *Professor Unrat*, 1905; *Der Untertan*, 1914–18) und Thomas Mann (*Der Zauberberg*, 1924), Franz Werfel (*Barbara oder die Frömmigkeit*, 1929), Lion Feuchtwanger (*Erfolg*, 1930) und Robert Musil (*Der Mann ohne Eigenschaften*, 1930–32) verschiedene Möglichkeiten des Zeit- und Gesellschaftsromans. Bilder der gesellschaftlichen und politischen Entwicklungen in der BRD vermitteln u. a. die Romane Wolfgang Koeppens, Heinrich Bölls, Günter Grass' und Martin Walsers.

Zeitung, regelmäßig, mindestens einmal wöchentlich erscheinendes Presseerzeugnis aktuellen Inhalts (mittelniederdt. *tidinge* ›Nachricht‹). Die ersten deutschsprachigen Z.en erschienen zu Beginn des 17. Jh.s (Straßburg 1605). Sie entstanden aus den älteren handgeschriebenen Nachrichtenbriefen (›geschriebene Z.en‹) und konnten bereits auf ein entwickeltes Korrespondentenwesen und Postsystem zurückgreifen. Die territoriale Zersplitterung Deutschlands führte zu einer vielfältigen Zeitungslandschaft. Um 1700 gab es etwa 60, am Ende des 18. Jh.s etwa 200 miteinander konkurrierende Z.en. Die erste Tageszeitung erschien seit 1650 in Leipzig. Die frühen Z.en referierten politische, militärische, dynastische und andere Nachrichten kommentarlos, in der Regel nach der Reihenfolge des Posteingangs angeordnet. Zeitungsherausgeber und Korrespondenten verstanden sich als Chronisten des Weltgeschehens; auf diesem Verständnis gründete sich auch die Hochschätzung der Z. bei den Gelehrten des 17. und 18. Jh.s. Erst seit dem Ende des 18. Jh.s bildete sich die heutige Form der Z. allmählich heraus.

Literarische Beiträge, aber auch Verlagsanzeigen sind bereits im 17. Jh. Bestandteil von Z.en. Die erste Fortsetzungsgeschichte erschien 1668 im *Nordischen Mercurius* (die dt. Version der *Isle of Pines* von Henry Neville). Doch von dieser und anderen Ausnahmen abgesehen, begann die Blütezeit des → Fortsetzungsromans in Z.en erst mit dem Vormärz. Einen eigenen Feuilletonteil hatten die Z.en nach frz. Vorbild bereits seit Anfang des 19. Jh.s eingerichtet (→ Feuilleton).

Zeitungslied, bis ins Spätmittelalter zurückreichende Gattung des erzählenden Liedes mit aktuellem, oft auch sensationellem Inhalt (mittelniederdt. *tidinge* ›Nachricht‹). Mit der Erfindung des Buchdrucks wurde das → Flugblatt – oft unter dem anpreisenden Titel ›Newe Zeitung‹ – seine adäquate Publikationsform. Da der Analphabetismus weit verbreitet war, wurden die ›Newen Zeitungen‹ von wunderbaren Ereignissen (Missgeburten, Kometen), Naturkatastrophen und spektakulären Verbrechen gleichwohl noch lange von Zeitungssängern verbreitet. Seit dem 17. Jh. übernahm der → Bänkelsang immer mehr diese Funktion.

Zensur, Überwachung und Kontrolle von Veröffentlichungen und Darbietungen aller Art. Ihre Geschichte ist eng mit der Geschichte der Medien verbunden und zeigt zugleich den Wandel der Kontrollinstanzen, der Argumentationsmuster und der Mechanismen der Z. Greifbar wird die staatliche und kirchliche Zensurpraxis mit der Erfindung des Buchdrucks und der damit gegebenen Möglichkeit der schnellen und weithin wirkenden Meinungsbeeinflussung.

Nicht zuletzt auf Grund der Erfahrungen der Reformationszeit, in der alle Religionsparteien zur Z. griffen, wurden im Verlauf des 16. Jh.s die gesetzlichen Grundlagen des Zensurwesens mit der kaiserlichen Bücherkommission als oberster Instanz geschaffen. In der Praxis ging ihre Ausübung angesichts der erstarkenden Territorialstaaten immer mehr auf die Landesherren über. Die katholische Kirche veröffentlichte nach dem Konzil von Trient 1564 ein Verzeichnis der für Katholiken verbotenen Bücher, das ständig ergänzt und erst 1966 aufgegeben wurde (→ *Index librorum prohibitorum*). Wie in den konfessionellen Auseinandersetzungen des 16. Jh.s wurde die Z. im Zeitalter des Dreißigjährigen Krieges zur Stabilisierung der religiösen und politischen Verhältnisse eingesetzt, wobei freilich die politische und konfessionelle Zersplitterung des Reichs ein gewisses Gegengewicht bot.

Auch im 18. Jh. bestimmten die uneinheitlichen politischen Verhältnisse die Zensurpraxis. Die Kontrolle ging dabei im Zug der Aufklärung immer mehr auf weltliche Instanzen über. Auch das Theater, gerade in seinen volkstümlichen Formen, war der Z. ausgesetzt. Die Expandierung des Buchmarkts im ausgehenden 18. Jh. und das Auftreten einer kritischen literarischen Öffentlichkeit führte seit der Französischen Revolution zu einer Verschärfung der Z., die in den Karlsbader Beschlüssen (1819) zu einem repressiven, zentralisierten Zensursystem führte (Vorzensur für alle Druckschriften unter 320 Seiten Umfang; Nachzensur für alle Druckschriften). In großem Maßstab angewandt wurde es im Bundesbeschluss gegen das → Junge Deutschland (10. 12. 1835). Die Revolution von 1848 führte zur Aufhebung der Vorzensur; die Zuständigkeit wurde von der Polizei auf die Justiz übertragen. Die Z. selbst blieb durch Nachzensur und Verbotsmaßnahmen weiter bestehen. 1874 wurde ein Reichspressegesetz erlassen, doch seine liberaleren Züge wurden im Zusammenhang mit den Sozialistengesetzen (1878) wieder aufgehoben. Um die Theaterzensur zu umgehen, wurden Ende des Jh.s sog. → freie Bühnen gegründet, die in geschlossenen Aufführungen dem modernen Drama zum Durchbruch verhalfen (Henrik Ibsen, August Strindberg, Gerhart Hauptmann, Carl Sternheim, Frank Wedekind).

Die Weimarer Republik garantierte erstmals die Pressefreiheit, aber die Praxis zeigte ein anderes Bild (Verbote linker Literatur, literarische Hochverratsprozesse usw.). Nach der umfassenden Kontrolle des literarischen Lebens in der nationalsozialistischen Diktatur (→ Nationalsozialistische Literatur) und der alliierten Z. nach dem Krieg entwickelten sich in der BRD und der DDR (→ DDR-Literatur) zwei verschiedene Systeme. In der BRD garantiert das Grundgesetz Meinungs- und Pressefreiheit sowie die Freiheit von Kunst und Wissenschaft (»Eine Zensur findet nicht statt«), doch die Kollision mit anderen Rechten – Schutz der Persönlichkeit, Jugendschutz usw. – ist damit nicht ausgeschlossen. Zu den ungewollt positiven Folgen der Z. gehört die Entwicklung produktiver neuer Schreibweisen (z. B. Heinrich Heine, DDR-Literatur).

Zeugma, rhetorische Wortfigur, bei der ein Verb auf zwei oder mehrere Satzglieder bezogen wird, aber syntaktisch oder semantisch nicht zu allen passt; oft in komischer oder verfremdender Absicht gebraucht (»Als Viktor zu Joachime kam, hatte sie Kopfschmerzen und Putzjungfern bei sich«, Jean Paul).

Zitat, Übernahme einer Stelle (Satz, Vers usw.) oder einer mündlichen Äußerung eines anderen Autors in das eigene literarische Werk (oder die mündliche Rede). Diese Übernahme ist in der Regel gekennzeichnet (in wissenschaftlichen Werken in jedem Fall), der Autor kann aber auch auf die Bekanntheit des Z.s vertrauen, mit ihm spielen, es zu parodistischen und satirischen Zwecken gebrauchen, verändern und verfremden. In der Erzählliteratur seit Rabelais wird das Z. als episches Stilmittel in virtuoser Weise verwendet; in der modernen Literatur kommt dem Z. im Zusammenhang mit den Techniken der → Montage und Collage neue Bedeutung zu. Zitatsammlungen gibt es seit der Antike; sie dien(t)en u. a. als Materialsammlungen für den Gebrauch in Rede und Predigt. Die bildungsbürgerliche Variante stellen Georg Büchmanns *Geflügelte Worte* (zuerst 1864) dar, deren Kenntnis die Vertrautheit mit der literarische Tradition, also Bildung, vorspiegeln sollte.

Zwischenspiel, mimische, tänzerische oder musikalische Einlage zwischen den einzelnen Teilen einer größeren theatralischen Darbietung, um für Abwechslung zu sorgen oder die Zuschauer während der notwendigen technischen Unterbrechungen (Dekorations-, Kostümwechsel) zu unterhalten. Diese Praxis geht bis auf das antike Theater zurück. In der Neuzeit nehmen u. a. die Pickelheringspossen der →Englischen Komödianten, die zu allegorischen →Singspielen ausgebauten →Reyen im →schlesischen Kunstdrama und die höfisch-theatralischen Intermezzi der Renaissance diese Praxis auf. Aus den komischen Zwischenspielen der Opera seria entwickelte sich schließlich die Opera buffa, die komische Oper, als selbständige Gattung. Als Zwischenaktmusik bzw. musikalisches Intermezzo hat sich das Z. am längsten erhalten.

Zyklus, eine das einzelne literarische oder künstlerische Werk übergreifende Kompositionsform. Dabei stellen formale und/oder inhaltliche Momente den Zusammenhang zwischen den einzelnen Werken her, die sich wechselseitig erhellen und zugleich über sich hinaus auf ein Ganzes verweisen. Zyklusbildung in der Literatur ist nicht auf bestimmte Gattungen beschränkt, wenn auch lyrische Zyklen vorherrschen (z. B. Shakespeare, *Sonnets*, 1609; Goethe, *Römische Elegien*, 1795; Rainer Maria Rilke, *Sonette an Orpheus*, 1923). In der erzählenden Literatur sind v. a. Novellenzyklen verbreitet (z. B. Gottfried Keller, *Die Leute von Seldwyla*, 1856–74), dazu kommen die großen Romanzyklen (z. B. Émile Zola, *Les Rougon-Macquart*, 1871–92). Im Drama gibt es nur vereinzelte Versuche zyklischer Komposition (z. B. Arthur Schnitzler, *Reigen*, 1900).

Literaturhinweise

Allgemeines

Historisches Wörterbuch der Philosophie. Hrsg. von Joachim Ritter und Karlfried Gründer. Basel/Darmstadt 1971 ff.

Lexikon des gesamten Buchwesens. Stuttgart ²1987 ff.

Lexikon des Mittelalters. München 1980 ff.

Lexikon für Theologie und Kirche. Freiburg ³1993 ff.

Die Musik in Geschichte und Gegenwart. Allgemeine Enzyklopädie der Musik. Kassel/Stuttgart ²1994 ff.

Der neue Pauly. Enzyklopädie der Antike in 15 Bänden und 1 Registerband. Hrsg. von Hubert Cancik und Helmuth Schneider. Stuttgart/Weimar 1996 ff.

Paulys Real-Enzyklopädie der classischen Altertumswissenschaft. Hrsg. von Georg Wissowa [u. a.]. 83 Bde. Stuttgart 1894–1978.

Reallexikon der Germanischen Altertumskunde. Begr. von Johannes Hoops. 2., völlig neu bearb. und stark erw. Aufl. Hrsg. von Heinrich Beck [u. a.]. Berlin 1973 ff.

Reallexikon für Antike und Christentum. Sachwörterbuch zur Auseinandersetzung des Christentums mit der antiken Welt. Stuttgart 1950 ff.

Reallexikon zur deutschen Kunstgeschichte. Stuttgart [später München] 1937 ff.

Die Religion in Geschichte und Gegenwart (RGG). Handwörterbuch für Theologie und Religionswissenschaft. 7 Bde. Tübingen ³1957–65.

Theologische Realenzyklopädie. Hrsg. von Gerhard Krause und Gerhard Müller. Berlin / New York 1974 ff.

Literaturlexika

Fischer Lexikon Literatur. Hrsg. von Ulfert Ricklefs. 3 Bde. Frankfurt a. M. 1996.

Literaturlexikon. Hrsg. von Walther Killy. Bd. 13–14: Begriffe, Realien, Methoden. Hrsg. von Volker Meid. Gütersloh/München 1992–93.

Literaturwissenschaftliches Lexikon. Grundbegriffe der Germanistik. Hrsg. von Horst Brunner und Rainer Moritz. Berlin 1997.
Metzler Lexikon Literatur- und Kulturtheorie. Hrsg. von Ansgar Nünning. Stuttgart/Weimar 1998.
Metzler Literaturlexikon. Begriffe und Definitionen. Hrsg. von Günther und Irmgard Schweikle. Stuttgart ^{2}1990.
Moderne Literatur in Grundbegriffen. Hrsg. von Dieter Borchmeyer und Viktor Žmegač. Tübingen ^{2}1994.
Reallexikon der deutschen Literaturgeschichte. 2. Aufl. Hrsg. von Werner Kohlschmidt und Wolfgang Mohr (Bde. 1–3) und Klaus Kanzog und Achim Masser (Bde. 4–5). Berlin 1958–88.
Reallexikon der deutschen Literaturwissenschaft. Neubearbeitung des Reallexikons der deutschen Literaturgeschichte. Hrsg. von Klaus Weimar [u. a.]. Berlin / New York 1997 ff.
Wilpert, Gero von: Sachwörterbuch der Literatur. Stuttgart ^{7}1989.

Enzyklopädie des Märchens. Handwörterbuch zur historischen und vergleichenden Erzählforschung. Hrsg. von Kurt Ranke [u. a.]. Berlin / New York 1977 ff.
Frenzel, Elisabeth: Motive der Weltliteratur. Stuttgart ^{4}1992.
– Stoffe der Weltliteratur. Stuttgart ^{8}1992.
Knörrich, Otto: Formen der Literatur in Einzeldarstellungen. Stuttgart 1981.
– Lexikon lyrischer Formen. Stuttgart 1992.
Theaterlexikon. Begriffe und Epochen, Bühnen und Ensembles. Hrsg. von Manfred Brauneck. Reinbek 1992.

Metrik

Beyschlag, Siegfried: Altdeutsche Verskunst in Grundzügen. Nürnberg 1969.
Breuer, Dieter: Deutsche Metrik und Versgeschichte. München ^{3}1994.
Frank, Horst Joachim: Handbuch der deutschen Strophenformen. Tübingen/Basel ^{2}1993.
Hoffmann, Werner: Altdeutsche Metrik. Stuttgart ^{2}1981.
Kayser, Wolfgang: Kleine deutsche Versschule. Bern/München ^{25}1995.

Minor, Jakob: Neuhochdeutsche Metrik. Ein Handbuch. Straßburg ²1902.
Paul, Otto / Glier, Ingeborg: Deutsche Metrik. München ⁹1981.
Wagenknecht, Christian: Deutsche Metrik. Eine historische Einführung. München ³1993.

Rhetorik

Historisches Wörterbuch der Rhetorik. Hrsg. von Gert Ueding. Tübingen 1992 ff.
Lausberg, Heinrich: Elemente der literarischen Rhetorik. München ⁸1984.
– Handbuch der literarischen Rhetorik. Eine Grundlegung der Literaturwissenschaft. Wiesbaden ³1990.

Literaturwissen

für Schule und Studium

In der Reihe *Literaturwissen* erscheinen Einführungen zu wichtigen in den schulischen Literaturkursen vorzugsweise gelesenen Autoren. *Literaturwissen* bietet Grundwissen für Schüler in konzentrierter Form: Autor und Werk in knapper literaturgeschichtlicher Einordnung, Inhaltsangaben und Interpretationen der in der Schule behandelten Texte, Literaturhinweise und Abbildungen.

Alfred Andersch. Von Reiner Poppe. 120 S. 6 Abb. UB 15219

Heinrich Böll. Von Helmut Bernsmeier. 151 S. 10 Abb. UB 15211

Bertolt Brecht. Von Franz-Josef Payrhuber. 176 S. 9 Abb. UB 15207

Georg Büchner. Von Karlheinz Hasselbach. 108 S. 7 Abb. UB 15212

Friedrich Dürrenmatt. Von Wilhelm Große. 176 S. 11 Abb. UB 15214

Joseph von Eichendorff. Von Helmut Bernsmeier. 152 S. 9 Abb. UB 15221

Theodor Fontane. Von Theodor Pelster. 116 S. 10 Abb. UB 15213

Max Frisch. Von Klaus Müller-Salget. 141 S. 10 Abb. UB 15210

Johann Wolfgang Goethe. Von Kurt Rothmann. 158 S. 10 Abb. UB 15201

Günter Grass. Von Theodor Pelster. 133 S. 11 Abb. UB 15220

Gerhart Hauptmann. Von Franz-Josef Payrhuber. 104 S. 9 Abb. UB 15215

Heinrich Heine. Von Wilhelm Große. 174 S. 11 Abb. UB 15223

E. T. A. Hoffmann. Von Susanne Gröble. 99 S. 9 Abb. UB 15222

Hermann Hesse. Von Helga Esselborn-Krumbiegel. 115 S. 9 Abb. UB 15208

Franz Kafka. Von Carsten Schlingmann. 168 S. 11 Abb. UB 15204

Gottfried Keller. Von Klaus-Dieter Metz. 143 S. 7 Abb. UB 15205

Heinrich von Kleist. Von Sabine Doering. 123 S. 10 Abb. UB 15209

Gotthold Ephraim Lessing. Von Wolfgang Kröger. 106 S. 10 Abb. UB 15206

Thomas Mann. Von Ulrich Karthaus. 115 S. 7 Abb. UB 15203

Conrad Ferdinand Meyer. Von Theodor Pelster. 119 S. 9 Abb. UB 15216

Friedrich Schiller. Von Walter Schafarschik. 182 S. 13. Abb UB 15218

William Shakespeare. Von Reiner Poppe. 240 S. 15 Abb. UB 15224

Adalbert Stifter. Von Karl Pörnbacher. 144 S. 9 Abb. UB 15217

Theodor Storm Von Winfried Freund. 136 S. 6 Abb. UB 15202

Philipp Reclam jun. Stuttgart

Erläuterungen und Dokumente

Eine Auswahl

zu Böll, *Ansichten eines Clowns.* 84 S. UB 8192

zu Büchner, *Dantons Tod.* 112 S. UB 8104 – *Lenz.* 173 S. UB 8180 – *Woyzeck.* 325 S. UB 16013

zu Droste-Hülshoff, *Die Judenbuche.* 87 S. UB 8145

zu Dürrenmatt, *Der Besuch der alten Dame.* 93 S. UB 8130 – *Die Physiker.* 243 S. UB 8189 – *Romulus der Große.* 96 S. UB 8173

zu Eichendorff, *Aus dem Leben eines Taugenichts.* 120 S. UB 8198

zu Fontane, *Effi Briest.* 168 S. UB 8119 – *Frau Jenny Treibel.* 111 S. UB 8132 – *Grete Minde.* 80 S. UB 8176 – *Irrungen, Wirrungen.* 148 S. UB 8146 – *Schach von Wuthenow.* 155 S. UB 8152 – *Der Stechlin.* 181 S. UB 8144

zu Frisch, *Andorra.* 88 S. UB 8170 – *Biedermann und die Brandstifter.* 128 S. UB 8129 – *Homo faber.* 196 S. UB 8179

zu Goethe, *Egmont.* 165 S. UB 8126 – *Götz von Berlichingen.* 176 S. UB 8122 – *Iphigenie auf Tauris.* 112 S. UB 8101 – *Die Leiden des jungen Werther.* 192 S. UB 8113 – *Novelle.* 160 S. UB 8159 – *Torquato Tasso.* 251 S. UB 8154 – *Urfaust.* 168 S. UB 8183 – *Die Wahlverwandtschaften.* 228 S. UB 8156 – *Wilhelm Meisters Lehrjahre.* 398 S. UB 8160

zu Grass, *Die Blechtrommel.* 223 S. UB 16005 – *Katz und Maus.* 192 S. UB 8137

zu Hauptmann, *Bahnwärter Thiel.* 54 S. UB 8125 – *Der Biberpelz.* 104 S. UB 8141 – *Die Ratten.* 183 S. UB 8187

zu Heine, *Deutschland. Ein Wintermärchen.* 208 S. UB 8150

zu Hesse, *Demian. Die Geschichte von Emil Sinclairs Jugend.* 86 S. UB 8190 – *Der Steppenwolf.* 156 S. UB 8193

zu Hölderlin, *Hyperion.* 339 S. UB 16008

zu Hoffmann, *Das Fräulein von Scuderi.* 136 S. UB 8142 – *Der goldne Topf.* 160 S. UB 8157 – *Klein Zaches genannt Zinnober.* 170 S. UB 8172 zu Ibsen, *Nora (Ein Puppenheim)*. 86 S. UB 8185

zu Kafka, *Der Proceß*. 230 S. UB 8197 – *Das Urteil*. 144 S. UB 16001 – *Die Verwandlung*. 196 S. UB 8155

zu Keller, *Kleider machen Leute*. 108 S. UB 8165 – *Romeo und Julia auf dem Dorfe*. 88 S. UB 8114

zu Kleist, *Amphitryon*. 160 S. UB 8162 – *Das Erdbeben in Chili*. 151 S. UB 8175 – *Das Käthchen von Heilbronn*. 162 S. UB 8139 – *Die Marquise von O...* 125 S. UB 8196 – *Michael Kohlhaas*. 111 S. UB 8106 – *Penthesilea*. 159 S. UB 8191 – *Prinz Friedrich von Homburg*. 204 S. UB 8147 – *Der zerbrochne Krug*. 157 S. UB 8123

zu J. M. R. Lenz, *Der Hofmeister*. 183 S. UB 8177 – *Die Soldaten*. 88 S. UB 8124

zu Lessing, *Emilia Galotti*. 109 S. UB 8111 – *Minna von Barnhelm*. 111 S. UB 8108 – *Miß Sara Sampson*. 93 S. UB 8169 – *Nathan der Weise*. 175 S. UB 8118

zu H. Mann, *Der Untertan*. 162 S. UB 8194

zu Th. Mann, *Mario und der Zauberer*. 104 S. UB 8153 – *Der Tod in Venedig*. 196 S. UB 8188 – *Tonio Kröger*. 102 S. UB 8163 – *Tristan*. 96 S. UB 8115

zu Mörike, *Mozart auf der Reise nach Prag*. 117 S. UB 8135

zu Novalis, *Heinrich von Ofterdingen*. 236 S. UB 8181

zu Schiller, *Don Carlos*. 238 S. UB 8120 – *Die Jungfrau von Orleans*. 160 S. UB 8164 – *Kabale und Liebe*. 147 S. UB 8149 – *Maria Stuart*. 214 S. UB 8143 – *Die Räuber*. 232 S. UB 8134 – *Wallenstein*. 294 S. UB 8136 – *Wilhelm Tell*. 111 S. UB 8102

zu Shakespeare, *Hamlet*. 264 S. UB 8116

zu Storm, *Hans und Heinz Kirch*. 94 S. UB 8171 – *Immensee*. 88 S. UB 8166 – *Der Schimmelreiter*. 101 S. UB 8133

zu Tieck, *Der blonde Eckbert / Der Runenberg*. 85 S. UB 8178

zu Wedekind, *Frühlings Erwachen*. 204 S. UB 8151

zu Zuckmayer, *Der Hauptmann von Köpenick*. 171 S. UB 8138

Philipp Reclam jun. Stuttgart